EXPOSITION UNIVERSELLE DE 1900

PUBLICATIONS DE LA COMMISSION

Chargée de préparer la participation du

MINISTÈRE DES COLONIES

LES

COLONIES FRANÇAISES

La mise en valeur de notre Domaine Colonial

PAR

CAMILLE GUY

Chef du Service Géographique et des Missions
au Ministère des Colonies

PARIS

AUGUSTIN CHALLAMEL, ÉDITEUR

Rue Jacob, 17

Librairie Maritime et Coloniale

1900

EXPOSITION UNIVERSELLE DE 1900

PUBLICATIONS DE LA COMMISSION

CHARGÉE DE PRÉPARER LA PARTICIPATION

DU MINISTÈRE DES COLONIES

COMMISSION

CHARGÉE DE PRÉPARER LA PARTICIPATION

DU

MINISTÈRE DES COLONIES

A L'EXPOSITION UNIVERSELLE DE 1900

PRÉSIDENT

J. CHARLES-ROUX, délégué des Ministères des Affaires Étrangères et des Colonies, à l'Exposition universelle de 1900.

VICE-PRÉSIDENT

Marcel DUBOIS, professeur à la Faculté des Lettres de Paris.

SECRÉTAIRE

Auguste BRUNET.

MEMBRES

Marcel DUBOIS Professeur à la Faculté des Lettres de Paris. Auguste TERRIER Secrétaire général du Comité de l'Afrique française.	Histoire du développement successif des Colonies françaises depuis 1800. — Voyages d'exploration, campagnes, traités, missions.
Camille GUY Chef du service géographique et des missions au Ministère des Colonies.	Evolution économique des colonies françaises. — Régime commercial, régime financier, régime agricole et minier dans les colonies. — L'agriculture, les mines, l'industrie, le commerce. — Les travaux publics, les voies de communication. — Les banques coloniales.
A. ARNAUD et H. MÉRAY Inspecteurs des Colonies	Organisation administrative, judiciaire, politique et financière des Colonies.

J. IMBART de la TOUR Auditeur au Conseil d'État.	Régime de la propriété. — Domaine public et domaine privé. — Gestion et mise en valeur. — Droits des indigènes. — Concessions.
F. DORVAULT Ingénieur chimiste agronome Ancien chef adjoint du cabinet du ministre des Colonies.	Régime de la main d'œuvre. — Historique : Esclavage ; Colonisation pénale. — Immigration.
Henri FROIDEVAUX Docteur ès-lettres Secrétaire de l'Office Colonial près la Faculté des Lettres de Paris.	L'œuvre scolaire de la France aux Colonies. — Histoire des progrès de l'instruction publique dans les Colonies. — Enseignement secondaire et primaire. — Instruction des indigènes.
Victor TANTET Bibliothécaire-archiviste au Ministère des Colonies.	L'Œuvre de la France aux Colonies perdues pendant le XIXe siècle. — Survivance de l'influence française. — Louisiane. — Ile Maurice. — Saint-Domingue.
Henri LECOMTE Agrégé de l'Université Docteur ès-sciences	La production agricole et forestière des Colonies : Principales cultures. — Cultures nouvelles. — Exploitations forestières. — Situation agricole des Colonies et comparaison avec les colonies étrangères.

LES COLONIES FRANÇAISES

III

LA MISE EN VALEUR
DE NOTRE DOMAINE COLONIAL

EXPOSITION UNIVERSELLE DE 1900

PUBLICATIONS DE LA COMMISSION
Chargée de préparer la participation du
MINISTÈRE DES COLONIES

LES COLONIES FRANÇAISES

La mise en valeur de notre Domaine Colonial

PAR

Camille GUY

Agrégé d'Histoire et de Géographie
Chef du Service Géographique et des Missions
au Ministère des Colonies

PARIS
Augustin CHALLAMEL, Éditeur
Rue Jacob, 17
Librairie Maritime et Coloniale

1900

LA MISE EN VALEUR

DE NOTRE

DOMAINE COLONIAL

INTRODUCTION

COUP D'ŒIL SUR L'ÉVOLUTION ÉCONOMIQUE DES COLONIES FRANÇAISES

DE 1815 A 1900

I

Au lendemain des traités de Vienne de 1815, quel était exactement le domaine colonial de la France dont personne, il faut bien le reconnaître, sauf peut-être Napoléon lui-même, ne s'était préoccupé depuis longtemps? Dans le golfe du Mexique, quelques Antilles, la Martinique, la Guadeloupe et leurs dépendances; en Amérique, la Guyane française qui ne nous fut rendue qu'en 1817 et les deux îlots de Saint-Pierre et Miquelon; sur les côtes d'Afrique, quelques comptoirs au Sénégal; dans l'océan Indien, l'île Bourbon amputée de l'île Maurice, nos cinq stations de l'Inde, et c'était tout. C'était moins encore qu'au moment du désastreux traité de Paris de 1763. Au reste, cette situation lamentable ne préoccupait pas l'opinion publique, tout entière tournée vers la politique continentale. La France qui travaillait à sa réorganisation, à l'évacuation de son territoire, à la mise en valeur de son propre sol depuis si longtemps abandonné, se souciait assez peu de ses établissements d'outre-mer, et il ne semble pas que le gouvernement de la Restauration, qui travailla si efficacement à renouer avec les nations voisines des relations commerciales, à encourager le développement de l'agriculture par une série de mesures préservatrices, à développer l'industrie par des règlements de protection efficace, ait sérieusement songé à protéger les colonies qui nous restaient encore et à rattacher par des intérêts communs les colonies à la métropole.

Sans doute, sous l'influence de ministres tels que Chabrol et Hyde de Neuville, le gouvernement de la Restauration songea à conserver et même à organiser politiquement nos colonies ou du moins ce qui en restait; mais les ordonnances du 9 février 1827 et du 21 septembre 1828 n'envisagent que l'organisation politique et ne se préoccupent nullement des intérêts commerciaux ou agricoles de nos établissements. « La Restauration eut simplement la charge de la mise en état et de l'organisation des colonies qui restaient entre nos mains ou que nous rendaient les traités. Elle ne faillit point à cette tâche modeste, mais fructueuse et qui préparait l'avenir (1). » La seule tentative de colonisation agricole, qui fut faite en 1823 sur les bords de la Mana, échoua piteusement, parce que le gouvernement ne sut pas coordonner ses efforts, ni tendre vers un but défini.

Bien plus, on pourrait prétendre que la conquête de l'Algérie, dont la nécessité nous apparaît évidente aujourd'hui, a été un

(1) CHARLES-ROUX, *Comment rendre nos colonies prospères*, conférence faite à l'Union coloniale.

accident plutôt que le résultat d'une politique raisonnée et méthodique. On alla à Alger non pas tant pour assurer à la France les deux rivages de la Méditerranée occidentale (et pourtant dès cette époque la Grande-Bretagne était maîtresse de Gibraltar et de Malte), que pour flatter par une guerre extérieure le sentiment patriotique des Français et conjurer ainsi une révolution inévitable.

La preuve en est qu'une fois maître d'Alger, le gouvernement de Louis-Philippe, qui avait sur la question coloniale les mêmes opinions que celui de Charles X, délibéra longtemps avant de conserver le territoire conquis et se décida seulement en 1834 à organiser les territoires de l'Afrique française du Nord. Et cette hésitation, qui nous paraît si étrange, était partagée et encouragée par les Chambres et par la France tout entière. Qu'on lise attentivement les débats engagés devant le Parlement et l'on retrouvera dans les discours prononcés à cette occasion les mêmes arguments et les mêmes sophismes qui furent invoqués, il y a quinze ans à peine, contre l'occupation du Tonkin et, plus récemment encore, contre celle de Madagascar. Pourtant, à des indices encore vagues mais certains, il semble que l'opinion se ressaisisse. Le gouvernement va être entraîné malgré lui à accroître son domaine colonial. On peut affirmer que la haine irraisonnée mais profonde que les Français nourrissaient alors contre la Grande-Bretagne a aidé pour beaucoup à cette évolution. C'est, en effet, pour affirmer sa politique contre l'ingérence anglaise et soutenir l'honneur du drapeau engagé que la France étendait son protectorat, en 1842, sur les îles de l'Océanie : c'est pour répondre à l'occupation de l'Australie et à son prodigieux développement que Dupetit-Thouars installait des missionnaires français en Nouvelle-Calédonie. En même temps, quelques partisans irréductibles de la politique coloniale nous assuraient au Soudan la possession de Grand-Bassa et de Boutou (1842), des deux rives de la rivière Garroway, et des territoires d'Assinie et de Dabou (1843). Enfin, en 1839, le commandant Boüet-Willaumez nous donnait la rive gauche du Gabon, et un traité régulier datant du 1er avril 1844 consacrait définitivement cette prise de possession. Maigres avantages, d'ailleurs, qui ne laissaient pas deviner l'importance que prendraient plus tard ces établissements naissants. Donc, en 1848, il n'y a de la part de la France qu'indifférence presque absolue; pourtant nos colonies avaient, durant cette période, traversé des crises graves et qui, pour quelques-unes, faillirent être mortelles.

Ces crises, qui avaient eu sur la prospérité de nos colonies une si lamentable répercussion, avaient pour causes, d'une part, la suppression de l'esclavage, devenue définitive en 1848; d'autre part, les modifications apportées au régime des sucres.

On peut dire que l'esclavage avait été organisé méthodiquement par les colons blancs des Antilles et de la Guyane avec la complicité de la métropole. Les premiers colons avaient tout d'abord travaillé le sol de leurs mains, et, si le travail avait été plus pénible pour eux que pour des noirs, il avait été aussi plus intelligent et, partant, plus rémunérateur. Comme l'a constaté la commission réunie en 1840 et présidée par le duc de Broglie, la rigueur du climat n'était pas telle qu'elle pût empêcher les blancs de travailler personnellement aux Antilles. Les premiers propriétaires du sol, aidés de cultivateurs venus de la métropole (les *engagés*), l'avaient fait et s'étaient facilement enrichis.

Sans l'organisation officielle de l'esclavage, il est certain, comme l'a dit M. P. Leroy-Beaulieu, qu'il se serait constitué « une société solide, douée de tous les éléments de progrès et de consistance, animée dans toutes ses couches de l'esprit de vie et d'entreprise, capable de se suffire et de grandir par sa force intérieure d'impulsion, société sans rivale, qui pouvait hardiment défier toutes les colonies de plantations des autres peuples de l'Europe ». Mais c'est le succès même des cultures tentées par les blancs qui poussa les premiers propriétaires à barrer la route à ceux qui seraient tentés de les imiter et à prévenir ainsi toute concurrence. Employer des nègres venus d'Afrique et les contraindre aux travaux les plus fatigants, c'était conserver le monopole des bénéfices et supprimer en grande partie, du moins le croyait-on, la dépense de la main-d'œuvre. « Pouvait-il y avoir de meilleur travailleur que l'esclave, à la fois instrument et capital vivant, que seule manie la volonté du maître, tout en ayant le droit de l'aliéner à son gré ? »

On s'explique moins, par contre, que les blancs n'aient pas fait appel à la population indigène des Caraïbes, car bien que différents auteurs aient parlé de l'indocilité intraitable de ces Caraïbes et de leur résistance systématique à tout travail régulier, il est prouvé aujourd'hui qu'ils pouvaient parfois fournir un travail utile. Ce sont des Caraïbes, par exemple, qui entreprirent tous les travaux de défrichement à Saint-Thomas de Guatémala et fournirent 11,375 journées de travail ; ce sont eux encore qui, à Porto-Rico, se montrèrent aptes à tous les travaux de culture et de défrichement. Mais la conviction qu'ils ne pouvaient être que de mauvais cultivateurs résista à toutes les expériences ; aucun essai sérieux ne fut tenté, et les Caraïbes, étouffés entre les blancs, propriétaires du sol, et les noirs esclaves qui le cultivaient, ne tardèrent pas à disparaître. Il en fut de même à la Guyane, où les noirs d'Afrique furent toujours préférés par les propriétaires aux Indiens et aux Approuagues, peu à peu refoulés dans l'intérieur du pays.

La facilité de se procurer des esclaves et de mettre ainsi en valeur d'immenses territoires eut pour conséquence directe, aux Antilles comme à la Réunion, le développement de la grande propriété, aux dépens des colons qui, ne possédant que de petits ou de moyens domaines, ne pouvaient lutter contre cette concurrence invincible. D'autre part, le régime de la grande propriété amena les propriétaires à rechercher les bénéfices les plus élevés et les plus rapides, c'est-à-dire à cultiver exclusivement la canne à sucre. La suppression de l'esclavage, décrétée par la Convention, confirmée en 1815, mais non réalisée, puis l'interdiction de la traite en attendant mieux (lois de juillet 1832, de 1833 et 1836) eurent donc pour conséquence la ruine d'un grand nombre de colons et par contre-coup celle de la colonie. D'abord les nègres, beaucoup plus nombreux que les blancs, se soulevèrent contre leurs anciens maîtres, et à la Martinique, dès 1822, une révolte générale, préparée de longue main, éclata brusquement. Des habitations furent incendiées, des récoltes détruites, des colons assassinés ; la répression fut rapide et atroce ; deux ans après, un nouveau complot, organisé par un mulâtre, n'échoua que par la maladresse et l'incapacité des chefs.

Une fois l'esclavage supprimé et le calme rétabli dans les îles, il semblait que les noirs, pressés par la nécessité, fourniraient aux colons, en échange d'un salaire rémunérateur, un travail libre mais régulier. Il n'en fut rien cependant, et là encore, il faut bien le constater, la responsabilité en remonte aux colons qui avaient, par leur exemple, habitué depuis longtemps les esclaves à confondre les deux idées de liberté et de paresse. Dès lors, au nom même de cette liberté qui leur a été donnée, les noirs entendent « ne rien faire », et méprisent surtout ce travail de la terre sur laquelle ils se sont penchés pendant des siècles.

Il en résulte que l'abolition de l'esclavage, si légitime moralement, si justement humanitaire, a eu pour résultat immédiat de déterminer dans nos vieilles colonies, mais surtout dans les Antilles, une crise de la main-d'œuvre dont elles souffrent encore aujourd'hui. Ajoutons enfin que les noirs, ayant été pendant si longtemps domptés par la terreur, ont conçu, pour les blancs, une haine que le temps écoulé n'a pas encore détruite dans leur cœur, qu'ils portent en eux comme une idée confuse qu'ils ont une revanche à prendre sur leurs anciens maîtres, et qu'il existe maintenant un parti noir, chaque jour plus nombreux, et nettement adversaire du blanc et du créole. Telles furent les conséquences économiques de la suppression de l'esclavage; ce travail forcé, qui avait eu tout d'abord pour résultat le développement prodigieux de nos colonies des Antilles et de l'océan Indien, a eu pour conséquence dernière la décadence de ces mêmes colonies.

La suppression de l'esclavage devait être fatalement suivie d'une crise dans la production et dans la vente du sucre. Au reste, cette crise avait commencé, pour d'autres causes, bien longtemps avant l'abolition de l'esclavage. Avant le blocus continental, le sucre de betteraves n'existait pas; nos colonies produisaient en moyenne pour 90 millions de kilogrammes de sucre, tandis que la consommation de la France n'excédait pas 22 millions, de sorte que la différence alimentait notre commerce avec l'étranger. Or, le développement rapide que prit dans la métropole le sucre de betterave eut pour conséquence de diminuer de près de moitié les bénéfices que réalisaient autrefois les colonies sucrières, et cela juste au moment où le manque de bras ralentissait la production et la plantation en cannes de terres nouvellement défrichées. Il en résulta une situation grave, qui eut pour conséquence immédiate de laisser tomber en friche des domaines jusqu'alors cultivés, et pour conséquence lointaine de provoquer dans les colonies une crise monétaire contre laquelle elles luttent encore aujourd'hui. En vain la métropole, émue des plaintes incessantes des colons menacés, essaya-t-elle de soutenir les fabricants de sucre colonial par des tarifs protecteurs; en vain, par la loi du 28 avril 1846, les sucres coloniaux ne furent-ils frappés que d'un droit de 45 francs, alors que les sucres étrangers devaient acquitter

une taxe de 70 fr. s'ils étaient apportés par navires français, et de 80 fr. lorsqu'ils naviguaient sous pavillon étranger ; la situation ne s'améliora pas. D'autres dispositions complétèrent cette mesure de faveur, puisqu'en 1828 le sucre brut des colonies françaises ne payait plus que 35 francs, alors que le sucre brut étranger apporté par navires étrangers était taxé à 110 fr. Sous l'influence de ce régime d'exception, la production du sucre, grâce à des travailleurs importés (particulièrement à la Réunion), redevint normale et, en 1827, les colonies françaises fournirent à la métropole 59,373,000 kilos de sucre. Mais la lutte était, malgré tout, inégale. En cette même année, le sucre de betterave formait déjà 1/16 de la consommation totale de la France ; la production doublait de 1828 à 1829, et, en 1838, atteignait cinquante millions de kilos. La crise était tellement aiguë et la misère tellement grande dans les colonies atteintes que les gouverneurs de la Martinique et de la Guadeloupe prirent sur eux d'autoriser la sortie des sucres des colonies par tous pavillons et pour toutes destinations. « Le gouver-
« nement désapprouva ces mesures qui rompaient complète-
« ment le pacte colonial, et leur application cessa aussitôt ;
« mais, par une ordonnance royale du 21 août 1839, il dégre-
« va instantanément les sucres coloniaux de 12 francs (1). »
Malheureusement pour les colonies, il était trop tard, et les lois protectrices de 1840 et de 1843 ne purent rien modifier. Les producteurs de sucre colonial luttaient en vain contre leurs concurrents de la métropole et notre marine marchande subit, à son tour, le contre-coup de cette crise économique de nos colonies. Ainsi, manque de bras et manque de débouchés pour leur production, tout concourait à ruiner des colonies autrefois florissantes.

(1) *Mémoire sur la question des sucres.* — Chambre de commerce de Nantes, juillet 1858.

« Depuis plusieurs années, écrivait en 1860 M. de Crisenoy,
« les colonies se débattent au milieu de difficultés sans nombre
« provenant des changements produits dans leur organisation
« intérieure par l'abolition de l'esclavage. En ce moment, deux
« d'entre elles sont en proie à des crises monétaires qui
« ébranlent leur commerce, et, je le répète, à l'exception des
« commerçants qui ont des rapports directs avec elles et qui
« en souffrent, à l'exception du Ministre des colonies, personne
« ne s'en préoccupe, personne ne s'en doute. »

Pourtant, en dépit de ce jugement sévère et très juste, la France ne restait pas stationnaire. Pendant que périclitaient nos colonies sucrières sous l'influence de ces modifications, notre domaine algérien, pour d'autres raisons également fatales, s'étendait lentement vers le Sud. On était loin du temps où un gouvernement timide ordonnait aux gouverneurs d'Alger de ne pas dépasser les limites du Tell, et où la colonisation se cantonnait dans les plaines d'Oran et de la Mitidja. La prise de Constantine, la destruction du pouvoir d'Abd-el-Kader, l'occupation des hauts plateaux étaient autant de pas en avant dans la direction du Sahara et, sans s'en rendre bien compte, les Français d'Algérie subissaient la nécessité qui s'est imposée à tous ceux qui nous avaient précédés dans l'Afrique du Nord. On s'aperçut que, suivant le mot de Daumas, « il fallait être maître partout, sous peine de n'être en sécurité nulle part ». Déjà l'on s'était préoccupé de recueillir des détails sur la marche des caravanes et le commerce de la Régence avec l'Afrique intérieure. On avait cherché à se renseigner sur l'importance que ce commerce avait eu jadis, sur les nouvelles directions que la guerre l'avait forcé de prendre, sur les moyens de le rappeler dans les lieux qu'il avait antérieurement fréquentés.

II

Telle était la situation de notre domaine colonial, lorsqu'à la République succéda le second Empire. Pas plus que Charles X et pas plus que Louis-Philippe, Napoléon III ne comprit la nécessité pour la France d'une politique coloniale. Il fut entraîné, malgré lui et par des nécessités économiques qu'il lui était impossible de ne pas subir, vers le Sahara et vers la mystérieuse Asie ; mais il n'y alla qu'à contre-cœur, hésitant à garder les avantages acquis, et il ne prévit jamais l'œuvre immense et glorieuse que ses expéditions timides et dues au hasard permettraient à ses successeurs d'entreprendre et de mener à bonne fin. Au surplus, l'alliance étroite avec la Grande-Bretagne, qui fut la grande pensée de la première partie de son règne, lui interdisait de faire une active concurrence à sa nouvelle alliée, maîtresse des mers, et qui déjà aspirait à l'omnipotence coloniale.

En Afrique, le maréchal Randon imprime à la pénétration saharienne une vigoureuse impulsion. La prise de Laghouat (1852), bientôt suivie de la capitulation du Mzab (1853), la soumission et le concours de Si Hamza, qui détruisit le sultanat d'Ouargla pour le remettre entre nos mains, rendaient les conditions singulièrement favorables à des tentatives commerciales. Cependant, l'essai fait en 1860 par le commandant Colonieu et le capitaine Burin du côté des oasis du Gourara et du Touat, à l'effet de savoir si ces oasis voudraient demander à notre commerce les produits fabriqués qui leur arrivaient par la voie de Tripoli et du Maroc, échoua complètement. Du côté de Ghadamès, un jeune explorateur, Henri Duveyrier, parvint à pénétrer chez les Touareg Azdjer, grâce à la protection du marabout Cheikh Othman, que Si Hamza avait réussi à amener à Alger. Pour essayer de tirer parti des résultats de ce voyage, la mission Mircher signa, en 1862, la convention décorée du nom de traité de Ghadamès. On pouvait avoir quelques doutes sur la portée de ce traité, conclu avec des personnages secondaires qui n'apportaient en fait de pouvoirs que des assurances verbales, et dont le véritable sens, aux yeux des Touàreg, était de réserver à Ikhenoukhen et à ses successeurs la perception du prix du passage des caravanes françaises. « M. Rouher s'avançait donc beaucoup lorsqu'il assurait que ce traité donnait une entière sécurité aux caravanes françaises ou algériennes (1). » L'assassinat de MM. Dournaux-Dupéré et Joubert devait bientôt démontrer le contraire. Le problème était néanmoins posé, et à partir de 1863, tous ceux qui auront à résoudre les problèmes algériens s'inquiéteront de la question saharienne. En réalité, toute notre politique dans l'Afrique du Nord est sortie de là.

Ce n'était pas seulement sur les bords de la Méditerranée, mais aussi sur les bords de l'Atlantique, que se poursuivait, en dehors de toute influence directe du gouvernement, notre politique africaine. Notre petite colonie du Sénégal, admirablement dirigée par Faidherbe, s'augmentait du Cayor et du pays des Maures Trarzas, pendant que le fleuve devenait nôtre jusqu'à Médine. Des redevances régulières et modérées étaient imposées aux chefs du pays, et tout le commerce des gommes, le seul qui fût alors rémunérateur, était détourné vers Saint-Louis. Ainsi se justifiait l'opinion formulée dès 1802 par Le Brasseur (2), administrateur à la côte d'Afrique : « Le chemin
« naturel de la gomme du Sahara doit la mener sur les bords
« du Sénégal et les maîtres de ce fleuve l'y attireront toujours,
« si leur conduite est ferme, politique et raisonnable. » Aussi,

---

(1) Henri Schirmer, *Le Sahara*.
(2) Le Brasseur, administrateur colonial. Mss. Bibl. nat. 12080.

grâce à la sécurité assurée aux caravanes, le commerce du Sénégal se développait rapidement. De 5 millions en 1825, il passait à 30 millions en 1869. Bien plus, Faidherbe, devinant en quelque sorte l'avenir, envoyait, en 1863, le lieutenant de vaisseau Mage reconnaître le pays entre Sénégal et Niger, avec mission expresse de fonder, de trente lieues en trente lieues, des postes français, futurs entrepôts de marchandises, défense éventuelle de caravanes. C'était la grande route commerciale du Sénégal-Niger, de Saint-Louis à Bammako, que Faidherbe ouvrait à ses successeurs, qui, s'inspirant de sa politique, ont achevé ce qu'il avait si bien commencé.

L'expédition française de 1860 en Chine avait ramené l'attention vers les questions orientales et révélé les prodigieuses richesses cachées au cœur de l'immense Empire du Milieu. Elle avait également démontré l'importance qu'il y avait pour une nation commerçante comme la France à prendre pied sur le continent asiatique et à s'assurer, le cas échéant, des comptoirs dans cette partie du monde; les postes que nous possédions dans l'Inde, étouffés et perdus au milieu de l'immense empire anglais, étaient à ce point de vue presque inutilisables. Si cette politique n'apparaissait pas nettement aux ministres d'alors, elle était comprise par des hommes d'initiative et des coloniaux clairvoyants, tels que les amiraux La Grandière, Bonard et l'explorateur Francis Garnier. Quand, à la suite des deux expéditions dirigées contre l'empereur d'Annam, la France se trouva posséder une immense colonie qu'elle n'avait ni souhaitée ni recherchée, elle ne comprit pas la portée de cet événement. Napoléon III, mal conseillé, songea même à abandonner sa nouvelle acquisition, et il faut bien reconnaître que l'opinion publique, qui confondait à cette époque le Mexique et la Cochinchine, les expéditions folles et les entreprises fécondes, l'aurait presque unanimement approuvé. Il ne fallut rien moins que l'énergie d'un Chasseloup-Laubat et d'un Victor Duruy, ou le coup de tête d'un Francis Garnier et d'un Rieunier, pour forcer la main au gouvernement et nous conserver malgré nous cette colonie qui devait être le noyau de notre empire indo-chinois.

« Ce pays limitrophe de la Chine, avait dit l'amiral Dupré, « sera le débouché naturel de ces riches provinces sud-occiden- « tales, une question de vie ou de mort pour l'avenir de la do- « mination et du commerce français dans l'Extrême-Orient. » Les faits n'allaient pas tarder à confirmer cette prédiction. L'exportation du riz, nulle avant la conquête, se dirigeait bientôt vers Saïgon et vers Cholon. Les recettes, qui avaient été prévues en 1865 pour 4,083,000 fr., atteignaient 8,670,000 fr. dès 1868, et le chiffre des échanges s'élevait dès la même époque à 70 millions. Le protectorat établi sur le Cambodge en 1868 et l'exploration du Mékong par Doudart de Lagrée, étendaient notre influence et notre commerce vers les routes de l'intérieur et vers les frontières de la Chine. Désormais, notre politique d'expansion en Indo-Chine était tracée.

Deux événements eurent sur le développement de nos colonies, de 1860 à 1870, une influence considérable : le premier est la nouvelle politique commerciale affirmée par les traités de commerce de 1860, le second est le percement de l'isthme de Suez. La loi du 5 juillet 1861 avait été étendue à toutes les colonies, et tout l'ancien système colonial avait croulé du même coup. « Cette loi autorisait l'importation aux colonies de « toutes marchandises étrangères, moyennant le paiement « d'un droit de douane égal à celui qui les frappait à leur en- « trée en France, et l'emploi du pavillon étranger pour toutes « les relations commerciales des colonies, soit avec la métro- « pole, soit avec les pays étrangers. » Le sénatus-consulte de 1866 alla même jusqu'à attribuer aux conseils généraux des colonies le droit de voter les tarifs douaniers, ce qui aurait dû avoir pour conséquence de donner à nos colonies leur indépendance et leur autonomie financières. Il eût été peut-être prématuré de prendre dès cette époque une pareille mesure ; mais il est bien certain qu'il ne pourrait qu'être utile au développement de nos établissements de les soustraire à l'action trop directe de la métropole, et de les acheminer prudemment vers la décentralisation financière.

Quelle que soit l'importance de cette révolution économique, elle en eut peut-être moins que l'achèvement du canal de Suez. Le percement de cet isthme allait, en quelque sorte, rétrécir les limites du monde, rendre plus âpre et plus active la concurrence commerciale et obliger les nations européennes à s'assurer dans les pays les plus lointains des débouchés et des comptoirs. Cette route ainsi ouverte entre trois mondes si différents de races, de climat et de productions déplaçait les grandes routes commerciales. Elle les détournait de l'Amérique et de l'Atlantique pour les ramener vers cet Orient, où jadis les peuples étaient entrés en contact. Du jour où les navires traversèrent la mer Rouge pour voguer vers l'océan Indien, la nécessité pour la France d'un empire indo-chinois devenait plus évidente que jamais, et la conquête de la Cochinchine était dès lors justifiée. Bien plus, les hommes politiques devinaient la nécessité impérieuse de ne pas laisser nos éternels concurrents s'assurer la possession de ce couloir de la mer Rouge, comme ils s'étaient assuré la route du Cap. Si une tentative sur la côte abyssine échoua faute de persévérance, si la timidité de notre politique nous empêcha de conquérir à ce moment Madagascar, si cette même timidité nous empêcha de faire valoir nos droits indiscutables sur Cheik-Saïd, du moins l'occupation d'Obock, en 1862, semblait-elle nous assurer une position utile à l'entrée du détroit de Bab-el-Mandeb. Quoi qu'il en soit, l'orientation de notre politique était changée. Sans oublier l'Afrique du Nord, dont notre Algérie et notre Sénégal mettaient en nos mains les deux clefs les plus utiles, la France devait être amenée à suivre une politique active en Asie et dans l'Océan Indien.

On le voit, malgré sa mauvaise volonté évidente et le désir bien manifeste de ne pas agir au dehors, la politique coloniale du second Empire n'a pas été stérile. Elle a même posé, sans le savoir et sans le vouloir, les jalons de notre futur empire d'outre-mer. Le commerce s'est développé dans nos colonies, en dépit de la crise sucrière, des révoltes et du manque de main-d'œuvre. Le commerce total des colonies françaises atteignait, en 1870, une somme annuelle de 600 millions, dont les deux tiers représentaient les échanges entre la métropole et les établissements d'outre-mer.

Dans tous les cas, l'ancien système colonial, qui reposait sur les trois principes de l'intercourse réservée au pavillon national, de la défense aux colonies d'acheter les produits manufacturés ailleurs que dans la métropole, et de vendre sur des marchés étrangers les productions indigènes, avait vécu.

III

La guerre de 1870 semblait avoir été un coup de fortune pour les âpres rivaux qui redoutaient, dans les mers lointaines, la concurrence victorieuse de la France. Quelle apparence que notre pays, amputé, appauvri et vaincu, persisterait dans ses tentatives d'expansion au dehors, bien plus, aurait, dès 1875, une politique coloniale à laquelle, à travers bien des vicissitudes et bien des hésitations, il est resté obstinément fidèle ? Aux conquêtes bourgeoises et parcimonieuses de la monarchie de Juillet et du second Empire, la République a substitué le système des annexions immenses, et, en moins de vingt ans, elle a pris la Tunisie pour défendre l'Algérie, le Tonkin pour conserver la Cochinchine, Madagascar pour surveiller les routes de l'océan Indien. Et cette politique coloniale, elle n'est pas née du désir de promener notre drapeau à travers le monde et de remporter des victoires brillantes et sans lendemain, mais elle est née d'une nécessité économique dont toutes les autres nations, même les plus dédaigneuses de l'expansion au dehors, ont subi le joug. La politique coloniale de la troisième République est fille de la politique industrielle : « Tout le monde « aujourd'hui veut filer et tisser, forger et distiller. Toute « l'Europe fabrique le sucre à outrance et prétend l'exporter. « L'entrée en scène des derniers venus de la grande industrie : « les États-Unis d'une part, l'Allemagne de l'autre, l'avène- « ment des petits États, des peuples endormis ou épuisés, « de l'Italie régénérée, de l'Espagne enrichie par les capitaux « français, de la Suisse si entreprenante et si avisée, à la vie « industrielle sous toutes ses formes, ont engagé l'Occident « tout entier, en attendant la Russie qui s'apprête et qui « grandit, sur une pente que l'on ne remontera pas (1). » Il est certain que la production industrielle étant devenue beaucoup plus intense, au moment où, les voies de communication devenant plus rapides, les concurrents étaient plus nombreux et mieux armés, il devenait nécessaire de se créer de nouveaux débouchés et de trouver de nouveaux clients. Or ces clients et ces débouchés, ils étaient au delà des mers; en Asie, dont la population, singulièrement dense, pouvait à la fois fournir des consommateurs et des travailleurs, et dans cette Afrique, jusqu'alors presque ignorée et que toutes les nations coloniales voulaient se partager au grand profit de ses habitants et au leur. De là cette course furieuse qui entraîne sur les pas des explorateurs l'Angleterre, la France, plus tard l'Allemagne, et plus tard encore l'Italie. On dira peut-être que la conquête a été faite, mais que l'industrie n'en a pas encore profité. Il ne

---

(1) Jules Ferry. *Le Tonkin et la mère-patrie.*

faut pourtant pas oublier que vingt ans pour acquérir un immense empire tel que le nôtre sont en réalité peu de chose, que la période de conquêtes est à peine terminée et que celle de l'organisation vient de commencer. Mais il y a mieux à dire, c'est que, s'il y a encore beaucoup à faire, il a été fait quelque chose.

Notre commerce a déjà tiré profit de notre situation coloniale. Ceux qui affirment que nos colonies ne sont faites que pour les fonctionnaires ou qui déclarent « que le port d'Haïphong n'est qu'un port où les navires anglais et allemands font du commerce sous la protection des navires de guerre français », ignorent la vérité, ou feignent de l'ignorer. Or, cette vérité, c'est qu'en l'année 1898 les échanges entre la métropole et les colonies ont atteint une valeur de 444,000,000. C'est un chiffre. Qu'il puisse et doive s'augmenter, qui le nie? Il est certain, comme l'a prouvé M. Charles-Roux, que notre marine marchande aurait dû profiter, plus qu'elle ne l'a fait, de ce trafic; mais la décadence de notre marine est due à d'autres causes dont il serait injuste de rendre responsable notre système colonial. Il est certain aussi qu'il faudrait adopter, pour nos colonies, une politique douanière rationnelle, et qu'à ce point de vue le système actuel laisse encore à désirer; mais on y travaille et, la nécessité aidant, le système rationnel finira par triompher. Mais qu'on ne dise pas, alors que tous ceux que préoccupe notre situation commerciale dans le monde collaborent à l'étude et à la solution des problèmes actuels, que nous avons perdu le sang de nos soldats et l'argent de nos budgets.

Ce n'est pas seulement l'industrie et le commerce qui doivent profiter de notre domaine colonial. C'était l'opinion unanime, autrefois, qu'une colonie était une terre conquise dont il fallait se hâter d'exploiter les richesses naturelles et surtout les produits précieux, au risque de les détruire, sans préparer l'avenir, sans assurer de nouvelles ressources à ceux qui viendraient ensuite. Trafiquer des produits de la métropole, tel était l'idéal que se proposaient les colonisateurs. C'était l'âge du commerce ; ce temps-là n'est plus. Par un retour assez curieux aux doctrines philosophiques du siècle dernier, on s'est avisé que la terre nouvelle, ainsi conquise, pouvait donner presque indéfiniment des produits consommables ou ayant une valeur marchande, à condition de ne pas détruire systématiquement les richesses naturelles et même d'en introduire de nouvelles. On s'est avisé également que la vieille distinction entre les colonies de peuplement et les colonies d'exploitation était plus théorique que réelle, et que, partout où l'Européen ne pouvait travailler de ses mains, il pouvait, du moins, organiser et surveiller le travail, diriger des ouvriers inhabiles, au grand profit des indigènes et au sien propre ; et ainsi, de même qu'à *l'âge de la conquête* avait succédé *l'âge du commerce*, de même, selon l'heureuse expression de M. Chailley-Bert, à l'âge du commerce succéda *l'âge de l'agriculture*.

« Pendant quinze ans, on s'était trompé de route. Les colo-
« nies, c'était le commerce aux colonies et avec les colonies.
« Ce n'était que cela. On n'avait point songé que les clients
« du commerce, dans les colonies, ne peuvent être que les in-
« digènes ou les colons ; que ces clients ne peuvent rien acheter,
« s'ils restent pauvres, et que le seul procédé pour les enrichir
« est de développer aux colonies l'industrie et l'agriculture.
« Donc, à l'époque où nous vivons, au point où nous en
« sommes de notre développement colonial, c'est d'industrie,
« c'est d'agriculture surtout qu'il faut se préoccuper et s'occu-
« per (1). »

On ne saurait mieux dire, et là est, en effet, l'avenir, à condition que l'on sache que l'agriculture est un métier qui s'ap-

---

(1) J. CHAILLEY-BERT, *Quinzaine coloniale*, t. IV, n° 46.

prend comme les autres et qu'à vouloir s'improviser directeur de cultures, on risque de mourir de faim ou de dépenser les quelques capitaux dont on dispose. Il faut qu'on sache aussi que tous les terrains, même en pays tropical, ne sont pas propres à toutes les expériences, qu'il convient de choisir les cultures à entreprendre, de réfléchir sur les moyens les meilleurs pour tirer des produits obtenus les bénéfices les plus rémunérateurs et de ne pas rêver de faire une fortune sans une mise de fonds suffisante. Une ferme ou une plantation s'administrent comme une maison de banque. Il y faut un capital, un amortissement annuel, un fonds de roulement, si l'on ne veut pas courir à une catastrophe. Le temps où les colonies apparaissaient aux malchanceux ou aux déshérités de la vie comme une sorte d'Eldorado où l'on pouvait, sans préparation préalable, devenir très riche, est passé. Non seulement l'opinion publique est désormais conquise à la cause coloniale, mais elle commence à être instruite. Déjà des résultats sérieux ont été obtenus ; on en obtiendra plus encore et, grâce au Jardin d'essai de Nogent, aux enseignements distribués à l'école de Tunis et dans les écoles d'agriculture, grâce à un choix plus judicieux des agents et des directeurs de cultures, les colons commencent à tirer de leurs efforts un profit légitime. D'une bonne agriculture sortira naturellement un commerce actif et vraiment alimenté par les colons. Là, encore, l'*Office Colonial* et les sociétés privées telles que l'*Union Coloniale*, le *Comité Dupleix* (pour ne citer que les principales), ont été créés pour dresser et pour aider le colon.

Toutefois, il ne saurait y avoir d'agriculture prospère et de commerce lucratif dans nos colonies qu'autant que les voies de communication y auront été créées et que les travaux publics nécessaires y auront été exécutés. Cette vérité insoupçonnée jusqu'à ces dernières années est, aujourd'hui, proclamée comme une vérité de sens commun, et, après avoir été longtemps à cet égard dans une situation regrettable, il semble que les colonies, sous l'impulsion de la métropole, tâchent de regagner le temps perdu. Mais il faudra encore beaucoup d'années et beaucoup d'argent avant qu'elles soient dotées de tous leurs organes de circulation. La colonisation est, à l'heure actuelle, une question de travaux publics. Agriculture féconde, commerce actif, routes, chemins de fer, navigation fluviale, lien nécessaire entre l'une et l'autre, telles sont les trois conditions qui feront des colonies françaises le champ fécond où récolteront les générations futures. La formule est maintenant trouvée.

Sous toutes ses formes et par tous les moyens, gouvernement et sociétés collaborent dans une émulation féconde à mettre en valeur notre domaine. Le grand honneur de la troisième République sera d'avoir doté la France d'un immense empire colonial et d'avoir discerné, presque aussitôt, les moyens pratiques d'en tirer parti. Nos colonies n'ont pas assez de colons, mais elles en ont déjà, et, l'expérience aidant, elles en auront chaque année davantage. L'avenir prouvera qu'en dépit des critiques acerbes ou des inexactitudes voulues, nos colonies s'organisent et que la moisson est proche.

PREMIÈRE PARTIE

LA LÉGISLATION ÉCONOMIQUE

DES COLONIES FRANÇAISES

I

LÉGISLATION COMMERCIALE

Autonomie et assimilation. — Le pacte colonial. — Les lois sur les sucres. — La révolution économique de 1861. — Les droits des conseils généraux (sénatus-consulte de 1866). — Octroi de douane et octroi de mer. — La loi de 1892. — Libre échange et protection. — Situation actuelle. — Régime douanier de l'Indo-Chine. — Régime de Madagascar.

La législation économique des colonies françaises a été bien des fois modifiée au cours de ce siècle et trois, au moins, de ces modifications ont eu pour but et pour résultat de supprimer le système antérieur et de lui substituer un système inspiré par des principes opposés. De 1814 à 1861, c'est le pacte colonial de l'ancien régime qui, avec quelques tempéraments, domine notre législation économique et détermine les rapports entre les colonies et la métropole ; de 1861 à 1892 c'est le système de l'indépendance et presque de l'autonomie financière des colonies qui, en dépit de réactions momentanées, tend à prévaloir ; de 1892 à nos jours, on revient aux vieux principes, assouplis toutefois par l'expérience, et l'assimilation des colonies et de la métropole semble généralement préférée. Il est donc facile de distinguer trois périodes très nettes pendant lesquelles la France a cherché, en matière de commerce colonial, le système le meilleur sans réussir à le trouver.

Nous n'avons donc pas en cette manière d'idée bien ferme. On peut simplement dire qu'alors que « l'Angleterre semble « préférer la forme de l'autonomie, la France préfère celle de « l'assimilation. C'est ainsi qu'un naturel de l'Australie est « amené à se considérer bien moins comme un Anglais que « comme un Australien, tandis que celui des Antilles ou de « la Réunion en arrive à revendiquer le titre et la qualité de « français. » Mais en dehors de cette idée qui se retrouve à toutes les époques, la législation coloniale présente un double caractère de diversité et de variabilité. C'est peut-être à ces hésitations qu'il faut s'en prendre des crises économiques que connurent toutes nos colonies et que quelques-unes d'entre elles connaissent encore.

Aussitôt que le gouvernement de la Restauration put à nouveau s'occuper de ce qui restait de son domaine colonial, il revint presque instinctivement aux conceptions de l'ancien régime et supprima d'un trait de plume tout ce qu'avaient voulu la Révolution et même l'empire à ses débuts. La convention avait proclamé l'indépendance absolue de ses colonies en matière financière et avait supprimé dans les îles comme dans la métropole toutes les barrières. Le premier soin de la royauté fut de les relever plus infranchissables que jamais (lois du 23 avril 1814, du 17 décembre 1814 et du 7 décembre 1815). En un mot, le pacte colonial fut de nouveau imposé aux colonies qui en avaient déjà tant souffert.

Qu'était-ce, en somme, que le *pacte colonial ?* Il se résumait en trois règles : 1° interdiction aux colonies d'acheter les produits venus de l'étranger ; 2° défense de vendre à l'étranger les produits de la colonie ; 3° monopole de l'intercourse entre la métropole et les colonies réservé au pavillon national. Ce pacte colonial dont on a tant médit et par lequel on explique aujourd'hui la décadence et la perte des colonies espagnoles n'était peut-être pas aussi désastreux qu'on l'a cru. C'est surtout la façon dont on l'a compris et l'exagération dont on n'a pas su se garder qui en ont fait l'instrument détestable qu'il a été. Peut-être avec plus de modération dans la pratique et en accordant aux colonies des avantages de même ordre par voie de réciprocité, aurait-on pu y trouver les moyens d'assurer à la fois la prospérité des colonies et les profits du commerce métropolitain. Mais il est bien certain que, tel qu'il fut appliqué pendant deux siècles, il avait eu pour résultat de soumettre les colonies à la plus dangereuse des tyrannies, de détruire chez elles toute initiative et, sauf pour quelques cultures spéciales comme celle de la canne, de leur interdire tout développement sérieux. Ceux qui avaient conçu et imposé ce système ne considéraient les colonies que comme des sujettes et non des alliées de la métropole. Pour eux, notre domaine d'outre-mer était un marché ouvert, sans concurrence possible, aux produits français, sans que les colons pussent escompter les mêmes avantages en faveur de leurs produits. Aux unes toutes les charges et tous les devoirs, à l'autre tous les profits et tous les droits. Seule notre marine marchande (et telle avait été sans doute la pensée de Colbert) devait en profiter largement ; mais, dans la pratique, les colonies achetaient peu et le système colonial n'avait été, en somme, comme tous les systèmes oppressifs et exagérés, qu'une prime à la contrebande dont l'Espagne, l'Amérique et l'Angleterre avaient de tout temps profité, surtout dans nos possessions des Antilles.

Tel était le système que la loi du 17 décembre 1814 qui remettait en vigueur les dispositions de la loi du 30 août 1784, limitant le trafic étranger dans les colonies, avait voulu remettre en vigueur, mais la crise des sucres dont la vente était pour les colonies des Antilles et de Bourbon une question de vie ou de mort, força le gouvernement à laisser fléchir les règles absolues qu'il avait lui-même posées. En théorie, le pacte colonial resta la loi, mais en pratique, il fut peu à peu transformé par de profondes modifications qui supprimèrent les unes après les autres les barrières qu'on n'avait pas voulu abaisser brusquement. C'est ainsi, pour ne citer que les mesures les plus importantes, que la loi du 7 décembre 1815 abolissait celle du 8 floréal an XI qui frappait de droits élevés les denrées coloniales réexportées, que celle du 28 avril 1816 instituait un impôt de 45 francs sur les sucres étrangers, que celle du 6 février 1818 accordait le bénéfice d'une réduction des 4/5 des droits aux fers et aciers bruts étrangers destinés aux établissements français. De concession en concession on en arriva, en présence des protestations justifiées des négociants et colons d'outre-mer, à ne plus laisser subsister de l'ancien système que l'attribution à la marine métropolitaine des transports des colonies.

La cause en est que les fabricants de sucre colonial (car tout à cette date se ramène à cette éternelle question) pouvaient de moins en moins lutter contre la concurrence victorieuse des fabricants de sucre indigène. Aussi, de 1818 à 1842, toutes les mesures prises à l'égard des colonies ont pour unique but de favoriser les fabricants du sucre exotique. Cette législation devient si confuse et parfois si contradictoire qu'une ordonnance du 16 août 1842 prescrit de fondre et de coordonner les textes relatifs au régime du sucre en France et dans les colonies.

Pendant que les colons demandaient à grands cris la protection de la métropole, les producteurs métropolitains se plaignaient amèrement des faveurs accordées à leurs concurrents d'outre-mer. Les mesures qu'avait cru devoir prendre la métropole n'avaient pas satisfait les uns et avaient gravement mécontenté les autres. Aussi l'ordonnance du 2 juillet 1843 établit-elle l'égalité absolue du sucre colonial et du sucre indigène. C'était le premier pas vers une réaction qu'accentua encore l'ordonnance du 29 avril 1845, qui fermait les marchés étrangers aux produits coloniaux, à l'exception des sirops et des tafias. A dater de ce moment, il n'y a plus de règle fixe ; suivant l'influence qui domine, ce sont les colonies qui profitent des faveurs du gouvernement ou la métropole qui les écrase de ses exigences, jusqu'au jour où le sénatus-consulte de 1854 réservera au gouvernement métropolitain, dans leur intégralité, les droits à fixer en matière de douanes coloniales. Mais, malgré ces chocs en retour, il était évident que tous les économistes considéraient comme injuste et défectueux l'ancien système colonial.

« Le système colonial, disait M. de Broglie, dans son rapport
« de 1843, ce système artificiel, contemporain de la fondation
« des colonies modernes, régularisé par Colbert, étendu d'a-
« bord dans sa rigueur à toutes nos Antilles, modifié en 1760,
« lorsque, après la perte du Canada et de la Louisiane, la
« France s'est trouvée dans l'impossibilité d'approvisionner
« suffisamment ses possessions transatlantiques, aboli par la
« guerre et la conquête étrangère, rétabli par la Restauration
« avec des modifications plus profondes encore ; ce système
« auquel l'île Bourbon n'est soumise qu'à moitié et ne l'est que
« depuis 20 ans, dont la Guyane a toujours été exempte, s'il
« subsiste encore en apparence et sur le papier, ne sera plus
« que l'ombre de lui-même. » Il devait durer pourtant jusqu'en 1861, mais à cette époque, il s'écroula brusquement et, profitant du mouvement libre-échangiste qui avait amené la conclusion des traités de 1860, les colonies obtinrent leur liberté commerciale (3 juillet 1861).

Cette loi prenait exactement le contre-pied du pacte colonial et posait trois principes qui étaient la négation même de ceux qui avaient jusqu'alors inspiré la législation économique. Elle proclamait « que toutes les marchandises étrangères qui pouvaient être importées en France pouvaient l'être également aux Antilles et à la Réunion ; 2° que l'emploi du pavillon étranger était autorisé pour le transport des produits coloniaux en France et des produits français aux colonies ; 3° que les produits coloniaux pouvaient être exportés sous tout pavillon à destination de l'étranger (1). » Comme compensation à cette

(1) La loi du 3 juillet 1861 est ainsi conçue :
Art. 1er. — Toutes les marchandises étrangères dont l'importation est autorisée en France peuvent être importées dans les colonies de la Martinique, de la Guadeloupe et de la Réunion.
Art. 2. — Les marchandises étrangères sont assujetties, à leur importation aux colonies, aux mêmes droits de douane que ceux qui leur sont imposés à leur importation en France. Toutefois, un décret rendu dans la forme des règlements d'administration publique, qui sera soumis au Corps législatif dans la session qui suivra sa promulgation, pourra convertir en droits spécifiques les droits *ad valorem* pour lesquels cette conversion sera jugée nécessaire.
Art. 3. — Les marchandises étrangères peuvent être importées aux colonies sous tous pavillons. Importées par navires étrangers, elles sont soumises à une surtaxe de pavillon réglée par tonneau d'affrètement. (La composition du tonneau d'affrètement fut déterminée par deux décrets des 25 août 1861 et 24 septembre 1864).
Art. 4. — Les marchandises étrangères actuellement admises aux colonies continueront à être régies par les tarifs résultant des lois, ordonnances et décrets qui en ont autorisé l'importation, dans tous les cas où les droits de douane ou les surtaxes de pavillon, établis par les dispositions qui précèdent, seraient supérieurs à ceux qui ont été fixés par les tarifs existants.
Art. 5. — Les produits étrangers dont les similaires français sont soumis actuellement à un droit de douane à leur entrée aux colonies acquittent le même droit augmenté de celui qui est fixé par le tarif de France.
Art. 6. — Les produits des colonies à destination de la France, et les produits de la France à destination des colonies, peuvent être transportés sous tous pavillons. Lorsque les transports sont effectués sous pavillon étranger, il est perçu une taxe de 30 fr. par tonneau d'affrètement, sur les produits à destination ou en provenance de la Réunion, de 20 fr. sur les produits à destination ou en provenance de la Martinique et de la Guadeloupe.
Art. 7. — Les colonies peuvent exporter sous tous pavillons leurs pro-

liberté ainsi généreusement accordée, la métropole sur l'initiative de M. Chasseloup-Laubat se déchargea sur les colonies de plus d'un million de dépenses et n'acquitta plus « que le contingent qui, dérivant du principe même de la souveraineté, constitue essentiellement une dette de l'Etat. » On alla même trop loin dans cette voie et on accorda peut-être trop vite à des colonies qui n'y étaient pas préparées l'indépendance presque complète. C'est ainsi que cette même loi du 4 juillet 1866 reconnaissait aux conseils généraux de nos colonies le droit de voter elles-mêmes les tarifs de douane sur les produits étrangers et d'octroi de mer sur les objets de toute provenance. Cette mesure, qui était peut-être excellente en principe, était certainement prématurée (1). C'était d'abord une erreur grave que d'avoir attribué en même temps aux colonies la faculté de fixer les droits de douane et d'octroi de mer, car ces deux droits n'ont entre eux qu'une apparente analogie. Qu'est-ce en effet que l'octroi de mer ? C'est, en réalité, l'octroi tel que nous le connaissons en France, frappant également les objets de toute provenance, qu'ils soient français ou étrangers ! L'octroi de mer pouvait donc atteindre des objets français fabriqués qui, en vertu de la loi du 17 mai 1809, laquelle n'a jamais été promulguée aux colonies, n'étaient pas passibles de l'octroi dans la métropole. D'autre part, alors que les tarifs douaniers

---

duits, soit pour l'étranger, soit pour une colonie française, pourvu que cette colonie soit située en dehors des limites assignées au cabotage.

Art. 8. — Les produits des colonies autres que le sucre, les mélasses non destinées à être converties en alcool, les confitures et les fruits confits au sucre, le café et le cacao, importés en France par navires français, sont admis en franchise de droits de douane.

(1) « Le Conseil général vote les tarifs d'octroi de mer sur les objets « de toute provenance, ainsi que les tarifs de douane sur les produits « étrangers, naturels ou fabriqués, importés dans la colonie. Les tarifs « de douane votés par le Conseil général sont rendus exécutoires par « décret de l'empereur, le Conseil d'Etat entendu » (article 2 du sénatus-consulte de 1866).

votés par les conseils généraux des colonies n'étaient applicables qu'après approbation du Conseil d'Etat, les droits d'octroi de mer étaient immédiatement perçus sans contrôle ni restriction. Il y avait donc là une imprudence évidente de la part de la métropole, imprudence qu'allaient encore aggraver l'intransigeance et l'ostracisme des conseils généraux qui abusèrent vraiment des droits qui leur étaient concédés. Le premier soin des conseils généraux de la Martinique et de la Guadeloupe, imités l'année suivante par celui de la Réunion (1868) fut, en effet, de supprimer tous les droits de douane à l'entrée de la colonie, établissant ainsi une égalité théorique entre les produits étrangers et les produits français; mais comme les produits français venaient généralement de plus loin et qu'au surplus ils étaient presque toujours plus chers, cette suppression favorisait, en fait, l'importation étrangère aux dépens des produits métropolitains. D'autre part, en vertu même de la théorie exposée plus haut, ces mêmes conseils exagéraient les droits d'octroi de mer, dégrevant ainsi, par voie détournée, les produits locaux qui en étaient exempts aux dépens des produits étrangers ou français venus du dehors. C'était, en somme, un droit de douane à rebours « de nature à affecter, au point de vue du commerce, les relations de la métropole avec la colonie ».

Est-il besoin de dire que les protestations furent vives au point que le gouvernement intervint, suspendit l'exécution des travaux publics qui étaient exécutés aux frais de la métropole, si bien que les trois conseils généraux rétablirent les uns après les autres leurs droits de douane? Mais averti par cet exemple, le gouvernement se garda bien d'accorder aux autres colonies ce privilège dont les premières avaient fait un si mauvais usage. Par la loi du 7 mai 1881, leurs tarifs de douane furent établis par décret du gouvernement métropolitain en Conseil d'Etat. En somme la situation s'améliora surtout après que la Guadeloupe (décrets du 3 avril 1889, du 10 mai 1889, du 25 juin

1890), la Martinique (décrets du 25 mai 1889, du 7 mai 1890, du 19 juin 1890) et la Réunion (décrets des 2 avril, 22 juin et 4 juillet 1890) eurent modifié leurs tarifs et voté de nouveaux droits de douane suffisants pour apaiser le mécontentement des négociants métropolitains. Ainsi la liberté douanière accordée aux colonies avait profité au commerce étranger plus qu'au commerce français, aux colonies plus qu'à la métropole. Les chambres de commerce, et notamment celle de Rouen, protestaient avec énergie contre cette autonomie et demandaient le retour à l'assimilation pure et simple. Le mouvement protectionniste qui entraînait le Parlement et là grande majorité des commerçants favorisaient ces revendications. La loi de 1892 fut votée et une nouvelle expérience commença.

**

Les rapports commerciaux entre la France et ses colonies furent déterminés dans les articles 3, 4, 5, 6, 7 et 8 de la loi du 11 janvier 1892 (1).

(1) *Art.* 3. — Les droits et immunités applicables aux produits importés dans la métropole, des colonies, des possessions françaises et des pays de protectorat de l'Indo-Chine, sont fixés conformément au tableau E, annexé à la présente loi.
Sont exceptés du régime du tableau E les territoires français de la côte occidentale d'Afrique (sauf le Gabon), Tahiti et ses dépendances, les établissements français de l'Inde, Obock, Diégo-Suarez, Nossi-Bé et Sainte-Marie de Madagascar. Toutefois les guinées d'origine française provenant des établissements français de l'Inde sont exemptes de droits. Des exemptions ou détaxes pourront être, en outre, accordées à d'autres produits naturels ou fabriqués originaires des établissements susvisés, suivant la nomenclature qui sera arrêtée pour chacun d'eux par des décrets en Conseil d'Etat. Les produits naturels ou fabriqués originaires de ces établissements qui ne seront admis à leur entrée en France au bénéfice d'aucune exemption ou détaxe, seront soumis aux droits du tarif minimum.
Les produits étrangers importés dans les colonies, les possessions

M. Dislère a précisé avec beaucoup de force et de netteté les principes auxquels a obéi le législateur de 1892.

françaises et les pays de protectorat de l'Indo-Chine, à l'exception des territoires énumérés au paragraphe 2, sont soumis aux mêmes droits que s'ils étaient importés en France.

Des décrets en forme de règlements d'administration publique, rendus sur le rapport du ministre du commerce, de l'industrie et des colonies, et après avis des conseils généraux ou conseils d'administration des colonies, détermineront les produits qui, par exception à la disposition qui précède, seront l'objet d'une tarification spéciale.

Les paragraphes 1 et 3 du présent article ne seront exécutoires pour chaque colonie qu'après que le règlement prévu par le paragraphe 4 sera intervenu, sans que cependant l'effet de cette disposition puisse excéder le délai d'un an. Toutefois, le gouvernement pourra faire bénéficier immédiatement, en tout ou en partie, des dispositions du tableau E, les colonies qui, actuellement, appliquent dans leur ensemble aux produits étrangers les droits du tarif métropolitain, ou qui frappent les denrées coloniales venant de l'étranger des droits inscrits audit tarif.

Art. 4. — Les conseils généraux et les conseils d'administration des colonies pourront aussi prendre des délibérations pour demander des exceptions au tarif de la métropole. Ces délibérations seront soumises au Conseil d'Etat, et il sera statué sur elles dans la même forme que les règlements d'administration publique prévus dans l'article précédent.

Art. 5. — Les produits originaires d'une colonie française importés dans une autre colonie française ne seront soumis à aucun droit de douane.

Les produits étrangers importés d'une colonie française dans une autre colonie française seront assujettis dans cette dernière au paiement de la différence entre les droits du tarif local et ceux du tarif de la colonie d'exportation.

Art. 6. — Les dépenses du service des douanes (personnel et matériel) seront comprises dans les dépenses obligatoires des budgets locaux des colonies.

Art. 7. — Les dispositions de l'article 10 de la loi du 29 décembre 1884, relatives à l'Algérie, sont maintenues en vigueur.

Art. 8. — Le gouvernement est autorisé à appliquer des surtaxes ou le régime de la prohibition à tout ou partie des marchandises originaires des pays qui appliqueraient des surtaxes ou le régime de la prohibition à des marchandises françaises.

Ces mesures doivent être soumises à la ratification des Chambres, immédiatement si elles sont réunies; sinon, dès l'ouverture de la session suivante.

« Telle était la situation économique de nos colonies, lorsque
« l'arrivée à échéance de nos traités de commerce vint rendre
« possible la refonte de notre législation douanière. Devant les
« sollicitations unanimes des industriels et des négociants, le
« gouvernement pensa que le moment était venu pour la
« France de rechercher la compensation des sacrifices consi-
« dérables qu'elle s'était imposés pour son expansion coloniale,
« dans un régime économique qui lui assurerait plus complè-
« tement le bénéfice des échanges avec les colonies. L'opinion
« avait déjà accueilli avec faveur la loi du 26 février 1887,
« qui avait rendu applicable en Indo-Chine le tarif général de
« la métropole; il s'agissait de faire un pas de plus dans cette
« voie, de reculer la ligne des douanes jusqu'à l'extrême limite
« de nos possessions d'outre-mer et de réserver aux produits
« français le marché des pays sur lesquels flottent les plis de
« notre drapeau. La loi du 11 janvier 1892 portant établisse-
« ment d'un nouveau tarif douanier réalisa cette réforme en
« assimilant à la métropole la presque totalité de notre empire
« colonial; quelques colonies seules furent exceptées de cette
« mesure, soit à cause de leur peu d'importance, soit en raison
« d'engagements avec les puissances étrangères, soit parce
« qu'il convenait de ne pas détourner les courants commerciaux
« qui empruntent leur territoire (1). »

Cette nouvelle division de nos possessions d'outre-mer est à peu près la suivante :

a) Colonies et pays de protectorat soumis au tarif métropolitain : la Martinique, la Guadeloupe, la Guyane, Saint-Pierre et Miquelon, le Gabon, la Réunion, Madagascar, Mayotte, l'Indo-Chine, la Nouvelle-Calédonie.

b) Colonies et pays de protectorat exclus du régime du tableau E : Territoires de la Côte occidentale d'Afrique (moins

(1) Paul DISLÈRE, *Traité de législation*, t. I.

le Gabon), Tahiti et dépendances, Etablissements de l'Inde, Obock.

En somme, le principe contenu dans cette loi était le suivant : assimilation complète, au point de vue douanier, entre les colonies et la métropole. Mais dans l'application que de mesures d'exception et que de modifications ! D'abord s'il est inscrit dans la loi que « les produits originaires des colonies ou possessions françaises doivent entrer en franchise, le tableau E prévoit tant d'exceptions qu'il ne reste plus rien du principe posé. C'est ainsi que les cafés, les cacaos, le poivre, les épices, la vanille continuent à payer à l'entrée en France un droit égal à la moitié des droits prévus dans le tarif minimum. Il en est de même des sucres, sauf un avantage tellement insignifiant qu'on peut dire que le sucre colonial est traité comme le sucre étranger. Voilà pour les colonies *assimilées*. En ce qui concerne les colonies non assimilées, leurs produits sont très souvent traités comme produits étrangers, sauf pour Gorée qui reste port franc, pour la Guinée française qui jouit d'un régime de faveur et pour l'Inde enclavée dans les possessions anglaises. A leur entrée en France, ces produits sont frappés des droits inscrits au tarif minimum, sauf quelques exceptions prévues pour les guinées de l'Inde française, les bois et les rhums de Nossi-bé et de Sainte-Marie de Madagascar.

Cette législation a été encore aggravée par la décision du Conseil d'Etat (17 janvier 1893) qui émettait l'avis que les conseils généraux soient désormais dépossédés du droit qu'ils tenaient du sénatus-consulte de 1866. C'était la suppression définitive des privilèges douaniers que la loi de 1861 avait réservés aux colonies françaises.

Il est difficile de juger encore les conséquences de la loi de 1892 : d'abord ces résultats ont été bien différents suivant les colonies ; ensuite, tant d'autres causes peuvent expliquer les défaillances ou les augmentations de la douane qu'on serait exposé à expliquer par la loi de 1892 des phénomènes auxquels elle est étrangère. Mais ce que l'on peut dire, c'est que cette loi n'a satisfait ni les partisans du libre-échange absolu, partisans de la loi de 1861, ni les protectionnistes intransigeants qui ne voient dans la loi de 1892 qu'une demi-mesure insuffisante. Ennemis des tempéraments et des modifications introduites dans la loi, ils appellent tous de leurs vœux un régime absolu et ils s'élèvent avec énergie contre la théorie de Jules Ferry qui demandait, en ce qui concerne les colonies, des décisions d'espèce et non des mesures générales : « Il n'est « jamais entré, disait-il, dans la pensée d'un être raisonnable « de transporter en bloc les tarifs de la métropole dans les « colonies françaises, sans tenir compte ni des distances, ni « des climats, ni de l'infinie variété de ce lointain domaine dis- « persé dans toutes les parties du monde, sous toutes les lati- « tudes habitables. Cette conception étroite, absolue, radicale « n'a point été celle du Parlement ; c'est la caricature du ré- « gime nouveau, ce n'en est point la saine et loyale applica- « tion. Par le quatrième paragraphe de l'article 3, la porte est « toute grande ouverte aux exceptions nécessaires. En somme, « chaque colonie aura son tarif spécial. » Telle est, sans doute, la vérité, mais les adversaires en présence ne l'entendent pas ainsi. Pour bien comprendre les arguments invoqués de part et d'autre, essayons de résumer les deux thèses, la première, celle du libre-échange, exposée par M. Arthur Girault dans « *ses Principes de colonisation et de législation coloniale* » ; la deuxième, celle du protectionnisme, défendue par M. E. Théry dans « l'*Economiste Européen* ».

Que dit d'abord M. Arthur Girault? Entre l'assimilation comme l'entend la loi de 1892 et l'ancien pacte colonial, il n'y a que la distance de la protection à la prohibition. Le gouvernement, en établissant l'assimilation douanière, a voulu forcer les colonies à consommer presque exclusivement les produits de la métropole. Comme les colons pouvaient jusqu'alors acheter à des marchés plus rapprochés (les Antilles à l'Amérique, la Nouvelle-Calédonie à l'Australie, les établissements français de l'Océanie à San-Francisco, l'Indo-Chine à l'Inde, aux îles de la Sonde et à la Chine) les marchandises qui leur étaient nécessaires, la loi de 1892 a eu pour conséquence de substituer dans les colonies à un marché plus rapproché un marché plus éloigné. Or, il est certain que nos colonies ne peuvent pas offrir à notre industrie d'importants débouchés; leur rôle étant justement de servir d'intermédiaire et de trait d'union entre la métropole et les autres parties du monde les Français des colonies ne sont pas tant des clients que des commissionnaires ou des représentants de commerce. Ce rôle, ils le remplissaient avec succès et le remède dangereux qu'on a appliqué à un mal imaginaire a eu pour conséquence de contrarier des courants commerciaux dont profitait, en somme et par voie indirecte, l'industrie métropolitaine. Mieux eût valu laisser aux colonies leur indépendance douanière (en empêchant les abus par une surveillance plus active du gouvernement et en leur laissant la libre disposition de leurs douanes), leur imposer le paiement des dépenses, y compris même les dépenses de souveraineté. Colonie et métropole respectivement maîtresses chez elles en matière fiscale ; surveillance relative exercée par les représentants du gouvernement, telle est, en somme, la formule à laquelle aboutit M. Arthur Girault.

D'après M. Edmond Théry, notre politique coloniale a eu pour but unique d'assurer de nouveaux débouchés à nos produits manufacturés dont la concurrence internationale rendait le placement si difficile à l'étranger. Or, sans tenir compte du but à atteindre, nous avons favorisé dans nos colonies des entreprises industrielles et des exploitations agricoles qui font déjà et feront de plus en plus concurrence aux industries et aux cultures de la mère-patrie. Et à ce propos, l'auteur cite les paroles prononcées par M. Méline à la *Société d'Economie politique nationale* : « Le Français accepte très bien de prendre dans « ses colonies les produits naturels et les matières dont il a « besoin — et je dirai qu'à ce point de vue je suis même d'avis « d'ouvrir les portes plus larges. Mais, en retour, nous en- « tendons que nos colonies ne viennent pas faire concurrence « à nos produits manufacturés. » Donc, si on n'y prend pas garde, l'industrie et l'agriculture coloniales, favorisées par une main-d'œuvre à bon marché et par des conditions favorables de prix de revient, viendront concurrencer dans les colonies d'abord et même sur les marchés européens les produits métropolitains. La conclusion qui s'impose est donc de frapper de droits égaux à ceux qui frappent les produits étrangers, toutes les industries et tous les produits coloniaux qui ont leurs similaires en France, et de dégrever résolument tous les produits que la France ne produit pas et qu'elle achète aujourd'hui à l'étranger, alors que nos colonies pourraient les lui fournir.

Telles sont les deux thèses. Il est difficile d'en trouver de plus opposées et même de plus contradictoires. On pourrait répondre à M. Arthur Girault que son système amènerait à bref délai la séparation des colonies d'avec la mère-patrie, mais le reproche ne le toucherait guère puisqu'il pense, sans doute, avec M. Leroy-Beaulieu, qu'une colonie, même séparée de la mère-patrie, lui est encore profitable parce qu'elle reste sa cliente matérielle et son associée morale. On pourrait lui dire aussi que ses inquiétudes sont singulièrement exagérées et que les nouveaux tarifs douaniers n'ont pas sensiblement aggravé la situation financière des colonies. C'est ainsi que la Martinique qui payait 432,000 francs en 1889 en a payé 810,000 en 1894, deux ans après la loi de 1892. Si le gouvernement accordait aux colonies la détaxe complète des cafés que réclament depuis plusieurs mois les représentants des colonies et les compagnies coloniales (1), la situation serait sensiblement la même dans les Antilles qu'avant les nouveaux tarifs ; elle serait bien meilleure en Nouvelle-Calédonie. Les partisans du libre-échange ne comptent pas assez avec les tempéraments et les adoucissements que permettent les articles 2 et 3 de la loi de 1892. D'autre part, le système de M. Théry aurait pour conséquence redoutable de considérer trop souvent les colonies françaises, habitées par des Français, colonisées pour des Français, comme des pays étrangers contre lesquels il conviendrait de se défendre. Voilà des années que nous encourageons les capitaux français à être moins timides, à se risquer dans les entreprises lointaines, et au moment où ils paraissent se décider, nous leur interdirions telle ou telle culture, telle ou telle industrie, sous prétexte de protéger les produits de la métropole ! Le danger qu'il redoute n'est pas proche. Il ne faut pas oublier, en effet, qu'à part l'Algérie et la Tunisie, toutes nos colonies sont situées en climat tropical, c'est-à-dire qu'elles ne donnent guère que des produits qui n'ont pas de similaires en France. Quelles sont les cultures qu'on encourage dans nos colonies — les seules qui, d'ailleurs, soient rémunératrices ? Le riz, le manioc, le maïs pour les cultures alimentaires, le caoutchouc, l'indigo, le sucre pour les cultures industrielles. Il y a là un champ d'action assez vaste pour occuper et préoccuper de nombreuses générations de colons. Même pour l'industrie qui, du reste, est encore à l'état de devenir, les craintes exprimées sont excessives. Quand bien même le Soudan tisserait, à l'aide de capitaux français, le coton récolté sur place pour vêtir les indigènes, la concurrence ne serait pas bien sérieuse et nuirait plus aux cotonnades anglaises qu'aux cotons de Roubaix ou des Vosges ; quand bien même des usines fabriqueraient dans l'Inde des sacs de jute ou que d'autres usines

---

(1) Voir le rapport de M. Maurice Huet, *Revue Coloniale*, 1900.

décortiqueraient la ramie dans certaines de nos colonies, en quoi ces industries porteraient-elles atteinte aux industries métropolitaines? Si l'Annam exploite sa houille, elle ne fera pas, je crois, concurrence aux houilles françaises qui ne suffisent pas à alimenter l'industrie française et qui ne seront jamais transportées en Indo-Chine. Nous pourrions multiplier ces exemples et démontrer que le désir exprimé par M. Théry est, pour ainsi dire, réalisé par la nature elle-même. Mais prenons les faits cités par lui. L'Algérie et la Tunisie produisent du blé et du vin ; la France n'est-elle pas obligée d'acheter au dehors du blé et du vin, et dans ce cas ne vaut-il pas mieux l'acheter à des colons français qu'à des producteurs étrangers? Enfin, supposer que la constitution de notre empire colonial n'ait pas eu d'autre but que de favoriser le commerce et l'industrie métropolitains, c'est restreindre singulièrement les vues des hommes d'état et des économistes qui ont lutté pour la conquête du domaine que nous possédons aujourd'hui. Ils ont voulu, surtout dans les colonies tempérées, offrir à des Français des terres à cultiver, des industries à créer, en un mot, des moyens de vivre que la métropole était impuissante à leur garantir. Or, de quel droit et au nom de quel principe irions-nous défendre à ces Français installés sur un territoire français d'entreprendre telle ou telle culture, de tenter telle ou telle industrie? Il faut de plus en plus nous habituer à considérer nos colonies comme des prolongements de la mère-patrie, comme des morceaux de la France flottant sur les mers lointaines, jouissant des mêmes droits et soumises aux mêmes obligations que la métropole elle-même.

Ce n'est pas qu'il n'y ait rien à retenir de la thèse si éloquemment soutenue par M. Théry. Il est certain que dans les pays neufs où rien n'a encore été tenté jusqu'ici, il faut orienter les colons et les capitaux vers des produits faciles à vendre en France parce que la France ne les produit pas; qu'il faut, autant que possible, empêcher ces colonies de se consacrer exclusivement aux cultures vivrières consommées sur place et inutiles au commerce, et les pousser vers les produits riches qui leur assureront un profit vraiment rémunérateur. L'union entre la France et ses colonies sera d'autant plus forte qu'elles auront davantage besoin l'une de l'autre et qu'elles pourront échanger, au meilleur prix possible, leurs produits naturels sans se faire concurrence sur les marchés. Mais de là à interdire aux colonies telle ou telle culture et telle ou telle industrie en frappant les produits de droits prohibitifs, il y a une distance que l'équité et le droit défendent de franchir.

En pareille matière, il est singulièrement prétentieux de s'imaginer que l'on détient la vérité. En présence de ces protestations contradictoires et des plaintes que font entendre à la fois l'industrie métropolitaine et les producteurs coloniaux, de bons esprits travaillent à la rédaction d'une charte coloniale qui donnera satisfaction aux uns comme aux autres. C'est se bercer d'illusions ; les problèmes sont trop complexes, les questions posées soulèvent trop d'objections pour qu'ils puissent être résolus par une seule solution. Il semble qu'en cette matière il n'y ait guère place que pour des décisions d'espèce et que les remèdes empiriques soient, en réalité, les meilleurs. Il faut, pour chaque colonie, étudier avec soin les conditions du sol et du climat, la situation des habitants, le plus ou moins d'éloignement de la métropole, l'état des colonies voisines, la façon dont a été résolu le problème de la main-d'œuvre et décider ensuite quel est le régime qui lui convient. Il n'y a pas, pour un domaine qui s'étend sur le monde entier, de panacée, et l'application de principes immuables y donnerait, sans doute, de médiocres résultats. Mais il est bien certain que c'est en supprimant les entraves trop étroites, en laissant plus de jeu et d'élasticité à des règlements trop rigides, qu'on arrivera à donner à nos anciennes colonies une prospérité qu'elles n'ont plus et à nos nouvelles le développement économique qu'elles n'ont pas encore. Seulement le temps presse et il est temps de prendre une décision.

« Quand nos politiques prirent la résolution de fonder un
« empire colonial, quand nos soldats l'eurent conquis, le des-
« sein fut partout conçu et proclamé d'en faire des marchés où
« nos produits métropolitains trouveraient vente privilégiée, où
« nous achèterions aussi, avec une prédilection marquée pour
« une terre devenue française, le stock important de denrées
« coloniales que nous demandions jusque-là aux étrangers :
« cotons, soies, cafés, cacao, huiles diverses, graines, bois.

« Or, il n'est pas douteux que, dès l'heure actuelle, nous
« pourrions déjà acheter moins de coton aux Etats-Unis, à
« l'Inde et à l'Egypte; moins de café au Brésil et à Java;
« moins de soies au Japon et à la Chine, tous pays qui s'af-
« franchissent de plus en plus de notre industrie, de notre com-
« merce, mais dont nous restons, sans réciprocité, les clients
« complaisants. »

Ainsi s'exprime M. Marcel Dubois. Et pendant ce temps les colonies attendent. Peut-être n'est-il pas téméraire de prétendre que si nous achetions plus de café et plus de coton à nos colonies, en leur favorisant par le dégrèvement absolu le libre accès de nos marchés, ces colonies devenues plus riches nous achèteraient plus de machines et plus de tissus; qu'ainsi elles y trouveraient leur compte et la métropole le sien. Au lieu d'un désaccord préjudiciable aux intérêts des deux marchés, on créerait ainsi entre eux une solidarité économique. Telle doit être l'œuvre d'une bonne législation coloniale; prenons à chaque système ce qu'il contient de juste et de bon au lieu de nous attarder dans des querelles d'école et d'établir des dogmes intangibles. Etudier et résoudre les questions non en bloc mais par espèces, telle doit être la formule, mais n'attendons pas qu'il soit trop tard !

Tableau des ordonnances, lois, senatus-consultes et décrets concernant les colonies françaises.

23 avril 1814.	Ordonnance fixant l'impôt du sucre à dix francs, sans distinction de provenance.
17 décembre 1814.	Loi remettant en vigueur les dispositions du règlement du 30 août 1784 qui limite les libertés du trafic étranger dans les colonies.
7 décembre 1815.	Loi rapportant les dispositions de la loi du 8 floréal an XI, qui frappe les denrées coloniales réexportées.
28 avril 1816.	Loi instituant un impôt de 45 francs sur les sucres étrangers suivant qu'ils sont ou non importés sous pavillon français.
6 février 1818.	Ordonnance octroyant le bénéfice de l'entrepôt pendant deux ans et une réduction de droit des quatre cinquièmes aux fers et aciers bruts étrangers destinés aux établissements français d'Amérique, de la côte d'Afrique ou de l'Inde, y compris l'île Bourbon.
26 janvier 1826.	Ordonnance donnant aux navires de la Grande-Bretagne, en certains cas déterminés, le même traitement que les bâtiments français.
5 février 1826.	Ordonnance spéciale aux Antilles consacrant plus spécialement le principe du privilège colonial et autorisant l'importation par tous navires dans les ports de Saint-Pierre, du Fort-Royal et de la Trinité, à la Martinique et dans ceux de la Basse-Terre et de Pointe-à-Pitre à la Guadeloupe, des marchandises étrangères, énumérées en deux tableaux dont le premier fixait des droits différents suivant les objets et le second un droit uniforme de cinq centimes par 100 kilogrammes.
17 mai 1826.	Loi établissant des doits spéciaux en faveur de certaines denrées du crû des colonies françaises.
19 mars 1827.	Ordonnance confirmant le privilège accordé par la loi du 6 février 1818.
31 décembre 1829.	Ordonnance prorogeant indéfiniment ledit privilège.
12 juillet 1831.	Ordonnance accordant le privilège de la convention du 26 janvier 1826 aux navires de tout pavillon pour l'exportation directe pour tous pays des gommes du Sénégal entreposées à Gorée.

9 novembre 1832.	Ordonnance autorisant l'importation des farines de froment étrangères, en tout temps, à la Martinique et à la Guadeloupe.
24 avril 1833.	Loi réservant au pouvoir législatif du royaume le droit de régler les conditions du commerce de nos possessions et leurs rapports avec la métropole.
26 avril 1833.	Loi qui modifie le tarif des droits sur les sucres importés et abaisse la prime de sortie des sucres raffinés.
26 août 1833.	Loi permettant l'importation directe et en franchise de l'étranger dans les établissements français de la Côte Occidentale d'Afrique, sous pavillon français, des fers et aciers non ouvrés et des poudres à tirer.
24 mai 1834.	Loi qui restitue le droit d'entrée aux produits de la transformation du sucre moscouade (complétée par l'ordonnance du 8 juillet suivant).
10 octobre 1835.	Ordonnance qui supprime le droit que les sucres payaient à l'exportation des Antilles françaises ; admission à la Martinique et à la Guadeloupe des madras de l'Inde.
1er novembre 1836.	Les gouverneurs des colonies sont autorisés à permettre, pendant un an, l'importation des machines à vapeur propres au transport des récoltes et au service intérieur des sucreries.
12 juillet 1837.	Loi donnant au roi la faculté de créer, par ordonnances, des entrepôts réels de douanes dans les colonies des Antilles et de l'île Bourbon.
25 juillet 1837.	Les denrées coloniales de la Martinique et de la Guadeloupe sont affranchies de tout droit de sortie. Autorisation d'élever jusqu'à 3 0/0 le droit d'importation, dans ces colonies, des marchandises arrivant de la métropole.
31 août 1838.	Ordonnances créant, en vertu de la loi du 12 juillet 1837, des entrepôts à la Martinique et à la Guadeloupe.
30 juin et 9 juillet 1839.	Ordonnances rapportant l'autorisation donnée par les gouverneurs d'exporter momentanément les sucres coloniaux à l'étranger.
21 août 1839.	Ordonnance accordant à ces mêmes colonies un dégrèvement de 13 fr. 20 par quintal de sucre.
16 août 1842.	Ordonnance qui coordonne les textes relatifs au régime du sucre en France.

MISE EN VALEUR

2 juillet 1843.	Loi établissant l'impôt progressif sur le sucre indigène et frappant les glucoses (complétée par les ordonnances des 7 août 1843 et 14 août 1845).
29 avril 1835.	Ordonnance sur le régime des douanes aux Antilles. Elle stipule le transport par navires français et ferme les marchés étrangers aux produits coloniaux à l'exception des rhums et tafias.
18 octobre 1846.	Ordonnance sur le régime des douanes de l'île Bourbon et suppression de la taxe de cinq centimes par cent kilogrammes qui frappait certaines catégories de marchandises étrangères.
2 décembre 1846.	Ordonnance qui abaisse momentanément dans les trois colonies des Antilles et de l'île Bourbon le tarif des douanes sur les céréales.
22 juillet 1847.	Ordonnance prescrivant une mesure analogue en ce qui concerne les viandes de porc salées étrangères.
25 août 1847.	Ordonnance prorogeant les effets de l'ordonnance du 2 décembre 1846.
26 juin 1851.	Loi qui abaisse à 11 francs la surtaxe sur le sucre étranger et qui accorde au sucre de canne une réduction de droit de 6 francs.
27 mars 1852.	Loi élevant à 7 francs le droit protecteur accordé au sucre colonial.
30 avril 1853.	Décret modifiant les droits d'entrée de certains produits des possessions françaises.
3 mai 1854.	Sénatus-consulte réservant au gouvernement métropolitain dans leur intégralité les droits qu'il possédait jusqu'alors en matière de douanes coloniales.
12 et 26 juin 1854.	Suppression de droit sur le coton en laine et les eaux-de-vie de mélasse des colonies.
15 juillet 1854.	Décret portant modification provisoire du tarif des douanes sur les céréales dans les colonies des Antilles, de la Guyane, de la Réunion et du Sénégal.
10 mars 1855.	Décret autorisant l'importation des viandes salées étrangères de tous pays aux Antilles, à la Guyane et à la Réunion.
7 juillet 1855.	Décret relatif à l'admission en France, en exemption des droits, des vanilles originaires des Antilles, de la Guyane et de Mayotte.
30 janvier 1856.	Décret modifiant le tarif des douanes à l'importation dans les colonies des Antilles et de la Réunion

ÉVOLUTION

pour un certain nombre de marchandises provenant de nos établissements de l'Inde par navires français et pour le tabac et la vanille provenant de tous pays, avec réduction de moitié pour ces deux derniers produits si l'importation était faite sous pavillon national (complété par la loi du 18 avril 1857).

24 mars 1856. Décret prorogeant le délai pendant lequel les sucres des colonies étaient admis au bénéfice des modérations de droits accordées par le décret du 27 mars 1852.

14 mai 1856. Décret admettant à la réduction de droits prévue par le décret du 20 décembre 1854 les huiles de coco et les graines de sésame importées directement des Établissements français de l'Inde.

12 juin 1856. Décret fixant le tarif à l'importation des clous de girofle des colonies françaises et des cacaos importés de toutes provenances par navires étrangers.

26 juillet 1856. Loi modifiant le tarif à l'entrée de certains produits des colonies et stipulant que les sucre, café, cacao, girofle et coton en laine, importés directement en France par navires français de nos établissements au delà du cap de Bonne-Espérance (autres que ceux de l'Inde) paieront les droits afférents aux denrées de même espèce récoltées à la Réunion, lorsqu'ils seraient accompagnés de certificats d'origine authentique.

16 août 1856. Décret fixant à 15 fr. par navire français et à 30 fr. par navires étrangers le droit à l'importation des mules et mulets aux Antilles.

26 septembre 1859. Décret admettant en franchise les rhums et tafias importés directement de Mayotte sous pavillon français.

24 juillet 1860. Loi fixant les droits de douane sur les céréales à la Réunion et aux Antilles.

16 janvier 1861. Décret abolissant la surtaxe imposée aux sucres étrangers par la loi du 23 mai 1860.

Loi du 3 juillet 1861.

16 mai 1863. Loi modifiant le tarif applicable aux tabacs, frappant d'une surtaxe de 3 francs ou de 2 francs, suivant qu'ils étaient originaires des pays situés au

	delà ou en deçà du cap Horn ou de Bonne-Espérance, les sucres importés des colonies par navires étrangers.
7 mai 1864.	Loi maintenant à 5 francs la détaxe pour les sucres.
24 décembre 1864	Décret accordant à la Guyane le bénéfice de la suppression des droits de douane.
4 juillet 1866. (Sénatus-consulte)	La métropole se décharge sur les colonies de plus d'un million de dépenses, mais leur reconnaît en retour le droit de voter les tarifs de douane sur les produits étrangers, et d'octroi de mer sur les objets de toute provenance. Les produits coloniaux ne doivent plus bénéficier d'aucune détaxe.
30 novembre 1866.	Le Conseil général de la Martinique vote la suppression complète des droits de douane. Un décret portant règlement d'administration publique du 6 novembre 1867 rend exécutoire cette délibération.
11 décembre 1866.	Même vote du Conseil général de la Guadeloupe. Ce vote est approuvé par un décret du 25 avril 1868.
9 juillet 1869.	Décret portant abrogation de l'acte de navigation dans les colonies où il était encore en vigueur.
30 janvier 1872.	Loi qui rétablit les surtaxes de pavillon sur les marchandises importées en France par navires étrangers et en exempte celles qui proviennent des colonies françaises.
28 juillet 1873.	Loi abrogeant la précédente et n'en laissant subsister, avec la surtaxe de 3 francs, qu'une taxe pour frais de quais sur les navires de tout pavillon venant de l'étranger ou des colonies françaises.
29 juillet 1880. 7 mai 1881. 29 juillet 1884. 13 juillet 1886.	Lois stipulant que les sucres des colonies françaises expédiés à destination de la métropole ont droit à une prime, dite déchet de fabrication, « égale à la moyenne de rendements obtenue par la sucrerie indigène pendant la campagne précédente ».
17 septembre 1886. 10 novembre 1886.	Lois déterminant pour les colonies de la Guadeloupe, de la Martinique et de la Réunion, les bureaux des douanes de chacune de ces colonies par lesquels les sucres pourraient être exportés avec réserve de déchet de fabrication.
16 et 25 février ; 31 mars ; 12 avril et 17 novembre 1887.	Décrets portant prohibition de l'importation des sucres étrangers à la Réunion, à la Martinique, à Mayotte, à Nossi-bé et à la Guadeloupe.
3 avril 1889. 10 mai 1889.	Décrets créant à la Guadeloupe, en vertu de votes des Conseils généraux, un droit de statistique et

ÉVOLUTION 53

25 juin 1890. des droits de douane sur les animaux, le coton et les alcools étrangers.

2 août 1890. Décret approuvant une délibération du Conseil général de la Guadeloupe tendant à l'extension du régime de l'entrepôt dans la colonie.

29 septembre 1890. Décret prohibant l'importation dans la colonie de la Guadeloupe des tabacs de toute provenance.

3 septembre 1889. Décret créant, pour l'île de la Martinique, deux centimes additionnels au principal des droits de douane.

19 juin 1890. Décret fixant les droits à percevoir, dans la même île, sur les animaux, les farineux, les huiles minérales, etc.

4 juillet 1889. Décret assujettissant au droit, dans l'île de la Réunion, les cafés étrangers.

7 septembre 1887. Loi portant réglementation spéciale pour l'Indo-Chine.

10 janvier 1888. Loi étendant l'application de ces dispositions à l'Annam et au Tonkin.

Loi du 11 janvier 1892.

8 avril 1892. Loi fixant un droit de 6 0/0 *ad valorem* sur les produits importés au Congo.

9 mai 1892. Loi fixant un droit sur les marchandises étrangères dans les établissements français de l'Océanie jusqu'à 15 0/0 de leur valeur.

27 mai 1892. Etablissant une taxe sur les huiles de palme, bois et cafés étrangers importés dans la Guinée française et dépendances ; établissant un droit sur les vanilles étrangères (moitié du tarif métropolitain), côte occidentale d'Afrique ; frappant de droits, à Sainte-Marie de Madagascar, les rhums et les girofles de l'étranger.

20 juin 1892. Décret accordant aux produits originaires des colonies de la Côte occidentale d'Afrique l'exemption de tout droit à l'entrée en France pour les huiles de palme et les bois, et la détaxe de moitié des droits du tarif métropolitain pour les cafés.

17 janvier 1893. Le Conseil d'Etat émet l'avis que les conseils généraux soient désormais dépossédés du droit qu'ils tenaient du sénatus-consulte de 1866.

27 avril 1894.	Arrêt de la Cour de cassation admettant bien que les lois, décrets et arrêtés métropolitains sont applicables aux colonies par voie de conséquence de la promulgation de la loi du 11 janvier 1892, mais jugeant qu'il ne pouvait être fait application aux colonies du mode de poursuite et des pénalités.
10 août 1894. 1er mai 1895. 5 septembre 1898.	Arrêté établissant des taxes de consommation au Dahomey.
4 avril 1897.	Décret créant des droits d'importation en Guinée française.
1er mai 1899.	Arrêté créant des taxes de consommation et des droits de sortie à la Côte française des Somalis.
19 juin 1879.	Arrêté créant des droits de consommation à la Côte d'Ivoire.
12 juillet 1899.	Arrêté créant au Congo français des taxes de consommation sur les spiritueux, armes à feu et munitions.
5 octobre 1899.	Décret abrogeant les deux décrets du 11 août 1897 qui avaient établi des droits de douane et de consommation à la Côte d'Ivoire.
10 janvier 1900.	Décret créant au Sénégal un droit de sortie de 5 % sur les caoutchoucs.

RÉGIME DOUANIER EN INDO-CHINE

Le régime douanier de l'Indo-Chine mérite une étude spéciale. N'oublions pas, pour bien comprendre la situation, que la Cochinchine, le Cambodge, le Tonkin et l'Annam forment l'union douanière indo-chinoise et que le régime douanier n'a régulièrement fonctionné que du jour où le décret du 29 décembre 1898, promulgué par arrêté du 7 février 1899, a déterminé pour toute l'Indo-Chine une règle uniforme. Auparavant, les droits différents pour chacune des parties de l'empire indo-chinois créaient de véritables barrières fiscales entre nos colonies d'Extrême-Orient et rendaient les échanges extrêmement difficiles. Déjà les heureux résultats obtenus par le nouveau régime apparaissent au budget de 1899.

Le régime commercial de la Cochinchine a été pendant longtemps celui de la liberté la plus complète. On ne trouve guère à citer, avant 1887, qu'un arrêté local du 26 décembre 1882 qui établissait un droit d'entrée de 10 0/0 sur les armes et la poudre. « Ce n'est donc qu'au début de l'année 1887 (le 26 février) qu'une loi organisa, pour la première fois, le régime douanier de l'Indo-Chine française. Les produits étrangers importés dans la Cochinchine, le Cambodge, l'Annam et le Tonkin seront soumis, à partir du 1er juin 1887, aux droits inscrits au *tarif général* de la métropole. » (article 47). Cette loi fut si violemment attaquée par les négociants de la colonie qu'un décret du 9 mai 1889 la modifia en permettant à certains produits nationaux de soutenir la concurrence étrangère sur les marchés de l'Union pendant que, par réciprocité, certains produits n'ayant pas de similaires en France étaient dégrevés de façon « à ne pas imposer à la population indigène des charges qu'il eût été préférable de lui épargner ».

La situation resta stationnaire jusqu'en 1892. Dès l'apparition de la loi de 1892, la Chambre de commerce de Saïgon protesta avec énergie contre l'application du tarif général et elle continua à réclamer en principe « l'exemption complète des droits de douane pour tous les produits n'ayant pas de similaires en France ». Le Conseil colonial émit un avis conforme à ce vœu et le Conseil d'Etat consulté n'introduisit dans le décret préparé par le gouvernement de l'Indo-Chine que des modifications de détail. Enfin, le décret signé le 29 novembre 1892 fut promulgué le 3 janvier 1893. Ce décret frappait tous les produits non similaires, même ceux qui jouissaient jusqu'alors de l'exemption, d'un droit *ad valorem* de 5 0/0, ce qui semblait donner ainsi satisfaction aux doléances des colons et des négociants. Il n'en fut rien. De nouvelles

---

(1) V. Demorgny, *op. cit.*

protestations se produisirent sous le prétexte que « le commerce chinois était seul appelé à profiter des tempéraments de ce tarif » et « qu'on mettait ainsi le commerce français dans une situation exceptionnelle d'infériorité ». Les chambres de commerce dénonçaient ainsi les procédés des négociants anglais et allemands qui, par la voie chinoise, introduisaient des marchandises à meilleur marché que les nôtres ; enfin, on demandait que le Japon fût également exclu de ce régime de faveur.

Ces protestations provoquèrent de nouvelles délibérations du Conseil colonial de la Cochinchine et du Conseil de protectorat qui aboutirent au décret du 29 déc. 1898. *En fait* (1), ce décret établissait en Indo-Chine le tarif autonome minimum. Le bénéfice des réductions de droits inscrites dans le tarif minimum était subordonné à l'importation directe. En ce qui concerne les marchandises de colonies étrangères, le décret précité contenait d'étranges anomalies qui devaient faciliter bien des abus. C'est ainsi que les colonies anglaises n'étaient pas admises au bénéfice du tarif minimum alors que les colonies espagnoles profitaient de cette faveur. Enfin, pour diminuer les chances de fraude, le décret de 1898 réclamait pour tous les produits le certificat d'origine.

Les produits de l'Indo-Chine, à leur entrée en France, ne bénéficiaient que d'une détaxe de 50 0/0 pour les denrées coloniales autres que le sucre et ses dérivés, et encore à la condition qu'elles fussent importées directement et garanties par la justification réglementaire d'origine. Les autres produits originaires de l'Indo-Chine entraient en franchise, sans être soumis à aucun droit de douane.

Le décret examinait ensuite la situation des produits étrangers importés d'Indo-Chine dans une autre colonie française.

---

(1) Nous disons *en fait* parce que si le tarif est appliqué, la question n'est pas encore résolue en droit puisque la loi n'a jamais été promulguée.

Il fut décidé que, conformément à l'article 5 de la loi du 11 janvier 1892, ces produits seraient assujettis au paiement de la différence entre les droits du tarif local et ceux du tarif de la colonie d'exportation.

Tel est le régime actuel de l'Indo-Chine en ce qui concerne les importations. Le problème des tarifs à l'exportation a été plus délicat à résoudre. Jusqu'en 1893, le Conseil colonial de la Cochinchine et le Conseil de protectorat de l'Annam-Tonkin s'étaient crus autorisés à voter et à établir des *taxes locales différentielles* et notamment des taxes de sortie sur les produits locaux. Ces taxes qui frappaient en particulier les riz, paddys, etc. furent maintenues jusqu'en 1895. Mais à cette époque, le comité du Contentieux des colonies dut examiner la question de savoir si les assemblées locales n'excédaient pas leur droit en instituant ainsi des taxes spéciales qui participaient à la fois de l'impôt foncier et du droit de douane. Ce comité, sur un lumineux rapport de M. V. Dislère, trancha la contestation en faveur de la colonie, motif pris de ce que la loi du 11 janvier 1892 permettait l'établissement d'une taxe de sortie.

La question devenait d'autant plus pressante que les droits de sortie sur les riz avaient été étendus à tous les produits exportés de la colonie de Cochinchine ; ils avaient même été établis en Annam-Tonkin par un arrêté du 12 octobre 1895. Or, ces droits créaient de véritables barrières fiscales entre les diverses parties de l'Indo-Chine et il était urgent d'aviser. De ces délibérations résulta le décret du 29 décembre 1898, promulgué par l'arrêté du 7 février 1899, qui régularisait les droits de sortie en les unifiant pour toute l'Indo-Chine, en exemptant tous les produits à destination de la France, et en ne frappant que les exportations à destination de l'étranger. « Le tarif est
« établi de façon à retenir dans le pays les produits naturels
« du sol pour empêcher le renchérissement excessif de l'exis-

« tence matérielle. Les produits industriels sont exempts de
« tous droits pour aider au développement des industries lo-
« cales. »

Pour favoriser le transit à travers l'Indo-Chine et conformément à la loi de 1892, le gouvernement local a établi des entrepôts pour y déposer les marchandises et a exigé que les produits en transit passent par les bureaux expressément désignés à cet effet (1). Une détaxe de 80 0/0 sur les droits d'entrée est allouée aux produits étrangers transitant à travers le pays.

Tel est, dans ses grandes lignes, le régime douanier actuel de l'Indo-Chine. On voit que le gouvernement a voulu, comme il l'a fait pour l'organisation financière, réaliser dans la mesure du possible l'Unité Indo-Chinoise. On peut cependant constater que le système aujourd'hui en vigueur est encore beaucoup trop compliqué et qu'il y aurait un effort sérieux à tenter vers la simplification des tarifs.

RÉGIME DOUANIER DE MADAGASCAR

« Il était de toute justice que le commerce français qui avait eu particulièrement à souffrir du régime Hova et de l'insurrection, fût, du jour où celle-ci fut réprimée, encouragé en raison directe des dommages qu'il avait subis. Je me suis donc attaché à favoriser l'introduction et l'écoulement dans les populations indigènes des produits de l'industrie nationale : c'est ainsi, par exemple, que j'ai laissé aux chefs de province la latitude d'exempter, pendant quelque temps, du paiement des droits de place tout colporteur indigène apportant pour la pre-

---

(1) Les ports et bureaux ouverts aux opérations de transit sont : Saïgon, Hatien et Mytho, en Cochinchine ; Pnom-Penh, Kompong-Chuang, Pursat et Kratié au Cambodge ; Haïphong, Hanoï, Laokay, Langson, Caobang, Ha-Giang et Laïchau.

mière fois sur le marché un produit français nouveau. » Ainsi s'exprime le général Galliéni. Il était, en effet, urgent d'aviser, car l'arrêté du 31 mars 1896 pris par M. le général Duchêne maintenait le régime des traités intervenus entre le gouvernement Hova et les puissances étrangères et notamment avec la France. Ainsi les importations françaises étaient frappées, comme avant la conquête, exactement comme les importations étrangères, d'un droit de 10 0/0 *ad valorem*. Même l'arrêté du 7 octobre 1896 qui accordait le droit d'admission en franchise aux produits français limitait ce droit aux seuls ports occupés par le service des douanes. C'est pour remédier à cet état de choses que fut votée la loi du 16 avril 1897 qui appliquait à Madagascar le tarif général des douanes du 11 janvier 1892, loi qui fut complétée par le décret du 28 juillet 1897 fixant des exemptions au tarif général pour les produits étrangers importés dans la colonie.

Le principe était ainsi posé, et il est juste de reconnaître que si les droits qui frappent les marchandises étrangères au profit des produits français ont paru quelquefois excessifs, notamment en ce qui concerne les tissus, Madagascar se trouvait dans une situation telle, après la conquête, que le commerce français y était à peu près nul, et qu'il était légitime, pour ne pas dire nécessaire, de prendre des mesures qui n'ont certainement qu'un caractère transitoire, mais qui ont permis à nos fabricants de prendre possession de marchés qui leur étaient jusqu'alors presque complètement fermés. Le résultat de ces mesures dont on peut discuter la légitimité, mais dont on ne peut nier la nécessité et les heureuses conséquences, ne s'est point fait attendre, et ce résultat a été définitivement acquis grâce au décret du 31 mai 1898, majorant les droits de douane en ce qui concerne les tissus inscrits au n° 32 du tableau annexé au décret du 28 juillet 1897. Notre industrie des Vosges et de Rouen en a été comme régénérée, pour ne pas dire sauvée.

Vienne ensuite (et cela est inévitable) un régime plus normal et plus libéral et les positions conquises par la France ne pourront plus être compromises.

Toutefois, l'application du tarif général fut modifiée en ce qui concerne l'acide borique, les fruits confits et conserves, la margarine et le beurre, les porcs et saindoux, par un arrêté qui promulguait dans la colonie les lois des 4, 5 et 9 avril 1898. D'autre part aussi un décret à la date du 7 mars 1897 établissait, en dehors du droit de douane, une taxe de consommation dont étaient frappés les produits de toute origine et de toute provenance consommés dans la colonie de Madagascar, qu'ils y eussent été importés, récoltés ou fabriqués. Enfin, un arrêté du 15 septembre 1898 a élevé de 7 fr. 50 à 15 francs les droits de sortie pour les bœufs, les exemptions précédemment autorisées ayant eu pour conséquence d'appauvrir les troupeaux et d'augmenter la cherté de la viande dans la colonie. Par compensation, l'arrêté du 19 avril 1898 exemptait de tous droits de sortie les rhums et alcools fabriqués dans la colonie. Cet ensemble de mesures fut complété et leur exécution assurée par la création du régime douanier à Madagascar. L'arrêté du 24 août 1897 décida qu'aucune marchandise française ou étrangère ne pouvait être importée directement de l'extérieur que par les ports ci-après : Diégo-Suarez, Vohemar, Sainte-Marie de Madagascar, Tamatave, Vatomandry, Mananjary, Fort-Dauphin, Nosy-Vé, Majunga et Nossi-Bé. Dans le but de faciliter les opérations en douane, un arrêté du 22 juillet 1898 a sensiblement réduit le tarif des indemnités à allouer par les commerçants aux agents des douanes, et un autre arrêté du 27 juillet 1898 a prescrit la création d'un entrepôt de douane à Tamatave. « Grâce aux précieuses qualités que n'a cessé de déployer le personnel des douanes, les revenus de la colonie ont augmenté dans une notable proportion, la traite des esclaves a disparu, la contrebande et le commerce des armes ou des munitions a notablement diminué » (général Galliéni). Ce sont là des résultats certains dont il est impossible, quelle que soit l'école économique à laquelle on appartient, de ne pas se féliciter. L'avenir seul pourra nous apprendre dans quelle mesure et sous quelles conditions ces mesures restrictives, qui ont ouvert la grande île au commerce français, devront être modifiées ou atténuées.

LA LÉGISLATION FINANCIÈRE

Les lois de 1833, 1841 et 1855. — Sénatus-consulte de 1866. — Budget national et budgets locaux. — Subventions et contingents. — Opinions de MM. Chautemps, Arthur Girault, Charles-Roux.
L'impôt aux Colonies. — Impôt foncier. — Impôts indirects. — Régimes spéciaux à Madagascar; au Sénégal (budgets régionaux); à l'Indo-Chine (les impôts annamites). — Les régies financières (alcool, opium, sel et allumettes).

Le régime financier des colonies fut organisé pour la première fois par les ordonnances du 26 janvier et du 17 avril 1825 qui firent de chaque colonie une véritable personnalité civile qui eut son budget et ses ressources spéciales (1). Cette organisation fut encore plus exactement déterminée par l'ordonnance du 24 avril 1833 et celle beaucoup plus importante du 31 mai 1838, modifiée par le règlement du 31 octobre 1840, puis par la loi du 25 janvier et l'ordonnance du 22 novembre 1841. L'esprit général de ce régime financier était, en somme, de laisser aux colonies la libre disposition de leurs recettes, mais, par réciprocité, le soin de liquider toutes leurs dépenses, exception faite des dépenses de souveraineté. C'était l'autonomie financière à laquelle on songe à revenir aujourd'hui. Mais les

(1) La première de ces ordonnances concerne la Martinique, la Guadeloupe et la Réunion ; la seconde, la Guyane, le Sénégal et les Etablissements de l'Inde.

conseils coloniaux abusèrent de cette indépendance (comme les conseils généraux devaient abuser quelques années plus tard du sénatus-consulte de 1866) et ces abus devinrent tels qu'il fallut les supprimer. Ce fut dans ce but que fut votée la loi de 1841 qui sépara nettement les dépenses d'intérêt général des dépenses d'intérêt purement local. « L'article 5 de la loi de 1833, disait l'amiral Duperré à la Chambre des pairs, a donné aux conseils coloniaux des attributions dont ces corps politiques n'ont pas généralement usé avec la réserve convenable. Il nous suffira de dire qu'on les a vus refuser des crédits nécessaires au paiement de dépenses dont la fixation est laissée au gouvernement ; que des traitements réglés par des actes de l'autorité métropolitaine ont subi sans nécessité des réductions et même des suppressions qui étaient de nature à compromettre le service ; que, d'un autre côté, des allocations destinées à subventionner ici la presse périodique ont été élevées à des sommes exorbitantes ; qu'enfin le taux de plusieurs contributions locales a été successivement diminué, au point d'amener chaque année des déficits ». La loi de 1841 ne s'appliquait, d'ailleurs, qu'aux Antilles, à la Guyane et à la Réunion. Le vote de cette loi permettait à l'État de percevoir une somme annuelle d'environ 4 millions qui était manifestement supérieure aux dépenses dont il avait pris la charge. Elle avait donc eu pour résultat de modifier au grand avantage de l'État une situation dont jusqu'alors les colonies avaient seules profité.

Ce n'était pas encore un régime définitif et pourtant la loi de 1841 fut appliquée jusqu'en 1855. Il est évident que ce qui laissait surtout à désirer dans tous ces règlements, c'était l'absence presque complète de contrôle. Le budget local était établi, les recettes et les dépenses prévues, le « plan de campagne » préparé par l'ordonnateur. Son projet, après avoir été sommairement examiné et généralement approuvé par le Ministre, était incorporé dans la loi annuelle de finance et voté par le Parlement sans que jamais personne songeât, faute d'informations suffisantes, à y introduire une modification quelconque. On devine les abus qu'une telle façon d'opérer devait fatalement engendrer. Ces budgets ainsi préparés dans la colonie étaient volontairement obscurs, et certains de nos établissements, qui auraient pu aisément faire face à toutes leurs dépenses, trouvaient cependant le moyen d'obtenir de la métropole des subventions considérables dont profitaient les coloniaux sans rien donner en retour.

C'est à cet état de choses que voulut remédier le décret du 26 septembre 1855 qui faisait table rase de tout ce qui existait antérieurement. « Ce décret était la conséquence du sénatus-
« consulte de 1854 qui a séparé en quelque sorte les intérêts
« politiques des colonies à législature de ceux de la métro-
« pole, en donnant à ces colonies une individualité qui en a
« fait autant de sociétés complètes ; les intérêts financiers ont
« suivi le sort des intérêts politiques, chaque colonie a acquis
« son individualité financière et est devenue, sous ce rapport,
« comme un petit Etat, dépendant toujours de la mère-patrie,
« qui n'a pas cessé d'exercer son haut contrôle sur ses affaires,
« mais ayant néanmoins ses *finances particulières*, complète-
« ment distinctes de celles de la métropole (1). » Ce décret établissait donc une distinction très nette entre les budgets *locaux* et le budget de la métropole, laissant à la charge des premiers *toutes* les dépenses d'entretien, de travaux publics, d'administration, de constructions, d'enseignement, et réservant au second les dépenses de souveraineté et de protection, limitativement restreintes par le sénatus-consulte de 1866 « au
« traitement du gouverneur, aux frais du personnel de la jus-
« tice et des cultes, au service du trésorier-payeur et aux ser-
« vices militaires ».

(1) Edouard Petit, *Organisation des Colonies françaises et pays de protectorat*, tome I.

Il semblait que le régime institué par le décret de 1855 donnât satisfaction aux intérêts des colonies tout en défendant les finances de la métropole trop souvent sollicitées. Il n'en fut rien. Par un phénomène inévitable, et grâce à la complaisance de la mère-patrie, les charges de l'Etat augmentaient chaque année pendant que par un phénomène contraire diminuaient les dépenses obligatoires des colonies. On avait, en vain, remplacé les conseils coloniaux par les conseils généraux, la situation ne se modifiait pas et il fallut préciser, par un acte nouveau, l'indépendance, mais aussi la responsabilité financière de nos établissements. Ce fut l'œuvre du sénatus-consulte de 1866 qui déterminait avec exactitude les charges incombant à l'Etat, mais qui maintenait la possibilité des subventions et des contingents, tout en prévoyant que ces subventions seraient désormais déterminées annuellement par la loi de finances. Ce sénatus-consulte applicable, à son origine, aux seules Antilles et à la Réunion, fut successivement étendu à la Guyane en 1878, à l'Inde en 1879, au Sénégal la même année, à Saint-Pierre et Miquelon, à la Nouvelle-Calédonie et à Tahiti en 1885.

Mais sous quel régime allaient vivre les colonies récemment acquises et auxquelles n'avaient pas été accordées des représentations locales ? Ce régime fut déterminé par l'article 3 du décret du 20 novembre 1882 qui fixait les charges à supporter par le budget de la métropole (services pénitentiaires organisés en 1878, subventions à l'instruction publique, etc.) et d'une manière plus générale « les subventions accordées au service local et toutes les dépenses dans lesquelles l'Etat a un intérêt direct et qui sont mises à la charge de la métropole par les lois annuelles de finances et par des lois spéciales ». C'était là une formule beaucoup trop élastique et beaucoup trop vague dont tout d'abord certaines colonies ont largement usé, mais dont l'Etat use, à son tour, depuis quelques années, pour inscrire d'office ou par des demandes réitérées aux budgets locaux des dépenses dont il devrait peut-être assumer la charge. Il est vrai qu'un décret du 16 mai 1891 a modifié la loi du 20 novembre 1882, mais seulement sur des points de détail et d'une façon insuffisante.

On le voit, le régime financier des colonies n'a pas encore été déterminé assez exactement pour que le budget colonial de la métropole soit absolument distinct des budgets locaux. Il y a encore trop de jeu entre les deux budgets, trop de place laissée à l'imprévu. Pourquoi ? Parce que les circonstances n'ont pas permis, alors que nos colonies sont soumises à des régimes si complexes et obéissent à des conditions si différentes, de choisir entre l'autonomie financière absolue et la dépendance complète.

Le régime de 1866 n'a d'autre résultat que de pousser chacune des deux parties en présence à grossir le chiffre des dépenses qui incombent à l'autre « sans que la colonie ait le moyen ou sans que l'Etat ait la volonté de s'y opposer. » Un tel régime ne saurait donner d'heureux résultats. Ce qu'il faut surtout éviter à tout prix, c'est que chaque colonie qui reçoit quelquefois de la métropole des subventions considérables semble pourtant contribuer aux dépenses de la métropole par un contingent inscrit à son budget (1) et qui n'est presque toujours qu'un trompe-l'œil, puisque la somme versée par la colonie est sensiblement inférieure à celle que la métropole lui verse à son tour. « J'ai peine à concevoir qu'une colonie qui reçoit une subvention de la métropole lui verse un contingent. De deux choses l'une : ou la colonie est en situation de faire face à toutes ses dépenses locales, puisqu'on la fait participer aux dépenses que la métropole supporte pour elle, et alors il

---

(1) Toutes les colonies, à l'exception de deux, la Cochinchine et l'Inde, doivent fournir des contingents aux contributions. (Loi du 25 juin 1841).

n'y a pas lieu de lui accorder une subvention; ou elle a besoin pour équilibrer son budget d'une subvention de la métropole, et dans ce cas pourquoi lui imposer un contingent et lui reprendre d'une main ce qu'on lui donne de l'autre ? *En d'autres termes, la subvention devrait exclure le contingent, comme le contingent devrait exclure la subvention* (1). » Le mieux serait peut-être, à l'heure actuelle, de déduire de la subvention annuellement versée le contingent que la colonie doit à la métropole et de verser simplement la subvention ainsi réduite. On y gagnerait en netteté d'abord et en simplification d'écritures ensuite.

Tous les coloniaux sont donc d'accord aujourd'hui pour accorder aux colonies l'autonomie financière aussi complète que possible, en leur laissant toutes les charges dans la mesure où elles peuvent les supporter. Mais ces charges, quelles doivent-elles être ? C'est sur cette question qu'il n'y a pas entente absolue.

Les uns, comme M. Chautemps dans son rapport de 1893, estiment que les colonies devraient être complètement assimilées à la métropole au point de vue des charges qu'elles ont à supporter; qu'elles devraient être tenues non seulement de faire face à toutes leurs dépenses tant civiles que militaires, mais encore de concourir aux charges générales de l'Etat.

Exagérant encore cette théorie, M. Arthur Girault soutient que non seulement les colonies doivent acquitter la totalité de leurs dépenses, mais encore tous les frais de souveraineté faits dans l'intérêt de la métropole dont elles assurent la domination. « Ces dépenses, écrit-il, elles seraient bien obligées de
« les faire elles-mêmes si elles constituaient des Etats indépen-
« dants : il leur faudrait bien un gouvernement, une armée

---

(1) *Comment rendre nos colonies prospères.* Conférence de M. Charles-Roux.

« et des tribunaux. Mais elles font partie de la France, leurs
« habitants jouissent des mêmes droits que leurs concitoyens
« d'Europe ; s'ils ne contribuent pas d'une manière générale
« aux charges de l'Etat, ils doivent tout au moins payer les
« dépenses faites à leur occasion et dont ils ont le profit. »

Telle n'est pas l'opinion de M. Charles-Roux qui condamne comme injustes et excessives les théories que nous venons d'exposer. « Les colonies doivent payer toutes leurs dépenses parce que ces dépenses sont faites dans leur intérêt et parce qu'elles correspondent à des services dont elles ne sauraient se passer. Elles doivent être, par contre, exonérées de toute participation aux dépenses de la métropole parce qu'elles n'en bénéficient point. »

Là est peut-être la vérité. Il est certain que quelques-uns de nos établissements ne pourraient pas satisfaire à de pareilles obligations, et il ne paraît pas très juste de les forcer à participer à des dépenses que la métropole aurait l'obligation d'effectuer, même si elle n'avait pas de domaine colonial. Il conviendrait donc de prendre, en matière financière comme en matière douanière, des décisions d'espèce et non d'établir des règles immuables qui peuvent convenir à quelques-unes de nos colonies et être mauvaises pour d'autres. Une colonie naissante et en voie de devenir a besoin des encouragements matériels et de la protection efficace de la mère-patrie. A mesure qu'elle se développe et grandit, elle peut et doit accepter certaines charges que ses revenus lui permettent d'acquitter ; puis, une fois parvenue à sa majorité, elle devra faire face à toutes ses dépenses avec ses propres ressources et ne pas être contrainte, même en apparence, de contribuer pour une part quelconque aux dépenses de la métropole, sauf le cas où elle devra retirer de ces dépenses un profit direct et immédiat. Quant aux dépenses de souveraineté, la métropole devra en assurer l'acquittement excepté pour les colonies dont la situation économique et financière sera telle qu'elles pourront, sans frapper les habitants de taxes excessives, les acquitter sans compromettre leur équilibre budgétaire. Le gouvernement incline de plus en plus à cette conception, ainsi que le prouve le régime spécial de l'Indo-Chine.

II

L'IMPÔT AUX COLONIES

C'est une opinion généralement admise que les colonies ne connaissent pas l'impôt. Il y a là une erreur qu'il importe de rectifier. En dehors même des douanes et de l'octroi de mer, les habitants des colonies doivent payer des impôts directs déterminés, suivant les cas, par les conseils généraux ou par des arrêtés des gouverneurs. La seule différence consiste dans ce fait que tous les impôts directs aux colonies sont des impôts de quotité. Une autre distinction à établir, c'est que ces impôts, extrêmement variés et variables (les cinq territoires de l'Inde française possèdent cinq régimes fiscaux différents) sont, d'une manière générale beaucoup moins élevés que dans la métropole. « En divisant le produit total des impôts par le nombre d'habitants, on obtient une moyenne de 33 fr. par tête pour les Antilles et la Réunion, de 15 fr. pour la Cochinchine. » Même en ajoutant à ces charges, minimes en somme, (étant donné surtout que la majeure partie des indigènes y échappe par leur pauvreté ou la facilité de vivre de peu et au dehors), les taxes indirectes, on peut constater qu'en somme les habitants des colonies sont beaucoup plus favorisés que ceux de la métropole.

Quels sont les principaux impôts directs ?

Le plus important est l'impôt foncier. Presque nul dans les pays neufs, il est facile à supporter, même dans les vieilles colonies qui ont atteint leur plein développement. Mais il varie beaucoup trop suivant la valeur des terres. Cette distinction, qui a sa raison d'être dans la métropole, risque aux colonies de décourager les initiatives et de laisser en friche des terrains qui auraient été mis aisément en valeur. Aussi M. Leroy-Beaulieu s'est-il prononcé pour une taxe uniforme qui serait naturellement très légère. Comme on peut le constater, nous n'en sommes pas là et l'opinion de M. Leroy-Beaulieu est, d'ailleurs, contestable. L'impôt foncier est perçu dans toutes les colonies, sauf au Congo, à Tahiti, à Obock et à Saint-Pierre et Miquelon ; à la Martinique, il atteint 7 0/0 du revenu net ; au Sénégal, 4 0/0 ; en Nouvelle-Calédonie, il est fixé à 0 fr. 50 pour 100 fr. ad valorem ; à Pondichéry, il est de 25 0/0 du produit brut du sol diminué de 10 0/0 (1). A la Guyane, ce droit établi pour la ville de Cayenne à raison de 5 0/0, s'abaisse à 3 0/0 pour les faubourgs ; à la Réunion, l'impôt foncier appelé impôt des *maisons* ne porte, comme son nom l'indique, que sur les propriétés bâties ; il monte à 35 centimes pour 100 fr. de la valeur estimative établie non sur la valeur en capital, mais d'après le revenu. Nous pourrions multiplier les exemples, mais ceux-ci suffisent pour établir que nous sommes loin de l'unification rêvée par les économistes. Sans demander, comme eux, ce qui est impossible, en raison des différences de sol, de climat, de main-d'œuvre, que l'impôt foncier soit égal dans toutes nos colonies, peut-être pourrait-on désirer un peu plus d'unité et moins de caprices, en un mot, une règle qui se plierait, sans doute, aux exigences locales, mais toutefois assez précise pour interdire de tels écarts et des variations dont la cause n'apparaît pas suffisamment.

(1) Il existe, en outre, dans l'Inde, un impôt sur les *terres à saline* perçu dans les établissements de Pondichéry et de Karikal.

L'impôt foncier n'est pas le seul impôt direct que connaissent les colonies. Bien que moins universellement appliqué, l'impôt personnel n'y est pas totalement inconnu. En Cochinchine, les Annamites sont frappés d'une contribution personnelle qui a été fixée par une délibération du conseil colonial du 7 janvier 1887. Il est d'ailleurs minime. Quant aux Asiatiques étrangers, ils sont également soumis à une taxe qui varie suivant que le contribuable appartient à la première, à la deuxième ou à la troisième catégorie. (Ces catégories sont calculées sur le montant de l'impôt foncier payé par chacun de ces Asiatiques.) Au Sénégal, la contribution personnelle, qui devait être primitivement perçue sur tous les habitants (décret du 4 août 1860 et arrêté du 9 août 1861), ne l'est plus aujourd'hui que sur les indigènes de Dakar et dans les villages du 2me arrondissement (délibération du Conseil général du 8 avril 1881) ; il est invariablement de 1 fr. 50 par tête. A Mayotte et à Nossi-Bé, il est payable par tous les habitants, mais il se complique d'un permis de séjour qui est de dix francs pour les Africains et de vingt francs pour les Indiens. A la Réunion, la taxe personnelle existe depuis 1848 (arrêté du 29 décembre) et elle a été fixée, par un décret du 15 décembre 1886, à six francs par individu ayant un revenu personnel ou exerçant une profession. Là aussi existe un permis de séjour payable par les Africains et par les Asiatiques (arrêtés du 31 mars 1887 et 27 décembre 1888). Enfin, à Tahiti, la taxe personnelle est uniforme : elle a été fixée à 20 fr. par un arrêté du 28 novembre 1889.

Tels sont les deux impôts directs les plus importants. Il ne faut cependant pas oublier de dire que la contribution mobilière, exception faite des petits loyers, existe encore aux Antilles et dans les établissements français de l'Océanie, que l'impôt des patentes qui constitue une des principales ressources des colonies existe dans presque toutes, sous la forme d'un droit, proportionnel au Sénégal, en Cochinchine et en Océanie, et d'un droit fixe partout ailleurs.

Enfin, dans l'Inde et à la Réunion, les propriétaires de voitures sont passibles d'un droit fixe; la taxe sur les biens de main-morte est perçue à la Réunion; la Guyane et la Nouvelle-Calédonie ont établi des redevances sur les mines, et toutes les colonies où le système décimal a été rendu obligatoire connaissent le droit de vérification des poids et mesures.

N'est-il pas enfin légitime de considérer comme rentrant dans la catégorie des impôts directs, l'impôt sur le revenu des valeurs mobilières aux Antilles, les prestations de l'Océanie, l'impôt sur les barques de rivières et de mer en Cochinchine?

Les impôts indirects sont beaucoup moins nombreux et ne fournissent pas aux colonies des ressources bien importantes. En fait, ils se réduisent à peu de chose, en dehors des droits de douane et de l'octroi de mer.

1° Ce sont, d'abord, *les droits d'enregistrement* proprement dits (grande ordonnance du 31 décembre 1828 applicable à la Martinique, à la Guadeloupe et à la Guyane) qui se divisent en droits fixes et en droits proportionnels, les droits *d'hypothèque* et les droits *de greffe* (sauf à Diego-Suarez, au Gabon et à Sainte-Marie de Madagascar) et l'impôt *du timbre* (décret du 16 août 1893 relatif au Sénégal).

2° *Les droits de navigation* qui se décomposent en congés et passeports, *permis de navigation*, etc. (sauf en Cochinchine), en *droits sanitaires*, droits de *francisation* (sauf dans l'Inde), droit de *conduite* des bâtiments étrangers (à la Martinique), droit de *navigation intérieure* (à la Nouvelle-Calédonie), droit de *statistique* (à la Guadeloupe); droit sur les *caboteurs coloniaux* (à la Martinique et à la Réunion); droit *d'amarrage* sur *les corps morts* (à la Martinique et à Saint-Pierre et Miquelon), taxe sur *la cale de halage* (Tahiti).

3° *Les droits sur les boissons* dans lesquels il faut distinguer les *taxes de fabrication* (Réunion, Chandernagor, Cochinchine), les *taxes de consommation*, les *taxes de circulation* et le *droit de détail*.

4° *Les droits sur les tabacs.* — Si la culture du tabac est libre dans les colonies, la fabrication est presque toujours imposée (décret du 27 septembre 1890 relatif à la Guadeloupe). Enfin un droit de *consommation* atteint presque toujours les tabacs importés (arrêté du 5 août 1889 spécial à l'Inde).

5° *Les droits sur l'opium* qui s'élèvent à la Guyane à 40 fr. par kilogramme, à 100 0/0 en Nouvelle-Calédonie.

6° *Monopoles.* — Parmi les principaux, il faut citer les taxes perçues par l'administration des *postes et télégraphes* (loi du 3 mai 1853), la vente du *sel* qui constitue un monopole à Pondichéry, Mahé, Karikal et Yanaon, tandis qu'à Chandernagor les habitants l'achètent sur le territoire anglais dont le gouvernement paye annuellement à la France une subvention de 20,000 roupies (1). C'est également dans l'Inde que la vente des spiritueux a été monopolisée par le gouvernement local qui

---

(1) Depuis le 7 mars 1815 le gouvernement anglais a obtenu le privilège d'acheter le sel fabriqué dans les possessions françaises et de payer à la France, pour prix de cette concession, une rente annuelle de « quatre lais de roupies siccas », ce qui représente une valeur approximative de 690,000 fr. Comme ce traité du 7 mars 1815 bientôt aggravé par la Convention du 13 mai 1848 qui vendait à l'Angleterre, moyennant une deuxième indemnité, les salines de nos établissements, avait eu pour conséquence de ruiner le commerce du sel dans l'Inde française, la colonie n'a jamais cessé de réclamer l'inscription au budget local de cette ressource dont la métropole a tenu à conserver la libre disposition. Il semble bien cependant que les revendications de la colonie soient légitimes, et la question a été étudiée, dans ces derniers temps, par les deux parties intéressées, avec le désir sincère d'aboutir à une entente définitive.

les adjuge aux enchères publiques (arrêté du 23 juillet 1889 et décret du 9 juillet 1890). Enfin le monopole de l'opium constitue une des ressources de la Cochinchine. La ferme a été remplacée par la régie directe (décret du 1er mai 1881) ; à Tahiti, le gouvernement local monopolise l'opium sous condition qu'il n'en sera annuellement importé que 1200 kilogrammes au maximum.

7° *Taxes diverses*. — Citons enfin quelques taxes de consommation qui frappent des produits variés (notamment aux Antilles, un droit d'entrepôt de poudre ; un droit d'entrepôt de pétrole à Saint-Pierre et Miquelon ; un droit d'entrepôt de dynamite au Sénégal, etc.)

Cette énumération est longue, mais les impôts perçus aux colonies sont cependant sensiblement inférieurs à ceux de la métropole. Sauf pour les vieilles colonies où notre système fiscal a été transporté un peu à la légère, nos établissements d'outre-mer sont, en réalité, affranchis d'une grande partie des obligations financières qui pèsent sur les citoyens français du continent. Ce n'est, d'ailleurs, que justice, puisqu'il faut donner plus d'indépendance et une plus libre disposition de leurs ressources à ceux qui courent les risques d'entreprises hasardeuses ou qui entreprennent de créer des cultures et des industries rémunératrices dans des pays neufs. Il n'en est pas moins vrai qu'il y a là une considération qu'il ne faut pas perdre de vue quand on discute des charges réciproques qui doivent être réparties entre les colonies et la mère-patrie.

RÉGIMES SPÉCIAUX

Telles sont, dans leurs grandes lignes, les dispositions financières qui régissent les finances de nos colonies. Mais il est certains budgets qui font exception et qui obéissent à des lois spéciales : tels sont, par exemple, le budget de Madagascar, les budgets régionaux du Sénégal et surtout le budget de l'Indo-Chine.

Madagascar. — Aux termes des décrets du 11 décembre 1895 et du 3 août 1896, il est institué dans notre colonie de Madagascar un budget local alimenté, d'une part, par des recettes locales et, d'autre part, par une subvention métropolitaine. Ce budget est arrêté par le résident général en conseil d'administration.

Le premier budget régulier date de 1896 ; il était, d'ailleurs, essentiellement provisoire et se subdivisait en deux parties : *services métropolitains* comprenant quatre chapitres et *services indigènes* qui en comptaient deux. Les chiffres fixés par M. Laroche étaient de 3,776,833 fr. pour le premier titre et de 544,000 pour le second.

Le budget de 1897 fut plus précis et mieux étudié, mais il ne faisait pas état des recettes encore problématiques et mal connues ; celui de 1898, divisé en 32 chapitres, constituait un nouveau progrès et énumérait déjà les recettes probables, mais on peut dire que le budget de 1899 fut le premier budget normal, établi par l'ordonnateur conformément à la loi. Les principales recettes qui y sont prévues sont les suivantes :

1° *Rachat des prestations*, droit qui, de 15 francs en 1898, fut porté à 45 francs pour 1899 ;

2° *Taxe de capitation* qui, de 3 fr. 50, fut élevée à 3 fr. 75, soit trois quarts de piastre, division à laquelle les malgaches sont accoutumés ;

3° *Impôt sur les maisons*, à raison de 2 francs par maison à étage et de 1 franc par maison sans étage.

4° *Droits de place sur les marchés, les taxes d'affouage et les droits de péage.*

5° *Les douanes.* — « Par suite de l'application à la colonie du « tarif général des douanes et de l'augmentation du tarif pri-

« mitivement imposé aux tissus, les importations des marchan-
« dises étrangères diminuent de jour en jour ; en conséquence,
« les prévisions des recettes douanières proprement dites ont
« dû être réduites. Par contre, étant donné l'accroissement du
« commerce général, les sommes inscrites au titre des taxes
« de consommation furent portées à un chiffre plus élevé (1). »

Quant aux dépenses, elles ont été prévues de façon à inscrire un chiffre global à répartir suivant les besoins, au lieu de
spécifier, comme jadis, le détail des sommes affectées à chaque
province et à chaque commune.

En somme, le budget de 1898 atteignait comme recettes le
total de 9,664,948 francs (y compris la subvention de deux
millions de la métropole) et comme dépenses 9,659,319 fr. (2) ;
celui de 1899, 11,136,090 fr. comme recettes et 11,135,066 fr.
comme dépenses. Enfin celui de 1900 a été prévu ainsi qu'il
suit :

  Recettes . . . . 13,772,000 fr.
  Dépenses . . . . 13,771,609 fr.

Dans les recettes figure toujours la subvention métropolitaine qu'un vote du Parlement a ramenée de 1,800,000 à
1,700,000 fr.

Mais à coté du budget ordinaire est inscrit un budget extraordinaire consacré aux travaux publics et qui est alimenté par
la conversion de l'emprunt malgache de 1886. La loi du 5 avril
1897 autorisait la colonie à émettre 60,000 obligations de
500 fr. dont 40,000 pouvaient être émises immédiatement et
les autres 20,000 au fur et à mesure du vote des Chambres. La
situation de l'ensemble de ces crédits au 1er janvier 1899 était
la suivante :

(1) *Rapport d'ensemble du général Galliéni sur la situation générale de
Madagascar*, tome II, 1899.

(2) En réalité, la situation définitive de l'exercice 1898 a donné comme
dépenses 10 millions 1/2 et comme recettes 12 millions.

RECETTES

Produit net de l'émission de 40,000 obligations	17,650,000 fr. »
Somme remise à la disposition de la colonie .	854,477 95
Boni de 11,000 obligations émises en 1898 . .	4,936,250 »
Total des recettes.	23,440,727 fr. 95

DÉPENSES

Charges résultant de la conversion	13,795,522 fr. 05
Somme réservée en France	854,477 95
Dépenses de 1897	3,660,585 92
Dépenses de 1898	3,913,125 »
Total des dépenses	22,229,710 fr. 92

BALANCE

Recettes	23,440,727 fr. 95
Dépenses.	22,229.710 92
Reste disponible	1,211,017 fr. 03

« Le moment est venu, ajoute dans son rapport le général Galliéni, de soumettre au Parlement des propositions en vue de l'emploi des 9,000 obligations constituant actuellement le reliquat de l'emprunt malgache. » Nous verrons au chapitre consacré aux travaux publics comment se justifie cette nécessité.

Ajoutons, pour être complet, que sur la proposition de M. l'inspecteur Crayssac, il a été institué à Madagascar des budgets spéciaux à chaque province ou cercle, capables, en dehors des prévisions du budget régulier, de subvenir à l'acquittement des dépenses relatives aux travaux neufs, aux travaux d'entretien, aux dépenses imprévues et aux dépenses de police administrative. Ces budgets spéciaux sont alimentés par une partie des taxes sur les marchés et la totalité des amendes administratives.

BUDGETS RÉGIONAUX DU SÉNÉGAL

Un décret du 13 décembre 1891 a permis au gouverneur de déterminer, par un arrêté pris en conseil privé, des circonscriptions administratives qui seraient dotées d'un budget particulier. Les crédits inscrits à ces budgets devaient être pour une grande part affectés à des dépenses de personnel, à des travaux d'utilité publique et à la création d'écoles. Quant au surplus, qui ne devait pas excéder un quart des recettes totales, il constituait un contingent versé au budget local pour faire face aux dépenses qui intéressaient l'ensemble des pays protégés. Ce décret fut complété par un autre, en date du 30 décembre 1896, qui soumettait les comptes de ces budgets au contrôle de la commission des comptes de l'Indo-Chine.

Pour bien comprendre le fonctionnement de ce budget, prenons comme exemple les budgets régionaux du Sénégal et dépendances pour 1898. Le budget des recettes et dépenses communes des pays de protectorat donne comme recettes 270,335 fr. 50 et une somme égale comme dépenses. Les recettes sont uniquement constituées par des contributions versées par chaque commune. Les dépenses s'appliquent à la solde du personnel attaché à la direction des indigènes, au personnel de la recette centrale et du trésor et du contrôle financier; au service des travaux publics, au paiement des professeurs et instituteurs du collège des fils de chefs, à l'entretien de l'école. 28,500 francs sont affectés aux missions et frais de voyage; 67,120 fr. aux dépenses diverses et imprévues; 4,000 à la maison d'hospitalité. Quant aux budgets régionaux ils sont au nombre de huit (Bakel, Kaëdi-Matam, Podor, Cayor, Louga et Dagana, Thiès, Foudiougne Nioro, La Casamance). Sans vouloir entrer dans l'extrême détail, nous pouvons examiner, comme le type le plus complet de tous, celui de Bakel. Il se solde en recettes à la somme de 67,370 francs répartis en cinq paragraphes : 1° redevances, impôts ou contributions consentis par les chefs indigènes ; 2° Produit des amendes ; 3° Droits de péage ; 4° Recettes diverses et accidentelles ; 5° Produit des exercices clos. Les dépenses qui absorbent exactement la totalité des recettes s'expliquent : 1° par le quart des recettes du budget régional versé au budget des contingents et dépenses communes ; 2° par le paiement du personnel supplémentaire adjoint à l'administrateur ; 3° par l'entretien des écoles et la solde du personnel enseignant ; 4° par les travaux d'utilité publique ; 5° par les dépenses des exercices clos. Ces quelques détails suffisent pour donner une idée assez exacte de la façon dont sont dressés et dont se bouclent les budgets régionaux du Sénégal.

RÉGIME FINANCIER DE L'INDO-CHINE

C'est en 1863 que, pour la première fois, apparut en Cochinchine un projet de budget régulier. Pour la première fois on distinguait entre les dépenses imposées au budget métropolitain et celles qui étaient laissées à la charge des services locaux (décret du 10 janvier 1863). Toutes les dépenses autres que celles des services militaires et maritimes et les traitements du gouverneur et du trésorier de la colonie devaient être acquittées par le budget des services locaux. La situation ne se modifia pas sensiblement jusqu'en 1884, époque à laquelle, en vertu de la convention conclue pour régler les rapports de la France et du Cambodge, toutes les charges du protectorat durent être supportées par le pays protégé. Deux ans plus tard (17 mai 1886), le service financier de ce pays était organisé par un arrêté du gouverneur de la Cochinchine. En exécution de cet arrêté les frais des expéditions entreprises étaient imputés au budget de l'Etat. Enfin « en vertu du décret du « 27 janvier 1886 et à partir du 1er janvier 1887, le protecto- « rat, institué en service autonome, jouit d'un budget propre « qui reçut l'imputation de toutes les dépenses des troupes de « terre et de mer, de la flottille, des administrations civiles et « militaires, employées en Annam et au Tonkin. La partici- « pation de l'Etat aux frais de l'occupation fut assurée par le « versement des subventions allouées à l'aide de crédits légis- « latifs et portées en réalité au budget du protectorat (1). »

Le budget ainsi compris ne supprimait pas le budget local de chacun des pays de l'Union. Son existence fut, d'ailleurs, de courte durée, car il fut supprimé par un décret du 11 mai 1888 et remplacé par quatre budgets :

Cochinchine (délibéré en conseil colonial et arrêté par le gouverneur général) ;

Budget du Cambodge ;

Budget de l'Annam-Tonkin ;

Budget du Laos aux dépenses duquel les trois autres budgets versaient une part contributive.

Les comptes de gestion de ces budgets devaient être vérifiés par une commission spéciale instituée à Paris (décret du 25 octobre 1890) ; les comptes de trésorerie du Laos furent soumis à l'examen de cette commission par un décret du 3 août 1896 (2).

Mais la formule définitive n'était pas encore trouvée. Dès son arrivée en Indo-Chine, M. Doumer songea à réaliser l'unification des budgets de l'Indo-Chine. Un premier résultat fut acquis, en 1897, par le décret du 6 octobre qui créait le service

(1) Edouard Petit, *Organisation des colonies françaises et pays de protectorat*.

(2) Voir Gustave Demorgny, *les Principales Réformes financières en Indo-Chine de 1887 à 1890*. Nous avons fait de nombreux emprunts à cet excellent ouvrage.

unifié des douanes et régies de l'Indo-Chine. Enfin le décret du 31 juillet 1898 constitua définitivement le budget général de l'Indo-Chine. « Ce budget comprend, d'une part, les dépenses du gouvernement général et des services qui en dépendent directement, de l'inspection mobile des colonies, de la portion des services militaires de l'Indo-Chine, du service de la justice française, des administrations des douanes et régies, des postes et télégraphes et des autres contributions indirectes ainsi que des travaux publics d'intérêt général ; et, d'autre part, pour faire face à ces dépenses, les impôts indigènes, les recettes des douanes et régies et des contributions indirectes. »

Pour bien saisir l'économie générale de ce budget ainsi compris, il faut tout d'abord distinguer entre les impôts annamites et les produits des douanes et régies.

L'ensemble de l'impôt payé par la population annamite s'élève à la somme de 3,300,000 francs environ. Cet impôt se répartit en quatre chapitres :

1° Impôt personnel ;

2° Impôt foncier ;

3° Rachat de corvées ;

4° Droit d'enregistrement des brevets de mandarins au Tonkin.

Impôt personnel. — « L'impôt personnel est perçu au Tonkin sur chaque homme valide, inscrit au rôle officiel. » On distingue deux classes d'inscrits : la première comprenant les Annamites de 21 à 54 ans qui paient 0 p. 40 et la deuxième de 18 à 20 ans qui n'acquittent qu'un droit de 0 p. 20. Comme en l'absence de tout état civil régulier, le contrôle était absolument illusoire et que, d'autre part, les notables de chaque commune avaient intérêt à dissimuler le nombre de leurs inscrits, le gouvernement, après avoir vainement essayé d'imposer aux communes un nombre d'inscrits proportionnel à leur surface cultivée, s'est décidé à délivrer à chaque indigène inscrit une carte d'identité qui coûte 2 p. 20 par an et à tout indigène non inscrit une carte à 0 p. 40 seulement. Mais pour compenser la perte que devait fatalement subir le budget de ce chef, il imposa à chaque commune un nombre de cartes pour les indigènes non inscrits, triple de celui des cartes d'inscrits. Ce système a pour double résultat d'abord d'atteindre l'individu et non plus seulement la commune, entité collective et difficilement saisissable ; ensuite de donner à chaque Annamite une sorte d'état civil qui lui constitue une sorte de personnalité. L'impôt est dû par tout homme valide, âgé de 18 à 60 ans révolus. L'impôt personnel donne un revenu de 1,100,000 francs. Comme corollaire, l'arrêté du 2 juin 1897 supprimait la taxe de rachat de vingt journées de travail que payait auparavant chaque Annamite inscrit.

Impôt foncier. — Ce serait une grave erreur de croire que l'impôt foncier est difficile à établir en Indo-Chine. Il n'en est rien. En réalité, le cadastre existait dans ce pays avant l'occupation française, et les rôles d'impôt foncier sont établis « d'après le recensement cadastral prescrit par l'empereur Gia-long dans la quatrième année de son règne en 1806 ». Est-il besoin d'ajouter que ce cadastre fut mal exécuté, chaque commune s'ingéniant à frauder sur la qualité des terres cultivées sur son territoire? Aussi le protectorat songea-t-il à remédier à cette situation défectueuse en 1888, puis en 1893 et en 1894. Il ne semble pas que les efforts tentés en ce sens aient donné de bons résultats. Les géomètres qui en furent chargés traitèrent de gré à gré avec le protectorat et s'empressèrent de sous-traiter avec des individus qui manquaient des connaissances techniques les plus élémentaires. Aussi une commission instituée le 8 janvier 1895 étudia-t-elle les moyens pratiques d'organiser en Indo-Chine le système de l'*act torrens* (1). En

---

(1) Voir plus loin le *Régime agricole des colonies.*

attendant que cette réforme fût susceptible d'être réalisée, un arrêté du 2 juin 1897 modifia la répartition de l'impôt foncier en divisant la propriété foncière en deux catégories, la première étant elle-même subdivisée en deux classes et la deuxième en quatre. L'impôt foncier fut légèrement augmenté, mais, comme compensation, la taxe additionnelle de 5 0/0 au principal des impôts annamites était supprimée. Le même arrêté du 2 juin créait un étalon de 0^m,40 conforme aux habitudes annamites et rendait son emploi obligatoire. Le *mau* (mesure du pays) était définitivement fixé à 3,600 mètres carrés. Cet impôt foncier produit annuellement une somme de 2,200,000 fr.

Rachat des corvées. — En vertu de la vieille législation annamite, le peuple est corvéable à merci. Les grands travaux ont toujours été entrepris et exécutés par les communes qui désignaient elles-mêmes les indigènes qui devaient, pendant un certain nombre de jours, consacrer leur temps et leurs bras aux travaux entrepris. C'était là une charge fort lourde à laquelle ont de tout temps résisté les Annamites qui n'acceptaient guère volontiers que le travail de réfection des digues parce que ce travail leur était directement utile et qu'ils en comprenaient la nécessité. Le protectorat décida donc la suppression des corvées et son remplacement par une taxe fixe payée en bloc par chaque commune et égale à peu près à 28 journées de travail par tête d'inscrit. Cette réforme a été généralement bien accueillie par la population.

Droits d'enregistrement des brevets mandarins. — Il n'en a pas été de même des droits d'enregistrement des brevets. Les mandarins avaient toujours été exempts d'impôts ; c'était une des prérogatives dont ils étaient le plus naïvement fiers. Il était donc peut-être impolitique de froisser ainsi leur dignité et de nous aliéner leurs sympathies. Cependant les nécessités budgétaires ont décidé le gouvernement à maintenir un droit fixe de cinq francs, payable tous les trois ans. Il y aurait lieu, semble-t-il, d'étudier le moyen de modifier cette taxe et de lui substituer d'autres ressources qui paraissent moins vexatoires à ceux qui les payent.

Certaines modifications, insignifiantes d'ailleurs, ont été introduites dans cette organisation, à dater du 1ᵉʳ janvier 1899. C'est ainsi que l'impôt personnel et celui du rachat des corvées ne formeront plus qu'un seul impôt ; que pour l'impôt foncier il sera établi un rôle numérique par village, et que les terres seront divisées en rizières (quatre catégories) qui paieront de 1 p. 50 à 0 p. 60 et en six catégories de terrains inférieurs taxés à 1 p. 50 à 0,20 par *mau*.

Tels sont les impôts annamites. Quant à la perception, elle s'accomplit d'une façon régulière. Le versement du numéraire est fait directement par les maires accompagnés d'un certain nombre de leurs administrés au bureau du percepteur européen de la résidence. Depuis le 1ᵉʳ janvier 1899, la perception des impôts en nature a été complètement supprimée.

RÉGIES FINANCIÈRES

Le budget de l'Indo-Chine est également alimenté par le produit des régies financières qui sont, depuis 1899, administrées par la Direction des douanes et régies. Les impôts en régie sont ceux qui frappent l'alcool, l'opium, le sel et les allumettes.

Les arrêtés des 1ᵉʳ avril et 9 décembre 1893 qui règlent le régime des alcools dans la colonie distinguent entre les alcools fabriqués en Indo-Chine et les alcools importés. Pour les premiers le régime actuel est celui de la fabrication libre, sous réserve du paiement des taxes fiscales établies par les pouvoirs locaux. Mais comme presque tous les indigènes sont de véritables bouilleurs de crû, une certaine tolérance a été consentie en leur faveur. D'autre part, les industriels qui distillent mensuellement moins de 3,000 litres d'alcool pur sont assujettis à un droit fixe annuel qui ne doit pas excéder 720 francs et qui est perçu par les agents de l'administration des douanes. En ce qui concerne les alcools importés, le conseil colonial, dans sa séance du 19 janvier 1897, élabora un projet qui frappe d'une taxe unique de 0 fr. 20 tous les alcools importés dans la colonie, mais cette taxe n'a pas encore été appliquée. Plus récemment, un arrêté du 9 mars 1898 a réglementé pour toute l'Indo-Chine le régime de la dénaturation des alcools, en l'admettant au bénéfice d'une taxe de consommation réduite, fixée à 20 francs par hectolitre d'alcool pur.

Cette courte étude ne serait pas complète si nous n'examinions pas les différences du régime des alcools dans les différentes parties de l'union Indo-Chinoise.

En Cochinchine, un arrêté du 16 septembre 1898 (en vigueur depuis le 1er janvier 1899) établit un régime spécial pour les alcools et différencie les alcools indigènes des alcools destinés à la consommation européenne. Ces derniers sont frappés d'un droit de 2 fr. 50 par litre d'alcool pur.

Au Tonkin, la vente des alcools indigènes, en vertu de l'arrêté du 1er juin 1897, est affermée en régie intéressée. L'adjudicataire est tenu de payer deux redevances, la première fixe et annuelle, la deuxième variable et graduée suivant les provinces. Le mode d'adjudication varie également de district à district. C'est ainsi que le marché de gré à gré existe pour la ville de Hanoï, pendant qu'un cahier des charges est imposé au soumissionnaire pour les provinces de Bac-Ninh, de Langson et de Laokay. Ce système rapporte déjà mensuellement près de 85,000 francs et aboutira sous peu à la régie directe.

En Annam, le régime des alcools est celui du monopole pour la fabrication, le transport et la vente. Ce monopole était concédé à un colon qui prenait le nom de « débitant général des alcools indigènes en Annam » (contrat du 1er novembre 1897) et qui payait au protectorat un droit qui s'élevait environ à 448,000 piastres par an. Mais tout récemment le débitant général a résilié son contrat et le monopole d'exploitation a été divisé par province comme au Tonkin, à partir du 1er décembre 1898.

Au Cambodge le régime est identique à celui de la Cochinchine.

II. — Le régime de l'opium a été unifié en Indo-Chine par l'arrêté du 7 février 1899. Cet arrêté établit dans toute l'Indo-Chine un monopole d'État, maintenu à l'administration des douanes et régies; mais la vente peut être confiée à des tiers autorisés qui prennent le nom de débitants généraux de la régie. C'est, en somme, l'application à toute l'Union du régime appliqué au Tonkin par l'arrêté du 8 juin 1893. L'opium et le *Chandoo* destinés à la mise en vente sont manipulés dans une manufacture placée sous la surveillance et la direction d'un entreposeur général de la régie qui lui-même est contrôlé par l'administration des douanes et régies et soumis à la vérification d'une commission technique de surveillance (arrêté du 25 juillet 1898). La vente de l'opium est prévue au budget de la Cochinchine pour une somme de 10,025,000 fr.; au Tonkin pour 866,000 fr. et en Annam pour 250,000 piastres.

III. — On peut dire que le gouvernement a beaucoup varié en ce qui concerne le régime à adopter pour l'impôt du sel. Cet impôt a, d'ailleurs, une grande importance, d'abord parce que les Annamites font une grande consommation de sel, ensuite parce qu'il constitue une des ressources les plus importantes du budget des protectorats. Un arrêté de 1897 avait réglementé la quotité, l'assiette et le mode de perception de la taxe. A cette époque, «les sauniers devaient livrer à l'entrepôt de leur localité la totalité du produit de leur fabrication et dans aucun cas ils n'avaient le droit de céder et de vendre directement le sel. On conçoit qu'une telle obligation était une vériable prime à la contrebande. Aussi essaya-t-on, en 1898, d'un nouveau système. Le paiement de la taxe fut alors demandé non plus au producteur, mais au consommateur. Dans ce but, l'arrêté décidait l'établissement de magasins de dépôt destinés à recevoir le sel, l'application d'une taxe de consommation, dont étaient exempts les sels exportés et tous les sels logés en entrepôt, et enfin la liberté de circulation était accordée aux sels ayant satisfait aux exigences du fisc. Malheureusement le gouvernement eut recours à une compagnie concessionnaire qui s'engageait à verser annuellement, pour une durée de dix ans, 300,000 piastres; cette compagnie s'empressa, contrairement à ses engagements, à céder une partie de ses droits à des chinois qui abusèrent de la situation au point que le contrat dut être résilié le 19 mars 1898. Enfin l'organisation de la régie directe fut décidée pour toute l'Indo-Chine par un arrêté du 20 mai 1898.

IV. — Les allumettes étaient soumises à un droit de timbre et de consommation prévu au budget de 1898 pour une somme de 60,000 piastres; un régime identique avait été appliqué en Cochinchine par un arrêté du 15 décembre 1897. Enfin, l'arrêté du 7 février 1899 a unifié pour toute l'Indo-Chine le régime des allumettes.

En 1897, le budget de l'Indo-Chine s'était soldé par un excédent de 3 millions et, au mois de novembre 1898, le budget accusait un excédent de 5 à 6 millions de recettes sur les prévisions budgétaires. Les contributions indirectes qui alimentent le budget général étaient prévues, dans ce même exercice, pour une somme de 40,000,000 de francs, supérieure de 3,500,000 fr. au rendement de 1897. En outre, les dépenses de travaux publics étaient inscrites au budget de l'Indo-Chine pour une somme de 7,700,000 francs, et cette somme devait nécessairement accroître le gage des créanciers de l'emprunt. C'était déjà un heureux résultat et qui témoignait de la vitalité et de la prospérité de notre colonie. Le budget de 1899, mieux conçu, plus un, plus attentivement préparé, accuse des résultats plus significatifs encore.

Ce budget s'équilibre de la manière suivante :

Dépenses	17,617,500 piastres
Recettes.	17,620,000 —
Excédent des recettes .	2,500 —

Ce qui, étant donné que la piastre a été évaluée pour le calcul des crédits à 2 fr. 40, donne un chiffre de 42,282,000 fr. en dépenses et de 42,288,000 fr. en recettes, d'où un excédent de 6,000 francs.

« La note préliminaire au sujet des dépenses du budget général établit :

1° Que les dépenses d'intérêt commun à l'Indo-Chine étaient autrefois réparties entre les divers budgets locaux ;

2° Que certaines de ces dépenses ne figuraient à aucun des budgets indo-chinois (grands travaux publics, contribution de l'Indo-Chine aux frais entraînés par la création de plusieurs postes consulaires en Extrême-Orient) ;

3° Que des dépenses militaires importantes qui incombaient au budget de la France ont été mises à la charge de la colonie;

4° Que les contributions payées par l'Indo-Chine à la métropole ont été réduites de 4,552,000 fr. à 100,000 fr. ;

5° Qu'il y a lieu de tenir compte, pour comprendre l'augmentation des crédits inscrits en francs à certains chapitres, de ce fait que le taux de la piastre a été évalué à 2 fr. 50 en 1898 et qu'il n'était plus que de 2 fr. 40 au moment de l'établissement du budget général de 1899. »

Ajoutons, en terminant, que les disponibilités appelées à provenir de l'achèvement des grands travaux publics doivent former, dès la fin de 1903, un total de crédits s'élevant à une somme de près de 8,000,000 de francs.

Ordonnances, lois, décrets et arrêtés relatifs à la législation financière.

26 janvier et 17 avril 1825 (ordonnances).	Ordonnances donnant aux colonies la personnalité civile, un budget et des ressources spéciales.
Ordonnance du 31 déc. 1828.	Déterminant les droits d'enregistrement à la Martinique, à la Guadeloupe et à la Guyane, donnant aux Conseils coloniaux des attributions financières.
24 avril 1833 (ordonnance).	
31 mai 1838 (ordonnance).	
Règlement du 31 oct. 1840.	
Loi du 25 janvier 1841.	Distinguant les dépenses d'intérêt général et les dépenses d'intérêt purement local, applicable seulement aux Antilles, à la Guyane et à la Réunion.
Loi du 3 mai 1853.	Instituant des taxes perçues par l'administration des postes et télégraphes.
Décret du 26 septembre 1855.	Laissant à la charge des budgets locaux toutes les dépenses d'entretien, de travaux publics, d'administration, de construction et d'enseignement, et réservant au budget métropolitain les dépenses de souveraineté et de protection.
Sénatus consulte de 1866.	Limitant les dépenses incombant au budget métropolitain, au traitement du gouverneur, aux frais du personnel, de la justice et des cultes, au service du trésorier-payeur et aux services militaires — applicable aux Antilles et à la Réunion.
1878	Applicable à la Guyane.
1879	— à l'Inde, au Sénégal, à Saint-Pierre et Miquelon.
1885	— à la Nouvelle-Calédonie et à Tahiti.
Décret du 20 novembre 1882.	Fixant les charges à supporter par le budget de la métropole.
Décret du 16 mai 1891.	Modifiant sur quelques points le décret de 1882.
Délibérat. du conseil colonial de Cochinchine du 7 janv. 1887.	Frappant les Annamites d'une contribution personnelle.

Les Colonies, vol. III.

Délibération du conseil colonial du Sénégal du 8 avril 1881.	Instituant un impôt fixe pour les indigènes.
Décret du 15 déc. 1886.	Etablissant un impôt personnel à la Réunion.
Arrêté du 28 nov. 1889.	Instituant une taxe personnelle à Tahiti.
Décrets du 11 déc. 1895 et du 3 août 1896.	— dans notre colonie de Madagascar un budget local.
Décret du 13 décembre 1891.	Permettant au gouverneur du Sénégal de créer des circonscriptions administratives dotées d'un budget spécial.
Décret du 30 décembre 1896.	Soumettant les comptes des budgets régionaux au contrôle de la commission des comptes de l'Indo-Chine.
Décret du 10 janvier 1863.	Distinguant pour la Cochinchine entre les dépenses imposées au budget métropolitain et celles qui étaient laissées à la charge des services locaux.
Arrêté du 17 mai 1886.	Organisant le service financier de la Cochinchine.
Décret du 27 janvier 1886.	Instituant le protectorat en service autonome avec un budget spécial.
Décret du 25 octobre 1890.	Instituant une commission spéciale chargée de la vérification des comptes de l'Indo-Chine.
Décret du 6 octobre 1897.	Créant le service unifié des douanes et régies de l'Indo-Chine.
Arrêtés des 1er avril et 9 décembre 1893.	Réglant le régime des alcools dans l'Indo-Chine.
Arrêté du 16 sept. 1898.	Instituant un régime spécial pour les alcools.
— du 1er juin 1897.	Affermant en régie intéressée la vente des alcools indigènes.
— du 7 février 1899.	Unifiant le régime de l'opium en Indo-Chine.
— du 20 mai 1898.	Organisant la régie directe pour le sel dans toute l'Indo-Chine.
— du 7 février 1899.	Unifiant pour toute l'Indo-Chine le régime des allumettes.

LA LÉGISLATION FONCIÈRE

Les concessions de terres avant 1890. — La question des grandes compagnies (projets de MM. Etienne, Pauliat, Lavertujon). — Opinions de MM. Leroy-Beaulieu, Chailley-Bert et Leveillé. — Concessions gratuites ou à titre onéreux. — Les grandes concessions : a) mode d'aliénation ; b) comment convient-il d'aliéner ? c) où peut-on aliéner ? — Les concessions au Congo et au Soudan. — Conclusion.
Mode d'aliénation des terres dans les vieilles colonies, en Indo-Chine, en Nouvelle-Calédonie, à Madagascar, au Congo français.
Système de Wakefield et act torrens. — Conclusion.

LA LÉGISLATION FONCIÈRE

Nous n'avons pas à nous occuper ici de la question si difficile du domaine aux colonies ; ce problème a été étudié mieux que nous ne saurions le faire (1). Nous avons à exposer sommairement les règlements, décrets et lois qui régissent dans nos diverses colonies la cession des terres aux colons et à examiner ensuite la question des grandes compagnies de colonisation et des concessions.

Jusqu'à l'époque récente où l'opinion publique a été conquise à la cause coloniale et où les capitaux, pendant si longtemps hostiles, ont été engagés dans les entreprises lointaines, nous ne trouvons dans la législation de nos colonies que des

(1) Voir le *Domaine aux colonies*, par M. Imbart de la Tour, même collection.

arrêtés locaux, des décisions d'espèce que ne coordonnent entre eux ni une idée générale directrice, ni un principe supérieur. D'ailleurs, les facilités accordées par certaines colonies aux demandeurs de terre sont souvent bien inutiles puisque les demandeurs font défaut et que les terres, offertes à bas prix ou même gratuitement, restent en friche. Il convient de citer toutefois une délibération du Conseil général de la Martinique, à la date du 9 décembre 1886, qui accorde, sous certaines conditions d'ailleurs peu gênantes, des concessions gratuites de six hectares. Le concessionnaire peut cultiver la terre à ses risques et périls pendant dix ans; passé ce temps, la terre revient à la colonie, mais le possesseur conserve un droit privilégié de location. Il ne semble pas que ce régime ait donné d'appréciables résultats.

Au Soudan où le caprice le plus étrange avait présidé jusqu'en 1893 aux concessions gratuites de terres, le général Archinard décida par un *simple ordre général* que les concessions seraient désormais données à titre onéreux. Les propriétaires dont le titre n'avait pas été définitivement reconnu par l'administration perdaient les concessions qui leur avaient été attribuées à titre provisoire, et n'avaient plus que la ressource de disputer à leurs concurrents les domaines sur lesquels ils étaient momentanément installés. Toutes ces concessions furent, en effet, vendues aux enchères sur le terrain même et « adjugées au plus offrant sans que l'occupant fût d'ailleurs privé d'aucun des droits communs d'acheteur. » L'opinion du général Archinard était donc exactement celle de M. Leroy-Beaulieu, dont il invoquait l'autorité : « Tous les colons sérieux, intelligents et « munis de ressources, aiment mieux acheter la terre de se- « conde main à des spéculateurs qui la leur vendent à haut « prix, que de la tenir gratuitement du gouvernement. » Théorie, juste peut-être en général, mais qui demanderait à être discutée dans les détails.

La première préoccupation du général Dodds, après la conquête du Dahomey, avait été de déterminer le régime de la propriété pour les indigènes comme pour les Européens. Un arrêté du 23 décembre 1892 stipula que tout immeuble non réclamé dans les six mois ferait partie du domaine de la colonie ; un deuxième arrêté, qui n'était, du reste, que la reproduction textuelle d'un arrêté local du 18 février 1890, établissait que des concessions de terrains pouvaient être accordées, dans les territoires annexés, aux Européens qui en feraient la demande.

La question des concessions de terres avait de même préoccupé le gouverneur d'Obock qui, par un arrêté local du 1er décembre 1885, avait accordé des concessions de trente années à certains de nos nationaux, sous réserve que ces terrains ne pourraient être aliénés qu'avec l'autorisation de l'administration. Plus tard (24 janvier 1891) ces concessions purent être données à titre perpétuel quand il s'agissait de travaux importants à entreprendre, ou quand les terrains concédés étaient en dehors de la propriété de la colonie. Ces concessions devaient être mises en valeur dans le délai d'un an (1).

Bien plus compliquée était la question des concessions dans les établissements français de l'Océanie, car là il existait une propriété indigène reposant exclusivement sur des traditions et cependant indiscutable. Pour introduire un peu de lumière dans cette inextricable confusion, cause de continuels procès, un décret du 24 août 1887 avait donné aux indigènes un délai de 5 ans pour établir leurs titres de propriété ; mais les difficultés étaient si grandes et les réclamations si vives qu'il fallut, en 1892, prolonger de trois ans le délai précédemment fixé. L'article 11 du décret de 1887 établissait que tout le territoire non revendiqué dans les délais fixés serait réputé *domaine du district*, de sorte que les deux décrets de 1887 et de 1892

---

(1) Voir, à ce sujet, Edouard Petit, *op. cit.*

devaient avoir pour résultat de déterminer à la fois dans les établissements français de l'Océanie le domaine individuel et celui de l'État. En fait, ce résultat n'a pas été obtenu parce qu'il a fallu, tant la situation est complexe et obscure, accorder de nouveaux délais.

La question ne se posait encore à cette époque ni à Madagascar, où nous ne possédions encore que la colonie de Diégo-Suarez pour laquelle un arrêté local du 16 novembre 1887 avait fixé le régime des concessions de terres, ni à la Guyane dont les terrains étaient en grande partie réservés à la colonisation pénale, ni à la Nouvelle-Calédonie et pour la même raison. Mais elle se posait encore en Cochinchine, au Cambodge, au Tonkin et en Annam ; elle se posait également dans notre immense colonie du Congo.

En Cochinchine, aucune aliénation de biens ne pouvait être consentie sans l'assentiment du conseil colonial (décret du 8 février 1880, 7 décembre 1886, 11 janvier 1888) ; ces concessions étaient, d'ailleurs, rares « en présence de l'épuisement presque complet des ressources domaniales. » On ne pouvait concéder gratuitement que les immeubles ruraux incultes d'une contenance de dix hectares et au-dessous. De nouveaux arrêtés (15 octobre 1890) réglementaient strictement les aliénations ou locations de biens domaniaux en Cochinchine.

Dès 1887, des concessions de terres avaient été accordées au Cambodge. Les terrains urbains devaient être mis en vente aux enchères publiques, les autres devaient donner lieu à des concessions à titre onéreux ou gratuit. Les concessions onéreuses étaient accordées au prix de 10 francs l'hectare, et pour les concessions gratuites le demandeur devait défricher, sous peine de déchéance, un dixième de la concession par an. De plus, il ne pouvait aliéner sa concession qu'après un délai de 12 ans, sauf le cas d'autorisation spéciale donnée par l'administration.

Beaucoup plus délicate était la question des terres en Annam-

Tonkin. Là, l'administration ne se trouvait pas en présence d'une situation neuve, mais en face d'une organisation compliquée et dont il y avait lieu de tenir compte. Sans doute, la propriété telle que la comprennent les Annamites était une propriété beaucoup plus collective qu'individuelle, plus semblable au *mir* russe qu'à la propriété française, mais enfin c'était une propriété fondée non sur la tradition, non sur des usages plus ou moins fixes, mais sur un véritable cadastre. L'organisation de cette propriété paraît avoir été la conséquence naturelle de la mise en vigueur dans les pays d'Annam-Tonkin des règlements chinois plutôt que le produit de l'initiative chinoise, et le cadastre a été sans doute importé par les Chinois pendant les longues et diverses périodes de leur organisation. Bien que le cadastre existât depuis 1806, il n'y avait ni assiette de la propriété, ni système quelconque de publicité hypothécaire. Les titres rudimentaires qui servaient à constater les droits des détenteurs ne fournissaient aucune indication précise ni sur les origines, ni sur la délimitation de la propriété, ni sur la condition juridique de l'immeuble ; la possession même de ces titres ne procurait aux acquéreurs qu'une sécurité relative. On avait donc tous les inconvénients d'une organisation complète et on n'en avait pas les avantages. La question des concessions ne pouvait se poser qu'autant qu'une réglementation méthodique et raisonnée aurait été tentée par le gouvernement local.

Reste l'examen du régime foncier au Congo par lequel nous avons voulu terminer, puisque c'est là que la France tente une expérience qui sera peut-être décisive et qui est, en tout cas, grosse de conséquences pour l'avenir de notre domaine colonial. La réglementation des ventes et concessions de terrains au Congo français avait été déterminée par un arrêté du commissaire général, en date du 26 septembre 1891 ; cet arrêté divisait les terres de la colonie en quatre groupes :

1º Les terrains domaniaux non susceptibles d'une aliénation définitive ;

2º Les terrains domaniaux susceptibles d'être aliénés ou concédés à titre onéreux ou à titre gratuit ;

3º Les terrains possédés par les indigènes et susceptibles d'être aliénés ou échangés ;

4º Les terrains vagues.

L'administration locale se réservait d'accorder à toute personne «qui en ferait la demande et offrirait les garanties jugées nécessaires des concessions d'une superficie à déterminer suivant les besoins pour des établissements d'utilité publique, des exploitations industrielles, agricoles, commerciales et forestières et pour l'élevage *du bétail* » ; à charge pour le concessionnaire de mettre en valeur le terrain concédé dans une proportion de un dixième par année. Le même arrêté consacrait le droit de propriété des indigènes qui pouvaient vendre ou aliéner les terrains leur appartenant, mais sous réserve de l'approbation des pouvoirs locaux dans un délai de six mois.

II

Telle était la situation quand fut posé, en 1890, le problème des grandes compagnies de colonisation qui, après avoir été d'abord accueilli avec froideur et même avec indifférence par l'opinion publique, a déterminé, dans ces temps derniers, un tel engouement et provoqué un tel enthousiasme que ceux qui furent les apôtres de ce procédé de colonisation commencent à signaler eux-mêmes les dangers d'une généralisation trop hâtive et à redouter les erreurs qui résulteraient de l'application aveugle de leur propre système.

La question, à vrai dire, n'était pas nouvelle. L'idée des grandes compagnies de colonisation domine, en quelque sorte,

toute notre histoire coloniale. Elle a été un des instruments préférés de l'ancien régime et de grands esprits tels que Richelieu et Colbert ont considéré que ce procédé était meilleur que tout autre pour aider à l'exploitation et au peuplement de notre domaine d'outre mer. « Très fort encouragées par les
« gouvernements, soutenues, particulièrement au début, mais
« dès le début aussi, et surtout plus tard, quand elles eurent
« développé, avec tous leurs avantages, tous leurs inconvé-
« nients, très attaquées par les marchands, les compagnies de
« colonisation s'étaient, avec plus ou moins de persistance,
« malgré bien des échecs, bien des ruines et même bien des
« interruptions, perpétuées ou plutôt traînées jusqu'à la veille
« du xixe siècle (1). » Puis brusquement le système paraît totalement abandonné jusqu'au jour où, il y a dix ans à peine, notre incroyable mouvement colonial ramène l'attention sur les compagnies de colonisation qui sont à nouveau considérées comme le seul moyen de tirer parti des immenses territoires récemment conquis. Or, il n'est pas inexact de prétendre que le raisonnement était discutable et l'idée en partie fausse, car il n'existe aucun rapport entre les compagnies telles que les avait conçues l'ancien régime et les compagnies telles que les conçoivent aujourd'hui leurs défenseurs. En cette matière, l'histoire ne peut nous apporter aucun enseignement, car ce serait se tromper que de préjuger du sort réservé aux compagnies actuelles par celui de leurs aînées. C'est ce que M. Chailley-Bert a très nettement mis en lumière quand il a dit que « presque pas un des arguments que l'on invoquait à l'appui de la création de ces compagnies ne peut être invoqué aujourd'hui ». Nombre des compagnies de l'ancien régime avaient été inspirées par un motif religieux; ce motif serait insuffisant aujourd'hui pour grouper d'importants capitaux dans une asso-

---

(1) Chailley-Bert, *les Compagnies de colonisation sous l'ancien régime*.

ciation coloniale ; elles étaient presque toutes commerciales, elles tendent chaque jour davantage à demander leurs premiers revenus à l'agriculture ; elles étaient toutes protégées et même subventionnées par l'Etat ; elles sont constituées pour substituer à l'action de l'Etat celle de l'initiative privée ; elles jouissaient presque toutes de droits régaliens, personne maintenant, du moins en France, ne songe à réclamer de pareils droits et tous se défendent même d'y avoir pensé ; enfin, il existe aujourd'hui un élément décisif d'action, de contrôle et de concurrence et, par suite, de succès qui modifie toutes les conditions d'installation et d'exploitation : la vapeur. Donc l'assimilation si souvent faite entre les grandes compagnies de l'ancien régime et les compagnies modernes est factice et ne mène à rien. C'est, avec des apparences d'antiquité, un outil neuf, moderne et manié par des hommes nouveaux. Il est même curieux de constater que, d'une vieille idée, est sortie une idée neuve, sans que ceux même qui l'ont conçue s'en soient exactement rendu compte.

C'est en 1890 que M. Etienne, alors sous-secrétaire d'Etat, eut la pensée qu'il fallait, pour mettre en valeur notre domaine, recourir aux procédés qui avaient été employés par l'ancien régime jusqu'au XIXe siècle et depuis par la Grande-Bretagne. Comme l'ardent sous-secrétaire d'Etat est un homme d'action énergique et clairvoyant, il voulut, le plan conçu, passer à l'exécution. Il réunit alors, le 21 janvier 1891, le Conseil supérieur des colonies qui n'avait eu jusqu'alors et qui n'a eu depuis qu'une existence théorique, et devant cette nombreuse assemblée il développa hardiment et éloquemment son projet de colonisation :

« Il est indispensable, disait-il, d'imiter ce que d'autres puis-
« sances n'ont pas hésité à faire à l'égard des sociétés com-
« merciales. L'Angleterre, l'Allemagne, l'Italie, le Congo indé-
« pendant, la Hollande ont concédé des chartes à privilèges

« qui donnent à des sociétés la libre possession de certains
« territoires, avec obligation pour elles d'y créer des routes,
« d'y améliorer le cours des fleuves, d'y cultiver le sol, mais
« aussi avec la sécurité que personne ne pourra venir derrière
« elles jouir et bénéficier de leurs dépenses et de leurs efforts.
« Ces puissances ont justement pensé que l'effort individuel ne
« pouvait pas intervenir utilement dans les pays où l'élément
« européen n'a pas encore pénétré, où de nombreuses expé-
« riences sont à faire, où les frais généraux sont lourds à sup-
« porter pendant les premières années.

« Des sociétés à capitaux puissants, au contraire, peuvent
« supporter les difficultés des premières années sans se lasser
« ni se décourager. Il n'est que temps d'imiter nos voisins si
« nous voulons tirer profit de notre vaste domaine colonial. »

Le conseil supérieur des colonies, sur un remarquable rapport de M. Paul Révoil et après de longues et savantes délibérations, se montra presque unanimement favorable, en principe, à la création de grandes compagnies. Le projet aurait même abouti très vite à des résultats pratiques si le Conseil supérieur n'avait pas été arrêté par une question de forme. Se contenterait-on d'un simple décret ou demanderait-on au Parlement une loi spéciale (1)?

La Commission chargée de l'élaboration du rapport avait nettement déclaré que « l'article 18 du sénatus-consulte de 1854
« était conçu en termes si généraux que le gouvernement fran-
« çais pouvait concéder par décret aux compagnies de coloni-
« sation les avantages et les droits qui y étaient énumérés » et elle ajoutait que « les nécessités de notre situation coloniale
« imposaient au gouvernement le devoir d'user sans retard de
« cette faculté ».

---

(1) Voir, sur toute cette question, l'éloquent plaidoyer de M. Etienne : *Les Compagnies de colonisation*.

Cette théorie fut énergiquement combattue par Jules Ferry lui-même qui était, pourtant, un partisan convaincu des compagnies de colonisation : « On crée un droit nouveau, disait-il, « qui a besoin d'une réglementation nouvelle... Vous voulez « vous passer du Parlement, c'est la chose au monde que le « Parlement tolère le moins... Vous ne ferez accepter ce sys- « tème ni par le Parlement, ni par l'opinion publique ; il faut « en prendre son parti. » Et à un autre moment de la discussion : « Il est évident qu'il faudra toujours se présenter devant « le Parlement ; croire le contraire serait une chimère. » Chose incroyable, le Conseil supérieur ne se laissa pas convaincre par la chaude parole de Jules Ferry et vota à une grande majorité une résolution ainsi conçue : « qu'il y avait lieu de favo- « riser la création de compagnies privilégiées pour la coloni- « sation et la mise en valeur des territoires situés dans les « possessions françaises ou placés sous l'influence de la France ; « que la concession de ces privilèges pouvait être faite par « décret. »

La partie semblait donc définitivement gagnée ; il n'en était rien. En vain le gouvernement, cherchant à concilier l'opinion du Conseil supérieur avec les susceptibilités du Parlement, déposa, dès le 16 juillet 1891, sur le bureau du Sénat, un projet de loi en deux articles, projet très court et très simple qui aurait pu être facilement et rapidement voté ; en vain, tous les partisans de notre politique coloniale demandèrent-ils au Sénat de voter ce projet qui pouvait avoir de si fécondes conséquences, la commission du Sénat considéra le projet comme trop sommaire et négocia avec l'administration des colonies afin de préciser davantage les règles et les formalités à suivre et, en fait, la commission se considéra comme moralement dessaisie. Persuadé, avec beaucoup d'autres, qu'il fallait avant tout aboutir, M. Lavertujon déposa, en son nom personnel, une proposition de loi sur les grandes compagnies ;

elle eut le sort de la proposition gouvernementale. Une nouvelle commission fut saisie et son rapporteur, M. Pauliat, déposa, en 1897, un rapport très étudié et très complet, mais qui modifiait complètement le projet primitif. A l'insu même de son auteur, le projet abandonnait entièrement le système des grandes compagnies et ne parlait plus que des concessions de terres, et c'est ainsi que la question des grandes compagnies devint la question des grandes concessions. « Sous le rapport du peuplement, des travaux publics et de la mise en valeur de ces territoires, disait M. Pauliat, les compagnies *concessionnaires* accompliraient des choses qu'on ne saurait attendre de longtemps de la colonisation individuelle et qu'en tout cas, dans notre situation financière présente, on demanderait aujourd'hui vainement à l'État » et, ailleurs se prononçant résolument pour le système des concessions : « Ce sont ces
« territoires inoccupés qui justifient les dépenses que fait
« une nation pour avoir des colonies, et toute la peine qu'elle
« se donne dans ce but. Car c'est seulement avec ces territoires
« à mettre en valeur et en culture qu'il lui est possible d'offrir
« des débouchés à ses nationaux et à leurs capitaux ; ce sont
« ces terres qui doivent être le fondement même de la coloni-
« sation du pays. » Pas plus que celui du gouvernement, le projet si habilement présenté par M. Pauliat n'aboutit à un projet de loi. Mais le problème était nettement posé et aussitôt les vrais amis des colonies prenaient position dans le débat. Chacun était convaincu, comme le disait M. Chailley-Bert (1), que « rien peut-être n'est si important dans un pays neuf que
« de bien organiser le régime des terres ». « La conquête ayant
« rendu le conquérant propriétaire de toutes les terres doma-
« niales, le choix du procédé par lequel on fera passer ces
« terres aux mains des colons est chose capitale. » Successi-

(1) Chailley-Bert, *la Colonisation en Indo-Chine*.

vement MM. Leroy-Beaulieu, Siegfried, André Lebon défendirent avec ardeur par la parole et par la plume leurs conceptions personnelles. Jamais il n'y eut pareille unanimité à demander une solution ferme et pareille émulation courtoise à faire prévaloir son avis. Et tant il est vrai que les idées bien défendues finissent par triompher, c'est que des concessions nombreuses et importantes ont été consenties, dans ces deux dernières années, par le ministère des colonies en vertu de simple décret, avant qu'une loi organique sur la matière eût été votée par le Parlement. Il convient donc d'examiner maintenant les délicates et complexes difficultés que soulève le régime des concessions. Examinons tour à tour : 1° si les compagnies à charte sont compatibles avec notre législation et notre civilisation actuelles ; 2° si les concessions doivent être consenties à titre onéreux ou à titre gratuit ; 3° s'il convient de donner de grandes ou de petites concessions ; 4° s'il est désirable et prudent d'accorder des concessions sur toute l'étendue de notre domaine colonial. Toutes ces questions examinées, nous donnerons, en toute liberté d'esprit, notre opinion personnelle.

III

Si presque tous les partisans de l'expansion coloniale demandent la constitution de compagnies de colonisation, il en est très peu qui croient à la possibilité de compagnies à chartes, analogues à celles qu'avait créées l'ancien régime. Toutefois, M. Leroy-Beaulieu, dans sa remarquable conférence à l'Union coloniale, n'a pas hésité à défendre avec courage et talent cette théorie : « Il faudrait constituer des sociétés qui fussent douées d'un statut spécial, à savoir de ce qu'on appelle d'un mot dont on fait un épouvantail, des *droits régaliens*. Il faudrait constituer des sociétés qui eussent d'abord des concessions étendues et qui pussent entretenir des forces de police ainsi qu'un certain appareil de justice, qui fussent libres d'établir certains droits, certains tarifs, — des sociétés, en un mot, qui eussent les organes nécessaires pour exister là où il n'y a aucune espèce de gouvernement, — là où on se trouve au milieu de peuplades sans organisation.

On pourrait donner à ces sociétés la durée des compagnies à charte anglaises — vingt-cinq ans, par exemple — avec une tacite reconduction de dix années en dix années. « Elles au-
« raient besoin d'un capital variant de 1,200,000 francs à
« 1,500,000 francs, à 8 ou 12 millions, suivant l'importance
« des territoires qui leur seraient dévolus. Ces territoires pour-
« raient être, suivant les circonstances, de 5 à 600,000 hectares
« ou bien de 4 ou 5 millions d'hectares. Comme nous possé-
« dons en Afrique (déserts déduits) une superficie égale à dix
« fois celle de la France, nous pourrions facilement donner à
« diverses compagnies des territoires équivalant, pour cha-
« cune, à trois ou quatre de nos départements, sans nous di-
« minuer d'une manière inquiétante pour le présent. »

En dépit de ce programme séduisant et calqué, d'ailleurs, sur les chartes des grandes compagnies anglaises, il est certain que ce système est presque universellement abandonné. Le succès même des compagnies anglaises, telles que la Compagnie royale du Niger, la South african company et d'autres encore, n'est pas pour nous étonner lorsqu'on songe aux moyens employés pour l'obtenir et aux abus de pouvoir dont ces compagnies se sont rendues coupables. Notre constitution démocratique se prête mal à ce que des délégations de souveraineté soient ainsi consenties au profit des particuliers ; d'autre part, avec la concurrence actuelle, avec les intérêts en lutte et entre lesquels l'Etat n'a pas à prendre parti, il serait très dangereux de donner à une compagnie quelconque un monopole de fait, en lui concédant la propriété de tout le pays, le droit de lever les taxes, d'entretenir des forces de police, etc. « Que cette « société, une fois constituée, cherche à augmenter ses moyens « d'action, à faire disparaître ou à absorber les compagnies « rivales, rien de plus légitime, et l'émulation des compagnies « commerciales pour arriver à ce résultat ne peut que favoriser « et hâter le développement économique de nos colonies. « Mais le monopole de droit concédé avant même que la compa- « gnie ait commencé ses opérations, en empêchant toute concur- « rence ultérieure, ne peut être que funeste à la colonie (1). » M. Leroy-Beaulieu invoque en faveur de son système un argument qu'il considère comme décisif. Les grandes Compagnies sont, dit-il, comme un écran qui masque l'action de l'Etat. Or, à l'heure actuelle, tous les territoires à conquérir sont conquis; tous les pays à partager sont partagés et cette sorte d'invasion occulte, outre qu'elle ne peut tromper personne, n'est plus nécessaire aujourd'hui. Donc, les compagnies de colonisation sont contraires à la fois à notre conception politique, à nos idées sociales et à nos intérêts les plus directs.

Condamner les compagnies à charte n'est pas renoncer au système des compagnies et partant à celui des concessions de terres. Mais ces concessions, comment seraient-elles faites? Gratuitement ou à titre onéreux? M. Hamelin n'hésite pas dans son ouvrage à se prononcer pour le système des concessions gratuites. Ce procédé, dit-il, permet seul d'attirer de nombreux émigrants ; il est légitime puisque ces terres n'ont aucune valeur ; il est équitable puisqu'elle laisse aux émigrants la disposition de toutes leurs ressources. En dépit de ces arguments et de ceux de l'auteur anglais Mérivale qui pense que la concession gratuite favorise la petite colonisation, la concession gratuite est un procédé presque toujours dangereux et condamna-

(1) Maurice Hamelin, *Des Concessions coloniales.*

ble. D'abord, il est à remarquer que les émigrants ne recherchent nullement les terres gratuites; elles leur inspirent même une défiance instinctive; si ces terres sont concédées gratuitement, c'est donc qu'elles n'ont aucune valeur, et si elles n'ont aucune valeur pour l'Etat, c'est donc qu'elles ne peuvent rien rapporter. Supposons, d'ailleurs, que cette gratuité attire les émigrants, elle ne les retiendra pas sur le sol qui leur a été attribué. Ce que l'on obtient si facilement s'abandonne de même, et l'émigrant, au premier échec, quittera sans hésiter cette concession qui ne représente pour lui ni une valeur matérielle, ni une valeur morale. Cette expérience a été souvent tentée et elle a toujours donné le même résultat. Le seul moyen d'attacher le colon à la terre, c'est de la lui faire payer; peu importe, d'ailleurs, le prix qui lui sera demandé; qu'il soit aussi minime qu'on le voudra, mais qu'il suffise pour donner au colon l'amour de la terre, si vif chez les Français de la métropole. Si cette nécessité de payer retient sur le continent un certain nombre d'émigrants, il n'y a pas lieu de le regretter, la qualité des émigrants important plus que leur quantité. La concession, à titre gratuit, dit M. Hamelin, a pour résultat de laisser à l'émigrant la totalité de ses ressources. Il y aurait peu à attendre d'un émigrant qui disposerait de fonds si réduits qu'il ne pourrait consacrer à l'achat d'une terre quelques centaines de francs, sans risquer de manquer de l'argent nécessaire aux premières dépenses d'exploitation. De ces émigrants-là on en trouve toujours plus qu'il n'est nécessaire, et ce ne sont pas eux qui assurent d'ordinaire le développement d'une colonie. En outre, les terres concédées ne sont jamais dénuées de valeur puisqu'elles constituent une richesse en puissance, sans laquelle aucune exploitation n'est possible, et puisqu'elles ont trouvé acheteur, partout où elles ont été mises en vente. On pourrait ajouter enfin que le concessionnaire à titre gratuit dépend toujours plus ou moins de la colonie qui l'accueille, de l'administration qui lui a donné sa concession ; seul celui qui a payé sa propriété, qui est maître du sol qu'il cultive, est assez indépendant pour s'affranchir des règles étroites qui pourraient limiter son initiative et pour cultiver à sa guise le terrain qu'il a choisi. « Le régime des terres vacantes et leur mode d'appropriation « est peut-être le point principal de tout système colonial. « Selon que, sur ce point, on aura pris de bonnes ou de « mauvaises mesures, on aura assuré ou découragé la culture « et le peuplement du pays (1). » On ne saurait mieux dire, mais la concession à titre gratuit est justement une de ces mauvaises mesures à laquelle il est utile de renoncer.

Donc pas de compagnies à charte, pas de concessions à titre gratuit; mais quelle sera l'étendue de ces concessions ? Il est évident qu'il ne peut y avoir en cet ordre d'idées que des décisions d'espèce et qu'on ne saurait poser de règle générale. Toutefois, il est permis de dire à priori que la solution est différente suivant qu'il s'agit de compagnies commerciales ou de compagnies agricoles. Si la compagnie songe uniquement au commerce, la concession sera naturellement beaucoup plus grande ; si elle veut faire de l'agriculture, il devient inutile et même dangereux de constituer des domaines trop étendus; ajoutons que les compagnies purement commerciales sont dangereuses pour une colonie; qu'elles ont fatalement une tendance à drainer toutes les richesses naturelles du pays qu'elles occupent sans prendre le temps de reconstituer cette richesse et qu'au bout d'un temps généralement assez court, le pays se trouvera ruiné sans autre profit qu'un bénéfice immédiat et sans lendemain. Le type des compagnies à créer serait donc une société qui combinerait à la fois la production des produits et la vente de ces produits, qui serait à la fois agricole et commerciale, qui vendrait avec un bénéfice légitime et proportionnel aux risques courus et au

---

(1) Leroy-Beaulieu, *De la Colonisation chez les peuples modernes.*

temps perdu les produits du sol, mais qui mettraient en valeur ce sol pour ne pas manquer d'éléments d'échange et de vente, après avoir créé des débouchés. Cette idée, vague encore il y a quelques années, se précise aujourd'hui. C'est ainsi que M. Pauliat ne prévoit dans son rapport que deux types de concessions domaniales : celles inférieures à *mille* hectares qui, d'après lui, seraient faites dans des conditions à déterminer par un règlement d'administration publique ; celles supérieures à ce chiffre qui seraient accordées par décret en conseil d'Etat. De même, M. Siegfried, dans son rapport du budget des colonies (1897), distingue entre les concessions de 20,000 hectares exclusivement agricoles et les concessions au-dessus de ce chiffre. D'une façon générale, les petites concessions sont préférables aux grandes, parce que le système des vastes plantations donne rarement de bons résultats, même dans les colonies d'exploitation, car « la grande propriété, dans nos colonies agricoles, est jugée et l'avenir est à la petite propriété » (1). Mais, en dehors de ces concessions de culture, il peut y avoir place pour de grandes sociétés qui, sans dédaigner l'agriculture, entreprennent en même temps l'exploitation des mines, des forêts, la construction de voies de communication, compagnies d'avant-garde, s'il en fut, outil nécessaire au début d'une exploitation. C'est une question de temps et de lieu.

Ainsi nous sommes amené à traiter la dernière question : où doivent être données les grandes concessions ? L'expérience récemment tentée par le ministère des colonies facilitera notre examen. Après avoir longtemps hésité à donner des concessions, le département, sous l'influence de l'opinion publique et en présence de la nécessité de mettre en valeur notre colonie délaissée du Congo français, a décidé, un peu hâti-

(1) Cerisier, *Impressions coloniales.*

vement peut-être, de répartir cette immense étendue de territoires entre une centaine de concessionnaires. Ajoutons que l'exemple donné par le Congo Belge, encore que cet exemple n'ait pas été très bien compris, n'a pas été étranger à cette résolution. Sauf de la part de quelques adversaires irréconciliables des concessions, le partage du Congo tout entier a été universellement approuvé. Pourquoi? Parce qu'il s'agissait d'un pays complètement neuf, inconnu dans certaines de ses parties, inoccupé et inexploité et dans lequel, en l'absence de toute voie de communication, ni l'action de l'Etat, ni, à plus forte raison, les efforts individuels de quelques colons ne pouvaient s'exercer avant longtemps. Les sociétés ainsi constituées et dont quelques-unes disposent de capitaux puissants, sont donc des sociétés d'avant-garde qui se chargent, en échange d'avantages précis, de débroussailler un terrain inculte encore, d'entreprendre des exploitations, d'établir des relations directes avec la côte et la grande voie du Congo. De ces sociétés, les unes réussiront parce qu'elles ont assez de ressources pour pouvoir attendre et parce qu'elles savent, d'avance, que les résultats pratiques de l'œuvre entreprise ne seront obtenus que beaucoup plus tard ; d'autres échoueront sans doute, mais les travaux qu'elles auront entrepris ne seront pas perdus et faciliteront la tâche des sociétés qui suivront. Elles seront, suivant l'expression de M. le ministre Decrais, une sorte d'humus fertilisant. L'œuvre est donc bonne, à condition toutefois qu'il s'agisse bien, dans la pensée des demandeurs en concession, d'une œuvre agricole ou commerciale et non d'une opération de bourse qui assurerait à quelques-uns des bénéfices immédiats et à tous les autres des pertes irréparables. Il est, par exemple, profondément regrettable de voir les actions de certaines sociétés atteindre une plus-value de trois cents francs, avant que le premier coup de pioche ait été donné, avant même que le terrain concédé ait été géographiquement reconnu. Rien ne saurait être plus nuisible pour l'avenir de la colonisation française. Il est vrai qu'à ceux qui risquent ces timides remarques, les administrateurs de ces sociétés répondent qu'il n'y a aucunement de leur faute, que cette majoration ne vient pas d'eux, mais du gros public qui réclame instamment la vente de ces actions et qui les paie très cher, en vertu du simple jeu de l'offre et de la demande. Il serait facile de répondre que le devoir strict des propriétaires de ces actions est de résister à cet engouement factice et irraisonné et que mieux vaudrait, dans l'intérêt même de la société, ne pas vendre ces actions, à quelque prix qu'elles soient demandées, et ne pas s'exposer ainsi à une réaction inévitable, qui sera aussi folle que l'enthousiasme et qui devra déterminer, à un moment donné, l'échec complet de l'entreprise. Mais, ces réserves faites, et il fallait les faire, l'expérience était intéressante à tenter et le Congo français était naturellement désigné pour cela : « Là existaient, en effet, d'immenses territoires à l'état vierge, insuffisamment administrés, dépourvus de tout mouvement commercial, imposant à la métropole des sacrifices annuels, sans perspective de compensations prochaines. Leurs populations clairsemées, voisines de la barbarie, n'occupaient, n'exploitaient qu'une infime portion du sol et en ignoraient les ressources (1). » Peut-être, pourrait-on penser que le nombre des concessionnaires est excessif, que le cahier des charges qui leur est imposé est trop rigoureux en certaines clauses, trop facile en certaines autres, mais ce sont là critiques de détails et qui ne peuvent nous arrêter.

Beaucoup plus grave est le reproche adressé au département de s'être dépouillé de toutes les terres utiles, en se mettant ainsi dans l'impossibilité de tenter, par lui-même, quelques

(1) Chailley-Bert : *lettre à M. Cotelle, Dépêche coloniale*, 27 mars 1900.

efforts nécessaires (car il est toujours bon que l'Etat donne l'exemple) ou de permettre à quelques sociétés moins puissantes d'imiter les compagnies concessionnaires. Puisque notre intention était, en cette circonstance, de suivre l'exemple donné par le Congo belge, il eût fallu le suivre complètement et alterner, ainsi que l'a fait l'Etat indépendant, les domaines des Sociétés avec les domaines réservés à l'exploitation officielle. Ce procédé a donné déjà d'excellents résultats et, pour s'en convaincre, on ne lira pas sans profit l'ouvrage documenté de M. Pierre Mille, sur le Congo belge. D'autre part, nous n'aurions pas dû oublier que les Etats-Unis ont procédé de même dans la mise en valeur de leurs territoires neufs et obtenu ainsi ce résultat heureux que les terres conservées par l'Etat ont bénéficié de la plus-value que la colonisation avait procurée aux terres voisines. Je sais bien que le département des colonies a refusé de pratiquer le lotissement de quelques territoires, mais les réserves faites sont vraisemblablement insuffisantes et auraient gagné à porter sur une superficie double et triple de celle qui a été prévue.

Mais ce partage du Congo une fois justifié, et d'ailleurs accompli, convient-il de généraliser la mesure et d'appliquer le même système à tous les territoires de l'Afrique occidentale et même de Madagascar, comme le demandent quelques impatients? A peine le Congo était-il réparti entre les concessionnaires que d'autres demandeurs, tard venus dans leurs sollicitations, modifiaient leurs prétentions primitives et revendiquaient de grandes concessions au Soudan, à la Côte d'Ivoire, au Dahomey, en un mot, sur tous les territoires de la Boucle du Niger. La commission des concessions instituée par M. Trouillot (19 juillet 1898) près le ministère des colonies a été saisie de 75 nouvelles demandes de concessions portant non plus sur les terres vierges du Congo, mais sur les territoires beaucoup mieux connus et beaucoup mieux administrés de l'Afrique occidentale. De telles demandes doivent-elles être accueillies? Pour répondre à cette question, il convient, d'abord, de remarquer que la situation en apparence identique est, en réalité, absolument différente. Au Congo, le sol n'appartient à personne ; dans le Soudan, la propriété est constituée à l'égard des indigènes et même à l'égard de l'autorité française ; on dira, sans doute, que l'indigène ne connaît pas la propriété individuelle ; il est possible, mais le chef a la propriété de tous les territoires qui dépendent de lui : « Son droit sur le sol peut se comparer au domaine *éminent* qui appartenait au seigneur dans l'ancienne France. Il est reconnu par les indigènes et sanctionné fréquemment par des redevances qu'ils versent au chef, pour les surfaces qu'ils occupent ou les terrains qu'ils cultivent (1). » Ce droit a été également reconnu par la France, comme en font foi les traités signés par nos explorateurs et nos fonctionnaires depuis Faidherbe, avec les rois du pays. Les territoires du Congo n'ont aucune vie commerciale ; il n'en est pas de même au Soudan où la population indigène se livre régulièrement au trafic, où les marchés sont nombreux, les caravanes régulières, où le commerce français est représenté, depuis plusieurs années, par quelques établissements. Les populations du Congo sont absolument à l'état sauvage, plus voisines de l'animalité que de l'homme, les populations de la Boucle du Niger possèdent une organisation politique et sociale assez complète, une religion monothéiste, la religion musulmane, l'habitude déjà ancienne de commercer avec nous, d'avoir foi dans notre parole, de demander la tutelle de notre administration. Il y a donc antinomie absolue entre la situation du Congo et celle de nos possessions du Nord-ouest africain. Les demandeurs n'ont à se substituer ni à l'action officielle qui a fait tout son devoir,

(1) Chailley-Bert, même indication.

comme le prouve la situation florissante du Sénégal, de la Guinée française, de la Côte d'Ivoire et du Dahomey, ni à l'initiative privée qui a depuis longtemps noué avec les indigènes des relations d'affaires et qui, grâce à d'actives maisons de commerce, a déjà engagé des capitaux importants et en retire des bénéfices, médiocres encore, mais assurés. Les compagnies ne demandent, pour étendre le champ de leurs opérations et multiplier leurs comptoirs, que la certitude de pouvoir compter sur l'avenir et de ne pas être évincées d'une situation si courageusement conquise, par les ouvriers de la onzième heure. Si l'on veut, dans ce pays assoupli par la conquête et qui déjà donne plus que des espérances, obtenir des résultats compensateurs, il faut que l'ingérence officielle se fasse le moins possible deviner, que la concurrence soit libre, puisqu'il y a place pour toutes les bonnes volontés, et que des territoires qui n'ont ni à être pénétrés, ni à être conquis, ne soient pas monopolisés au profit de concessionnaires, quels qu'ils soient. Qu'on accorde cependant à des colons détenteurs de petits capitaux et désireux de tenter quelques essais de culture intéressants, de petites concessions d'un millier d'hectares, rien de plus naturel et la colonisation ne peut qu'y gagner, mais à condition qu'on ne dépasse pas ce chiffre et que le but poursuivi par les demandeurs soit nettement défini. Dans aucun cas, quel que soit le prétexte, il ne saurait être question de concessions sur la côte ou même à proximité de la côte. Des concessions de ce genre ne peuvent se justifier ; elles constituent en fait un monopole au profit du bénéficiaire, mettent dans ses mains toutes les voies de communication qui desservent la colonie, rendent toute concurrence impossible, annihilent l'action administrative.

Cette vérité, aujourd'hui universellement acceptée, a été, pendant longtemps, méconnue. Il a fallu les graves difficultés provoquées par la concession Verdier à la Côte d'Ivoire et par la concession Daumas au Congo pour préciser à cet égard des idées encore indécises.

On connaît les faits. Le ministre des colonies, désireux avant tout d'aboutir et de donner satisfaction à ceux qui reprochaient au gouvernement de ne rien faire pour tirer parti de notre domaine colonial, fit concéder à M. Verdier (décret du 21 octobre 1893) le monopole de l'exploitation forestière dans la colonie de la Côte d'Ivoire. Cette concession portait sur cinq millions d'hectares, c'est-à-dire sur la moitié de la superficie totale de la colonie. En échange des avantages qui lui étaient ainsi départis, M. Verdier s'engageait à payer au budget local une redevance fixe de 5,000 francs par an et une redevance exceptionnelle de 3 francs par bille de bois exploitée avec un minimum d'exportation de 2,500 stères. Il devait, en outre, former une société anonyme au capital de 2 millions. En présence des vives réclamations formulées par les négociants de la colonie et du gouverneur lui-même, sur le vu d'un rapport d'un inspecteur des colonies qui insistait sur les inconvénients du monopole accordé, le ministre prononça le retrait de la concession par décision ministérielle le 4 septembre 1895.

Un autre décret du 17 novembre 1893 avait concédé à la maison Daumas le droit d'exploiter pour une période de trente années les territoires situés dans le bassin supérieur de l'Ogooué en lui donnant la faculté de s'entendre avec les indigènes pour le déplacement des villages, d'assurer par ses propres moyens la sécurité et la protection de ses établissements et d'introduire, dans ce but, des armes et des munitions. En retour, le concessionnaire était tenu à verser un cautionnement de 40,000 francs, à constituer, avant le 31 décembre 1894, une société au capital de deux millions et à établir cinq postes au minimum dans la région du Haut-Ogooué (Société du Haut-Ogooué). Cette nouvelle concession fut cassée, comme celle de M. Verdier, par un arrêté en date du 27 février 1896.

Les deux bénéficiaires n'acceptèrent pas la décision du ministre et se pourvurent devant le Conseil d'Etat qui leur donna raison. M. Verdier obtint du département, en vertu de cet arrêté, 300,000 hectares de terres à choisir en toute propriété du sol et du sous-sol et, en plus, une indemnité fixe de 250,000 francs et quatorze annuités de 125,000 francs chacune. M. Daumas perdit les droits de police qui lui avaient été attribués, prit l'engagement d'exécuter des travaux d'utilité publique, mais obtint, en retour, un terrain de 300,000 à 400,000 hectares en toute propriété.

On s'est demandé si, par ces deux arrêts, le Conseil d'Etat avait entendu sanctionner les deux concessions accordées à MM. Verdier et Daumas et condamner en droit les décisions ministérielles. Nous ne le pensons pas, et le rapporteur a eu bien soin, dans son rapport, d'établir que le Conseil d'Etat n'avait rendu ces arrêts que parce que les motifs invoqués par le ministre pour justifier l'arrêté de déchéance ne lui avaient pas semblé suffisants. Il est permis de croire que si l'arrêté avait invoqué comme motif l'illégalité de la concession et non la non-exécution des engagements pris par les concessionnaires, l'arrêt du Conseil d'Etat aurait pu être différent.

De l'examen de ces différentes questions que résulte-t-il ? Il semble bien que le tort est de vouloir, en cette matière, construire de toutes pièces une théorie générale, alors qu'il ne devrait intervenir que des décisions d'espèce (1). Les concessions territoriales ne sont pas mauvaises en elles-mêmes : tout dépend de la façon et de l'endroit où elles sont données, et l'expérience pourra certainement fournir quelques règles très simples qui permettront de concilier toutes les théories. Dès maintenant il paraît avantageux pour l'exploitation de notre domaine colonial d'accorder des concessions territoriales.

(1) Cf. Camille Guy, *Colonies étrangères et Colonies françaises.*

a) Pourvu que ces concessions ne soient jamais faites sur la côte, ni dans un pays socialement et administrativement organisé, ce qui équivaut, en fait, à concéder un dangereux monopole ;

b) Pourvu que le nombre d'hectares concédés soit proportionnel aux capitaux destinés à exploiter le domaine ainsi obtenu ;

c) Pourvu que la compagnie concessionnaire soit tenue d'exploiter elle-même et n'ait pas la faculté de rétrocéder, moyennant finances, sa concession à des tiers ;

d) Pourvu que les terrains ne soient concédés qu'à des Français ou à des compagnies où la majorité des actionnaires et des capitaux soient français.

Il apparaît que, ces restrictions une fois faites, le système des concessions, dans les régions encore inoccupées et où l'État n'a encore rien entrepris (car ailleurs rien ne vaut que la libre concurrence et l'initiative individuelle) peut être un bon procédé de colonisation.

IV

Sous l'inspiration des idées actuellement admises, des concessions ont été accordées soit par l'État, soit par les gouvernements locaux, mais il s'en faut qu'une règle identique ait été adoptée. Les procédés diffèrent, au contraire, sensiblement d'une colonie à l'autre et pour avoir une impression exacte, il faut examiner le régime des concessions dans nos établissements et, en particulier, en Nouvelle-Calédonie, en Indo-Chine, à Madagascar et au Congo français. Dans les autres colonies, en effet, telles que la Guadeloupe, la Martinique, la Guyane et la Réunion, la question des concessions ne présente plus guère qu'un intérêt historique. A la Réunion, en vertu du décret de 1839, on songea, vers 1851, à mettre en valeur, par des concessions gratuites de lots variant entre 5 et 40 hectares, la plaine des Palmistes et par lotissement de 3 à 15, celle des Cafres, mais depuis longtemps il n'y a plus de concessions gratuites ou même onéreuses à accorder dans l'île, les 32,000 hectares encore en friche ne se prêtant pas facilement à la mise en culture parce qu'ils sont situés sur le flanc des montagnes. A Saint-Pierre et Miquelon, il ne peut être question que de concessions de grèves (décret de 1861). Ces concessions ont lieu à titre onéreux et aux enchères publiques. Le gouverneur est cependant autorisé à concéder des terrains à titre gratuit, à charge d'y construire des habitations ; ces concessions ne deviennent définitives que lorsque le terrain est clos et bâti dans le délai fixé par l'acte de concession (1).

En Guyane, la question apparaît déjà plus compliquée. Un décret de 1834 avait établi un système de concessions gratuites qui n'avait pas donné de bons résultats, comme le prouve l'arrêté du 14 avril 1852 ainsi conçu : « Attendu que les terres concédées sont à l'état inculte ou même abandonnées, que d'ailleurs, un grand nombre de concessions ne reposent que sur des titres purement provisoires, les conditions imposées aux concesssionnaires n'ayant jamais été remplies ; décide : qu'une commission se transportera dans les différents quartiers de la colonie à l'effet de vérifier sur les lieux quelles sont les concessions qui doivent faire retour au domaine, afin de fixer l'administration sur l'étendue des terres concédées ou à concéder. » Mais, en dépit de la surveillance exercée, le mal ne put que s'aggraver et un arrêté du 25 février 1865 supprima la gratuité des concessions. On institua des permis d'établissement sur les terrains domaniaux soumis à une redevance de 10 francs par hectare. Ce nouveau procédé donna-t-il de meilleurs résultats?

(1) Hamelin, *les Concessions coloniales*.

Il est permis d'en douter, puisqu'en 1880, on en revint au système des concessions gratuites qui fut pour la deuxième fois remplacé par une vente à un prix minimum de 25 francs par hectare de toutes les terres domaniales non cultivées, à l'exception de celles de Baduel et de Montjoly qui devaient être vendues à raison de 150 francs l'hectare. Ce n'était pas la dernière évolution. En 1895, on en revient à la gratuité (arrêté du 24 mai 1895) en faveur des colons français qui désireraient entreprendre des exploitations agricoles. Ces concessions, accordées sur avis du conseil colonial, doivent avoir une étendue variant entre 5 et 10 hectares. Au-dessus de ce chiffre elles ne peuvent être accordées que par le conseil général. Ce texte de 1895 a été complété par un arrêté du 31 décembre 1896 qui concerne les concessions d'une superficie de plus de 5,000 hectares. Le concessionnaire doit, dans ce cas, déposer un cautionnement de 1 franc par hectare et il ne devient propriétaire que s'il justifie d'une dépense de 5 francs par hectare, ou s'il a introduit un immigrant par 25 hectares. Nous n'aurions pas signalé ces concessions d'exploitation si nous n'avions pas remarqué que le conseil général de la Guyane avait une tendance fâcheuse à les transformer en concessions en pleine propriété. Le rapport de M. Pauliat sur les compagnies privilégiées de colonisation est particulièrement instructif à ce sujet. Nous y voyons que le conseil général de la colonie a transformé un permis d'exploitation en une concession de propriété portant sur 200.000 hectares. Bien plus, il a autorisé le concessionnaire à céder ses terrains à une société d'origine américaine qu'on exonérait pendant 10 années de tout droit de sortie sur le produit exploité. D'autres permissionnaires sollicitèrent la même faveur, c'est-à-dire la transformation de leur droit en une véritable concession de propriété, et ils obtinrent ainsi des lots d'une superficie variant entre 15,000 et 20,000 hectares.»
De telles décisions constituent des dérogations qui ne sont pas

suffisamment justifiées et qui préparent des dangers redoutables pour l'avenir. Au surplus, la recherche des mines d'or a singulièrement nui au développement agricole de la Guyane, car, en 1885, sur une superficie dépassant un million d'hectares, il n'y avait guère que 3,000 hectares de concessions agricoles.

Bien plus importante à tous égards est la question des concessions en Indo-Chine, parce que l'acquisition des terres domaniales s'y heurte à une double difficulté : le régime de la propriété collective et jusqu'à un certain point de la propriété individuelle connu et pratiqué par les Annamites, ensuite, le manque de sécurité de certaines régions qui force les Européens à ne pas s'éloigner du Delta.

En Cochinchine, l'histoire du domaine se divise naturellement en trois parties : de la conquête à 1874 (la vente); de 1874 à 1882 (la concession des terres); de 1882 à nos jours.

L'arrêté de 1862 autorisait la mise en vente aux enchères publiques des terrains; cette adjudication fut remplacée, le 25 février 1864, par la vente à prix fixe ou la location avec promesse de vente. Les terres devaient être vendues à prix fixe (décision du 30 mars 1865) et les ventes annoncées au moins trois mois à l'avance. Ces ventes durent être assez nombreuses, car un arrêté du 29 décembre 1871 institua une commission générale de délimitation chargée de distinguer les propriétés du domaine et de procéder au bornage des terrains ainsi reconnus. Le même arrêté déterminait à nouveau les modes d'aliénation qui étaient l'adjudication publique, la vente à l'amiable, l'échange et la concession à titre gratuit.

Avec l'arrêté du 2 juin 1874, la concession à titre gratuit va devenir le mode ordinaire d'aliénation des terres domaniales; toutefois le concessionnaire devra donner aux indigènes installés sur les terrains concédés une raisonnable indemnité. Cet arrêté fut complété par un nouvel arrêté du 11 novembre 1878, encore actuellement en vigueur et par lequel on accordait des autorisations de culture qui concédaient la jouissance du terrain pendant 4 ans et l'obligation, ce laps de temps expiré, de s'en rendre acquéreur à raison de dix francs l'hectare.

La législation ne parut pas encore suffisamment précise puisqu'en 1882 intervenait un nouvel arrêté (22 août 1882) qui divisait les terres domaniales en trois catégories : 1° Les terrains ruraux incultes qui étaient gratuitement concédés et à titre définitif, sauf le cas de non paiement de l'impôt foncier ; 2° les lots urbains, les terrains ruraux bâtis ou en culture et les terrains incultes de la banlieue de Saïgon ; ces terrains étaient vendus aux enchères publiques et le concessionnaire devait payer moitié comptant et le surplus en deux termes égaux d'année en année ; 3° les immeubles réservés dans un but d'utilité générale et dans l'intérêt de divers services publics, et qui ne sont pas susceptibles d'aliénation. Depuis cette époque, l'arrêté du 16 octobre 1889, complété et commenté par celui du 15 octobre 1890, a autorisé les grandes concessions sans indication de superficie minima, mais à condition qu'elles portent sur des terrains ruraux incultes. D'autre part, en vertu de l'arrêté du 6 novembre 1891, il est défendu aux concessionnaires d'aliéner ou d'hypothéquer leurs terrains pendant un délai de trois ans ; le droit de propriété n'est du reste définitif que lorsque la concession a été délimitée et bornée (circulaire du 7 avril 1898), et après que l'impôt foncier a été régulièrement payé (arrêté du 4 janvier 1894). Cet impôt foncier est dû (arrêté du 23 mars 1897) après six ans et seulement pour un cinquième, et en totalité, au bout de dix ans seulement. Enfin, les héritiers des concessionnaires ont un certain délai pour faire valoir leurs droits sur la concession, même si le propriétaire n'avait pas encore reçu un titre définitif de propriété. En résumé, il existe actuellement en Cochinchine deux procédés d'aliénation des terres domaniales : 1° La concession à titre gratuit usitée pour les terres incultes et faite moyennant deux conditions : (*a*) la mise en valeur du sol concédé ; *b*) le paiement de l'impôt foncier) ; 2° la vente employée pour les terres cultivées et couvertes d'arbres. Ces concessions peuvent d'ailleurs être consenties à des indigènes comme à des Européens, à des étrangers comme à des Français, si bien qu'on a dû se préoccuper de les interdire aux Chinois, dont l'invasion pacifique pourrait devenir menaçante pour les habitants.

Au Tonkin, la situation n'est pas la même puisque le Tonkin n'est pas une colonie, mais bien un protectorat, soumis, par conséquent, en ce qui concerne la législation domaniale, à la législation annamite. Toutefois l'article 13 du traité de protectorat du 6 juin 1884 dit nettement : « Les citoyens ou protégés français pourront, *dans toute l'étendue du Tonkin*, acquérir des biens meubles et immeubles et en disposer. » En vertu de cette convention confirmée par celles du 13 janvier 1886, du 19 août 1886, des 7 juillet et 5 septembre 1888, les terrains urbains devaient être mis en vente aux enchères publiques d'après un cahier des charges. D'autre part, une ordonnance royale du 3 octobre 1888 érigeait en concessions françaises les territoires des villes de Hanoï Haïphong et Tourane, et proclamait le droit pour les Français d'être propriétaires dans les ports ouverts de l'Annam et sur tout le territoire du Tonkin, d'après les règles fixées par le gouverneur général. C'est en vertu de ce droit que furent rédigés les deux arrêtés, actuellement en vigueur, l'un du 18 décembre 1895 relatif à l'aliénation des terrains urbains ; l'autre du 18 août 1896, concernant les terrains ruraux. Pour les premiers, la règle adoptée est la vente, non pas exclusivement aux enchères publiques, mais aussi à titre onéreux de gré à gré ; pour les autres la règle adoptée est la concession gratuite à condition que le bénéficiaire mettra son lot en culture avant cinq ans, qu'il n'aliénera pas son titre et que la concession pourra jamais dépasser 100 hectares. Toutes ces concessions, qu'elles appartiennent à la première ou à la deuxième catégorie, ne deviennent définitives qu'au fur et à mesure de la mise en exploitation, toutes les terres non cultivées devant, au bout de cinq ans, faire retour à l'Etat.

Une commission instituée au début de l'année 1898 a introduit quelques modifications de détail dans la législation existante. C'est ainsi qu'elle a déterminé, d'une façon plus précise, les terres qui peuvent faire l'objet d'une concession et qu'elle a supprimé la limitation de 100 hectares. Actuellement certaines des concessions du Tonkin ont une superficie qui varie de 5,000 à 15,000 hectares.

En ce qui concerne le royaume d'Annam, une ordonnance royale du 27 septembre 1897 rendue exécutoire par le gouverneur général autorise les Français à acquérir des terres dans tout le royaume en se conformant aux règles que déterminera l'administration française. Il y a actuellement plus de 60,000 hectares de terres concédées, presque toutes situées aux environs de Tourane.

Le traité signé avec le roi du Cambodge, le 17 juin 1884, fit du territoire du royaume, jusqu'alors propriété de la couronne, une *propriété* de l'Etat. Cette propriété pouvait être aliénée (arrêté du 22 août 1882) conformément aux règles prescrites pour la Cochinchine, et les aliénations étaient inscrites sur un registre à souche, car la concession ne devenait définitive qu'après paiement de l'impôt foncier. Un nouvel arrêté du 27 juin 1887 distingua entre les terrains urbains situés dans le périmètre de la ville de Pnom-Penh qui étaient vendus aux enchères publiques, et les terrains incultes et ruraux qui étaient cédés à raison de dix francs l'hectare ou gratuitement, à condition que le concessionnaire s'engageât à les défricher dans un délai de dix ans. Enfin, l'ordonnance royale du 11 juillet 1897, enregistrant un nouveau progrès, autorise les concessions en toute propriété. Désormais, la propriété privée va se constituer au Cambodge.

Malgré les avantages ainsi consentis, il y a encore beaucoup à faire pour que l'Indo-Chine soit mise en valeur. En Annam-Tonkin, il n'y avait guère en 1898 que 200 colons (114 en Indo-Chine et 85 au Tonkin) occupant 59,000 hectares, sans préjudice de 42 demandes en concession en instance au gouvernement général; au Cambodge, une centaine de colons seulement cultivent leur propriété. Toutefois un très grand pas en avant a été fait dans les deux dernières années.

La question du régime des terres en Nouvelle-Calédonie est un des problèmes les plus obscurs et les plus difficiles dans notre histoire de la colonisation. Un gouverneur, M. Feillet, intelligent et actif, convaincu que l'île, par son climat, par son sol et ses aptitudes spéciales, se prêtait admirablement aux essais de petite culture, a entrepris de favoriser l'importation de colons par la concession gratuite de terrains, le prêt à longue échéance de semences, d'outils et de main-d'œuvre, la construction à un prix minime d'une demeure, sinon confortable, du moins suffisante, et de cette initiative hardie et méritoire il a été ardemment loué par les uns et furieusement critiqué par les autres. Il n'en a pas moins continué son œuvre, réglé la question si controversée du domaine par un arrêté du 23 novembre 1897 après avoir déterminé les conditions de la concession aux immigrants (arrêté du 10 juillet 1895).

La question d'ailleurs n'était pas nouvelle. Dès le début de l'occupation française, la Nouvelle-Calédonie avait été considérée par la métropole comme une colonie essentiellement favorable à la petite colonisation. Aussi la déclaration du 20 janvier 1855 avait-elle fait de l'île entière une propriété domaniale. Le même arrêté prescrivait les concessions à titre purement gratuit, réglementait la vente aux enchères en fixant la mise à prix à 20 francs l'are pour les lots urbains et à 20 francs par hectare pour les lots ruraux, chaque lot ne pouvant dépasser cent hectares, puis trois cents hectares (arrêté du 1er juin 1887). Un nouvel arrêté du 5 octobre 1862, moins libéral que les précédents, réservait au profit de la colonie les bois et les mines ; d'autre part, il prévoyait quatre modes d'aliénation de terres : la vente à prix fixe ; la vente aux enchères publiques ; les concessions gratuites ; les ventes ou locations de gré à gré.

Telle fut, sauf quelques modifications introduites par des arrêtés de 1870 et 1871, la législation en vigueur dans la Nouvelle-Calédonie ; mais l'arrêté du 11 septembre 1875 allait y modifier radicalement le régime des terres. En vertu de cet arrêté le domaine de l'Etat disparaît, il n'y a plus en dehors du domaine communal que le domaine public et le domaine colonial. Ce même arrêté qui disposait ainsi, sans même prévenir le ministre, du domaine de l'Etat, déterminait aussi la façon dont devrait désormais se faire l'aliénation des biens domaniaux. Ces moyens étaient, comme en 1862, fixés à quatre : par voie de vente aux enchères ; par vente de gré à gré ; par voie de concession gratuite ; par échange. L'arrêté de 1880 ajoutait à la concession gratuite la concession à titre onéreux et stipulait expressément que la première ne pouvait être consentie qu'en faveur des immigrants (trois hectares), des officiers, des fonctionnaires, des marins et des soldats, des enfants nés dans la colonie de parents habitant en dehors de la commune de Nouméa (trois hectares).

La période actuelle commence, nous l'avons déjà dit, en 1894. C'est de cette époque que date la véritable colonisation agricole caractérisée par les progrès de la culture du café. Le système qui fut d'abord employé fut celui de la location avec promesse de vente. Le bail avait une durée de 9 ans, moyennant un prix annuel de 6 francs par hectare pour les terres à café et de 1 fr. 50 pour les autres ; la vente était consentie à raison de 100 francs l'hectare pour les premières et de

25 francs pour les autres. C'était l'abandon officiel de la grande colonisation et l'essai systématique de la petite culture, essai approuvé par le département, puisque le ministre Chautemps se déclarait par écrit « disposé à assurer le succès de la colonisation libre familiale qui lui paraissait appelée à faire la prospérité de la Nouvelle-Calédonie. » Ces théories encore vagues furent précisées et codifiées par un arrêté du 10 juillet 1895 qui accordait aux immigrants, justifiant de ressources évaluées au minimum à 5,000 francs, des lots qui variaient suivant la nature des terrains, mais qui ne pouvaient pas être inférieurs à dix hectares, dont cinq propres à la culture du café. Cet arrêté fut enfin complété par celui du 19 novembre 1895 qui permettait d'accorder des concessions du même genre aux enfants nés dans la colonie et aux militaires congédiés.

Cette série de mesures provoqua un véritable mouvement d'émigration vers la Nouvelle-Calédonie, si bien qu'il fallut réglementer définitivement le régime domanial. Ce fut l'œuvre du décret du 10 avril 1897 qui attribua au budget local, pour une période de 70 ans et à titre de subvention, la portion des produits domaniaux excédant le montant des recettes inscrites sous le même titre au budget de l'Etat. Les produits devaient être exclusivement consacrés à des dépenses de colonisation. Ce décret fut complété par un arrêté du 2 avril 1898 qui détermina les conditions suivant lesquelles des concessions pouvaient être accordées aux immigrants. Ces concessions ne devaient pas être inférieures à 10 hectares, ni supérieures à 25 ; elles devaient être choisies par les immigrants parmi les lots disponibles dans les centres créés ou tirés au sort entre les candidats, si plusieurs sollicitaient les mêmes. Elles ne devenaient définitives qu'au bout de cinq ans. L'arrêté du 2 avril 1898 constitue à l'heure actuelle le texte en vigueur sur les aliénations de terres domaniales en Nouvelle-Calédonie.

Le gouverneur peut aujourd'hui être fier de l'œuvre accomplie (1). Le développement de la Nouvelle-Calédonie ne cesse de s'affirmer et les immigrants s'y dirigent chaque année davantage. En 1897, il existait déjà 339 propriétés agricoles ; 135 colons originaires de la colonie étaient devenus concessionnaires ; 600 individus formant 204 familles étaient venus de l'extérieur. De juin 1895 à janvier 1898, il est arrivé en Nouvelle-Calédonie 195 familles d'émigrants français.

Cet exemple de la Nouvelle-Calédonie est précieux. Il prouve qu'avec de la volonté, de la suite dans les idées et une administration soustraite à l'instabilité, il nous est possible d'obtenir des résultats qui ne le céderont en rien à ceux dont s'enorgueillissent d'autres nations coloniales.

D'ici peu de temps Madagascar nous offrira, sans doute, un exemple identique. L'ancien gouvernement malgache avait accordé un certain nombre de grandes concessions à des sociétés ou à des particuliers qui, sauf quelques exceptions, ne créèrent aucune entreprise sérieuse. Cette situation ne les empêcha pas de produire, après l'occupation de Madagascar, des réclamations d'indemnité qu'il fallut examiner. Une commission composée du directeur du contrôle, du procureur général et du chef du service des domaines, chargée de vérifier ces prétentions, les rejeta pour la plupart. Toutefois, quelques-unes de ces concessions furent régularisées, en 1898. « C'est ainsi qu'on a accordé la propriété de terrains situés dans les provinces de Tamatave et d'Andevoranto et mesurant respectivement 1,600 hectares et 3,200 hectares à un colon qui en avait commencé l'exploitation antérieurement à notre prise de possession, qu'une concession de 250,000 hectares dans l'ouest de l'île a été promise à un banquier qui s'était rendu acquéreur des droits consentis à un colon sur un très vaste

---

(1) Voir, au sujet de la colonisation en Nouvelle-Calédonie, les intéressantes lettres de Jean Carol (*Temps et Politique coloniale*, 1900).

territoire en pays Sakalave (1). » Ajoutons aussi qu'un colon a renoncé à une immense concession dans la province de Mananjary, à condition qu'il lui serait concédé en toute propriété un terrain de 5,000 hectares. D'autres concessions forestières, autorisées par l'ancien gouvernement malgache, ont été de même régularisées, en particulier entre Foulpointe et la baie d'Antongil et dans la province de Fort-Dauphin. Ces concessions mesurent respectivement 5,000 hectares, 10,000 hectares, 15,000 hectares, 20,000 hectares.

Le passé liquidé, il fallait assurer l'avenir. « Il importait à la fois de mettre les colons sérieux, qui avaient souffert du régime arbitraire auquel nous succédons, en mesure d'exercer leur activité, et de faciliter aux bonnes volontés qui se manifesteraient les moyens de tirer parti des ressources agricoles et industrielles offertes, comme on l'a vu, par notre nouvelle conquête, aux gens d'initiative courageuse et persévérante (2). »

Une première réglementation résultait d'une loi locale du 9 mars 1896. Elle disait que les aliénations seraient consenties par le gouverneur général au prix de 5 francs par hectare dans les régions de l'Ouest et du Nord et de 10 francs par hectare sur la côte Est et dans le haut pays. Les demandeurs devaient justifier d'un dépôt de 5,000 francs dans une banque et, dans aucun cas, la concession ne devait excéder une superficie de 50 hectares. Une deuxième loi stipulait qu'on pouvait acquérir les terres incultes par concession à titre gratuit à charge de les mettre en valeur, mais ces concessions ne devenaient définitives qu'après cinq ans. Un autre arrêté du 17 novembre 1896 n'apporta à la première que des modifications fort peu importantes ; elle abaissait, par exemple, le

(1-2) *Rapport du général Galliéni.*

chiffre de vente à 2 francs par hectare pour les régions de l'Ouest et à 5 francs pour les autres. Le concessionnaire s'obligeait, en outre, à mettre la terre en valeur et à la faire immatriculer en son nom. Ce procédé d'immatriculation avait pour but de constituer progressivement le domaine colonial et de tenter ainsi une application provisoire de l'*act torrens*.

Cette loi est encore en vigueur, mais elle a été profondément modifiée par la circulaire du 12 mars 1897 et surtout par celle du 24 avril 1897. Par cette circulaire, le gouverneur invitait les chefs de province à choisir des périmètres de colonisation qui devaient être ensuite divisés en lots immatriculés, un titre de propriété étant établi au nom de l'Etat pour chaque lot. Ces lots furent fixés, par une circulaire du 22 juillet 1897, en lots dont la superficie varie de 100 hectares au moins à 500 hectares au plus. Des terrains sont réservés pour la création des villages et, dans ces villages, les lots sont de 20 ares. Enfin une disposition du 16 novembre 1897 partage l'île de Madagascar en trois subdivisions : 1° l'Imérina et le Betsiléo ; 2° la côte Est ; 3° la côte Ouest. Cette organisation fut jusqu'à un certain point complétée par la proposition de loi déposée par MM. Brunet et de Mahy à la Chambre des députés (octobre 1897).

Toutes ces mesures avaient été favorablement accueillies tant par les colons de l'île que par les demandeurs de la métropole, mais elles manquaient encore de précision, puisqu'elles avaient permis à certaines personnes de croire qu'on pouvait, de France même et sans se rendre à Madagascar, demander et obtenir une concession, et puisque certains habitants de la colonie avaient pu vendre à de nouveaux arrivants des lots sur lesquels ils n'avaient commencé encore aucun travail et dont ils ne pouvaient pas disposer.

Toutes ces incertitudes cessèrent grâce à l'arrêté du 10 février 1899 qui remédiait à toutes les irrégularités dont il importait d'empêcher le retour. Désormais, la marche à suivre est très nettement déterminée et aucune erreur n'est plus possible. Le colon qui arrive à Madagascar avec l'intention de demander une concession est invité à examiner la carte sur laquelle sont indiqués tous les lots de colonisation disponibles. Il choisit alors, d'après les renseignements qui lui sont immédiatement fournis, la province dans laquelle il désire s'installer et s'y transporte grâce aux moyens qui sont mis à sa disposition. Arrivé là, il a le choix entre deux procédés : ou bien il désigne immédiatement le lot qui lui convient ; l'administrateur lui délivre un titre provisoire d'occupation et après avoir payé un droit de 1 franc par hectare, il peut aussitôt commencer son exploitation, quitte à devenir propriétaire définitif quand la concession aura été mise en valeur ; ou bien le colon préfère choisir et limiter lui-même sa concession ; il adresse alors au chef du bureau de colonisation un croquis indiquant la situation et les limites des terres dont il demande la concession ; l'administrateur fait aussitôt procéder au bornage, ordonne l'affichage dans les formes prescrites et après un délai de huit jours, si aucune protestation ne s'est produite, il fait préparer le titre d'occupation provisoire qui est remis à l'intéressé en échange du paiement d'un droit de 0 fr. 50 cent. par hectare. Rien n'est à la fois plus simple et plus précis : ajoutons que les périmètres de colonisation ont été établis de façon à respecter les droits des indigènes et à ne pas empiéter sur les terrains consacrés au semis des rizières. Une circulaire du 17 janvier 1899 stipule expressément qu'on doit conserver aux indigènes tous les terrains qui leur sont absolument indispensables pour les cultures. Ce droit des indigènes est peut-être plus scrupuleusement observé à Madagascar qu'en Nouvelle-Calédonie où pourtant, en dépit des assertions intéressées de quelques mécontents, les intérêts des indigènes ont été, en somme, sauvegardés.

« Ainsi le procédé normal d'aliénation des terres domaniales à Madagascar est la concession à titre pour ainsi dire gratuit. Cette concession porte, en général, sur une étendue moyenne de 500 hectares. Pourtant à Majunga, un lot de 10,000 hectares a été concédé gratuitement, un autre de 40,000 a été accordé dans le deuxième territoire militaire. Près de 2,000 hectares formant plusieurs lots ont été aliénés à titre onéreux. Enfin, des terres sises à Majunga, à Nossi-Bé, à Fort-Dauphin ont été louées. Ces locations portent sur de grandes étendues, variant de 10,000 à 40,000 hectares (1). »

Nous avons réservé la question des concessions au Congo français parce que la législation foncière de ce pays est particulièrement intéressante en raison de l'expérience qui s'y poursuit à l'heure actuelle. Suivant que les efforts tentés par les sociétés seront suivis d'un échec retentissant ou d'un succès même relatif, les dispositions relatives à l'aliénation des terres seront universellement condamnées ou, au contraire, adoptées pour toutes nos nouvelles colonies.

Les nombreuses concessions territoriales accordées dans le Congo rendaient urgente la distinction entre les propriétés privées et le domaine public de cette colonie. Il convenait, en outre, de déterminer, par un texte législatif, les servitudes d'utilité publique dont pouvaient être frappées les propriétés privées. Tel fut l'objet du décret du 9 février 1899 (2), bientôt complété par celui du 28 mars 1899, relatif au régime foncier et divisé en cinq titres. Le titre Ier comprend trois chapitres (objet, procédure, effets de l'immatriculation) ; le titre II traite des transmissions de propriétés (obligations et effets des inscriptions, conditions de forme) ; le titre III détermine les obligations et la responsabilité du conservateur de la propriété foncière ; le titre IV fixe les règles spéciales à l'immatriculation

---

(1) Hamelin, *Les Concessions coloniales*.
(2) Pourbaix et Plas, *Le Régime économique et les Sociétés commerciales*.

des immeubles vendus à la barre des tribunaux ; enfin, le titre V est consacré à des dispositions d'ordre général sur l'application du nouveau régime.

« L'économie du système de législation foncière repose tout
« entière sur l'immatriculation des immeubles. L'immatricula-
« tion, qui donne toute garantie au sujet de la propriété, con-
« siste dans l'inscription de la propriété et des droits réels qui
« l'affectent sur les registres publics de la conservation fon-
« cière, à la suite d'une procédure spéciale terminée par une
« décision de justice. Elle a pour effet de purger l'immeuble
« de tous droits antérieurs non déclarés et le titre foncier
« établi forme pour l'avenir l'unique base de la propriété.
« Une copie officielle et toutes les conventions postérieures
« doivent, pour être valables à l'égard des tiers, être inscrites
« sur le titre et la copie. » En somme, sauf quelques différences de détail, le système adopté au Congo français rappelle le système de l'*act torrens* tel qu'il est pratiqué en Australie et sur lequel nous aurons à revenir. Cette législation foncière du Congo français, beaucoup plus simple et plus économique que le système belge, a pour conséquence utile de donner à la propriété foncière une certitude absolue et il n'est pas douteux que ces facilités n'aient pour résultat immédiat d'accélérer et bientôt de multiplier les transactions immobilières.

Un mois plus tard (28 mars 1899), un autre décret réglementait l'exploitation forestière qui, désormais, ne pouvait être entreprise sans un permis personnel, délivré à titre temporaire par le commissaire général ou par son délégué et en échange d'une redevance fixe, exception faite, bien entendu, des personnes et des sociétés qui ont obtenu une concession régulière.

Enfin un décret du 29 mars 1899 stipule qu'au Congo français toutes les terres sans maîtres appartiennent à l'Etat et « affirme d'une façon absolue le droit supérieur de l'Etat sur les terres domaniales du Congo français. » Toutefois, le même décret attribue les produits domaniaux au budget local à titre de subvention de la colonisation. Elle détermine enfin dans quelles conditions ces territoires pourront être concédés à des tiers soit par l'autorité locale, soit par le pouvoir central. Les concessions de 10,000 hectares seront désormais accordées par le pouvoir central; au-dessous de ce chiffre, par le commissaire général du Congo. Les conditions relatives à ces petites concessions ont été déterminées par un arrêté en date du 4 avril 1899 (1).

V

Nous en avons fini avec l'examen des principaux décrets et arrêtés relatifs à la législation foncière dans nos colonies et plus spécialement au régime des grandes et petites concessions. De cet ensemble de réglements en apparence confus, quelquefois même contradictoires, il se dégage pourtant à la réflexion un certain nombre de principes directeurs qui en font l'unité et qui permettent d'affirmer que cette législation deviendra de plus en plus simple dans tout notre domaine colonial. Tout d'abord, il est certain que le système des concessions a paru à tous nos gouverneurs le moyen le plus pratique de mettre en valeur les terrains incultes et nouvellement acquis; il leur a semblé ensuite que les concessions gratuites devaient être l'exception et que les concessions à titre onéreux devaient être la règle, sous réserve de ne demander aux concessionnaires qu'un chiffre minime tout en exigeant d'eux la justification d'une somme suffisante pour attendre les premières récoltes; enfin, le gouvernement a toujours eu la préoccupation honorable et nécessaire de respecter les droits des indigènes.

(1) Pourlaix et Plas, *op. cit.*

Mais il y a plus ; au Congo, en Nouvelle-Calédonie et à Madagascar, colonies ouvertes largement aux concessionnaires, que trouvons-nous à la base du lotissement ? Nous trouvons l'immatriculation. Or, l'immatriculation n'est pas autre chose qu'une application indirecte du système de l'*act torrens*, si heureusement appliqué dans certaines colonies anglaises. Ce système, qui peut présenter de graves inconvénients dans l'application, a, du moins, l'avantage certain de constituer à peu de frais le domaine public aux colonies et celui de rendre la propriété privée plus sûre, plus économique et, pour ainsi dire, maniable. De son application dépend en partie le développement agricole de nos colonies. Il convient donc, en terminant, d'examiner sommairement en quoi consiste l'*act torrens*, quelles ont été les applications directes ou indirectes qui en ont été tentées dans nos colonies et s'il n'y aurait pas intérêt pour nous à développer ce système.

Mais avant d'examiner dans quelle mesure l'*act torrens* a été pratiqué dans nos colonies, examinons d'abord si le système de Wakefield n'a pas également inspiré certaines des mesures prises dans nos colonies pour l'aliénation des terres. Car avant de chercher les moyens de rendre la propriété mobile, encore faut-il que cette propriété soit nettement constituée.

Rappelons rapidement en quoi consiste ce système. Étant donné qu'il faut mettre en valeur les terres des colonies et, d'autre part, qu'il faut assurer aux propriétaires une main-d'œuvre suffisante, le problème consiste à vendre la terre assez cher pour qu'on ne puisse pas devenir propriétaire trop facilement ; donc, pas de concession gratuite et, aussi, mesures pour que la classe des prolétaires ne disparaisse pas complètement. Cette proportion ne doit pas être fixée arbitrairement ; il convient, en effet, qu'il n'y ait ni surabondance de bras, ni surabondance de terre. D'après Wakefield, la vente doit être faite à un prix suffisant (sufficient price) qui doit être la représentation d'une portion de terre occupée par un colon et égal, en outre, aux frais de transport d'un émigrant depuis la métropole jusqu'à la colonie. En un mot, ce prix suffisant doit réaliser un rapport harmonique entre le colon, les capitaux et la main-d'œuvre. Il doit, bien entendu, varier suivant les colonies et tenir compte du prix de la vie dans la colonie, du taux des salaires, de la fertilité du sol, du climat, etc. Pour arriver à ce résultat, il ne faut pas vendre la terre aux enchères, car on n'empêche pas ainsi la spéculation, mais à l'amiable, en donnant à toutes les terres une valeur uniforme.

Tel est, dégagé de ses détails et des objections les moins importantes, le système de Wakefield. Il est évident qu'il ne saurait être employé, tel qu'il a été conçu, dans nos colonies, même les plus neuves, et qu'il faudrait l'adapter à nos usages, à nos traditions et aux habitudes prises. D'autre part, il est certain que Wakefield exagère pour certaines exploitations l'importance de la main-d'œuvre et n'en tient pas suffisamment compte pour d'autres; que la main-d'œuvre si nécessaire dans les colonies tropicales, pour nous en tenir à la vieille formule, l'est beaucoup moins dans les colonies tempérées. Enfin, il nous paraît bien difficile d'établir, même avec le prix suffisant, un équilibre parfait entre la terre, la main-d'œuvre et le capital.

Mais, ces réserves faites, il y a un enseignement à retenir de la théorie de Wakefield, et c'est de cette théorie que M. Léveillé s'inspirait directement dans la proposition de loi qu'il déposait à la Chambre le 1er avril 1897. On pourrait, en effet, vendre les terres susceptibles d'être cultivées et affecter le produit des aliénations aux travaux préparatoires indispensables. C'est, au reste, le procédé qui a été employé en Nouvelle-Calédonie et au Congo quand on a autorisé la colonie à vendre des parties du domaine et à conserver, pendant 70 ans, le produit de ces ventes pour l'affecter aux travaux publics nécessaires.

Un colon a donc acheté, à un prix quelconque, un territoire qu'il veut mettre en valeur ; il a obtenu son titre de propriété définitif. Cela suffit-il ? Sa propriété est-elle garantie contre les revendications possibles ? Peut-il en disposer à son gré ? De toutes ces difficultés, la solution a été fournie aux colonies anglaises par le système de l'*act torrens*. L'*act torrens* part de ce principe que la propriété doit être inscrite. Il fixe définitivement l'origine de la propriété en enregistrant les titres et les plans de chaque propriétaire sur les registres publics. Une fois enregistré (après qu'on s'est assuré par une publicité régulièrement faite qu'aucune protestation ne s'est produite), l'immeuble ne peut plus être l'objet d'aucune transaction, aliénation, droits réels d'hypothèque, sans que cette opération soit inscrite à la fois sur le titre délivré au propriétaire et sur le registre foncier. Avec son titre de propriété, le propriétaire peut vendre ou hypothéquer sa propriété sans aucun frais et sans aucun retard, puisque la double inscription sur les livres fonciers et sur le titre suffit pour effectuer la transmission de la propriété ou la constitution d'hypothèque, de sorte que l'immeuble circule aussi facilement qu'une valeur mobilière. Tel est l'*act torrens*, heureusement appliqué dans l'Australie du Sud et dans plusieurs autres colonies anglaises.

S'inspirant de ce système, des expériences tentées en Tunisie et des délibérations de la commission extraparlementaire du cadastre (décret du 30 mai 1891), un gouverneur des colonies, M. Noël Pardon, a rédigé un projet complet et qui, après avoir reçu une approbation théorique, a directement provoqué plusieurs des mesures prises à l'heure actuelle dans certaines de nos colonies. C'est, par exemple, du projet Noël Pardon qu'est sorti le procédé de l'*immatriculation*. Les immatriculations ou insertions sur le registre foncier ne sont faites, comme dans l'*act torrens*, qu'après vérification du droit du requérant : c'est *le principe de légalité*. Les hypothèques dont peut être grevée la propriété sont admises jusqu'à concurrence des trois quarts de la valeur de l'immeuble et sont inscrites sur le titre ; le propriétaire conserve la faculté d'emprunter en remettant simplement son titre en gage comme cela se pratique couramment en Australie ; enfin, les insertions ou mentions doivent être radiées lorsque les charges correspondantes ont cessé d'exister. Ce projet extrêmement pratique mériterait d'être mieux connu et d'être appliqué dans la plupart de nos colonies où les questions de propriété et d'hypothèque sont encore beaucoup trop complexes, alors que la simplification des formalités aurait pour résultat de hâter la constitution du domaine privé et, partant, la mise en valeur de notre empire colonial.

Il serait pourtant injuste de prétendre que rien n'a été fait dans ce sens ; c'est ainsi que M. Cambon, par les lois sur la propriété foncière du 1er juillet 1885 et du 16 mai 1886, a créé en Tunisie le système de l'immatriculation directement emprunté à l'*act torrens*. « Par ce système, tout acquéreur peut demander que l'abonnement et la description de la propriété soient faits, que les charges, hypothèques et autres droits réels soient, — après enquête publique et jugement s'il y a contestation — apurés et inscrits ; il reçoit ensuite la description et l'énumération des charges, s'il y en a, et obtient ainsi la constitution légale de la propriété ; contre lui, aucune revendication pour des droits antérieurs n'est admise et les charges postérieures ne valent qu'autant qu'elles sont inscrites sur le titre même. L'immatriculation s'applique à la propriété d'un enzel comme à celle d'une propriété foncière (1). » Grâce à cette sage disposition, la propriété foncière en Tunisie a connu un rapide développement. La terre a gagné en valeur ; bien des indigènes ont déjà fait immatriculer leurs domaines et à la fin de 1895,

---

(1) L. Levasseur : *Revue générale des sciences*, nov. 1896.

le nombre des demandes s'élevait à 2,014 pour 628,616 hectares, représentant une valeur de 50 millions 1/2 de francs; 919 immatriculations représentant 143,212 hectares et près de 21 millions de francs étaient terminées, et sur les 143,212 hectares immatriculés, 87,212 l'avaient été au nom d'Européens et 56,000 au nom d'indigènes.

L'exemple heureux de la Tunisie n'a pas été perdu. On a vu que le système adopté par le général Galliéni à Madagascar est presque calqué sur le système tunisien et qu'il a déjà donné d'excellents résultats puisqu'à la fin de 1898, il avait été déjà accordé 569 concessions portant sur 206,987 hectares. C'est encore de ce procédé que s'est inspiré le gouverneur de la Nouvelle-Calédonie et puis, récemment encore, le commissaire général du Congo. Il est hors de doute que le système de l'*immatriculation* tend à se généraliser dans tout notre domaine colonial. Il reste, pour achever l'œuvre commencée, à donner au titre de propriété une possibilité plus grande de circulation et d'échange et d'en faire une sorte de lettre de change facilement négociable. On y viendra, on y vient déjà, et alors le domaine privé colonial sera complètement constitué puisque les propriétaires posséderont des terres qui auront à la fois toute la sécurité et toute la mobilité désirables.

Ordonnances, lois, décrets et arrêtés concernant la législation foncière.

9 décembre 1866 (délibération du Conseil gén. de la Martinique).	Autorisant les concessions de terres gratuites jusqu'à six hectares.
Arrêté du 23 déc. 1892.	Réglementant le régime des terres au Dahomey.
Arrêté du 1er décembre 1885.	Autorisant des concessions de terres à titre provisoire.
Arrêté du 24 janv. 1891.	Les autorisant à titre définitif.

Décret du 24 août 1887.	Accordant aux indigènes de Taïti un délai de cinq ans pour faire valoir leurs titres de propriété.
Arrêté du 16 novembre 1887.	Fixant le régime des concessions territoriales pour Diégo-Suarez.
Décret du 8 fév. 1880. — du 7 déc. 1886. — du 11 janv. 1888. — du 15 oct. 1890.	Réglant les aliénations de terres ou locations en Cochinchine.
Arrêté du 26 sept. 1891.	Déterminant le régime foncier au Congo.
Décret du 21 octobre 1893.	Accordant à la maison Verdier le monopole de l'exploitation forestière à la Côte d'Ivoire.
Décret du 17 novembre 1893.	Concédant à la maison Daumas le droit d'exploitation, pour trente années, du bassin supérieur de l'Ogooué.
Arrêté du 4 septembre 1895.	Prononçant la déchéance de la concession Verdier.
Arrêté du 27 février 1896.	Prononçant la déchéance de la concession Daumas.
Arrêté du 25 février 1865.	Supprimant la gratuité des concessions à la Guyane.
Arrêté du 24 mai 1895.	Autorisant dans la même colonie les concessions gratuites.
Arrêté du 31 décembre 1895.	Réglementant à la Guyane le régime des concessions.
Arrêté de 1862.	Autorisant la mise en vente aux enchères publiques des terrains en Cochinchine.
Décision du 30 mars 1865.	Réglementant les concessions gratuites.
Arrêté du 29 décembre 1871.	Instituant une commission générale de délimitation.
Arrêté du 2 juin 1874.	Faisant de la concession à titre gratuit le mode général d'aliénation des terres domaniales.
Arrêté du 11 nov. 1878.	Accordant des autorisations de culture.
Arrêté du 22 août 1882.	Divisant les terres domaniales de Cochinchine en trois catégories.
Arrêtés du 16 octobre 1889 et du 15 oct. 1890.	Autorisant les grandes concessions.
Arrêté du 6 novembre 1891.	Défendant aux concessionnaires d'aliéner ou d'hypothéquer leurs terrains.
Ordonnance royale du 3 octobre 1888.	Érigeant en concessions françaises les territoires des villes d'Hanoï, Haïphong et Tourane.

Arrêté du 18 décembre 1885.	Relatif à l'aliénation des terrains urbains au Tonkin.
Arrêté du 18 août 1896.	Relatif à l'aliénation des terrains ruraux.
Ordonnance royale du 27 septembre 1897.	Autorisant les Français à acquérir des terres dans tout le royaume d'Annam.
Arrêté du 22 août 1882.	Autorisant l'aliénation des terres au Cambodge.
Arrêté du 27 juin 1887.	Distinguant entre les terrains urbains et les terrains incultes et ruraux.
Ordonnance royale du 11 juillet 1897.	Autorisant au Cambodge les concessions en pleine propriété.
Arrêté du 10 juillet 1895, — du 23 nov. 1897.	Déterminant les conditions auxquelles des terres peuvent être concédées aux immigrants.
Arrêté du 19 novembre 1895.	Permettant d'accorder des concessions aux enfants nés dans la colonie et aux militaires congédiés.
Décret du 10 avril 1897.	Réglementant définitivement le régime domanial en Nouvelle-Calédonie.
Arrêté du 2 avril 1898.	Réglementant à nouveau les concessions de terres aux immigrants.
Loi locale du 9 mars 1896.	Fixant les conditions d'après lesquelles les terres peuvent être concédées à Madagascar.
Arrêté du 17 nov. 1896.	Modifiant sur quelques points la loi précitée.
Circulaire du 12 mars et du 24 avril 1897.	Invitant les chefs de province à tracer des périmètres de colonisation.
Disposition du 16 novembre 1897.	Divisant, en ce qui concerne les terres, Madagascar en trois circonscriptions.
Arrêté du 10 fév. 1899.	Unifiant la législation foncière à Madagascar.
Décret du 9 fév. 1899.	Déterminant le domaine public au Congo.
— du 28 mars 1899.	Relatif au régime foncier au Congo.
— du 29 mars 1899.	Affirmant le droit supérieur de l'Etat sur les terres domaniales du Congo français.
— du 19 juil. 1898.	Instituant près du ministre des colonies une commission des concessions coloniales.

LA LÉGISLATION MINIÈRE

Parmi les richesses dont l'exploitation peut favoriser le développement de notre domaine colonial figurent naturellement les richesses minières, et, bien qu'aucune de nos colonies, sauf peut-être la Nouvelle-Calédonie, la Guyane et quelques parties de l'Indo-Chine, ne constitue de pays minier au sens propre du mot, il a fallu réglementer l'exploitation du sous-sol et déterminer exactement les modes propres à en assurer la mise en valeur. Heureusement qu'en pareille matière, le législateur n'a pas voulu, comme pour le commerce et l'agriculture, imposer à tous nos établissements une règle uniforme, calquée exactement sur la législation métropolitaine. On a compris que c'était surtout affaire de climat, de situation topographique, d'usages locaux et notre législation minière s'est discrètement assouplie à ces exigences inévitables. Au lieu d'une loi générale qui gênerait l'initiative privée et rendrait souvent l'exploitation impossible, il a été édicté autant de règlements différents qu'il y avait de colonies différentes. C'est un exemple qui malheureusement n'est pas souvent imité. Nous ne cesserons pourtant de le répéter : en matière coloniale il ne faut pas de législation générale ; il ne peut et ne doit intervenir que des décisions d'espèce.

Ce sont ces diverses législations que nous allons successivement examiner.

NOUVELLE-CALÉDONIE

Le voisinage de l'Australie et la prétention inexplicable d'appliquer à notre colonie tous les procédés de sa voisine anglaise conduisirent au début notre gouvernement à de graves erreurs qui empêchèrent tout d'abord toute exploitation des terrains miniers (arrêté du 4 mai 1871). C'est seulement en 1873 que sur le rapport de M. Heurteau, ingénieur des mines, on renonça à cette idée et qu'on modifia profondément le système primitif, « l'application des procédés économiques et industriels étant incompatible avec l'exiguité des *claims* primitifs ». (Arrêté du 13 septembre 1873.)

« Le régime établi par cet arrêté s'inspirait nettement des législations des Etats-Unis de l'Amérique du Nord et de celles de l'Australie. Pour l'acquisition du droit d'exploiter on distinguait les terrains du domaine et les terrains de propriété privée (1). »

Sur les terres du domaine, l'Etat concédait pour 15 ans, en échange d'un permis de mines fixé à 25 francs par hectare, la permission d'exploiter les mines dont la superficie ne devait pas dépasser 25 hectares. On distinguait deux moments : 1° *la prise de possession*; 2° *l'acte de concession*. Les quinze années expirées, le concessionnaire pouvait obtenir la propriété perpétuelle en échange d'une somme fixe déterminée qui ne devait pas excéder 1000 francs par hectare.

Sur les domaines privés, la concession pouvait être accordée ou à l'inventeur ou au propriétaire du sol, mais avec un droit de préférence en faveur de ce dernier. Dans le premier cas, l'inventeur ne pouvait exploiter que durant quinze années;

---

(1) *Etude sur la législation des mines,* par Paul de Valroger. Nous empruntons à cet excellent livre les éléments principaux de cette courte étude.

dans le deuxième, le propriétaire obtenait la concession perpétuelle.

Mais ce système qui morcelait à l'infini les propriétés minières n'eut d'autre résultat que de déterminer une crise aiguë qui aboutit à la déchéance de tous les concessionnaires de mines (22 novembre 1881). Il fallut donc aviser et ce fut dans ce but que fut promulgué le décret du 22 juillet 1883 corrigé par celui du 17 octobre 1896. Le décret de 1883 avait en effet le tort d'exiger des inventeurs ou des propriétaires des droits tellement excessifs (5 francs par hectare; taxe de 10 francs par mine non exploitée) que toute exploitation sérieuse devenait impossible et que le décret du 20 juin 1885 dut autoriser la non-observation de ces articles du décret. Il est vrai qu'un autre décret de 1892 rétablissait des redevances (l'une fixe par hectare, l'autre proportionnelle à la valeur des produits extraits), mais il fallut, en présence des protestations du conseil général de la colonie, suspendre l'exécution de ce nouveau décret comme avait été suspendu l'effet de celui de 1883.

Enfin intervint le décret du 17 octobre 1896 actuellement en vigueur et dont nous allons résumer les principales dispositions. Toute distinction entre les mines exploitées et les mines inexploitées est supprimée ; toutes paieront une redevance fixe de 0 fr. 50 par hectare. Le taux de la redevance proportionnelle pour chaque tonne de produits marchands extraits de la mine est fixé par un décret spécial rendu le même jour que le décret général. Toutes les concessions, y compris même celles qui étaient concédées avant le mois de juillet 1883, sont converties en concessions perpétuelles et soumises au régime institué par le décret de 1896.

Il n'est pas inutile de constater que le propriétaire du sol peut se livrer à la recherche des mines sous la réserve d'une déclaration à l'administration ; c'est au bout de deux ans seulement qu'il devra payer une redevance fixe et annuelle par hectare. Ainsi, chose étrange, la législation minière de la Nouvelle-Calédonie est beaucoup moins libérale que celle de la métropole, puisqu'il semble qu'une telle disposition porte atteinte au droit strict du propriétaire. Quant à l'inventeur, il doit se munir de l'autorisation préalable du propriétaire et d'un permis de recherches qui indique exactement le terrain à prospecter et pour lequel il doit payer un droit fixe de 0 fr. 40 par hectare.

En principe également, les recherches sont libres sur les terres du domaine, toujours sous condition d'une demande adressée à l'administration, demande à laquelle doit être annexé le plan du *périmètre carré*.

Toutefois la permission peut toujours être annulée en tout ou en partie, sans condition de délai. Enfin « si plusieurs explorateurs se livrent à des recherches dans la même région et sur les mêmes gisements, l'article 13 accorde à l'explorateur qui a déjà commencé ses travaux de recherche le droit de s'opposer à l'ouverture de travaux ultérieurs dans les terrains voisins de ces travaux sur le même gisement. »

En ce qui concerne les recherches sur le territoire pénitentiaire, l'article 1er du décret de 1896, répondant à un vœu voté par le conseil général dispose : « Les recherches des mines sur les réserves pénitentiaires pourront être autorisées par le gouverneur en conseil privé, après avis du directeur de l'Administration pénitentiaire et enquête administrative. Ces autorisations seront accordées sous les conditions et stipulations que le gouverneur jugera opportun, sur l'avis du directeur de l'administration pénitentiaire, d'insérer dans le titre autorisant les recherches. »

L'extinction du droit de recherche est déterminé :

1° Par le non-paiement des redevances exigées ;

2° Par l'expiration de la durée de validité du permis de recherches ;

3° Par l'annulation de la déclaration de recherches.

Si les recherches ont enfin abouti, comment l'inventeur ou le propriétaire obtiendra-t-il la propriété de sa mine ? Par un *acte de concession* conféré par un arrêté du gouverneur en conseil privé. Le gouverneur a le droit d'accorder ou de refuser cette concession, à moins toutefois que le demandeur n'ait signalé l'existence d'un gisement exploitable à plus de cinq kilomètres à vol d'oiseau d'un gisement connu, car dans ce cas il a droit absolu à une concession gratuite de 25 hectares. Il convient encore de signaler une autre exception aux règles posées. S'il s'agit de l'exploitation des alluvions aurifères, la mine est acquise à l'inventeur par simple prise de possession. Pour les mines situées sur les territoires de l'administration pénitentiaire, la demande en concession devra être communiquée non plus au gouverneur mais au directeur de l'administration pénitentiaire, et cette administration restera dans tous les cas propriétaire de la surface.

Quelles seront exactement les redevances à payer par le propriétaire d'une mine ? Pendant la période des recherches, elle sera de 0 fr. 40 par hectare ; une fois envoyé en possession, il devra acquitter une redevance fixe de 0 fr. 50 par hectare, et une redevance proportionnelle fixée à 0 fr. 25 par tonne de cuivre, cobalt, de nickel et fer chromaté, et à 0 fr. 05 par tonne de charbon. Tous les produits extraits mais consommés ou transformés dans la colonie sont exempts de ce droit. Quant aux exploitations d'alluvions aurifères, le droit a été fixé, par l'article 56, à 50 francs par hectare comme redevance annuelle.

La seule cause de déchéance est le défaut de paiement de la redevance annuelle et fixe par hectare. Elle est prononcée de plein droit après deux avertissements signifiés à un mois d'intervalle et sans qu'il puisse y avoir aucun recours par *la voie contentieuse*. Ces règles sont applicables aux établissements français de l'Inde.

ÉTABLISSEMENTS FRANÇAIS DE L'INDE

La législation minière y a été établie par le décret du 25 novembre 1884 dont les dispositions se rapprochent beaucoup de celles fixées par la législation métropolitaine. Cette préoccupation du législateur s'explique par ce fait que la propriété est plus solidement constituée dans l'Inde qu'en Nouvelle-Calédonie et que les plans cadastraux y ont été dressés d'une façon plus précise. C'est ainsi que dans les établissements de l'Inde aucun droit de préférence n'est reconnu à l'inventeur et, qu'au contraire, les droits du propriétaire du sol sur les produits extraits sont très nettement réservés. Ajoutons que la surtaxe imposée aux mines inexploitées qui a été supprimée en Nouvelle-Calédonie a été maintenue dans l'Inde parce qu'au lieu d'être, comme dans la colonie océanienne, de 10 fr. par hectare, elle n'est seulement que de 0 fr. 10. Quant à l'institution du droit d'exploiter, il est consacré par le système des concessions administratives. Dans le cas où la concession n'est pas reconnue à l'inventeur, il lui est accordé une indemnité à titre de remboursement de frais. Le concessionnaire, une fois envoyé en possession, doit une redevance fixe qui porte non plus sur l'hectare mais sur le kilomètre carré à raison de 10 fr., le kilomètre, et les mines inexploitées continuent à être grevées d'une surtaxe de chômage qui est de 10 fr. par kilomètre carré.

ANNAM-TONKIN

Le traité de protectorat du 6 juin 1884 sur l'Annam-Tonkin ne conférait pas au gouvernement français le droit de disposer des gisements miniers de cette partie de l'Indo-Chine. Ce droit lui fut conféré par le décret du 2 mars 1886 approuvant la Convention du 18 février 1885. En vertu de cette convention, l'administration des mines de l'Annam, après avoir prélevé tous les frais qui lui incombaient, devait verser au trésor royal le montant des taxes et des impôts perçus, tandis que les recettes fiscales, provenant des mines du Tonkin, devaient être uniquement affectées aux dépenses de l'administration. La convention de 1886 rendait nécessaire un règlement général des mines pour l'Annam-Tonkin. Ce fut l'œuvre du décret du 17 octobre 1888 bientôt modifié et amendé par le décret du 25 février 1897 qui fait encore aujourd'hui autorité.

En vertu de ce décret, les superficies des périmètres de recherches seront rondes et non rectangulaires ; elles pourront porter sur 5000 hectares et non sur 200 comme dans le décret de 1888. Les concessions elles-mêmes pourront avoir de 500 hectares à 2400 hectares pour les mines de combustible, de 100 à 600 pour les mines d'alluvion, de 200 à 800 pour les autres mines.

Les redevances fixes sont établies de façon à s'augmenter progressivement avec la durée de l'exploitation. Cette redevance, au lieu de 20 fr., est fixée à 1 fr. pour les mines de combustible et à 2 fr., au lieu de 40, pour les autres mines. Il en est de même pour la taxe proportionnelle qui tombe de 3 et 5 p. 0/0 à 1 p. 0/0 pour les combustibles et à 2 p. 0/0 pour les autres substances.

« Telles sont les principales réformes du décret de 1897. On voit qu'elles répondent aux deux ordres de critiques qui avaient été adressées au régime de 1888. Elles marquent une orientation vers un régime plus libéral qui se manifeste par ces deux faits : augmentation de l'étendue donnée aux droits de recherches et d'exploitation des mines, d'une part et, d'autre part, diminution des charges fiscales grevant l'exploitation des mines à son début (1). »

Où peuvent se poursuivre les recherches ? 1° *Dans les terres du domaine* : tout individu peut acquérir, sans autorisation

---

(1) Paul de Valroger, *op. cit.*

préalable, un périmètre réservé de recherches lui conférant un droit exclusif de fouilles, et ce droit de recherche constitue pour l'inventeur un véritable droit de propriété puisque, trois ans après la première occupation, il a le droit d'adresser à l'administration une demande en délivrance. Ce délai de trois ans limite le droit de recherches. Si, après ce laps de temps, l'explorateur n'a pas introduit une demande de propriété, le terrain cesse d'être réservé. 2° *Dans les terrains privés* (terres cultivées par les indigènes, terrains concédés à des colons, biens de main-morte appelés Huong-Hoa). Un tiers ne peut entreprendre de recherches dans un terrain privé qu'après entente amiable avec le propriétaire ou avec une autorisation du résident de la province. Du jour où l'explorateur a obtenu l'autorisation de poursuivre ses recherches sur un terrain quelconque, le propriétaire de la surface perd tous ses droits aux recherches et même à la propriété des mines découvertes, sous réserve toutefois des indemnités qui peuvent lui être dues par les explorateurs. Il en est de même pour les gîtes d'alluvions qui sont laissés à la disposition du propriétaire du sol.

« Nul ne peut acquérir une mine par prise de possession s'il n'en a fait au préalable l'objet d'une recherche en périmètre réservé » (article 23). Ainsi donc, en Annam-Tonkin, le droit de possession est intimement lié au droit de recherches et « l'explorateur est un véritable exploitant de fait sinon de droit ». Ce titre de propriété est directement remis au titulaire par le gouverneur général et s'il n'y a pas opposition, aucune décision administrative n'intervient.

Telle est la législation en vigueur pour les mines non reconnues, mais il n'en va pas ainsi pour les mines dont le rendement a pu être à peu près évalué. Dans ce cas le système adopté, conformément aux vœux émis par le conseil général des mines, est le système de l'adjudication.

Cette adjudication doit avoir lieu devant le gouverneur général ou son délégué ; les concurrents doivent, au préalable effectuer un versement de garantie, à raison de 1 fr. par hectare de superficie. Ce versement n'a aucun rapport avec la mise à prix qui consiste en une redevance initiale de 1 fr. par hectare pour les mines de combustible et de 2 fr. pour les autres. Cette adjudication est faite aux enchères publiques.

Elle confère la propriété minière au même titre que l'institution par prise de possession mais l'administration ne garantit pas la contenance des lots miniers adjugés.

Nous avons vu que la redevance due par le propriétaire était de 1 fr. par hectare pour les mines de combustible et de 2 fr. pour les autres mines. Au bout de la cinquième année, cette redevance est double ; elle est triple au bout de la dixième. A cette taxe fixe, il faut ajouter la taxe proportionnelle *ad valorem* qui est de 1 0/0 pour les combustibles et minerais de fer et de 2 0/0 pour les autres substances. Ces taxes sont exigibles sous peine de déchéance après deux avertissements notifiés, le premier, après le semestre exigible et le second, trois mois après le premier.

MADAGASCAR

Depuis la prise de possession effective de Madagascar deux décrets spéciaux ont été rendus : le premier concernant les mines de métaux précieux (décret du 17 juillet 1896) ; le second, l'exploitation des autres mines (décret du 20 juillet 1897).

Qu'il s'agisse de la recherche de métaux précieux ou d'autres recherches, les explorateurs doivent, avant d'entreprendre aucun travail, se munir d'un permis de recherches qui leur est délivré contre la somme de 25 fr. Le propriétaire du sol est dispensé de cette formalité. S'il s'agit de la recherche de métaux précieux, elle ne peut avoir lieu que dans les terrains non ouverts à l'exploitation publique.

Quant à la propriété de la mine, elle est déterminée en vertu d'un système qui combine la législation minière du Tonkin et celle de la Nouvelle-Calédonie, *système mixte qui tient à la fois du système de la prise de possession et de celui de la concession du droit régalien*. « En principe, toute personne ou toute société qui a fait une découverte et qui veut obtenir une concession de mines doit en faire la demande au service des mines. » L'envoi en possession est de droit s'il n'y a pas d'opposition ; mais s'il s'en produit, l'administration reprend son droit de contrôle et décide en dernier ressort, exactement comme peut décider le conseil d'État, en vertu de la loi de 1810, dans la métropole.

« L'exploitation des mines de métaux précieux ne peut être faite que dans les périmètres miniers déclarés ouverts à l'exploitation publique. Sur ce périmètre minier ainsi déclaré, un commmissaire des mines est nommé qui en assurera l'exploitation au moyen de la location de différents lots. C'est, en somme, l'exploitation morcelée par claims et l'institution de l'enregistrement des lots, empruntée aux législations de l'Australie et du Sud-Afrique. »

On voit le rôle prépondérant joué par l'administration. En présence de cette main-mise quels sont donc les droits de l'inventeur ? Constatons d'abord que ce titre d'inventeur est réservé à tous ceux qui ont pris l'initiative des explorations ayant abouti à la découverte du gisement minier. A tous ces inventeurs il est accordé des privilèges de trois sortes : 1° un droit de priorité sur tout autre demandeur ; 2° un privilège au sujet de la superficie qu'ils peuvent obtenir ; 3° une décharge partielle de taxes fiscales.

Les inventeurs ayant, en vertu de ces privilèges, prélevé leur part qui ne peut dépasser 80 lots contigus, le reste du périmètre ouvert à l'exploitation est partagé par le commissaire en lots qui sont attribués aux personnes munies d'autant de permis d'exploitation qu'elles désirent obtenir de lots, à condition que le nombre de permis ne dépasse pas dix. Le détenteur de lots ne devient, d'ailleurs, pas propriétaire. Il est simplement locataire et assujetti à ce titre à une taxe de location dont le non paiement, cinq jours après la date fixée, entraîne de droit la déchéance. Ces lots sont d'ailleurs calculés de façon à ce que le lot en alluvions riches n'ait qu'un carré de 100 mètres de côté, le lot moyen 200 sur 250, le lot en alluvions pauvres, 250 mètres sur 1 kilomètre. Ces lots peuvent être enregistrés par le concessionnaire et deviennent ainsi non des propriétés mais des « immeubles », et le concessionnaire a non plus cinq jours mais six mois pour payer la taxe exigée. Il a, en plus, le droit d'hypothéquer son lot, de sorte que nous saisissons ici une application indirecte mais indéniable du système de *l'act torrens*.

Quant aux sociétés régulièrement constituées, elles ont le droit de transformer les lots obtenus en concessions et d'obtenir ainsi la propriété de la mine.

En dehors de la redevance fixe annuelle par hectare, redevance progressive dont nous avons déjà parlé, les exploitants doivent acquitter une redevance proportionnelle, payable d'avance et par semestre et qui frappe tous les produits extraits, qu'ils soient consommés ou non dans la colonie, d'un droit de 2 1/2 0/0 de la valeur marchande.

Dans le cas où le détenteur de la mine ne paie pas la redevance exigée, sa mine est vendue par adjudication dans le délai de six mois, et le prix de la vente est remis au propriétaire évincé, déduction faite des sommes dues et d'une amende fixée à raison de 10 fr. par hectare. Lorsqu'il s'agit de mines de métaux précieux et de lots non enregistrés, la mine est mise en vente si le détenteur n'a pas payé la taxe d'avance dans un délai de cinq jours ; si le lot a été enregistré, il n'est mis en vente qu'après un délai de trois mois, et le produit de cette vente est remis à l'ancien détenteur, après que l'Etat a prélevé sur la vente les taxes et une amende de 50 fr.

AFRIQUE OCCIDENTALE FRANÇAISE

La réglementation des mines au Sénégal et à la Guinée française a été provisoirement fixée par les décrets du 14 avril 1866 et du 11 décembre 1897. Tout explorateur muni d'une autorisation générale peut se livrer aux recherches mais seulement dans les régions déclarées ouvertes à l'exploitation des mines par arrêtés du gouverneur. S'il s'agit d'un terrain déterminé, l'explorateur doit se munir d'un permis de recherches qui fixe les limites de la superficie donnée et qui est soumis à un droit fixe par hectare appelé « droit d'institution », dont le taux varie de 0,20 c. à 1 fr. En cas de compétition entre plusieurs demandeurs, un droit de priorité est accordé à l'inventeur. Le permis d'exploitation peut porter sur 25.000 hectares et a une durée de 25 ans ; mais il ne concède aucun droit sur les *alluvions ou autres gisements superficiels*.

En outre de la redevance fixe, il est perçu une redevance proportionnelle dont le taux, déterminé tous les ans par le conseil général mais sans pouvoir jamais dépasser 5 0/0, est perçu sous forme de taxe portant sur tous les minerais extraits.

Faute de paiement de ces deux taxes, le permis est retiré.

GUYANE

En Guyane, la loi métropolitaine de 1810 avait été déclarée applicable par décret du 22 avril 1858. Mais de nouveaux décrets sont depuis intervenus qui ont modifié toute la législation. Le décret du 18 mars 1881 a établi les permis d'exploitation temporaires, celui du 27 mars 1882 a réglementé la demande de permis de recherches. Il est bon toutefois de remarquer que ces deux décrets ne se sont pas substitués, mais se sont superposés à la législation de 1810.

En vertu du décret de 1881, toute personne qui veut se livrer à des recherches sur une terre appropriée doit obtenir, au préalable, l'autorisation du propriétaire du sol; s'il s'agit d'une terre du domaine, il faut un permis de recherches délivré par l'administration locale. Cette demande du permis de recherche fait naître un *droit de primauté* en faveur du demandeur le plus ancien.

Bien que la loi de 1810 s'applique aux concessions de toutes les mines, le décret du 18 mars 1881 a prévu un règlement spécial pour les mines d'or qui peuvent être exploitées : 1° avec le permis d'exploitation temporaire; 2° avec la concession perpétuelle. Le permis d'exploitation qui doit être demandé avant l'expiration du permis de recherches est délivré pour une durée de 9 ans et indéfiniment renouvelable. Toutefois le tiers qui veut exploiter des gisements aurifères ne peut commencer qu'avec le consentement préalable du propriétaire. Si ce permis de concession se transforme en véritable concession accordée par un décret pur et simple, le propriétaire est alors régi par la loi métropolitaine de 1810.

Le permis de recherches est absolument gratuit mais l'exploitation des gisements aurifères est soumise à trois impôts différents : 1° une redevance fixe par hectare ; 2° un droit de sortie ; 3° une taxe à l'entrée en ville. Le chiffre de ces impôts est fixé tous les ans par un vote du conseil général de la Guyane. Ces taxes sont malheureusement d'un recouvrement très difficile.

En cas de non-paiement des redevances, la concession peut être retirée.

Telles sont, brièvement résumées, les diverses législations

applicables à l'exploitation des mines dans nos différentes colonies. De cet ensemble de textes il se dégage cette idée générale que, contrairement à l'esprit de la loi de 1810, le législateur a voulu presque partout favoriser l'initiative individuelle et encourager les recherches en accordant à l'inventeur d'importants privilèges : « L'examen de cette législation montre une tendance progressive vers l'abandon du système de la loi du 21 avril 1810. Cette loi, œuvre de transaction entre des systèmes doctrinaux théoriquement opposés, repose principalement sur cette idée, qu'il appartient au gouvernement de créer, au profit d'un concessionnaire dont le choix est abandonné à sa discrétion, une propriété nouvelle, distincte de celle de la surface. Les transformations de notre législation coloniale en cette matière affirment le progrès des idées qui triomphent aujourd'hui à l'étranger (Allemagne, Autriche, Espagne) et qui ont inspiré dans la métropole plusieurs projets de réforme de la loi de 1810 : le pouvoir du gouvernement baisse, le droit de l'inventeur grandit (1). »

Principaux décrets et arrêtés concernant la législation minière aux Colonies.

1810.	Législation métropolitaine sur les mines applicable à la Guyane.
22 avril 1858.	Applicable par décret.
4 mai 1871	Arrêté sur la législation des mines en Nouvelle-Calédonie (Rapport de M. Heurteau).
13 septembre 1873.	Arrêté du gouverneur sur le même sujet.
25 janvier 1881, 1er août.	Arrêtés autorisant le chômage de toutes les mines autres que celles de cuivre en Nouvelle-Calédonie.
20 juin 1882.	Prorogeant dans la même colonie le chômage des mines de toute nature.
22 juillet 1883.	Décret modifiant le régime légal des mines.

(1) Arthur Girault, *Principes de colonisation et de législation coloniales*.

30 juin 1885.	Suspendant l'application des articles 28 et 29 du décret du 22 juillet 1883.
15 octobre 1892.	Décret faisant porter l'impôt surtout sur l'extraction.
17 octobre 1886.	Refonte générale de la législation des mines de la Nouvelle-Calédonie.
25 novembre 1884.	Fixant la législation minière dans les établissements de l'Inde.
18 février 1885.	Convention par laquelle l'empereur d'Annam acceptait de soumettre le régime et l'exploitation des mines de ses états aux règlements dont l'utilité serait reconnue par le gouvernement français.
2 mars 1886.	Décret rendant exécutoire cette convention.
17 octobre 1888.	Décret fixant la législation minière en Annam-Tonkin.
25 février 1897.	Décret abrogeant celui de 1888.
17 juillet 1896.	Décret relatif aux mines de métaux précieux à Madagascar.
20 juillet 1897.	Décret relatif à l'exploitation des autres mines.
14 avril 1896.	Décret portant réglementation des mines au Sénégal et dans le Soudan français.
11 décembre 1897.	Décret appliquant le précédent, sauf quelques modifications, à la Guinée française.
18 mars 1881.	Décret réglant, en Guyane, la recherche et l'exploitation des gisements aurifères.
27 mars 1882.	Décret modifiant le précédent.
15 février 1889, 29 mars 1895.	Arrêts du Conseil d'Etat décidant que les décrets de 1881 et 1882 ne se substituent pas, mais se superposent à la loi de 1810.

DEUXIÈME PARTIE

L'AGRICULTURE

I

C'est par l'agriculture qu'il faut commencer l'exploitation rationnelle de nos colonies, car il ne peut y avoir de commerce qu'autant qu'il y aura dans nos établissements des colons et des richesses, et il ne saurait exister d'industrie qu'autant que colons et indigènes auront des besoins nouveaux et les moyens de les satisfaire. D'autre part, il n'existe pas d'exploitation qui établisse entre le journalier indigène et le directeur européen plus de solidarité réelle et d'intérêts communs que l'exploitation agricole, et par là nous conquerrons à notre civilisation et à nos idées les peuples qui nous ont été soumis. « L'agriculteur qui s'en ira dans les colonies ne pouvant pas, ne devant pas cultiver lui-même, devra emprunter le concours de la main-d'œuvre indigène. Le climat le lui ordonne et son intérêt le lui conseille, car jamais on ne s'enrichit du travail de ses mains. Il s'établira non pas dans les districts congestionnés et regorgeant de population ; il pénétrera dans les cantons abandonnés, y cherchant des terres disponibles ; il y entraînera à sa suite les indigènes, rassurés par la seule présence de l'Européen et charmés de travailler sous ses ordres et de s'enrichir à son exemple; l'un fournira la main-d'œuvre, l'autre la direction. Dans ces circonstances, le rôle du colon s'ennoblit et s'élève; il implique entre lui et l'indigène une sorte d'association, le colon, à mesure qu'il s'enrichit, enrichit l'indigène qui lui a fourni son travail. Et voilà le premier service que rend l'agriculture ainsi comprise : elle fait la fortune non seulement du colon mais aussi de l'indigène; et par là elle concourt à la pacification du pays, non pas à cette pacification dont les bulletins officiels parlent au lendemain de la victoire et qui tient tout un peuple frémissant sous le joug; mais à cette pacification née de ce que le vaincu accepte volontiers la loi du vainqueur parce qu'il y trouve l'intérêt uni à la justice. Dès lors, la richesse du pays progresse rapidement; les cultures indigènes seront améliorées; les cultures étrangères seront introduites et acclimatées et, avant qu'il se soit écoulé vingt ou trente ans, l'aisance aura pénétré par toute la colonie; l'indigène nourrira les siens, étendra son domaine, acquittera l'impôt et aura encore du disponible pour alimenter le commerce de la métropole. L'agriculture, précédant le commerce, l'aura rendu possible et bientôt rémunérateur (1). »

Voilà certes un avenir séduisant, et il ne tient qu'à nous que cet avenir ne devienne une réalité. Mais pour atteindre le résultat désirable, il faudra étudier un certain nombre de problèmes dont on ne soupçonnait pas encore l'existence, il y a seulement dix ans, et qui se posent aujourd'hui si nettement qu'il faudra les résoudre avant qu'il soit longtemps, si nous ne voulons pas aboutir à de cruelles déceptions. Le premier de tous est évidemment la question de la main-d'œuvre puisqu'il ne saurait y avoir (il est étrange qu'il soit nécessaire de le dire) de travail sans travailleurs; or la solution n'est pas trouvée et

---

(1) J. Chailley-Bert : *L'Age de l'agriculture.*

le travail de M. Dorvault, sur cette délicate question, fera connaître à ceux qui s'y intéressent la situation actuelle. Cette main-d'œuvre fait défaut à toutes les puissances coloniales, sauf, peut-être, aux Indes néerlandaises, mais à la France plus qu'à toute autre. Pourquoi ? Parce que les hasards de la conquête nous ont attribué dans le monde des colonies qui sont presque toutes situées dans les régions tropicales, où l'Européen peut diriger mais où il ne saurait travailler de ses mains. Faisons le compte : l'Algérie et la Tunisie mises à part, que possédons-nous comme colonies tempérées ? La Nouvelle-Calédonie, les hauts plateaux de Madagascar et c'est tout. C'est là un état de choses qui nuit singulièrement à la mise en valeur de notre domaine, d'abord parce que nos colonies se font, en quelque sorte, concurrence entre elles, cultivant partout les mêmes produits, sollicitant les mêmes acheteurs ; ensuite parce que les travailleurs manquent partout et que les réservoirs où il est possible de puiser sont très peu nombreux. Quelle différence, par exemple, avec le domaine colonial de la Grande-Bretagne qui possède, sans doute, quelques colonies en pays chauds mais qui offre à ses colons les vastes espaces du Canada, une partie du continent Australien et même les hauts plateaux de l'Inde !

Un autre danger, plus pressant encore et auquel il est urgent de parer, c'est que nos colonies sont, à quelques exceptions près, des colonies de monoculture. Les unes, qui ont connu des périodes de prospérité inouïe, n'ont pas su se modifier avec les conditions économiques, se sont obstinées à une culture qui ne trouve plus aujourd'hui de débouchés suffisants et qui conduit les cultivateurs à la ruine inévitable. C'est ainsi que la Réunion, la Guadeloupe, la Martinique, et même Mayotte et les Comores s'entêtent à la culture de la canne et à la fabrication du sucre, de sorte qu'après avoir connu la richesse, elles se débattent aujourd'hui au milieu d'une crise commerciale et financière dont elles ne peuvent sortir. Les cultivateurs refusent de comprendre que les progrès incessants du sucre de betterave rendent la lutte impossible et que la transformation de leurs cultures est pour eux une question de vie ou de mort. En vain objectent-ils l'exemple de Maurice prospère à côté de la Réunion malheureuse, de certaines des Antilles anglaises, vendant très cher leur sucre en face de la Martinique et de la Guadeloupe ne trouvant plus de clients pour les leurs. Qui ne voit que la situation n'est qu'en apparence identique? Que la Grande-Bretagne ne fabrique pas de sucre de betterave et qu'au lieu d'une dangereuse surproduction, les colonies anglaises ne fournissent pas, à beaucoup près, le sucre nécessaire à la Grande-Bretagne.

A côté des colonies sucrières, il convient de citer d'autres colonies françaises, qui, pour des raisons différentes, sont exposées aux mêmes périls. Telle l'Indo-Chine, par exemple. L'Annamite s'obstine à ne cultiver que le riz, élément presque unique de la nourriture indigène. Or, le danger de cette culture, c'est que si la récolte vient à manquer (et pareille catastrophe s'est produite en 1897), c'est la famine inévitable qui décime les populations trop denses de la péninsule. Ainsi, qu'il s'agisse de colonies à cultures riches ou de colonies à cultures vivrières, ce qu'il faut combattre, c'est la culture unique qui expose la colonie à la ruine et qui peut compromettre, sous l'influence de causes souvent difficiles à prévoir, son équilibre économique.

Cette nécessité d'entreprendre dans une même colonie des cultures variées avait depuis longtemps attiré l'attention des nations étrangères. C'est à cette préoccupation intelligente que la grande Bretagne a dû d'enlever à la Chine le commerce du thé. Pendant que des cultivateurs exercés plantaient, à Ceylan, des milliers de pieds et de graines des meilleures variétés, une mission était envoyée en Chine pour y étudier les procédés de préparation. Grâce à ces efforts raisonnés, l'Inde qui exportait, en 1873, 12,000 kilogrammes de thé, en exportait 25,000,000 kilogrammes en 1893. A l'heure actuelle, la ruine du monopole chinois est tellement consommée que le gouvernement du Céleste Empire vient d'envoyer, à son tour, une mission chinoise dans l'Inde pour étudier les causes qui font préférer les thés indous aux thés chinois. Le Royaume-Uni a procédé de la même façon pour la culture et la fabrication de l'opium. Tout en faisant, au sujet de cette culture, toutes les réserves qu'il convient de faire, il faut reconnaître que l'Inde Britannique détient aujourd'hui le monopole incontesté de la production et de la vente de l'opium. Or la culture, la fabrication et la vente de cette plante rapportent, année moyenne, au gouvernement indien un bénéfice de 215 millions de francs.

L'exemple donné par les Hollandais est plus caractéristique encore. Quand, vers l'année 1830, le gouvernement néerlandais s'inquiéta de la pauvreté et de l'épuisement de son domaine colonial, on peut dire que tout était à créer. C'est alors que la Hollande eut la bonne fortune de rencontrer un homme de génie, Van den Bosch, et l'intelligence de lui confier l'exécution, à ses risques et périls, de l'admirable plan de campagne qui ne devait pas tarder à enrichir la métropole et la colonie. En introduisant dans les colonies de l'Insulinde des cultures riches, en intéressant les colons aux plantations de café, d'épices, de canne à sucre et de tabac, Van den Bosch a permis à son pays d'encaisser en un quart de siècle seulement (de 1830 à 1855) plus d'un milliard de bénéfices nets. C'est ainsi que la culture du café a produit à elle seule 880 millions. Par ce système raisonné de cultures, la Hollande a pu lutter sur le terrain économique avec les plus grandes nations de l'univers.

De telles expériences sont bonnes à tenter dans nos établissements. Nous sommes persuadés, pour ne parler que de notre

Indo-Chine, que les Annamites, beaucoup plus âpres au gain et aussi travailleurs que les Javanais, cultiveraient de grand cœur des plantes rémunératrices, dont on leur aurait appris à connaître la valeur. Le jour où colons et indigènes pourront se procurer, dans des jardins analogues à ceux de Buitenzorg, les plantes et les boutures nécessaires, où on les intéressera directement en accordant des primes et des réductions d'impôts à ceux qui cultiveront un certain nombre d'hectares en cultures riches, le jour, enfin, où, sans spéculer sur le travail indigène et sans vouloir réaliser de très gros bénéfices, l'Etat français achèterait, pour son compte, les produits de ses colonies, il est hors de doute que certains de nos établissements, et en particulier l'Indo-Chine et la Nouvelle-Calédonie, prendraient au point de vue agricole une extension considérable. Ces cultures variées seraient pour elles, comme pour la métropole, une source de revenus annuels dont il est difficile d'apprécier toute la valeur. Or nous n'en sommes pas seulement aux projets, mais bien à la période d'exécution. Sans parler de la création de l'Ecole d'agriculture et du Jardin d'essai de Tunis, due à l'initiative de M. Dybowski, des efforts heureux tentés par M. Cornu au Muséum, de la mission de M. Raoul qui, au prix de sa vie, a rapporté des îles de la Sonde 1200 pieds d'isonandra qui ont été répartis dans les colonies susceptibles par leur climat de les recevoir, la fondation récente du jardin d'essai de Vincennes, sur le modèle de ceux de Kiew et de Berlin (1), aidera, nous en sommes persuadé, à la défaite

---

(1) Tout le monde connaît, au moins de nom, les admirables jardins de Buitenzorg auprès de Batavia. Quant à la grande Bretagne, elle n'a rien négligé pour développer l'agriculture dans ses colonies. Elle a commencé par établir au département des colonies, à Londres même, un bureau de cultures coloniales dont la mission est de centraliser les renseignements, de distribuer les graines et les boutures, de suivre les mouvements agricoles qui se produisent dans le monde entier. Le service de ce bureau est assuré par un certain nombre d'agriculteurs

de la monoculture et à l'intelligente répartition, dans les différentes parties de notre domaine colonial, de cultures assez variées et assez précieuses pour assurer à nos colons de légitimes bénéfices (2). C'est déjà beaucoup, mais il faut plus encore.

qui, moyennant une faible rémunération, consentent à y travailler quelques heures par jour. Les jardins royaux de Kiew ont largement contribué aux progrès économiques des colonies anglaises en indiquant aux agriculteurs les cultures à entreprendre et les procédés à employer.

(2) Le jardin d'essai de Nogent a été créé par décret du 28 janvier 1899. M. Milhe Poutingon qui avait été chargé d'une mission aux jardins de Kiew et de Berlin avait indiqué dans le rapport qu'il remit à son retour l'utilité qu'il y aurait à instituer en France un établissement analogue. M. Trouillot, ministre des colonies, chargea alors de l'étude de la question une commission spéciale recrutée en majeure partie de spécialistes et présidée par M. Milne-Edwards, directeur du muséum. Après de longues délibérations où successivement MM. Cornu, Dybowski, Chailley-Bert, Milhe-Poutingon, de Lanessan, exposèrent leur opinion la majorité se décida pour la création d'un jardin spécial, et M. Paul Bourde fut chargé du rapport d'ensemble. M. le ministre Guillain adopta les conclusions de la commission et engagea avec le muséum et la ville de Paris des pourparlers qui aboutirent à la cession dans le bois de Vincennes d'un terrain de sept hectares suffisant pour y édifier les premières constructions. Faute de crédits inscrits au budget métropolitain, le département sollicita le concours des colonies qui accordèrent une subvention pour les frais de premier établissement et un crédit annuel pour l'entretien du jardin. Les travaux commencèrent aussitôt sur l'initiative de M. Dybowski nommé directeur du jardin colonial. Six mois après la promulgation du décret, les serres étaient construites, un laboratoire de chimie fonctionnait avec la collaboration de deux préparateurs et d'un certain nombre d'élèves de l'Institut national agronomique, et l'établissement était définitivement inauguré, au mois de décembre 1899, par M. Decrais, ministre des colonies. « Ainsi a été créé dans des conditions exceptionnelles d'économie, au point de vue matériel et de contrôle efficace au point de vue scientifique, un établissement d'agriculture coloniale dont l'action constante aura une très précieuse influence sur le développement économique de nos possessions d'outremer. » (Rapport de M. Guillain au président de la République). Ajoutons qu'il s'est écoulé exactement un an entre la convocation de la commission et l'inauguration des bâtiments. Le jardin d'essai fonctionne sous la surveillance d'un conseil d'administration composé de 7 membres et présidé par M. Tisserand et sous le contrôle d'un conseil de perfectionnement qui compte 20 membres.

Il faudrait assurer aux jeunes gens que tente l'agriculture coloniale un enseignement raisonné et utile, vraiment adapté à nos pays tropicaux et qui en fera, suivant leur degré de capacité ou de travail, soit des professeurs capables de préparer aux travaux de cette nature des générations futures, soit des jeunes gens robustes et assouplis à la vie d'outre mer, chefs de culture pour les grandes entreprises, excellents sous-officiers de l'agriculture tropicale. Aussi est-il regrettable qu'un projet de création de bourses de séjour dans les colonies dont auraient bénéficié les élèves de nos écoles d'agriculture et qui avait été étudié concurremment par les deux départements de l'agriculture et des colonies, n'ait pas encore abouti. Mais l'idée est mûre et nul doute qu'elle ne soit prochainement reprise. Quoi qu'il en soit, il est évident que nous avons compris désormais l'intérêt réciproque qu'il y a, pour la métropole comme pour la colonie, à développer les cultures vraiment rémunératrices et à lutter contre les dangers de la monoculture.

Après avoir examiné ce qui devrait être, examinons ce qui est et cherchons si oui ou non la mise en culture de nos colonies accuse un progrès réel ou, comme le prétendent quelques-uns, un inquiétant abandon. Pour cette courte étude, il est utile de grouper entre elles les colonies et de comparer successivement : *a*) les vieilles colonies ; *b*) les colonies de l'Afrique occidentale ; *c*) Madagascar ; *d*) l'Indo-Chine ; *e*) les colonies de l'Océan Pacifique (1).

VIEILLES COLONIES

Guadeloupe. — La Guadeloupe dont la superficie totale atteint 145.508 hectares, ne possédait encore en 1850 que 26.299

---

(1) M. Lecomte, dont la compétence est bien connue, a consacré, dans un volume de la présente série, tout une étude à l'agriculture. Nous laissons donc de côté toutes les questions techniques relatives à l'agriculture.

hectares en pleine exploitation. Depuis cette époque de nouvelles propriétés ont été mises en valeur comme le prouvent les chiffres suivants :

De 1850 à 1860 : mis en culture 174 hectares. En culture en 1860 : 26.473.

De 1860 à 1870 : mis en culture 5291 hectares. En culture en 1870 : 31.764.

De 1870 à 1880 : mis en culture 7677 hectares. En culture en 1880 : 39.441.

Aujourd'hui les terres en friche ne comprennent que 33.300 hectares, les forêts qui ne sont pas régulièrement exploitées, 55.984 et les savanes et pâturages, 12.200. Le reste constitue la partie utile du domaine colonial; mais pendant que les plantations de sucre couvrent une superficie de 24.000 hectares, le café n'en occupe que 2699 et les cultures vivrières que 13.000. La culture de la canne à sucre dont nous avons montré tous les inconvénients au point de vue économique n'a, malgré tout, cessé de se développer.

En 1850 les plantations de cannes occupaient 13.336 hect.
En 1860 — — — 17.892 hect.

L'année 1870 accuse une certaine décroissance avec 17,735, en 1880 le chiffre remonte à 24.207 et s'est maintenu, en dépit de toutes les crises, au même chiffre jusqu'à l'année dernière. Il y a là une situation d'autant plus fâcheuse que les autres cultures sont loin de suivre le même mouvement ascendant. C'est ainsi que le caféier qui était cultivé en 1850 sur 2863 hectares n'occupe plus en 1860 que 1591, remonte en 1870 à 2721, atteint en 1880 4110 pour redescendre en 1890 à 2700. Et pourtant il ne serait pas difficile de prouver que la Guadeloupe aurait eu profit à développer la culture du café aux dépens de celle de la canne qui ne donne actuellement aux propriétaires que des mécomptes et des déboires. Ce que nous disons du café pourrait se répéter à propos du cotonnier, qui successivement cultivé sur 203, 316 et 888 hectares, n'en occupait plus en 1880 que 305, et moins encore aujourd'hui. Il est certain que toutes ces cultures auxquelles il faut ajouter celles du cacao, de la vanille, du roucou et d'autres encore pourraient assurer à la colonie un développement et une prospérité qu'elle est loin de connaître. Prenons, par exemple, les statistiques du 1er janvier 1891. En 1890 la colonie a produit :

Sucre	40.124.826 kilogrammes.
Café	510.000 —
Cacao	145.643 —
Roucou . . .	327.157 —
Vanille . . .	15.451 —
Coton	2.718 —

On le voit, la disproportion est évidente et la crise actuelle était, dès ce moment, inévitable. La situation ne s'est pas sensiblement modifiée dans les dernières années.

	1897	1898	DIFFÉRENCES	
	kilos	kilos	en plus	en moins
Sucre. . .	42.626.539	39.635.662	»	2.990.887
Café . . .	824.133	832.159	8.026	»
Cacao . .	430.623	553.207	122.584	»
Roucou . .	159.289	184.840	25.551	»
Vanille . .	7,428	6.435	—	993
Coton. . .	—	—		

Constatons, toutefois, que la Guadeloupe a eu l'heureuse idée de développer progressivement ses cultures vivrières, à mesure que les travailleurs venus du dehors devenaient plus nombreux.

C'est ainsi que les cultures vivrières, qui n'occupaient en 1850 que 7597 hectares, dont 5337 pour le manioc et 2260 pour les autres cultures, étaient entreprises en 1870 sur 9455 hectares, en 1880 sur 10.441 et en 1890 sur 13.158 hectares divisés en 6208 petites propriétés occupant 22.612 travailleurs.

Telle est la situation. On sait que la crise économique a déterminé dans la colonie un malaise extrêmement grave. Seule une répartition plus intelligente des cultures pourra, en augmentant les bénéfices, atténuer les dangers de cette crise.

Martinique. — La Martinique se trouve, à peu près, dans la même situation, pire peut-être, que sa voisine la Guadeloupe. La superficie de la colonie est de 98,782 hectares ; en 1850 la surface cultivée était de 29,535 hectares ; depuis cette date le progrès a été singulièrement lent comme l'attestent les chiffres suivants :

De 1850 à 1860 mis en culture 2,576   En culture en 1860 : 32,111 hect.
De 1860 à 1870   —   971   —   en 1870 : 33,082 —
De 1870 à 1880   —   1,432   —   en 1880 : 34,514 —
De 1880 à 1890   —   5,640   —   en 1890 : 40,154 —

Malheureusement la situation est identique ; la culture de la canne reste toujours la ressource presque exclusive de l'île. En 1850, la culture de la canne ne se pratiquait que sur 15,085 hectares, en 1860, elle en occupait 20,083, en 1870, léger fléchissement, 18,832 ; en 1880, la culture reconquiert une partie du terrain perdu : 19,364, en 1890 elle rebondit à 23,000 hectares. Or, pendant la même période, les autres cultures sont à peu près abandonnées ou restent stationnaires. Tel le café qui, encore cultivé en 1850 sur 1,256 hectares, n'en occupait plus en 1860 que 415 et variait ensuite entre 495 en 1870 et 685 en 1880 pour tomber en 1890 à 202. Il y aurait à faire les mêmes remarques pour le cotonnier qui varie entre 366 hectares en 1870 et 211 en 1880 ; pour le cacao qui, dans la même période, progresse seulement de 628 à 816 ; pour le tabac qui, absolument délaissé, ne pousse que sur 16 hectares en 1870 et sur 32 en 1880. En 1897, la situation est exactement la suivante :

Sucre	132.351.238 kilogr.
Cacao	480.754 —
Café	1.271 —
Roucou	970 —

Quant aux cultures vivrières, elles sont loin de suffire aux besoins d'une population singulièrement dense et qui augmente chaque année par l'importation de nouveaux travailleurs. Les progrès des cultures vivrières sont, en effet, à peu près nuls. 12,731 hectares leur étaient consacrés en 1850 ; 11,378 en 1860 ; 12,745 en 1870 ; 13,400 en 1880 ; 13,000 en 1890. Il est évident qu'une telle situation est mauvaise et dangereuse. Déjà des désordres graves ont éclaté cette année. Ils se renouvelleront si la Martinique ne transforme pas rapidement son système agricole et ne donne la préférence à des cultures plus rémunératrices et moins menacées par la concurrence métropolitaine et étrangère que la culture de la canne.

Guyane. — Dans cette colonie, l'état des exploitations agricoles est d'autant plus lamentable que son sol riche et fertile, pourvu d'eau et d'un climat propre à favoriser toutes les cultures, pourrait facilement nourir une population très dense et fournir à l'exportation une quantité considérable de produits rémunérateurs et recherchés sur les marchés européens. Or, sur une superficie que l'on évalue généralement à dix millions d'hectares au minimum, 3,500 à peine sont actuellement en exploitation. La décadence des grandes cultures a été régulière depuis une cinquantaine d'années. Quelques chiffres le démontreront avec trop d'évidence.

Canne à sucre.

1836	. . .	1,571 hectares	2,000,000 kilogr.
1841	. . .	1,315 —	1,700,000 , —
1879	. . .	635 —	118,016 —
1883	. . .	15 —	61,284 —

Il est vrai qu'à partir de cette date on peut noter une certaine reprise; en 1885, la surface cultivée passe de 15 à 27 ; mais l'exportation est complètement nulle ; le sucre, fabriqué d'une façon sommaire, est cultivé sur place et le produit de la canne est exclusivement consacré à la fabrication du tafia.

Cacaoyer.

1836	40,327 kilogr.
1841	44,087 —
1886	25,966 —
1895	14,894 —

Toutefois, pour cette plantation il convient de noter dans les cinq dernières années un véritable progrès.

Caféier.

1836	. . . . .	440 hectares	46,400 kilogr.
1870	. . . . .	533 —	38,600 —
1879	. . . . .	400 —	25.930 —
1885	. . . . .	349 —	17,000 —

Enfin, en 1897 la Guyane ne produit plus que 289 kilogrammes de café, ce qui équivaut à dire que la culture est à peu près totalement abandonnée.

Cette décadence déplorable ne souffre aucune exception.

La culture du Roucouyer qui figurait, en 1879, pour 896 hectares, n'en occupe plus que 420 en 1883 et seulement 335 en 1885 ; les fourrages verts (herbe du Para) occupaient encore, en 1879, 66 hectares de terrain ; ils n'en occupent plus que 15 en 1883. Il n'est pas jusqu'aux cultures vivrières qui représentaient, en 1835, une valeur marchande de 1,400,000 francs et qui n'atteignent plus, en 1880, que la somme dérisoire de 129,000 fr.

A quoi tient cette situation qui tend à s'améliorer lentement, mais qui ne sera pas même passable d'ici longtemps? C'est d'abord que la population tout entière s'est consacrée à la recherche de l'or et que la Guyane, si admirablement favorisée par ses conditions agricoles, est devenue une colonie exclusivement minière. Tous les bras disponibles ont abandonné la culture que la concurrence victorieuse des Guyanes anglaise et hollandaise rendait précaire et la colonie a souffert, comme toutes nos colonies, du manque de main-d'œuvre. L'exploitation des terres est devenue très difficile et, les droits de douanes aidant, les produits n'ont plus trouvé l'écoulement nécessaire. Il est certain aussi que la Guyane a été victime de la mauvaise réputation de son climat, réputation qui est d'ailleurs singulièrement exagérée et que les colons ont fui « cette terre de mort », comme on l'a souvent et à tort appelée; enfin, ses limites mêmes n'étaient pas fixées et la question du contesté qui sera prochainement réglée ne permettait pas de tirer d'un territoire, dont nous sommes les maîtres incontestables, tout le parti possible. Quoi qu'il en soit, malgré la situation actuelle que nous n'avons pas cherché à déguiser, la Guyane peut rapidement devenir ce qu'elle a été jadis, une colonie riche par ses produits agricoles. Tout est, il est vrai, à refaire, mais tout peut être facilement refait.

La Réunion. — Au début de la conquête, les colons de la Réunion s'étaient adonnés à la culture du riz, du blé et du maïs. Ils y joignirent bientôt la culture du tabac et de quelques plants de canne à sucre qui, déjà à cette époque, fournissaient aux colons une liqueur spiritueuse très appréciée. Quant au café, il croissait spontanément. Aujourd'hui la culture du riz et du blé a été abandonnée, bien que le blé puisse encore donner à ceux qui voudraient le cultiver de très beaux revenus, comme le prouvent les dernières plantations faites au Dos d'âne (Hauts de la commune de la Possession).

Les cultures les plus répandues aujourd'hui sont celles de la canne à sucre, du caféier et de la vanille. La culture des céréales est à peu près abandonnée, sauf cependant celle du maïs qui est cultivée sur 2,750 hectares environ. Quant au riz, qui est cependant la base de l'alimentation des indigènes du pays, il n'a pu lutter avec celui qui arrive à si bon compte de l'Inde et de la Cochinchine. Pour le manihot, la surface cultivée tend sans cesse à augmenter; on le plante surtout dans la partie du Vent. C'est une culture en pleine prospérité parce que ses produits alimentent les usines à tapioca. Les cultures vivrières ont une tendance à s'étendre. Les colons plantent environ chaque année 2,750 hectares de manihot, 2,750 hectares de maïs et de 5,550 hectares de *pois* divers, connus dans l'île sous le nom de couverture. Certaines variétés de ces pois servent à l'alimentation de l'homme; les autres, tels que le pois noir (mucuna alba) contribue à la nourriture des différents animaux.

Quant aux cultures riches (nous conservons cette désignation, bien que peu exacte, parce que nous n'en trouvons point ni de plus commode ni de plus générale), on peut dire que les habitants de la Réunion les ont développées avec plus d'éclectisme et plus de volonté de réagir que les colons de la Guadeloupe et de la Martinique. Sans doute, la culture de la canne absorbe encore une trop grande partie des terrains disponibles, mais les colons de la Réunion ont développé avec soin d'autres exploitations et, au premier rang de ces cultures secondaires, il convient de citer celle du café.

Les premiers exploitants de l'île avaient rencontré le caféier sauvage ou caféier marron, comme on l'appelle encore. A cette variété vinrent s'ajouter d'autres espèces, telles que le caféier Leroy (caféier Laurina), le caféier de Libéria, d'importation plus récente, et le caféier d'Arabie, le plus répandu et le plus recherché. De toutes ces espèces, la plus connue, celle dont la culture s'étend de jour en jour est le caféier d'Arabie, désigné encore sous le nom de caféier Moka. Cette heureuse introduction est due au capitaine Dufourgerais-Grenier, en 1717. Malgré toutes les maladies qui ont assailli cette plante, les planteurs ne se sont pas découragés et, chaque année, le nombre des terres cultivées en caféiers augmente d'une façon sensible.

Après le café, il faut citer le cacaoyer qui fut surtout cultivé à Bourbon dans les différents quartiers de l'île du Vent. Malheureusement les plantations diminuent graduellement et aujourd'hui la culture du cacaoyer est presque nulle parce que la plante produit plus de branches et de feuilles que de fruits. La colonie a renoncé à exporter le cacao, et la récolte ne suffit pas même pour les consommateurs de chocolat.

Contrairement à ce qui se passe à la Guadeloupe et à la Martinique, le tabac est cultivé presque dans toute l'île, mais on en produit surtout dans les quartiers de l'arrondissement Sous-le-Vent; Saint-Louis et Saint-Leu sont les principaux centres de production. Tout le tabac produit dans l'île est consommé sur place et le surplus est exporté à l'île Maurice. Cette culture ne prendra, d'ailleurs, jamais de grandes proportions parce que le tabac récolté à la Réunion brûle mal, laisse dans la bouche un goût âcre et n'a jamais été accepté par la régie française.

Les autres cultures sont encore moins développées. C'est ainsi que le thé introduit à la Réunion, en 1846, par M. de Roquefeuille et qui croît spontanément sur toutes les hauteurs n'a jamais été sérieusement cultivé à cause du prix de la main-d'œuvre qui ne permettrait pas d'en retirer un bénéfice suffisant. Il en est de même du cocotier qui ne se trouve guère que le long de la voie ferrée aux environs de Saint-Paul. Cette négligence est d'autant plus inexplicable que les habitants de l'île font venir l'huile des Seychelles et de l'Inde, alors que les cocotiers pourraient la fournir sur place. On estime qu'un cocotier rapporte facilement 2 francs par an ; ce qui constituerait pour une plantation de 20,000 cocotiers, un revenu annuel de 40,000 francs.

Nous ne citerons que pour mémoire l'indigotier qui est complètement abandonné aujourd'hui, malgré les efforts de M. Peyre de Vallergues et de l'agence du Crédit foncier colonial ; le coton dont l'exploitation a toujours échoué à la Réunion ; l'arachide que les cultivateurs redoutent comme très épuisante et qui ne sera jamais considérée comme une plante utile à cause de la présence de végétaux dont les rendements sont de beaucoup supérieurs à ceux qu'elle produirait.

Rien n'est plus intéressant, au point de vue de ce qu'on pourrait faire et de ce qu'on ne fait pas dans la colonie, que l'histoire du caoutchouc. Depuis trente ans environ, on a essayé d'introduire à la Réunion différentes variétés de caoutchouc, entre autres l'Hevea guyanensis. De l'île de Madagascar, depuis quatre ans, ont été introduits par M. Neveu une liane, le tryptostegia dont on a réussi de grandes plantations dans l'île Maurice, puis, un peu plus tard, un arbuste venant de la côte ouest de Madagascar. Cette plante à caoutchouc a, pendant ces dernières années, fait en peu de temps la fortune de quelques colons, mais il est arrivé ce qui se produit toujours, en pareille occurrence, dans un pays neuf où chacun cherche à faire fortune le plus rapidement possible. Les arbustes ont été détruits par les indigènes ; le caoutchouc mélangé de matières étrangères a été vendu à un prix dérisoire et l'avenir de cette culture est aujourd'hui irrémédiablement compromis.

Quelles sont donc les cultures vraiment rémunératrices ? C'est, d'une part, la vanille et, d'autre part, la canne à sucre, la Réunion étant, au même titre que nos colonies des Antilles, un pays de monoculture.

L'introduction du vanillier à l'île de la Réunion est due à M. Perrotet, botaniste voyageur. Depuis cette époque, la culture de la vanille n'a fait que prospérer dans l'île. On en tente chaque année des plantations nouvelles, et malgré le prix du kilogramme qui n'est plus, bien entendu, ce qu'il était en 1860, les grands et les petits planteurs s'en trouvent fort bien. Il est permis d'espérer que cette culture deviendra aussi importante à l'île de la Réunion que celle de la canne.

Nous n'en sommes pas là. Dès le début de notre occupation, la canne à sucre fut connue à la Réunion. A ce moment, la canne se propageait facilement par semis ; mais elle a perdu cette faculté par suite d'une sélection rigoureuse des boutures. Le sucre obtenu était de qualité médiocre, ce qui avait peu d'importance puisqu'il était consommé sur place. Depuis, le sucre a été préparé dans les usines et est devenu un excellent article d'exportation ; malheureusement la concurrence des colonies et de la métropole rend à peu près vains tous les efforts des cultivateurs et des fabricants. Malgré tout, la production ne cesse de s'accroître et la production, qui était en 1870 de 23.533.299 kilogr., a atteint, en 1897, 35.220.058 kilogr.

Rappelons pour mémoire qu'il n'existe pas dans l'île de pâturages proprement dits, parce que les plaines qui seraient naturellement désignées pour la création de prairies artificielles ne sont pas suffisamment irriguées. Pour le moment on se contente donc de faire brouter par les quelques rares bestiaux que possède l'île la graminée qui croît spontanément à l'ombre des tamarins. Les animaux qui fréquentent ces pâturages sont les moutons (de la race du Soudan) ; des bœufs, quelques chèvres, mais ce bétail est si peu nombreux que la colonie est forcée, pour subvenir à ses besoins, de demander à Madagascar chaque mois une certaine quantité de zébus.

Telle est à l'heure actuelle la situation agricole de la Réunion. En somme, la colonie a donné dans les dernières années les résultats suivants :

	Sucre	Vanille	Cafés	Cacao	Tabac
1894	35.714.705 k.	80.917	113.872	1754	28.784
1895	46.432.370 —	103.631	63.431	55	22.912
1896	44.878.899 —	69.162	43.831	»	50.004
1897	44.914.900 —	100.562	82.887	1924	45.610
1898	31.418.913 —	200.513	103.130	1865	45.498

Quant aux cultures vivrières, elles atteignaient, en 1898, un chiffre de 775.706 kilogr. (1).

La situation n'est donc pas mauvaise ; elle pourrait être meilleure encore si toutes les terres cultivables étaient régulièrement mises en valeur. Sur une superficie totale de 251.160 hectares, il n'y a guère que 120.000 hectares exploités et les progrès en ce sens laissent fort à désirer puisqu'en 1852, cette superficie était déjà de 97.800 hectares. C'est de ce côté qu'il faudrait tenter de sérieux efforts en intéressant les colons à tirer parti des cultures vraiment rémunératrices, d'une exploitation facile et exigeant un petit nombre d'ouvriers. En effet là, comme partout ailleurs, la crise de la main-d'œuvre suffit à expliquer les hésitations et les déboires des cultivateurs.

AFRIQUE OCCIDENTALE

LE SÉNÉGAL (2)

« Le voyageur qui se rend du Sénégal au Soudan par la voie fluviale, la seule pratique pour l'instant, remarque com-

---

(1) Voir le rapport de M. Édouard Petit sur la situation de la Réunion, 1899.

(2) *Mission au Sénégal et au Soudan*, par Eug. Lagrillière-Beauclerc.

bien les cultures révèlent d'attention et de soin au fur et à mesure que l'on s'éloigne de Saint-Louis. Dans toutes les contrées habitées par les populations Sérères, l'agriculture est en honneur, et tout en constatant le côté un peu primitif des méthodes de culture, on est obligé de reconnaître que cette race d'indigènes est accessible aux progrès réalisés dans l'agriculture et s'efforce de profiter des découvertes européennes pour améliorer les procédés employés jusqu'alors par les agriculteurs Sénégalais (1). » L'observation est parfaitement exacte ; presque toutes les races qui habitent le Fouta Sénégalais se livrent avec succès à la culture et particulièrement à l'élevage. On peut même dire que le Sénégal est la terre classique de l'arachide et que le mil et les pâturages occupent de vastes espaces.

Il y a encore une vingtaine d'années le Sénégal produisait relativement peu d'arachides et le principal centre de cette production était alors l'Inde Anglaise. En 1887, la production annuelle était seulement de 70,000 tonnes ; en 1898, cette même production atteignait 95,500 tonnes et l'exportation dépassera certainement ce chiffre en 1900. C'est qu'en réalité rien ne se perd dans l'arachide.

« Le fruit produit une huile grasse employée en Europe dans la confiserie, dans la savonnerie, le graissage des laines, l'éclairage, la confection des fromages, la fabrication de la margarine. L'amande sert à la nourriture des bestiaux ; la tige est utilisée comme fourrage lorsqu'elle est fraîchement coupée ; desséchée, elle sert de combustible et d'engrais. » Ajoutons que sa culture n'exige presque aucun soin et qu'en quatre mois la plante est semée et récoltée. Malheureusement le prix des arachides est en baisse depuis quelques années par suite de la con-

---

(1) Bien que les territoires du Soudan aient été répartis, par le décret du 17 octobre 1899, entre les diverses colonies de l'Afrique occidentale, cette mesure est encore trop récente pour que nous ne consacrions pas au Soudan une étude spéciale.

currence des arachides de l'Inde et de l'Egypte. Aussi le gouverneur général a-t-il ordonné des recherches pour obtenir un rendement plus élevé à l'hectare avec des frais de production moindres. « Dès 1896, un ingénieur agronome était envoyé en Egypte aux frais de la colonie pour étudier sur place les meilleurs procédés de culture des arachides. A son retour, des champs d'expérience furent établis dans plusieurs centres du Sénégal sous la surveillance des administrateurs. On fit notamment à Louga des essais comparatifs entre la culture à l'*hilaire*, instrument dont se servent les indigènes, et la culture à la charrue. Les parcelles cultivées à l'hilaire donnèrent des résultats qui varièrent de 700 à 2,100 kilogrammes à l'hectare, soit une moyenne de 1,400 kilogrammes, celles labourées à la charrue donnèrent 3,080 kilogrammes à 7,000, soit en moyenne 5,040 kilogrammes (1). » Les essais ont été repris en 1899 pour l'amélioration des cultures indiquées et en vue de l'introduction de plantes exotiques, susceptibles d'être exploitées avantageusement au Sénégal.

Parmi les cultures vivrières, la plus importante est certainement celle du *mil*. On distingue généralement deux sortes de mil, le gros et le petit, celui-ci beaucoup plus répandu que celui-là. « Il est à peu près impossible d'évaluer, même approximativement, l'importance de la récolte annuelle et la superficie des terres cultivées en mil. On estime cependant que, dans le territoire possédé ou annexé, les cultures s'étendent sur une surface d'environ 150.000 hectares.

La récolte de chaque année est consommée dans le pays; une petite partie seulement (3,000 ou 4,000 tonnes) est expédiée à Bordeaux et sert à faire soit de l'amidon, soit de la farine, soit encore de l'alcool (2). » Depuis ces lignes écrites en 1889, la situation est meilleure encore ; la superficie cultivée

(1) Rapport de M. le Gouverneur général, 1899.
(2) *Les colonies françaises* (Exposition de 1889), t. V.

dépasse vraisemblablement 175,000 hectares et M. le gouverneur Chaudié constate qu'en 1898 « le mil gros et petit a donné en quantité ; aussi les populations rurales indigènes jouissent-elles d'un bien-être auquel elles n'étaient pas habituées. Elles envisagent l'avenir avec calme, les famines d'autrefois étant éloignées pour longtemps. » Le seul danger est que les champs de mil sont trop souvent dévastés par les sauterelles et les criquets comme cela s'est produit à plusieurs reprises, en 1898, dans le cercle de Nioro.

L'élevage est des plus faciles au Sénégal. « Les bœufs qui sont nombreux et recherchés se divisent en deux catégories ; il y a d'abord les bœufs à bosse qui servent à la boucherie et ensuite les bœufs porteurs qui supportent de très lourdes charges; on peut aussi signaler une race qui vit dans l'intérieur du pays à l'état sauvage, celle des « bœufs de brousse ». Quant aux moutons qui servent exclusivement à l'alimentation, leur pelage ressemble à de la soie plutôt qu'à de la laine. L'élevage des porcs est peu répandu et ne donne lieu à aucun mouvement commercial appréciable.

Parmi les animaux domestiques nous pouvons citer les chevaux qui sont peu résistants. Néanmoins il paraît qu'un haras, créé aux frais des budgets régionaux, va pouvoir être établi à Podor, à la très grande satisfaction des indigènes. Quant aux mulets ils sont beaucoup plus durs au mal mais aussi fort coûteux (1). Les chevaux et mulets des services militaires sont nourris avec de la paille d'arachide et du mil qui remplacent l'orge et le foin que l'on faisait venir de France à grand frais. En 1886, on estimait qu'il y avait au Sénégal 50.000 bœufs, 15.000 moutons, 20.000 chèvres, 9.500 chevaux, 4.000 ânes et 1.500 chameaux. Aujourd'hui ces chiffres se sont singulière-

---

(1) *Etude économique du Sénégal et du Soudan français*, par Pierre Defauconpret.

ment accrus, et on estime (estimation d'ailleurs approximative), le nombre des bœufs à 70.000, celui des chevaux à 20.000 ; le chiffre des moutons et des chèvres est resté à peu près stationnaire.

Il s'en faut que le sol du Sénégal ne soit apte qu'à l'élevage et à la culture du mil et des arachides. Cette colonie produit déjà et produira plus encore, à mesure que la multiplicité des voies de communication rendra l'exportation plus rapide et moins coûteuse, un certain nombre de produits riches et, en particulier, des gommes et des caoutchoucs.

Pendant longtemps la gomme a été l'unique produit commercial de la colonie. D'après les statistiques, la production de la gomme qui était en 1828 de 1,491,809 kilogrammes, atteignait en 1859 4,610,509 kilogr., puis retombait en 1871 à 3,161,906 kilogr. A partir de cette époque, la production varie peu : 3,775,671 kilogr. en 1892 ; 3,716,390 en 1894 ; 3,641,679 en 1896 ; mais en 1897, elle s'élève à 4,928,903 et dépasse 5,420,667 en 1898. Elle pourrait être bien plus considérable encore, car les gommes occupent de vastes étendues dans tout le bassin du Sénégal, dans le pays des Trarzas, des Braknas, des Douaich, ainsi que dans le Oualo, le Cayor et le Djolof et même dans le désert de Ferlo. Malheureusement « l'exploitation de la gomme est très irrégulière et comme la récolte en est difficile, les noirs ne s'y adonnent que lorsqu'ils sont, en quelque sorte, forcés par les nécessités de la vie, de se livrer à ce genre de travail (1). »

La culture du caoutchouc est plus avantageuse encore et ne pourra que se développer à l'avenir. Les essais tentés sur le caoutchouc *Céara* par les pères de la mission de Thiès ont été très satisfaisants. A la suite de ces tentatives qui avaient porté seulement sur le Dobs et sur le Tols, il fut établi

---

(1) Lagrillière-Beauclerc, *op. cit.*

que cette plante peut prospérer au Sénégal dans les terres sablonneuses les plus sèches; en moins de dix-huit mois certains sujets ont atteint à Matam plus de 4 mètres de hauteur.

En Casamance, à Sedhiou, une pépinière créée en 1895 et développée depuis se trouve actuellement en pleine prospérité. Elle a fourni en 1899 plus de 20,000 graines qui ont été distribuées aux indigènes. Cette espèce perfectionnée remplacera avec succès, comme rendement moyen, la liane indigène qui pousse en abondance dans les rivières du Sud. Aussi la production du caoutchouc augmente-t-elle avec rapidité. Alors qu'en 1892, cette production atteignait à peine 32,424 kilos, représentant une valeur de 97,272 francs, elle montait en 1897 à 155,838 kilos valant 545,413 francs pour s'élever en 1898 à 340,628 kilos (185 tonnes d'augmentation en une seule année) valant 1,191,849 francs. Or, ce n'est là que le début d'une exploitation qui deviendra une des principales richesses agricoles de la colonie.

Il en est de même du coton qui pousse au Sénégal, à l'état sauvage et qui, pendant longtemps, n'a été cultivé que pour les besoins locaux et particulièrement dans la moyenne et la haute Casamance, le Saloum, le Oualo et le Diambour. Depuis 1895, des essais fort intéressants ont été entrepris à la mission de Thiès sur des variétés américaines et égyptiennes qui ont parfaitement réussi. Cette culture n'est encore au Sénégal qu'à l'état de devenir, et actuellement il n'y a pas grand chose à espérer de la laine indigène qui est beaucoup trop courte pour pouvoir être utilement exportée en France. Quelques agriculteurs ont, en même temps, songé à propager le *Jute* qui se rencontre au Sénégal à l'état naturel et que les indigènes arrachent même de leurs champs comme une plante malfaisante, mais il ne semble pas qu'une pareille culture ait quelque chance de succès, car il sera impossible de lutter contre le développement prodigieux de cette culture au Tonkin.

On avait fondé aussi de grandes espérances sur la culture du *café* qui pousse surtout dans la région des rivières du Sud ; toutefois l'exportation qui, en 1888, ne dépassait pas 112 kilog., ne semble pas avoir sensiblement augmenté depuis. Cependant certaines maisons de Bordeaux en ont commencé l'importation en Europe et le jardin d'essai de Sedhiou a commencé depuis 1895 des essais assez heureux sur des plants de caféier venus d'Amérique.

Il convient encore de parler du tabac qu'il y aurait avantage à cultiver puisque tous les indigènes consomment beaucoup de tabac qui provient en grande partie d'Amérique. Les essais tentés à Thiès et à Sedhiou permettent d'escompter d'heureux résultats.

Enfin, l'indigo du Sénégal, qui croît un peu partout, ne nécessite aucun soin et peut donner jusqu'à trois récoltes par an, devrait tenter des cultivateurs européens. Les pains d'indigo se vendent 10 centimes sur les marchés du Baol et du Cayor, et l'indigo du Sénégal, sans être comparable à celui des Indes, est cependant très riche en matière colorante.

Telles sont les principales cultures possibles au Sénégal. Ajoutons, pour être complet, que le riz n'a jamais eu dans cette colonie l'importance que semblaient lui promettre la région côtière les bas-fonds du Sine-Saloun ; que les graines oléagineuses, et autres que l'arachide (sésame, pourghère, ricin et amande de palme) donnent lieu à une exportation qui varie entre 4.500.000 kilog. et 6.500.000 kilog. ; qu'enfin les cultures maraîchères ont déjà acclimaté, dans tous les postes de la colonie, les légumes importés d'Europe. « Les marchés de Saint-Louis et de Dakar en sont convenablement approvisionnés, et des entrepreneurs de culture maraîchère fournissent aujourd'hui des légumes frais aux paquebots qui relâchent à Dakar (1). »

(1) P. Defauconpret, *op. cit.*

Enfin l'exploitation des bois, si elle était sagement réglementée, pourrait donner d'importants bénéfices. Des bois étendus existent déjà (forêt de roniers) sur la ligne de Dakar à Saint-Louis et les régions des bords de la Gambie et de la Casamance sont couvertes d'essences variées. « Autour de Saint-Louis et sur une partie de la côte Maure, il serait utile de créer des plantations de cocotiers et de tenter, dans l'intérieur du pays, des plantations d'acacias, de palmiers et de bambous (1). »

Mais rien de vraiment utile ne sera fait si on n'amène pas l'eau en abondance sur un sol où il ne tombe pas une goutte de pluie pendant plus de cinq mois. M. Chaudié a récemment étudié le projet d'un puits artésien dont les eaux serviront principalement à irriguer les terres de cette région.

Il serait d'ailleurs injuste de ne pas signaler les efforts tentés par l'administration depuis trois ans pour développer l'agriculture au Sénégal. C'est ainsi qu'ont été créées les pépinières de Sedhiou et de Richard Toll, que des cours d'agriculture pratique ont été faits aux indigènes, qu'un jardin d'expériences a été ouvert à Moro et qu'un professeur spécial de procédés agricoles M. Enfantin a été établi au Sénégal en 1897. Enfin des fermes-écoles ont été organisées à Térouane (Cayor), à M'Bambey (Baol) et à Kaolack (Sine-Saloum). Ces fermes dirigées par des agents de culture sont déjà très fréquentées par les indigènes. Les agriculteurs européens commencent, eux aussi, à comprendre qu'il est possible de réussir au Sénégal; c'est ainsi qu'un ancien planteur du Brésil, M. Cadillac a acquis, aux environs de Rufisque, un vaste domaine de 730 hectares où il compte engager un capital de 100.000 francs.

(1) Notices de 1889.

LE SOUDAN FRANÇAIS

Les aptitudes naturelles du sol soudanais ne sont pas sensiblement différentes de la région sénégalaise, puisqu'il n'y a entre les deux pays aucune limite naturelle, aucune différence géographique, sauf peut-être une quantité de pluie plus abondante au Sénégal. Au Soudan comme au Sénégal, nous rencontrons les mêmes cultures vivrières (mil, maïs, riz), la même aptitude pour l'élevage des troupeaux, la même possibilité d'exploiter avec succès les gommes et le caoutchouc. « Les matières pre-
« mières d'exploitation ne manquent pas. On les a indiquées
« cent fois. Je vais les énumérer encore. En première ligne,
« le caoutchouc, le gutta, le karité. Ces trois produits végé-
« taux sont immédiatement exploitables. Le caoutchouc pousse
« au sud de Kangaba, sur le Niger ; le gutta, au nord de Kan-
« gaba ; le karité un peu partout. On les trouve en abondance.
« Les deux premiers s'enlèvent sur les marchés d'Europe à
« l'heure actuelle ; le karité trouvera, j'en suis sûr, un débou-
« ché avantageux ; les Anglais l'exportent tant qu'ils en peu-
« vent trouver de leur colonie du Bas-Niger, où il est beaucoup
« moins abondant que chez nous (1). »

Puis viennent une sorte de soie végétale, la laine, le coton, l'indigo, les peaux, la gomme, l'ivoire, les plumes d'autruche et une espèce de poivre. Le Soudan est donc un pays riche. Tel était déjà l'avis des généraux Galliéni et Archinard ; tel était, bien longtemps avant eux, celui du fameux Mungo-Park. Enfin la mission économique récemment organisée par le général de Trentinian, a démontré, chiffres à l'appui, que l'agriculture devait donner au Soudan comme dans l'Afrique occidentale des résultats précieux et qu'il ne fallait pas conclure

---

(1) Baudry, Richesses économiques du Soudan. *Bulletin de la Société de géographie commerciale*, 1897.

de la stérilité du sol, due aux longues guerres intestines des Foulas contre les Marocains et des Marocains contre les Toucouleurs, ainsi qu'aux déplacements des indigènes obligés d'errer de pâturage en pâturage, à son inaptitude naturelle à produire. « Au moment où cette opinion était avancée, il
« est certain que ce sol ne faisait l'objet d'aucune culture ;
« mais il ne s'ensuit pas du tout que ce fût à cause de son
« infertilité. Les guerres avaient, en effet, décimé la popula-
« tion et empêché toute exploitation agricole ; mais cet état
« de choses ne devait pas durer longtemps avec le rétablis-
« sement de la paix et à l'heure actuelle, la région réputée
« si infertile, qui s'étend de Kayes à Bammako, se repeuple
« avec une grande rapidité et les indigènes cultivent partout
« le sol avec succès ». Il est, en effet, certain que toute la région des grands lacs aux environs de Tombouctou est extrêmement fertile et constitue un admirable champ de cultures d'un superbe avenir. Il faut lire, à ce sujet, les pages enthousiastes de M. Félix Dubois dans « Tombouctou la mystérieuse » et du commandant Toutée dans « Dahomey, Niger, Touareg ». Même en faisant la part du mirage soudanais, on peut en conclure qu'il y a là un pays qui n'attend plus, pour devenir un de nos greniers d'abondance, que des capitaux et des bras.

Mil. — Le mil réussit merveilleusement au Soudan puisque les tiges dépassent parfois de 50 ou de 60 centimètres la tête d'un cavalier. Avec le mil l'indigène cultive volontiers le *fonio.* « Un fait intéressant à signaler, c'est l'extension que sur beaucoup de points ont prise ces cultures : au lieu de semer juste le strict nécessaire pour son entretien et celui de sa famille, le noir commence à cultiver pour s'enrichir ou, tout au moins, pour augmenter son bien-être (1). »

(1) *Étude économique du Sénégal et du Soudan français,* par Pierre Defauconpret.

Ce que nous avons dit du mil pourrait se dire du maïs, dont la culture s'étend progressivement et que l'on peut récolter trois mois après les semailles, et même du blé. Pendant longtemps il sembla acquis que le blé ne pouvait réussir au Soudan. « Les blés et les orges qu'on a plantés à plusieurs reprises n'ont pas poussé à plus de 0ᵐ,30 de hauteur, puis ont séché sur place (1). » Cependant de nouveaux essais tentés, cette fois, dans la région des lacs ont été plus favorables puisque la production dans ce pays a atteint, en 1898, le chiffre important de 150 tonnes. « Le blé de Tombouctou, dit M. Chevalier, est exempt de tous les parasites cryptogamiques qui attaquent plus ou moins les céréales de France. Si la majorité des souches n'a produit que 1 à 3 chaumes avec une moyenne de 15 à 20 francs, il en est d'autres sur lesquels j'ai compté plus de 20 chaumes avec plus de 150 grains sur le même pied. On pourra donc, par une sélection appropriée, améliorer beaucoup cette espèce. »

Pour en finir avec les cultures vivrières, il faut citer le riz que les indigènes apprennent de plus en plus à cultiver. Les rizières de Boumanéa à Kouroussa, ainsi que celles des environs de Tombouctou sont d'une incroyable richesse et dépassent comme qualité celle du riz asiatique. La culture donne, selon les années, de 80 à 150 pour un (soit de 2,500 à 4,000 kilogrammes par hectare). Cette culture est, en somme, plus rémunératrice et plus facile que celle du mil.

Passant maintenant à l'examen des cultures riches, nous constaterons que si l'arachide ne constitue pas, comme au Sénégal, la richesse fondamentale du Soudan et si l'exportation en est médiocre, du moins, ce pays est-il et sera-t-il avec les voies de communication un véritable réservoir de coton et de caoutchouc.

(1) *Notices coloniales* de 1889.

Le coton pousse au Soudan à l'état sauvage : « Des échantillons envoyés aux chambres de commerce de la métropole pour être soumis à un examen méthodique obtinrent un réel succès. Il y avait lieu, dès lors, d'encourager cette culture et de perfectionner les procédés indigènes. Des essais de plantations de cotons américains ont été tentés dans un grand nombre de cercles ; pour des raisons diverses, ils n'ont jusqu'ici que médiocrement réussi ; mais, du moment où le coton indigène est de bonne qualité, il semble que le mieux est d'en propager la production, en éliminant, par une sélection prudente, les espèces médiocres et en s'appliquant à faire disparaître les causes de déchet (1). » Celles-ci, tenant en grande partie aux procédés de récolte défectueux employés par les indigènes, les commandants de cercles ont reçu des instructions précises énumérant les conseils pratiques à donner aux noirs à Kayes.

L'administration a fait également venir de France quatre machines égreneuses. La récolte de 1898 a été bonne et 200 tonnes ont été centralisées à Kayes et expédiées vers le Havre. Tout récemment, un chargé de mission, M. Baillaud, a étudié avec un grand soin la question du coton au Soudan et la possibilité de son emploi commercial. Les 60 kilogr. qu'il avait rapportés ont été tissés à l'usine Kempf à Moyenmoutier (Vosges) et ont donné des cotonnades capables de lutter victorieusement sur les marchés soudanais avec des cotonnades d'importation étrangère. D'après le général Archinard, ce coton aurait la valeur des catégories moyennes de l'Inde ; les pays réellement producteurs sont les cercles de Ségou, Bammakou, Bafoulabé, Kayes et Kita.

Caoutchouc. — Comme le coton, le caoutchouc pousse au Soudan à l'état sauvage, mais plus particulièrement dans la région Sud et dans celle du Mossi. Si on entreprenait la cul-

---

(1) Rapport du général de Trentinian, 1899.

ture rationnelle de ces lianes que l'on trouve en très grande abondance et qui, d'après M. Sambain, possèdent des qualités toutes spéciales d'élasticité, le Soudan tirerait de cette exploitation des avantages incalculables. Aussi l'administration a-t-elle multiplié les recherches de régions caoutchouquifères nouvelles et les études sur les procédés de récolte et de coagulation du latex. Il faudra un ou deux ans avant que ces essais aient donné un résultat pratique. Toutefois, on peut dire dès à présent que l'arbre de Céara (Manihot Glaziovii), planté à Kouroussa en 1898 et repiqué au mois de septembre, avait déjà plus de deux mètres de hauteur en avril 1899.

Telles sont les cultures essentielles entreprises ou à entreprendre au Soudan. Cette étude, même rapide, ne serait pas complète si nous ne citions l'*indigo* spécialement cultivé dans la région du Sud, le café dont les plants sauvages cultivés dans les jardins d'essai ont parfaitement réussi, le tabac que les indigènes apprécient beaucoup, non pas tant pour son odeur que pour sa saveur, et qui pourra devenir un sérieux article d'exportation, le karité qui produit un beurre estimé, etc. On voit par cette énumération que nous sommes loin de la prétendue infécondité du Soudan tout entier. Il faut accorder une mention spéciale au ricin soudanais qui s'expédie par milliers de tonnes sur les marchés français.

Une autre richesse fondamentale du Soudan est, nous l'avons dit, l'élevage. « Les véritables pays d'élevage, assez semblables les uns aux autres par leur aspect et leur végétation, sont le Mossi, le Macina, le Liptako, le Bakhounou ; les pâturages y sont aussi nombreux que beaux et les bois y sont plus rares. Les moutons y sont tellement nombreux que quelquefois les marchés du Sahel en sont littéralement encombrés et que le prix moyen du mouton tombe à 4 et même à 2 francs. » La race indigène résulte du croisement de trois races principales : la race maure, maigre et haute ; la race malinké, généralement grasse, et la race du Macina. Les bœufs sont également très nombreux surtout entre Tombouctou et Sansanding. Les Peulhs ont, pour cet élevage, un tel goût qu'ils n'abattent jamais le veau et qu'ils élèvent tous les produits ; peut-être est-ce par cette coutume qu'il faut s'expliquer que les vaches sont de très mauvaises laitières qui donnent à peine deux litres de lait par jour ; enfin, chez ces populations presque toutes de religion musulmane, le porc n'existe, pour ainsi dire, pas.

Le cheval est assez répandu dans le Khasso, le Yatenga et le Mossi ; d'assez petite taille, il n'en coûte pas moins un prix assez élevé (500 francs à Kayes, 800 francs à Sambatiguila) ; propre seulement à la selle, le cheval du Soudan n'est pas de belle race. Espérons que les dépôts d'étalons créés à Kayes, à Segou, à Nioro, Saraféré et Bandiagara auront pour résultat d'améliorer la race en force et en beauté. Les ânes, dont la valeur marchande varie entre 70 et 80 francs, sont nombreux dans le Mossi ; les chameaux sont cantonnés dans la région Nord. Il conviendrait aussi de parler de l'élevage de l'autruche, mais c'est là un élevage purement industriel et dont il sera parlé plus loin. Disons cependant que le nombre des autruches élevées au Soudan français doit être aujourd'hui d'une centaine dans le cercle de Tombouctou, de trois cents dans celui de Karouga, d'une centaine encore dans celui de Goundam. Le chiffre total ne doit pas dépasser cinq cents.

Il convient enfin de rendre au général de Trentinian la justice que nous avons rendue à M. Chaudié. Ses efforts pour encourager et développer l'agriculture ont été considérables et couronnés de succès. Citons, par exemple, la création des jardins d'essai de Kayes, Kati, Goundam et Siguiri, les leçons données aux indigènes de labourage à la charrue ; la distribution des semences nécessaires ; la réduction des impôts pour ceux des indigènes qui payaient leur dû en blé, en coton ou en caoutchouc. « On est donc en droit d'espérer que l'agriculture va prendre un rapide essor et devenir, pour la colonie du Soudan, la source de richesses considérables. »

GUINÉE FRANÇAISE

La Guinée française qui est déjà, grâce à l'énergie et à la prévoyance de M. le gouverneur Ballay, une de nos colonies les plus prospères, le deviendra bien davantage encore lorsque l'établissement de voies de communication aura assuré l'écoulement vers la mer de ses produits naturels. Malheureusement ce n'est pas du côté de l'agriculture que s'est tournée jusqu'ici l'activité économique de la colonie. Cependant le sol de la Guinée est généralement fertile, beaucoup plus même que celui du Sénégal, constamment desséché par un vent sec qui vient de l'est et souffle pendant de longs mois. En un mot, il semble présenter toutes les qualités requises pour le développement de certaines cultures tropicales d'exportation (1). « Résumons-nous, écrit M. Aspe-Fleurimont, en disant que « la colonie se compose de deux parties ; l'une, voisine de « l'Océan, basse, sillonnée de cours d'eau, est humide et mal-« saine, en général, mais couverte d'une belle végétation et sus-« ceptible de donner par la culture avec de *la main-d'œuvre* « *suffisante*, de beaux résultats, pays d'alluvion presque par-« tout et bien fertile ; l'autre, plus élevée, vers les versants « du Fouta-Djallon, montagneuse, peu boisée, ravinée par les « pluies d'hivernage, est plus sèche et plus salubre, pays « trop dénudé et qui ne permet guère d'escompter un bril-« lant avenir, dans les parties tout au moins qui sont tant soit « peu distantes des cours d'eau (2). » Corrigeons ce tableau un peu poussé au noir par l'appréciation du capitaine Brosse-

(1) P. Defauconpret, *Etude économique du Soudan et du Sénégal*.
(2) Aspe-Fleurimont, *La Guinée française*.

lard-Faidherbe : « On voit que le sol de Guinée est assez fertile pour se prêter à toutes sortes de cultures; cette fertilité tient en grande partie à ce que certaines régions, comme celle de la Mellacorée, par exemple, sont sillonnées de marigots qui irriguent le sol et sont, en outre, accessibles aux embarcations, ce qui favorise l'écoulement des produits agricoles », ou encore par celle du capitaine Salesses : « Le massif du Fouta-Djallon est couvert d'un véritable vêtement de bois et d'arbres fruitiers, pendant que, sur le flanc des hauteurs, s'étagent les cultures amies de l'humidité, et qu'au fond des vallées s'alignent les plantations les plus variées... Les productions sont innombrables : nommons le caoutchouc, le café, le cacao, le gommier copal, le kolatier, les palmiers à huile, le riz, etc.; parmi les arbres fruitiers, on compte l'oranger, le citronnier, le manguier (que l'on devrait greffer), le bananier, le baobab, le papayer, le cocotier, l'arbre à pain, l'avocatier; on récolte aussi des ananas, des haricots, des aubergines, des patates, des ignames, de petites tomates, de petits oignons, des arachides ou pistaches, du manioc. Les légumes d'Europe poussent facilement, surtout la pomme de terre et l'asperge. Les arbres précieux sont nombreux, entre autres l'ébénier et l'acajou (1). » Enfin terminons par une communication faite, en 1895, par le capitaine Delafoye (2) et qui complétera cette rapide enquête : « La richesse du sol est indéniable et une végétation intense en est la preuve. Cette partie de la vallée du Niger a nourri autrefois de nombreux troupeaux de bœufs, de moutons et de chèvres dans ses pâturages naturels sans cesse fertilisés par l'inondation... Il convient de citer aussi les arbres fruitiers qu'on trouve à profusion dans le pays, l'oranger, le citronnier, le bananier, le manguier dont les fruits sont exquis,

---

(1) Capitaine Salesses, *Le Chemin de fer de Konakry au Niger*.
(2) *Bulletin de la Société de géographie commerciale*, 1895.

le pommier cannelle, le goyavier, le papayer, l'ananas, etc. »
Il semble donc prouvé, par cet ensemble de témoignages, que
la Guinée française est riche et facilement exploitable.

Cultures vivrières. — En Guinée comme dans toute l'Afrique
Occidentale, le mil ou *sorgho* constitue la base essentielle de
l'alimentation des indigènes. Il est, par conséquent, impossible
d'évaluer, même d'une façon approximative, les quantités produites, une faible partie de la récolte étant apportée dans les factoreries. Le *riz*, sans être aussi répandu, est pourtant très recherché, car les noirs le préfèrent au riz de l'Inde qui est beaucoup plus beau, mais peut-être moins savoureux. Les surfaces cultivées en riz devraient s'accroître rapidement puisqu'on est obligé d'en importer encore de grandes quantités. Il en est de même du maïs qui donne jusqu'à trois récoltes par an et qui peut atteindre jusqu'à cinq mètres de hauteur. Ajoutons à ces productions abondantes celles du manioc et de la patate.

La Guinée française est, avant tout, le pays de la gomme copale que l'on recueille en abondance dans la Dubreka et la Mellacorée ; il en a été exporté de la colonie 178 tonnes en 1897 et 175 en 1898.

L'huile de palme est encore un produit dont la colonie tire un excellent parti (1). Ce produit n'est pas à dédaigner, parce que, souvent, les noirs n'apportent pas autre chose pour acheter ce dont ils ont besoin. Mais il exige de l'espace, de la main-d'œuvre et des soins ; pour peu qu'on veuille le traiter en grand, il faut de vastes magasins et une flottille coûteuse. Aussi une maison, qui ne cultiverait que ce produit, végéterait misérablement, à moins qu'une organisation rationnelle du travail indigène lui permît d'obtenir des prix de revient plus bas. La Guinée française a exporté en 1896 pour 400,000 francs d'huile de palme, en 1897 pour 440,000 francs, et en 1898, 400,000 francs

---

(1) Aspe-Fleurimont, *La Guinée française.*

seulement. Ce chiffre serait certainement dix fois plus élevé si les noirs voulaient y consacrer leur temps et leur peine.

Le caoutchouc prend dans les cultures de la colonie une importance de plus en plus grande. « La liane qui le produit se trouve dans toutes les forêts de cette région. Les indigènes l'exploitent peu et mal; leurs procédés de coagulation du latex sont également assez défectueux, mais ces imperfections peuvent être facilement corrigées. Il faut, en premier lieu, empêcher les incendies de pénétrer dans les forêts où se trouve la liane, recommander aux indigènes de ne pas pratiquer des incisions trop profondes qui sont, d'ailleurs, inutiles et compromettent l'existence même de la liane; perfectionner leurs procédés de coagulation et créer des bois entiers de liane de caoutchouc où la protection contre l'incendie sera facile et la quantité de latex recueillie plus grande en moins de temps. » Il est incontestable que les indigènes ont une tendance déplorable à *couper* la liane au lieu de l'*inciser* et qu'ils finiraient par' détruire, si l'administration n'intervient pas à temps, les forêts de lianes caoutchouquifères. Il y a là un danger d'autant plus sérieux que le caoutchouc représente les 6/10 de la traite locale. Déjà, en 1894, il en avait été exporté pour 3,486,889 francs représentant environ une quantité de 3,717,376 kilogrammes; en 1897 pour 4,900,000 francs (1,225,000 kilogr.); en 1898, 1,335,000 kilogr.

Au contraire, l'exploitation des arachides est très négligée en Guinée parce que les graines, mal récoltées et de qualité inférieure, se vendent toujours plus de cinq francs au-dessous des provenances de Rufisque. C'est ainsi qu'il n'en a été exporté que 240,000 kilogr. en 1897, mais le chiffre a bondi à 656,000 kilogr. en 1898 parce que quelques comptoirs ont entrepris d'améliorer les qualités récoltées avec des graines venues du Sénégal.

La sésame est également l'objet d'un soin particulier, surtout dans la Mellacorée, le Rio Pongo et le Rio Nuñez. La Guinée française en a exporté 540,000 kilogr. en 1897, représentant une valeur de 108,000 francs et seulement 414,000 en 1898.

Le caféier est au nombre des plantes qui poussent spontanément en Guinée. « Le sol se prête fort bien à sa culture qui présente sur les autres l'avantage d'être plus rémunératrice, même en admettant une baisse notable qui pourrait survenir dans les prix de cette denrée (1). » Il ne faut pas oublier que la Guinée est dans le voisinage du Rio Nuñez et du Rio Pongo. C'est donc une culture à encourager. Cependant il convient de remarquer que les essais tentés jusqu'à ce jour, par une société allemande, ont complètement échoué et qu'il n'a été exporté de la Guinée, en 1898, que 2,500 kilogr. de café.

« Quant aux autres produits (2) dont la culture pourrait être développée dans la colonie, ils sont nombreux; sans parler du kolatier et du ricin, nous remarquerons que les cotonniers abondent autour des villages et que l'exportation du coton serait susceptible d'augmentation. Pour le moment on fabrique avec ce produit des étoffes dont l'usage est excellent et qui servent exclusivement à l'habillement des classes inférieures. Le tabac est également cultivé avec succès, ainsi que l'indigo avec lequel on teint les étoffes dont je viens de parler. »

Quant à l'élevage, il se pratique surtout au Fouta-Djallon où des pâturages immenses couvrent le flanc des montagnes, où les pluies sont abondantes, où le climat est tempéré et la population très dense. Les bœufs sont surtout extrêmement nombreux; les moutons sont moins estimés. Ces bœufs sont utilisables comme animaux de trait, mais beaucoup mieux comme animaux de boucherie. Il s'en fait déjà un commerce assez actif, puisqu'en 1896, la Guinée a vendu pour 410,302 francs d'animaux vivants et 198,702 francs de produits et dépouilles

(1) Capitaine Delaforge, *Bulletin de la Société de géographie commerciale*, 1895.
(2) Pierre Defauconpret, *op. cit.*

à destination de l'étranger, et pour 35,475 francs d'animaux vivants et 36,845 francs de produits et dépouilles à destination de pays français. En 1898, il a été exporté 6,418 têtes de bétail (510,000 francs) et 2,000 moutons (24,000 fr.). Il y a là une source de revenus qu'il convient de développer par des encouragements et des primes.

Rappelons, en terminant, que les abeilles sont très nombreuses et que les indigènes, très friands de miel, vendent la cire qu'ils récoltent aux factoreries. La Guinée en a exporté pour 1,500 francs en 1894, pour 30,000 francs en 1896 et pour 34,000 francs en 1898.

En résumé, il est permis de penser qu'au point de vue de la culture, les produits de notre Guinée pourraient et devraient être améliorés. Si, trop souvent, les provenances de cette colonie sont l'objet, en Europe, d'une certaine défaveur, les importateurs le doivent surtout à l'insouciance que les indigènes apportent dans la préparation des produits et contre lequel ils ne sauraient trop réagir avec l'appui de l'administration (1). » L'administration a déjà commencé son œuvre par la création d'un jardin d'essai à Konakry et en ouvrant, en 1896, un concours agricole où se rendirent avec empressement les chefs indigènes et les colons. « Certains chefs de l'intérieur qui n'étaient jamais venus à Konakry et ignoraient même le nom du chef-lieu de la colonie y ont constaté l'existence d'un centre où ils pourraient avantageusement écouler leurs produits (2). »

COTE D'IVOIRE

D'une manière générale, le sol de la partie orientale de notre colonie de la Côte d'Ivoire, sablonneux auprès des rivières,

---

(1) Aspe-Fleurimont, *op. cit.*
(2) Pierre Defauconpret, *op. cit.*

argilo-siliceux dans les parties montagneuses, est propre à peu près à tous les genres de cultures. Bien que plus accidentée dans le voisinage de la mer, la côte ouest paraît offrir une certaine étendue de terrains d'une composition analogue. Ainsi, le long du littoral et jusqu'à une profondeur de 300 kilomètres, elle possède des terres qui sont en presque totalité cultivables et fertiles. Il convient toutefois d'ajouter que ces terres correspondent exactement à la zone de végétation dense continue et que le sol est entièrement couvert par une épaisse forêt qui rend les défrichements pénibles et coûteux. Quelques savanes près de Dabou et de Lahou ; le triangle formé par le Baoulé dont le sommet aboutit au sud à Thiassalé, viennent seuls interrompre le rideau d'arbres qui s'étend sur toute la partie méridionale de la colonie.

Cultures vivrières. — Les indigènes cultivent ce qui est nécessaire à leurs besoins et ne vont pas beaucoup au delà ; d'une part, la difficulté des défrichements en forêt les rebute ; de l'autre, les produits obtenus par ces cultures ne sont l'objet d'aucun commerce important. Si, dans certaines régions comme le Bondoukou et l'Indénié, les travaux des champs qui avaient été délaissés à la suite des troubles ont repris dès que la tranquillité a été rétablie, il est facile de prévoir que ce mouvement d'extension s'arrêtera du jour où les indigènes auront, là comme ailleurs, pourvu à leurs besoins immédiats.

Dans toute la zone boisée, la banane tient une place considérable parce que les bananeraies produisent, à superficies égales, plus de substances alimentaires que la plupart des autres cultures. L'igname, le manioc et la patate sont beaucoup moins cultivés, sauf dans la région de Lahou où le manioc joue le principal rôle dans l'alimentation. Dans la zone côtière, le maïs et le riz sont les seules céréales sérieusement cultivées. Le maïs se rencontre un peu partout. Quant au riz, on signale quelques rizières sans importance dans le bas Tanoë et dans le cercle d'Assinie ; par contre il disparaît, complètement dans ceux de l'Indénié, de Grand-Bassam, de Dabou et de Lahou. Au contraire, à partir du cercle de San-Pédro jusqu'au Cavally, il devient la base de l'alimentation des indigènes et sa culture prend une importance de plus en plus grande.

Dans les deux cercles qui s'étendent au delà de la zone boisée (Baoulé et partie nord de Bondoukou), la terre est beaucoup moins fertile. L'igname, le riz rouge, le maïs et le mil dans certaines parties du Bondoukou forment le fond de l'alimentation. L'ananas y pousse à l'état sauvage dans toute la zone boisée et il réussit à souhait partout où on se donne la peine de le planter.

Cultures riches. — Indépendamment des cultures vivrières qui ne peuvent se développer que si la population augmente, le sol de la colonie est favorable à un certain nombre de cultures riches.

La canne à sucre est cultivée dans les cercles d'Assinie et du Cavally, mais les indigènes consomment leur récolte à l'état naturel et n'en livrent pas les produits à l'industrie.

Sur tout le littoral des lagunes et de la côte ouest, le café vient admirablement. La plantation d'Elima, appartenant à la compagnie de Kong, a une étendue de 130 hectares, actuellement en plein rapport. Convaincus par cet exemple, les indigènes ont commencé quelques petites plantations sur les bords de la lagune Tendo. A Impérié, dans le cercle de Grand-Bassam, les premiers hectares de caféiers plantés par M. Domergue commencent, depuis 1898, à donner quelques résultats. Une autre plantation commencée en 1897 auprès de Dabou couvre actuellement deux hectares ; celle de la maison Woodin, à Rock-Béreby, en possède une vingtaine dont une dizaine est en rapport depuis deux ans. L'espèce cultivée est celle du café Libéria. Des cacaoyères ont été créées dans le cercle de Grand-Bassam par M. Domergue et dans la lagune Potou par MM. Saffray et Baillan, mais elles n'ont encore donné aucun résultat.

Le tabac réussirait fort bien, mais il n'est nulle part cultivé d'une façon rationnelle. Les indigènes, dans l'intérieur surtout, en plantent quelques pieds auprès de leurs cases; encore préfèrent-ils, dans la région littorale, acheter du tabac en feuilles de provenance américaine.

Ni le cocotier dont les indigènes se contentent de manger les noix, ni la vanille ne sont encore cultivés en vue de l'exportation.

L'indigo existe dans les cercles de Béréby et du Cavally; les indigènes le cultivent, mais en petite quantité et seulement pour les besoins de l'industrie locale.

Le coton pousse à l'état sauvage dans la région boisée, et notamment dans les cercles d'Assinie, de Grand-Bassam et du Cavally. Dans les cercles du Bondoukou et du Baoulé, il est cultivé par les indigènes qui emploient eux-mêmes la totalité de leur récolte.

Les récoltes d'arachides cultivées un peu partout sont consommées par les indigènes et n'entrent pour rien dans le mouvement commercial de la Côte d'Ivoire.

Dans tous les cercles de la colonie, l'existence de gommes, notamment du vernis copal, a été constatée; presque partout elles sont inexploitées. C'est dans le cercle du Cavally qu'elles donnent lieu seulement à quelques transactions commerciales et notamment dans le cercle d'Assinie.

Il n'en est pas de même du caoutchouc dont l'exploitation prend chaque jour une importance plus grande. L'exportation du caoutchouc qui était en 1890 de 76,576 kilogr., atteignait, en 1897, 189,891 kilogr., représentant une valeur de 588,662 francs. Encore ces derniers chiffres ne représentent-ils pas la production totale de la colonie; une partie du caoutchouc récolté dans les cercles de l'Indénié et du Bondoukou qui sont ceux où l'exploitation est la plus active, est encore exportée par les ports de la Côte-d'Or anglaise.

On peut affirmer que le caoutchouc existe en abondance dans toute la colonie; même en dehors de la végétation dense continue, on trouve des lianes à caoutchouc dans les petits boisements qui couvrent les berges des cours d'eau du Baoulé et du Bondoukou. Malheureusement l'exploitation, très active dans la partie sud du Bondoukou et dans l'Indénié, est moins grande dans l'Assinie où l'acajou absorbe une partie de l'activité indigène, et dans les cercles de Grand-Bassam et de Dabou où l'huile de palme fournit le plus gros chiffre au mouvement commercial. Une concession de 600 hectares a été récemment accordée aux environs de Dabou pour favoriser l'exploitation du caoutchouc.

Élevage. — Il n'y a pas dans toute la partie boisée de la Côte d'Ivoire de pâturages à proprement parler. Seule la savane d'environ 10,000 hectares, qui s'étend derrière Dabou, pourrait offrir à l'élevage des conditions relativement favorables. Aussi est-ce dans le cercle de Dabou que la race bovine est la plus nombreuse; près de 2,000 têtes de gros bétail y sont possédées par les indigènes. Partout ailleurs on trouve quelques rares bêtes à cornes; il existe même des régions, comme l'Indénié par exemple, où elles ont complètement disparu. Elles ne sont pas beaucoup plus nombreuses dans le Bondoukou et le Baoulé, en dehors de la zone forestière. Quant aux chèvres, aux moutons et aux porcs, ils suffisent à peine à la consommation locale.

Ainsi donc, tant à cause de la nature du sol couvert de forêts que du peu d'aptitude des indigènes, l'élevage ne paraît pas avoir un grand avenir à la Côte d'Ivoire. Tout ce qu'on peut raisonnablement espérer, c'est qu'il satisfasse un jour, d'une façon complète, aux besoins de la population indigène et européenne de la colonie.

Exploitations forestières. — L'étendue des forêts de la Côte d'Ivoire est considérable, bien qu'on ne puisse pas encore l'évaluer en hectares d'une façon précise. L'acajou seul a donné lieu à un chiffre important d'affaires qui deviendra énorme le jour où les voies de communication permettront d'exploiter ce bois ailleurs qu'aux abords des lagunes et de la partie navigable des rivières. En 1890, les exportations d'acajou atteignaient seulement 1,988,250 kilogr., représentant une valeur de 129,236 fr.; en 1893, elles atteignaient déjà 5,207,569 kilog., d'une valeur de 469,481 fr. Après un léger fléchissement, le mouvement ascensionnel reprend avec 8,096,307 kilogr. valant 647,705 fr. pour atteindre, en 1897, le total de 18,555,795 kil., d'une valeur de 1,484,464 fr. Le chiffre des exportations sera encore beaucoup plus considérable pour 1900.

Il convient, enfin, de citer pour mémoire les bois de teinture (campêche, etc.) et les bois employés sur place aux constructions par les indigènes et les Européens.

On le voit donc, la Côte d'Ivoire pourra donner, au point de vue agricole et notamment en ce qui concerne le caoutchouc et le bois d'acajou, des résultats indiscutables; mais, là comme ailleurs, rien ne sera fait tant que les voies de communication n'auront pas permis l'exploitation économique des richesses naturelles.

LE DAHOMÉ

« Rien ne peut donner une idée plus exacte de la vie daho-
« méenne que celle de nos petits villages de France; — n'était
« la couleur des habitants, ce serait à s'y tromper. Les chau-
« mières sont les nôtres, avec leurs murs d'argile pétrie et
« leur toiture de chaume, disposées sans ordre autour d'une
« grande place ombragée de beaux arbres, sous lesquels se
« promènent ou palabrent les vieux et les chefs en fumant la
« pipe; les jeunes hommes cultivent les champs alentour; les
« vieilles filent le coton sur le seuil de leurs chaumières avec la
« quenouille de nos grand'mères; dans les cases on voit les

« femmes préparant le repas, et sur la grande place les enfants
« grouillent et piaillent avec les chiens, les porcs, les cabris et
« les poules. Dans certains villages, les hommes dépouillent
« les régimes cueillis et font l'huile de palme. Les femmes et
« les enfants cassent entre deux cailloux les amandes. Dans
« d'autres, la population est plus spécialement composée de
« pêcheurs, les eaux du Dahomé étant extrêmement poisson-
« neuses et le poisson fumé formant une des bases de l'alimen-
« tation (1). » Telle est, à peu de chose près, l'impression du
commandant Toutée qui s'extasie dans son livre « *Dahomé,
Niger, Touareg*, sur la propreté des villages dahoméens qu'il
compare, lui aussi, à nos villages français.

Les Dahoméens sont d'excellents agriculteurs qui aiment le
travail de la terre et lui consacrent tout leur temps. Avec des
instruments très primitifs, car ils n'ont pas encore adopté
l'usage de la charrue, ils obtiennent d'abondantes récoltes. Autour de chaque village s'étendent les cultures vivrières : maïs,
mil, manioc et igname. Le maïs demande environ trois mois
pour venir à maturité, et la même terre est capable d'y fournir
trois ou quatre récoltes par an. L'igname est aussi pour l'alimentation une ressource des plus précieuses : aussi cette plante
est-elle l'objet de soins particuliers. « Non seulement le sol qui
« doit la recevoir est débroussaillé après avoir été incendié,
« mais on n'y laisse pas paraître une seule herbe adventice ;
« les plants d'igname, espacés de deux mètres en tous sens, sont
« alignés au cordeau ; chacun d'eux est placé au centre d'un
« cône de terre ameublie à la pioche qui mesure à peu près
« un mètre de haut sur deux mètres de diamètre à la base. »

« J'estime que ce travail n'est pas inférieur à celui que de-
« mande une plantation de vigne et qui représente par hectare,

---

(1) Georges Borelli, le Dahomé, *Bulletin de la Société de géographie de Marseille*.

« pour un défoncement à 60 centimètres, 1,200 fr. de travail
« de terrassier français, payé 2 fr. 50 par jour (1). » Après
l'igname, il faut citer le haricot rouge, sorte d'arbuste qu'on
rencontre un peu partout, mais qui est particulièrement cultivé
entre Abomé et Zagnanato. « Enfin, disons que les villages indigènes sont entourés de petites cultures maraîchères où dominent les tomates, les oignons, les piments et d'autres condiments de même nature. Les patates douces se récoltent aussi
en abondance.

Les arbres fruitiers réussissent fort bien au Dahomé, surtout
le bananier qui est l'arbre producteur par excellence, puisqu'il
peut donner jusqu'à 200.000 kilogrammes à l'hectare d'un produit à la fois féculent et sucré. C'est à la fois un dessert, un
légume et du pain. D'autres arbres, la plupart originaires du
Brésil d'où ils furent rapportés par les noirs, poussent autour
de chaque village. « Nous froissons, dans le brouillard du
« matin, le long de l'étroit sentier, les hautes tiges rameuses
« des haricots arborescents qui couvrent ici de grandes sur-
« faces. Plantés en alignements réguliers, sur le sommet de
« petits remblais, parfaitement débarrassés de mauvaises her-
« bes, ces végétaux donnent l'idée d'un état agricole, peut-être
« pas très avancé, mais, en tout cas, fructueux. Les citron-
« niers, les papayers, les manguiers, les cocotiers, les bana-
« niers, les baobabs forment la majeure partie des arbres de
« village. Les orangers y atteignent des dimensions plus consi-
« dérables qu'au Tonkin (2). »

Mais ce ne sont pas ces cultures qui constituent, pour le
moment du moins, la richesse du Dahomé. Ce ne sont pas davantage les plantations de tabac assez étendues dans les régions
de Savé et d'Ouecé; ni celles de l'indigo, ni celles du coton

---

(1) Commandant Toutée, *Du Dahomé au Sahara, la Nature et l'Homme*.
(2) Commandant Toutée, *Dahomé, Niger, Touareg*.

dont les indigènes fabriquent des étoffes un peu grossières mais solides, ni même le karité dont les nagots font un beurre employé soit pour l'alimentation, soit pour l'éclairage, ni même les lianes à caoutchouc et à gutta très fréquentes dans la région de l'Ouémé, mais dont les indigènes ne tirent encore aucun parti. En réalité, la raison d'être du Dahomé, c'est le palmier à huile, c'est l'élevage.

« Le Dahomé est, en somme, une plantation naturelle d'un million d'hectares de palmiers à huile, accessible dans toutes ses parties. Le pays n'est qu'un immense bois de palmiers, plus ou moins entremêlé d'autres essences et entrecoupé de clairières plus ou moins grandes (1). »

Cette huile fournit la presque totalité de l'exportation de la colonie. En 1894, 24.000 tonnes d'amandes de palme et 8350 tonnes d'huile de palme; en 1895, 21.000 et 12.500; en 1896, 25.000 et 5.500; en 1897, 13.000 et 3000 (ces deux chiffres s'expliquent par deux années de sécheresse persistante); en 1898, 18.000 tonnes d'amandes, 6000 tonnes d'huile et pour le premier semestre de 1899, 10.000 et 6000. Encore dans ces quantités ne figurent pas les marchandises transportées par les caravanes de l'intérieur à destination de la Guinée française et qui représentent une valeur considérable.

Voilà pour le bas Dahomé; quant au haut Dahomé, c'est essentiellement un pays d'élevage et les populations y possèdent de nombreux troupeaux; les prairies y nourrissent les bœufs; les bananiers et le maïs nourrissent les porcs, les moutons sont très nombreux, les chèvres sont partout par troupeaux considérables de deux à trois cents. La taille de tous ces animaux croît comme leur nombre au fur et à mesure qu'on s'élève vers le nord et le mouton de taille moyenne ne se rencontre guère qu'au nord du parallèle 8°,30 (2). Toutes les femelles sont

(1) G. Borelli, *op. cit.*
(2) Commandant Touée, *Du Dahomé au Niger*.

assez bonnes laitières, et les femmes peuhles, auxquelles incombe la manipulation du laitage, sont si propres et si entendues dans cette industrie qu'on ne trouve nulle part en France de lait frais mieux présenté, de fromage mieux fait, de beurre plus propre et plus parfumé que dans le haut Dahomé. Il est évident qu'en l'état actuel du pays, il est impossible d'évaluer, même d'une façon approximative, le nombre des animaux qui paissent sur les pâturages de la colonie.

En résumé, le Dahomé est une colonie qui sera extrêmement riche et qui constituera une des meilleures colonies de la France tropicale, à la condition toutefois que les colons n'essaieront pas de rivaliser avec le Congo pour la culture du caoutchouc, avec les Antilles pour celle de la canne à sucre, avec le Soudan pour celle du coton, avec le Tonkin pour celle du riz, mais qu'ils travailleront à développer les richesses naturelles du pays, à savoir l'huile de palme et l'élevage, tout en réservant aux cultures vivrières le nombre d'hectares indispensable pour nourrir une population indigène assez dense.

LE CONGO

De toutes nos colonies, celle dont les aptitudes agricoles sont encore les moins connues est certainement le Congo français. A vrai dire, nous sommes moins bien renseignés sur la valeur intrinsèque de notre domaine que nos voisins les Belges ne l'étaient sur celle du leur, lorsqu'ils ont commencé leur chemin de fer. Le relevé exact des richesses naturelles du bassin de l'Ogooué n'a jamais été tenté d'une manière méthodique et précise. Les renseignements que nous pouvons donner doivent être empruntés aux récits des explorateurs, aux lettres particulières des agents commerciaux ou des fonctionnaires. Il n'est que juste d'ajouter que les ressources de la colonie ont été, jusqu'en ces derniers temps, consacrées à la conquête de notre domaine et aux reconnaissances géographiques et politiques. C'est depuis deux ans seulement que les efforts réels pour la mise en valeur ont commencé. Déjà le jardin d'essai de Libreville, si savamment dirigé par M. Chalot, a mis à la disposition des colons des plants variés en nombre considérable, et quelques agents de culture ont été installés dans les centres principaux de la colonie. Nous vivons encore sur cette idée que le Congo n'est « qu'un cimetière d'ivoire et une mine de caoutchouc. » Or, cela est vrai ; c'est de ces deux produits que le Congo Belge tire toutes les marchandises qui alimentent le trafic de son chemin de fer, et c'est sur ces deux produits que comptent les concessionnaires du Congo Français pour tirer parti de leurs immenses domaines. Mais il y a d'autres ressources qu'il convient de signaler et sur lesquelles il est intéressant d'insister.

« A quelques centaines de mètres de la rivière (1), c'est la sa-
« vane, la terre couverte d'herbes avec de petits arbres qui la
« font ressembler à un jardin mal tenu. Les beaux palmiers
« rondiers évasent leurs troncs par le haut comme des porte-
« bouquets. Les essences s'y heurtent et s'y fondent ; ce n'est
« pas, comme en Europe, un bois de pins, ou de châtaigniers
« ou de chênes ; c'est comme un musée où chênes, châtaigniers,
« pins et vingt autres espèces seraient réunis.

« Joignez leur tête par l'arrondissement de verdures diffé-
« rentes, emmêlez ces cîmes de la chevelure des lianes, faites-
« y monter parfois cette plante de sous-bois au vert attendri,
« à la fleur brûlante et parfumée qui est la vanille ; imaginez
« un silence troublé seulement par les cris de quelques singes
« et d'assez rares oiseaux: telle est la « galerie », le tunnel de
« végétation où passent les rivières du Congo, quand elles ne
« traversent pas la réelle forêt équatoriale, incommensurable,

(1) Pierre Mille, *Au Congo Belge*.

« tiède, muette et triste. » Cette poétique description du Congo Belge aux environs du fleuve peut strictement s'appliquer aux régions parallèles du Congo français. Notre colonie possède en bois d'essences diverses d'incalculables ressources ; mais sans voies de communication pour les amener à la côte, ces richesses ne peuvent être mises en exploitation et sont à l'état de devenir. Constatons cependant qu'en 1898 il a été exporté pour 1.396.556 kilogrammes d'ébène et 748.148 kilogs de bois de teinture représentant ensemble une valeur de 406.497 francs, dont 1.047.433 kilogrammes d'ébène et 24.362 k. de bois de teinture à destination de la France. Ce chiffre est à peu près insignifiant si l'on songe aux immenses étendues qui, de la côte à l'Oubangui et au M'Bomou, sont couvertes de bois d'essences diverses et qui seront un jour exploitées.

Si l'arachide ne donne que des produits presque nuls et consommés sur place, si les essais de culture du jute n'ont produit que des résultats peu satisfaisants parce que les tiges étaient beaucoup trop courtes, du moins les noix de palme dont la cueillette ne demande aucun effort ont été exportées en 1898 pour une quantité de 914.551 kilogs dont seulement 5,346 étaient à destination de la France ; de même 145,395 kilogs d'huile de palme ont été vendus à l'étranger, mais, sur ce chiffre, la France n'a pas même prélevé un seul kilogramme. Citons encore, pour des quantités insignifiantes, la gomme copale, le sésame et le coprah. Quant au coton dont il a été tenté quelques cultures, il est condamné à ne pas réussir sous un climat aussi humide que celui du Congo.

Il n'en est pas de même du café, du cacao, du tabac et des girofles.

Il ne faut pas oublier que le Congo n'est pas éloigné de l'Angola, terre classique du café, et que son sol ainsi que son climat sont identiques à ceux de la colonie portugaise ; aussi, par des sélections répétées sur le caféier de Libéria et des caféiers indigènes, on en arrivera à n'avoir que des types à production abondante et régulière. Déjà des expériences de taille et d'étêtage ont donné de bons résultats en augmentant la production et en facilitant la cueillette. Aussi, dès 1898, il a été exporté du Congo près de 57,600 kilogs représentant une valeur de 141,267 francs et sur ce chiffre il est regrettable que le cinquième à peine (exactement 11,744 francs) ait été vendu à la métropole. Il est vrai que cet état des choses s'explique par ce fait que toutes les plantations de café appartenaient autrefois à la Société Hollandaise (N. A. H. V.), qui expédiait directement la récolte sur Rotterdam. Ces plantations ont été rachetées récemment par la Société du Niari Quillou qui, vraisemblablement, réservera à la France ses récoltes de café. Ajoutons que de nouveaux colons français (Janselme, Société du Bas Ogooué, Lindenbaun), ont entrepris la plantation de nouveaux pieds de café, dont la production sera dirigée sur la France. La situation est donc sur le point de changer. La production et surtout la vente du café congolais vont donc rapidement s'accroître et cette plante deviendra facilement une des cultures les plus rémunératrices de la colonie.

De nombreuses plantations de cacaoyers ont été également entreprises sur différents points de la colonie et l'exportation du cacaoa a presque doublé pendant l'année 1898. C'est ainsi qu'il en a été exporté 15,565 kilogs (valeur 22,886 francs) dont 4,794 kilogs (valeur 7,048) à destination de la France.

Les girofliers ont abondamment fructifié. Ils ont pu être multipliés et des plants nombreux en ont été distribués aux colons par le jardin d'essai.

Le tabac n'est pas encore un article d'exportation. « Cependant cultivé depuis longtemps, par les indigènes du pays Batéké, il pourrait être utilement exploité dans les régions éloignées de la côte, où les tabacs importés arrivent grevés de frais de transport assez élevés. Des expériences entreprises, il résulte qu'il s'écoule environ quatre mois et demi entre l'époque des semis et celle de la récolte. Cette observation avait un intérêt considérable pour assurer la récolte des feuilles pendant la saison sèche et, par suite, empêcher les moisissures qui ne manquent pas de se produire lorsque le tabac est coupé pendant la saison des pluies (1). »

Disons enfin que quelques colons ont entrepris, mais uniquement à titre d'essai et sur des terrains de peu d'étendue, la culture de la vanille dont les résultats sont assez satisfaisants.

Mais pendant longtemps encore le caoutchouc sera, avec l'ivoire, la grande ressource et la dominante préoccupation des colons congolais. En 1898, des expériences ont été faites au jardin d'essai sur le rendement du caoutchoutier de Céara. Les arbres de cinq à six ans n'ont donné qu'un rendement moyen de 170 grammes par pied, insuffisant pour que l'exploitation en soit rémunératrice. D'autres variétés ont été introduites qui semblent devoir donner un rendement bien supérieur et, en particulier, une variété de Manihot-Glaziovii appelée Maniçaba au Brésil. Signalons aussi l'excellente mesure prise par le gouverneur qui consiste à forcer les indigènes à replanter deux lianes lorsqu'ils en ont coupé une, pour empêcher la dévastation complète des forêts et l'épuisement rapide de cette richesse naturelle. L'exportation du caoutchouc constitue un des principaux éléments du commerce congolais. Il a été vendu en 1898 578,201 kilogr. représentant une valeur de 2,275,364 francs ; mais 155,006 kilogr. seulement (valeur : 744,028 fr.) ont pris le chemin du Havre qui pourrait facilement, grâce au Congo, prendre une place plus importante dans les marchés de caoutchouc de l'Europe.

Terminons en répétant que les renseignements que nous avons pu recueillir sont, en somme, assez vagues ; qu'on ne

---

(1) Rapport général pour 1898.

sera fixé sur la valeur réelle de la colonie que dans quelques années, et qu'il faudra tout d'abord que les indigènes cessent de s'occuper exclusivement des cultures vivrières (maïs, manioc, sorgho), etc.) pour s'intéresser aux cultures d'exportation. Or, nous n'en sommes pas là, puisqu'il résulte du rapport déjà cité que si des plantations de cacaotiers ont été entreprises par un certain nombre d'indigènes, en 1898, dans la région nord de la colonie, elles l'ont été sur des espaces restreints et dans de mauvaises conditions au point qu'elles ne donneront de profits sérieux que lorsque les instructions adressées à ce sujet par les chefs de poste auront reçu leur exécution. En dépit de toutes ces réserves, les progrès de l'agriculture au Congo depuis trois ans sont très satisfaisants, comme le prouvent les documents recueillis au Jardin d'essai de Libreville.

COLONIES DE L'OCÉAN INDIEN

MADAGASCAR

Madagascar est une des rares colonies françaises qui puissent offrir à la fois à l'activité des colons des cultures tropicales et des cultures des pays tempérés. Sur les côtes, la chaleur et l'abondance des pluies permettent l'exploitation du cacao, du caoutchouc, du café, de la canne et de toutes les plantes qui peuvent servir à l'exportation et assurer ainsi de larges bénéfices; dans la zone intermédiaire (de 500 à 800 m.), les plateaux tiennent à la fois, pour le climat et la nature du sol, des versants auxquels ils se rattachent et du haut pays. C'est la région où réussissent le coton, le caféier d'Arabie et surtout l'élevage du bétail; enfin, les régions centrales sont favorables aux cultures du thé, du café, du tabac, du coton, peut-être même de la vigne. Ajoutons que Madagascar possède d'immenses forêts qui défendent l'île du côté de l'Est sur une épaisseur de 300 kilomètres et qui pourraient fournir, quand les voies de communication en permettront l'exploitation rationnelle, des ressources presque indéfinies.

Le riz est essentiellement la culture vivrière des indigènes. Dans les environs de Tananarive, les terres irrigables que l'on cultive en rizières ne reçoivent la semence qu'après avoir été engraissées par le séjour des moutons et des bœufs. « La plaine de Betsimitatatra qui entoure Tananarive au nord, à l'ouest et au sud, renferme les plus belles rizières de l'île. Cette plaine, qui était autrefois un immense marécage, a été transformée en rizières par les premiers chefs des Hovas ; Andrianjaka et Andriamasinavalona ont contribué à la construction des digues de l'Ikopa qui ont permis le dessèchement des marécages (1). » Le riz est également cultivé sur les montagnes jusqu'à la hauteur de 1,700 mètres, mais par des procédés divers. Au reste, il existe à Madagascar un grand nombre de variétés de riz et on n'en compte pas moins de 22. Bien que le riz blanc soit le plus renommé, les indigènes lui préfèrent une espèce de riz rouge récoltée dans les environs de Fort-Dauphin. Il est, on le pense bien, impossible d'évaluer la production annuelle totale de l'île en riz ; on sait cependant qu'elle dépasse, et de beaucoup, les besoins de la consommation totale puisque le Betsiléo en produit, à lui seul, 2,500,000 hectolitres (année moyenne). Est-il nécessaire d'ajouter que le sol se prête également à la culture du manioc qui y réussit si bien qu'un hectare planté rapporte au bout de deux ans 40,000 kilogrammes de racines, aux patates, au maïs, aux pommes de terre (particulièrement dans la région de l'Ankaratra). Le blé qui a été introduit à Madagascar par Jean Laborde n'a pas beaucoup de chances de réussir, sauf

---

(1) *Guide de l'Immigrant à Madagascar*, t. II.

dans la région des plateaux, et encore cette culture, étant donnée la pauvreté du sol en acide phosphorique et en chaux, n'aura jamais grand avenir, et on peut en dire autant de l'orge, du seigle et de l'avoine.

« Les régions centrales de Madagascar, dépourvues de forêts et recouvertes d'herbages, sont, nous l'avons dit, un pays des plus favorables à l'élève du bétail, d'autant plus que la douceur du climat permettant de laisser les troupeaux en constante liberté, ils se développent avec une prodigieuse rapidité (1). » Ces animaux ne sont, d'ailleurs, nourris ni avec du foin, ni avec du sainfoin, ni avec de la luzerne, mais avec certaines graminées, telles que le *vero* très répandu dans la haute région et dont l'aspect rappellerait l'*alfa*, si la tige n'était pas plate et moins haute. Toutefois il ne faudrait pas exagérer la richesse de Madagascar en têtes de bétail. Un recensement ordonné par le général Galliéni, en 1897, a prouvé l'erreur de ceux qui parlaient de 5 à 6 millions de bœufs. Le total obtenu pour le tiers environ du territoire le plus riche et le plus peuplé de la colonie n'a donné que 500,692 têtes de bétail. « En admettant que la moitié du bétail ait échappé au recensement et que les autres régions de l'île non recensées ou insoumises possèdent autant de bétail proportionnellement à la superficie, bien que la population y soit, en certaines parties, très clairsemée, il semble qu'on sera au-dessus de la vérité en évaluant à 2,000,000 le nombre des animaux de l'espèce bovine existant à Madagascar (1). » Très répandue également est l'espèce ovine ; elle est d'une race spéciale au pays, à grosse queue. Enfin, beaucoup de chèvres vivent à l'état sauvage.

Il serait excessif de prétendre que la vigne est appelée à donner d'abondantes récoltes. Des essais tentés aux environs de Diégo-Suarez ont donné de désastreux résultats qui ont

---

(1) *Rapport du général Galliéni*, t. II.

eu même pour conséquence de décourager pendant quelques années la colonisation. Quelques plantations tentées par les Pères Jésuites ont mieux réussi, mais elles portaient sur un si petit nombre de ceps qu'il est difficile d'en conclure à des promesses sérieuses. Toutefois, le général Galliéni cite l'exemple d'un colon des environs de Tananarive qui a récolté, en 1897, un vin de bonne qualité, bien que clair de couleur et peu chargé en alcool. Il n'en reste pas moins que la maturation a lieu en pleine saison des pluies et que la vigne ne produit qu'un raisin chargé d'eau et trop mûri. Quelques colons tentent actuellement des nouveaux essais en greffant les plants de vigne indigènes avec des cépages américains, mais il est difficile de formuler encore une opinion sérieuse.

Plantes textiles. — Parmi les plantes textiles, une des mieux cultivées, qui s'accommode bien au sol et dont on peut beaucoup attendre est le coton. « Le coton réussit mieux sur les côtes que dans l'intérieur. Le voisinage de la mer est plus favorable ; mais les Malgaches de l'intérieur le négligent, par la raison toute simple qu'ils le cueillent au profit des grands et que ce travail infructueux les décourage. Il n'est pas moins avéré que le cotonnier serait d'un excellent rapport au colon qui saurait l'exploiter. » Telle était l'opinion de MM. Le Chartier et Pellerin, en 1888 ; cette culture est encore moins recherchée aujourd'hui parce que les cotonnades sont importées à Madagascar à un prix tellement bas que toute concurrence est impossible. Cependant quelques colons ont tenté, en 1898, quelques expériences de culture du cotonnier et du camphrier aux alentours de Tananarive et de Fianarantsoa dans des terrains judicieusement choisis, et ces cultures semblent devoir prospérer. De même que le coton, le raphia dont les fils sont employés par les indigènes, le chanvre qui n'est guère utilisé que pour la fabrication d'une liqueur enivrante ; la ramie dont la culture n'a été abandonnée que parce que la question de décortication n'est pas encore résolue, réussissent admirablement à Madagascar. Il ne faut pas oublier non plus le crin végétal fourni par la feuille d'un palmier sauvage qui pousse plus particulièrement dans la province de Fort-Dauphin et dont il a été exporté, en 1896, 39,000 kilogs.

Quand nous aurons dit que l'indigotier pousse spontanément dans la province de Diégo-Suarez et dans la région de Vatomandry, que l'orseille, le tametamo et le manguier fournissent aux indigènes, par une préparation sommaire, les couleurs violette, rouge et noire, il nous restera à parler avec plus de détails des cultures dont le développement rationnel doit assurer la fortune des colons de Madagascar.

Le vanillier a été importé à Madagascar, peu de temps avant la guerre de 1885 et s'est beaucoup développé sur la côte Est (Sainte-Marie, Nossi-Bé) aux dépens de la canne à sucre qui est à peu près abandonnée. C'est ainsi qu'il existe au sud de la province de Vohemar une plantation de vanille de près de 80.000 pieds, une autre de 1,000 pieds dans celle de Fénérife ; une troisième dans celle d'Andevorante et une de 10.000 pieds dans l'île Sainte-Marie, appartenant à un industriel français M. Kempf. Il en a été exporté en Europe, dès 1896, 5.434 kilogrammes environ.

C'est également sur la côte Est que se cantonne la culture du cacaoyer et il y a là une culture à encourager puisque le cacao se développe à l'état sauvage et qu'un hectare planté en cacaoyers peut rapporter, année moyenne, près de 1,500 francs par an pour une dépense approximative de 350 francs.

La culture du thé est encore bien peu répandue à Madagascar ; toutefois « les plantations faites en 1890 dans les propriétés de l'ex-premier ministre aux environs de Sabotsy et celles entreprises plus récemment, en 1896, par M. de C... aux environs de Fianarantsoa, semblent démontrer que cette culture peut avantageusement donner lieu, dans le haut pays, à des exploitations rémunératrices ». Les plants ont réussi à merveille et l'arome de la feuille obtenue à Mahanoro, dans la plantation Mairs, est même, dit-on, plus fin que celui du thé de Maurice.

Le tabac qui pousse avec une remarquable vigueur dans tout le haut pays pourrait donner, une fois les voies de communication établies, de précieux résultats, mais cette culture n'est pas encore développée, et c'est à peine si l'on peut citer dans le cercle d'Ankazobé une plantation de 6,000 à 7,000 pieds. Il y a dans ce sens beaucoup à faire puisque le tabac fumé par les Européens vient en grande partie de la Réunion, d'Europe et d'Algérie.

Ajoutons que le giroflier est cultivé avec soin à Sainte-Marie de Madagascar, et qu'en 1893 cette île en a exporté 34,936 kilogs à destination de la France, alors que la consommation totale de notre pays est de 75,000 kilogrammes. Il y a là une source de revenus dont les colons pourraient facilement se rendre maîtres.

Mais c'est surtout par la culture du café et du caoutchouc que se constituera la colonisation à Madagascar.

Le café ne donne encore que des espérances. Il semble prouvé aujourd'hui qu'il ne réussira que difficilement dans la région centrale, soit qu'il ne trouve pas dans le sol les éléments chimiques favorables, soit qu'il ne puisse résister aux atteintes de la maladie connue sous le nom de « *l'hemileia vastatrix* », soit qu'il souffre des pluies trop abondantes. C'est ainsi que des plantations qui avaient donné de belles récoltes en 1895, ont dépéri dès l'année suivante et ont complètement disparu dès 1898. Il est également prouvé que toutes les espèces ne réussissent pas de la même façon et que le café Libéria, bien que de qualité inférieure comme goût et comme arome, s'accommode mieux du sol que le bourbon ou le moka. Toutefois si les colons ont eu avec le café des mécomptes dans la région centrale, il n'en a pas été de même dans les régions côtières et plus particulièrement à Nossi-Bé, ni dans la zone intermédiaire où l'on trouve facilement des vallées fertiles, très favorables à la plantation du caféier d'Arabie qui, à une altitude moyenne, résiste plus facilement que dans les basses terres aux atteintes de la maladie, sans être exposé, comme dans le Betsileo, aux gelées blanches dont les effets sont des plus néfastes sur la végétation et la production. Il existait, en 1898, 81 plantations qui ont donné environ 9,000 kilogrammes de café dont 50 seulement ont été exportés vers la Réunion.

« On peut, dès maintenant, présumer qu'avec ses climats très divers, l'île offre des régions favorables à l'exploitation du caoutchouc céara qui, si l'on considère les utilisations nombreuses de cette gomme et la demande de plus en plus forte dont elle est l'objet sur les marchés d'Europe, constituerait dans un bref délai une source de richesse pour la colonie (1). » Le caoutchouc réussit, en effet, très bien à Madagascar ; on y compte plus de 90 espèces de ces végétaux, bien que le caoutchouc céara paraisse devoir être préféré à toutes les autres espèces. « D'autre part les terrains susceptibles d'être consacrés à leur culture sont très étendus, notamment dans la région côtière et moyenne de l'île. On peut donc dire que le caoutchouc est et sera longtemps encore une des principales ressources de Madagascar (2). » Ce résultat ne sera atteint que si les indigènes renoncent à la déplorable habitude qu'ils ont prise de couper les lianes ou les plantes à caoutchouc près du pied, sans épargner même quelquefois la racine. En 1897, l'exportation du caoutchouc a été la suivante :

---

(1) *Rapport du général Galliéni.*
(2) *Guide de l'immigrant à Madagascar.*

Province de Majunga. . .	120 tonnes		60 par Majunga
			60 par Maintirano
— de Ménabé . . .	60	—	
— de Fort-Dauphin.	168	—	
— de Vaingaindrano	100	—	
— de Mananjary. .	2	—	
Total. .	450 tonnes.		

Ce chiffre pourrait rapidement devenir dix ou vingt fois plus fort.

Terminons en mentionnant la culture de la canne à sucre qu'il n'est nullement désirable, pour les raisons que nous avons déjà expliquées à propos de la Guadeloupe et de la Martinique, d'encourager à Madagascar. La canne réussit fort bien dans le Betsileo et en pays Sakalave et, mieux encore, sous le climat chaud et humide du littoral. A Tamatave, on obtient par hectare 59.000 kilogr. de tige et, au dire de M. Dybowski on pourrait, avec plus de travail, obtenir jusqu'à 75.000 ; à Vatomandry, on compte que l'hectare produit environ 36.000 kilogrammes.

On le voit donc, les agriculteurs en sont encore à la période des tâtonnements ; la main-d'œuvre manque trop souvent ; les instruments aratoires employés par les indigènes sont encore rudimentaires et le général Gallieni a dû user de son autorité pour leur faire accepter la charrue ; les semences manquent aussi. Mais la création de la station agronomique de Nahanisana destinée à poursuivre la recherche des améliorations à apporter aux systèmes de culture pratiqués dans le pays, l'établissement au même lieu d'une bouverie et d'une bergerie, la fondation des jardins d'essais de Fianarantsoa et de Tamatave ainsi que d'une station agronomique ; enfin l'organisation de jumenteries et de dépôts d'étalons ne peuvent manquer d'encourager les colons et les indigènes à chercher dans l'agriculture des bénéfices qui ne leur feront pas défaut. Si la canne à sucre semble devoir être abandonnée; si la vigne a trompé toutes les espérances; si le coton ne peut donner ce qu'on attendait de cette culture, l'élevage du bétail et l'exploitation des bois, d'une part, les cultures de la vanille, du café et surtout du caoutchouc, d'autre part assurent à Madagascar, quand les chemins de fer projetés sillonneront l'île, des résultats précieux dont il est impossible de prévoir dès maintenant la valeur. La grande île offrira à la fois aux colons de la métropole les produits exubérants des pays tropicaux et les cultures d'un moindre rendement, mais sûres, de nos pays tempérés.

MAYOTTE ET COMORES

L'archipel des Comores participe, par la composition géologique de son sol et les caractères généraux de son climat, aux cultures agricoles de la Réunion et des zones côtières de Madagascar. La canne à sucre occupe le première place dans les préoccupations des colons. C'est ainsi que la Société de Pomony à Anjouan produit annuellement 550 tonnes de sucre, la propriété de Fonbani à Mohéli plus de 600; celles de l'Anjouan près de 800. La vanille (vanillea planifollia du Mexique) vient au second rang. La même société de Pomony a exporté, en 1899, 1000 kilos de vanille, les sociétés de Bambao (Anjouan) près de 4000, et de Pagé 1000, celle de Sangany 3000 et enfin les propriétés de Mohéli près de 1800 kilos. Il a été planté dans ces cinq dernières années, 100.000 caféiers Libéria à Mayotte, pendant qu'on en plantait à Anjouan 36.000 pieds (dont 2000 pieds de café Bourbon). A la grande Comore, la société dite de la grande Comore, dirigée par M. Humblot, a essayé d'acclimater le thé, le quinquina et le caoutchouc; mais elle tire encore ses principaux bénéfices de la vanille (3 à 4000 kilos par an) et du cacao. Elle se préoccupe aussi d'exploiter méthodiquement les richesses forestières de l'île. Enfin n'oublions pas de rappeler que la propriété Patsy à Anjouan donne une récolte annuelle de près de 4000 kilos de clous de girofle.

Ces exploitations rémunératrices n'excluent naturellement pas les cultures vivrières telles que manioc, patate, maïs, coco (les cocotiers sont extrêmement nombreux), mil, riz et bananes, ni l'entretien de pâturages puisque la seule société de la grande Comore possède à elle seule un troupeau de plus de 3000 têtes. L'agriculture peut donc offrir aux colons venus de France des ressources importantes, à condition qu'ils disposent de capitaux variant entre 10.000 et 20.000 francs et qu'ils se consacrent à l'exploitation de la vanille ou du café. On ne sera d'ailleurs fixé sur l'avenir des cultures de Mayotte que le jour où la question de la main-d'œuvre qui se pose dans l'archipel des Comores aussi nettement, plus nettement même que dans nos autres colonies, sera complètement résolue. Peut-être même ces essais d'exploitation pourront s'étendre jusqu'aux îles Glorieuses où un Français M. Caltaux a déjà essayé et avec succès l'acclimatement des cocotiers, si nombreux dans tout l'archipel (1).

CÔTE DES SOMALIS

Personne n'ignore que notre colonie de Djibouti n'a jamais été considérée comme une colonie agricole, mais bien comme une station stratégique sur le chemin de la mer Rouge, et comme un entrepôt commercial qui pourra devenir très important entre l'Europe d'une part et l'Harrar et l'Abyssinie d'autre part. La chaleur extrême et l'aridité du sol interdiront toujours aux colons les entreprises de culture. Rien n'est plus désolé, en

---

(1) Voir la notice de Mayotte et Comores par M. Vienne.

effet, que le désert qui s'étend des bords de la mer aux premiers horizons du Harrar. Pour s'en convaincre, il suffit de lire ce qu'en dit M. Vignéras dans la notice très complète qu'il a consacrée à cette colonie : « Sur le rivage de la mer, au bord
« des torrents, on remarque des bouquets de palétuviers ; on
« y voit aussi quelques dattiers et de maigres fourrés compo-
« sés d'essences diverses. Dans l'intérieur, la végétation est
« également très clairsemée : quelques touffes de mimosas
« rabougris sur les monticules et les plateaux, et un peu par-
« tout une herbe rude, desséchée, qui reverdit un peu après
« chaque pluie.

« Plus dense dans le lit même des torrents, cette végétation
« forme par endroits des fourrés entremêlés de lianes grim-
« pantes, qui, par le ton franchement vert des feuilles, repo-
« sent la vue des tons jaunâtres de la flore d'alentour, et sont
« comme de petites oasis où le voyageur trouve un peu d'ombre
« et souvent de l'eau. Sans pouvoir préciser de quelles essences
« se composent ces bosquets, on sait que les indigènes tirent
« de certains arbustes et de certaines lianes du désert des va-
« riétés de gomme et même de caoutchouc dont la qualité a
« été reconnue excellente (1). Ajoutons que ces lianes poussent
« à l'état sauvage et n'ont jamais été cultivées d'une façon ra-
« tionnelle et méthodique. »

ETABLISSEMENTS FRANÇAIS DE L'INDE

On pourrait dire des établissements français de l'Inde ce que nous venons de dire de la côte des Somalis. Ce ne sont pas des colonies agricoles. Pondichéry n'est qu'une ville commerciale et jusqu'à un certain point industrielle ; Chandernagor ne se prêterait qu'à la culture maraîchère qui améliorerait l'état

(1) *Notice sur la côte française des Somalis,* par S. Vignéras.

sanitaire de l'établissement, mais cette culture est totalement négligée par la population indigène. Seuls Yanaon et Mahé et plus particulièrement Karikal ont une importance agricole d'ailleurs extrêmement médiocre.

Mahé. — A l'époque de l'organisation de la colonie, à l'exception de 1469 hectares consacrés à la culture du riz et 455 occupés (313 par les habitations, 120 par les voies de communication et 22 en friche), le reste du territoire, soit 3985 hectares étaient exclusivement consacrés à la culture des arbres fruitiers, cocotiers, arreckiers, etc. Depuis, cette situation est restée de plus stationnaire et c'est à peine si 500 hectares ont été conquis par l'agriculture. C'est que dans ce petit territoire où il n'y a, pour ainsi dire, ni commerce, ni industrie, ni agriculture, le paysan ne peut vivre qu'en cultivant le riz nécessaire à son alimentation. Aussi 1469 hectares sont-ils exclusivement consacrés à cette culture vivrière. Malgré cet effort, Mahé, pays montagneux ne produit pas assez de riz et reste pour les graines alimentaires, tributaire des régions de l'Inde septentrionale. Ajoutons que Mahé subit par contre-coup l'effet des sécheresses qui ont affligé certaines parties de l'Inde. Aussi le prix du riz a-t-il récemment augmenté dans d'inquiétantes proportions. Si la terre rocailleuse de l'établissement se prête un peu à la culture des cocotiers, arréquiers, manguiers et poivriers, elle rend impossible la création de pâturages. Aussi Mahé ne comptait-il, en 1898, que 4 chevaux, 250 bœufs et vaches, 30 boucs et chèvres. Ni cultures riches, ni pâturages, ni céréales, Mahé ne possède pas davantage de richesses forestières. On n'y voit guère que quelques bouquets de bois de jacquiers qui sont employés sur place à la confection du mobilier.

Yanaon. — Yanaon est de moins en moins cultivé. Sur 1736 hectares (superficie totale de la colonie), 1450 étaient cultivés en riz ou en grains, en 1850 ; cette superficie s'élevait à 1575 en

1860, tombait à 635 en 1880, puis à 622 en 1897, pour les mêmes causes qui avaient découragé les cultivateurs de Mahé. Aussi la production est-elle insignifiante et suffit à peine aux besoins locaux. L'élevage n'est guère plus prospère puisque le nombre des têtes de bétail (bœufs, buffles, vaches et moutons) n'est que de 1500 et il n'existe, en réalité, aucun moyen pratique de développer l'élevage.

Karikal. — Hâtons-nous de constater que la situation est bien meilleure à Karikal. Cette colonie, lors de la remise qui en fut faite par l'administration anglaise le 14 janvier 1817, comportait d'après le cadastre indien établi en 1824 : 11,238 hectares de terres exploitables, sur lesquelles 9,025 étaient déjà cultivées. Or, la superficie totale de la colonie est estimée à 13,515 hectares. Depuis cette époque, la situation ne s'est guère modifiée, puisque la superficie des terres cultivées ne s'élève aujourd'hui qu'à 10,425. Il est bon de dire que la seule culture entreprise est celle du riz qui tend à augmenter chaque année, parce qu'elle est la seule qui assure aux cultivateurs un profit assuré.

Le sol de Karikal ne se prête, en effet, ni à la culture de la canne, ni à celle du café, du cacao ou du thé. Toutes ces cultures demanderaient trop de soin dans un pays où il n'y a pas d'irrigation régulière possible, où les cours d'eau débordent fréquemment, qui manque d'engrais puisque le limon qu'apportent les inondations périodiques fertilise seul les terres. Une charrue attelée de bœufs très chétifs forme, avec quelques outils et instruments aratoires de forme primitive, tout l'attirail du cultivateur indien. Aussi évite-t-il toute culture qui pourrait exiger des soins et des frais. C'est ainsi que le coton qui pousse spontanément est considéré comme sans valeur, que la culture de l'indigo et des arachides n'a tenté que quelques Indiens. Seules les terres hautes ont été réservées pour la plantation des cocotiers parce qu'on extrait de ces arbres un jus appelé *callau* dont la classe ouvrière fait un grand usage.

Au début de l'occupation (1824), les pâturages occupaient une étendue de 77 hectares 48 ares. Aujourd'hui ces pâturages n'existent plus; ils ont été, pour la plupart, convertis en rizières. Aucune espèce n'est donc élevée dans l'établissement; les bœufs et les buffles employés aux travaux agricoles proviennent pour la plupart du territoire anglais. D'après l'état statistique agricole fourni pour l'année 1897, le nombre approximatif des têtes de bétail se décomposerait de la façon suivante :

>   Bœufs. . . . 14,400
>   Buffles . . . 10,035
>   Moutons . . . 6,500
>   Chèvres . . . 9,840

Le bétail consommé sur place provient également des territoires anglais. Les peaux et les cornes des animaux tués à l'abattoir sont exportées, pour être travaillées, sur le continent indien près de Mayavaram, à 30 kilomètres de Karikal.

Bien que les Indiens se prêtent difficilement à toute innovation, il serait peut-être possible de ressusciter l'élevage abandonné en leur accordant des primes d'encouragement et en leur persuadant qu'il y aurait utilité pour eux à avoir des bœufs plus forts, plus robustes et de meilleure qualité pour la consommation.

Il n'existe à Karikal ni bois, ni forêts. Autrefois le teck était importé pour être vendu, mais, en raison du peu d'importance de ce commerce, il est expédié aujourd'hui de Jaffna à Négapatam où s'approvisionnent le commerce et l'industrie.

La colonie de Karikal est, en somme, répartie au point de vue des cultures de la façon suivante :

Riz en paille	8,340 hectares
Menus grains.	533 —
Bétel	26 —
Indigo	20 —
Arbres fruitiers	310 —
Terrains vagues	1,204 —
Terrains incultes faute d'eau	920 —
Terrains bâtis ou dépendant d'habitation .	421 —
Dépendance du domaine public. . . .	1,614 —
Total.	13,515 hectares

« En résumé, dit l'auteur de la note à laquelle nous emprun-
« tons ces chiffres, nous croyons devoir observer la plus grande
« réserve en ce qui concerne l'agriculture. Nous sommes en
« présence du *mamoul*, c'est-à-dire la routine, l'habitude et
« c'est chose dure à déraciner chez un peuple vivant aux champs
« et s'inquiétant peu de ce qui se passe au delà de son horizon.

« Le riz est la seule culture du pays ; elle est facile et né-
« cessite peu de soins ; elle nourrit son homme et lui procure
« de quoi entretenir des bœufs. C'est tout ce que demande
« l'Indien. Nous sommes loin encore de voir la charrue à dou-
« ble soc substituée au primitif binet. »

INDO-CHINE

L'étude des richesses agricoles de l'Indo-Chine demande une attention spéciale. On sait, en effet, que cet immense empire est le plus riche et le plus peuplé de toutes nos colonies, que le climat y est sain et supportable (sauf peut-être dans quelques parties de la Cochinchine), que la terre y est excellente, qu'elle produit presque spontanément (les procédés aratoires y sont encore dans l'enfance) les cultures les plus variées, les plus indispensables comme les plus rémunératrices, que la main-d'œuvre y est plus abondante que partout ailleurs, et que nulle part peut-être on ne trouve des conditions naturelles plus favorables à l'extension des cultures et à l'activité des colons venus de la métropole. De même que l'Egypte est un présent du Nil, la Cochinchine est un présent du Mékong, et le delta du Tonkin un présent du Song-Koï. Les hauteurs de l'Annam et les terrasses du Tonkin sont aptes à l'exploitation forestière et aux épais pâturages. Partout l'irrigation apporte par ses mille ramures la fécondation et la vie comme, dans le corps humain, les vaisseaux sanguins portent la vie et la volonté. Sans parler des terres alluvionnaires de la Cochinchine qu'il suffit d'égratigner pour obtenir de superbes récoltes, mais sur lesquelles la fièvre habite en ennemie toujours menaçante, sans s'attarder à la description des forêts mystérieuses du Laos qui s'entr'ouvrent parfois pour laisser apparaître aux bords du fleuve de coquets villages entourés de cultures variées, que dire de la terre privilégiée du Tonkin, la dernière venue et la plus belle de nos possessions d'Indo-Chine? « Dans ce delta aux terres légères, mélangées de sable et d'une culture facile, pas un pouce de terrain n'est perdu ; ce ne sont que rizières, jardins, prairies où paissent de libres troupeaux ; des habitations s'y montrent presque à chaque pas. Les éternelles digues se continuent plus impraticables dans la plaine verte et plate, toujours plate et toujours verte. Parfois on découvre au loin, véritable oasis, une rustique pagode avec deux pins parasols à sa porte, et des ficus sacrés et séculaires, d'un bleu velouté, à son chevet. Pas d'autres arbres. Ou bien c'est un village dont on ne voit point les toits: rectangle ou carré régulier clos entièrement de bambous, ballots de dentelle verte dont le sommet s'effiloche (1). » Quant aux habitants, ils sont intelligents, vifs, faciles à conduire et à séduire. Ce qu'ils aiment le plus

---

(1) Paul Bonnetain, *Au Tonkin*.

dans leur existence, sans espoirs lointains ni pensées présentes, c'est la culture de la terre qu'ils préfèrent au commerce qu'ils redoutent et à l'industrie qu'ils ignorent et ils seront longtemps préservés du double fléau qui peut atteindre un pays presque exclusivement agricole, le dégoût de la population pour les travaux des champs et l'accroissement d'un prolétariat auquel le sol fait défaut.

Riz, maïs, céréales. — Le seul danger, nous l'avons déjà signalé, est que les populations indigènes, dans leur ignorance des échanges commerciaux, ne s'obstinent et ne s'attardent à la culture du riz qui constitue, sans doute, leur nourriture quotidienne, mais qui les laisse exposés, en cas de mauvaise récolte, aux horreurs de la famine. En Indo-Chine, plus que partout ailleurs, mais pour d'autres raisons, il faut lutter contre la monoculture. Or, l'annamite de la Cochinchine comme celui du Tonkin a converti en rizières presque toute l'étendue du pays. La culture du riz a presque doublé de 1880 à 1890 et il a augmenté de 23 0/0 de 1890 à 1897. Dans le Bas-Laos, l'étendue des rizières s'est sensiblement accrue depuis 1893, soit que de nouvelles terres aient été défrichées, soit que des champs abandonnés aient été remis en culture ; même observation pour le Haut-Laos bien que les chiffres officiels fassent défaut. En Annam, le riz ne se cultive pas seulement dans les parties basses mais aussi dans les montagnes dont les habitants se nourrissent presque exclusivement avec le « gao-nêp » ou riz gluant. Au Cambodge la surface des rizières cultivées en 1897 était de 98,200 hectares qui produisaient 3,722,000 piculs de riz (1). Enfin on sait que le Tonkin tire ses principaux revenus de l'exploitation des rizières dont le plus grand nombre donne jusqu'à deux récoltes par an. Dans les douze provinces du

---

(1) Un *picul* = 60 kilogrammes. Un *mau* est une mesure du pays qui équivaut à 50 ares.

Tonkin, les surfaces cultivées en riz dépassent 1,916,733 mau. Cette culture produit en moyenne 23,936,829 piculs, soit 1,445,784,473 kilogs de riz et de paddys. Encore convient-il d'ajouter que la production des rizières du Tonkin pourrait être augmentée au moins d'un cinquième à la suite de travaux bien compris d'assèchement et d'irrigation. La consommation locale absorbe une grande quantité de la production, le reste est vendu en Chine, quelquefois même dans l'Inde, à un prix déjà rémunérateur. Ce prix pourra être augmenté lorsqu'on aura donné au riz annamite l'aspect marchand qui lui manque et qui le déprécie sur le marché.

A côté de cette production formidable, le rendement obtenu par les autres céréales paraît absolument insignifiant. Pour l'indigène de Cochinchine, le maïs est un luxe et une gourmandise et, d'ailleurs, le climat ne présente pas de conditions bien favorables à son développement. Au Cambodge, la production du maïs et des céréales reste à peu près stationnaire ainsi qu'au Bas-Laos où le maïs n'est cultivé qu'en vue de la consommation locale. En Annam, au contraire, la culture du maïs est extrêmement pratiquée et les indigènes en consomment beaucoup, surtout lorsque le prix du riz augmente brusquement. Le maïs y donne, d'ailleurs, deux récoltes par an.

Enfin, au Tonkin, les indigènes s'occupent activement de cette même culture, mais uniquement en vue de la consommation sur place. Les provinces de Son-Tay et de Thaï-Nguyen sont les centres principaux où pousse cette céréale. Quant au manioc, on ne le trouve guère en Cochinchine que dans les jardins qui entourent les habitations où les indigènes en cultivent toujours quelques pieds. Inconnu dans le Haut et le Bas Laos, à peine soupçonné au Cambodge, il est assez recherché au Tonkin, notamment dans le cercle de Yen-bay. En somme, la culture du riz et du maïs a donné en 1897 les résultats suivants :

	riz	hectares cultivés
Cochinchine . . .	899,152,110 kilogs	1,039,921
Cambodge . . .	111,660,000 —	98,200
Tonkin	1.445,784,437 —	958,366
Annam	? —	?
Bas-Laos . . .	57,000,000	
Total . . .	2,512,546,583 kilos	2,096,487

Autres cultures vivrières. — Aux cultures que nous venons d'étudier, il convient d'ajouter, en Cochinchine du moins, les cultures maraîchères pour la consommation européenne. Ces cultures, qui absorbaient, en 1880, 38,224 hectares, s'étendent aujourd'hui (1897) sur 39,956. Le progrès ne paraît pas sensible, surtout si l'on songe que la population européenne du pays a sensiblement augmenté ; mais il ne faut pas oublier que les marchés de Saïgon sont aujourd'hui approvisionnés par les légumes frais et surtout par les pommes de terre venus du Tonkin. Les Cambodgiens délaissent, au contraire, la culture des légumes, à l'exception de quelques tubercules indigènes comme la patate et l'igname. Au reste, tous les légumes de nos pays réussissent à mûrir au Cambodge, mais ils y ont un goût beaucoup moins savoureux. Il faut faire une exception pour le haricot qui non seulement est utilisé pour la consommation, mais encore est exporté en grandes quantités en Cochinchine et jusqu'à Singapore. Cette exportation dépasse un million et demi de kilogrammes. Au Tonkin, de même qu'en Cochinchine, tous les légumes de France se développent avec succès jusqu'à fin avril ; seul, l'artichaut n'a pu réussir à s'acclimater.

Il a été fait au Tonkin quelques semailles de froment sur lesquelles on ne pourra se prononcer qu'à la saison actuelle. Enfin la vigne a été plantée aux environs d'Hanoï, de Caobang et de Laokay. A Nimh-dinh trois hectares ont été plantés avec des ceps français dans la concession Lafeuille, et à Cao-bang on a tenté de greffer des boutures de France sur une vigne sauvage sans qu'on puisse savoir encore quel sera le résultat de cette tentative.

Avant la conquête, la Cochinchine cultivait déjà la canne à sucre, le tabac, l'indigo, le cotonnier, le poivrier, les arachides, le mûrier, le cocotier et la ramie ; nous y avons importé le café, le cacao et la vanille.

Canne à sucre. — La canne à sucre qui occupe en Cochinchine une superficie de 8.766 hectares (4.393 en 1880) est d'une qualité inférieure et son rendement est faible parce que les champs de cannes sont éparpillés sur de grands espaces et que la canne coupée, bien longtemps avant d'être livrée, perd rapidement de sa qualité et de son poids. Deux usines qui avaient été établies pour traiter la canne (l'une à Bien-Hoa, l'autre aux environs de Saïgon) ont été forcées de fermer leurs portes après un échec complet. Au Cambodge, cette culture n'existe pour ainsi dire pas ; le sucre y est fourni par un palmier, le *borassus flabelliformis*, dont il se fait un grand usage local et qui est exporté à destination des distilleries de Saïgon. La production est évaluée à 1.000.000 de kilogrammes et il en est sorti par le port de Pnom-Penh pour 24.950 kilog. dans les six premiers mois de l'année 1899. La canne à sucre est à peu près inconnue dans le Laos ; mais en Annam cette culture a pris, surtout sur les terrains d'alluvions, un développement considérable. L'exportation a été, en 1897, de 8.000 tonnes environ, représentant une valeur de 1.500.000 francs. « On « peut donc dire, sans se tromper, que la culture de la canne « à sucre prend, chaque année, un développement de plus en « plus grand, et comme ce produit dont l'écoulement est facile « donne un rendement beaucoup plus rémunérateur que celui de « beaucoup d'autres cultures, il n'est pas douteux que les Anna- « mites ne considèrent qu'il est de leur intérêt de se livrer

« plus particulièrement à la culture de la canne à sucre (1). » Enfin, au Tonkin, la culture de la canne à sucre n'est pas négligée. Dans la province de Hung-Yen, mille maù de champs de canne donnent un revenu de 30.000 piastres. Elle réussit également à Caobang et à Laokay ainsi que le long du fleuve Rouge. Ce produit est vendu en presque totalité sur les marchés de la frontière chinoise.

Nous avons exposé à plusieurs reprises, dans le cours de cet ouvrage, les raisons qui nous faisaient désirer que la culture de la canne à sucre ne fût pas développée dans nos nouvelles colonies ; nous n'avons donc pas à y revenir.

Café. — Jusqu'à ces dernières années, la culture du café avait absolument échoué en Cochinchine, et ces échecs successifs n'avaient pas surpris ceux qui comparaient le climat sec et torride des pays d'origine du café, comme l'Arabie, par exemple, avec le climat humide de la Cochinchine. « Cependant la réussite des plantations Arcillon et Bertrand, Révilliod et surtout Guéry, due à une tenacité digne d'éloges et d'encouragements, semble démontrer que la question est résolue. Les espèces cultivées sont le Libéria, le Bourbon et le Java (2). » Au contraire, le café a, dès les premières tentatives, admirablement réussi au Cambodge, et une plantation de 50.000 pieds de café de Libéria, créée en 1895, semble devoir donner d'excellents résultats. Le café Arabica a également trouvé au Cambodge un habitat qui lui convient.

Le café encore peu répandu en Annam doit prospérer facilement dans le pays puisqu'on y trouve de nombreux caféiers à l'état sauvage, spécialement dans le Quang-Tri et dans le Quang-Binh. Déjà, dans la partie montagneuse du Nghé-Au 400 pieds ont été plantés et de grandes exploitations européennes sont en-

---

(1) Notes fournies par M. V. Chénieux.
(2) Notes fournies par M. V. Chénieux.

trepises par des Européens. M. Delignon en a planté l'année dernière plus de 200.000 pieds et M. Lombard en cultive également un très grand nombre au Quang-Nam.

Au Tonkin, le café est appelé à prospérer puisque, dès 1898, presque tout le café consommé par les troupes d'Indo-Chine était originaire du pays. Tous les concessionnaires ont tenté, avec succès, cette culture qui doit leur assurer, en cas de succès, un large bénéfice. En voici, d'ailleurs, la liste à peu près complète.

Ninh-Dinh, concession Guillaume et Lafeuille.
Hanam, concession Vélas, 80.000 pieds.
Phuly, concession Guillaume et Borel, 160.000 pieds.
Co-Tuy, concession Gilbert.
Phu-Doan, concession Duchemin.
Hung-Hoâ, concession Verdier.
Dong-Vang, concession Barbotin.
— concession Bigot.
Kien, chef soumissionnaire, 20.000 pieds.
Yen-Bay, concession Beauverie, 60.000 pieds.
Bac-Ninh, concession Gobert.

Presque tous les pieds plantés appartiennent à la variété « Grand Bourbon ».

Cacao. — On a essayé dans quelques parties de la Cochinchine quelques plantations de cacao, mais on en est encore à escompter les résultats ; même situation au Cambodge où on n'en rencontre que quelques pieds. Ni en Annam, ni au Tonkin, le cacao n'est l'objet d'une culture quelconque.

Tabac. — Les indigènes ne cultivent le tabac en Cochinchine que pour leur propre consommation ; cependant cette culture tend à augmenter, puisqu'elle occupe une superficie de 4,521 hectares alors qu'elle n'en occupait en 1880 que 2,182. Le tabac vient bien au Cambodge, mais il est difficilement fumable ; aussi n'en a-t-il été exporté en 1897 que 2,030 kilogr.

Toutefois, des essais qui paraissent devoir être heureux sont actuellement poursuivis dans la province de Pursat et sur la frontière du Cambodge (1898).

Il n'est guère possible de donner un chiffre même approximatif de l'étendue des terrains plantés en tabac en Annam, car cette culture n'est entreprise que pour les besoins de la consommation locale et les champs sont, en général, répartis au milieu des autres cultures. Les deux espèces cultivées de préférence sont : le thuôc-ban, de beaucoup la plus estimée et le thuôc-lao, d'importation laotienne. La récolte est généralement vendue sur pied, à raison de 45 francs pour 2000 pieds : chaque *mau* comptant généralement 200 pieds et chaque pied douze feuilles environ, on peut estimer approximativement le rendement de chaque *mau* planté en tabac, à 500 fr. environ. Il est encore difficile d'évaluer la production moyenne du tabac en Annam, mais il est permis de penser que cette culture se développe régulièrement puisque l'importation du tabac chinois diminue à chaque statistique nouvelle. Au Tonkin, les indigènes consomment une assez grande quantité de tabac qu'ils cultivent en plantations éparses et de peu d'importance autour de leurs cases, dans presque toutes les régions non inondées. Quelques tentatives pour fabriquer du tabac d'exportation ont été faites, non sans succès, à Bao-Lac et à Bac-Kan.

Indigo. — La culture de l'indigo est à peu près abandonnée en Cochinchine ; elle ne se pratique plus guère que sur 877 hectares et au profit des teinturiers indigènes et chinois. Au contraire, 7,000 hectares lui sont consacrés au Cambodge où cette culture vient immédiatement après celle du coton. Malheureusement sa préparation défectueuse le rend impropre à l'exportation et il est tout entier employé sur place. L'indigo réussit de même en Annam, dans tout le pays qui s'étend de Quang-Binh à Dai-Phong. Il est si maladroitement préparé que ce produit se vend seulement de 1 fr. 50 à 2 fr. le kilogramme, alors que l'indigo sec se vend couramment de 30 à 40 fr. sur les marchés de Londres ou d'Anvers. Le Tonkin pourrait également tirer de cette culture des revenus importants, mais le même défaut amène des résultats identiques.

Coton. — On ne cultive, en Cochinchine, que deux variétés de cotonnier : le cotonnier indigène, appelé Bong-Sé et le cotonnier de Chine, de qualité supérieure, connu sous le nom de Bong-Tau. 1,690 hectares (231 en 1880 et 1,501 en 1890) sont cultivés en coton et les arrondissements de Bien-Hoà, Travinh, Tayninh et Vinh-Long semblent en avoir le monopole. « Dans l'arrondissement de Chaudoc, un Européen, M. Reilhac, se livre à la culture du cotonnier vivace. Ce colon a l'intime conviction que cette culture réussirait très bien sur les nombreux coteaux qui bordent toutes les montagnes des cantons cambodgiens et qui représentent une superficie de plus de 25,000 hectares. » La moyenne de la production est de 635 kilogr., ce qui, à raison de 7 fr. le picul, représente une valeur de 70 piastres ou de 168 fr. environ. Au Cambodge, le coton constitue la plus importante de toutes les cultures riches. La production a quintuplé dans les six dernières années et le coton occupe aujourd'hui une superficie de 9,000 hectares. Aussi, de 25,000 piculs en 1891, la production est-elle passée à 135,000 piculs en 1897 et le prix du picul qui était, en 1891, de 2 piastres 50, est monté à 5 piastres 50 pour le coton brut et à 21 piastres pour le coton égrené. Les 9/10 du coton manufacturé par l'usine de Ksach-Kandal sont exportés au Japon. On cultive également du coton dans le Bas-Laos, mais seulement pour assurer la consommation courante, tandis qu'en Annam il occupe déjà une superficie de 2,237 hectares qui donnent environ, pour une récolte moyenne, 579,520 kilogr. L'expédition se fait, à destination de la Chine, en nattes de 25 à 30 kilogrammes. Au Tonkin, la culture du cotonnier n'a pas encore pris un grand développement : la province de Nam-Dinh possède cependant de grandes plantations de cotonnier. On le cultive également avec succès dans les cercles de Bao-Lac et Laokay. Ajoutons, pour être complet, que M. Lafeuille a tenté à Phu-Nhoc, avec un certain succès, la culture du coton d'Egypte. Tout ce coton est consommé sur place et n'est pas encore un article d'exportation.

Arachides. — La culture des arachides est à peu près abandonnée en Cochinchine et les cultivateurs sont obligés de faire venir d'Annam et à grands frais les tourteaux qui leur sont nécessaires comme engrais. Il en est de même au Cambodge et dans le Laos où chaque famille ne récolte que la quantité d'arachides susceptible de lui fournir l'huile nécessaire à la préparation des aliments. En Annam, au contraire, l'arachide se cultive un peu partout dans les terrains secs et même rocailleux tandis qu'au Tonkin on ne la trouve, mais en grande quantité, que dans les régions de Hacoi, Damha et Moncay. Il semble, d'ailleurs, inutile d'encourager la production de cette plante ; car si le commerce de l'arachide peut être pour certains pays une source de gros bénéfices, c'est à la condition qu'on puisse en exporter des quantités considérables et que les frais de transports ne soient pas aussi élevés qu'ils le sont actuellement.

Cocotier. — Bien que la statistique accuse, en 1897, une superficie de 15,572 hectares plantés en cocotiers alors qu'en 1880 cette superficie n'était que de 2,879, il ne faut pas se dissimuler que cette culture est en complète décroissance, d'abord, parce que l'arbre est la proie d'un parasite qui le tue, ensuite, parce que le coprah a été vaincu par le pétrole. Le Cambodge ne possède pour ainsi dire pas de cocotiers, contrairement à ce qui se passe dans le Laos où il n'est pas de village qui n'offre quelques spécimens de ces arbres fruitiers dont les produits ne donnent, d'ailleurs, lieu à aucune espèce d'exploitation. Le centre de l'exploitation du cocotier, c'est l'Annam et plus spécialement les provinces de Binh-Dinh et de Bong-Soù où existent de véritables forêts de ces arbres dont les fruits sont utilisés par les habitants pour la confection de l'huile de coco. Cette huile, qui a une valeur marchande de 25 francs environ le picul, est exportée à destination de Hong-Kong par le port de Tam-quan. Cette exportation a été, en 1898, de 18,653 kilogs dont 2,810 kilogs valant 10,583 francs sont partis à destination de l'étranger et 675 kilogs à destination de la Cochinchine. Cette culture doit donc être activement encouragée car elle pourrait devenir pour l'Annam la source de revenus importants. Le Tonkin ne possède qu'un petit nombre de cocotiers.

Poivre. — Il existe en Cochinchine deux centres de culture (Bien-Hoa et Hatien) pour le poivrier qui occupe une superficie de 842 hectares, avec 702,925 pieds donnant environ 820,000 kilogs (recensement de 1895) dont il a été exporté 692,000. En 1898, année de bonne récolte, l'exportation dépassera un million. Ce n'est pas seulement en Cochinchine, mais aussi au Cambodge, que la culture du poivrier est extrêmement répandue puisque l'exportation, en 1898, a atteint 1,123,621 kilogs représentant pour l'impôt foncier une recette de 45,000 piastres. Cette marche ascendante se marque nettement et sans recul depuis l'année 1892, c'est-à-dire depuis l'époque où la loi douanière a provoqué le transport direct sur la France d'une denrée qui faisait autrefois escale à Singapore. Avant deux ans, le chiffre de la production, étant donnés les plants récemment mis en culture, et par conséquent aussi celui de l'exportation auront triplé et il faudra veiller alors à ce que le manque d'équilibre entre l'offre et la demande ne provoque l'avilissement des prix. Aussi a-t-on le droit de se demander s'il y a intérêt à encourager cette culture en Annam où le poivre ne se trouve guère en grande quantité que dans la province de Quang-Tri et où les indigènes n'ont jamais appris à en tirer un profit réel. Il existe cependant un marché du poivre à Vinh-Linh mais il n'est guère fréquenté que par les revendeurs du Quang-Ngaï et de Hué. Rien à dire du Tonkin où la culture du poivre est à peu près inconnue.

Caoutchouc. — Si le caoutchouc est inconnu en Cochinchine, on a découvert en Annam, il y a trois ou quatre ans, dans les parties les moins fréquentées du protectorat, des lianes à caoutchouc que les indigènes recueillaient en abondance sans en soupçonner la valeur marchande. Sur l'initiative de M. Duranton, résident de la province de Vinh, des rapports d'affaires se sont établis entre les indigènes détenteurs de caoutchouc et des marchands français, MM. Hennequin, Délineau et Pognet, et le caoutchouc vendu cent francs le picul sur le marché de Vinh s'est revendu trois cents francs à Marseille. Malheureusement la mort de M. Hennequin et le départ de ses associés a suspendu momentanément cette exploitation qui ne peut que donner rapidement à ceux qui en prendront l'initiative de beaux bénéfices. On sait que la mission Raoul, organisée en 1897 par le ministre des colonies, avait pour but de chercher à Java des lianes à caoutchouc et d'introduire au Tonkin cette plante qui aurait pu, étant donné le climat, apporter à la colonie de beaux bénéfices. Malheureusement M. Raoul est mort, n'ayant accompli que la première partie de sa mission.

Thé. — La concurrence du thé chinois, qui est incontestablement supérieur au thé annamite a longtemps empêché les colons européens d'entreprendre en grand cette culture qui semblait réservée à un échec certain. Les indigènes de leur côté se contentaient de cultiver à proximité de leurs habitations le nombre de pieds de thé nécessaires à leur consommation. Cependant, depuis quelques années, la situation s'est modifiée en Annam grâce aux missionnaires établis dans la province de Quang-Nam. Aujourd'hui il existe à Phu-Tuong plus de 3.000.000 de pieds de thé, et une grande partie de la récolte est vendue directement en France par les principaux planteurs MM. Lombard et Cie. De l'Annam et grâce aux pieds fournis par le jardin d'essai de Caobang la culture du thé s'est introduite au Tonkin. MM. Dérémond et Peyre possèdent une grande plantation de thé à Quang-Yen ; le thé de Hung-Hoa est exporté en assez grande quantité à Nam-Dinh et à Haï-Dzuong. Une seule plantation rapporte à son propriétaire une somme de 5000 piastres par an. Cette culture pourra donc avoir un grand avenir lorsqu'on aura appris aux indigènes à préparer avec plus de soin les feuilles à exporter, de façon à lutter à armes égales avec la concurrence chinoise.

Mûrier. — La culture du mûrier est en pleine décroissance en Cochinchine où la superficie cultivée est tombée de 3.383 hectares en 1880 à 1270 en 1897. Il est certain que le bas-prix des soieries venues d'Europe, surtout depuis la loi de 1892, et la supériorité indéniable en cette matière des Chinois et des Indiens rendaient la lutte impossible, aussi la filature établie à Cholon depuis 25 ans a-t-elle dû fermer ses portes. Il n'en est pas de même en Annam où la culture du mûrier et l'industrie séricicole sont très répandues ; mais « il n'est guère possible de connaître exactement la superficie plantée en mûriers ; car si l'on connaît, par l'impôt, le nombre d'hectares de quelques plantations, un nombre considérable d'arbres isolés et se trouvant un peu partout autour des maisons n'est pas imposé et, par suite, ne compte ni dans les calculs ni dans les statistiques ».

Jute, ortie de Chine. — Quelques essais de culture du jute en Cochinchine et au Tonkin n'ont pas donné jusqu'ici de résultats bien concluants. Cette plante n'a pas non plus une grande importance au Cambodge où on lui préfère l'ortie de Chine dont il est exporté annuellement près de 240.000 kilogr., sans compter les 120.000 kilogr. qui arrivent du Bas-Laos et qui se vendent également sur les marchés du Cambodge. En Annam, le jute est cultivé dans toutes les provinces et le serait davantage si les débouchés ne manquaient pas encore. Toutefois, la culture y est déjà plus avancée qu'elle ne l'était dans l'Inde en 1885.

Laque, stick-laque. — La laque est exploitée dans le Bas-Laos qui en exporte une assez grande quantité par Saïgon ou Bangkok, et dans le nord de l'Annam, ainsi que le stick-laque qui est généralement de qualité supérieure à la laque ordinaire. Au Tonkin, cette même culture s'est beaucoup développée dans la province de Hung-Hoa et pourra donner d'ici peu d'assez beaux bénéfices puisqu'un mau planté en laquiers peut fournir environ 1 kil. 400 de laque rapportant de 11 à 12 piastres.

Nous en avons fini avec l'étude des cultures riches qui réussissent ou pourraient réussir en Indo-Chine. Toutefois, cette étude ne serait pas complète si nous ne citions rapidement la cardamone, dont la culture est très importante au Cambodge qui en a exporté, en 1897, 106.260 kilog. représentant une valeur de 534.485 fr., pendant que le Bas-Laos en produisait, sur le plateau des Bolovènes, près de 15.000 piculs en 1897 et 20.000 en 1898; la noix d'arec, qui cultivée sur 29.909 hectares (1897) a rapporté à la Cochinchine près de 22.000 piastres; la badiane que le Tonkin exporte en assez grande quantité sur Hong-Kong et la Chine et enfin le cunao ou faux gambier dont l'Annam a exporté en 1896 1.484 kilog. représentant 71.011 francs et dont le Tonkin développe actuellement la culture.

On le voit, ce ne sont pas les ressources agricoles qui manquent à notre Indo-Chine. En dehors du riz, du maïs et du manioc, cultures fondamentales et nécessaires à une population aussi dense, nos colonies d'Extrême-Orient peuvent et doivent trouver, avec la colonisation européenne qui leur apportera des procédés scientifiques et leur assurera les débouchés indispensables, des ressources précieuses dans le café, le cacao, le tabac, le coton, le poivre, le cocotier et le caoutchouc, pour ne citer que les cultures principales. Elles devront abandonner certaines cultures condamnées à un échec fatal, telles que la canne à sucre et l'arachide. Déjà des progrès immenses ont été accomplis ; chaque année marque un pas en avant. « Ainsi, grâce à des transitions bien ménagées, notre Indo-Chine peut devenir une terre d'exportation du riz, du café, des épices, du coton et du thé ; les expériences y sont déjà assez avancées pour que l'on augure bien de toutes ces cultures ; il a suffi, la plupart du temps, après insuccès d'une tentative, de se porter ou plus au nord, ou plus au sud, ou plus à l'intérieur des terres, ou plus près de la côte, pour arriver à un résultat favorable et travailler ainsi expérimentalement de degré en degré et de nuance en nuance (1). »

Il nous reste maintenant à étudier les richesses de l'Indo-Chine en pâturages et en bois.

Pâturages et élevage. — Il n'existe pas en Cochinchine de pâturages proprement dits ; les animaux paissent dans les champs, sur le talus des rizières, et cette alimentation insuffisante est complétée par de la fane d'arachide et par du paddy. Au reste, ce pays ne sera jamais un pays d'exportation pour le bétail ; il est entouré de régions beaucoup plus favorisées que lui-même sous ce rapport. Mais ce qu'on pourrait facilement obtenir, c'est que la Cochinchine ne fût pas réduite, comme elle l'est aujourd'hui, à faire venir du dehors les animaux nécessaires au travail des champs. Déjà des résultats sérieux ont été obtenus ; le nombre des bœufs, des buffles et des porcs a presque doublé de 1880 à 1897 et cette progression est loin d'être interrompue. Toutefois, il ne faut pas donner les mêmes soins à tous les élevages ; le buffle est plus nécessaire que le bœuf à l'agriculture annamite, le porc est plus estimé que le mouton dans l'alimentation indigène. C'est au troisième rang que vient le bœuf et bien loin derrière le cheval. Or, le nombre des buffles qui était en 1880 de 187,590 est aujourd'hui de 267,296 ; celui des bœufs est passé de 59,657 à 97,470 ; celui des porcs

(1) Marcel Dubois, *Bulletin de la Société d'Economie politique nationale.*

de 575,566 en 1890, à 865,908 en 1897 ; enfin les chevaux qui n'étaient encore en 1880 que 4,505 sont aujourd'hui 5,780. On le voit, la question d'avoir des buffles en quantité suffisante domine en Cochinchine toute l'agriculture. C'est, pour la colonie, une question vitale. « Peut-être serait-il sage de se préoccuper dès maintenant de l'introduction du travail mécanique dans certaines opérations, le dépiquage, par exemple, qui retarde en ce moment l'apparition des riz sur le marché. » Pas plus que la Cochinchine, le Cambodge n'est un pays de pâturages, et les indigènes y sont à ce point indifférents qu'il a fallu interdire l'abattage des vaches et buffionnes par des arrêtés du gouverneur général. Cependant, depuis trois ans, deux colons ont consacré leurs soins à l'élevage, et leur troupeau comptait, au mois de juillet 1898, 815 têtes de bétail cantonnées sur une concession de 650 hectares que ces colons ont convertie en pâturages. L'élevage peut donc être au Cambodge une source de revenus et de richesses puisque, sans prairies et sans sélection, il existe déjà dans ce pays plus de 60,000 têtes de bétail, dont 6,000 ont été exportées en Cochinchine pendant l'année 1898 et 6,000 vers Singapore.

Nous avons constaté qu'il n'existait pas de terrains réservés à l'élevage en Cochinchine et au Cambodge ; il en est de même pour le haut et le bas Laos. Seulement il existe dans le Bas-Laos d'immenses plaines herbeuses qui pourraient, avec quelques améliorations, en tenir facilement lieu. En 1898, on estimait que les troupeaux du Laos comptaient : 15,000 bœufs, 25,000 buffles, 1,000 chevaux et 350 éléphants. Or, comme les indigènes ne consomment pas de viande de bœuf, tous les animaux sont vendus au dehors. Il y a donc là une source de revenus qu'il convient de ne pas oublier. Il en est de même pour le Haut-Laos où les troupeaux ont été négligés par les habitants au point qu'il faut maintenant les reconstituer par un certain nombre de mesures locales telles que l'interdiction absolue d'exporter les femelles (1898). Constatons, d'ailleurs, que le commerce des bœufs et des buffles a pris, depuis trois ans, une certaine importance dans la région de Vien-Tiane et commence à naître dans celle de Luang-Prabang.

Ce qu'on pourrait appeler les pâturages de l'Annam sont de vastes espaces, des terrains stériles, des landes sur lesquelles ne poussent que de mauvaises herbes impropres à la culture. Sur ces terrains séjournaient autrefois de nombreux troupeaux, mais la peste bovine a détruit, depuis deux ans, les deux tiers environ des animaux qu'utilisaient les agriculteurs annamites. On a essayé de remplacer le buffle, qui est la véritable bête de somme et de bât dans toute l'Indo-Chine, par des bœufs et même par des chevaux, mais les résultats obtenus ont été extrêmement médiocres, bien que depuis deux ans les Européens aient commencé à se préoccuper de l'élève du cheval et que des dépôts d'étalons aient été créés en Annam. Le porc joue un rôle important dans l'alimentation locale et constitue un élément incessant d'échange entre les régions de la plaine et celles de la montagne. Les Annamites en exportent également un grand nombre à destination de Singapore et de la Chine. Les moutons suppléeront peut-être un jour à l'insuffisance de la viande de bœuf, mais les essais, en ce sens, sont encore trop restreints pour qu'on puisse en tirer une conclusion raisonnée.

Ce n'est guère que dans la partie du Haut-Tonkin que l'élevage est réellement possible. Malgré quelques essais d'herbe de Para qui avaient bien réussi, ni les indigènes ni les colons ne semblent s'en préoccuper beaucoup. C'est à peine si deux colons, MM. Bigot et Duchemin, ont tenté l'installation de jumenteries qui n'ont d'ailleurs donné que des produits médiocres ; il en est de même de la jumenterie subventionnée de Hung-Hoa. Comme dans toute l'Indo-Chine, les buffles pour les travaux des champs et les porcs destinés à l'alimentation sont assez nombreux; mais nulle part l'élevage n'est pratiqué en grand, encore que les districts de Caobang et de Laokay semblent présenter les conditions de climat, de végétation et de salubrité nécessaires à la réussite d'une entreprise de ce genre.

Ainsi donc l'Indo-Chine n'est pas un pays d'élevage, et il faut reconnaître que ni la Cochinchine, ni le Cambodge, ni le Tonkin ne semblent favorables à l'élevage tel que nous le comprenons dans la métropole. Au contraire, l'Annam et le Laos seraient naturellement désignés pour être des pays où le bétail pourrait se multiplier en vue d'une exportation rémunératrice. Les buffles et les porcs semblent être les animaux dont il importe d'encourager la reproduction.

Richesses forestières. — 2,659 hectares en Cochinchine (bois de Gô, de Trâc, de Sao, etc.); d'immenses forêts au Cambodge au point que l'exportation des bois à destination de la Cochinchine a rapporté, à la colonie, sous forme de droits de sortie, près de 72,148 piastres; de belles essences de bois précieux (Mai-Khang, Mai-Nchompa, Mai-Puci, etc.) non exploitées au Bas-Laos et dans le Haut-Laos; de belles forêts en Annam qui disparaissent progressivement devant les défrichements entêtés des Annamites (bois de Tech, bois de rose, pin, bambou, rotin, cannelle, etc.), mais dont les derniers vestiges seront sauvés par une ordonnance royale interdisant l'abattage des arbres et la coupe de certaines essences; 466,000 hectares environ au Tonkin de bois de teinture et d'ébénisterie dans les districts de Quang-Yen, Lang-Son, Cao-Bang, Tuyen-Quan, Laokay, Cho-Bo, Son-Tay et Hai-Dzuong, telles sont approximativement les richesses forestières de l'Indo-Chine. Il est certain que, sauf au Tonkin où les droits de sortie perçus sur les bois ont atteint, en 1894, 33,481 piastres (80,354 fr.) et en 1896, 43,209 (105,701 fr.), l'exploitation n'est ni méthodique, ni très rémunératrice. Mais c'est affaire à l'administration de montrer aux indigènes les profits à tirer de la vente des bois et le danger de détruire systématiquement ces richesses naturelles. Déjà des projets ont été réalisés ; il y en aura plus encore le jour où se seront établis des marchés réguliers et où les voies de communication permettront d'amener vers la côte et vers la Chine les bois de teinture et d'ébénisterie.

Il s'en faut cependant, malgré les chiffres que nous avons cités, que la mise en valeur de l'Indo-Chine soit terminée ; il reste des terrains en grand nombre qui attendent des capitaux, des bras et des débouchés. La superficie totale de la Cochinchine étant de 5,980,000 hectares, d'après les évaluations du cadastre, on n'en comptait guère que 913,210 qui fussent cultivés, alors que 5,576,080 paraissaient susceptibles d'être mis en culture. Cinq ans plus tard, la culture n'avait conquis que 68,000 hectares sur les terres en friche (exactement 981,744 hectares cultivés) et en 1898, il n'y en avait encore que 1,129,354. On voit donc qu'il existe encore d'immenses réserves à distribuer et la valeur agricole de la Cochinchine pourrait donc être quintuplée. L'absence de documents ne permet pas d'évaluer avec la même précision les progrès accomplis au Cambodge, bien que ces progrès soient indéniables ; mais là encore les espaces offerts à l'agriculture indigène ou à la colonisation européenne présentent une superficie très étendue. Il en est de même dans le Bas-Laos où les 9/10 des terres étaient en friche en 1893 et où 1/3 aujourd'hui est actuellement cultivé, et moins bonne encore dans le Haut-Laos. La superficie des terres exploitables y est restée sensiblement la même, depuis notre prise de possession qui remonte, en réalité, à 1896. On peut estimer qu'elle est d'environ 1/3 de la superficie totale. La superficie des terres cultivées représente environ 1/8 des terres exploitables ; les 7/8 restant sont en friche ou en forêts.

Dans le delta du Tonkin, il n'est pas une parcelle de terre

qui ne soit exploitée par les indigènes pour la culture du riz. Aussi sur 2,688,999 hectares qui constituent la superficie totale du Tonkin, il n'en est que 147,478 qui soient restés en friche. Dans le Haut-Tonkin les terres mises en valeur sont moins considérables, mais la culture y conquiert chaque année des milliers d'hectares, grâce aux concessions qui s'y multiplient et dont la superficie égale à l'heure actuelle (1899) près de 105,477 hectares. Ces concessions qui étaient au nombre de deux en 1888 sont actuellement au nombre de 24 auxquelles il convient d'ajouter 48 demandes en instance, dont la plupart ont reçu ou recevront une solution favorable.

« Au début de leur entreprise, surtout s'ils ne possèdent pas de gros capitaux, il faut que les colons prennent pour base de leur exploitation agricole la culture du riz qui présente moins d'aléas que les cultures industrielles, telles que le coton, le café, le tabac, etc. Les revenus presque certains qu'ils tirent de leurs rizières assurent la sécurité de leur exploitation au début, et leur permettent de s'adonner à des essais de culture d'un rapport généralement plus rémunérateur, mais, dans une certaine mesure aussi, plus aléatoire et à plus longue échéance. A cette considération s'en joint une autre qui n'est pas de moindre valeur : les familles annamites qui sont venues se fixer sur la concession et qui y vivent dans une sorte de métayage, constituent une main-d'œuvre plus ou moins solidement attachée au sol et à laquelle le concessionnaire peut avoir recours pour pratiquer les cultures autres que le riz. Jusqu'à ce jour, ceux qui ont usé de cette méthode n'ont eu qu'à s'en féliciter (1). »

« Écoutons un autre témoin : « Un colon qui dispose, par « exemple, d'un capital de 200,000 fr. devra consacrer 60,000

---

(1) Voir Victor Chénieux, *Notes manuscrites*.

« francs à la culture et à la vente du riz et 140,000 à celles
« du tabac, du coton et du thé, suivant les régions où il se
« trouve. Ces 60,000 fr. lui rapporteront au minimum 20 0/0
« net, c'est-à-dire 12,000 fr., somme très grandement suffi-
« sante pour vivre fort bien dans le pays. Les 140,000 fr. res-
« tant auront pu être intégralement affectés à l'établissement
« d'une plantation importante de tabac, de café ou de tout
« autre produit dont le colon peut légitimement espérer de
« très beaux bénéfices au bout de quelques années (1). » Faisons
la part des mauvaises années, des accidents inévitables, et nous
n'en arriverons pas moins à cette conclusion que le cultivateur
intelligent, actif, disposant de capitaux suffisants, trouvera en
Indo-Chine et en Annam une vie large et des bénéfices bien
supérieurs à ceux que ses capitaux lui auraient assuré dans la
métropole.

COLONIES DE L'OCÉAN PACIFIQUE
ÉTABLISSEMENTS FRANÇAIS DE L'OCÉANIE

On s'accorde généralement à reconnaître, bien que les documents précis fassent défaut, que le quart de la superficie totale des îles Tahiti et Moorea est cultivable, ce qui donne environ 25.000 hectares pour Tahiti et 3600 pour Moorea.

C'est vers 1862 que des encouragements ont été donnés pour la première fois aux agriculteurs et que des produits comme le coton, le café, le tabac, le sucre et la vanille ont, en dehors des végétaux spéciaux à la colonie, fait leur apparition. Sous le gouvernement de M. de la Richerie (1863) qui l'avait puissamment encouragée, l'agriculture réalisa de grands progrès. 100.000 francs furent affectés à son développement. Grâce à cette impulsion, des plantations de café et plusieurs grandes

---

(1) *La Colonisation française en Annam et au Tonkin*, par Joleaud-Barral.

plantations de cocotiers furent créées à cette époque et n'ont cessé de donner des résultats depuis. C'est aussi depuis lors que le coton de Tahiti a été apprécié sur les marchés européens où il fut exporté en grande quantité (2.500.000 francs en 1865 et 1866) grâce à la guerre de Sécession. Les essais, faits en même temps, de la culture de la canne à sucre sur une superficie de quinze hectares donnèrent de médiocres résultats quant au rendement mais excellents quant à la qualité. Les quinze hectares n'ont fourni que 21.400 kilog. de sucre, soit environ une tonne et demie par hectare. La faute en était aux moyens de culture employés, puisque la même plantation, exploitée par d'autres, donne aujourd'hui environ sept tonnes à l'hectare sans aucun engrais. Cette culture n'a, d'ailleurs, jamais été complètement délaissée, mais elle a failli disparaître. L'importation des sucres étrangers (Fidji, Queensland, etc.) avait atteint de telles proportions que les planteurs découragés ne faisaient plus guère que du rhum qui, fabriqué en trop grande abondance, se vendait lui-même fort mal. En 1887, la chambre d'agriculture s'émut de cette situation et après de longs débats préconisa comme remède l'établissement d'une taxe protectrice de l'industrie sucrière. La taxe fut votée, puis supprimée parce que son caractère douanier exigeait l'intervention de la métropole et enfin rétablie en 1892. Il est hors de doute que cette taxe a permis aux cultivateurs de canne d'améliorer leur matériel et de réaliser des progrès tels que la récolte qui avait été en 1892 de 24.200 k. atteignait, dès 1894, 112.030 kilogr., 160.080 l'année suivante et 170,000 kilogr. en 1898. Les nouvelles cultures entreprises permettent de penser qu'en 1900 la récolte dépassera 200.000 k. Mais une fois ce chiffre atteint, la prospérité de cette culture ne pourra guère s'augmenter, à moins que la consommation locale n'augmente elle-même, car le prix de revient du sucre taïtien n'en permet pas encore l'écoulement sur d'autres marchés.

En ce qui concerne les autres cultures, le premier recensement sérieux ne date que de 1884. Il établissait que la superficie cultivée était de 3255 hectares dans lesquels les cocotiers figuraient pour 2279, ce qui en laissait seulement 976 pour les autres cultures. Après les cocotiers, on pouvait citer le coton qui occupait 467 hectares, mais la culture en a été abandonnée depuis. Le tableau dressé, en 1884, donnait les chiffres suivants :

Cotonnier	467 hectares.
Cocotier	2279 —
Canne à sucre	74 —
Caféier	27 —
Tabac	5 —
Vanille	84 —
Maïs	39 —
Fourrages	50 —
Vivres cultivés	223 —
Légumes	10 —
Total	3255 hectares.

Les orangers qui ne figuraient pas à ce recensement en tant que superficie couverte, parce que ces arbres croissent à l'état naturel et sont disséminés un peu partout, avaient cependant fourni à l'exportation 7,000,000 de fruits représentant une valeur de 175,000 fr.

Un autre recensement fut ordonné en 1891, mais il n'est pas complet puisqu'il n'a porté que sur les plantations dont les propriétaires ont demandé l'inscription, ce qui a laissé en dehors toutes les autres, dont quelques-unes ont une réelle importance. D'autre part, il ne donnait aucun renseignement sur les cocotiers et les prairies artificielles capricieusement espacées, n'ont pas permis à la Commission d'en mesurer l'étendue. D'autres cultures, comme celles du tabac, du cacao, des ananas, ne figuraient dans le tableau que sous la rubrique « cultures diverses ». Les autres cultures visitées se répartissaient ainsi pour les deux îles :

	Tahiti	Moorea	Ensemble
Coton	129	169	298 hectares
Vanille	186	5	191 —
Café	41	18	59 —
Canne à sucre	133	»	133 —
Cultures diverses	16	12	28 —
Total			709 hectares

Depuis cette époque, la culture du coton est en décroissance régulière ; la vanille, par contre, a quadruplé, grâce à la hausse qui s'est faite depuis 1895 sur ce parfum ; le café a doublé pour la même raison, ainsi que la canne à sucre. Le nombre des plants de café et de cacao délivrés, depuis quatre ans, par le Jardin Raoul, prouve que les cultures du café et du cacao se développent à Tahiti. Sous les auspices de la Chambre d'agriculture, une plantation de café et de cacao, dirigée suivant les méthodes rationnelles, a été créée à deux kilomètres de Papeete.

Quant à la culture des céréales proprement dites, elle est, en réalité, inconnue à Tahiti. Celle du riz a été tentée autrefois, mais ces essais ont été coûteux et n'ont pas été renouvelés. Le maïs vient bien et les récoltes sont abondantes. Quand les conditions sont favorables, la récolte se fait cent jours après le semis. Cette récolte devrait d'autant plus se développer qu'elle pourrait restreindre, sinon arrêter, l'importation de l'orge qui coûte à la colonie environ 60,000 fr. par an.

Iles Marquises, Gambier, Sous-le-Vent, Tuamotu, Tubuai, Rapa, etc. — Toutes les cultures qui réussissent à Tahiti pourraient réussir dans ces archipels ; mais le coton et le café ont totalement absorbé l'attention des agriculteurs, sauf aux Gambier où toute la population s'emploie à pêcher la nacre et à Tuamotou où les indigènes ne font que du coprah. Les îles Tubuaï et Rimatara produisent exclusivement du coton.

Telle est la situation actuelle. En somme, les productions agricoles ne rapportent pas aux Etablissements français de l'Océanie autant que le permettraient les aptitudes du sol. En 1897, le coprah, qui est la principale culture, n'a rapporté que 686,041 fr. pour 3,430,209 kilogr. exportés; la vanille, 4,375,480 fr. pour 34,387 kilogr. Il n'a été expédié que 134,497 kilogr. de coton. Les autres cultures sont à peu près insignifiantes.

La raison en est qu'il est difficile de lutter contre les habitudes d'oisiveté des indigènes qui trouvent, sans aucune peine, dans la mer et sur les arbres fruitiers qui poussent sans culture, tout ce qui est nécessaire à leur subsistance. Le remède consisterait peut-être dans l'établissement d'un impôt sur les terres en friche. Les populations indigènes qui aiment tant leur sol travailleraient, dans la crainte d'en être dépossédées.

« Dans le but d'entraîner la population par l'exemple, l'administration a fait créer, sur différents points de Tahiti, de Moorea et des Iles-sous-le-Vent, de petites plantations modèles qui, espérons-le, produiront une impression heureuse sur les cultivateurs de ces îles et les inciteront à secouer leur traditionnelle apathie. A ces jardins d'essai sont adjointes des pépinières qui ont pour objet de fournir aux habitants de ces archipels des plants de cultures préconisées. Des créations du même genre seront placées incessamment dans l'archipel des Marquises dont les riches et excellentes terres conviennent merveilleusement aux cultures du café et du cacao (1). »

(1) *Rapport du gouverneur des Établissements français de l'Océanie*, août 1898.

Élevage. — Il n'y a ni à Tahiti ni à Moorea d'élevage proprement dit. Les chevaux sont de petite taille, mais robustes et capables de fournir de longues courses. Comme ces chevaux, produits de croisements opérés au hasard des rencontres, s'abâtardissent de génération en génération, la Chambre d'agriculture vient, par un vote récent, de solliciter de l'administration une réglementation visant à la sélection des étalons. Les bœufs sont assez nombreux, les moutons réussissent fort mal à cause de l'humidité des terrains adoptés pour le pâturage de ces animaux. Cependant le mouton dit Leicester de la Nouvelle-Zélande paraît être celui qui s'acclimate le mieux dans la colonie. La race porcine est très répandue, mais la plupart des porcs vivent encore à l'état errant.

Voici d'ailleurs les chiffres obtenus par les recensements de 1884 et de 1897.

	1884	1897
Chevaux.	1197	2326
Anes	7	7
Mulets	14	30
Béliers et brebis . .	427	341
Taureaux, bœufs, Vaches et génisses	2328	2626
Porcs	11.128	6436

La situation est donc mauvaise et pourrait facilement devenir meilleure. Les moyens propres à développer l'élevage consisteraient dans une taxe prohibitive sur le bétail étranger et l'amélioration des moyens de transport dans les districts de Tahiti.

Cultures forestières. — Il n'existe aucune exploitation forestière dans la colonie, non que les essences exploitables fassent défaut, mais à cause de la difficulté des transports. La colonie pourrait, en effet, fournir des bois précieux, et pourtant, en dehors des courbes de *purau* qui sont expédiées parfois en Amérique et utilisées dans la construction des navires, les bois ne sont l'objet que d'un commerce très restreint, pour ne pas dire nul avec l'étranger. Tout est donc à faire à Tahiti en matière d'exploitation forestière.

En réalité, et nous aurons l'occasion de le démontrer, le développement de l'agriculture dans nos établissements de la colonie (comme d'ailleurs celui de l'industrie et du commerce) n'est qu'une question de lignes de navigation qui relieraient directement la colonie à San-Francisco, d'une part, et à l'Australie d'autre part. Le jour où ce service aura été organisé, il est hors de doute que Tahiti se transformera avec une incroyable rapidité.

LA NOUVELLE-CALÉDONIE

« Le sol de la Nouvelle-Calédonie n'est pas d'une remarquable fertilité. On n'en tire de bonnes récoltes qu'avec beaucoup de labeurs. Le colon cultivateur ne doit pas compter sur une fortune rapide, mais sur une aisance qu'il acquerra par le travail (1). » Il s'en faut, en effet, que les 2.000.000 d'hectares qui constituent sa superficie soient propres à être mis en valeur. Il y a de vastes espaces inutilisés et inutilisables. On peut classer, en somme, les terres de Nouvelle-Calédonie en six catégories : « 1° Un peu plus de la moitié de la surface (environ 1.000.000 d'hectares) se compose de terrains improductifs, mais dont une partie cependant pourrait peut-être se reboiser. 2° 120.000 hectares à peu près se composent de forêts exploitables. 3° 400.000 hectares pourraient convenir aux pâturages. 4° 100.000 hectares de terrains sédimentaires de qualité infé-

---

(1) Jeanneney, *La Nouvelle-Calédonie agricole*.

rieure pourraient être utilisés pour les cultures les plus rustiques (manioc, haricot, céréales). 5° Près de 250.000 hectares pourraient, en outre des terrains de la catégorie précédente, servir surtout à des plantations arbustives (olivier, vigne, caféiers, arbres à fruits, mûriers, etc.). 6° Enfin 45.000 hectares de terres d'alluvions sont aptes à recevoir la charrue et peuvent conduire toutes les plantes dont la culture est possible dans l'île (1). » La colonie, on le voit, se trouve placée dans des conditions très particulières, et l'absence de fertilité naturelle explique l'échec de beaucoup des expériences qui y ont été tentées.

Telle fut aussi l'opinion de M. Feillet, dès son arrivée dans la colonie, en 1894 : « Pour que la Nouvelle-Calédonie puisse asseoir sa prospérité d'une manière durable, disait-il, il faut qu'en dehors des mines qui doivent rester une des grandes industries du pays, elle s'appuie sur deux autres industries, agricoles celles-là : l'élevage et la culture du café. »

A l'élevage et au café il faut peut-être ajouter les forêts qui semblent destinées à devenir une des richesses de la colonie. Le rapport de Tardy de Montravel, en 1854, exagérait même les ressources en bois de l'île, puisque douze ans plus tard les services de la colonie s'approvisionnaient encore de bois, à des prix exorbitants, en Australie, en Nouvelle-Zélande et même aux Etats-Unis. Bien qu'un grand nombre d'essences forestières soient utilisables (textiles, tinctoriales, plantes à essence résineuses, etc.) les forêts de la baie de Rony sont jusqu'à présent les seules dont on ait essayé de tirer parti. Comment s'en étonner quand on sait que l'exploitation des bois ne sera possible qu'à condition de pouvoir transporter à la côte les bois abattus qui ne trouveront que dans les ports ou à proximité des acheteurs à un prix rémunérateur ? C'est donc une richesse en réserve pour l'avenir.

(1) Notices Coloniales de 1889.

« Il existe bien peu de plantes alimentaires qui soient absolument inconnues ; mais il en est beaucoup sur lesquelles l'attention ne s'est pas portée... L'*igname* est, paraît-il, une excellente plante féculente dont les colons calédoniens ont le tort d'abandonner la culture aux Canaques ; elle peut remplacer le pain. M. Vieillard trouve que ce tubercule n'est « guère inférieur à la pomme de terre », et M. Seeman déclare « qu'il peut être considéré comme la meilleure racine alimentaire qui soit au monde. En choisissant les variétés convenables, en leur appliquant les procédés de culture savante qui ont transformé tant d'autres légumes, il n'est pas douteux que l'igname ne demeure une ressource pour les colons calédoniens » (1). Toutefois, M. Feillet a cru devoir mettre en garde les cultivateurs contre les dangers de cette culture qui pourrait donner des mécomptes ainsi que celles du maïs, des haricots et autres plantes qui réussissent, sans doute, fort bien, mais « qui n'ont jamais permis la création d'une richesse durable, ainsi qu'on peut en juger par les centres pénitentiaires » (2).

D'une façon générale, tous les légumes d'Europe viennent en Calédonie pendant la saison fraîche ; ils n'ont pas la saveur des nôtres, mais peuvent parfaitement en tenir lieu. Avec eux poussent la patate douce introduite dans l'île dès 1843, puis le manioc et le topinambour. Mais, pour toutes ces cultures, il y a très vite surproduction et baisse des prix (à certaines années, le prix de la tonne est tombé à 60 fr. pour les haricots et il est souvent fixé à 100 fr. ; le maïs a varié de 100 à 225 fr.). De plus, ce ne sont pas des articles d'exportation bien que les planteurs calédoniens aient profit à le vendre en Australie dès que le cours dépasse à Sydney le prix de 12 fr. 50 les 100 kil.

C'est pour cette même raison que jamais les céréales n'ont

---

(1) Aug. Bernard, *L'Archipel de la Nouvelle-Calédonie.*
(2) *Discours de M. Feillet au Conseil général*, 1898.

été sérieusement cultivées en Nouvelle-Calédonie, sauf en vue des besoins locaux : le riz, qui réussit assez bien malgré l'absence d'humidité, le sorgho et le blé. Pendant longtemps il a paru prouvé que le blé ne pouvait venir en Nouvelle-Calédonie. Mais des essais tentés par M. Perret, en 1881, puis repris en 1887, sur les pénitenciers de Bourail, Fonwhari, Koë et Ducos ont parfaitement réussi, puisque le blé d'Australie à paille rouge a donné 38 hectolitres à l'hectare et que l'orge du même pays a rendu 45 hectolitres. Il y aurait, si cette expérience se confirmait, un profit évident à s'affranchir du tribut payé à l'Australie pour la denrée la plus indispensable. Il ne s'agit pas évidemment d'exportation, mais, dans la mesure de la consommation locale, la culture du blé doit être entreprise, si elle est possible.

Pour les cultures à fruits, de nombreuses plantations ont été faites, mais sans beaucoup de méthode, puisqu'on a introduit à la fois les arbres des pays tropicaux et ceux des pays tempérés. A côté des arbres indigènes, tels que le bananier et le cocotier, l'ananas a assez bien réussi sans que sa culture ait pris une extension quelconque, pas plus, du reste, que celle des pêchers et orangers qui restent une exception. La plantation d'un vignoble à Koë (1) n'a donné que des résultats curieux et non productifs, et il a fallu renoncer à l'espoir de s'affranchir du tribut australien pour l'achat du vin de table.

M. Feillet préconise, dans son dernier rapport, la culture en grand du manioc pour la fabrication du tapioca.

Les essais de cultures industrielles n'ont pas été conduits bien loin, parce qu'on s'est beaucoup trop préoccupé d'imiter l'Australie, sans tenir compte de la différence des sols et des climats. Ni le mûrier, ni le coton, ni le tabac qui brûle mal ne

(1) Un colon, M. Arène, s'est récemment livré au clos de Montravel à une série d'expériences très intéressantes sur la culture de la vigne et la fabrication d'eau-de-vie de vin.

constituent des ressources importantes pour la colonie, bien que toutes ces plantes puissent réussir dans telles ou telles conditions données. Mais il y a loin de ces essais spéciaux de grandes plantations qui fourniraient un élément appréciable d'exportation. Il en est de même pour la canne à sucre qui existait dans l'île avant la conquête. Dès 1859, quelques colons avaient de belles plantations de cannes. Des espaces relativement considérables lui avaient été consacrés autour de Bourail et alimentaient l'usine de Bacouya. La crise sucrière a ruiné cette culture dans son enfance. Cependant l'usine continue à fonctionner et des essais de plantation de canne ont été repris à la Dombéa et à Bourail.

Restent, en définitive, l'élevage et le café.

L'élevage a été une des premières industries essayées en Calédonie. « Paddon, le doyen des colons calédoniens, pratiquait l'élevage à Saint-Vincent; en 1859, il y avait, d'après Rochas, environ 1,000 têtes de bétail. » L'élevage le plus pratique a été celui de la race bovine; les moutons et les chevaux sont restés assez peu nombreux. En 1890, on comptait (recensement officiel) 102,000 têtes de bêtes à cornes; la race ovine 11,400; la race chevaline 3,000. En 1898, on évaluait le nombre des bêtes à cornes à 140,000, les moutons à 13,000 et les chevaux à 4,200.

« La colonie consommant annuellement 1,500,000 kilogrammes de viande, les bêtes à cornes étaient devenues beaucoup trop nombreuses pour les besoins du pays; la création d'une usine à Gomen-Ouaco, pour les conserves de viande et produits accessoires, a ramené les troupeaux à un chiffre normal. » L'établissement de Ouaco a exporté des produits et dépouilles d'animaux pour un chiffre de 1 million en 1889 et de 635,000 fr. en 1891. Toutefois, on peut affirmer que l'histoire

---

(1) Augustin Bernard, *op. cit.*

de l'élevage en Nouvelle-Calédonie peut être considérée, au début, comme l'histoire d'une véritable erreur géographique. Toujours par imitation servile de l'Australie, on a laissé les troupeaux errer à l'aventure ; faute de surveillance, ils ont envahi les cultures canaques, ce qui a amené l'insurrection de 1878 ; faute de soins, ils ont été décimés par les épizooties. Pour laisser aux troupeaux de vastes espaces, on avait, tout d'abord, accordé aux éleveurs de grandes concessions, alors que le régime de la petite propriété peut seul convenir à la mise en valeur de la Nouvelle-Calédonie. On ne réussira donc qu'en aménageant les pâturages, en les entourant de barrières, en améliorant les races, en cherchant à obtenir non la viande de boucherie, mais les vaches laitières, et en ne négligeant pas l'élevage du cheval qui pourrait fort bien réussir. L'administration actuelle a, d'ailleurs, rompu avec les anciens errements, et, depuis 1894, la situation à ce point de vue s'est sensiblement améliorée.

Aujourd'hui, la petite concession, la petite propriété est la règle en Nouvelle-Calédonie. Seule, la petite colonisation doit entreprendre avec succès la culture du café, parce qu'elle demande des soins constants et une surveillance attentive qui ne peut s'exercer qu'autant que le colon pourra, chaque jour, parcourir sa propriété. « Partout où la main-d'œuvre n'est pas surabondante et à vil prix, la culture du café doit être limitée comme étendue au nombre d'hectares qu'un propriétaire peut activement surveiller lui-même (1). » Aujourd'hui la surface consacrée à la culture du café dans la colonie est de 2,800 hectares environ et cette superficie se répartit entre 900 plantations. C'est peu, si l'on songe qu'elle pourrait dépasser 47,000 hectares. Mais il ne faut pas oublier que le mouvement de colonisation dont bénéficie cette colonie n'a guère com-

(1) Feillet, *Discours au Conseil général*, 1898.

mencé qu'en 1894. La majeure partie de ces plantations occupe les vallées basses. Il existe cependant d'importantes plantations en coteaux, à une altitude de 100 à 200 mètres, et d'autres à 4 et 500 mètres d'altitude.

La variété en faveur est le café moka. Des essais peu heureux ont été tentés avec le café Libéria. On commence aussi, mais avec plus de succès, quelques plantations de café Leroy, d'origine bourbonnaise, qui est bien plus hâtif dans la colonie que dans son pays d'origine. Quoi qu'il en soit, la production du café a atteint :

En 1894. . .	157 tonnes représentant une valeur de	274.000 fr.
1895. . .	255	— —	579.000
1896. . .	238	— —	566.000
1897. . .	296	— —	693.000
1898. . .	371	— —	702.000
1899. . .	418	— —	792.000

Ce dernier chiffre est inférieur à ce qu'il devrait être parce que bien des planteurs font des réserves en raison des prix actuels qui ne rémunèrent pas suffisamment le travail du colon calédonien (1).

La petite concession est donc la règle mais cette règle comporte des exceptions. Sans parler de grands propriétaires de la côte ouest, on peut citer l'exemple du grand propriétaire de Hyenghéné et de Tipinjé. « La culture du café a enrichi beaucoup de gens, non seulement en Calédonie où elle est d'ailleurs relativement récente et où surtout elle ne s'est répandue que depuis peu d'années, mais partout où elle a été tentée ». Il est bien certain toutefois qu'on ne doit pas se consacrer exclusivement à la culture du café, denrée sujette à des baisses

(1) *Questionnaire de l'Office colonial* (Exposition de cafés).

et à des dépréciations momentanées qui pourraient ruiner le colon imprévoyant. Or, il semble qu'il y a une culture aussi riche et aussi avantageuse et qui a, en outre, l'avantage de pouvoir se combiner avec celle-ci : le choutchouc. M. le gouverneur Feillet a rapporté de France 10.000 graines de céara qui ont été distribuées par les soins de l'Union agricole calédonienne.

A de rares exceptions près, toutes les graines levées ont prospéré ; les arbustes déjà grands ont très bien résisté au cyclone, et tous les colons qui ont fait des essais se déclarent pleins de confiance dans cette culture. Le caoutchouc de céara doit réussir en Nouvelle-Calédonie parce qu'il n'a pas besoin du climat très chaud et humide qui est la condition nécessaire de succès des autres espèces. La vanille pourrait, elle aussi, donner à ce qu'il semble des profits assez rémunérateurs.

Ainsi la Nouvelle-Calédonie est *un pays de petite culture, un pays de petits paysans propriétaires*. On n'y trouve qu'exceptionnellement de grandes étendues de terres cultivables, réclamant des capitaux importants, mais on y voit de nombreux terrains de superficie modeste, pouvant recevoir une grande quantité de familles, abritées dans les petites vallées. Il ne faut jamais oublier que la Calédonie, morcelée à l'infini, appelle le colon laborieux, et non l'entrepreneur de culture.

CONCLUSION

Telle est dans son ensemble la situation agricole des colonies françaises. On voit qu'en dehors des cultures vivrières qu'il faut entretenir avec soin et qui occupent parfois une très grande superficie parce qu'elles doivent nourrir une population particulièrement dense, le sol se prête à de nombreuses cultures dont les produits recherchés sur les marchés européens pourraient et devraient, dans des conditions normales, enrichir et la colonie où ils sont cultivés et les colons qui en entreprennent l'exploitation. Mais, pour atteindre ce but, il faudrait que sans revenir au pacte colonial, la métropole prît l'habitude d'acheter à ses colonies les produits qu'elle demande par routine aux étrangers. C'est ainsi, par exemple, qu'en ce qui concerne les cafés, la France n'achète à ses colonies que le 16e du café qu'elle consomme ; c'est ainsi encore qu'en 1897 nous avons acheté aux colonies pour 20.000.000 de francs de caoutchouc, alors que nous en achetions à l'étranger pour 81.000.000 ; nous pourrions citer de même les bois exotiques (2.000.000 à nos colonies, 20.000.000 à l'étranger,) l'indigo (360.000 fr. pour nos colonies, 9.000.000 pour l'étranger). Or, il ne tient qu'à nous que cette proportion soit renversée et elle doit l'être ; c'est une affaire de courant, d'habitude et aussi de modifications de droits de douane que nous aurons à examiner. Mais si l'on veut que nos colonies prospèrent, que les cultures se développent, que nos colons ou s'enrichissent ou gagnent largement leur vie, il faut leur en fournir les moyens ; et ces moyens, il ne dépend que de nous de les fournir.

Il faut ensuite lutter énergiquement contre la spécialisation des cultures dont presque toutes nos colonies donnent le fâcheux exemple. La monoculture doit fatalement amener la ruine d'une colonie, même si elle a assuré, pendant un temps plus ou moins long, sa prospérité. Qu'une baisse vienne à se produire, qu'un marché se ferme brusquement, et voilà une colonie ruinée. Il ne faut donc pas que l'Indo-Chine s'obstine dans la culture presque exclusive du riz, la Guadeloupe et la Martinique dans celle de la canne, la Nouvelle-Calédonie dans celle du café. « Les cultures multiples, alors surtout qu'il s'agit de plantes tropicales d'un rendement riche, mais sujettes à des maladies, peuvent seules constituer une garantie de réussite parce qu'elles assureront au planteur un revenu annuel régulier (1). » Il faut donc, à côté de la culture fondamentale, propre à chaque colonie, rechercher d'autres cultures riches qui pourraient, en se combinant et par l'alternance des hausses et des baisses, assurer au colon une ample rémunération de son travail.

Il faut enfin guider le colon dans ses recherches et substituer aux cultures empiriques une mise en valeur rationnelle et vraiment scientifique. Ce sera l'œuvre des jardins d'essai, non jardins d'agrément et de promenades, mais jardins munis de laboratoires de chimie et d'observatoires météorologiques, dirigés par des spécialistes capables d'étudier les maladies parasitaires, comme aussi de distribuer aux colons les plants nécessaires à leur exploitation (2).

A ces trois conditions indispensables, l'agriculture doit donner dans nos colonies des résultats compensateurs des sacrifices consentis. Ces résultats, ils ne sont pas encore acquis, mais, depuis dix ans, les progrès accomplis ont été immenses, et la mise en valeur d'un empire de trente millions de kilomètres n'est pas l'œuvre d'un jour.

« Rien n'est plus absurde que l'opinion d'un certain nombre de gens qui voudraient des résultats immédiats et toujours heureux. Une maison de commerce qui ouvre une nouvelle branche d'affaires ou qui s'adresse à une clientèle nouvelle, subit presque toujours au début quelques mécomptes et fait quelques écoles. A plus forte raison, la colonisation qui est un phénomène beaucoup plus complexe que le simple trafic, doit-elle s'attendre à des insuccès de temps à autre. Le tout est qu'ils ne prennent pas les proportions de désastres irrémédiables, qu'ils aient des compensations, et qu'on marche toujours

---

(1) Général Galliéni.
(2) Cette question si actuelle des jardins d'essai demanderait à être longuement traitée ; mais M. Henri Lecomte lui ayant consacré, avec son indéniable compétence, de longs développements dans son mémoire, nous ne pouvons qu'y renvoyer le lecteur.

vers le même but, la mise en exploitation d'une vaste contrée barbare, en en approchant graduellement, fût-ce lentement et même avec quelques reculs momentanés (1). »

SUPERFICIES CULTIVÉES ÉVALUÉES EN HECTARES

	CANNE A SUCRE	CAFÉ	COTON	RIZ	PALMIERS	INDIGO	POIVRE	CULTURES VIVRIÈRES
Guadeloupe	24.207	2.699	250	—	—	—	—	13.000
Martinique	30.133	1.540	189	—	—	—	—	16.000
Guyane	27	—	—	—	—	—	—	—
La Réunion	—	—	—	—	—	—	—	11.000
Sénégal	—	—	—	—	—	—	—	175.000
Soudan	—	—	—	—	—	—	—	—
Guinée Française	—	—	—	—	—	—	—	—
Côte d'Ivoire	—	132	—	—	1.000.000	—	—	—
Dahomé	—	—	—	—	—	—	—	—
Congo	—	—	—	—	—	—	—	—
Madagascar	—	—	—	—	—	—	—	—
Mayotte, Comores	2.400	1.200	—	—	—	—	—	3.000.000
Inde	—	—	—	—	—	—	—	—
Indo-Chine	9.266	—	11.907	2.096.487	—	7.877	842	1.200.000
Océanie	133	59	298	—	—	—	—	—
Nouvel. Calédonie	—	2.800	—	—	—	—	—	272
TOTAUX	66.166	8.430	12.644	2.096.487	1.000.000	7.877	842	4.415.272

ÉLEVAGE DANS LES COLONIES FRANÇAISES

	BŒUFS OU BUFFLES	CHEVAUX	ANES	MOUTONS	CHÈVRES	CHAMEAUX	PORCS
Sénégal	70.000	20.000	4.000	15.000	20.000	1.500	»
Guinée française	6.000	»	»	2.000	»	»	»
Côte d'Ivoire	2.000	»	»	»	»	»	»
Madagascar	2.000.000	»	»	»	»	»	»
Établis[ts] français de l'Inde	25.000	»	»	6.500	10.000	»	»
Indo-Chine	449.470	6.783	»	20.000	»	»	865.700
Établis[ts] français de l'Océanie	2.626	2.326	»	300	»	»	6.436
Nouv. Calédonie	102.000	3.000	»	11.400	»	»	»
Mayotte, Comores	3.000	»	»	»	1.000	»	»
TOTAUX	2.660.000	32.109	4.000	55.200	31.000	1.500	872.336

(1) Leroy-Beaulieu, *Economiste français*, 18 septembre 1897.

QUANTITÉS ESTIMÉES EN KILOGRAMMES

	CAFÉ	CANNE A SUCRE	CACAO	VA-NILLE	COTON	TABAC	GOMMES	ARA-CHIDES	CAOUT-CHOUC	RIZ	AMANDES DE PALME	HUILE DE PALME	Girofles et poivre	ESSENCES forestières
Guadeloupe. . . .	832.459	39.635.662	430.623	—	—	—	—	—	—	—	—	—	—	—
Martinique	340.000	41.000.000	412.000	—	—	—	—	—	—	—	—	—	—	—
Guyane	280	—	14.894	—	—	—	—	—	—	—	—	—	—	—
La Réunion. . . .	102.130	31.418.913	1.865	200.513	—	45.496	—	—	—	—	—	—	—	—
Sénégal	120	—	—	6.485	—	—	5.420.667	650.000	340.628	—	65.000.000	—	—	—
Soudan														
Guinée française. .	2.500	—	—	—	—	—	175.000	—	1.335.000	—	—	—	—	48.555.795
Côte-d'Ivoire . . .	—	—	—	—	—	—	—	—	189.891	—	—	lit.	—	
Dahomé	—	—	—	—	—	—	—	—	—	—	18.000.000	6.000.000	—	—
Congo.	57.600	—	15.560	—	—	—	—	—	578.201	—	145.395	145.395	34.936	1.071.796
Madagascar. . . .	9.000	—	—	5.434	—	—	—	—	450.000	—	—	—	—	—
Inde	—	—	—	—	—	—	—	—	—	—	—	—	—	—
Indo-Chine	—	8.024.950	—	—	8.742.670	3.000	—	—	—	2.512.546.583	—	—	820.000	566.000
Océanie	—	—	—	—	134.497	—	—	—	—	—	—	—	—	—
Nouvelle-Calédonie .	418.000	—	34.387	—	—	—	—	—	—	—	—	—	4.000	—
Mayotte et Comores.	—	1.950.000	—	11.800	—	—	—	—	—	—	—	—	—	—
Totaux . . .	1.412.858	122.029.525	874.951	258.619	8.887.167	46.498	5.595.667	650.000	2.893.720	2.512.546.358	63.145.375	6.145.395	858.936	20.193.591

RÉPARTITION DES CULTURES DANS LES COLONIES FRANÇAISES

Caoutchouc	Sénégal. Guinée française. Côte d'Ivoire. **Congo.** Madagascar.	Amandes et huile de palme	Sénégal. **Dahomé.** Congo.
Café	Guadeloupe. La Réunion. Congo. Madagascar **Nouvelle Calédonie.**	Girofles	Congo. **Mayotte.**
		Cacao	La Guadeloupe. La Martinique. La Réunion. Congo.
Tabac	La Réunion.	Arachides	Sénégal. Guinée française.
Vanille	La Réunion. Sénégal. Madagascar. **Mayotte et Comores**	Gommes	Sénégal.
Riz	Indo-Chine.	Essences forestières	Dahomé. **Madagascar.**
Canne à sucre	La Guadeloupe. La Martinique. La Réunion. Mayotte et Comores.	Coton	Indo-Chine. Océanie.

LES RICHESSES MINIÈRES

L'exploitation des mines a toujours joué un rôle très important dans la mise en valeur de terres nouvellement acquises. Non pas que cette exploitation suffise, comme l'ont cru, par exemple, les Espagnols, à assurer pour toujours la prospérité de la colonie qui possède d'importants gisements. Rien de plus faux, et cette erreur a ruiné à la fois les colonies espagnoles et l'Espagne elle-même. L'exploitation des mines doit être un moyen et non un but pour un peuple colonisateur ; mais c'est un moyen excellent et dont il convient de largement user aux débuts d'une colonisation. L'exploitation des mines, en effet, a pour conséquence fatale d'attirer sur les territoires qui possèdent des gisements une population nombreuse et de développer, par voie de conséquence, le commerce intérieur et extérieur de la colonie ainsi peuplée. L'industrie métropolitaine en profite à son tour, et ainsi se nouent entre la colonie et la mère-patrie des relations incessantes et rémunératrices pour toutes les deux. Un jour vient, sans doute, où les minerais s'épuisent, où le métal précieux s'appauvrit, puis disparaît, mais la population qui s'est fixée au sol demeure et, privée de cette richesse qui passe, elle s'adresse à la seule richesse qui ne passe pas, à la terre. Du sous-sol vidé de ses minerais, le colon passe au sol qui le nourrira et le retiendra dans ce pays qu'il a choisi comme sien. Ce fut l'histoire du Pérou et du Mexique, hier ; c'est l'histoire de la Californie aujourd'hui ; ce sera celle de l'Australie et du Sud-Afrique demain.

En dehors de toute considération spéciale, il faut donc tirer parti des richesses minières que détient notre domaine colonial ; mais cette nécessité est plus pressante que jamais à l'heure où tous les économistes comprennent qu'il ne saurait y avoir mise en valeur sans voies de communication. Or, quelle économie de temps et d'argent si les travailleurs trouvaient sur place la houille et le fer dont ils ont besoin ! Les difficultés les plus grandes seraient ainsi résolues d'elles-mêmes. Enfin n'oublions pas que le charbon alimente les navires modernes, que de nombreuses questions extérieures se régleront sans doute sur mer, qu'il importe, par conséquent, à la sécurité de toujours et à la guerre de demain que notre pays possède sur les grandes routes maritimes d'importants dépôts de charbon, et que ces dépôts seront d'autant plus sûrs qu'ils seront alimentés par les mines locales puisque, aussi bien, la France ne produit même pas assez de charbon pour ses besoins industriels. Pour toutes ces raisons et à condition de ne pas considérer les mines comme une ressource définitive à l'exclusion de toute autre, il faut exploiter nos mines.

Sans doute aucune de nos colonies ne possède d'immenses gisements, comparables, même de loin, à ceux de la Californie, de l'Australie et du Transvaal, mais nous avons cependant des établissements dont le sous-sol est riche et pourrait, pendant longtemps, fournir à l'activité des travailleurs et aux besoins de l'industrie et du commerce locaux. Tels sont, par exemple, la Nouvelle-Calédonie, l'Annam et le Tonkin, l'Afrique occidentale, Madagascar et la Guyane, sans parler de gisements moins importants dans certaines de nos autres colonies.

NOUVELLE-CALÉDONIE

La Nouvelle-Calédonie est un bloc de minerais et cette colonie est en réalité et doit être, avant tout, un pays minier. La houille exceptée, ces richesses se présentent dans les régions les plus infertiles, inutilisables soit pour la culture, soit même pour le pâturage. « Leur répartition géographique est dans un rapport
« étroit avec la géologie. De même qu'on a distingué en Calé-
« donie trois grandes régions géologiques, on y peut constater
« trois régions minières : 1° Les mines d'or, de cuivre, de
« plomb se rencontrent presque exclusivement dans les terrains
« primitifs, où elles paraissent en rapport avec les injections
« de roches vertes diabasiques et ophitiques. 2° Les minerais
« de fer, de cobalt et de nickel sont localisés dans l'immense
« formation des serpentines modernes, et leur association avec
« les diverses éruptions subordonnées qui ont affecté cette
« formation est évidente. 3° Les gîtes d'antimoine et de man-
« ganèse se rencontrent au contact du trias et des mélaphyres.
« Enfin c'est dans la zone occupée par les terrains secondaires
« que se trouvent les gisements de charbon. Mines de cuivre
« dans le nord et le centre, mines de nickel dans l'est et le
« sud, mines de charbon dans l'ouest, on ne saurait imaginer
« une répartition géographique plus simple. Le groupe de la
« vallée du Diahot pour le cuivre, le groupe de Thio-Canala
« pour le nickel, le groupe de Nouméa pour le charbon, tels
« sont les trois grands centres industriels de la colonie (1). »

Déjà Cook et d'Entrecasteaux avaient signalé l'existence de gisements d'or et de quartz aurifère. « Si ces indications se vérifient, disait à son tour Braume, la France, elle aussi, aura trouvé sa Californie. »

(1) Augustin Bernard, *L'Archipel de la Nouvelle-Calédonie*.

Cet enthousiasme était excessif. Ce fut seulement le 28 juin 1863 que le *Moniteur* signala officiellement la découverte de l'or à Pouébo. Il y eut, en France, à cette nouvelle, une véritable émotion qu'apaisa bien vite la mission de M. J. Garnier : « On s'étonne, écrivait-il, que la découverte d'une quantité d'or aussi faible que celle des alluvions de la rivière de Pouébo, ait pu produire tant d'émoi ; en France, plus d'un cours d'eau en produit davantage. » Cependant le filon de la Fern-Hill à Manguine sur la rive gauche du Diahot, tour à tour exploité et délaissé de 1870 à 1882, a donné environ pour 700,000 fr. d'or. Les 1,000 premières tonnes d'or ont été extraites avec des procédés tellement imparfaits qu'en lavant à nouveau ces mêmes terrains aurifères, on y trouve jusqu'à 1 gramme ou 1 gr. 1/2 d'or par tonne de sable. Depuis, on a découvert entre le Diahot et la mer deux filons d'or mesurant respectivement 7 kilomètres en longueur et que M. Higginson va prochainement mettre en exploitation.

Les premiers essais ont accusé un rendement de 350 à 400 fr. d'or à la tonne. Sans doute, il n'existe pas en Nouvelle-Calédonie comme en Californie de « goldfields » ; l'or ne se trouve qu'à l'état de filons dans le lit des rivières, mais il s'y trouve en quantité suffisante pour rémunérer largement une exploitation. « Les filons sont riches, proches de la mer, et peut-être
« ne manque-t-il à notre colonie que de savoir habilement
« lancer une affaire de mine pour connaître, comme l'Austra-
« lie, les jours agités de la fièvre de l'or, car, pour un métal
« aussi précieux, la question des transports n'est que secon-
« daire (1). »

L'exploitation de l'or en Nouvelle-Calédonie, c'est l'avenir ; l'exploitation du nickel, du cobalt et du chrome, c'est le pré-

---

(1) René Pinon, *La France des Antipodes*, *Revue des Deux-Mondes*, 15 avril 1900.

sent. Il est absolument démontré que la Nouvelle-Calédonie possède 900,000 hectares de terrains de nickel, ayant donné l'année dernière :

110,000 tonnes de minerai de nickel . . (7 0/0 de tenure)
5 à 6,000 — — de cobalt . . (4 à 5 0/0 de protoxyde de cobalt)
15 à 2,000 — — de chrome. . (50 0/0)

Le cobalt et le chrome sont exploités par des particuliers, par des mineurs à petit capital; le nickel est exploité par deux grandes compagnies (Société du Nickel, Société internationale) et par des mineurs industriels qui, dans l'ensemble, fournissent de 2,000 à 2,500 tonnes (1).

La colonie pourrait singulièrement augmenter la tenure de ses minerais en les concentrant dans des *mattes*; en un mot, les exploitants devraient installer des usines et transformer les minerais sur place, ce qui coûterait environ 0 fr. 50 centimes le kilogramme.

Or, il est nécessaire, si on veut lutter contre la concurrence, chaque jour plus âpre, de prendre d'énergiques résolutions, car la production augmente rapidement, et les nickels de la Nouvelle-Calédonie rencontrent sur les marchés des produits analogues qu'ils n'y rencontraient pas autrefois. Découverts en 1863 et signalés par J. Garnier en 1869, les gîtes de nickel ne furent exploités qu'en 1875. Très rapidement les exportations atteignirent 7,000 tonnes de minerai et un véritable krack minier se produisit en 1876. De même que la Californie et le Transvaal ont connu la fièvre de l'or, la Nouvelle-Calédonie connut la fièvre du nickel. La création, en 1880, de la Société « le Nickel » donna une nouvelle impulsion à cette industrie. En 1889, l'exportation du minerai atteignait 19,000 tonnes

(1) Caulry, *Notes manuscrites*.

(valeur 3 millions); en 1892, 36,000 tonnes (valeur 6,700,000 francs); en 1893, 40,000 tonnes.

« Des usines se créaient pour la production des fontes et des mattes ainsi que pour l'affinage du nickel, les unes en Calédonie même, à Nouméa et à Thio, les autres, en Europe, au Havre et à Glasgow (1). » De nouveaux emplois de ce métal étaient créés à mesure qu'il devenait plus abondant et plus économique. « Un grand débouché semblait surtout se créer pour le nickel dans la métallurgie de l'acier. » Or, comme la Nouvelle-Calédonie était, pour ainsi dire, le seul pays producteur du nickel, une immense fortune s'annonçait pour les propriétaires de mines. En 1887, sur 3,000 tonnes qu'avait fournies le monde entier, la Nouvelle-Calédonie donnait environ 2,600 tonnes. Mais, dès 1888, il fallait compter avec le Canada qui, en 1892, produisait 2,100 tonnes de nickel affiné, puis avec la Norvège; le kilogramme de nickel qui valait 62 fr. en 1830 et 12 fr. en 1880, tombait à 5 fr. 50 en 1886 et à 4 fr. en 1894. Hâtons-nous cependant d'ajouter que, depuis 1897, l'épuisement des anciens stocks et l'accroissement de la consommation ont provoqué le relèvement des cours et l'exploitation de nouveaux gisements. L'exportation qui a dépassé 100,000 tonnes, en 1899, atteindra probablement 150,000 tonnes en 1900. « Grâce aux mines calédoniennes, la France a pu faire concurrence à l'Allemagne et à l'Angleterre qui détenaient jusque-là le monopole de la métallurgie des nickels; une grande fonderie, créée au Havre, fournit annuellement 1,800 tonnes de métal (2). » Rien ne saurait mieux donner l'idée des fluctuations du cours du nickel que le tableau des dividendes distribués par la Société « le Nickel » et relevés par M. René Pinon dans l'excellent article déjà cité :

---

(1) Augustin Bernard, *op. cit.*
(2) Levat, *Progrès de la Métallurgie du nickel* (*Annales des Mines*, 1889).

	Dividendes	Cours moyen des actions
1890-91	40	823
1891-92	40	961
1892-93	30	705
1893-94	0	444
1894-95	0	210
1895-96	0	165
1896-97	0	245
1897-98	0	282

Les résultats de l'exercice 1898-99 ne sont pas connus; mais il a été mis en paiement, le 8 novembre 1899, un acompte de dix francs par action ancienne et de deux francs par action nouvelle.

La valeur des exploitations du nickel augmenterait encore si la question des moyens de transport était résolue. Il vaut sur place de 60 à 70 centimes le kilogramme, mais le prix du fret dépasse le prix d'achat (45 fr. par tonne, soit 0 fr. 80 c. par kilogramme). Il ne saurait y avoir, dans ces conditions, d'exploitation rémunératrice. Il faut donc à la fois diminuer le prix de revient en concentrant, comme nous l'avons dit, le minerai, et diminuer le prix des transports, d'abord par le moyen de voies ferrées, ensuite en employant de grands voiliers, aménagés à cet effet, qui iront chercher le métal dans les ports de la côte et qui l'amèneront en France en 110 ou 120 jours. « Les armateurs commencent à trouver là un moyen pratique d'utiliser les bâtiments à voiles construits en ces dernières années pour profiter de la prime. » Quand ces modifications nécessaires auront été réalisées, le nickel pourra être pour la Nouvelle-Calédonie une source de richesses difficiles à préciser puisque, de l'avis de M. l'ingénieur Pélatan, la quantité qu'en renferme la Nouvelle-Calédonie peut être considérée comme industriellement inépuisable. On le voit, nous en revenons aux mêmes conclusions sur lesquelles nous ne saurions trop insister ; la solution de la question minière dépend toujours de celles des voies de communication et de la main-d'œuvre.

La Nouvelle-Calédonie a encore cette bonne fortune de posséder des gisements rares, tels que le chrôme et le cobalt. Elle fournit les 2/3 du cobalt employé dans le monde entier, et l'exportation de ce produit a eu pour conséquence, par un phénomène analogue à celui du nickel, de faire tomber le prix du kilogramme de cobalt de 60 à 15 francs. Les exploitations les plus importantes sont concentrées dans les régions de Nakéty, de la baie de Kouaoua, de la baie d'Ugué, de Wagap et des îles Bélep, et de ces mines sont sorties en moyenne 2000 à 3000 tonnes de minerai ou de fonte et aussi 2000 à 3000 tonnes de fer chromé.

Après le nickel la grande richesse du sous-sol calédonien est le cuivre. C'est en 1872 que les premiers gisements de cuivre ont été découverts, et dès 1873 l'exploitation fut commencée à la mine Balada. Elle continua jusqu'en 1884, époque à laquelle la mine fut abandonnée après avoir fourni 40.000 tonnes de minerai d'une teneur moyenne de 15 p. 0/0. Il en fut de même de la mine Murat qui fut abandonnée en 1884 après avoir donné 1400 tonnes de minerai, et de la mine Ao découverte en 1887. Mais cette exploitation semble reprendre aujourd'hui une nouvelle vie, particulièrement dans le nord de l'île et dans les mines de Némou et de Pilou. Il y a là un indéniable élément de prospérité, car les gisements aurifères couvrent, à peu près, une superficie de 60.000 hectares. « Ces gisements se rencontrent soit à l'état d'amas intercalés dans les micaschistes, soit en filons recoupant les schistes des terrains primitifs (1). » Amas et filons paraissent puissants et

---

(1) Aug. Bernard, *op. cit.*

riches, et sont généralement exempts de tout mélange d'étain et d'arsenic.

Il existe un seul filon, mais considérable, de plomb argentifère qui donne de 25 à 30 0/0 d'argent et qui produit également du manganèse, de l'antimoine et surtout du zinc. On trouve, du reste, des exploitations d'antimoine aux environs de Nakéty, d'une teneur de 40 0/0, et de manganèse, sur la côte occidentale, à Saint-Vincent, Bourail et Gomen.

« Nulle part, même en Russie, on ne rencontre une aussi grande abondance de minerai de fer qu'en Nouvelle-Calédonie. Le minerai est ici, non en filons ou en couches, mais en amas considérables ; il est le relief même du sol (1). » Dans les ports, parfois, le fond, les rives et les parois en sont formés. M. Caulry pense également que les hauts-fourneaux de la Nouvelle-Calédonie peuvent acheter du minerai contenant 40 à 50 0/0 de fer, à raison de 3 fr. 50 à 4 francs la tonne. « Il existe en masses énormes, surtout dans le sud de l'île, où il s'entasse en véritables montagnes, rougeâtres et dénudées, mais faites d'un minerai très riche et presque partout associé au chrome (2). » Or, cette richesse est d'autant plus précieuse que l'Australie ne possède pas de fer et que le jour prochain où elle fabriquera sa fonte et son acier, c'est naturellement à la Nouvelle-Calédonie qu'elle demandera sa matière première. « Le fer tiendra certainement une très grande place dans les relations entre notre colonie et les ports australiens ; il constituera pour les bâtiments de commerce un excellent fret de retour. »

Tous ces gisements, si riches qu'ils soient, n'auraient qu'une valeur médiocre si la houille n'existait pas en Nouvelle-Calédonie. Mais la houille existe. Le P. Montrouzier l'avait

---

(1) Caulry.
(2) Garnier, *Mémoire du génie civil*, 1887.
(3) René Pinon, *op. cit.*

affirmé dès 1846 ; en 1873, M. Heurteau avait signalé l'existence de tout un système houiller autour du centre de Moindou et avait soupçonné d'autres gisements sur la côte occidentale; enfin M. Pelatan établit scientifiquement l'existence de deux bassins houillers parfaitement distincts : celui de Nouméa qu'il évaluait à 25.000 hectares et celui de Moindou auquel il en attribuait 40.000. Ces charbons sont très variés à la fois comme aspect et comme composition, tantôt riches en matières volatiles, tantôt maigres et anthraciteux. « En somme, les charbons calédoniens paraissent, tant par leur composition que par leurs propriétés physiques, avoir une réelle valeur. Les messageries maritimes ont pu en tirer un parti utile; les forges locales en font journellement usage. Reste maintenant à vaincre les difficultés réelles d'exploitation car le peu d'épaisseur et l'irrégularité des couches, tourmentées et disloquées, n'ont pas permis de commencer une importante exploitation. » Les récentes recherches de M. Caulry semblent démentir cette opinion pessimiste. Il a découvert des couches de 80 mètres de profondeur sans aucun accident sérieux, et le charbon analysé peut lutter avec celui des charbonnages les meilleurs de l'Europe entière. L'exploitation du charbon prendra donc une réelle importance si l'industrie se développe dans l'île, si la flotte du Pacifique y établit son port d'attache et si la voie ferrée projetée est enfin construite. Actuellement la consommation locale est de 40.000 tonnes seulement, quantité qui n'est pas suffisante pour encourager les capitaux. Mais si les recherches actuelles font découvrir des filons pratiquement utilisables, c'est-à-dire fournissant le charbon au même prix que l'Australie, la fortune minière de la Calédonie serait alors vraiment complète.

INDO-CHINE

En Indo-Chine française, les richesses minières n'existent guère que dans les régions montagneuses du Laos, de l'Annam et du Tonkin. Il est facile de comprendre que les plaines du Cambodge, en partie constituées par le limon du Mékong, et que la Cochinchine formée tout entière d'apports alluvionnaires ne possèdent pas un sous-sol pratiquement exploitable. C'est ainsi qu'en particulier la Cochinchine est à peu près dépourvue de toute richesse de ce genre.

En 1873 et 1874, on avait cru, sur de vagues indices, à l'existence d'une mine de houille à Phu-Quoc, mais les recherches faites n'ont point abouti. Faut-il signaler, à ce point de vue, les quelques gisements d'argile activement utilisés par les Chinois à Thudaumot et à Bien-Hoà, et les 1,282 hectares de salines (1,003 en 1890) dont le produit, obtenu simplement par l'évaporation de l'eau de mer, est acheté par l'Annamite comme un objet de première nécessité ?

La situation est déjà meilleure au Cambodge où les industriels mettront peut-être un jour en valeur les gisements importants de fer, d'argile et de pierres à chaux que contient cette partie de l'Indo-Chine. Déjà ces minéraux ou roches sont traités rudimentairement par les indigènes.

Il existe dans la montagne de *Phuan-Dêk* (circonscription de Kompong-Thom) des mines de fer (oxyde de fer très riche contenant 68 à 69 0/0 de fer) qui sont exploitées par les sauvages appelés Kouï. Le fer qu'ils obtiennent ainsi par des moyens très primitifs est très pur, doux et malléable. Malheureusement le prix de revient est deux fois plus cher que celui auquel se vend le fer d'Europe. Ce fer n'en est pas moins utilisé à Pnom-Penh. Plus importante est l'extraction des pierres à chaux qui se pratique dans quatre mines :

1° A Pnom-Tratung (province de Buntéai-Méas);
2° A Pnom-Kânlang (province de Péam);
3° A Pnom-Sâ (province de Kampot);
4° Dans la province de Kompong-Speu.

Cette chaux, dont le prix est d'environ 4 fr. les 100 kilogr., est entièrement employée à Pnom-Penh où elle a servi à construire tous les bâtiments administratifs. Rappelons aussi, pour être complet, qu'au nord de cette ville, les indigènes fabriquent de la chaux avec des coquillages; mais cette chaux est de qualité médiocre.

Dans toute l'étendue du royaume, la nature argileuse du sol permet la fabrication de briques, d'ailleurs peu résistantes, et qui se vendent sur place de 11 à 12 fr. le mille.

Il est regrettable que le bon marché de la brique ait fait renoncer à l'emploi de la pierre. Le Cambodge possède en effet des pierres quartzeuses auprès de Pnom-Penh et à Kompong-Cham; du grès et du calcaire à Kompot, du basalte à Kompong-Cham et du granit feldspathique dans toute la partie du Mékong en amont de Pnom-Penh. Mais l'exploitation en est à peu près abandonnée.

On a bien signalé l'existence de gisements carbonifères sur la montagne de l'Éléphant et de marbre blanc à Pursat. « Mais
« on ne peut rien présumer sur l'avenir de ces carrières de-
« meurées encore inexploitées, à cause de leur situation dans
« un pays très boisé, malsain et dépourvu de toute voie de
« communication. »

Le Bas-Laos est déjà plus riche en gisements divers dont la plupart ont été signalés et n'ont pas encore été prospectés, et dont d'autres ont déjà fait l'objet de concessions ou de demandes de concessions en périmètres réservés.

C'est ainsi que l'or existe (les indigènes l'exploitent déjà par des lavages rudimentaires) à Ban-Thong-Ac, au sommet de la chaîne de partage des eaux entre l'Annam et le Laos, et dans L'Hou-é-Ka-Sang, près de Ban-Falan. A Attopeu, au contraire, nous sommes en présence de gisements beaucoup mieux déterminés et qui vont être mis en exploitation, puisque la Société des mines d'or d'Attopeu possède déjà plusieurs bassins en activité : 1° dans le bassin de la Sé-Souk et de ses affluents; 2° dans le bassin de la Sésane ou Poko jusqu'à la Nam-Sa-Taï; 3° dans le bassin de cette dernière rivière ; 4° dans la région de Ban-Phi. Le prix normal de l'or à Attopeu est de douze fois son poids d'argent.

Le cuivre est signalé non pas en filons continus, mais en simples poches, peu nombreuses à Saravane, où les indigènes ont commencé un semblant d'exploitation, à Bassac, à Cammon dont les gisements viennent d'être concédés au Syndicat minier du Laos après une prospection qui date de 1894, et enfin à Attopeu sur les bords du Sékong, près de l'embouchure de l'Houé-Vi. Outre le cuivre, Cammon posséderait aussi d'assez importants gisements d'étain qui étaient autrefois exploités par les dix villages de la vallée du Nam-Pa-Teu et qui produisaient environ 1,500 kilogr. par an. Ces mines ont été concédées au Syndicat minier de Laos qui a fait procéder, dès 1897, à certaines expériences dont le résultat n'a pas été, paraît-il, très favorable. Malgré tout, le conseil d'administration est décidé à poursuivre cette exploitation que le voisinage de la voie navigable du Mékong doit rendre rémunératrice.

Sans parler du fer que les indigènes exploitent au village d'Arock sur le Sékong, mais dont l'importance n'est pas suffisante pour justifier une exploitation compliquée, ni de l'alun, signalé au Fou-Hin-Som, il convient de signaler des gisements de charbon sur les rives du Sékong depuis Dong-Faï jusqu'à Attopeu ; mais l'éloignement de ces gisements et la difficulté des transports les rend inexploitables et sans intérêt.

Il existe aussi deux gisements de sel gemme, l'un dans le commissariat de Song-Khône, l'autre près de Ban-Kampo sur la route de Bassac à Attopeu. Les indigènes en tirent, par une exploitation très rudimentaire, le sel nécessaire à leur consommation.

Comme le Bas-Laos, le Haut-Laos possède des richesses minières très diverses. Une prospection faite en 1896 a permis de découvrirde l'or au Tran-Ninh, et une autre recherche conduite, en 1895, par MM. Mallet, ingénieur des mines, et Isnard, ingénieur de la Société minière et agricole du Laos, a établi qu'il existait un gisement aurifère très riche entre le Nam-Ou et le Nam-Tha, dans le royaume de Louang-Prabang. L'argent se rencontre dans le même royaume, ainsi que la houille, à Muong-Ngun ; le plomb aux Hua-Panh, les pierres précieuses à Xieng-Khong. On signale également, toujours dans le même royaume de Louang-Prabang, du cuivre, de l'antimoine et du fer, mais aucune étude géologique n'a encore été poursuivie dans ce pays ; aucune exploitation européenne n'a été tentée, et les quelques mines mises en valeur (fer, pierres précieuses, etc.) le sont par les Birmans qui usent de procédés rudimentaires. Tous les travaux sont faits à bras d'hommes et sans autres outils que la pioche du pays. Les matières extraites sont consommées ou utilisées sur place, sauf en ce qui concerne les pierres précieuses que les Birmans vont vendre à Mandalay ou Rangoon.

C'est donc en Annam et au Tonkin que l'exploitation minière a pris, dès maintenant, un développement sérieux et qui ne pourra, dans l'avenir, qu'être très rémunérateur. Le sous-sol de l'Annam, en dehors des richesses minières encore insoupçonnées, « car les Annamites, par superstition ou pour tout autre motif, ferment la bouche quand on les questionne sur ce sujet », produit déjà de l'or, de la houille, du plomb argentifère, de l'argent, du cuivre et du zinc, du fer et du sel.

C'est à Bông-Mieu (province de Quang-Nam), à 100 kilomètres environ de Tourane, que s'étend le principal gisement aurifère de l'Annam. Ces mines qui étaient exploitées depuis le début du siècle ont été abandonnées en 1858, au moment du débarquement des Français. Elles ont été reprises, en 1896, par une société qui a obtenu un permis de gîtes métallifères en périmètre réservé de 5000 hectares qui sera transformé, après trois ans, en une propriété minière de 800 hectares. Ces gîtes aurifères comprennent des gîtes filoniens, extrêmement riches, et des gîtes alluvionnaires beaucoup plus pauvres. Cependant la teneur moyenne, bien qu'incertaine encore, sera sans doute suffisante dans une grande partie du filon pour qu'il soit possible d'exploiter avec bénéfice, à condition, toutefois, que la question de la main-d'œuvre (il faut à la Société 150 coolies par jour et elle les recrute avec difficulté) et la question du ravitaillement soient rapidement résolues. La concession de Bông-Mieu comprend actuellement deux mines, celle de Nui-Kèm et celle de Bong-Mieu dont les ateliers de broyage manipulent en moyenne 250 à 300 tonnes de quartz aurifère par mois. Ce quartz aurifère est transporté de la mine à l'atelier sur des wagonnets, système Decauville.

Après l'or, la houille peut être plus précieuse. Or, de l'avis unanime, l'Annam contient à Nong-Son des gisements très importants, à proximité du cours de « Song-Thu-Bang » et de celui de la rivière de Tourane. L'épaisseur de la couche de houille reconnue est de 27 mètres, soit 351.000 tonnes à l'hectare. Le gisement a environ 1000 mètres de long sur 800 mètres de large, de sorte qu'on peut évaluer la richesse de la mine à 30.000.000 de tonnes. Donc, proximité de la mer et de Tourane, situation exceptionnelle sur la grande route mandarine et sur deux cours d'eau dont l'un, au moins, est toujours navigable, houille facilement exploitable et abondante, tout semblerait assurer le succès de cette entreprise; pourtant elle est abandonnée. Il n'est pas inutile de se demander pourquoi. Dès 1880, un Chinois avait demandé au gouvernement annamite la concession de ces mines ; elle lui fut accordée sous certaines conditions restrictives. Malgré tout, l'extraction continua jusqu'à 1885, et les 10.000 à 15.000 tonnes de houille que produisait annuellement la mine étaient vendues aux filatures de coton de Canton et aux fabriques de porcelaine de Hong-Kong. En 1890, la Société anonyme des houillières de Tourane fut constituée à Haïphong au capital de 4.000.000 de francs dont 2.000.000 en actions libérées furent réservées au fondateur. Elle s'engageait à payer une redevance de 12.000 ligatures jusqu'en 1900 et de 18.000, de 1900 à 1910. Comme compensation elle était exemptée des droits de douane pour la sortie de ses charbons et l'entrée de son matériel. Elle obtenait enfin pour y établir un dépôt central l'îlot de l'observatoire de Tourane. En dépit de tous ces avantages, la Société fit de très mauvaises affaires et, le 3 février 1894, la dissolution fut prononcée. Il n'en reste pas moins qu'une nouvelle société pourrait retirer de l'exploitation des mines de Nông-Son des bénéfices importants. « Espérons que les travaux d'extraction, depuis si longtemps suspendus, seront repris un jour et que Nông-Son contribuera à approvisionner de son charbon les marchés de l'Extrême-Orient, au grand détriment du charbon anglais (1). »

Il existe bien dans le district de Quang-Ninh des filons argentifères, mais ils ne semblent pas extrêmement riches et les essais d'exploitation, tentés à deux reprises par un Chinois d'abord et les frères Desrobert ensuite, n'ont donné aucun résultat satisfaisant. Il n'en est pas de même du cuivre qui se trouve en abondance dans deux mines connues actuellement, celle de Thanh-Héa et celle de Quang-Nam. La première a été découverte ou mieux redécouverte par un Chinois, en 1887, car il a été prouvé depuis qu'elle avait été déjà exploitée de 1827 à 1829. Elle est

---

(1) V. Chénieux, Notes manuscrites.

aujourd'hui abandonnée, et pourtant elle paraît fort riche et étendue. Elle affleure le sol et sa mise en exploitation paraît ne devoir nécessiter que des travaux d'art de peu d'importance. En ce qui concerne la deuxième, le filon se rencontre sur le flanc de deux collines séparées par une rivière. Elle a été autrefois activement exploitée, comme le démontre une galerie principale longue de 500 ou 600 mètres d'où partent un grand nombre de galeries latérales. « Actuellement l'exploitation ne paraît pas devoir présenter de sérieuses difficultés, les bois d'entretien des galeries étant à proximité de la mine et la pente du terrain suffisante pour un facile écoulement des eaux de pluie. » Il convient d'ajouter que plusieurs analyses du minerai ont été faites et qu'elles ont donné les résultats suivants :

1° Cuivre. . .	30,5 0/0	2° Cuivre. . .	13 0/0
Zinc . . .	11,5 0/0	Zinc . . .	33 0/0
Fer. . . .	18 0/0	Fer. . . .	29 0/0

Il semble donc que l'exploitation de cette mine ne pourrait qu'enrichir ceux qui voudraient risquer cette entreprise.

Ce n'est pas que le fer ne se trouve pas un peu partout en Annam, mais il n'est pas assez abondant pour être exploité. Il n'y a guère qu'une mine ayant quelque valeur; c'est celle de Nghé-An qui est entièrement aux mains des habitants de Noh-Lam dont le village possède 120 hauts-fourneaux de construction très primitive. Chacun d'eux peut produire, à raison de deux fusions par jour, 80 petites barres de métal pesant 200 grammes chacune (au total 16 kilogrammes). Le village est astreint à une redevance annuelle de 4000 ligatures en échange du monopole qui lui est concédé. Une partie de ce métal est exporté, mais la majeure partie alimente les marchés de Nghê-Tinh.

N'oublions pas d'ajouter qu'en étudiant le tracé du chemin

de fer de Tourane, le capitaine Bernard a découvert des gisements de fer dont les échantillons, analysés à Paris, ont donné les résultats suivants :

Sesquioxyde de fer	91,8 = 64,12 0/0 de fer
Alumine	1,6
Gangues siliceuses	6,0
Eau	0,6
	100,0

« Ce minerai produit donc 64,12 0/0 de fer et il est en outre des plus curieux au point de vue scientifique par sa texture spéciale. « Il y aurait là, si on était sûr que ce gisement occupe une grande étendue et si les voies de communication en facilitaient l'exploitation, une grande richesse pour l'avenir.

Sans parler des carrières qui n'ont jamais été exploitées parce que l'indigène ne se sert pas de pierre dans la vie courante, ni des carrières de marbre de la province de Thanh-Hoa qui seront utilisées un jour, il faut indiquer l'existence de marais salants sur toute la côte de l'Annam et particulièrement au Thanh-Hoa, au Nghé-An, au Quang-Binh, etc., etc.

Telles sont les principales ressources minières de l'Annam, qui pourra fournir bientôt des éléments d'activité indiscutable aux Européens, lorsque les deux questions des voies ferrées et de la main-d'œuvre auront été définitivement résolues.

TONKIN

« Depuis longtemps déjà, la question des charbons du Ton-
« kin a attiré l'attention du gouvernement. En 1881, une
« mission officielle fut confiée à M. Fuchs, ingénieur en chef
« des mines, qui, secondé par M. Saladin, vint étudier « les

« gîtes de combustibles et quelques-uns des gîtes métallifères
« de l'Indo-Chine. En 1895, M. Sarran fut envoyé à son
« tour par le ministère pour remplir une nouvelle mission,
« demandée par la Commission des mines de l'Annam et du
« Tonkin (1). »

Il semble bien d'après ses observations, qu'au Tonkin il
existe deux bassins houillers parfaitement distincts. Un premier filon commencerait au N.-O. d'Hanoï et s'étendrait
jusqu'au golfe du Tonkin (baie d'Along, Hongay, baie de
Faitzilong, Kébao), les gisements houillers de Thaï-Nguyen et
Loch-Binh. Le second suivrait la vallée du fleuve Rouge en la
remontant depuis Yen-Bac et se prolongerait ensuite vers
le sud-est jusqu'à la latitude de Hung-Hoa. Il est vrai que,
contrairement à cette théorie élaborée par M. Mallet, l'existence d'un seul bassin est affirmée par M. Sarran. « Il est
vraisemblable, écrit-il en 1888, que là aussi (à Phu-Doan), on
se trouve en présence de notre terrain houiller qui, ainsi
jalonné, semble remonter le fleuve Rouge et pénétrer dans
le Yunnam par notre poste avancé de Lao-Kay (2). »

Quoi qu'il en soit de cette théorie, une vérité reste acquise,
c'est que le Tonkin est extrêmement riche en houille et que
l'exploitation en est déjà régulièrement entreprise. La concession de Kébao, accordée en 1888 par M. Jean Dupuis, a été
rétrocédée en 1889 à la Société anonyme française de Kébao.

Le terrain carbonifère de Kébao se divise en deux systèmes
séparés par un conglomérat quartzeux de 80 mètres d'épaisseur. M. Sarran estime à 1,000 mètres d'épaisseur l'ensemble
des deux systèmes charbonneux et assigne aux couches utiles
une épaisseur qui varie de 1 m. à 5 m. pour le système inférieur
et de $0^m,70$ à $3^m,50$ pour le système supérieur. Cette bande

---

(1) V. Chénieux, *Notes manuscrites*.
(2) Sarran, *Etude du bassin houiller du Tonkin*, Challamel, 1888.

houillère, sous l'influence de pressions considérables, a pris la forme d'un S. Elle a été divisée, en vue de l'exploitation, en cinq quartiers déterminés par des accidents géologiques. Malheureusement, par suite de la concurrence des charbons étrangers et de la dépense d'un outillage trop coûteux, les mines de Kébao ont dû interrompre leurs travaux d'exploitation dans le courant de l'automne 1898.

C'est à Hongay que le gouvernement accorda la première concession minière du Tonkin (20,000 hectares, comprenant Hongay, Hatou et Campha, concédés à M. Bavier-Chauffour). Toute cette région a été tellement bouleversée que dans la partie méridionale de la concession, le charbon a été recoupé par un grand nombre de failles aux abords desquelles le charbon est si friable qu'il est impossible de le débiter en grands blocs. Néanmoins, le nombre des couches exploitées à Hongay est assez considérable. Les principales fosses sont celles de Henriette, Marguerite, Jauréguiberry, Bavier-Chauffour, Chetter et Marmottan. Contrairement à ce qui se passe à Kébao, l'extraction annuelle des mines de la Société française des charbonnages du Tonkin est en grand progrès (1).

Citons encore d'anciennes mines de charbon qui ne sont plus exploitées à Thaï-Nguyen, Hung-Hoa, Sontay, Langson (le gisement de Langson a été reconnu en 1890 par MM. Moreau et Coursolle et a fait l'objet d'une demande en périmètre réservé), Caobang et Yenbay qui possèdent un bassin houiller dont la largeur peut être évaluée à 3,800 mètres. Plusieurs exploitations ont déjà même été tentées :

Fosses	Étendue en hectares	Propriétaires
Henriette . . .	286 »	Marty
Alfred	346,80	id.
Jacques	500 »	Sintas

(1) Voir aux annexes.

Fosses	Étendue en hectares	Propriétaires
Ivan	494,50	Marty
Georges	365,50	id.
Blanche	494,50	id.
Jules	1,950,50	Seigles

et d'autres encore qu'il serait trop long d'énumérer.

« En résumé, le Tonkin est sillonné de dépôts carbonifères.
« La qualité n'en est pas parfaite, du moins dans les centres
« exploités jusqu'à présent. Cependant l'usage des charbons
« du Tonkin se répand de plus en plus et, l'importance des
« gisements étant considérable, l'exploitation est appelée à
« prendre un très grand développement (1). »

Outre les gisements carbonifères, le Tonkin possède des gisements de fer à Thaï-Nguyen, à Langson où l'exploitation commencée en 1887 dura jusqu'en 1894 ; dans le secteur de Bandanh où deux colons, MM. Lafeuille et Ménard, qui avaient demandé, en 1890, un périmètre réservé, semblent avoir renoncé à toute tentative, et enfin à Yenthé où existe un gisement de fer de 25 kilomètres de longueur, depuis Motrang jusqu'à Mualong. Cette mine, autrefois exploitée par des Chinois qui y entretenaient jusqu'à 200 ouvriers, a été abandonnée depuis 30 ans, mais mériterait d'être sérieusement reprise.

Les autres richesses minières du Tonkin ont beaucoup moins de valeur. Toutefois, on signale des gisements de cuivre à Hung-Hoa, Hoabinh, à Langson (où M. Rouzaud a fait, en 1891, une demande en périmètre réservé), à Moncay, à Yenbay (où il y a une trentaine d'années quelques mines étaient exploitées par les Chinois). Le plomb se trouve à Langson (la tentative de MM. Lafeuille et Ménard, en 1870, n'a pas eu de suite), à Moncay où les indigènes se montrent assez disposés

---

(1) Voir V. Chénieux, *Notes manuscrites*.

à reprendre le travail sous notre direction, et à Laokay. Autrefois, le district de Thaï-Nguyen fournissait du zinc, mais l'exploitation conduite par les indigènes a été abandonnée. Des recherches scientifiques avaient amené M. Rouzaud à entreprendre à Langson l'exploitation d'une mine d'étain, et MM. Bedat et Saint-Mathurin, en 1889, une exploitation de même nature à Caobang, mais ces deux projets n'ont jamais reçu de réalisation.

Au nord de la baie d'Along et entre la chaîne de partage et le canal de Campha, de nombreux gîtes d'antimoine ont été concédés entre 24 explorateurs sur une superficie de 3517 hectares. Mais il est encore trop tôt pour pouvoir apprécier les résultats obtenus.

Signalons encore des gisements de mica à Yenbay, et d'amiante à Langson. MM. Vezin et Baussire ont obtenu des concessions aux environs de That-Khé et ont calculé que le rendement était d'environ 4 kilos, sur une surface d'un mètre carré et une profondeur de 10 centimètres. Mais l'exploitation n'en a pas encore été régulièrement entreprise.

Les gîtes de nickel à Quangyen, de mercure à Hagiang, de pétrole à Yen-Bay (4 permis de recherches en périmètre réservé) n'ont encore aucune valeur effective. Il n'en est pas de même des carrières de calcaires blanc, jaune et gris situées dans l'île des deux Song et sur tout le littoral. Depuis l'occupation française, elles sont exploitées à ciel ouvert soit par des Européens, soit par des indigènes, et produisent le moellon brut, la pierre taillée, la pierre concassée et la chaux. Il en est de même des carrières de Phuly et de Ninh-Binh qui, exploitées par MM. Guillaume frères, sont extrêmement florissantes. L'argile qui est commune dans le delta alimente de même la briqueterie de M. Leroy, la plus importante du Tonkin, ainsi que de nombreuses fabriques de poteries indigènes.

Les métaux précieux existent-ils au Tonkin, en quantité suffisante pour que leur exploitation soit rémunératrice ? Les mines d'argent de Moncay, autrefois exploitées, sont aujourd'hui complètement abandonnées. Celles de Caobang ont été concédées pour recherches à trois colons (mine de Lucie, mine des Rameaux, mine de Phuxon), mais aucune exploitation digne de ce nom n'a encore été entreprise.

L'or existe également à Hung-Hoa où il fut longtemps exploité, à Van-Buy, à Hai-Binh et surtout à Langson. Au dire de M. Massié qui prospecta cette dernière région en 1887, des filons aurifères se trouveraient à Xuan-Düong dans une véritable cuvette d'érosion. Le terrain aurifère occuperait là une superficie considérable (50 kilomètres environ) avec une largeur de 30. La coupe de cette région minière serait la suivante : 1º Une couche de sable argileux de 3 mètres d'épaisseur; 2º Une couche de gros sable de $0^m,25$ à $0^m,35$; 3º Une couche de cailloux roulés de $2^m,50$, et 4º la roche argilo-schisteuse. Qu'il y ait de l'or, cela n'est pas douteux et les échantillons prélevés en font foi. Mais y en a-t-il en quantité suffisante? Cela est douteux. Trois Annamites qui, en 1891, avaient demandé un permis de recherches en périmètre réservé d'une longueur de 600 mètres sur 500 mètres de largeur, n'ont pu aboutir dans leur tentative, et il en a été de même pour les demandeurs européens qui avaient obtenu des permis de recherches dans la région de Caobang.

Telles sont les principales richesses minières de notre Indo-Chine. L'Annam et le Tonkin possèdent donc les métaux en abondance, et il n'est pas douteux que certains d'entre eux (le cuivre en Annam, le charbon au Tonkin) ne constituent une réserve précieuse pour l'avenir. Mais, en l'état actuel du pays, et sauf sur le bord de la mer, l'exploitation n'en est pas encore rémunératrice. Il est même évident que ces gisements étaient plus activement exploités il y a quelques années par les indigènes, parce que ayant moins de besoins personnels et ne travaillant qu'en vue des besoins locaux, les Chinois ou les Annamites pouvaient tirer un bénéfice suffisant d'une production médiocre et obtenue par des moyens rudimentaires. A l'exploitation moderne telle que la comprennent les Européens il faut des bras nombreux, de sérieux capitaux, un outillage coûteux, et ces entreprises ne peuvent prospérer qu'autant que le métal obtenu pourra lutter de bon marché avec les métaux apportés du dehors. Or, nous n'en sommes pas là, et à ce point de vue l'exploitation des mines a jusqu'à présent plutôt perdu que gagné à l'occupation française. Mais la matière première existe. Le jour où le prix de revient baissera, par un jeu naturel, grâce à l'abondance de la main-d'œuvre, le jour où les matériaux extraits pourront être facilement transportés aux ports d'embarquement par des voies ferrées rationnellement construites, le jour enfin où une industrie locale pourra utiliser sur place les produits locaux, les mines de l'Indo-Chine donneront aux concessionnaires des bénéfices réguliers et rémunérateurs.

MADAGASCAR

Il semble bien, aujourd'hui que les richesses du sous-sol de Madagascar sont plus exactement déterminées, qu'il y a eu à propos de ces richesses une sorte d'engouement que les faits n'ont pas suffisamment justifié. Certes, les mines de la grande île existent ; quelques-unes pourront même donner, aussitôt que les voies de communication en permettront l'exploitation scientifique, d'indiscutables bénéfices, mais nous serons toujours loin, sans doute, des espoirs excessifs qu'avaient fait naître des renseignements un peu hâtivement donnés. C'est, du moins, ce que pense le général Galliéni lui-même : « Au point de vue des richesses minières, notre nouvelle colonie n'a peut-être pas jusqu'ici répondu aux espérances qu'on avait fondées sur elle, si

l'on s'était attendu à y trouver de riches mines d'or ou de pierres précieuses, dont la présence aurait pu être expliquée par le voisinage du Transvaal. Les recherches effectuées depuis l'occupation n'ont amené la découverte de l'or que dans les alluvions, la plupart modernes ; aucun filon n'a encore été signalé : on n'a découvert non plus aucun gisement argentifère (1). » Plus affirmatif encore est un des collaborateurs les plus dévoués du gouverneur, M. Lallier-Ducoudray. « Il est incon-
« testable que les richesses minières de Madagascar ont fait
« naître beaucoup d'espérances, que bon nombre de nos com-
« patriotes ont entrevu, dans leurs rêves, de ces fortunes fan-
« tastiques, jaillissant, pour ainsi dire, de terre, comme il s'en
« fit autrefois en Californie, comme il s'en est fait récemment
« au Transvaal, comme il s'en fait, paraît-il, actuellement dans
« l'Alaska. Or, quels sont les résultats obtenus après trois an-
« nées d'expérience ? Les petites exploitations, celles qui sont
« dirigées par les intéressés eux-mêmes, ont permis à ces der-
« niers de réaliser des bénéfices généralement satisfaisants,
« parfois même très satisfaisants. Les grandes exploitations
« appartenant à des sociétés à conseil d'administration et à
« directeurs-gérants ont, au contraire, donné pour la plupart
« des résultats médiocres (2). » Il est vrai que de son côté le *Guide de l'Immigrant* écrit : « Les métaux dont l'existence a
« été reconnue jusqu'à ce jour dans le sol de Madagascar sont
« les suivants : or, fer, plomb, cuivre, étain, zinc, platine,
« mercure, antimoine. Les plus répandus sont le fer et l'or. Il
« n'a été trouvé ni argent, ni nickel (3). » Mais il ne suffit pas que l'existence de ces métaux ait été signalée, il faut encore, il faut surtout que les gisements soient assez étendus

---

(1) *Rapport d'ensemble du général Galliéni.*
(2) *Conférence de M. Lallier du Coudray, Bulletin de la Société de géographie commerciale,* 1899.
(3) *Guide de l'Immigrant à Madagascar,* tome II.

et assez riches pour que leur exploitation en soit rémunératrice. Dans quelle mesure ces conditions sont-elles réalisées, c'est ce qu'il convient d'examiner ?

Fer. — Il paraîtrait que le fer a été exploité à Madagascar dès le XVIe siècle et que Jean Laborde porta même à un haut degré de perfection l'utilisation de ce métal. Mais, après sa mort, cette industrie périclita rapidement et les Hovas revinrent d'instinct à leurs procédés primitifs et rudimentaires de fabrication. Cette exploitation pourrait donner, à nouveau et sans beaucoup de peine, les mêmes résultats, car le fer se rencontre presque partout à Madagascar sous forme de minerai magnétique, d'hématite et de magnétite, contenant en moyenne 75 0/0 de fer métallique. Mais il faudrait, pour en tirer tout le parti possible, de la houille dont on manque encore, une main-d'œuvre plus exercée et un outillage qui n'existe pas. Les indigènes de l'Imérina et du Betsiléo exploitent, en effet, le fer d'une façon très défectueuse qui coûte cher et laisse perdre une grande partie du précieux métal. Les principaux centres d'exploitation sont ceux de Marorangotra, de Mantasoa (dont le gisement est très riche) et de Mangatany. Toutes ces forges sont dirigées par des indigènes ; un seul colon, M. Bouts, s'en occupe à Marorangotra, mais il se contente d'acheter aux travailleurs malgaches le produit de leur travail, à raison de 23 fr. les 100 kilogr.

« Il serait facile de perfectionner les procédés encore usités aujourd'hui. On pourrait même aisément, en utilisant certaines chutes d'eau, installer une usine métallurgique où le fer serait travaillé et forgé dans des conditions analogues à celles des établissements d'Europe (1). » Quel que soit l'avenir réservé à cette exploitation, voici quels sont les principaux gisements actuellement connus :

(1) *Guide de l'Immigrant à Madagascar.*

Bouéni : sur la rive gauche de la Mahajamba.

Ankazabé : dans la vallée de la Mananara.

Manohilaly,

Moramanga : dans la vallée de Lohasaha.

Manjakandriana : Marorangotra, Ambatolampy, Mantasoa.

Andriamasina : Manarintsoa, Triazompaniry (concession de plus de 500 hectares) : le fer revient sur place à 20 fr. les 100 k.

Miarinarivo : vallée du Kitsamby.

Andévorante,

Betsiléo : Ambohimaha.

Fort-Dauphin : Extrémité sud de la province.

La matière première ne fait donc pas défaut; mais cela ne suffit pas pour que les profits récompensent le colon de ses efforts et en effet la seule exploitation européenne n'a donné aucun résultat. « Il est incontestable cependant qu'avec la proximité de la forêt, la disposition aisée des forces naturelles, par l'installation des nombreuses chutes d'eau qui avoisinent les gisements, et vu la faible distance (40 kilomètres environ) qui sépare ceux-ci de Tananarive, où les produits peuvent être transportés par une route en grande partie carrossable, une exploitation de minerai de fer entreprise rationnellement par un colon procurerait des bénéfices suffisants (1). »

Ni le plomb dont le seul gisement abondant à Ambatofongehana a été épuisé par le gouvernement malgache, ni l'étain dont l'existence n'est pas officiellement démontrée, ni le zinc qui n'a été rencontré qu'à Bétafo, ni le platine qui, au dire des indigènes, existerait dans le sud-ouest de l'île, ni le nickel, ni le pétrole ne paraissent devoir offrir aux colons des ressources sérieuses et justifier les risques d'une exploitation quelconque.

Il n'en est pas de même des mines de cuivre. L'ancien gouvernement malgache avait, avant l'occupation française, tenté

(1) Général Galliéni, *op. cit.*

l'exploitation de gisements de cuivre à Ambatofangéhana. En 1898, le garde d'artillerie Villiaume a relevé l'existence de riches gisements de ce métal dans les régions sakalaves de l'ouest ; mais les mines qui étaient autrefois exploitées sont aujourd'hui épuisées et les nouveaux gisements n'ont encore été l'objet d'aucune prospection définitive. Il en est de même des pierres précieuses (et en particulier de l'améthyste et du grenat) qui sont assez abondantes à Madagascar, mais qui n'ont pas une grande valeur marchande, soit à cause de leurs petites dimensions, soit à cause de leurs défectuosités. Il ne faut pas en conclure hâtivement que les pierres de valeur n'existent pas, car on n'a justement pas exploré les alluvions où elles peuvent se trouver, mais jusqu'à présent celles qui ont été découvertes ne méritent pas que les colons consacrent à cette recherche leur temps et leur argent. Au contraire, de beaux échantillons de cristal de roche ont été extraits dans la province de Mahanoro et dans celle de Vohémar.

En somme, la véritable (on pourrait presque dire la seule) exploitation minière est celle de l'or. En 1886, le gouvernement malgache avait partagé l'île tout entière entre une cinquantaine de concessionnaires européens : un seul a réussi à tirer un réel parti de cette richesse naturelle, c'est M. Léon Suberbie qui obtint, le 2 décembre 1886, « la concession des mines d'or de la côte ouest de Madagascar. »

L'or se présente à Madagascar sous deux formes : l'or alluvionnaire, de beaucoup le plus abondant et qui donne environ 1 gramme par mètre cube, et dans certaines régions de l'Imerina, s'il faut en croire M. Berger, 4 grammes par mètre cube, et l'or extrait des filons de quartz aurifère, malheureusement trop pauvres comme teneur, sur ce plateau central, pour être utilement exploitables (1/2 gramme à la tonne) ; dans le nord-ouest, ces filons sont bien supérieurs, puisque M. Suberbie a obtenu des teneurs supérieures à une once par tonne.

Les principaux gisements miniers sont les suivants :

Province de Diégo-Suarez.	Affluents du Sahanambo : sables aurifères. Région du Manambato, id. (prospections de MM. Faucon et Bonnemaison).
Province de Majunga.	Nombreux gisements aurifères entre Maroadabo, Andranolava, Mahajamba et Tsaratanana.
Région de Suberbieville.	Alluvions et trois filons aurifères, ceux de Ranomangatsiaka, de Nandrozia et d'Andriamparany.
Cercle d'Ambatondrazaka.	Une Société minière, la Société Smith and C° a commencé l'exploitation de ces gisements en 1896 ; elle va la reprendre incessamment.
Territoire d'Antsatrana.	Quelques gisements dont deux sont exploités par les Malgaches, ceux de Manisibato et d'Ambatomainty où au milieu de l'or alluvionnaire se rencontrent des pépites d'une certaine grosseur.
Province de Tamatave.	Quelques gisements sur les affluents de gauche de l'Iharoka et vallées des affluents du Vondrona.
Cercle de Tsiafahy.	Plusieurs gisements miniers dans la province de Maroandriana, dans celle de Hiaranandriano (un colon français y obtient actuellement de 2 à 5 grammes à la tonne) ; dans le Vakinampasina où la reine faisait autrefois exploiter par 2000 ouvriers un important gisement.
Voromahéry.	Plusieurs gisements qui donnent de 1 à 5 grammes par tonne.
Cercle de Bétafo.	Nombreuses exploitations par les indigènes qui ne recueillent guère qu'un kilogramme par mois : les gisements de la vallée du Kitsamby ont été exploités par l'ingénieur Chauvet.
Cercle de Betsiriry.	Une exploitation importante à Ankarongana avec 200 ouvriers environ.
Province de Mananjary.	Le bassin de la rivière Manandriana renferme environ 800 hectares d'alluvions exploitables d'une richesse de 1 gr. à 1 gr. 1/2 par tonne.
Betsileo.	Dans la vallée de Tsarafidy, important gisement qui donnerait environ 2 gr. 20 à la tonne, valant en nombre rond 7 francs.
	Dans la vallée de Horaraika, autre gisement donnant de 2 gr. à 2 gr. 1/4 à la tonne soit une teneur de 4 gr. valant 12 francs.

	Dans la vallée d'Ampanenitra les sables donnent une teneur de 2 gr. ou 6 francs. Même situation à Andraina.
Vinanitelo. Ambohimalaza	Vallée d'Ambatomaro. « Cinq mille hommes y ont, pendant quatre ans, exploité l'or pour le compte du gouvernement Malgache » dans toutes les vallées avoisinant Ambohimalaza.
	Deux sociétés (1re Compagnie des gisements aurifères d'Hoalana au capital de 2.500.000 francs et Syndicat lyonnais devenu « Société des gisements aurifères d'Anasoba au capital de 200.000 francs » se sont constituées pour exploiter les ressources minières).

Cet aperçu rapide des richesses aurifères de la grande île permet de comprendre pourquoi les prospecteurs se sont précipités vers Madagascar au point qu'il a fallu, presque aussitôt après la conquête, rédiger une législation minière. Les demandeurs en concession ont donc été nombreux, trop nombreux peut-être (nous verrons tout à l'heure pourquoi), mais aucun d'eux n'a encore obtenu un résultat qui permette d'escompter l'avenir. La situation est actuellement la suivante :

Au 1er octobre 1896, il avait été délivré 225 permis de recherches reçus au service des mines; 138 déclarations de pose de signaux dont 119 ont dû être annulées ultérieurement.

Au 31 décembre 1897, 172 déclarations de pose de signaux dont 146 avaient été acceptées; 273 permis de recherches dont 235 restaient définitivement inutilisés.

Au 31 décembre 1898, 448 permis de recherches aurifères dont 84 à titre de renouvellement; 227 nouvelles déclarations de pose de signaux dont 48 avaient été annulées comme irrégulières.

Au 1er février 1899, 241 déclarations acceptées; 27 à l'étude, 172 permis de recherches disponibles. De plus, il y avait à la même date, 45 exploitations représentant un total de 209 lots de 25 hectares, au nom de 22 exploitants par 5 concessions définitives, et deux demandes de concessions nouvelles par transformation de groupes de lots.

Tous ces prospecteurs ou ces demandeurs en concessions minières sont-ils appelés à réussir dans leurs entreprises ? Une grande partie d'entre eux, s'ils persistent dans leur intention, retireront-ils de cette exploitation un bénéfice rémunérateur ? Sincèrement, nous ne le pensons pas. Nous avons déjà vu que M. Lallier-Ducoudray avait soin de distinguer les entreprises individuelles et à faibles capitaux qui pouvaient compter sur des résultats satisfaisants et les grandes sociétés qui étaient d'avance condamnées à un échec presque inévitable, du moins en l'état actuel des choses. Pourquoi ? D'abord parce que les mines ne contiennent pas de l'or en quantité suffisante pour rémunérer l'emploi d'un outillage perfectionné et d'un personnel nombreux ; ensuite parce qu'en l'absence de voies de communication rapides, les difficultés et les prix écrasants du transport majorent singulièrement les frais d'exploitation ; enfin et surtout parce que les procédés employés sont défectueux et que la main-d'œuvre manque.

Le système en faveur (et souvent le plus praticable) est celui de la *batée*, sorte de bouclier conique, à section circulaire, obtenu par le creusement d'un bloc de bois. Ce procédé primitif permet de *laver* dans une journée de 400 à 500 kilogr. de sable. Mais il est loin d'être parfait et l'inconvénient le plus grave, c'est que l'ouvrier le plus habile perd ainsi près de 50 0/0 de l'or que contient le sable de la batée. Ce système « entraîne donc un véritable gaspillage de la richesse minière d'un gisement. »

Les ouvriers qui manient la batée et qui arrivent très vite à être extrêmement habiles sont tous des indigènes. Ils sont payés proportionnellement à la quantité d'or qu'ils ont re-

(1) Lallier-Ducoudray, *op. cit.*

cueilli. Or, cette quantité étant, en général, minime, le salaire quotidien est quelquefois tombé jusqu'à 6 sous et même à 2 sous par jour. Les Malgaches désertent donc, en foule, un travail qui rapporte un aussi dérisoire profit, et les chantiers aurifères manquent souvent de la main-d'œuvre la plus indispensable. « Tous les exploitants d'or n'ont eu que la main-d'œuvre que leur a procurée l'administration et, malgré les efforts de cette dernière, il n'a pas été possible de donner satisfaction aux demandes des concessionnaires de mines dont certains ont occupé jusqu'à 6,000 ouvriers. Il s'en est suivi que, avec quelques centaines d'hommes, les particuliers dirigeant eux-mêmes leurs exploitations ont réalisé des bénéfices suffisants pour rémunérer et leurs capitaux et leur peine ; tandis qu'au contraire les sociétés grevées de frais généraux relativement considérables ont, avec le même nombre d'ouvriers, assez difficilement couvert leurs dépenses. » Dans ces conditions et pour ne pas supporter plus longtemps la responsabilité d'une situation qu'il n'avait pas créée et à laquelle il ne pouvait apporter aucun remède, le général Galliéni a cru devoir supprimer l'intervention directe de l'administration dans le recrutement de la main-d'œuvre des exploitations aurifères. Ajoutons que quelques exploitants, doués de plus d'initiative que les autres, ont abandonné le système suranné de la *batée* pour installer des *sluices* (1), mais, sauf une ou deux exceptions, les résultats n'ont pas été beaucoup plus satisfaisants. En somme, il ne faut pas se dissimuler que la production du métal précieux à Madagascar a diminué sensiblement depuis l'occupation française, puisqu'en 1898, cette production n'a été que de 395,638 fr. Cette situation se serait certainement modifiée si Madagascar avait possédé d'importants gisements de houille. Mais il semble aujourd'hui prouvé qu'il n'en existe pas, ce qui est facile à

(1) Voir la description de cet appareil au paragraphe relatif à la Guyane.

comprendre, aucun de ces terrains n'appartenant aux époques géologiques de l'âge primaire. Cependant, dès 1856, M. D'Arvoy, ancien consul de France à Maurice, affirmait l'existence d'un gisement houiller sur la côte nord-ouest; en 1863, M. Guillemin indiquait à son tour, dans un rapport, qu'il avait découvert un vaste bassin houiller « situé sur la côte nord-ouest de la grande terre, en face de la colonie française de Nossi-Bé, et pour ainsi dire au cœur même de la mer des Indes. » Il lui attribuait une longueur de 180 kilomètres et une superficie totale de 7,200 kilomètres carrés. Son opinion fut adoptée, en 1888, par M. Guinard qui ne donnait plus à ce gisement que 40 kilomètres de longueur. Seul, M. Grandidier proteste contre cette assertion et affirme qu'il n'existe pas de houille à Madagascar. Chose curieuse ! L'existence de ces gisements qui ne sont pas même reconnus a été affirmée avec passion par les uns et contestée avec acharnement par les autres. Des polémiques très vives ont été engagées au sujet de cette houille dont personne n'a encore aperçu un seul bloc. Le moment semblerait venu d'envoyer une mission qui trancherait définitivement cette question, si importante pour l'avenir de la colonie.

Si la houille n'existe pas, Madagascar possède du moins du lignite à Madéra, à Ramainandro et, dans les vallées du Mangoro et de la Mananara, de la tourbe qui se rencontre presque partout dans l'Imérina. Cette tourbe qui s'allume très difficilement, mais qui, une fois allumée, brûle fort bien, est déjà employée dans le chauffage des fours à chaux et des fours à briques. Il y a donc là une réserve de calorique à bon marché (0,5 centimes le panier), qui paraît appelée à rendre de très réels services.

Rappelons que le sel consommé à Madagascar provient des salines de Diégo-Suarez, mais aussi, en majeure partie, de l'étranger et même de l'Allemagne; que d'importants gisements calcaires ont été reconnus dans les provinces de

Diégo-Suarez, de Vohémar, de Fénerive et de Tamatave ; que le kaolin existe presque partout dans l'île, mais principalement dans la région centrale, que deux carrières d'ardoise, malheureusement de qualité inférieure, ont été reconnues dans les districts d'Ambositra et d'Ambatofangehana et qu'enfin les sources thermales y sont extrêmement nombreuses. « La plus importante de ces sources, celle d'Antsirabé, a été concédée à la fin de l'année 1896, à un colon qui a obtenu, en 1899, un délai pour la mise en exploitation. Les eaux d'Antsirabé se rapprochent beaucoup, par leur composition, de celles du bassin de Vichy, et particulièrement de la source de la Grande Grille. Elles sont donc très efficaces dans le traitement curatif de certaines maladies et ont l'avantage de se trouver dans une des régions les plus saines de Madagascar, ce qui contribuera, sans doute, à la réussite de l'établissement thermal projeté. »

Terminons ce rapide examen des richesses contenues dans le sous-sol de Madagascar et qui, on le voit, avaient été singulièrement exagérées (c'est, en somme, par la mise en valeur du sol que Madagascar doit prospérer un jour) en énumérant les principales sociétés minières qui cherchent actuellement à tirer parti des gisements reconnus :

1° Société Suberbie au confluent des vallées de la Betsiboka et de l'Ikopa ;

2° Société civile d'études pour l'exploration des mines d'or à Madagascar dans le bassin de la Manandriana ;

3° Société anonyme dite « Compagnie des gisements aurifères d'Itoalana ; »

4° Société anonyme des gisements aurifères d'Anasaha ;

5° Société de MM. Meurs et Boussand (district d'Ambohimandroso) ;

6° Concession de M. de Chazal (bords de la rivière Sakévo) ;

7° Société Smith and C° dans le cercle d'Ambohimanga ;

8° Concession de M. Bouts à Marorangotra ;
9° Concession de M. Sescaut dans le Maroandriana.

AFRIQUE OCCIDENTALE FRANÇAISE

Le Soudan et le Sénégal sont-ils riches en minéraux exploitables ? C'est ce qu'il est, en l'état actuel des choses, difficile de déterminer exactement. Autant qu'on peut s'en rendre compte, tous les pays compris entre l'Atlantique, le Niger et le golfe de Guinée contiennent de l'or et du fer. Le fer existe partout au Soudan, au Sénégal, dans la Guinée française comme au Dahomey, et ce fer, s'il faut en croire tous ceux qui en ont étudié quelques échantillons, aurait une teneur moyenne qui varierait de la moitié aux deux tiers de la masse. M. Paul Gaffarel cite ce fait que les soldats d'Ahmadou qui manquaient de cartouches ont pu, en ramassant les morceaux de fer qu'ils trouvaient à la surface du sol, fabriquer en une seule nuit plusieurs milliers de projectiles. « On pense généralement, dit M. Lagrillière-Beauclerc, qu'il y a au Sénégal de très vastes étendues dont le fer constitue en quelque sorte le sous-sol et, comme on n'en a jamais tenté l'exploitation, peut-être y aurait-il lieu, à ce sujet, de faire une étude des terrains. » Les explorateurs constatent vers l'est la même abondance de fer : « Dans les environs de Kétou, à l'est du Dahomey, le sol est absolument ferrugineux. Partout du minerai à fleur de sol. » Au Dahomey, le commandant Toutée constate « que sa mission marche sur le fer ».

« Je n'ai pas aperçu non plus la moindre trace de houille ; naturellement, mes recherches ont été trop rapides pour me permettre de conclure à l'absence de ces premières roches. Le fer, par contre, est très abondant ; si le grès prend le faciès de nos roches calcaires dolomitiques, les argiles ferrugineuses forment, de leur côté, des poudingues et des tufs où le fer remplace le ciment calcaire (1). » — « A Tokio, dit M. Pobéguin, j'ai trouvé à fleur du sol des bandes de cristaux de fer magnétique très purs ; je sais qu'il existe également d'autres métaux, probablement de l'étain et du plomb argentifère. » Toutée est plus affirmatif encore : « On rencontre le fer en abondance au Dahomey. *Il n'y a qu'à se baisser pour en prendre.* » Il est vrai qu'il ajoute à la fin de son livre : « Si on y trouve des richesses minières, il n'y a pas à hésiter ; mais je suis, quant à moi, incapable d'en signaler. A part une carrière d'agate à Kirotachi, je n'ai rien vu qui puisse me permettre d'affirmer l'existence d'un minerai précieux... Je n'ai même pas pu constater, bien que je l'aie recherchée avec ardeur, la présence de la pierre à chaux (2). » Nous pensons, avec le commandant Toutée, que les pays du Niger ne seront jamais riches par leur sous-sol et que ce serait une grosse faute que d'orienter de ce côté l'effort de notre colonisation. Ajoutons même que l'absence à peu près prouvée de la houille ne sera que mal compensée par l'utilisation de la force motrice des cours d'eau. Les pays de l'Afrique occidentale sont pays d'élevage, pays de cultures, mais nullement pays d'exploitation industrielle et de mines. Toutefois, et pour ne rien oublier, il convient d'ajouter que M. Pobéguin a rapporté de son exploration dans les environs de Grabo un échantillon de pyrite de cuivre qui, à l'analyse, a donné 54 0/0 de métal, et que Félix Dubois signale à Hombori la présence de l'antimoine dont certains indigènes auraient, dit-on, apporté à Saint-Louis quelques échantillons à l'état natif. Mais tous ces renseignements sont très vagues et il serait dangereux d'en tirer pour l'avenir une conclusion quelconque.

En somme, c'est l'or qui constitue au Sénégal, comme dans toutes nos colonies de l'Afrique occidentale, la véritable richesse

---

(1) Commandant Toutée, *Dahomey, Niger, Touareg.*
(2) *Revue géographique internationale*, 1878.

minière. Dès le xive siècle, les gisements aurifères du Sénégal étaient connus des Portugais qui en avaient tenté l'exportation par Arguin. Les mines du Bambouk avaient été explorées par Compagnon, sur l'ordre d'André Brüe, et en 1730, d'autres recherches entreprises par un individu du nom de Pelays avaient été assez heureuses pour déterminer la grande compagnie du Sénégal à demander au roi, qui d'ailleurs la leur refusa, la concession des mines de Bambouk.

« En 1843, Huart et Raffenel arrivèrent, non sans peine, à Sansandig sur la Falémé, au seuil de la région aurifère, là où la récolte de l'or se fait par le simple lavage des sables. Quelques jours de marche les conduisirent à Kénilba où ils furent reçus avec empressement et initiés à tous les détails d'une exploitation primitive. Ces mines sont situées dans un terrain d'alluvions où les indigènes creusent des puits d'une profondeur de 7 à 40 mètres aboutissant à une galerie horizontale qui se prolonge rarement au delà de 50 mètres. Le minerai extrait par gros fragments est jeté dans des calebasses pleines d'eau où les femmes l'écrasent en le pétrissant et le lavent à plusieurs reprises. Le résidu est transporté dans une valve de coquille où il subit de nouveaux lavages. Il est réduit en poudre avec de petits cailloux. La poudre sèche au soleil; on souffle dessus et il ne reste que l'or obtenu en paillettes ou en molécules. Le précieux métal est alors gardé dans des cornes de gazelles, jusqu'à ce qu'on en ait ramassé une quantité suffisante pour le fondre dans un creuset. » On conçoit que ce procédé qui est encore, à quelques détails près, celui dont usent les indigènes du pays, laisse perdre une grande quantité du métal. Pour en finir avec les chercheurs de mines d'or, disons qu'en 1852 le commandant Rey et, en 1856, M. Flizes reconnurent de nouveau le pays; qu'en 1858, sur l'ordre du gouverneur Faidherbe, des tentatives furent faites par des ingénieurs européens qui obtinrent à peu près 100.000 francs de métal pur, mais qui durent fuir devant l'insalubrité du climat. En 1879, MM. Roux et Lamartiny, après un voyage au Bambouk, émirent, en faveur de l'exploitation de ces mines, un avis très favorable qui fut confirmé par le rapport du docteur Colin en 1883. Plus récemment encore, les savantes études du regretté Maurice Barrat sur le Bambouk (1) et le rapport du capitaine Ballieu (2) nous ont définitivement fixés sur la valeur de ces filons aurifères. « Les gisements d'or du Soudan ne sont encore connus que dans le vaste affaissement où s'est formé le bassin de la Falémé et dans la vallée d'érosion où coule le Tankisso moyen. L'or de la Falémé, vulgairement appelé or du Bambouk ou de Galam, s'y rencontre surtout en grains, dans des terrains d'alluvions, le plus souvent au contact de roches métamorphiques, quelquefois en présence du quartz; en tous cas les exploitations indigènes se font en terrains franchement alluviens et non dans les gangues rocheuses d'éruption. L'or du Bouré est disséminé sur un moins grand espace et se rencontre souvent dans une gangue quartzeuse, à l'état de paillettes. Quoique le Bouré et son annexe le Séké soient de petits pays comme étendue, la population y étant plus dense que dans le Bambouk et probablement aussi le terrain plus riche, la récolte annuelle est au moins égale, quoique faite dans des conditions d'extraction souvent plus difficiles. »

Quelle est exactement la teneur des terrains aurifères? Il est difficile de le savoir, mais, si on en juge d'après les résultats obtenus par les noirs, en dépit de procédés terriblement primitifs, cette teneur doit être considérable. Est-elle cependant suffisante pour justifier l'organisation de Sociétés européennes? Telle n'est pas l'opinion de M. André Mévil qui fit partie d'une des missions qui, en 1896 et 1897, vinrent explorer le Bambouk

(1) Maurice Barrat, *Revue Coloniale*, 1898.
(2) Capitaine Ballieu, *Rapport sur le Soudan, Bulletin de l'Afrique française*, 1898.

dans le vague espoir d'y trouver un nouveau Transvaal. « Je crois que tous les gisements exploités par les noirs ne seront jamais susceptibles d'être repris et fructueusement exploités par nous. Ces gîtes sont, en général, d'une richesse très relative; de plus ils sont très travaillés et presque épuisés. »

« Je ne suis pas de l'avis de ceux qui prétendent que les Malinkés cachent l'or récolté. J'ai vécu parmi les indigènes et je me suis rendu compte qu'ils connaissaient parfaitement la valeur de l'or. Il a été dit que l'or extrait chaque année du Bambouk représentait une valeur de 500.000 francs. Ce chiffre me paraît être fort exagéré et point en rapport avec la petite quantité d'or rencontrée chez les indigènes (1). » Et ailleurs : « Pour le moment, le Bambouk doit être *uniquement* livré aux études et aux recherches sans aucune idée de mise en exploitation *immédiate*, aucun résultat n'étant possible avant un certain nombre d'années. »

Plus affirmatif est le capitaine Ballieu qui pense qu'une exploitation rationnelle de toute la vallée, ayant comme point d'appui les trente et quelques placers connus des indigènes, à condition d'être menée avec sagesse et économie, donnerait aux chercheurs des bénéfices assez sérieux pour leur permettre d'étendre ensuite leurs premières opérations. Ce qu'il y a de certain, c'est que ce moment n'est pas encore venu, et la Société des mines d'or de la Falémé n'a pas réussi comme l'avaient espéré ses premiers organisateurs.

D'ailleurs, remarquons que les indigènes qui exploitent ce pays ne se sont pas enrichis. Il est vrai que cela tient à plusieurs causes : « D'abord, ils ne se servent d'aucun procédé mécanique et perfectionné et ne disposent que de peu de bras ils ne réussissent donc qu'à égratigner le sol, en quelque sorte, ce qui forcément ne peut aboutir qu'à une extraction de faible

---

(1) André Mévil, *Au Pays du soleil et de l'or*.

importance, en proportion de la richesse des gisements auxquels ils s'attaquent. De plus, ils sont obligés d'échanger cet or contre des denrées alimentaires que leur vendent très cher les Européens ou les autres indigènes. » Les Européens eux-mêmes auront, s'ils veulent obtenir des résultats sérieux, à vaincre de grandes difficultés. Il leur faudra, pour broyer le quartz, installer des marteaux pilons dont la vapeur ne pourra fournir la force motrice, puisque la houille fait complètement défaut dans le pays. Il sera donc nécessaire de recourir à la force hydraulique, ce qui ne pourra se réaliser, dans un pays où les rivières sont, en quelque sorte, intermittentes, qu'en établissant de puissants et de coûteux barrages. Cette baisse des eaux constituera également un obstacle au lavage des sables. Aussi M. Ballieu propose-t-il d'installer sur les bords de la Falémé un appareil de lavage qu'un chemin de fer Decauville relierait aux centres d'extraction. Tout cela n'ira pas sans frais considérables, sans temps perdu, sans tâtonnements inévitables. Une Société qui voudrait entreprendre l'exploitation des terrains aurifères du Bambouk [1] sans d'importants capitaux irait à un échec certain.

La zone aurifère se continue dans la Guinée française et, d'une façon générale, dans tous les pays situés entre le golfe de Guinée et le sud du 10e parallèle.

Le capitaine Marchand avait déjà signalé, en 1895, la présence de l'or dans toute la vallée du Bandama et déclarait, peut-être avec quelque exagération, qu'il y avait là, soit dans le fleuve lui-même, soit dans les placers à fleur de sol du pays, d'incalculables ressources. Il est certain que les habitants du pays se servent comme monnaie courante de petits sacs remplis de

---

[1] Dans le Bambouk, les principaux centres aurifères sont au nombre de cinq : le Kamanan, le Tambaoura, le Magalla, le Mamanaco et le Sinikana.

poudre d'or, ce qui atteste l'abondance de ce métal. D'autre part, Eysseric confirme en partie les renseignements apportés par Marchand. Kani est, d'après lui, le centre d'une importante région aurifère. Il nous donne même des détails très intéressants et inédits sur les moyens primitifs dont usent les habitants pour extraire l'or et le broyer. Or, ces filons aurifères s'étendraient presque jusqu'au bord de la mer : « Les indigènes m'ont assuré qu'autrefois, il y a longtemps, on tirait de l'or du massif des montagnes Niagarou. » La zone de l'or commencerait donc dans la vallée du Sassandra, se prolongerait vers le Nord par la vallée du Bandama, qui serait le centre de ce bassin minier, et ne se terminerait que sur les bords du Niger, si, comme l'affirme Félix Dubois, les hautes vallées du fleuve étaient également aurifères.

En somme, il ne faut pas se faire d'illusions. L'analyse d'un échantillon de terre de Bouré, pratiquée en 1888, a donné comme résultat :

Or, pour 100 kilogr. de minerai. . . 0 kil. 0005

Dans ces conditions, et à supposer même que les échantillons plus récemment rapportés par M. Mégé donnent une teneur plus satisfaisante, il se passera bien des années avant que ce pays puisse être, au sens propre du mot, un pays producteur d'or. Encore n'obtiendra-t-on de profits sérieux qu'en broyant le quartz aurifère et en ne se contentant pas du lavage pénible et peu rémunérateur des alluvions. Toutefois, il est des régions qui paraissent contenir de l'or en quantité plus appréciable et qui, dans tous les cas, alimentent une assez active industrie indigène, tels sont les pays de Lobi et de la Côte d'Ivoire.

Richesses aurifères du Lobi. — Il semble bien, nous l'avons prouvé, que l'or se trouve en Afrique occidentale depuis le Sénégal ou, pour mieux dire, le Soudan français jusqu'à la Côte d'Ivoire et peut-être même dans certaines parties du Dahomey. C'est ainsi que l'or se rencontre dans la vallée de la Volta, et particulièrement à Lobi, à l'état de poudre, quelquefois même sous la forme de pépites. Les centres les plus importants sont ceux de *Dioulou* avec Soungouéié et Tiola, puis Bago, Kambara et Douko. Les habitants du pays arrivent à recueillir près de vingt grammes d'or par jour (un barifiri), et cela sans aucun effort, puisqu'ils n'ont jamais songé à exploiter l'or dans la montagne parce qu'ils ne sont pas outillés pour extraire et broyer le quartz aurifère. Ils se contentent donc, pendant l'hivernage, de laver les alluvions des marigots et pendant la saison sèche, de creuser des trous dont la profondeur dépasse rarement 1^m,50. Le prix de l'or, sur les marchés du Lobi, diffère un peu avec la saison. En moyenne, on paye seize à dix-huit mille cauris pour un barifiri pendant l'hivernage et de dix-huit à vingt mille en saison sèche, ce qui met environ le gramme d'or à 80 centimes. Mais ce prix peut varier : « Le prix du barifiri est actuellement, à Bouna, de 30 francs (24,000 cauris), de 50 francs à Bondoukou ainsi qu'à Ouanki (Côte d'Or). »

Quelle est l'importance exacte des gisements aurifères du Lobi ? « L'or s'y trouverait-il en quantité suffisante pour justi-
« fier une entreprise européenne ? Un spécialiste seul pourrait
« le dire qui serait capable de déterminer si l'on se trouve en
« présence d'un ou de plusieurs filons, ou s'il ne saurait être
« question de « *reef* » qui pourrait donner la teneur exacte du
« métal précieux, le « grade » des alluvions et roches de quartz
« aurifère déterminé par des analyses rigoureuses. Si mes
« souvenirs sont exacts — mais je ne saurais l'affirmer — une
« teneur de 4 grammes d'or par tonne de terre est suffisante
« pour justifier une exploitation industrielle ; or, il est, je
« crois, à peu près certain qu'à Dioulou, à Tiola et à Kam-
« bara, la richesse en métal des alluvions exploitées par

« les Lobis est notablement supérieure à ce chiffre (1). »

RICHESSES AURIFÈRES DE LA CÔTE D'IVOIRE

L'or est à la Côte d'Ivoire la seule des richesses minières dont l'exploitation mérite qu'on s'y arrête. La présence de gisements aurifères a été constatée dans les terrains élevés du cercle d'Assinie, dans l'Indénié, dans l'Assikasso et dans les collines boisées de l'Ahou jusqu'aux environs de Bondoukou. Dans le cercle de Grand-Bassam, l'or se rencontre également dans l'Attié, dans l'Akapless, sur les rives de la lagune Onou et sur celles du Comoë entre Alépé et Malamalasso. On signale aussi d'autres gisements dans le Haut-Cavally et une exploitation assez active dans le cercle du Baoulé.

Jusqu'à présent, les indigènes seuls se sont livrés à l'extraction de l'or. Leurs procédés sont des plus primitifs : lavage des alluvions à la batée, ou forage de puits, profonds parfois de 10 à 15 mètres sur moins d'un mètre de diamètre, et lavage des terres extraites.

Seules peut-être les mines de Kokombo (2), dans le cercle du Baoulé, méritent une mention spéciale. Le village de Kokombo est entouré de collines s'élevant à près de 150 mètres au-dessus du fond des vallées et c'est sur ces collines que sont creusés les puits à or. Le principal chef de Kokombo a même entrepris une exploitation en règle de sa montagne, en commençant par le sommet. Les indigènes creusent leurs puits par groupe de six à huit jusqu'à une profondeur de 25 à 30 mètres et les réunissent en une chambre souterraine où ils peuvent séjourner nuit et jour. Ils ne font pas de coffrage pour retenir

---

(1) *Rapport du lieutenant Renard au gouverneur du Soudan français, Bulletin du Comité de l'Afrique française*, 1899.

(2) *Rapport de l'administrateur Pobéguin*, 25 octobre 1896.

les terres, si ce n'est quelquefois dans des chambres, le sol argileux et très compact ne se désagrégeant que rarement.

La couche de terre aurifère ne ressemble pas à l'argile jaune de la surface; c'est une terre blanchâtre remplie de grains de quartz et de mica où sont parsemés des blocs de quartz blanc ou rougeâtre contenant des parcelles d'or.

Les noirs remontent la terre et les blocs de quartz aurifère avec des lianes et portent le tout au village distant de plusieurs kilomètres. Les terres y sont lavées par les femmes, tandis que les hommes concassent les blocs de quartz, puis les réduisent en poudre avant de procéder au lavage. C'est le quartz qui donne le plus d'or.

Un seul petit ruisseau surnommé Balo, dont la vallée fait le tour du grand village de Kokombo, sert pour tous ces lavages.

La chaîne des collines de Kokombo qui s'étend jusqu'au Bandama et même un peu au delà chez les Gouros, est partout aurifère. Kokombo est un des plus grands villages de la région; beaucoup de noirs y viennent pour travailler aux mines et on peut évaluer sa population à 1500 ou 1800 individus. Il est situé en forêt, au pied des collines Kokou et on y arrive par un seul sentier très fréquenté, mais très mauvais, surtout en saison des pluies, à cause de l'argile jaune pure qui constitue le sol.

La région de Kokombo ne donne que de l'or en poudre ou en très petits grains; au nord, chez les Yaousès, on trouve, paraît-il, des pépites beaucoup plus grosses.

Cet or est employé comme monnaie; on le compte par onces du poids de 32 grammes généralement acceptées pour 82 ou 96 francs; l'once se divise en 16 *akés* valant 6 francs et se subdivise en *takou* d'une valeur de 0 fr. 50. Les indigènes l'emploient pour se procurer une partie des produits de l'industrie européenne dont ils ont besoin. C'est de la sorte que les maisons de commerce peuvent envoyer en Europe une certaine quantité de l'or recueilli dans la colonie.

Les exportations se sont chiffrées depuis 1890 de la façon suivante :

Année	Quantité	Valeur
1890	69 k. 629 gr.	208.887 fr.
1891	96 645	299.600
1892	137 240	414.690
1893	74 511	217.989
1894	200 528	628.357
1895	211 902	656.896
1896	296 244	918.356
1897	159 700	495.070

Les quantités exportées sont bien loin de représenter la totalité de l'or recueilli dans la colonie. Pour en avoir une idée exacte, il faudrait tenir compte des quantités provenant des provinces orientales de la Côte d'Ivoire et importées dans la Côte d'Or anglaise où elles se confondent avec la production de cette nouvelle colonie. Il faudrait ensuite pouvoir évaluer ce que les producteurs et les traitants indigènes économisent et gardent pour eux. Les Européens ne voient, en somme, et n'exportent que l'or mis en circulation par les indigènes pour subvenir à leurs besoins. Encore n'emploient-ils la poudre d'or que lorsqu'ils ne possèdent pas d'autres marchandises d'échange en quantité suffisante. C'est ainsi, que la baisse de 50 0/0 de la quantité d'or exportée en 1897 par rapport à 1896 correspond à une augmentation de plus de 100 0/0 dans la production de l'acajou pour la même période.

Depuis quelques années, les Européens se sont livrés à un certain nombre de prospections, notamment dans le cercle d'Assinie, dans la lagune Onou, sur les bords du Comoë, dans l'Attié et dans l'Alangoua, district de l'Indénié. Mais jusqu'à présent ces reconnaissances, pas plus que les permis de recherches portant sur d'assez vastes surfaces, n'ont été suivies d'exploitation sérieuse, entreprise avec l'outillage industriel dont disposent ailleurs les chercheurs d'or européens.

C'est qu'en effet, en dépit de la richesse du gisement aurifère, il convient, avant de risquer un pronostic sur l'avenir, de tenir compte du prix et de la rareté de la main-d'œuvre, de l'insalubrité du climat, de la pénurie des moyens de transport. Il faudrait également ne pas violer les droits des indigènes qui, à Kokombo surtout, n'accepteraient pas sans résistance, ou tout au moins sans compensation, que des étrangers vinssent exploiter les terrains aurifères de leur voisinage.

Salines. — Dans cette énumération des richesses minières de l'Afrique occidentale, il ne faut pas oublier les salines. Sur plusieurs points du littoral, et notamment à la Côte d'Ivoire, les indigènes fabriquent de faibles quantités de sel par les procédés les plus primitifs. Mais presque partout, même dans le voisinage de la mer, et partout dans l'intérieur, on ne consomme que du sel importé. Il vient en grande partie des salines du Sahel : le Sebka-el-Khadéra au nord de Chinguitti et les mines de Taodénit au nord de Tombouctou. Une statistique qu'il a été facile d'établir, puisque toutes ces barres de sel sont forcées de passer par nos postes de douane permet d'estimer à 4000 tonnes, soit 16.000 barres, le sel extrait annuellement de la Sebka-el-Khadéra. Celui de Taodénit est importé sur les marchés de Sokoto mais n'apparaît presque jamais sur ceux de Nioro et de Goumbou. Il se transporte en barres qui accusent un poids moyen de 25 kilogr. Du reste, toutes les mares du Sahel en produisent mais, en dehors des deux exploitations qui viennent d'être citées, le sel ainsi récolté est de très mauvaise qualité, très mélangé de terre. Sur les marchés du Soudan il ne vaut guère que de 0 fr. 15 à 0 fr. 20 le kilog.

On le voit, l'Afrique occidentale renferme un assez grand nombre de richesses métallurgiques exploitées par les indigènes, mais dont les Européens n'ont pas encore entrepris la mise en valeur rationnelle. Il faut même reconnaître franchement que les premières tentatives n'ont pas été heureuses, malgré les efforts du gouverneur général qui entendait, dès 1895, « encourager les chercheurs d'or dans leur œuvre et leur procurer l'assistance morale et matérielle dont il pouvait disposer. » Mais ces premiers échecs ne prouvent pas qu'il faille abandonner tout espoir. La question devra se poser à nouveau (et c'est en somme à la même conclusion qu'on aboutit sans cesse), quand celles des voies de communication et de la main-d'œuvre seront résolues.

LA GUYANE

La Guyane, a-t-on dit, est le pays de l'or. Dans un rapport adressé, en 1898, au ministre de l'instruction publique, M. Levat, ingénieur des mines, a très nettement expliqué le mode de formation des gîtes aurifères de la Guyane. Suivant lui, il y aurait deux zones aurifères, très nettement séparées l'une de l'autre et disposées symétriquement par rapport au granit. Il suit de là que la recherche des placers doit s'exercer, non pas uniquement en suivant les alignements généraux des plissements montagneux du pays, mais plutôt en s'attachant à suivre les lignes de contact du granit et des roches schisteuses ou gneissiques. Il a également constaté que la présence de l'or coïncidait toujours avec celle de roches éruptives qui ont comme résultat constant d'accompagner l'or dans ses gisements tant primitifs que secondaires. Ces zones aurifères se traduisent sur les rivières par les parties calmes de leur cours; et c'est dans ces parties qu'il convient d'établir le degrad. Enfin, « quand on a trouvé un placer donnant une teneur payante, il faut prospecter immédiatement non seulement la rivière coulant en sens inverse qui prend sa source dans le même massif que le cours d'eau prospecté mais aussi toutes celles qui sortent du même massif, appliquer, en un mot, la formule de la disposition rayonnante des placers. » Une partie du métal précieux exploitable se trouve dans un produit de décomposition secondaire de la diorite guyanaise, nommé la *Roche à Ravets*. Le traitement de la roche à ravets consiste, d'ailleurs, en un simple broyage par des meules, genre chilien, suivi d'une amalgamation directe.

Mais l'exploitation des roches à ravets et des filons de quartz aurifères n'est pas facile dans un pays privé totalement de moyens de transport, au point qu'il est, pour ainsi dire, impossible d'amener sur place le matériel de broyage. Cette exploitation ne prendra une grande importance qu'avec l'établissement d'une voie ferrée. Elle sera alors particulièrement rémunératrice puisque certaines de ces formations contiennent jusqu'à 300 gr. par tonne, alors qu'au Transvaal le quartz est exploité avec bénéfice à partir de 200 grammes par tonne. Certains travaux ont déjà été tentés au placer « *A Dieu vat* » qui appartient à la compagnie Saint-Elie. Un autre essai d'exploitation a été également tenté sur un gisement quartzeux, affleurant dans la Crique Blanche, affluent de l'Orapu, mais ces essais n'ont pas encore donné de résultats définitifs.

De ce qui précède il résulte que la roche à ravets et que le quartz aurifère constituent pour la Guyane la richesse de l'avenir, richesse incalculable, si on songe que des recherches dans le filon en profondeur ont donné au placer Saint-Elie jusqu'à 800 et 1000 francs par tonne. Mais en attendant qu'une main-d'œuvre suffisante, des voies de communication rapides et des capitaux abondants rendent possible cette mise en valeur industrielle, l'or alluvionnaire est, pour ainsi dire, le seul qui soit régulièrement exploité dans les placers de la Guyane.

L'or recueilli à la Guyane est généralement très pur, puisqu'il contient à peine 3 à 10 0/0 au maximum d'argent, et abondant, puisque certaines batées donnent 30, 40, 50 et quelquefois 100 grammes d'or; mais les procédés employés sont encore très défectueux.

Le procédé employé pour le lavage est encore le *sluice* (plan incliné simple) composé généralement de trois dalles de quatre mètres ajustées bout à bout et quelquefois deux seulement avec amalgamation de mercure.

« Cinq personnes occupent généralement un chantier de trois dalles, deux piocheurs qui chargent tour à tour l'instrument et ne peuvent *passer* ainsi plus d'un mètre cube de gravier dans une journée de huit heures; deux autres ouvriers sont occupés à débourber sur les dalles et à enlever les grosses roches, et un cinquième, placé à l'extrémité, travaille à retirer le sable et à entretenir l'écoulement de l'eau (1). »

Avec une pente suffisante et en réglant bien la quantité d'eau, les mineurs expérimentés ne laissent pas échapper plus de 5 0/0 de l'or fin, et un peu plus, quand la glaise est collante et se délaie difficilement. Dans ce dernier cas, il arrive souvent qu'il faut ralentir le lavage et procéder au *bricolage*, suivant l'expression usitée des mineurs. Quand les dalles sont plus nombreuses et à condition d'avoir la pente nécessaire (ce qui se produit quand on fait sa prise d'eau à flanc de montagne) on peut augmenter le nombre des ouvriers.

« Dans le chantier de trois dalles réduit à sa plus simple expression, la première dalle appelée dalle de prise d'eau et les deux tiers de la seconde servent au débourbage et à l'enlèvement des grosses roches. Là se trouve la première plaque d'arrêt. C'est devant cette première plaque, la plus importante, que se tient le contre-maître du chantier qui y entretient le mercure nécessaire et veille plus particulièrement, en l'agitant sans cesse de bas en haut avec la main, à ce que la couche de

---

(1) Coudreau, Notes manuscrites.

sable et de fin gravier ne durcisse pas. Ainsi l'or entraîné par son poids glisse plus facilement sur le fond de la dalle contre cette première plaque où il s'arrête et s'amalgame. Plus bas se trouve le *rifle*, cuvette en fonte carrée et plate, divisée en compartiments obliques et parallèles. Le rifle sert à arrêter et contenir l'amalgame trop fin échappé à la première plaque (1). »

La « production » est levée tous les soirs. Pour procéder à cette délicate opération on arrête le chargement des dalles et on diminue d'un tiers la prise d'eau. Quand il ne reste plus devant les plaques que le sable fin et l'or amalgamé, on réduit la prise d'eau à un mince filet, on relève les taquets qui retiennent les plaques et on pousse l'amalgame dans le rifle dont le contenu est versé dans un seau en bois à demi plein d'eau.

On tend alors un carré de linge de coton mouillé sur la batée et on verse sur ce linge le contenu du seau en bois ; puis on relève les bords du linge et on tend les plis de haut en bas. Le mercure filtre au travers, et seul, l'or amalgamé reste au fond avec quelques grains de sable et quelques gravats que l'on enlève par un dernier lavage dans la batée. Puis on emporte, pour la chauffer, la production de la journée (2).

On voit combien ce procédé est primitif et combien les ouvriers, même les plus habiles, laissent échapper d'or utilisable ; c'est au point que l'on peut repasser jusqu'à trois fois dans les criques les plus riches. Et pourtant la production ne cesse de s'augmenter ! On a débuté à Cayenne avec une production annuelle de 70 à 80 kilogr. d'or, et on a atteint maintenant le chiffre de 3000 et 4000 kilog. D'après le cône de $1^m,20$ de diamètre sur $2^m,50$ de hauteur qui, à l'exposition de la Guyane, donne une représentation visible de la quantité d'or extraite jusqu'à ce

---

(1) Coudreau, *op. cit.*
(2) Nous avons tenu à donner une description assez détaillée de ces opérations, parce que le procédé usité à la Guyane est le même qu'à Madagascar et dans l'Afrique occidentale française.

jour des placers de la Guyane, cette quantité serait en 1900 de 55.000 kilog. Or cet or natif se vend à Cayenne à raison de 2 fr. 80 le gramme pour la poudre et les pépites et de 2 fr. 90 pour les lingots. Il est coté sur tous les marchés d'Europe de 3 fr.10 à 3 fr. 15 en moyenne ; ce qui représente au bas mot une valeur de 85.250.000 francs.

Quelles sont les exploitations les plus importantes et les plus productives ?

I. Exploitations de la rivière Sinnamary.	Placer Saint-Élie qui a produit 6.524 kil. 4, d'une valeur de 21.670.444 fr. (1897) ; placer Dieu-Marie.
II. Placers de la Comté.	Placer Maripa qui a produit 11 000.000 de francs d'or. Placer Bief (moyenne mensuelle : 10 kilos. d'or). Rivière Comté (le lit même de la rivière) donne des teneurs de 0 fr. 10 à la batée (15 fr. le mètre cube) affluent Bagot.

Et, remarquons-le, on n'a encore exploité que l'or alluvionnaire, les filons n'ont pas été attaqués et le marteau du prospecteur n'a pas encore sondé les roches des monts Tumuc-Humac qui tiennent peut-être en réserve d'immenses champs de métal. D'autre part, la sentence de l'arbitre, dans le contesté franco-brésilien nous attribuera sans doute les riches placers du Carsevenne et des rivières parallèles. C'est donc une grande exploitation qui se prépare lorsque les voies de communication (chemin de fer étudié par M. Levat), la main-d'œuvre (la population est restée jusqu'à présent, presque stationnaire), et un outillage spécial permettront de mettre au jour l'or caché dans les sables et les roches de la Guyane.

Il se pourrait aussi que des métaux autres que l'or vinssent récompenser le travail des mineurs. Des gisements d'argent ont été autrefois exploités par les Hollandais à l'embouchure du fleuve Oyapoc et par les Français sur l'initiative de M. de Ferrolles ; d'autres gîtes ont été signalés sur les bords du Camopi,

et partout où l'on exploite l'or, on trouve, par surcroît, des traces d'argent. Le bassin de la rivière du tour de l'île recèle du mercure; celle de Sinnamary, du manganèse. Une mine de cuivre a été signalée aux portes mêmes de Cayenne, et le platine a été rencontré dans le lit de plusieurs rivières. La Guyane est également riche en pierres précieuses, notamment en topazes, grenats et améthystes. Enfin le fer existe partout en Guyane. Si les gisements de houille signalés tout récemment à Roura, à Maroni, dans l'île de Cayenne et dans le bassin du Carsewene ont vraiment les dimensions qu'on leur prête, ce serait une prodigieuse prospérité que l'avenir réserverait à notre colonie. « Loin d'être arrivée au terme de la
« période initiale, commune à tous les pays favorisés par la
« présence de l'or, période caractérisée par l'exploitation des
« placers, la Guyane n'est encore qu'au début de cette époque,
« caractérisée par l'écrémage des placers riches, au moyen de
« procédés tout à fait primitifs. Ces placers riches ne sont que
« très partiellement explorés, et il est indubitable que, sauf
« dans la zone immédiatement limitrophe des rivières navi-
« gables, il existe des quantités de gisements riches, qui n'at-
« tendent que la création de moyens de communication pour
« être immédiatement mis en œuvre (1). »

(1) E. Levat, *op. cit.*

PRINCIPAUX GISEMENTS MINIERS DES COLONIES FRANÇAISES

	OR	NICKEL	HOUILLE	COBALT	CHROME	CUIVRE	FER
Nouvelle Calédonie...	plusieurs filons	150.000 tonnes	gisements import.	3.000 t.	3.000 t.	1.500 t.(?)	gisements étendus
Annam...	720 kgs	»	15.000 t.	»	»	»	6.000 kil.
Tonkin...	quelques filons	»	gisements considérabl.	»	»	quelques mines	importants
Madagascar.	265 kgs	»	?	».	»	plusieurs mines	gisements
Afrique Occidentale française...	300 kgs (?)	»	»	»	»	»	gisements très étendus
Guyane...	4.000 kgs	»	deux bassins	»	»	deux mines	gisements importants
Totaux.	5.285 kgs	150.000	15.000 t.	3.000 t.	3.000 t.	1.500 t.	6.000 kil.

L'INDUSTRIE

En dehors des exploitations minières, l'industrie est encore, dans la plupart de nos colonies, à l'état de devenir. Y a-t-il lieu de le regretter et de chercher les moyens pratiques de modifier cette situation, ou est-il inutile et même dangereux de créer dans nos colonies des industries florissantes ? Ces deux opinions contradictoires ont été également soutenues avec la même énergie et la même conviction. Pourquoi, en effet, disent les adversaires de l'industrie coloniale, avons-nous conquis des colonies ? Sans doute pour offrir à nos commerçants des champs nouveaux d'exploitation, des marchés jusqu'alors inconnus, pour tirer un parti rationnel des richesses du sol et du sous-sol. S'il en est ainsi (et on ne peut nier qu'il en soit ainsi), le développement d'industries diverses, qui fourniraient sur place aux clients les produits manufacturés qui leur sont nécessaires ou qui utiliseraient là-bas la matière première, ne pourrait que frustrer les commerçants de la métropole et, partant, notre marine marchande de bénéfices qui leur sont légitimement dus en échange des sacrifices consentis. Prenons l'exemple d'une colonie dont les cultures abondantes et riches peuvent récompenser de leur travail les colons qui ont entrepris la mise en valeur du sol, ou dont les richesses minières peuvent attirer un grand nombre d'ouvriers et de travailleurs. De ces richesses agricoles, les unes seront consommées sur place, les autres, qui vraisemblablement n'auront pas de similaires dans la métropole, seront expédiées sur nos marchés et pourront s'y vendre à un prix rémunérateur, grâce à un tarif spécial de douanes. D'autre part, les métaux extraits pourront, il est vrai, être manipulés dans la colonie, s'il s'agit d'un métal qu'elle seule peut produire, comme le nickel, par exemple, en Nouvelle-Calédonie ou être consommés sur le territoire même, comme la houille ou le charbon ; mais les autres seront, pour nos bateaux, un excellent fret de retour et seront achetés par nos usines et nos manufactures à des conditions avantageuses à la fois pour ceux qui les vendent et pour ceux qui les utilisent. Ainsi donc, sauf pour quelques produits spéciaux, la métropole n'a aucun intérêt à ce que l'industrie locale se développe aux dépens de l'industrie métropolitaine. Nous irions évidemment à l'encontre de nos intérêts si nous lui suscitions une concurrence dans ces mêmes régions. « Contentons-nous donc d'exploiter le sol et le sous-sol de la colonie : cette dernière n'y perdra rien, bien au contraire, car le développement agricole aura pour effet d'exciter le commerce et de fournir à nos industriels les matières premières qui leur manquent et pour lesquelles ils sont tributaires de pays étrangers (1). » Il est vrai qu'une loi inévitable condamne les colonies à se séparer un jour de la mère patrie ; mais il est inutile de travailler d'avance à cette séparation en aidant la colonie à poursuivre trop vite des intérêts différents et quelquefois même opposés à ceux de la métropole. Nous savons que des publicistes coloniaux répondent à cet argument que « les habitants de la colonie consommant les mêmes produits assurent à la métropole la vente de ces derniers jusqu'au jour où la colonie a constitué elle-même tout son outillage commercial (2). » Mais

(1) Pierre Defauconpret, *op. cit.*
(2) De Lanessan, *Principes de colonisation.*

l'exemple de ce qui se passe pour la Grande-Bretagne avec les États-Unis depuis dix ans, de ce qui se passera avec le Canada et l'Australie demain n'a rien de particulièrement rassurant.

Il n'est cependant pas de règle, ajoutent-ils, qui ne souffre des exceptions. Si nous avions voulu prétendre que le devoir de la métropole est d'interdire par tous les moyens dont elle dispose, la création d'exploitations industrielles dans ses colonies, nous aurions soutenu une opinion dangereuse et même coupable. Il ne s'agit, bien entendu, que des industries pouvant faire concurrence à des industries analogues qui cherchent justement aux colonies les débouchés qui leur manquent, et non des industries qui naissent, pour ainsi dire, spontanément des produits spéciaux du sol et du sous-sol. En cette matière encore expliquons par un exemple la pensée des adversaires de l'industrie coloniale. Que l'on encourage par des primes à l'exportation, par des réductions ou même des suppressions de droits, en subventionnant au besoin la création d'usines pour le tissage et la filature du jute, rien de plus naturel et de plus nécessaire. Pourquoi? Parce que cette initiative pourra permettre à l'Indo-Chine de se substituer à l'Inde Anglaise dans la fourniture des tissus de jute à l'Extrême Orient et dans celle des fils de jute à l'industrie française. Que l'on encourage, par les mêmes moyens ou par tous ceux qui paraîtront utiles, les usines qui utiliseront la ramie, quand le problème du décortiquage en aura été résolu, ce sera de bonne politique économique, parce que la ramie est un produit propre à certaines de nos colonies. Mais si les mêmes encouragements étaient donnés aux filatures de soie ou même de coton, il y aurait là pour nos industries métropolitaines une concurrence redoutable et parfaitement inutile, puisque ces industries métropolitaines pourraient et devraient acheter les matières premières à nos colonies à un prix avantageux pour ces colonies et s'affranchir ainsi, au grand profit des intérêts connexes de la France et de ses établissements, de la production étrangère. Rappelons aussi l'exemple cité tout à l'heure du nickel. Il est tout naturel d'encourager la Nouvelle-Calédonie à tirer parti du nickel qu'elle extrait puisque cette colonie constitue le seul marché français de ce produit et qu'elle ne fera ainsi concurrence qu'au Canada et peut-être à la Norvège ; mais une colonie qui fabriquerait elle-même, avec la matière première extraite de son sol, ses machines, ses instruments ou son matériel de voie ferrée, ne pourrait que préparer ainsi la rupture entre les intérêts de la mère-patrie et ceux de la colonie. Il vaudrait mieux, par des tarifs spéciaux, par des encouragements divers, par la certitude pour la colonie que les matières premières qu'elle produit seront achetées par la métropole, réserver, au contraire, les droits de l'une et des autres et lier si bien les intérêts des deux parties que leur union en deviendrait, pour ainsi dire, indissoluble.

Ainsi donc, il est utile et sans danger pour la métropole que l'Indo-Chine tire industriellement parti du jute, que l'Algérie tisse l'alfa, que la ramie alimente les usines d'outre-mer, parce que la France ne produit ni jute, ni alfa, ni ramie ; aller plus loin serait une duperie dont souffriraient les colonies elles-mêmes, puisque, n'achetant rien ou presque rien à la métropole, elles perdraient, de leur côté, pour leurs produits agricoles et leurs matières premières, la clientèle de la mère-patrie et l'espoir d'obtenir le régime de faveur dont elles ne peuvent se passer. M. Méline va plus loin encore : Il faudrait imposer, dit-il, sous une forme quelconque aux établissements industriels qui essayeraient de se fonder aux colonies, une taxe suffisante pour rétablir l'égalité dans la production entre eux et les établissements français de la métropole.

Les adversaires de cette théorie répondent à leur tour qu'on ne saurait songer à arrêter par quelques mesures fiscales ou quelques taxes douanières le développement naturel et rationnel des pays neufs. Non seulement la métropole n'a pas le droit d'imposer au colon telle occupation de préférence à telle autre, de contrarier le Français immigrant dans ses entreprises, mais encore elle a le devoir d'encourager, au contraire, les exploitations industrielles. Qu'observe-t-on aujourd'hui en Asie ? — pour ne rien dire de l'Afrique dont la vie industrielle ne commencera vraisemblablement que dans un demi-siècle. « Nous l'avons déjà dit : l'Inde, le Japon, la Chine deviennent de grands pays producteurs. Pourquoi le Tonkin n'aurait-il pas de semblables destinées ? La nature les lui a promises en lui donnant le charbon, le fer, le coton, la soie, et sa population nombreuse, douce, intelligente, peut être employée par les colons dans les ateliers comme sur les plantations. Il convient donc que cette province de notre empire colonial devienne au siècle prochain, comme l'Inde, le Japon, la Chine, un pays industriel. D'abord elle fabriquera pour son propre compte, puis elle exportera sur les marchés asiatiques les cotonnades, les soieries, l'acier, les machines, etc. Les capitaux français auront ainsi à choisir entre différents emplois (1). » Et partant de cette idée, juste d'ailleurs pour le Tonkin à cause du voisinage des grands marchés de l'Extrême-Orient, mais plus contestable pour quelques-unes de nos colonies, les libre-échangistes demandent, non seulement la suppression des droits d'entrée que la loi de 1892 a institués dans nos établissements d'outre-mer conformément au tarif métropolitain, mais encore la création de primes qui assureront à ces industries naissantes, qui leur permettront de trouver les capitaux nécessaires et leur donneront le temps de triompher de la concurrence internationale. Si la première de ces revendications paraît acceptable, la deuxième semble singulièrement exagérée. On ne saurait admettre que la métropole consacre une part quelconque de ses ressources à encourager pécuniairement la création d'industries qui vraisemblablement feront

---

(1) Louis Vignon, *L'Exploitation de notre empire colonial*.

concurrence à l'industrie métropolitaine. Cela est si vrai que les avocats de ce régime de protection à rebours hésitent, eux-mêmes, devant les extrêmes conséquences de leur théorie, et qu'amenés à se demander dans quelles conditions les produits des manufactures coloniales seront admis à entrer en France, ils ajournent leur réponse « au temps encore éloigné où les colonies seront en situation d'exporter en Europe ».

Comme pour le commerce, la vérité se trouve entre ces deux théories extrêmes. Le régime industriel de nos colonies doit être celui de la liberté, cela est évident et le législateur outrepasserait ses droits en empêchant soit par des tarifs prohibitifs, soit par des refus d'autorisation, telle ou telle industrie de se créer dans une colonie. Mais il doit se défendre d'encourager par des primes la création de ces industries car il risquerait ainsi de soutenir, par des procédés factices, des usines ou des fabriques qui disparaîtraient le jour où l'Etat cesserait de les alimenter de ses encouragements pécuniaires. En cette matière encore, pas de théories générales. Il se peut que telle ou telle industrie puisse et doive réussir dans une colonie à raison du bon marché de la matière première, de l'abondance de la main-d'œuvre ou de la proximité d'un grand marché ; le devoir strict de la métropole est alors de ne contrarier en rien la création de cette industrie et son développement normal. La liberté des Français doit être absolue dans les colonies comme dans la métropole, mais il est permis de penser que les colonies auront le plus souvent intérêt, si on les y aide par un tarif douanier bien compris, à vendre leurs matières premières à la métropole et à demander surtout aux produits naturels du sol et du sous-sol le développement normal et la prospérité auxquels ils doivent légitimement prétendre.

Cette réserve une fois faite, examinons maintenant quelle est la situation actuelle de l'industrie dans chacune de nos colonies.

GUADELOUPE

Sans être aussi grave qu'à la Martinique dont nous étudierons plus loin la situation économique, celle de la Guadeloupe a beaucoup souffert de la mévente des sucres et de la difficulté de se procurer les travailleurs qui lui étaient nécessaires. Cependant l'industrie du sucre et de ses dérivés, rhums et tafias, bien qu'elle ne soit pas extrêmement prospère, livre encore à la consommation et à l'exportation près de 39,625,662 kilogrammes de sucre et 4,320,857 litres de rhum et de tafia. Ces industries ont fait dans le passé la fortune des *grandes habitations*, mais elle est devenue plus importante encore avec la création des usines centrales dont les produits sont bien supérieurs en quantité et en qualité à ceux des anciens établissements. Ces usines sont au nombre de 20, et les plus importantes sont celle de l'*Arbousier*, à Pointe-à-Pitre, l'usine Blanchet, dans la commune du Morne-à-eau ; les usines Beauport au Port Louis, Duchassaing au Moule, de Metz au Grand-Bourg, etc. Quelques usines pour la mise en pâte du roucou ou pour le bonifiage du café sont fréquentées par les producteurs qui ne possèdent pas à demeure l'outillage nécessaire et apportent là leurs récoltes. D'autre part, bien que la presque totalité du cacao récolté dans l'île s'exporte et qu'une petite quantité seulement soit réduite en pâte par les producteurs eux-mêmes pour la consommation locale, il existe à la Guadeloupe deux petites fabriques de chocolat. La colonie, plus riche en cela que sa voisine, possède aussi plusieurs tanneries dont la plus importante est celle de M. Colardeau, une distillerie qui appartient à M. Desgranges, et enfin une fabrique de boissons gazeuses et de conserves d'ananas récemment installée par M. Satis.

Il est étrange de constater que dans un pays forestier comme la Guadeloupe, personne n'ait encore songé à tirer parti, pour la fabrication du papier, des matières fibreuses qu'il serait cependant facile de se procurer à très bas prix, ni à exploiter les bois de construction, sans doute d'un accès difficile parce qu'ils sont disséminés dans la forêt ou sur la montagne, mais dont l'exploitation sur place empêcherait les habitants de l'île de demander aux Etats-Unis la presque totalité de leurs matériaux (1). On le voit, si on excepte les fabriques de sucre, la Guadeloupe ne possède pas d'industrie. Il est vrai que presque toute la population indigène vit de cette exploitation unique en travaillant, soit dans les champs de canne, soit dans l'intérieur des usines, et quelquefois même, suivant les saisons, alternativement dans les deux chantiers. Malheureusement, à la suite de la crise ouvrière, le salaire journalier est tombé à 1 fr. 50, ce qui est certainement insuffisant et ne rémunère pas le travail qu'on demande aux ouvriers. Ajoutons, toutefois, que c'est surtout par le moyen d'ateliers permanents d'immigrants que les grandes propriétés entretiennent leurs cultures, alors que la main-d'œuvre dans les fabriques, généralement mieux rétribuée, est fournie par les ouvriers et les journaliers indigènes. Mais il est évident qu'avec le salaire même maximum qu'ils touchent et la cherté des denrées indispensables à la vie, cherté due à l'élévation du change et à la nécessité de lutter contre la concurrence des indigènes venus des Indes Anglaises, la situation de l'ouvrier reste précaire et digne d'intérêt, sans que pourtant cette situation soit aussi grave et aussi inquiétante que dans l'île voisine. Elle pourra même s'améliorer mais il faudra pour cela, car nous en revenons toujours à la même question, que la Guadeloupe cesse de se consacrer à une industrie unique dérivant, d'ailleurs, d'une culture unique, source de toutes les crises économiques.

(1) Les habitants de Saint-Martin exploitent assez régulièrement quelques salines et utilisent la terre à poterie dont il existe des couches assez étendues pour la fabrication de poteries communes.

LA MARTINIQUE

Il est incontestable que l'industrie de la Martinique traverse une crise douloureuse et dont il est difficile de déterminer exactement les causes, ou plutôt dont les causes sont tellement complexes qu'il est extrêmement délicat d'expliquer comment elles réagissent les unes sur les autres. Il est certain qu'avant 1884, les travailleurs de la Martinique touchaient un salaire qui variait entre 1 fr. 60 et 2 fr. 50. Ce salaire, à la suite de la crise sucrière, est successivement tombé à 1 fr. puis à 75 centimes, ce qui est absolument insuffisant et ne rémunère pas le travail fatigant des ouvriers. Le taux élevé du change le diminue encore et il est trop souvent payé en monnaie conventionnelle nommée *gaydons*, c'est-à-dire en jetons d'une valeur de 5, 10 et 15 centimes. La situation était d'autant plus mauvaise pour les travailleurs de la Martinique qu'ils avaient à lutter contre la concurrence des Indiens qui étaient engagés par les propriétaires et qui consentaient à travailler à des prix dérisoires. D'autre part, les usiniers ont eu à subir, dans les dernières années, de grosses pertes et leurs dettes se sont accrues dans des proportions considérables. Aussi l'exploitation des usines a-t-elle été pendant longtemps ruineuse pour ceux qui l'avaient entreprise. C'est ainsi que, l'intérêt légal étant de 8 0/0 à la Martinique, deux usines seulement dépassent ce taux et aucune autre ne l'atteint. Dans leur ensemble, les dix établissements industriels n'ont pu servir à leurs actionnaires qu'un intérêt moyen de 5 fr. 29. Hâtons-nous d'ajouter, toutefois, que la situation est redevenue meilleure depuis deux ans, que les bénéfices ont été plus grands, et qu'à la suite d'arbitrages, le salaire des ouvriers a été relevé de 25 0/0 dans certaines régions de l'île et de 50 0/0 dans d'autres, sans préjudice des caisses de prévoyance et de secours, dans lesquelles les propriétaires ont engagé 5 0/0 de leurs bénéfices annuels. Cela ne saurait suffire et la situation sera grave tant que le salaire des ouvriers n'aura pas atteint l'ancien taux de 2 fr. à 2 fr. 50, qui leur est nécessaire pour faire face aux besoins les plus pressants de la vie. On voit combien le conflit est difficile à résoudre. D'un côté, des usiniers qui ne vivant pas du capital engagé ont eu recours à une réduction de salaires, de l'autre, des ouvriers qui, réduits à des salaires insuffisants, réclament une augmentation proportionnelle aux bénéfices réalisés depuis deux ans et qui après avoir souffert quand les affaires périclitaient, un traitement meilleur alors que les affaires reprennent une certaine activité. Et cet antagonisme inévitable est d'autant plus fâcheux que, sans les ouvriers qu'ils emploient, les usiniers ne pourraient même pas faire enlever les cannes au moment de la récolte et que, sans les usines, l'exportation de la canne ne serait plus possible et que les salaires agricoles seraient, par cela même, supprimés. Cette situation a nui singulièrement (est-il besoin de le dire ?) à la prospérité de la Martinique et, si elle s'est légèrement améliorée depuis quelques mois, le problème n'aura de solution que par le patriotisme des uns et la générosité des autres.

Les principaux établissements industriels consacrés à l'exploitation de la canne sont au nombre de douze à la Martinique, savoir : l'usine de Bassignac, celle de la Trinité, de Sainte-Marie, de Robert, de François, de Lamentin, de Petit-Bourg, de la Rivière-Salée, du Marin, de la Basse-Pointe, de Simon et des Trois-Rivières. En dehors de l'industrie sucrière, existe-t-il dans la colonie d'autres industries importantes ? Évidemment non, tout le travail industriel étant concentré dans les usines à sucre ou de tafia. Pourtant on compte à la Martinique six briqueteries dont les produits sont achetés par la clientèle locale, près de quarante chaufourneries, une fabrique de chocolat qui travaille sur place le cacao des Antilles, une de vermicelle, une minoterie et seulement deux scieries mécaniques alors que les forêts de l'île pourraient fournir la matière première à un bien plus grand nombre d'établissements de ce genre dont les propriétaires réaliseraient certainement d'importants bénéfices. En somme, il en est de l'industrie comme de l'agriculture. La Martinique ne vit que par et pour le sucre, et voilà pourquoi il importe que la solution de la crise industrielle dont souffre aujourd'hui la colonie intervienne à bref délai.

LA RÉUNION

Voici encore une colonie où l'industrie s'occupe presque exclusivement de la transformation de la canne en sucre, en rhums et en tafias. Cette industrie serait plus importante si la main-d'œuvre ne faisait défaut et ne mettait les industriels dans la nécessité de ralentir leur production. Il existe à l'heure actuelle dans l'île quarante usines à sucre, vingt-six fabriques de rhum, deux cent trente-neuf appareils distillatoires à essence, et trois féculeries. Ces usines appartiennent à cent trente-huit propriétaires. Quant aux produits manufacturés par l'industrie familiale, ils ne sont pas très nombreux. A Salazie, les femmes et les enfants travaillent à la préparation de la paille de chouchou avec laquelle ils fabriquent des corbeilles, des chapeaux et divers autres objets qu'ils vendent aux étrangers de la station thermale. La feuille de latanier et celle du vétiver sont utilisées à la confection de chapeaux qui, malheureusement, ne se vendent guère et ne procurent aux ouvriers que des revenus très faibles. Signalons enfin que dans la commune de Sainte-Rose, et surtout au Bois-Blanc, les femmes et les enfants tirent un grand parti des feuilles de vacoa. Ces feuilles sont employées à la confection de sacs d'emballage pour les sucres. Le sac de vacoa est même la monnaie courante dont usent les habitants de la localité. Le commerçant indien, arabe ou chinois, l'échange au gré du fabricant contre une denrée quelconque. La feuille du pandanus est également utilisée à la confection de nattes très recherchées par la classe pauvre. Cette natte représente bien souvent à elle seule tout le mobilier de l'Indien et du Cafre.

GUYANE FRANÇAISE

Chose curieuse ! Bien que l'industrie du sucre soit presque complètement ruinée à la Guyane, celle du rhum et du tafia a survécu à la disparition de la canne, grâce à la mélasse, résidu de la fabrication du sucre que les distillateurs font venir principalement de Démerari, de la Trinidad et de Sainte-Lucie. Cette mélasse, dont le prix est d'environ 0 fr. 25 le kilogr., dose ordinairement de 40 à 60 0/0 de sucre et donne un rendement en tafia variant de 50 à 60 0/0 du poids de la mélasse employée. D'autres industriels, moins bien outillés, fabriquent également des eaux-de-vie de fruits et des alcools amers ou aromatisés. Cette industrie, loin d'être en décadence, tend, au contraire, à prendre une certaine importance. Il en est de même des usines qui distillent le bois de rose.

Enfin, il convient de signaler les établissements qui utilisent les importants gisements d'argile rouge affectés à la fabrication des briques moulées. On voit combien l'industrie guyanaise est peu de chose, alors qu'elle devrait être si importante dans un pays qui pourrait fournir la matière première à la poterie et aux faïences, aux distilleries d'essences médicinales ou de parfumerie, à l'utilisation des bois et à la création de fours à chaux, puisqu'on fait venir de l'étranger toute la chaux nécessaire à la construction. Nul doute que l'établissement d'une voie ferrée ne donne à l'industrie un développement considérable et profitable à la colonie.

AFRIQUE OCCIDENTALE ET CONGO

La vérité est (il ne faut pas la dissimuler) qu'il n'existe aucune industrie ni au Congo ni dans l'Afrique occidentale, sauf dans quelques villes de la côte ; encore cette industrie est-elle rudimentaire et n'a-t-elle pour but que de fournir aux habitants les objets de première nécessité. « Il existe cependant à Kayes une briqueterie, une presse à huile et une machine à glace installées avec la participation officielle. L'unique commerçant européen de Kayes a créé d'abord une boulangerie, ensuite une fabrique d'eau de seltz et de limonade gazeuse. Ces deux installations donnent déjà d'excellents résultats et il serait à désirer que l'exemple de ce commerçant fût suivi par plusieurs de nos compatriotes. »

Le travail des artisans indigènes s'applique donc exclusivement à la fabrication d'objets utilisés dans le pays. Dans la région du Cavally, au témoignage du capitaine Blondiaux « le commerce le plus actif est celui des étoffes de coton, « fabriquées dans le pays, et du sel ». « Les deux industries « de la région du Bandama sont le tissage du coton et la « teinturerie de l'indigo. Il faut noter aussi la fabrication de la vannerie grossière, de nattes, de poteries usuelles », et aussi la construction de pirogues d'une forme spéciale et destinées à circuler du nord au sud de la rivière. Ces renseignements confirment en partie ceux qu'avait donnés Marchand dans son rapport de 1895. « Plus au sud, les habitants des « bords du Sassandra ne fabriquent pas de pagnes, si ce n'est « en écorce d'arbres ; ils font peu de poterie et point d'huile ; « ils n'ont ni poudre d'or, qu'ils ne connaissent même pas, ni

« d'autres métaux ; de loin en loin, ils récoltent quelques dents
« d'éléphants. » Plus au nord, M. Alby raconte « que les indigènes des Bouloum se livrent à l'industrie de la tannerie, des peaux de chèvre et de mouton, et qu'à Ouangara, l'industrie du tissage et de la teinture des étoffes de coton occupe beaucoup de monde. » A Boussourima, la fabrication la plus usuelle est celle de la bière de mil. Le même M. Alby signale qu'à Ouangara l'industrie du fer est très active. Sur les bords du Niger, c'est aussi l'industrie des pagnes de coton et de la teinture d'indigo. Ces pagnes, connus sous le nom de « pagnes de Ségou », se fabriquent un peu partout, mais plus particulièrement à Bammako. « Le long du fleuve, dans l'ombre bleue des grands arbres qui toujours marquent une ville ou un village, on voit installés les tisserands qui, doucement, font courir la navette. » En somme, quelques ouvriers rudimentaires pour l'extraction de l'or, quelques forgerons, beaucoup de tisseurs, pas mal de teinturiers, quelques fabricants d'huile et un certain nombre de tanneurs, voilà tous les ouvriers du Soudan et du Niger. Les aptitudes des populations se sont adaptées à celles de leur pays : c'est l'agriculture qui règne en maîtresse dans l'Afrique occidentale, c'est elle qui inspire le travail et qui arrache, par la nécessité de vivre, les indigènes, à l'oisiveté si chère aux peuples noirs.

Il n'y a donc pas grand chose à attendre de ces peuplades qui s'en tiendront vraisemblablement toujours à leurs travaux grossiers. Seule l'initiative privée pourra créer au Soudan quelques établissements industriels avec chances de succès. Ainsi les industriels français pourraient utiliser sur place le coton indigène pour fournir les étoffes nécessaires à la consommation locale. Il serait de même facile d'entreprendre la fabrication des huiles végétales diverses, notamment l'huile d'arachide et l'huile de coton. « L'arachide coûte à Kayes moitié moins cher qu'à Saint-Louis ; c'est dire l'intérêt qu'il y aurait à la traiter sur

place. Une usine d'huile ne demande pas d'ailleurs d'installation bien compliquée ni bien coûteuse : l'exemple du service du chemin de fer qui en a créé une petite pour ses propres besoins est là pour prouver que l'entreprise est aisée. Enfin la vente et l'utilisation comme combustible de tourteaux recueillis viendraient encore en déduction des frais d'exploitation (1). » Une autre industrie qui, d'après M. Lagrillière-Beauclerc, est également appelée à prendre dans ces contrées une grande importance est la fabrication de l'alcool de grains. « Le Dr Calmette de
« l'Institut Pasteur de Lille aurait trouvé avec l'aide de deux
« chimistes du Nord un ferment, « l'Amylomyce », permettant
« d'éviter, dans la fabrication de l'alcool, l'emploi des malts
« et des acides, et avec lequel on obtiendrait des grains un
« rendement bien plus considérable. Or comme le mil et le maïs
« poussent presque partout au Sénégal et au Soudan, une
« industrie qui s'y installerait pour distiller de l'alcool de grains,
« pourrait réaliser des bénéfices d'autant plus élevés que la
« matière première y serait peu coûteuse (2). »

Mais l'installation d'industries prospères en Afrique sera toujours très difficile à cause du manque de houille. Il est impossible de songer à utiliser le charbon d'Europe qui revient naturellement très cher ; d'autre part, le bois de chauffage fourni par les forêts à proximité d'une usine serait bien vite épuisé. Il faudrait donc, avant d'entreprendre des essais sérieux, utiliser les chutes d'eau en vue de la production de l'électricité. Tant que cette question n'aura pas été résolue, l'industrie n'existera pas.

(1) *Rapport du général de Trentinian.*
(2) P. Defauconpret, *op. cit.*

MADAGASCAR

Pas plus que dans l'Afrique occidentale, l'industrie n'existe à Madagascar. Là encore, il faut escompter les promesses de l'avenir et ces promesses seront bien incertaines tant que l'existence de la houille dans la grande île n'aura pas été officiellement démontrée, ou tant que le problème de l'utilisation des chutes d'eau n'aura pas été résolu. C'est, d'ailleurs, l'opinion du général Galliéni lui-même : « Madagascar offre de nombreuses ressources pour la fabrication d'entreprises industrielles ; mais ces entreprises exigent, pour leur mise en œuvre, du temps et des moyens de transport faciles et peu onéreux ; la courte période qui s'est écoulée depuis la pacification des régions où des essais industriels avaient été commencés par la population indigène et l'organisation administrative économique du pays ne permet donc pas de donner aujourd'hui des résultats (1). » Actuellement à quoi se borne l'industrie européenne, en dehors bien entendu de l'exploitation des gisements aurifères ? Pour mieux comprendre combien peu a été fait au regard de ce qui pourrait être tenté, rappelons sommairement que Madagascar pourrait fournir aux colons les éléments nécessaires à l'exploitation des bois, à la fabrication des briques, à celle du sel, à la métallurgie et à la sériciculture.

L'exploitation des bois ? Il est évident que cette industrie ne prendra toute sa valeur que lorsque les voies de communication permettront la mise en valeur économique du domaine forestier. Cependant, en 1897, deux permis d'exploitation de bois dans la forêt d'Ankeramadinka (900 hectares) et aux environs de Sabotsy (700 hectares), ont été délivrés par le gouverne-

---

(1) Général Galliéni, *Rapport d'ensemble*.

ment; en 1898, quatre autres permis (1050 hectares dans la province de Majunga, 1000 dans le district d'Andevoranto, 110 et 780 dans la forêt à l'est de Tananarive), ont été délivrés dans des conditions identiques. Le bois exploité vaut pour la première qualité de 120 à 130 fr.; pour la seconde, de 105 à 110; il faut ajouter à ces prix, quand il s'agit d'exportation, la valeur du fret et des dépenses d'embarquement et de débarquement (30 à 40 fr. par tonne), et le bénéfice du traitant qui varie selon les conditions du marché.

La fabrication des briques? Quelques colons ont installé des fours à chaux près de Tananarive et des briqueteries aux environs de Majunga et à Marololo. Mais ces tentatives sont bien peu de chose comparativement aux richesses naturelles dont il serait possible de tirer parti.

La fabrication du sel? Elle est presque exclusivement cantonnée dans les salines de Diégo-Suarez; en 1898, elles ont donné 1000 tonnes de sel, dont 550, détail important à retenir, ont été expédiées à destination de Calcutta. En 1889, la production a plus que triplé, puisque les évaluations permettent de penser qu'elle atteindra de 15,000 à 16,000 tonnes.

Ni la métallurgie, ni la sériciculture n'ont encore tenté de sociétés européennes. Et pourtant la matière première, pour la sériciculture, ne ferait pas défaut et coûterait relativement peu. Nous avions donc raison de prétendre que les colons industriels manquent encore à Madagascar et qu'ils ne viendront que lorsque l'établissement de voies de communication commodes pourra rendre leurs efforts pratiques et profitables. Quelques industries prospèrent cependant dès aujourd'hui : les usines de fabrication de conserves de viandes créées à Antongobato (Diégo-Suarez) ont produit, en 1898, 766,761 kilogr., alors qu'elle était seulement de 140,345 kilogr. en 1897. Cette industrie serait bien plus prospère encore si le Parlement n'avait, il y a quelques mois, voté une loi qui interdit au ministère de la guerre d'acheter, pour l'alimentation de l'armée, les conserves de viande préparées dans nos colonies.

Il ne faut pas oublier non plus que si les deux usines sucrières créées par M. Maricot à Mahassoa et qui étaient en pleine prospérité en 1893, ont cessé de fonctionner depuis la dernière guerre, celles de MM. Bonâme et Cie à Melville, de M. Dupuy au nord de Tamatave et de M. Delacre à Vatomandry occupent encore un certain nombre d'ouvriers. Mais les propriétaires ont renoncé à la fabrication du sucre et ne produisent guère que du rhum qui fait concurrence à celui que fabriquent les trois rhumeries de Nossi-Bé. Dans le district de Mahanoro, deux colons se proposent de créer une grande sucrerie et rhumerie dans la plaine d'Ampotaka qu'ils planteront en cannes. « En dehors de ces usines, exploitées par des Européens, il y a lieu de mentionner, à titre de renseignement, les produits malgaches qui, comme l'on peut penser, sont de qualité tout à fait inférieure et sont connus sous le nom de « *toaka* » et de « *betsabetsa* ». Le toaka, souvent appelé par les indigènes *toaka gasy* ou rhum malgache, est une sorte de rhum presque incolore, obtenu par la fermentation et la distillation des jus sucrés extraits de la canne... Enfin, les Hovas fabriquent encore, en faisant fermenter et en distillant le miel, une liqueur alcoolique nommée « *toaka-tantely* » (1).

Si l'occupation française n'a nullement contribué au développement de la sériciculture à l'aide de capitaux et de perfectionnements mécaniques européens, les indigènes de l'Imérina et du Betsiléo lui consacrent une grande partie de leur activité. Elle existe également sur divers points de la côte Ouest et principalement dans les régions de Marovoay, de Maevarano et dans l'île de Kibouho. Le prix des cocons varie sensiblement suivant les provinces :

---

(1) *Guide de l'Immigrant à Madagascar*, t. II.

Région de Maroandriana . . . 5 fr. les 2,000
— d'Arivonimamo . . . —
— de Miarinarivo . . . 5 fr. les 1,800 (700 paeres)
— du Betsiléo. . . . 5 fr. les 900.

La largeur des étoffes tissées varie également. Pendant que dans la province de Maroandriana, cette étoffe a une largeur d'environ 1 mètre et que son prix est de 10 francs le yard (0^m,91), la dimension n'est dans la province de Betsiléo que de 0^m,90 de large sur 2^m,20 de long, et son prix de 30 à 150 fr. suivant la dimension et la qualité de la soie. Rien que pour la province du Betsiléo, la fabrication de la soie par les indigènes représente une valeur de 150,000 fr. environ.

Le ver à soie n'est pas le seul animal producteur de soie à Madagascar. Il existe aussi dans l'île deux espèces d'araignée (les épeires) qui produisent une soie beaucoup plus courte que celle du ver, mais cependant utilisable, bien qu'il n'ait pas encore donné lieu à une exploitation industrielle quelconque.

Ce n'est pas seulement les fils de soie que tissent les Malgaches sur leurs métiers primitifs, bien que ceux des Betsimisarakas soient supérieurs à ceux des Hovas. Si l'importation des cotonnades américaines et plus récemment celle des cotonnades françaises ont tué l'industrie cotonnière à Madagascar, le chanvre est encore tissé dans le Vakinankaratra où le *lamba* vaut de 1 fr. 50 à 2 fr. et où le rafia tissé sert à fabriquer la *rabane*, sorte d'étoffe solide et grossière dont la pièce de 5 mètres se vend 1 fr. 40 à Tananarive, 80 centimes à Andévoranto et 60 centimes à Tamatave. Enfin, l'industrie des dentelles de soie, créée par les Sœurs et les représentants des missions anglaises et pour laquelle les femmes indigènes ont fait preuve des plus curieuses dispositions, a pris, depuis l'insurrection, une assez grande activité à Tananarive et dans les cercles d'Ambohimanga et de l'Avaradrano. La valeur de ces dentelles varie de 30 centimes la brasse (de 1^m,50 de long), à 6,20 (depuis 1 centimètre jusqu'à 12 centimètres de large).

Les Hovas utilisent également les bois de leur pays. Organisés en corporation, les menuisiers, qui ne disposent d'ailleurs que d'un outillage rudimentaire, fabriquent cependant la plupart des objets d'ameublement et ne gagnent à ce dur travail que des salaires qui varient entre 1 fr. 25 et 1 fr. par jour. D'autre part, les travaux métallurgiques ont fait, dans ces dernières années, des progrès considérables, et des ouvriers qui ont acquis une certaine habileté de main travaillent le fer en Imerina, à Marofangady et à Ampanefy. Les indigènes ont, de temps immémorial, connu la fabrication de la poterie, et cette industrie aurait pris un développement beaucoup plus grand, n'était la mauvaise qualité de la matière première dont ils disposent.

Madagascar possède donc la matière première nécessaire pour fournir à l'industrie des ressources abondantes et variées ; mais cette industrie n'existe pas. La création d'écoles professionnelles aura bien pour résultat de perfectionner les procédés et les usages des ouvriers indigènes ; elle n'aidera pas au développement de l'industrie française ou européenne. Seules, des lignes de navigation plus nombreuses, des voies de communication rayonnant de la côte vers l'intérieur, des tarifs de douanes appropriés aux besoins et peut-être même un système raisonné de primes et d'encouragements pécuniaires pourront doter la grande île des exploitations qui lui manquent.

MAYOTTE ET COMORES

L'industrie de Mayotte et des Comores consiste tout entière dans la fabrication du sucre. Un grand nombre d'usines ont été ouvertes et ont fonctionné à différentes époques. De ces usines un certain nombre ont dû interrompre leur exploitation, les autres existent encore et sont même aujourd'hui assez prospères. Le tableau suivant donnera une idée assez exacte de l'exploitation sucrière en 1899.

Mayotte.   De 1846 à 1858, neuf usines, sept existent encore.
                De 1858 à 1875, cinq usines, une existe encore.
Grande Comore. Société Humblot et Cie date de 1887.
Anjouan.   Trois usines.
Mohéli.   Néant.

Au total douze usines qui, à l'aide d'appareils puissants, extraient de la canne 72 à 73 0/0 du jus qu'elle contient et la transforment en sucre ou en rhum.

ETABLISSEMENTS FRANÇAIS DE L'INDE

A l'exception de la filature de jute à Chandernagor et des trois filatures de coton de Pondichéry, l'industrie européenne n'existe pas. Il a bien été ouvert à Chandernagor une filature de jute au capital de 200,000 francs, mais cette usine n'a pas trouvé auprès des pouvoirs publics les facilités douanières qu'elle avait pourtant sollicitées avec énergie. Elle est actuellement contrainte, faute d'une ligne de navigation qui lui permettrait d'expédier directement ses produits vers la France, de les transporter en territoire anglais. Il y a là une situation anormale à laquelle il serait urgent de porter remède.

A Pondichéry, la principale exploitation industrielle est la filature et le tissage mécanique des toiles de coton dites *guinées* qui s'expédient vers le Sénégal et la côte occidentale d'Afrique.

Cette industrie est protégée par les décrets du 19 juillet 1877 et du 17 octobre 1880 qui assurent aux guinées entrant au Sénégal la même franchise qu'aux toiles fabriquées en France. Ces filatures, si la vente des guinées venait à diminuer progressivement de ce côté, pourraient alors expédier leurs produits en Indo-Chine et à Madagascar, à la faveur du tarif douanier des colonies. Un mouvement existe déjà du port de Pondichéry à la grande île. La création d'une ligne directe de navigation ne ferait qu'accroître le courant d'échanges.

A l'industrie de la filature s'ajoute comme complément naturel celle de la teinturerie. Pondichéry reçoit non seulement des alentours, mais de la métropole elle-même, des toiles blanches que les teinturiers transforment en guinées pour les vendre au Sénégal. Les percales et les shirtings anglais et français, teints dans la ville même sont expédiés à la Réunion et à Madagascar. Quelques balles parviennent même jusqu'au Maroc.

Ces trois filatures avec leurs annexes sont les suivantes :

« *Savana* », compagnie anonyme en actions au capital de cinq millions de francs fournis par des capitalistes français. L'usine occupe deux mille ouvriers.

Société industrielle de Cossapaléon, société anglaise au capital de 560,000 francs environ. 400 ouvriers y travaillent régulièrement.

Goebelé et Cie, société en nom collectif au capital de 240,000 fr. Tous les capitaux sont français; nombre d'ouvriers : 400.

Une quatrième usine de filage et de tissage doit être installée aux environs de Pondichéry, dans le village de Modéliarpett par une société anonyme anglo-française dont le siège social sera fixé à Paris. Des renseignements recueillis il résulte que cette Société sera au capital de 10 millions de francs répartis en actions, qu'elle aura plus de 40,000 broches et qu'elle occupera 3,000 ouvriers.

En dehors des filatures, l'industrie de la tannerie a une tendance à se développer depuis quelques années. Les produits de cette industrie (peaux de chèvres, de moutons, vachettes tannées dans la colonie) sont très estimés sur les marchés du continent, d'Angleterre et d'Amérique.

Les Hindous s'occupent aussi de la fabrication d'huile d'arachides, mais le système reste primitif et consiste en petits moulins séparés et mûs par une paire de bœufs. Il en est de même à Karikal. Une grande industrie avec des presses et des machines perfectionnées pourrait avoir quelques chances de succès, surtout si des adoucissements étaient apportés par le gouvernement anglais à l'application de l'Indian act de 1894. Ces huiles sont pour la majeure partie consommées sur place, cependant il en est exporté quelques tonnes à Maurice et en Birmanie.

Il existe également à Pondichéry quelques indigoteries qui, autrefois prospères, ont été singulièrement atteintes par la découverte de l'aniline. Toutefois, cette industrie trouve encore quelques débouchés auprès des teintureries locales. Elle expédie, même, quelques caisses en France et en Angleterre.

Dans nos établissements de l'Inde comme dans toutes nos colonies, l'industrie familiale est, pour ainsi dire, la seule prospère. A Karikal, les castes de Caïclava, de Cannadia et de Sénia tressent le coton en utilisant les fils venus de France ou du territoire anglais. Ces toiles sont utilisées sur place ou exportées à Colombo. Chaque métier ne comporte qu'un seul ouvrier, exception faite de ceux qui sont employés à laver, à teindre et à ajuster le fil. Le fonctionnement de chaque métier n'exige qu'une mise de fonds de 50 roupies ou de 80 francs environ. De même, les ouvriers indigènes de Pondichéry tissent le coton employé à la fabrication de mouchoirs dits Burgos et Madras ; les femmes font de la dentelle ou travaillent à des broderies d'un travail délicat ; des artistes cisèlent les bijoux d'or et d'argent, fondent le cuivre ou modèlent des statuettes en terre. Enfin les poteries de Pondichéry ont une véritable réputation et sont exportées en grande quantité à Colombo et à Singapore par de petits voiliers appelés dhongs.

Mentionnons, pour mémoire, l'industrie de la corporation des souraires ou Indiens qui exploitent la sève des divers palmiers et cocotiers de la région.

En somme, sauf à Pondichéry, et encore y aurait-il bien des réserves à faire, l'industrie de l'Inde française est certainement en décadence. Le seul moyen de remédier à ce fâcheux état de choses serait d'arriver à une entente avec le gouvernement anglais pour abaisser les barrières de douane qu'il a élevées à nos frontières, et en particulier pour obtenir la suppression de l'*Indian act* de 1894 qui frappe d'un droit de 5 0/0 à leur entrée sur le territoire anglais tous les produits fabriqués de l'Inde française. Des négociations ont été entamées sur l'initiative de la Chambre de commerce de Pondichéry, mais il est difficile de prévoir encore la solution qui leur est réservée.

INDO-CHINE

Si l'industrie de nos vieilles colonies n'existe que par le *sucre*, on peut presque prétendre que jusqu'à ce jour l'industrie indo-chinoise n'a existé que par le *riz*. C'est ainsi que la Cochinchine possède huit usines à décortiquer le riz : l'usine de MM. Denis frères à Saïgon, puis sept usines à Cholon, dont cinq chinoises et deux européennes (la maison allemande Speidel et Cie). Les cinq usines chinoises sont installées avec des capitaux exclusivement chinois, les deux autres avec des capitaux français, allemands et chinois.

Quand ces usines fonctionnent simultanément, elles décortiquent chaque jour de 4,000 à 5,000 tonnes de riz. Au moment du chômage, elles conservent encore 25 0/0 de leur personnel. Leurs actions donnent environ un revenu de 30 0/0 (1).

De même au Cambodge, il existe plusieurs distilleries chinoises importantes pour la fabrication de l'alcool de riz (une de ces distilleries produit par jour jusqu'à 2,000 litres d'alcool de riz à 35°). Il n'en est, d'ailleurs, pas de même en Annam et au Tonkin, où le blanchissage et le décorticage du riz se font également sur place, chaque famille blanchissant elle-même le riz nécessaire à sa consommation.

On s'étonnera de ne pas trouver en Indo-Chine un très grand nombre d'industries relatives à la soie. Ces industries, sauf peut-être au Tonkin, sont exclusivement locales et les indigènes ne manufacturent cette soie que pour leurs besoins personnels et non en vue de l'exportation. Les procédés de préparation sont, d'ailleurs, très défectueux et le déchet est généralement énorme. Il convient d'espérer que cette situation s'améliorera rapidement, car la soie de l'Indo-Chine et du Cambodge est très recherchée sur les marchés d'Europe, et serait certainement l'objet de nombreuses transactions si les indigènes pro-

(1) NOMS DES SOCIÉTÉS	PUISSANCE (chevaux)	PERSONNEL employé par journée de 12 h.	PRODUCTION journalière en piculs (68 kil.)
Denis frères	480	350	de 7 à 8000
Union rice mill	480	320	de 8 à 9000
Orient (2 machines)	700 / 400	430	de 12 à 13000
Ban-dong-quan et Cie. / Nam-Luong	550	400	de 10 à 11000
Ban-y-quan et Cie.	480	320	de 8 à 9000
Ban-Tek quan	480	320	de 8 à 9000
Ban-Tek-quan (2 machines)	160 / 300	300	de 6 à 7000
Kian-hong-seong (2 machines)	75 / 400	300	de 7 à 8000
Totaux	4505	2740	de 66 à 74000

duisaient leur soie à bon marché et en quantité suffisante pour satisfaire à toutes les demandes. Aujourd'hui, la majeure partie de la soie récoltée est manufacturée sur place. Après l'avoir tissée à l'aide d'instruments singulièrement primitifs, les Annamites teignent la soie et en composent des étoffes de tons extrêmement variés et délicats (noir, bleu, rouge, jaune clair et jaune orangé, violet, marron, etc.). Cette teinture est extraite de bois ou fruits tinctoriaux, tels que le smach, l'indigo, la gomme laque, le safran, le curcuma, etc. Malheureusement cette industrie familiale, et dans laquelle les femmes du Laos étaient particulièrement expertes, est menacée par les Chinois de Korat et d'Oubone qui introduisent dans toute la vallée du Mékong des étoffes de soie à des prix tellement bas que les familles n'ont plus d'intérêt à les confectionner elles-mêmes. La soie d'Indo-Chine diffère de qualité suivant les régions; excellente au Cambodge, elle est médiocre en Annam et inférieure au Tonkin, aussi bien au point de vue de l'espèce du bombyx que de la qualité du fil et de son dévidage, ce dont, du reste, se contentent les indigènes qui ne peuvent acheter que des soies d'un bon marché relatif. Il est certain, toutefois, qu'en améliorant le ver et le dévidage on obtiendrait une plus-value certaine sur la vente à l'exportation des soies grèges et une vente plus régulière non seulement en Chine et au Japon; mais encore en Europe. Au Tonkin, la mévente n'est pas à redouter.

Plusieurs Européens avaient eu la pensée d'utiliser sur place la soie indo-chinoise. Une tentative faite à Nam-Dinh, en 1887, par la maison Ulysse Pila de Lyon, a complètement échoué pour des raisons diverses qu'il est inutile d'énumérer. Les essais de M. Tamet et de M. Bourgoin-Meiffre n'ont pas réussi davantage. « De ces différents échecs on pourrait inférer que l'exploitation de filatures ou de tissages de soie ne saurait donner de sérieux bénéfices à des Européens; nous n'admettons pas pleinement cette opinion, car il faut considérer que les trois industriels dont il s'agit n'ont pas eu le temps de faire des essais décisifs et s'en sont tenus, soit à des études préparatoires, soit à des intentions non suivies d'effet. Peut-être un établissement d'importance moyenne, régi avec une économie sévère et une grande prudence, pourrait-il prospérer et grandir peu à peu ; la chose est possible, probable même, car la main-d'œuvre est ici à un extrême bon marché ; la contrée très favorable à l'élevage du ver à soie et la machine tueraient incontestablement les tisserands actuels qui, d'ailleurs, trouveraient place dans l'usine (1). » En dépit de cette opinion autorisée, nous persistons à croire, comme nous l'avons dit plus haut, que l'Indo-Chine trouvera des bénéfices plus sûrs à fournir à la métropole les soies grèges ou les soies filées que de les manufacturer dans le pays même. Tel fut, d'ailleurs, l'avis de la commission instituée autrefois par M. de Lanessan et qui se déclara unanimement défavorable à la création d'une filature alimentée par des capitaux européens, l'échec lui paraissant absolument certain. Il est vrai qu'elle se prononçait en faveur d'une magnanerie modèle, subventionnée et surveillée par l'État, ce qui eût été, à notre avis, un système beaucoup plus dangereux que celui qu'elle repoussait avec raison. Telle fut également la manière de voir du gouverneur général. Ses successeurs ont pensé de même, et M. Doumer s'est contenté de faire venir de France des graines qui ont été distribuées aux Annamites. Malheureusement cet envoi est arrivé dans de mauvaises conditions et la tentative n'a pas donné de résultats.

Jusqu'à ce jour, l'industrie de la soie est donc restée purement locale. Les tisseurs annamites, après avoir acheté la soie, la déroulent et choisissent les fils. Les fils extérieurs du cocon, de médiocre qualité, sont mis à part et vendus à la campagne

(1) Vict. Chenieux, *Notes manuscrites.*

pour des usages grossiers et particulièrement pour la confection des ceintures. Les fils intérieurs, bien supérieurs comme qualité, sont gardés pour la fabrication de la soie courante. On calcule que le rendement utile ne dépasse pas un tiers des cocons ainsi manipulés.

Les fils de soie enroulés sur des tubes à bambou sont ensuite placés sur des métiers qui sont très rudimentaires. Le métier se compose de châssis mobiles et de navettes de dimensions toujours identiques. Les fils en long sont exactement au nombre de 700 ; la largeur de la pièce de soie à Nam-Dinh est d'un mètre annamite (0^m,40 français) ; à Hanoï, les pièces ont 1^m,40 de largeur et chaque bordure compte exactement trente fils.

La qualité de la soie dépend, non des dessins qui sont presque toujours les mêmes, indéfiniment répétés, mais du tissage plus ou moins serré. C'est ainsi que la première qualité compte quatre brins tenus par ses fils en large, la seconde, trois et la troisième deux seulement. Suivant les qualités, l'étoffe est aussi plus ou moins épaisse.

Il n'existe pas de machines perfectionnées pour le bobinage, le dévidage, le retordage, l'apprêt, les épreuves, le contrôle, les conditionnements ou la dessiccation ; tout se borne à des ustensiles ou appareils sommaires et à des manipulations plus ou moins habiles. Cependant les indigènes réussissent assez bien à teindre les étoffes de soie (noire, indigo, verte, bleue, rose et surtout *broaly*, couleur jaune verdâtre, dont il n'existe pas d'analogue en Europe). Et cependant le matériel dont usent les teinturiers annamites est des plus primitifs. Il se compose principalement de jarres et de vases en terre pour les lavages et brassages. Pour le séchage, quelques piquets enfoncés dans une terre gazonnée suffisent pour tendre les étoffes en long et, sur la largeur, les bandes d'étoffes sont maintenues par de nombreuses lames flexibles de bambou, plus longues que l'étoffe n'est large, pointues à leurs deux extrémités et piquant les bordures de l'étoffe qu'elles écartent l'une de l'autre en formant ressort.

Même avec ces moyens primitifs, l'industrie annamite de la soie a pris, en Extrême-Orient, une réelle importance. A Nam-Dinh, il existe sept grosses maisons chinoises qui achètent les fils et les expédient en Chine après triage et redévidage. En 1894, il a été ainsi exporté de Haïphong à destination de Honkong 23,472 kilogr. représentant une valeur approximative de 355,000 francs.

Le nombre des métiers en activité dans la province de Nam-Dinh serait, au dire des autorités indigènes, de 138, dont 38 à Nam-Dinh même, 50 dans le huyên de Giao-Thuy, 30 dans chacun des huyên de My-Loc et de Tric-Ninh, et 5 dans chacun des arrondissements de Phong-Doanh et Haï-Hau ; mais les chiffres donnés sont évidemment inférieurs à la réalité.

Coton. — Après la soie, le coton est la plante textile à laquelle les industriels annamites s'intéressent le plus. C'est ainsi qu'au Cambodge, l'usine de Ksach-Kandal, qui occupe près de 80 surveillants et ouvriers, travaille à l'égrenage du coton, dont elle fournit environ 1,200 piculs par jour (1) et qu'au Tonkin, de nombreux tisserands indigènes tissent l'étoffe sur des métiers analogues à ceux dont usent les ouvriers en soie, sauf que le coton n'est disposé que sur 500 fils au plus. Le prix varie d'après les largeurs des pièces (500, 450 ou 400 fils). Cette toile est débitée au carré et la pièce contient invariablement 36 carrés, au prix de 0 fr. 60, de 0 fr. 50 et de 0 fr. 40 les 36 carrés, suivant la qualité. Depuis longtemps l'indigène ne file plus le coton, mais s'approvisionne chez les négociants chinois de fils provenant de Chine, du Japon et de Bombay. Con-

---

(1) En 1897, l'usine de Ksach-Kandal a traité 75,000 piculs de coton brut qui ont produit 25,000 piculs de coton égrené, valant 24,75 le picul. Cette maison appartenant à des Chinois est dirigée par un mécanicien français.

statons, en outre, que l'usine Bourgoin-Meiffre en fournit une grande quantité à l'industrie indigène.

Thé. — Pendant longtemps le thé exporté était recueilli, séché et torréfié par les indigènes au moyen de procédés plus que rudimentaires, et les quantités exportées étaient insignifiantes. Il en est encore ainsi en Cochinchine, au Laos et au Tonkin ; mais en Annam, un Français, M. Lombard, ayant planté depuis quelques années à Phu-Thuong un grand nombre d'arbustes à thé, a complété sa tentative par l'établissement d'une fabrique. Il a entrepris l'exportation du thé préparé par les moyens rationnels et il paraît devoir réussir dans cette intéressante entreprise.

Industries du bois. — Dans un pays aussi riche en essences que l'Indo-Chine, l'exploitation du bois a dû naturellement prendre un certain développement. En utilisant les feuilles séchées du Livistonia Saribus, les Cambodgiens fabriquent des nattes ou paillottes, connues sous le nom de *Phihol*, destinées aux toitures de jonques, charrettes et aux cloisons des maisons indigènes, ou encore des chapeaux que les Annamites préfèrent à tous les autres. Ces paillottes coûtant de 3 piastres à 3 piastres 1/2 le cent (ce qui met les feuilles brutes à 2 piastres ou 2 piastres 1/2 le cent), il semble que l'industrie française pourrait aisément tirer de ces feuilles un meilleur parti que l'industrie indigène. Il est d'autres feuilles, moins chères encore, telles que celles du rondier qui sont également utilisées et qui, achetées en gros, ne coûteraient guère que de 1 franc à 1 fr. 50 le cent. En utilisant cette matière première, les Cambodgiens fabriquent des nattes fines et d'un usage courant que les vanniers de Saïgon fabriquent de préférence avec les feuilles du *pandanus levis*. Au Laos, on cultive dans le même but le rotin qui est livré à la consommation locale, soit en liens, soit transformé en nattes et en paniers. Il en est de même en Annam où les rotins coupés dans le sens de la longueur en deux ou quatre morceaux sont utilisés pour la fabrication d'ouvrages de vannerie qui sont de plus en plus recherchés. Au Tonkin, cette industrie est déjà plus développée, bien que les indigènes n'aient à leur disposition que des instruments très primitifs. Ils se livrent à la fabrication de nattes de jonc, d'usage courant, séchées et blanchies ; ces joncs, reliés à la main par des tresses en jute ou en ramie, reçoivent les dimensions d'un lit de camp de 1^m,90 sur 1^m,20. Depuis l'installation des fabriques chinoises de Phat-Diêm et Bông-Haï dans la province de Ninh-Binh, les nattes de couleur remplacent peu à peu la fine natte blanche ; mais seuls les ouvriers chinois fabriquent des nattes en rouleaux de 33 à 35 mètres, très inférieures comme finesse à celles du Japon. A côté de cette industrie relativement compliquée, les Annamites fabriquent aussi, avec le bambou, des paniers de toute dimension qui servent à la conservation du paddy ou au transport des denrées.

Quant aux essences forestières, bien que l'exploitation en grand soit impossible en l'absence de voies de communication pratiques, une partie en est utilisée sur place comme bois de construction, poteaux de maison, travaux d'ébénisterie. Cette industrie est surtout prospère à Saïgon où les bois sont amenés du haut pays en radeaux suspendus à des bambous qui servent de flotteurs. Ces bois ont bénéficié, depuis 1897, d'une plus-value qu'on peut estimer à 30 0/0. Ils sont tous débités par des scies à bras, tandis qu'au Cambodge, les scieries de Pnom-Penh et de Chruoï-Chong débitent des bois et des planches qui généralement, sont utilisées sur les chantiers de Kompong-Tralach et de Kompong-Tachès, à la construction des grandes barques, jonques et sampans. De même, les Laotiens de Stung-Streng fabriquent pour l'exportation des pirogues qui sont généralement achetées par des Malais. Aucun Européen n'est encore venu exploiter les immenses forêts du Laos, et il n'est pas douteux que l'installation d'une scierie mécanique à Khône, installation facile et peu coûteuse grâce aux chutes d'eau, donnerait rapidement des bénéfices sérieux, puisque les essences riches pourraient être débitées et transportées sans grands frais au moment des hautes eaux vers le Cambodge et la Cochinchine. L'expérience a, d'ailleurs, fort bien réussi en Annam où la scierie mécanique de Bên-Thủy exécute aujourd'hui pour la colonie tous les travaux de charpente et de menuiserie. Cette scierie a même expédié vers la France des cubes de bois tout préparés qui devaient servir au pavage en bois de la ville de Paris. Cet intéressant essai n'a malheureusement pas eu de suite.

Le Tonkin emploie le bambou à la fabrication des objets de tabletterie et aussi pour des usages plus importants. Le bambou est le bois classique du Delta. « Après la maison entièrement en bambou, viennent la barque de rivière et de pêche, les meubles annamites, les paniers tressés de toutes formes, des menus objets d'intérieur et de ménage, chapeaux, plateaux, boîtes à bétel, pipes, etc. » Seulement les articles fabriqués, qu'il s'agisse du bambou pur ou du bambou allié au rotin, à l'exemple des ouvriers de Canton et de Hong-Kong, ne sont pas d'un travail soigné.

A cette industrie du bois, il convient de rattacher, comme industrie connexe, celle des incrustations si originales et si fantaisistes. Muni d'instruments très primitifs (scie et lime, poinçon, ciseau et burin pour la ciselure et les travaux de guillochage, planc, gouge, crochet et filet pour les tourneurs), le ciseleur annamite crée des incrustations d'une merveilleuse finesse et d'un dessin délicat (fleurs, fruits, animaux, barques, etc.) où la fouille du bois demande autant d'adresse et de talent que le découpage de la nacre même. Le même objet, avant d'être parachevé, reste quelquefois cinq ou six mois en cours d'exécution. « Cette industrie est aujourd'hui bien tombée et on ne trouve plus guère que des articles à bon marché n'ayant pas ce cachet de fini et d'art qui caractérisait les autres. » Beaucoup des ouvriers incrusteurs de Nam-Dinh sont allés se fixer à Hanoï où ils trouvent un écoulement assuré d'articles grossiers à des prix plus rémunérateurs. Les nombreux achats faits par le corps expéditionnaire ont contribué beaucoup à la décadence de cette industrie.

Il est légitime de ranger, parmi les industries du bois, la fabrication des cordages. La province de Kompong-Cham, au Cambodge, s'est fait une spécialité de cordages très légers et très résistants, utilisés généralement par la batellerie. La province de Nghê-An, en Annam, exporte de même des cordelettes en jute et en coton, mais en petite quantité et qu'ils fabriquent avec des instruments de retordage identiques à ceux dont usent les cordiers de France. Au Tonkin, les indigènes de Moncay et de Caobang confectionnent des cordages très solides avec l'écorce d'un palmier appelé *May-Po* dans le pays, et des ficelles pour coudre les chaussures avec une sorte de chanvre appelée *May-Pan*. Ceux de Laokay utilisent le chanvre qui vient en abondance dans la région de Pakha.

Les Annamites exploitent aussi l'écorce de la cannelle qu'ils détachent en lanières du tronc du cannellier. L'écorce, pour être livrée à l'exportation, est simplement séchée au soleil. Pendant le séchage, elle est maintenue au moyen de baguettes en bambous pour l'empêcher de se plier sur elle-même. Lorsque l'écorce présente quelques aspérités, elle est légèrement grattée. C'est aussi en Annam qu'a été créée la fabrique d'allumettes de Bên-Thûy qui, d'ailleurs, ne travaille pas pour l'exportation. Jusqu'à la fin de 1897, l'installation avait été rudimentaire, mais, depuis cette époque, tout le travail se fait à la mécanique. L'usine d'allumettes et la scierie mécanique de M. Mange dont elle dépend occupent ensemble de 300 à 350 ouvriers et le capital engagé dans cette affaire représente une valeur approximative de 2,000,000 de francs.

Briqueteries, poteries, fours à chaux. — Les Cambodgiens utilisent le sol argileux de leur pays pour la fabrication de poteries très estimées qui viennent presque toutes de la province de Kompong-Chuang et qui s'exportent en Cochinchine, et pour celle de briques et de tuiles employées dans toutes leurs constructions. Ils se livrent également à l'exploitation de fours à chaux. De même les briqueteries, tuileries et fabriques indigènes de poterie, sont nombreuses dans le delta du Tonkin. A Dap-Cau, dans la province de Bac-Ninh, un colon français, M. Eugène Le Roy, a monté une fabrique très importante de tuiles et briques, et aussi de produits céramiques qui livre à la consommation les articles d'utilité courante. Il serait désirer qu'un industriel français songeât à utiliser les calcaires et les madrépores de la baie d'Along qui donnent jusqu'à 96 à 97 0/0 de carbonate de chaux, et dont les produits feraient certainement concurrence à l'importation des ciments venus de Hong-Kong et de Macao.

Albumine. — Il nous reste enfin à signaler, dans l'ordre des industries communes à toute l'Indo-Chine, l'industrie de l'albumine très répandue en Annam et au Tonkin. L'albumine qui est exportée en Chine et au Japon est livrée au commerce comme produit manufacturé. Les blancs d'œufs battus en neige, puis liquéfiés, subissent une légère préparation et sont ensuite desséchés par évaporation. La principale usine est celle de Quinhon qui occupe environ 40 ouvriers, mais qui ne représente, comme capital engagé, qu'une somme de 15,000 à 20,000 francs. Deux autres usines françaises au Tonkin, l'une à Nam-Dinh, l'autre à Hanoï, fabriquent avec des œufs de canard de l'albumine qu'achètent les Etats-Unis, la Russie, Paris et Grenoble. Les autres industries purement locales n'ont aucune importance commerciale. Citons cependant la fabrication d'huile de coco en Cochinchine et d'huile de Badiane au Tonkin, l'industrie du poisson séché, l'existence de forgerons et de bijoutiers dont les travaux dénotent une certaine habileté manuelle au Cambodge et au Laos, et l'exportation du sucre blanc et brun qui, fabriqué en Annam (l'exportation qui était en 1892, de 2,287,275 kilogrammes représentant une valeur de 2,504,717 francs) a atteint, en 1897, une quantité de 3,640,849 kilos d'une valeur de 2,716,366 francs). Mais une mention spéciale doit être réservée aux industries propres au Tonkin, telles que la peinture sur bois et sur faïence exécutée avec beaucoup de goût par des ouvriers presque tous originaires de la province de Sontay; aux ciseleurs ou, pour mieux dire, aux repousseurs d'or et d'argent qui, du reste, ne réussissent pas à produire un travail fini et original; aux ouvriers en bronze qui eurent autrefois une grande réputation, imméritée aujourd'hui, car les quelques objets artistiques que l'on rencontre encore ne semblent guère être que des reproductions quelquefois assez maladroites d'objets anciens. Cependant les fondeurs sont très habiles dans leur industrie, comme on peut en juger par les cloches des pagodes. Les travaux en étain n'ont qu'un caractère artistique de peu de valeur, et le fer n'est employé qu'aux usages grossiers.

On le voit, sauf quelques exceptions que nous avons notées au passage, en dépit de quelques tentatives aboutissant d'ordinaire à des échecs, il n'y a encore en Indo-Chine d'autre industrie que l'industrie familiale, la petite industrie chinoise et indigène dont les procédés sont des plus primitifs et dont la clientèle est exclusivement locale. Les besoins de la population annamite sont, en effet, des plus restreints : pour l'alimentation, du riz, du poisson, du porc, de la volaille, avec quelques légumes; pour le vêtement, un peu de cotonnade, de la soie par exception ; pour l'habitation; du torchis, du bois et des paillottes; comme objets de luxe, des colliers, des bracelets, boucles d'oreilles d'or et d'argent, bijoux généralement massifs et peu ouvrés dans lesquels la matière a plus de valeur que le travail et où la part de l'art et de la fantaisie est bien faible. Si les ouvriers sont nombreux en Cochinchine et au Tonkin et dans certaines parties de l'Annam, il en existe bien peu dans le Laos, chaque famille fabriquant elle-même ses vêtements et ses ustensiles de ménage ou professionnels. Cette industrie se développera sans doute, et elle ne peut que se développer à mesure que les voies de communication ouvriront une route vers les riches marchés de la Chine et du centre asiatique, et que les objets manufacturés pourront faire une concurrence rémunératrice aux produits anglais ou allemands que les navires de ces nations débarquent en quantités considérables sur tous les ports de la côte. Mais, nous le répétons, il est à désirer que cette industrie qui pourra produire à un bon marché excessif, grâce à la main-d'œuvre économique et à la présence de la matière première à pied d'œuvre, ne fasse pas concurrence à l'industrie métropolitaine. Un tel danger (qui serait grave pour certaines branches de l'industrie) pourrait être facilement conjuré, si les filateurs français prenaient, eux-mêmes, l'initiative de créer des succursales en Indo-Chine pour alimenter les marchés de l'Extrême-orient et consacraient une partie de leurs capitaux à exploiter à leur profit les richesses de notre colonie. Là serait, sans doute, la solution du problème extrêmement complexe que pose le développement industriel de l'Indo-Chine, mais, pour aboutir, il faudrait rompre avec les traditions timides de nos commerçants et élargir leurs horizons. C'est ce résultat qu'atteindront des missions telles que la mission lyonnaise dont les travaux pratiques ont fait le plus grand honneur à la chambre de commerce de Lyon et à son chef, M. Brenier. Grand honneur, avons-nous dit, et aussi larges bénéfices, si ceux mêmes qui en ont pris la hardie initiative se décident à suivre les conseils de leurs propres mandataires.

En dépit de ces théories, il n'en restera pas moins que l'Indo-Chine doit être avant tout et ne peut être qu'une colonie agricole. Là est son avenir; de là elle tirera tout son développement commercial et financier et ses industries ne seront guère que des industries tirant leur matière première des produits si variés et si riches de cette terre nourricière, que fécondent les pluies abondantes de l'Océan Indien.

COLONIES DU PACIFIQUE

ÉTABLISSEMENTS FRANÇAIS DE L'OCÉANIE

Il est inutile de constater qu'il n'existe pas de grande industrie à Tahiti. Les seules qui semblent devoir prendre une certaine importance sont celles du sucre et de la fabrication du rhum. On peut y ajouter les industries dérivant de l'exploitation des noix de coco, des fruits et peut-être aussi du coton.

Les usines qui se livrent à l'exploitation de la canne sont au nombre de quatre ; elles emploient cent ouvriers et représentent un capital d'environ 175,000 francs. Ces usines ont fabriqué, en 1897, 459 tonnes de sucre dans la colonie, alors que cette fabrication n'était, il y a quelques années, en 1893 par exemple, que de 32 tonnes par an. Tous leurs produits sont consommés sur place et ne font donc pas concurrence aux sucres des Antilles ou de la Réunion.

Si la fabrication du sucre est en constante progression, celle du rhum diminue, au contraire, d'une façon régulière, comme le prouvent les chiffres suivants qui donnent la quantité de rhum apporté sur les marchés de 1893 à 1897 :

1893. . . .	96,239 litres
1894. . . .	93,904 —
1895. . . .	64,885 —
1896. . . .	77,710 —
1897. . . .	64,696 —

Nous avons dit qu'une des principales industries était l'exploitation de la noix de coco qui occupe un grand nombre de personnes, surtout aux îles Tuamotou où toute la population partage son temps entre la pêche de la nacre et la fabrication du coprah. Les quantités exportées depuis cinq ans ont été les suivantes :

    1893 . . . . 2,898,267 kilos
    1894 . . . . 4,904,544 —
    1895 . . . . 6,663,563 —
    1896 . . . . 4,277,954 —
    1897 . . . . 3,430,209 —

L'huile de coco est presque tout entière employée dans le pays. Cependant la qualité supérieure est expédiée en Nouvelle-Zélande où elle est utilisée dans la parfumerie. Quant à l'amande de coco, elle figure également dans la pâtisserie et la biscuiterie où elle est substituée à l'amande ordinaire. Les quantités exportées depuis cinq ans sont sensiblement les mêmes ; toutefois, cette industrie est très compromise par le tarif douanier des États-Unis adopté en 1897 et qui a frappé le coco râpé d'un droit de 0,20 centimes le kilo à l'entrée. Cet impôt a été créé au profit des industriels de San-Francisco qui, détail important à noter, manipulent de leur côté les fruits secs qu'ils tirent en franchise de nos établissements. Quoi qu'il en soit, il est intéressant de connaître les quantités exportées de 1893 à 1897 :

    1893 . . . . 17,045 kilos
    1894 . . . . 19,440 —
    1895 . . . . 19,469 —
    1896 . . . . 19,279 —
    1897 . . . . 11,385 —

Il existe à Taïti deux usines à fabriquer le coco râpé. Ces

deux usines emploient environ 20 personnes et représentent un capital d'environ 40,000 francs.

Le coton n'étant expédié qu'après égrenage, une usine est affectée à cette opération à Papeete, une autre fonctionne à Taio-Hac, chef-lieu des Marquises. Ces deux usines chôment malheureusement une grande partie de l'année. Elles représentent à elles deux un capital d'environ 50,000 fr. et emploient une trentaine de personnes.

L'industrie de la brique est représentée par un seul établissement, mais elle n'a pas une grande importance parce que les constructeurs emploient de préférence les bois d'Amérique.

L'industrie de la bière, un instant prospère, n'est plus représentée que par une brasserie. L'inexpérience des industriels d'alors est la principale cause du déclin de cette fabrication que les tarifs douaniers et d'octroi protègent suffisamment aujourd'hui. Ajoutons enfin à cette sèche nomenclature que les conserves de fruits, ou plus exactement la fabrication de gelées de fruits, sont entre les mains de deux industriels qui exploitent principalement la goyave. L'exportation est peu considérable à cause du prix élevé de cette marchandise.

Quant à l'industrie familiale, la seule qui vaille d'être mentionnée est la fabrication des chapeaux de paille et autres objets, tels que fleurs, corbeilles et éventails. Si l'on tient compte de ce fait que tous les habitants, à de très rares exceptions près, portent des chapeaux de fabrication locale, on peut évaluer à environ 20,000 le nombre de ces coiffures tressées à Tahiti et à Moorea, ce qui représente une valeur de 200,000 fr. environ, le prix moyen d'un chapeau étant de 10 fr.

NOUVELLE-CALÉDONIE

Il n'existe pas d'industrie digne de ce nom en Nouvelle-Calédonie. Aucune usine ne met en valeur les métaux extraits des entrailles du sol ou les produits de la terre, et tous les objets nécessaires à la vie lui arrivent de l'Australie. Les indigènes eux-mêmes ne se servent que d'instruments primitifs ou d'objets de forme grossière dont la vente n'a aucune influence sur la vie économique de la colonie.

LA PÊCHE

SAINT-PIERRE ET MIQUELON

Si nos colonies des Antilles et de la Guyane ne tirent aucun profit de la pêche, bien que la mer aux environs de la Guadeloupe et de la Martinique soit riche en poissons de toute espèce, nos deux petits îlots de Saint-Pierre et de Miquelon vivent, au contraire, de la pêche et par la pêche. Ils tirent de cette industrie des ressources telles que ce rocher dénudé et stérile rapporte plus à la métropole que telle ou telle colonie située en pays tropical. Les marins venus de la côte bretonne poursuivent dans les parages de Saint-Pierre la morue et le homard.

La pêche à la morue devrait régulièrement s'ouvrir le premier avril et cesser le premier octobre ; mais les bateaux n'arrivent guère sur les bancs que vers la fin du mois d'avril et, dès le milieu du mois de septembre, la plupart ont déjà rallié leur port d'attache.

Sur les bancs tels que le grand banc, le banc-à-vert, le banc de Saint-Pierre et le banquereau, les goélettes montées par 7,000 à 8,000 marins jettent l'ancre. Du navire s'en vont à plusieurs milles les embarcations ou *doris*, montées par deux hommes. Chaque ligne est armée d'hameçons garnis d'un appât nommé *boîtte* qui varie selon les mois (hareng d'avril à juin, capelan de juin à juillet, encornet de juillet à octobre) et avec cet engin en somme primitif, il n'est pas rare de prendre, dans une seule marée, 3,000 morues avec 12,000 hameçons. Cette pêche dépeuplerait donc la mer si les morues n'étaient d'une inépuisable fécondité, puisque chaque femelle peut porter jusqu'à neuf millions d'œufs.

Cette pêche a fait la fortune de notre colonie au point qu'elle occupe le troisième rang au point de vue commercial dans nos établissements d'outre-mer. L'exportation de la morue seule représente des chiffres considérables par année :

1867. . . .	6,806,620 fr.
1872. . . .	9,142,298 —
1877. . . .	7,129,677 —
1882. . . .	10,686,492 —
1887. . . .	13,439,532 —

Pour atteindre de pareils chiffres, il faut que le nombre des morues pêchées soit considérable, car le prix de la morue n'est guère que de 14 et 17 francs le quintal de 55 kilogrammes.

La morue une fois préparée est expédiée à destination de la Bretagne et du Midi, de l'Espagne et de l'Italie, et même du levant où la morue de Terre-Neuve est généralement préférée à celle d'Irlande. Une partie de la pêche est vendue aux États-Unis qui réexpédient les morues vers les Antilles anglaises et l'Amérique du Sud. Enfin, depuis que le tarif général des douanes a frappé d'un droit assez élevé les morues provenant de l'étranger, les Antilles françaises dont les habitants font une grande consommation de cette salaison s'approvisionnent presque exclusivement à Saint-Pierre et à Miquelon.

Il existe aussi sur la côte ouest de Terre-Neuve 15 homarderies appartenant à sept concessionnaires français. Ces établissements ont fourni les conserves dans les proportions suivantes :

1895. . . . 2,202 caisses
1896. . . . 3,235 —
1897. . . . 3,320 —
1898. . . . 2,584 —
1899. . . . 2,329 —

Chaque caisse contient 48 boîtes de homard, et chaque boîte où entrent un ou deux homards suivant la grosseur pèse environ 500 grammes.

Enfin il faut, tout au moins, mentionner la petite pêche que des pêcheurs montés sur de petits canots nommés *warys* pratiquent sur la côte des îlots. Chaque wary est monté par deux hommes dont l'un est le propriétaire de la barque et l'autre le matelot qui touche comme salaire le tiers des prises. Il existe actuellement dans la colonie 453 warys montés par 1050 hommes.

La question du *French shore*, contrairement à ce que pense l'opinion publique, n'a en ce qui concerne la pêche qu'une importance secondaire. Ce n'est pas, en effet, sur le French shore, mais sur les bancs que nos marins se rendent de préférence. Mais, comme la morue se déplace fréquemment, il est nécessaire de réserver tous nos droits qui sont d'ailleurs indiscutables, ou de ne les échanger, si des négociations s'engagent à ce sujet, que contre des avantages assez considérables pour justifier cet abandon.

INDO-CHINE

La pêche n'est l'objet d'aucune exploitation rationnelle dans nos colonies d'Afrique. Tout le poisson pêché sur la côte ou dans les eaux peuplées des fleuves tropicaux est consommé sur place et n'est pas expédié à l'extérieur, mais il n'en est pas de même dans notre empire d'Indo-Chine. La pêche est, par exemple, la principale industrie du Cambodge. Elle occupe et fait vivre, tant par elle-même que par la préparation du poisson, près de 18,000 individus. Non seulement les pêcheries du Cambodge fournissent le poisson salé nécessaire à la consommation de toute l'Indo-Chine, mais il en est encore exporté tant en Chine qu'à Singapore et à Java 260,000 piculs environ par année. Les principaux centres de cette pêche à laquelle se livrent, de préférence, les Chinois sont le Grand Lac, le Petit Lac, le Tonlé-Sap, Leukdek et Baphnom.

Dès le milieu de décembre, les pêcheurs se rendent au Grand Lac pour choisir leurs emplacements et commencer la construction de leurs établissements dont chacun comprend une maison d'habitation, un magasin et un séchoir pour le poisson. Toutes ces constructions reposent, en plein lac, sur pilotis et très rarement sur la terre ferme.

C'est au mois de février, c'est-à-dire au moment où les eaux ont de $1^m,80$ à 2 m. de hauteur, que la pêche commence. Mais le nombre de pêcheurs est très insuffisant et la quantité de poisson capturé est bien faible si on la compare à l'énorme quantité que pourraient et devraient fournir les lacs et les cours d'eau qui constituent d'inépuisables viviers. Le poisson capturé est immédiatement décapité, ouvert ou découpé par tranches, selon la taille, soigneusement nettoyé, salé, puis séché au soleil pendant une durée qui varie de 5 à 7 jours. Après quoi les pêcheurs le vendent aux exportateurs qui l'expédient sur Pnon-Penh, Saïgon ou Cholon.

Les résidus ou débris sont malheureusement jetés à l'eau alors qu'ils pourraient fournir un précieux engrais à utiliser et dont le Service de l'agriculture songe enfin à tirer parti. Les vessies sont toutefois conservées et servent à fabriquer une colle très appréciée et que les fabricants de rubans de soie en France apprécient particulièrement.

Un chiffre donnera une idée assez exacte de l'industrie de la pêche au Cambodge. Il a été exporté, en 1898, pour 6,487,844 fr.

de poissons séchés à destination de la Chine, du Tonkin ou de la Cochinchine, en diminution, d'ailleurs, de 2,330,395 fr. sur 1897. Il est vrai que les résultats obtenus en 1899 compenseront dans une large mesure les pertes subies par les pêcheurs en 1898.

L'industrie des poissons salés occupe également en Annam une grande partie de la population. Une petite partie de ces salaisons est encore expédiée vers la Chine et le Tonkin par les bateaux caboteurs, mais la plus grande quantité est consommée sur place, le poisson salé étant, en quelque sorte, avec le riz, le mets national des Annamites.

ÉTABLISSEMENTS FRANÇAIS DE L'OCÉANIE

L'industrie de la pêche est très répandue dans toutes les îles de la colonie, mais en dehors des besoins de l'alimentation publique, elle ne donne lieu à aucun commerce, chacun pêchant pour son compte. Le séchage du poisson a été tenté à plusieurs reprises aux îles Tuamotu, mais n'a donné aucun résultat appréciable. Il faut, toutefois, faire une exception pour le tripang ou biche de mer, bien que les fluctuations du marché, en réduisant le profit du pêcheur, aient de beaucoup restreint l'importance de cette exploitation. Les quantités exportées, en Nouvelle-Zélande et aux États-Unis, dans les dernières années, ont été les suivantes :

En 1893 . . . . 1,118 kilos
1894 . . . . 1,622 —
1895 . . . . ?
1896 . . . . 1,194 —
1897 . . . . 13,585 —

Si la pêche du tripang diminue, il n'en est pas de même de

celle des huîtres perlières qui alimente presque exclusivement la population des Gambier et des Tuamotu. Cette industrie est l'objet d'un commerce important à Londres où elle s'ajoute aux stocks de provenance étrangère (États-Unis, Ceylan, détroit de Torrès). Sans doute, cette concentration sur un même marché est favorable à la vente raisonnée de cette marchandise ; il serait toutefois plus utile de favoriser l'exportation de la nacre provenant des Etablissements français sur le marché de Paris.

Quelle a été la quantité de nacre exportée de 1893 à 1897 ? Elle a été considérable si on en juge par les chiffres suivants (1) :

1893. . . . 570,592 kilos
1894. . . . 675,326 —
1895. . . . 296,108 —
1896. . . . 590,954 —
1897. . . . 454 094 —

Cette industrie a donc déjà une certaine importance, mais cette importance serait bien plus grande encore si un savant expérimenté était chargé d'étudier les lagons, de les parcourir et de déterminer les moyens d'augmenter le nombre des huîtres perlières en même temps que ceux d'obtenir de plus beaux produits. C'est ce travail que doit entreprendre, cette année même, un jeune agrégé, subventionné par les fonds de la colonie.

NOUVELLE-CALÉDONIE

Les conditions naturelles de la pêche sont en Calédonie, ainsi qu'aux îles Huon et Chersterfield, particulièrement favorables. Les récifs qui l'entourent sont une sorte de vivier immense où

---

(1) Dans ce chiffre est comprise la nacre provenant des archipels voisins, soit environ un dixième.

se rencontrent toutes les variétés de poissons, de crustacés et de mollusques. Aussi, de tout temps, les Canaques ont-ils été des marins hardis et habiles. Mais, en dépit de cette aptitude naturelle, la pêche n'a jamais été rationnellement exploitée et l'exportation du poisson salé qu'il serait si facile de tenter ne l'a jamais été sérieusement. Cependant il faut faire une exception pour le trépang ou biche de mer. Longtemps avant notre occupation, le négociant anglais Paddon l'exploitait en Nouvelle-Calédonie et aux Nouvelles-Hébrides; jusqu'en 1866, ce poisson a été le principal objet du commerce de la colonie et figurait pour environ 100,000 fr. au chapitre des exportations. Ce commerce qui représentait encore, en 1891, une valeur de 80,000 fr. ne cesse de diminuer depuis. Il est évident que les bénéfices qu'il procure ne peuvent se comparer à ceux que donnent l'exploitation du nickel et la culture du café; mais pourquoi dédaigner une ressource qui pourrait augmenter les ressources de la colonie?

Saint-Pierre et Miquelon pour la pêche de la morue et du homard, Cambodge et Annam pour la pêche des poissons

INDUSTRIES AUX COLONIES

COLONIES	USINES DE SUCRE	USINES DE RHUM	FÉCULERIES	FILATURES DE SOIE	FILATURES de coton et de jute	BRIQUETERIE	SALINES	CONSERVES DE VIANDE	DÉCORTIQUAGE DU RIZ
La Guadeloupe . . .	20	8	1	—	—	6	—	—	—
La Martinique . . .	12	10	3	—	—	—	1	—	—
La Réunion.	40	26	—	—	—	—	—	—	—
Afrique occidentale.	—	3	—	—	—	1	—	—	—
Madagascar.	—	—	—	—	—	2	2	1	—
Mayotte et Comores.	18	—	—	—	—	—	—	—	—
Inde française. . . .	—	—	—	—	4	2	—	—	—
Indo-Chine	—	—	—	1	1	1	—	—	8
Océanie	4	—	—	—	2	—	—	—	—
TOTAUX. . .	94	47	4	1	7	12	3	1	8

d'eau douce, Etablissements français de l'Océanie et de la Nouvelle-Calédonie pour celle de la biche de mer ; peut-être Madagascar pour l'exploitation des tortues nommées *carets* dont les écailles sont particulièrement recherchées, telles sont les colonies dont l'industrie de la pêche contribue à augmenter les ressources. Il ne saurait être question, en cette matière, que d'une industrie secondaire, mais elle a assez d'importance pour ne pas être passée complètement sous silence.

LE COMMERCE

Nous avons déjà longuement examiné, dans la première partie de cette étude, les conditions du commerce français et du commerce colonial et les relations réciproques qu'établissait entre eux le tarif de 1892. Nous avons dit également qu'en vertu même des théories actuelles, il aurait fallu donner à nos colonies l'entrée en franchise dans nos ports et appliquer ainsi, avec esprit de justice et intégralement, le pacte colonial. Or il n'en a rien été. Nos produits coloniaux paient encore la moitié des droits inscrits au tarif métropolitain (cafés : droit de 78 fr. les 100 kilos, thés : 104 francs, cacaos : 52 francs, vanilles : 208 francs). Or ces droits sont d'autant plus excessifs que la France est loin de consommer tous les produits que pourrait lui fournir son domaine colonial. Quelques chiffres seront, à cet égard, particulièrement probants. La France demande à l'étranger 7,321,264 kilos de soie. Sur ce chiffre, les colonies en ont fourni 7,402 (!), « alors que nos colonies asiatiques, africaines et océaniennes pourraient largement profiter de l'énorme consommation métropolitaine qui absorbe, à elle seule, plus de 57 0/0 de l'exportation asiatique. » La France a importé, la même année, 216,456,678 kilos de coton en laine ; les colonies lui en ont fourni 2,325 kilos, « alors que nous possédons d'immenses territoires en Afrique, dans l'océan Indien et dans la Nouvelle-

Calédonie où le coton peut être cultivé avec succès ! La disproportion est plus incroyable encore quand on examine les chiffres relatifs au café et au caoutchouc. » Nos colonies et pays de protectorat ne nous fournissent guère plus de 1 0/0 du café que nous consommons ! Sur 102,063,600 francs de caoutchouc, gutta-percha, huiles et sucs végétaux que notre pays demande au dehors, nos colonies nous en vendent à peine pour 20,591,200 francs. En additionnant les importations des soies, cafés, bois, caoutchouc, coton, graines et fruits oléagineux, nous arrivons à une importation totale de 930,303,500 francs sur lesquels nos colonies figurent pour une somme minime de 36,633,500 francs, c'est-à-dire à peine 3,95 0/0 de l'ensemble.

Cette situation n'a rien d'encourageant, mais il serait facile de la modifier en accordant aux produits coloniaux une détaxe complète, sous condition, bien entendu, d'un certificat d'origine. Or rien ne s'oppose à ce qu'une mesure de ce genre n'intervienne au grand profit de la métropole et des colonies. Si le trésor public devait perdre ainsi une partie importante de ses recettes, l'hésitation serait possible, mais ces droits ne rapportent, les sucres mis à part, que 2,720,000 francs sur lesquels le café figure pour 800,000 francs. Cette objection n'a donc qu'une valeur médiocre. On a prétendu aussi que, sauf en ce qui concerne les produits déjà énumérés, tous les autres bénéficient déjà d'une exemption totale. Cette réponse est spécieuse, puisque en réalité deux produits seulement (le sucre et le riz) ont obtenu un traitement privilégié. Quant aux caoutchoucs, gommes, cotons, soies, bois, etc. ils sont, il est vrai, admis en franchise dans nos ports, mais comme « matières premières nécessaires à l'industrie », privilège dont bénéficient les produits étrangers au même titre que les produits coloniaux. C'est l'égalité dans le traitement, et nullement le privilège, qui leur serait nécessaire et qu'il serait légitime de leur accorder. Cette vérité apparaît avec une évidence indéniable si l'on examine, par exemple, les tarifs relatifs au café. Il est vrai que nos cafés coloniaux bénéficient d'une réduction de 50 0/0 sur le tarif général ; mais combien cette mesure est-elle insuffisante ! Le fléchissement des cours dû à la surproduction du Brésil a été tel que le café calédonien qui valait, en 1897, 115 francs les 50 kilogs, ne peut s'y vendre actuellement que 89 francs. Que sera-ce si les négociations actuellement engagées aboutissent et si le droit de 150 francs payé actuellement par les cafés étrangers est abaissé à 100 francs ? Ce serait la mort sans phrases pour les cafés coloniaux. La diminution proportionnelle du droit qui pèse sur ces cafés, de façon à laisser apparaître toujours la même différence entre le café étranger et celui qui nous arrive de la colonie, ne serait qu'un remède insuffisant qui perpétuerait le mal sans le guérir. Ce qu'il faut pour nos cafés comme pour nos produits coloniaux, alors surtout qu'il s'agit de produits ne faisant pas concurrence à ceux de la métropole, c'est la franchise complète, absolue. Hors de cette solution radicale il ne saurait exister de salut ! Il faut que le bon marché de nos produits coloniaux soit tel qu'il triomphe des habitudes traditionnelles, des goûts acquis, des modes acceptées, et que le Français prenne, par économie, l'habitude de consommer des produits coloniaux qu'il aurait dû depuis longtemps adopter par patriotisme. En un mot, puisque le « pacte colonial » subsiste, il faut qu'il soit strictement appliqué, qu'il produise des effets réciproques et que les colonies en tirent profit au même titre et aux mêmes conditions que la métropole.

Cette théorie générale une fois admise, théorie que nous justifierons par de nombreux exemples particuliers, examinons l'évolution commerciale de chacune de nos colonies et la situation actuelle.

VIEILLES COLONIES

La Martinique. — Depuis 1888, date où la crise du sucre a atteint son maximum d'intensité, le commerce n'a cessé de péricliter et c'est en 1895 que ce fléchissement a été le plus caractéristique. A partir de cette époque, le mouvement des exportations et des importations s'est peu à peu relevé et le chiffre comparatif des produits des douanes en 1898 et en 1899 est, à ce point de vue, véritablement encourageant.

1er trimestre	1898 .	745,986 fr. 10	en plus 342,190 fr. 25
	1899 .	1,028,176 fr. 35	
2e trimestre	1898 .	1,558,142 fr. 72	en plus 721,277 fr. 63
	1899 .	2,279,420 fr. 35	
3e trimestre	1898 .	2,276,668 fr.	en plus 790,183 fr. 25
	1899 .	3,066,843 fr. 25	
4e trimestre	1898 .	3,479,758 fr. 96	en plus 834,287 fr. 09
	1899 .	4,014,046 fr. 05	

De ce tableau il résulte, pour l'année 1899, une plus-value de 2,657,938 fr. 22, et les bénéfices seront vraisemblablement, en dépit des troubles qui ont désolé la colonie, supérieurs encore en 1900.

D'autre part, les exportations et importations qui n'avaient été que de 40,804,841 francs en 1897 ont été en 1898 de 46,713,658, avec une plus-value de 5,908,817 francs. Constatation intéressante, pendant que les exportations (24,368,798 francs) se partagent à peu près également entre la France et les pays étrangers, les importations (22,344,860 francs) sont presque entièrement dirigées sur la France, et deux millions seulement de produits sont vendus en pays étranger. Ainsi la métropole est le grand marché de vente de la colonie : c'est de la métropole qu'elle tire presque tous ses bénéfices commerciaux alors qu'elle est loin d'user de la même réciprocité à l'égard des marchandises françaises (1). S'il est vrai, en effet, que la Martinique reçoit de France des machines, des engrais, des vins et des liqueurs, des tissus et des conserves, si Saint-Pierre et Miquelon fournit la morue qui joue un si grand rôle dans l'alimentation locale (en 1897, il en a été importé 1,603,386 kilogrammes représentant 569,964 francs); si de la Guadeloupe lui arrivent le café et les vanilles, de la Guyane quelques bois durs et de Saint-Martin le sel, la poterie et le menu bétail, ce sont les Etats-Unis qui la fournissent presque exclusivement en animaux vivants pour 61,910 francs, les farineux alimentaires pour 2,589,391 francs, les combustibles minéraux pour 931,988 francs et la bimbeloterie. La Grande-Bretagne lui fournit les tissus connus sous le nom de madras et madapolam, le fer étiré et refilé, les aciers et la mercerie. C'est de Porto-Rico que lui arrivent les bœufs destinés soit au travail, soit à la boucherie, de Santo-Domingo le bois d'ébénisterie, de Cuba les cigares et de Ténériffe une partie des vins et des liqueurs. Ajoutons aussi, et cette constatation n'a rien d'encourageant, que, par l'intermédiaire de la France, la Martinique reçoit, en grand nombre, des produits belges (fers et cordages), des produits d'origine allemande et des articles suisses.

Il y a lieu de constater aussi qu'un assez sérieux courant d'échanges s'est depuis longtemps établi entre la Martinique et les petites Antilles anglaises et que ce sont heureusement des articles français qui alimentent presque exclusivement ce commerce. Enfin disons que le marché de Cayenne est appro-

(1) Exportations 1884 . . . . . 26,240,398 francs
　　　　　　　　1885 . . . . . 21,443,882 —
　　　　　　　　1888 . . . . . 23,454,600 —
　　　　　　　　1889 . . . . . 22,654,816 —
　　　　　　　　1890 . . . . . 23,350,115 —
　　　　　　　　1897 . . . . . 20,804,844 —
　　　　　　　　1898 . . . . . 22,344,860 —

visionné dans une large mesure par celui de Saint-Pierre. On le voit, la Martinique n'est pas pour la France le marché qu'elle a été autrefois et qu'elle devrait être ; la crise sucrière et la vente à bas prix des rhums et des tafias ont arrêté le développement du commerce local et singulièrement nui aux rapports de la métropole avec sa colonie, beaucoup plus au détriment de la première que de la seconde. Cette situation fâcheuse tend à s'améliorer chaque année, et nul doute que des modifications au tarif douanier que réclament ardemment les pouvoirs locaux contribueraient puissamment à ce résultat.

LA GUADELOUPE

En dépit de la crise sucrière, des modifications douanières ou des catastrophes dues aux raz de marée et aux tremblements de terre, le commerce de la Guadeloupe marque une certaine tendance à l'amélioration, mais sans que cette tendance soit encore bien évidente, puisque le commerce de la Guadeloupe pour 1899 donne une valeur globale de 36,265,684 francs, alors que ce même commerce se chiffrait en 1848 par un total de 26,250,947 francs. Entre ces deux dates extrêmes l'importance du commerce a singulièrement varié. Sans remonter plus haut que l'année 1892, la statistique nous donne les résultats suivants :

Années	IMPORTATIONS		EXPORTATIONS	TOTAL
	Marchandises			
	Payant les droits.	Admises en franchise.		
1892 . .	12.342,738	8,723,545	21,829,566	42,895,849
1893 . .	10,194,097	9,786,549	23,280,547	43,264,463
1894 . .	10,741,277	11,894,671	21,059,423	43,695,374
1895 . .	8,344,839	8,057,633	12,138,143	28,544,605
1896 . .	10,258,159	11,458,903	18,590,347	40,307,409
1897 . .	9,390,906	9,053,868	16,307,776	34,752,550
1898 . .	9,725,772	8,874,445	17,665,464	36,265,681

Ainsi les transactions qui, sous l'influence d'une sécheresse persistante coïncidant avec une crise de la main-d'œuvre et une guerre de tarifs provoquée à l'étranger par la loi de 1892, avaient atteint leur minimum en 1895, ont, depuis cette époque, une tendance à se relever et les chiffres de 1899 soulignent encore le progrès. Pour cette dernière année, en effet, les importations ont atteint 18,450,551 francs et les exportations 18,251,342 francs, soit un total de 36,701,893 francs, accusant ainsi une augmentation de 496,212 francs, alors que l'année 1898 avait déjà dépassé l'année 1897 de 1,513,131 francs. L'augmentation est médiocre, sans doute, mais continue. Malheureusement la part faite aux marchandises françaises est loin d'être ce qu'elle devrait, puisqu'en 1899 notamment, la France n'a importé que pour 8,980,853 francs, alors que les marchandises étrangères figurent pour 9,469,698 francs. Cependant, là encore, l'amélioration est indéniable puisqu'en 1892, les importations venues de la France ou des colonies n'atteignent que le chiffre de 8,723,245 sur un total de 21,066,285, tandis que dès 1895, les importations de France et des colonies, d'une part, et de l'étranger, d'autre part, avaient une valeur sensiblement égale. Quant aux exportations, elles sont presque entièrement dirigées vers la France. Certains chiffres sont, à ce point de vue, particulièrement caractéristiques. En 1892, sur un total de 21,829,566 francs, la France recevait les marchandises de la Guadeloupe pour 20,927,226 francs, les colonies françaises pour 447,575 francs, tandis que les pays étrangers n'en recevaient que pour 454,765 francs ; en 1898, la situation est encore plus nette : sur 17,665,464 francs, la France reçoit pour 16,589,521 francs, les colonies pour 967,485 francs, et les pays étrangers pour 108,460 francs seulement. Ce sont naturellement les sucres qui alimentent d'une façon presque exclusive le commerce de la Guadeloupe, comme le prouve le tableau suivant :

		Quantité	Valeur
1897	France.	40,086,590 k.	10,808,905 francs
	Colonies françaises	36,104	9,637 —
	Pays étrangers. .	3,548	957 —
1898	France.	37,038.769 k.	11.244,612 francs
	Colonies françaises	95,880	26,132 —
	Pays étrangers. .	943	305 —

Viennent ensuite, et par ordre d'importance, les cafés dont 674,133 kilos ont été exportés en 1897 et 682,159 en 1898, le cacao : 410,624 kilos, en 1897 et 533,207 en 1898, la vanille : 6,967 en 1897 et 5,936 en 1898. Il convient enfin de mentionner d'une façon spéciale l'exportation des rhums qui a été de tout temps extrêmement importante et rémunératrice :

1897 . . 2,116,606 k. représentant une valeur de 534,020 fr.
1898 . . 2,210,494 k.   —   —   588,635 fr.

La Guadeloupe achète aux États-Unis d'Amérique des denrées alimentaires et des bois de construction, à l'Angleterre la houille et les tissus de coton (alors que la France pourrait facilement lui fournir et à un prix satisfaisant ce dernier article) ; à l'Inde anglaise les riz en grains (que l'Indo-Chine pourrait également lui fournir) et à Porto-Rico les bœufs de boucherie et de travail. Ce que la Guadeloupe demande à la France, ce sont les animaux vivants et particulièrement les chevaux et les mulets, les machines et les engrais, les vins et les liqueurs, les conserves et autres objets d'alimentation. On voit, par cette simple énumération, que les rapports entre la colonie et la métropole pourraient facilement devenir plus étroits et plus profitables à l'une comme à l'autre, et que certains produits devraient être demandés à la France alors que, par habitude prise, ils sont encore achetés en pays étranger. Il y a lieu d'espérer que mieux instruite de son intérêt, la colonie s'adressera de plus en plus à la France qui lui achète à l'heure actuelle la presque totalité de ses exportations.

GUYANE FRANÇAISE

Le décret du 29 novembre 1892, supprimant ou tempérant les droits qui frappaient les produits de première nécessité, a atténué l'influence que pouvait exercer sur le commerce local l'application du tarif métropolitain. Si la Guyane a persisté à s'approvisionner sur les marchés étrangers de toutes les matières alimentaires, parce qu'elles coûtent moins cher qu'en France (animaux vivants, viandes salées, farine de froment, riz en grains, légumes frais, etc.), du moins s'est-elle tournée vers les marchés de la métropole pour la plupart des marchandises soumises à l'application du tarif : tels le lait concentré, les fromages, le beurre, la morue, les poissons secs ou fumés, les pâtes d'Italie, le chocolat, le poivre, le tabac, le fer étiré, l'eau-de-vie, les tissus de coton et de laine, les tissus de soie, les outils, etc. Il en est résulté un certain déplacement de capitaux au profit de la France et une augmentation, d'ailleurs peu sensible, dans le chiffre des importations et des exportations. Si l'on compare en effet la valeur du commerce guyanais en 1840 et en 1880 par exemple, on constate qu'il a plus que quadruplé dans les dernières années ; mais de 1880 à 1897 l'augmentation n'a guère été que de 2 à 3 millions, ce qui est insuffisant pour une colonie aussi riche en produits naturels que la Guyane française.

	Importations	Exportations	Totaux
1840.	2,886,540	2,084,865	
1850.	2,682,167	1,434,191	
1860.	7,107,484	1,032,797	
1870.	7,371,734	1,619,207	
1880.	10,803,102	5,734.566	
1890.	7,889,532	4,308,922	
1895.	10,979,236	8,985,742	19,965,178
1896.	8,857,345	8,993,449	17,850,794
1897.	9,144,817	7,225,844	16,367,658

Le léger fléchissement qu'accusent les deux dernières années s'explique par ce fait que le grand mouvement vers les mines d'or a déterminé, en 1895, des achats exagérés de produits dont l'écoulement s'est effectué beaucoup plus lentement qu'on ne l'avait espéré.

Les exportations ont surtout porté sur le café et le cacao ;

	Café en fèves	Cacao en fèves	broyé
1895	190 k.	20,743	365
1896	344 —	9,767	—
1897 . . .	54 —	2,060	—

sur l'or, ou du moins sur l'or déclaré à l'entrée, car il est hors de doute qu'il en a été expédié à l'étranger une quantité bien supérieure, grâce à la contrebande effrontée que l'exploitation des mines a naturellement suscitée ;

	Entrée	Exportation
1895.	2,810,684	2,854,056
1896.	2,892,775	3,056,349
1897. . . .	2.446,470	2,598,622

enfin sur les bois :

	Bois de construction	Bois d'ébénisterie	Bois odorants
1895. . .	44 stères	194	6,280 kilos
1896. . .	73 —	0 st. 333	13,000 —
1897. . .	5 —	0 st. 020	54,400 —

Ces chiffres ne sont pas, en somme, satisfaisants et accusent plutôt un découragement profond qu'une activité réelle. C'est ainsi que, pour le café, la Guyane qui n'en a exporté que 54 kilos en avait exporté, en 1842, 10,907 kilos. Les cafés de la

Guyane sont considérés comme excellents, leur prix est peu élevé (1 fr. 50 à Cayenne), et cependant, par une anomalie qu'il ne faut pas se lasser de signaler, le Brésil reste notre plus grand fournisseur de cafés. On pourrait se demander aussi pourquoi les bois de construction et d'ébénisterie, qui pourraient donner lieu à d'importantes transactions, s'expédient d'une façon aussi irrégulière, et pourquoi la Guyane qui avait expédié, en 1853, jusqu'à 893,000 kilos de bois d'une valeur de 60,595 francs, qui en exportait encore, en 1884, 16,167 kilos, n'en vend plus, en 1897, que la quantité dérisoire de cinq stères. Au contraire, l'exportation de bois de rose a une tendance constante à l'augmentation et la vente qui ne portait en 1889 que sur 325 kilos a atteint, en 1897, près de 2,372 kilogr.

Seule l'exportation de l'or augmente chaque année, et ce n'est pas un des phénomènes les plus regrettables que de voir la population indigène déserter l'agriculture et l'industrie pour se ruer vers l'exploitation des mines qui donneront sans doute, pendant un certain temps, des bénéfices considérables, mais qui s'épuiseront bien vite, alors que les bénéfices obtenus par l'agriculture sont les seuls qui ne s'épuisent pas et qui ne trompent jamais ceux qui les sollicitent. L'exportation au dehors de l'or guyanais accuse une progression presque inquiétante, comme le prouvent les chiffres suivants :

1856	. . .	8 kil.
1871	. . .	725 — 700
1885	. . .	1,953 — 269
1888	. . .	2,032 — 279
1894	. . .	4,835 — 870
1897	. . .	2,298 — 624

Quant aux autres produits exportés de la Guyane, leur valeur est à peu près insignifiante, sauf peut-être pour le rocou dont il a été exporté, en 1897, près de 1,912 kilos, chiffre singulièrement faible si l'on songe que la consommation dans le monde entier est de 1,912 kilos; mais que dire du coton dont l'exportation a complètement cessé alors qu'elle était encore en 1871 de 7.469 kilos? De la cannelle et de la muscade complètement abandonnée? De la girofle dont il n'a pas été exporté un seul kilo depuis 1885? Du poivre qui n'est plus cultivé dans la colonie, alors que la France seule en consomme annuellement de 2 à 3 millions de kilogrammes? Il y a là une situation qu'il faut dénoncer, car il est affligeant et inexplicable qu'une colonie si naturellement riche soit commercialement le plus pauvre de nos établissements d'outre-mer.

Si, du moins, la France trouvait en Guyane un marché important dont ses produits pourraient bénéficier? Mais il n'en est rien. Il est vrai que la France y exporte annuellement pour 1,500,000 francs de boissons diverses et pour 182,802 francs d'alcool, qu'elle y vend pour 743,212 francs de farineux alimentaires (alors que l'étranger en vend de son côté pour 598,000 francs) et des tissus pour 848,845 francs; mais le lait concentré, la charcuterie, les animaux vivants et les bois y sont vendus par les Etats-Unis, le tabac par les Guyanes anglaise et hollandaise. Même pour les produits que la France fournit la part faite aux produits venus de l'étranger est encore beaucoup trop grande sans que rien puisse justifier cette préférence. Il y a là une situation qui, sans être grave, mérite de provoquer l'attention de la métropole.

SAINT-PIERRE ET MIQUELON

Jusqu'au 11 janvier 1893, les droits de douane peu élevés, perçus depuis 1845 et variant, suivant les époques et les besoins, de 1,25 à 4 0/0 de la valeur des marchandises, avaient encouragé la consommation des produits étrangers aux îles Saint-Pierre et Miquelon. Par suite de l'application du tarif métropolitain, une transformation lente, mais incontestable, s'est opérée dans les habitudes du commerce local, et c'est ainsi qu'en 1896 le chiffre des importations des produits d'origine française a dépassé de 498,036 francs la valeur à l'entrée des marchandises étrangères. Il est vrai qu'en 1897 les résultats ont été un peu moins concluants, mais la différence en faveur des produits étrangers a porté exclusivement sur des articles qui, ayant bénéficié de dégrèvements en conseil d'Etat, échappent à l'application du tarif général des douanes. Quoi qu'il en soit, la transformation désirée s'opère peu à peu et la moins-value constatée en 1895 et 1896 sur les droits de douane constitue également une preuve de cette transformation. En effet, le mouvement commercial de la colonie ne s'est pas modifié pendant ces deux années, et la diminution des perceptions s'explique uniquement par la substitution à des produits étrangers de marchandises françaises bénéficiant d'une exemption de droits. Cette réduction s'accentuera, sans doute, encore dans l'avenir sans s'élever cependant au delà d'un certain chiffre. D'une part, en effet, les marchandises actuellement tirées de l'étranger ou bénéficient déjà de dégrèvement ou consistent en produits spéciaux que les Etats-Unis et le Canada sont seuls aptes à nous fournir, et, d'autre part, certaines maisons d'armement, dont les capitaux sont extrêmement réduits, trouvent à Boston un crédit étendu qui les y retient et qu'elles ne trouveraient peut-être pas en France.

Les principaux produits fournis autrefois par l'étranger et remplacés maintenant par des similaires provenant de l'industrie métropolitaine sont : la margarine, le biscuit de mer, le sucre, la mélasse (des Antilles), les sucreries, les confitures, le goudron végétal, l'alcool, le fer en barres, le fer étamé, les cordages écrus, les tissus de coton blanchis et teints, les tapis de laine, les vêtements à l'usage des marins et les vêtements confectionnés, la coutellerie commune, les articles de ménage, etc.

Quant au commerce d'exportation, il porte presque exclusivement sur les produits de la grande pêche (morues vertes, sèches, huiles et rogues de morues, homards, conserves, etc.). Il a atteint, depuis 1893, une moyenne de 9,488,230 francs par an. Il faut cependant signaler la décroissance qui s'est manifestée pendant plusieurs années dans notre commerce d'exportation et dont on n'a pas toujours indiqué les véritables causes. C'est, en réalité, la mise en vigueur par le gouvernement de Terre-Neuve du « *Bail act* » en 1888 qui a paralysé les transactions relatives aux produits autres que la pêche. Jusqu'alors les pêcheurs Terre-Neuviens, importateurs de boëtte, recevaient en échange de leurs produits des marchandises diverses qu'ils ont dû, à partir de cette époque, se procurer chez eux. Des maisons de commerce se sont naturellement établies, à ce moment, dans le but d'exploiter cette situation.

Les résultats obtenus en 1897 semblent démontrer que le commerce d'exportation paraît enfin se relever de la crise dont il souffrait depuis 1891, puisque le relevé des opérations commerciales et leur comparaison avec celles des années précédentes indiquent une très sensible augmentation sur les marchandises, provenant de l'importation étrangère, réexportées.

IMPORTATIONS

Années	de France	des entrepôts de France	des colonies françaises	de l'étranger	Totaux
1840..	1,309,378	»	108,135	588,477	2,005,990
1850..	1,211.693	39,684	12,366	1,181,686	2,445,339
1860..	1,917,755	34,165	17,260	2,115,684	4,084,864
1870..	3,067,774	673,263	136,932	3,994,933	7,842,902
1880..	2,188,624	308,326	28,483	6,644,278	9,158,711
1890..	3,835,339	609,786	69,164	9,586,496	14,400,485

LE COMMERCE

EXPORTATIONS

Années	Pour la France	Pour les colonies françaises	Pour l'étranger	Totaux
1840	1,089,202	3,073,426	»	4,162,628
1850	1,407,003	2,466.243	306,422	4,179,668
1860	1,186,684	2,283,634	1,320,605	4,790,920
1870	4,695,603	3,240,222	1,924.022	9,859,847
1880	9,631,720	1,837,444	2,255,749	14,724,913
1890	9,043,244	2,179,034	6,113.167	17,335,445

Cette situation est encore bien meilleure aujourd'hui, puisqu'en 1898, le montant des opérations commerciales a atteint 35,000,000 de francs (valeur marchande des produits aux lieux de destination). La situation est donc aussi bonne que possible et l'accroissement des transactions ne peut que s'accentuer d'année en année.

LA RÉUNION

En dépit des difficultés économiques contre lesquelles lutte notre colonie de l'Océan Indien, son commerce a une tendance sérieuse à l'amélioration. Certes elle a connu des jours plus prospères que les jours actuels et il y a encore beaucoup à faire pour que la situation de la colonie soit, sinon bonne, du moins satisfaisante pour les négociants et les exportateurs de l'île ; toutefois il convient de constater que, depuis trois ans surtout, le chiffre des affaires augmente sensiblement. Le régime de 1892 qui a assimilé la Réunion à la métropole, en ce qui concerne les produits importés dans l'île, a eu pour effet naturel de resserrer les liens commerciaux qui les unissent l'une à l'autre. En effet, la colonie et la métropole étant confondues en un seul et même territoire douanier, les produits de la métropole entrent en franchise dans la colonie, tandis que les marchandises étrangères y sont passibles, sauf de très rares exceptions déterminées par le décret du 9 décembre 1893, des mêmes droits de douane que s'ils étaient importés de France. Il est fâcheux toutefois, et ce que nous disons de cette colonie pourrait se répéter à propos de toutes les autres, que les produits de notre sol et de notre industrie ne jouissent pas à leur entrée en France, et par voie de réciprocité, des mêmes faveurs que la métropole, au moins pour ceux qui n'ont pas de similaires dans la mère-patrie.

Les produits des importations et des exportations de dix ans en dix ans depuis 1840 avaient donné les résultats suivants :

	Importations	Exportations
1840..	15,346,747 francs	14,307,645 francs
1850..	15,172,279 —	11,393,254 —
1860..	42,523,969 —	38,342,127 —
1870..	21,204,045 —	18,006,704 —
1880..	39,156,107 —	12,254,954 —
1890..	30,314,450 —	17,275,826 —

On le voit, après avoir connu des périodes médiocres, le commerce de la Réunion s'élève brusquement en 1860 et cette prospérité se maintient jusqu'en 1870. Cette défaillance, due à des causes hélas ! trop connues, ne dure pas et, en 1880, la colonie a reconquis à peu près son ancienne situation ; mais un nouveau fléchissement, qui s'explique par l'intensité de la crise sucrière, caractérise les années 1890 et les années suivantes ; enfin, grâce aux mesures prises, le commerce reprend une certaine activité dès 1896, comme le prouve l'examen attentif des années 1896 et 1897. Mais cette situation semble se modifier en 1898 pour des causes passagères que nous aurons à déterminer.

	Importations	Exportations
1896.	24,887,900 francs	17,385,792 francs
1897.	24,664,683 —	18,482,528 —
1898.	19,765,268 —	19,027,857 —

Ces chiffres, intéressants par eux-mêmes, le sont bien davantage si on les analyse avec plus de précision. Les produits importés de France ont été respectivement pour 1896 de 12,355,126 francs, pour 1897 de 11,661,099, pour 1898 de 10,147,720 francs ; pour les colonies françaises de 1,349,335 ; 4,374,134 ; 2,720,468, et pour l'étranger de 8,183,439 ; 5,629,450 ; 6,897,080 francs. Les exportations sont encore plus favorables au commerce français :

	France	Colonies françaises	Etranger
1896.	16,215,264 francs	549,090 francs	654,444 francs
1897.	17,419,779 —	631,456 —	434,293 —
1898.	18,090,838 —	578.676 —	358,353 —

Dans ce chiffre d'affaires, les transactions sur le sucre sont de beaucoup les plus importantes. L'année 1897, prise comme type, se partage entre deux récoltes de sucre : la fin de la campagne 1896-97 et le début de la récolte 1897-98. La première des deux récoltes est bien supérieure en quantité de sucre produit, puisque 1896-97 donne 45,082,515 kilos de sucre exporté et que 1897-98 donne 31,483,427 kilos à la fin de la campagne, c'est-à-dire, au 31 mai 1898, avant l'apparition des sucres de l'année suivante. C'est une diminution de 13,559,088 kilos pour cette dernière campagne sucrière, mais, d'autre part, les prix de la première ont varié de 29 francs à 32 fr. 50 au port d'embarquement, tandis que l'année précédente ce prix avait été de 26 francs le quintal métrique, différence largement compensée par un rendement bien supérieur. En somme, c'est sur

1898 que s'est porté le déficit considérable de la campagne 1897-98, conséquence forcée de la sécheresse persistante du dernier hivernage.

En 1896, la Réunion a expédié à Madagascar 656,000 kilos de sucre, tandis qu'en 1897 cette colonie n'a plus demandé que 99,823 kilos, la colonie de Maurice ayant en partie supplanté Bourbon par une augmentation de ses approvisionnements à Tamatave et sur les différents points de la côte malgache, en vue d'éviter l'application du nouveau tarif douanier.

Après le sucre, c'est le commerce des vanilles qui alimente de préférence le commerce de la colonie. La récolte des vanilles en 1896 a donné 69,162 kilos exportés dont la valeur en douane à la sortie était estimée à 3,537,708 francs, tandis qu'en 1897, il a été exporté 99,823 kilos (valeur : 3,973,305 francs). Ajoutons que la moyenne des prix de vente obtenus pour ces deux récoltes de vanille est sensiblement plus forte que celle donnée par la douane. La sécheresse de l'hivernage 1896-97 a été particulièrement favorable à cette culture.

L'exportation des cafés, qui est de beaucoup inférieure à la consommation locale, a doublé en 1897 ; elle a atteint 82,887 kilos contre 43,834 k. sortis en 1896. Il n'est pas douteux que les qualités supérieures du café bourbon ne lui obtiennent les prix très rémunérateurs qu'il a toujours obtenus en Europe. Il se vend en moyenne 3 francs par kilogramme sur place et le prix des premières marques atteint jusqu'à 3 francs 50.

La production du tapioca et fécule de manioc qui avait atteint 729,682 kilos en 1896 s'est relevée pour 1897 à 943,289 kilos, bien que les prix soient restés très bas pendant deux années (environ 32 francs les 100 kilos), à cause de la concurrence des fécules et tapiocas étrangers.

Le chiffre des exportations de rhum en 1896 s'élève à 17,558,323 litres ; mais les prix sont médiocres et varient de 20 à 30 francs l'hectolitre. Il est toutefois regrettable que

Maurice soit resté jusqu'à la fin de 1897 le grand fournisseur de rhum à Madagascar, l'exportation du rhum de la Réunion dans cette colonie ne dépassant pas 375,000 litres. Cette situation s'est améliorée en 1898 et en 1899, grâce à l'application du tarif général.

Enfin les tabacs en feuilles et fabriqués ont donné une exportation de 62,025 kilos pour 272,570 francs en 1896 et de 52,883 kilos pour 239,925 francs en 1897. Terminons en constatant que la colonie a exporté à Maurice, en 1896, 522,366 kilos (valeur 104,161 francs) tandis que, pour 1897, la même exportation a atteint 984,323 kilos pour une valeur de 247,664 francs.

Telles sont les réflexions essentielles que suggère l'étude des exportations ; quant aux importations, il y a lieu de remarquer que celle des marchandises étrangères a diminué, en 1897, d'une valeur de 2,130,574, comparativement à celles de 1896.

Précisons par quelques détails : les importations des animaux vivants en 1897 ont donné 227,400 francs de plus, tandis que les viandes de conserves diminuaient de 315,117 francs. Les produits de la pêche sont en diminution de 201,147 francs ; les farineux alimentaires ont augmenté de 952,395 francs, augmentation motivée et au delà par la hausse des prix. En outre, les quarantaines imposées en 1897 à la suite de la peste dans l'Inde, ayant fermé les marchés anglo-indiens, la valeur des farineux étrangers a diminué de 2,550,784 francs et, par contre, les riz et farines d'origine française ont augmenté de 3,660,179 francs.

Les boissons qui représentaient, en 1896, une importation de 2,301,577 francs sont tombées, en 1897, à 1,320,620 francs avec une moins-value de 980,957 francs. Cette moins-value doit être, paraît-il, attribuée à des approvisionnements exagérés de vins français en 1896. Enfin les tissus ont été comptés en 1896 pour une valeur de 2,880,169 francs et en 1897 pour une valeur de 2,653,992 francs avec une diminution de 226,177 francs. La France était, en ce qui concerne ce dernier produit, en diminution de 136,683 francs, alors que les tissus étrangers ne perdaient que 89,484 francs.

En somme et malgré quelques défaillances, c'est toujours sur les marchés de la métropole que la Réunion s'approvisionne des objets nécessaires à la consommation et vers eux qu'elle expédie ses récoltes. « Son entrée dans l'union douanière a eu cet im-
« mense avantage de la mettre en rapports commerciaux régu-
« liers avec les colonies françaises de Madagascar et de l'Indo-
« Chine et de détourner au profit de celles-ci un courant
« d'affaires dont jusque-là les pays étrangers, l'Inde anglaise
« notamment, avaient été les seuls à bénéficier. Ce mouvement
« si appréciable pour les intérêts français est appelé à s'accen-
« tuer davantage, et le moment n'est pas éloigné où la presque
« totalité du commerce de la colonie se fera avec la métropole
« ou avec les possessions françaises. La Réunion y gagnera,
« tôt ou tard, de voir ses cafés, ses vanilles et autres produits,
« n'ayant pas de similaires en France, affranchis de tous droits
« de douane à leur arrivée dans les ports français (1). » Si l'exportation pour les colonies françaises est moindre en apparence, elle a suivi pourtant la même marche ascendante et progressive, et ce mouvement s'accentuerait bien davantage encore, si les pouvoirs publics de la métropole voulaient consentir à ce que les expéditeurs eussent, dans la colonie même, la libre disposition des sucres indemnes provenant du déchet de fabrication. D'autre part, l'annexion de Madagascar et les facilités offertes par l'Indo-Chine pour l'alimentation en riz de la population créole ont démontré que les tarifs spéciaux à la Réunion, trop favorables à l'Angleterre, ont besoin d'être modifiés après une expérience de huit années.

(1) Rapport de M. Edouard Petit, 1899.

LE SÉNÉGAL

Il est aisé de constater que le commerce du Sénégal augmente chaque année d'une façon normale et régulière, ainsi que le prouvent les chiffres :

Années	Importations	Exportations	Totaux
1892...	24,260,128 fr.	17,334,092 fr.	41,594,220 fr.
1893...	16,885,767 —	17,984,730 —	34,870,297 —
1894...	26,986,533 —	18,166,971 —	45,153,504 —
1895...	28,269,060 —	12,435,887 —	40,704,947 —
1896...	26,175,726 —	19,563,065 —	45,738,791 —
1897...	29,179,937 —	21,436,654 —	50,316,588 —
1898...	33,155,550 —	29,146,755 —	62,302,305 —

Sur les chiffres d'importations, quelle est la part faite aux marchandises importées de France ou des colonies françaises et la part faite aux marchandises étrangères ? Les marchandises françaises sont-elles de plus en plus recherchées dans la colonie, ou bien reculent-elles devant l'invasion étrangère ? Il est heureux de constater que la France ne cesse d'étendre au Sénégal son action commerciale.

IMPORTATIONS

Années	de France	des colonies françaises	de l'étranger	Totaux
1896.	13,451,000 fr.	2,526,000 fr.	10,200,000 fr.	26,177,000 fr.
1897.	14,639,000 —	2,347,000 —	12,093,000 —	29,479,000 —
1898.	18,661,000 —	2,318,000 —	12,176,000 —	33,155,000 —

Il en est de même, d'ailleurs, des exportations qui d'année en année sont dirigées davantage vers la métropole, ce qui ne peut manquer d'avoir comme résultat de lier plus étroitement les intérêts de la France et de sa colonie.

EXPORTATIONS

Années	pour France	pour les colonies	pour l'étranger	Totaux
1896	13,027,843 fr.	414,409 fr.	6,123,813 fr.	19,563,065 fr.
1897	13,414,336 —	2,691,131 —	5,031,184 —	21,136,651 —
1898	19,750,933 —	3,383,058 —	6,012,764 —	29,146,755 —

Que fournit la France au Sénégal ? les sucres qui, après avoir été importés en 1889 pour une somme de 174,000 francs et pour 690,000 francs en 1891, sont retombés en 1893 à 495,000 francs. En 1897, ils représentaient encore une somme de 731,161 fr. Cette production déjà importante pourrait encore s'accroître si nous savions fournir aux indigènes le sucre qu'ils désirent, c'est-à-dire d'après un renseignement fourni par M. Pellegrin, négociant à Saint-Louis, un sucre à gros grains et à légère odeur que Marseille expédie en grains de 2 kilos et au-dessus (1). De même que le sucre, les vins sont fournis presque exclusivement par la France. En 1890, il en était entré au Sénégal pour 3,300,000 francs ; en 1894, pour 2 millions ; en 1896, pour 850,000 francs (alors que l'étranger n'en vendait que pour 30,000 francs) ; en 1897, pour 898,692 francs et, en 1898, pour 1,659,720 francs représentant une quantité de 2,513,197 litres.

Si la France a toujours gardé le monopole des vins, il n'en est pas de même de celui des alcools qui sont fournis, en quantité au moins égale, par l'Allemagne. « En 1891-92, des fabricants français s'étaient outillés pour concurrencer le produit étranger, et ils y étaient déjà parvenus quand a été votée la loi frappant de droits très élevés à l'entrée les grains servant à la fabrication. La lutte devint alors impossible et force fut à notre commerce de s'adresser de nouveau aux Allemands (2). »

(1) Lagrillière Beauclerc, op. cit.
(2) *Revue coloniale*, 1896.

Hambourg expédie cet alcool au prix minime de 20 à 23 francs l'hectolitre, ce qui met, avec les différents droits à acquitter, le baril de 115 litres à 90 francs environ. Il est inutile d'ajouter, étant donné le prix de vente, que cet alcool de qualité très inférieure a déjà produit des effets désastreux chez la population indigène, et il faut espérer que cette situation se modifiera prochainement, grâce à l'installation d'une fabrique d'alcool de grains au Sénégal qui bénéficiera de l'admirable découverte du Dr Calmette.

Les produits venus de France et qui sont préférés dans la colonie aux marchandises étrangères sont encore les fromages (29,465 kilos, en 1896, représentant une valeur de 82,274 fr.) et les biscuits (784,738 kilos).

Mais que de produits sont encore importés par les pays étrangers ! Alors que la France vend au Sénégal pour 19,000 francs de houille, la Grande-Bretagne et l'Allemagne lui en vendent pour 700,000 ; le pétrole est exclusivement fourni par les Etats-Unis d'Amérique, ainsi que les conserves de bœuf salé. Il est nécessaire qu'une pareille situation soit rapidement modifiée.

Et encore ces importations diverses sont bien peu de chose si on les compare aux importations des tissus et des guinées ! Il s'en faut que la France ait en cette matière le rang qu'elle devrait légitimement occuper. C'est à peine si elle fournit 40 0/0 de la consommation locale. Même si on ajoute aux tissus importés par elle les guinées importées de l'Inde française pour une somme de 2,230,000 francs, il n'en reste pas moins que l'étranger occupe sur le marché du Sénégal une situation privilégiée. En 1896, les maisons de Belgique et de Hollande ont fourni au Sénégal pour 1,682,277 francs de guinées, alors que les fabricants français n'en écoulaient que pour 700,000 francs. En 1897, les produits de France, de l'Inde et des autres colonies atteignent le chiffre de 4,559,039 fr. mais la Belgique et la Hollande à elles seules en importent pour 1,489,477 francs. La situation est plus mauvaise encore si on examine les chiffres de l'importation pour les autres tissus (laine, chanvre, etc.). Pendant que les pays étrangers en vendent pour 5,350,352 francs, la France n'arrive à en placer que pour 172,124 francs. Il convient d'insister sur cette situation d'où dépend, en grande partie, l'avenir de nos relations commerciales avec le Sénégal. Il faut, de toute nécessité, que le fabricant français se résigne à produire des tissus conformes au goût et aux habitudes de l'indigène et non au sien propre. L'indigène aime les couleurs voyantes et criardes? Que le fabricant sacrifie son goût et son esthétique à ceux du client sollicité. L'indigène aime le tissu à bon marché? Que le fabricant ne cherche pas à lui imposer des étoffes solides, admirablement fabriquées, mais qu'il ne peut vendre qu'à un prix trop élevé pour cette clientèle. Les habitants du pays aiment les dentelles, mais ils ne les veulent qu'en coton; pourquoi chercher à leur imposer des dentelles plus fines, d'un tissu meilleur, mais qui ne leur plaisent pas, étant forcément plus chères? Le succès est à ce prix : c'est en sacrifiant résolument au goût de leur clientèle noire, quel que soit ce goût, que la Grande-Bretagne et l'Allemagne sont arrivées à s'installer en maîtresses sur un grand nombre de marchés. Il faut ne pas oublier non plus que la laine a disparu et que le coton l'a presque partout remplacée. La question est donc nettement posée. En 1897, les importations de tissus ont été réparties ainsi qu'il suit :

Guinées	France, Inde française et colonies	2,867,202
	Angleterre	202,440
	Belgique et Hollande	1,489,477
	Total.	4,559,039
Autres tissus	France	172,124
	Angleterre	2,521,651
	Allemagne	5,705
	Belgique et Hollande	2,650,872
	Total.	5,350,352 fr.

Il résulte, en outre, du mouvement des importations de tissus de coton pendant les années 1897 et 1898 que la France, loin d'occuper la place qui devrait lui revenir en tant que métropole, a perdu du terrain, en 1898, puisque les importations françaises ont diminué de 792,352 fr. par rapport à 1897, alors que les importations étrangères augmentaient de 399,111 fr. Pendant que les tissus écrus, blanchis, teints et imprimés de provenance française ne représentaient qu'une valeur de 520,389 francs, les tissus de même nature et de provenance étrangère atteignaient le chiffre de 3,893,414 francs. Dans ce chiffre l'Angleterre figure pour 3,011,426 francs, ce qui représente, en somme, 68 0/0 des importations totales.

Il y a plus, dans le chiffre général de 12,176,000 francs représentant les importations de l'étranger en 1898, l'Angleterre figure pour 7,387,000 francs, les Etats-Unis pour 2,262,000 francs, l'Allemagne pour 1,075,000 francs, la Belgique pour 740,000, la Hollande pour 647,000, enfin les autres pays pour 55,000 francs. Quant à la France, elle a fourni pour 18,000,000 de francs sur 33,000,000 de marchandises importées. « Il résulte des chiffres qui précèdent que, sauf pour les alcools et genièvres de traite et pour les tissus où un sérieux effort reste à faire, les importations directes de la France tiennent une place relativement importante dans les transactions commerciales de la colonie (56 0/0 environ), non compris 2,500,000 francs de marchandises étrangères importées des entrepôts de la France et de ses colonies. » « La part laissée à l'étranger est donc infiniment trop forte. L'administration locale semble, du reste, entrer dans la voie des mesures décisives. En janvier 1898, le directeur de l'intérieur du Sénégal prenait un arrêté instituant une commission chargée de rechercher les moyens propres à favoriser les rapports directs entre les producteurs de la métropole et les consommateurs sénégalais. » Il faut, en somme, que nos industriels et nos commerçants adaptent résolument leur fabrication aux besoins du marché. Ils serviront ainsi à la fois leurs intérêts et ceux de la France.

Exportations. — Les produits exportés sont, par ordre d'importance, l'arachide, la gomme et le caoutchouc. Les autres produits exportés représentent une valeur négligeable.

L'arachide s'exporte depuis 1841, époque à laquelle les marins de commerce de Marseille tirèrent du Sénégal 500 kilos d'arachides. Ces chiffres allèrent en augmentant jusqu'en 1883, époque de la plus grande prospérité. A cette date, l'exportation fut de 70,000,000 kilos représentant une valeur de 17,500,000 francs. En 1895 le chiffre était tombé à 9,076,000 francs, en 1897 à 7,586,842 francs, puis nouveau rebondissement en 1898 avec 13,615,059 francs. Ce chiffre est d'autant plus significatif qu'il coïncide avec un avilissement des prix, ce qui prouve que la production, loin de diminuer, est en progrès régulier depuis plusieurs années. La Casamance, par exemple, ne cesse d'étendre ses plantations. Il est donc à présumer que l'exportation de ce produit ne cessera de s'accroître en dépit de la concurrence redoutable que lui font, malgré leur qualité inférieure, les arachides de l'Inde. Bien que les fabricants de Marseille utilisent une grande quantité de celles qui sont exportées, la France n'occupe pas encore dans ce commerce la place qui lui revient. Si elle a reçu 73,297,463 kilos d'arachides en 1898 (elle n'en avait acheté que 16,025,210 en 1897), la Hollande en a prélevé la même année pour 9,184,186 kilos et les autres pays pour 13,073,449. Cette situation, bien que peu satisfaisante au regard de 1897, pourrait encore s'améliorer.

C'est en 1882 qu'a commencé l'exportation du caoutchouc avec 59,622 kilos. En 1888, elle est de 128,807 kilos, en 1894

(1) *Rapport officiel du gouverneur général.*
(2) Pierre Defaucompret, *op. cit.*

de 396,553 kilos, mais elle n'est plus que 144,582 kilos en 1895 et de 126,878 en 1896, parce que le caoutchouc sénégalais est réputé de qualité inférieure. Aussi, comme nous l'avons exposé dans le chapitre consacré à l'agriculture, des mesures ont été prises pour en améliorer la culture et l'exploitation. Ces mesures ont donné déjà d'indiscutables résultats, puisque l'importation du caoutchouc vers la France a été, en 1898, de 150,262 kilos représentant une valeur de 525,907 francs alors qu'elle n'avait été, en 1897, que de 25,596 kilos (valeur 89,590 francs). On peut néanmoins s'étonner, quand la France en achète, année moyenne, pour 27 millions, que le Sénégal soit encore en mesure d'en vendre à l'Angleterre pour 161,173 kilos et 27,194 à d'autres pays. Pourquoi tout le caoutchouc provenant des colonies françaises n'est-il pas acheté par les commerçants français ?

Mais de tous les produits qui sont exportés du Sénégal, le plus important est certainement la gomme. En 1828, le Sénégal produisait déjà 1,494,805 kilos de gomme ; en 1859, cette production était de 4,160,509 kilos ; mais, en 1883, l'exportation tombait à 2,500,000 kilos pour se relever avec 4,928,903 kilos en 1897 et 5,444,800 en 1898, représentant une valeur de 4,328,506 francs. Ce produit est presque exclusivement vendu en Russie, les quantités à destination des autres pays étrangers étant à peu près insignifiantes (161,267 kilos seulement pour l'Angleterre et 114,600 pour les autres pays).

Quant aux autres articles exportés, il suffit de les citer pour mémoire ; l'exportation des plumes d'autruche a rapporté, en 1898, 223,783 francs, les dents d'éléphant 51,307, les amandes de palme 89,780, l'or brut 386,598 francs. Enfin la vente des bois provenant généralement de la Casamance a donné les résultats suivants :

1897 . . . 13,400 mètres courants : valeur 67,000 fr.
1898 . . . 610 — : valeur 3,050 fr.

Il convient de dire, en terminant, quelques mots du commerce de traite qui, grâce à certaines maisons, telles que les maisons Maurel et Prom, Devès et Chaumet, Buhan et Teyssère (1), est extrêmement florissant au Sénégal. Le temps n'est plus où l'indigène consentait à échanger les produits de son travail ou de sa chasse contre des marchandises européennes. A l'heure actuelle, l'indigène qui connaît parfaitement la valeur de l'argent préfère de beaucoup être payé en monnaie. Il sait même, le cas échéant, garder sa marchandise et la consommer à son profit plutôt que de la livrer à un prix qu'il ne juge pas suffisamment rémunérateur. Le cas s'est récemment présenté pour l'arachide. On a vu les chefs indigènes s'entendre entre eux pour obtenir, par une systématique abstention, le relèvement de prix de ce produit, et ils y ont parfaitement réussi. Aussi le commerce de traite, au sens propre du mot, se modifie-t-il peu à peu et l'ancien système ne se pratique plus guère que dans les escales où ces habitudes ne sont pas complètement perdues (2).

LE SOUDAN

Les renseignements que nous possédons sur le commerce du Soudan sont assez abondants, mais ils ne nous apportent sur l'orientation générale de ce commerce que des indications peu précises, quelquefois même contradictoires. Il faut espérer que

---

(1) A côté de ces importantes maisons il faut citer la maison américaine Strikland et Tuban à Gorée, la maison allemande Braun à Thiès et la maison Hartmann à Rufisque, quelques maisons portugaises en Casamance et d'autres maisons françaises comme celles de MM. Gras, Aumont et Claude Gaillard, à Saint-Louis.

(2) Les recettes de douanes dans les trois dernières années ont été les suivantes :

        1896. . . 2,875,060,14
        1897. . . 3,119,896,64
        1898. . . 3,407,807,35

c'est le chiffre le plus élevé qui ait été atteint depuis 1892.

la dislocation du Soudan et la répartition de ses cercles entre les autres colonies économiquement plus avancées auront sur l'avenir du commerce soudanais une heureuse et définitive influence.

En 1896, M. le capitaine Ballieu adressait au ministre des colonies un rapport extrêmement détaillé sur le commerce général du Soudan. Il y constatait, chiffres à l'appui, que le marché était partagé entre les productions étrangères et les productions françaises, avec une faveur marquée pour ces dernières (290,780 francs de plus-value sur les guinées, 42,432 fr. sur les autres tissus). Malgré tout, la concurrence étrangère occupait une place considérable sur les marchés du Soudan, puisque, dans le sud, par exemple, les tissus étrangers figuraient à peu près seuls à l'importation. A quelle cause convenait-il d'attribuer cette situation ? A ce que les maisons anglaises étaient mieux approvisionnées que les nôtres comme choix et comme variété de marchandises. Dans le nord, la situation était moins mauvaise et M. Ballieu pensait que, par la voie de Mogador, on pourrait assurer un écoulement rémunérateur de pièces de guinée, de basin et de soierie moyenne (1).

Dans un deuxième rapport sur le mouvement commercial de 1897, le même officier établissait que loin de diminuer en quantité, le mouvement commercial avait sérieusement prospéré, en dépit d'une apparente moins-value qui semblait résulter de l'étude des chiffres. « C'est, disait-il, qu'au fur et à mesure que les nouveaux débouchés étaient ouverts et que la prospérité de certains marchés les y faisait affluer, tandis que le numéraire se faisait plus rare, toutes les marchandises ont subi comme valeur nominale une dépréciation énorme dont il faut tenir compte, puisque nous rapportons tout au

---

(1) *Rapport du capitaine Ballieu*, cité par M. Lagrillière-Beauclerc, *op. cit*.

payement comptant (1). » De plus, en cette même année 1897, des approvisionnements importants avaient été arrêtés longtemps dans le bas fleuve pour profiter du transport qui remplace très médiocrement la navigation par chaland pendant la baisse des eaux. « On pourrait citer notamment beaucoup de sous-traitants de Kayes et de Médine qui, retardés, n'ont même pas pu remonter jusqu'à Bakel avec leurs pacotilles et n'ont pu les faire arriver à Kayes, sans compter leur dommage pécuniaire, qu'au prix de grandes difficultés et de retards préjudiciables. »

Cette situation ne s'améliora pas sensiblement en l'année 1898. Si les importations par le Sénégal s'accrurent d'une façon sensible, le fleuve étant redevenu praticable aux grands bateaux, les importations ont diminué sur les frontières sahariennes, conséquence fatale des troubles qui ont agité les pays maures et de la prolongation inusitée de la saison des pluies, et sur la frontière sud qui a naturellement subi le contre-coup de l'insurrection de Babemba et de la guerre contre Samory. Les résultats de 1899, autant qu'on peut en conclure par les chiffres déjà connus, seront bien plus encourageants pour l'avenir de notre commerce dans ces régions.

Comme pour le Sénégal, le principal article d'exportation est constitué par les tissus et étoffes de tout genre, « car, bien que le Soudan soit productif de coton, ce produit est encore de qualité très médiocre, et, de plus, les procédés de tissage et de confection y sont tellement rudimentaires que la rudesse des étoffes indigènes leur fait préférer la guinée, à cause de sa solidité relative et de ses couleurs toujours variées. » Les indigènes apprécient beaucoup les étoffes françaises, et pourtant les étrangers en vendent plus, nous avons déjà dit pourquoi, que les négociants étrangers. En 1896, sur une somme totale de 3,457,911 francs, la guinée de provenance française figure seu-

(1) *Rapport du capitaine Ballieu, bulletin du C. de l'Af. française*, 1898.

lement pour 872,137 francs contre 561,356 pour la guinée étrangère, et les tissus et cotonnades françaises pour 834,381 fr. contre 778,249 francs de produits étrangers.

Cette situation n'est pas sans remède. Il faut bien dire que le mal résulte de ce que le producteur français s'obstine à ne pas vouloir se plier au goût des consommateurs exotiques. Prenons un exemple que nous empruntons au mémoire de M. Casalta, chef de bureau à la direction des douanes du Sénégal. « La guinée de l'Inde la mieux vendue est la marque X, elle coûte 6 fr. 50 la pièce, les autres marques H de Savannah et G de Guébeli se vendent 6 fr. 25, mais sont moins estimées, le tissu en est étranger ; la teinte seule est française. Ce tissu est de qualité tellement médiocre que les industriels français n'ont jamais pu se décider à le fabriquer, et cependant, si la métropole veut devenir maîtresse des marchés de ses colonies d'Afrique occidentale, il importe qu'elle se décide à imiter l'Angleterre et la Belgique et à fabriquer *mauvais*, mais bon marché, puisque l'indigène ne s'attache qu'à la question de prix. » Beaucoup plus sensée a été l'Angleterre qui a mieux aimé supprimer ses marques et envoyer ses tissus dans les Indes françaises, pour profiter de la différence énorme de traitement entre les guinées françaises et les guinées étrangères (37 fr. 50 au lieu de 127 fr. 50), que de perdre la vente des produits qu'elle fabrique. Or quelque légitimes que puissent être les scrupules de nos industriels, l'expérience de tous les jours leur donne tort et démontre que jamais l'indigène ne se résoudra à payer plus cher pour être mieux servi. C'est un fait auquel il faut se résigner. Cet entêtement à vouloir imposer aux clients des produits incontestablement supérieurs comme qualité, mais aussi comme prix, a des conséquences inquiétantes pour l'avenir. Les maisons Siegler, Nordingen et Ragot fournissent le basin qui se vend en moyenne et au détail 1 fr. le mètre. Bien que ces tissus acquittent 12 0/0 de droits, c'est-à-dire,

7 0/0 de plus que les tissus français, ils sont encore vendus incomparablement meilleur marché qu'eux parce qu'ils sont de qualité médiocre. Aussi les maisons allemandes écoulent-elles au Soudan, année moyenne, pour 137,603 kilos de leurs tissus représentant une valeur de 1,059,692 francs. Il en sera toujours ainsi, tant que les fabriques de Manchester ou d'Allemagne, livrant leurs calicots franco à Dakar à raison de 0 fr. 30 en moyenne par mètre, les industriels français livreront leurs marchandises exactement au même prix à Paris, c'est-à-dire à la porte de leur fabrique, de telle sorte que, parvenue à Dakar, elle vaut 0 fr. 38 le mètre. Il est d'autant plus nécessaire de se hâter « que l'importation française des tissus au Soudan est l'article de traite par excellence, le seul peut-être destiné à augmenter rapidement avec les progrès de la civilisation. »

Après celle des tissus, les importations les plus importantes sont celles du sel qui arrive généralement du Sahara (2,076,726 francs contre 104,870 venant de France et du Sénégal), et les kolas (venant pour la plupart de Libéria, francs 315,896).

« On ne peut manquer d'être frappé par l'élévation du chiffre représentant le sel du Sahara importé au Soudan. Selon toutes probabilités, ce sel est appelé à être supplanté un jour par le sel aggloméré envoyé de France et arrivant, grâce au chemin de fer, à bon marché jusqu'au Niger. Qu'adviendra-t-il alors des tribus maures et touaregs dont le sel est la seule richesse? Les maures auront encore pour commerce leurs troupeaux et la gomme, mais qu'est-ce que les Azalaïs apporteront sur le marché de Tombouctou? Il semble que la réponse s'impose : le commerce de la région nord est condamné à bref délai ; il ira progressant encore, on peut l'espérer, pendant quelques années mais nos propres progrès le tueront. Au point de vue exclusivement commercial, c'est surtout notre exportation de grains qui en souffrira : les populations sahariennes n'ayant plus rien à nous donner en échange de notre mil devront aller s'approvisionner ailleurs, là où leur sel aura encore cours, ou disparaître. Mais la colonie trouvera un réel avantage à n'être plus tributaire des nomades pour la fourniture d'une denrée de première nécessité, la réduction du prix du sel contribuera à améliorer le sort des indigènes, et la métropole aura le bénéfice d'un commerce important (1). »

Il faut encore citer, parmi les importations qui atteignent chaque année une certaine valeur, les denrées et produits alimentaires, tels que vins et cassonade, riz blanc et biscuits. « Tous ces produits, sauf une petite quantité de sucre anglais, sont déclarés de provenance française, et même ceux qui ne sont pas absolument de cette origine proviennent néanmoins d'entrepôts français et sont marqués à nos marques (2). »

L'écart entre la valeur des importations et celle des exportations est considérable. « On en a cherché différentes explications ; la plus plausible, c'est qu'une grande partie des exportations échappe à notre contrôle. Sur les frontières sahariennes notamment, où nos postes sont peu nombreux et séparés par de vastes espaces, l'établissement d'une statistique exacte des exportations est presque impossible. Les postes ne peuvent guère qu'exercer une surveillance générale sur les caravanes pour empêcher l'exportation de captifs. Les caravanes ne sont, d'ailleurs, assujetties à aucune taxe à la sortie ; on peut donc, à la rigueur, considérer comme suffisante, dans l'état actuel des choses, cette surveillance générale (3).

C'est ainsi que les commerçants de Kayes n'achètent que pour 33,600 francs d'or et ceux du sud-ouest pour 9,000 francs à peine. Et pourtant on estime à 200,000 fr. le rendement de cha-

---

(1) *Rapport du général de Trentinian*, 1898.
(2) *Rapport du général de Trentinian*.
(3) P. Defauconpret, op. cit.

cun des pays du Bambouk et du Bouré ; mais toute cette exportation se fait par voie clandestine et les 7/8 de l'or exporté échappent aux constatations douanières. Pendant que l'exportation de l'ivoire diminue chaque année au point qu'elle est aujourd'hui presque nulle, celle des peaux augmente avec rapidité, ainsi que celle des plumes d'autruche.

Cependant il convient de noter que l'exportation de l'or, grâce à une surveillance active, est aujourd'hui mieux connue, puisqu'en 1895 la quantité régulièrement constatée n'était que de 1 kilog., qu'elle atteignait 47 en 1896 et 96 kilos (valeur 288,763 fr.) en 1898.

Mais le grand élément d'exportation est indiscutablement les gommes. La gomme de Tombouctou, de provenance analogue à celle du Sahel, en a les qualités marchandes et, comme cette gomme arrive au port d'embarquement à 0 fr. 50 le kilog., alors qu'elle atteint 0 fr. 40 dans le Sahel et 0 fr. 60 à Médine, elle peut figurer avec avantage sur tous les marchés de l'Afrique occidentale. Pourtant ce commerce a fléchi de 1897 à 1898, et il est à craindre que cette crise ne s'aggrave à mesure que progressera la pacification des régions du haut Nil, car elle est due à l'arrivée sur les marchés d'Europe des gommes du Soudan oriental. Ce n'est que par une augmentation notable de la production que les gommes du Soudan pourront triompher de la concurrence ; or, cette augmentation est probable dès que la construction du chemin de fer permettra le transport rapide des gommes du Niger en Europe.

Au contraire, les exportations du caoutchouc sont, d'année en année, plus importantes et plus actives. Des commerçants disposant de capitaux relativement considérables ont entrepris en grand le commerce du caoutchouc et de la gutta-percha. Le mouvement est aujourd'hui donné et la valeur du kilo, coté, il y a deux ans, à deux francs, dépasse aujourd'hui trois francs. Un tel commerce ne peut donc être que rémunérateur puisque le caoutchouc dit « Kouroussa » de provenance soudanaise est évalué à plus de 5 fr. 50.

Citons enfin comme produit exporté et payant largement le peu de travail qu'il exige, le ricin dont il est consommé annuellement en France 18,000 tonnes provenant presque toutes de la région soudanaise.

Quelques chiffres feront mieux comprendre, par une rapide comparaison, l'incontestable essor du commerce dans ce pays.

IMPORTATIONS

Années	Tissus Français	étrangers	Sel
1896...	1,644,736 fr.	2,324,636 fr.	
1897...	1,079,396 —	1,221,333 —	1,942,000 fr.
1898...	1,196,395 —	1,527,714 —	2,197,339 —
1899...	1,642,945 —	2,179,304 —	

EXPORTATIONS

Années	Gomme	Caoutchouc	Or brut
1895.....	234,719 fr.	73,559 fr.	1,086 fr.
1896.....	387,599 —	186,340 —	96,203 —
1897.....	1,713,182 —	297,922 —	276,000 —
1898.....	1,371.922 —	532,536 —	288,763 —

COMMERCE GÉNÉRAL

Années	Importations	Exportations
1896...	10,965,000 fr.	2,234,306 fr.
1877...	13,329,087 — (1)	4,777,282 —
1898...	8,030,130 —	3,626,605 —

En résumé, tout semble assurer un réel avenir commercial aux régions soudanaises, si toutefois nous savons habilement écarter la concurrence étrangère et si nous établissons à bref

---

(1) Chiffres donnés par le capitaine Ballieu. Le rapport de M. de Trentinian donne, pour 1897, 7,855,147 francs.

délai les voies de communication indispensables à son développement.

LA GUINÉE FRANÇAISE

Nous avons déjà démontré que la Guinée française était de toutes nos colonies africaines celle qui avait prospéré avec le plus de rapidité et de méthode depuis 1890. Dans un avenir prochain, elle absorbera à son profit la majeure partie du commerce des colonies étrangères voisines en même temps qu'elle drainera, par son chemin de fer, vers Konakry, les produits du Niger supérieur. Il s'en faut pourtant que la situation commerciale soit aussi bonne qu'il serait désirable. De même qu'au Sénégal et au Soudan mais plus encore qu'au Sénégal et au Soudan, la bonne part des importations appartient aux fabricants et négociants étrangers. Si on défalque les tissus de toute nature, la part de la France est d'environ 475,500 francs (chiffres de 1897) contre 1,995,400 francs pour l'étranger. Il est vrai que cette situation s'améliore chaque année ; mais bien lentement. Il en est de même de l'exportation ; tout le caoutchouc de Guinée, à quelques exceptions près, se vend à Anvers et à Liverpool et non en France qui, pourtant, en consomme beaucoup. Il en est encore de même de l'huile de palme qui s'expédie à destination de l'étranger où les industriels français vont ensuite l'acheter. En somme, la part de la France, dans le commerce général de la Guinée, atteint à peine 10 0/0.

Comment expliquer cette regrettable situation ? A plusieurs causes, sans doute, et des plus complexes. D'abord les produits exportés se vendent mieux à l'étranger qu'en France, ensuite les négociants sont sûrs de trouver preneur de leurs marchandises à Anvers ou à Hambourg, tandis qu'il n'existe de marché du caoutchouc ou d'huile de palme ni au Havre, ni à Bordeaux. D'autre part, les produits importés par les maisons étrangères sont certainement beaucoup plus mauvais, beaucoup moins solides que les nôtres, mais ils sont bien meilleur marché, et cela suffit (nous avons déjà fait cette remarque) pour que les indigènes les préfèrent. Sans doute les indigènes ont pris l'habitude d'apporter leurs produits à Konakry et de s'y procurer en échange (car presque tout le commerce de la Guinée est un commerce de traite) tout ce qui leur est nécessaire. L'installation définitive du protectorat français à Timbo et la pacification du Foutah ayant rendu les sentiers plus sûrs, les caravanes de l'intérieur, se voyant moins rançonnées que jadis par les chefs, ont pris de plus en plus nombreuses chaque jour le chemin de Konakry où elles ont été bien reçues et où on leur a payé le caoutchouc plus cher qu'auparavant (1). Aujourd'hui le courant est bien établi et le commerce de la Guinée triomphe de celui de Sierra-Léone. Mais déjà les maisons anglaises, désertant la colonie, viennent s'établir sur notre territoire et faire concurrence à nos intérêts directs. Il y a là pour l'avenir un danger sérieux auquel il faudra évidemment trouver un remède. Nous ne pouvons, dans tous les cas, élever le droit de sortie de 7 0/0 qui frappe les marchandises, puisque l'accord franco-anglais limite les droits de sortie *par terre* à ce taux et interdit un tarif supérieur. Serait-il possible et utile de frapper les marchandises étrangères à l'entrée dans la colonie ? Avec les besoins qui vont naître de la construction du chemin de fer, ce remède serait pire que le mal. Frappera-t-on alors les maisons étrangères de taxes spéciales qui compenseraient les taxes métropolitaines auxquelles sont assujetties les maisons françaises ? Beaucoup préconisent ce moyen de défense ; il nous paraît qu'il n'aurait qu'un effet médiocre et que le mieux serait d'assurer dans la métropole aux produits de la Guinée, importés de la Guinée française, un marché assuré et des prix largement rémunérateurs.

(1) Aspe Fleurimont, *op. cit.*

Quoi qu'il en soit, le commerce de la Guinée s'accroît d'année en année et dans des proportions peu ordinaires.

Années	Importations	Exportations	Totaux
1892 . .	3,609,396 francs	4,012,577 francs	7,621,973 francs.
1893 . .	4,077,577 —	4,801,698 —	8,879,275 —
1894 . .	4,893,688 —	5,222,177 —	10,115,865 —
1895 . .	5,072,903 —	5,230,376 —	10,303,279 —
1896 . .	4,633,980 —	5,787,141 —	10,421,121 —
1897 . .	7,638,075 —	6,725,276 —	14,363,351 —
1898 . .	9,019,871 —	7,799,948 —	16,819,819 —
1899 (1ᵉʳ s.)	4,374,748 —	3,425,422 —	7,800,170 —

Gardons-nous cependant de nous laisser éblouir par la magie des chiffres. Ce mouvement ascensionnel du commerce général de la Guinée est, sans doute, de bon augure ; mais il est dû, en partie, à la hausse considérable du caoutchouc en Europe. Or, comme cette hausse a eu sa naturelle répercussion dans toute l'Afrique, il en résulte que les bénéfices sont loin d'avoir suivi la même progression.

Nous avons dit que c'est presque uniquement par le commerce de traite que s'est manifestée l'activité économique de la colonie. Diverses maisons de commerce ont établi dans les principaux centres (Konakry, Benty, Dubreka) des factoreries où aboutissent les caravanes chargées de produits indigènes qu'elles échangent contre des marchandises venues d'Europe. Constatons cependant que les échanges qui se faisaient autrefois en nature tendent de plus en plus à s'effectuer en espèces.

Quels sont donc les produits échangés ? Les importations, tissus mis à part, consistent principalement en produits et dépouilles d'animaux, en farineux alimentaires, en combustibles minéraux, en boissons, en ouvrages et métaux (1), etc.

(1) Voir *Revue coloniale*, 1897.

Mais la part faite à la France est très insuffisante et la situation devra rapidement se modifier si la colonie veut conserver sa supériorité actuelle sur les colonies étrangères voisines. En 1897, pendant que la France importait en Guinée pour 163,000 francs de boissons diverses, l'Allemagne, l'Angleterre et Sierra-Léone réunies en vendaient pour 504,000; pour les métaux, la part de la France était de 103,000 seulement, celle de l'étranger pour 440,000; le riz même était vendu par l'étranger pour 177,000 francs, par la France pour 57,000 environ. Cette situation tient à plusieurs causes et, en particulier, à ce fait que là comme ailleurs nos fabricants ne veulent pas se plier aux goûts et aux besoins des indigènes. Mais il est une autre raison sur laquelle il convient d'insister. Pendant que la ligne Fraissinet et la compagnie des Chargeurs réunis ne transportent les boissons qu'au prix de 32 fr. 50 la tonne et les tissus au prix de 40 francs, la compagnie Wœrman de Hambourg ne demande que 27,50 pour la première catégorie de produits et 40 francs pour le mètre cube de tissus; la compagnie Elder, Dempster, de Liverpool, ne prend que 30 pour la première catégorie et seulement 50 francs pour les tissus, bien que la distance soit singulièrement plus grande. Sans doute la position de nos nationaux devient chaque année meilleure, mais que d'efforts encore (efforts qu'il est urgent de faire!) pour qu'elle devienne bonne!

Les produits d'exportation consistent en sésame, en *palmistes* (amandes de palme), en gomme copale, en caoutchouc qui constitue le produit d'avenir, la noix de kola, puis, parmi les richesses moins importantes, le *café*, la cire, l'or, etc.

« Depuis que l'industrie emploie le caoutchouc à des usages multiples, les cours se sont relevés d'une façon extraordinaire; cette hausse a forcé les fabricants, que les prix du para effrayaient véritablement, à jeter les yeux sur des qualités inférieures et d'une valeur plus abordable. La qualité la moins recherchée, le *flaque*, qui se vendait, en 1895, à peine 3 francs le kilog, a trouvé facilement des acheteurs, il y a quelques mois, à plus de 5 francs. La même remarque s'applique à la qualité supérieure de la guinée, à ce qu'on appelle le *Red Nigger* qui valait, il y a quatre ans, un peu plus de 5 francs et qu'on a pu vendre, en 1899, jusqu'à 9 fr. 40 le kilog. Pour notre Guinée, le caoutchouc est donc rapidement devenu une véritable mine d'or, comme pour le Congo belge, comme du reste pour tous les pays donnant ce produit (1). » En somme, le caoutchouc, qui s'achète à Konakry de 6 fr. 25 à 7 fr. 10 (pour le *Nigger*) et de 5 fr. 50 à 6 fr. 10 (pour le *Twiot*), se vend en Europe de 8 fr. à 8 fr. 50 pour la première qualité, de 7 à 7 fr. 50 pour la seconde. Notre colonie avait vendu, en 1894, pour 3,486,889 francs de caoutchouc; les transactions n'ont cessé de s'accroître, et on estime que la vente dépassera 6 millions en 1899, soit à peu près les 7/10 du commerce total.

Le commerce des palmistes est loin de suivre la même progression. La raison en est que ce commerce n'est rémunérateur que si le prix de vente dépasse 20 francs les 100 kilos; or, ces prix sont très variables et suivent généralement le cours des principaux corps gras à Hambourg et à Londres. La Guinée française a vendu, en 1894, pour 362,403 francs, en 1896 pour 400,000 francs, en 1897 pour 440,000 francs, et en 1898 pour 400,000 francs seulement, alors que les prix dépassaient 28 fr. les 100 kilos. On pourrait faire le décuple, si les noirs voulaient travailler.

Le marché régulateur des sésames est à Marseille, fait important à noter et dont il conviendrait de profiter. Malheureusement la Guinée française n'en a exporté que 540 tonnes en 1897. Il en est de même de l'huile de palme dont la Guinée a vendu 150 tonnes en 1897 et 184 tonnes en 1898. Disons en-

---

(1) Aspe Fleurimont, *op. cit.*

fin que la gomme copale se vend à raison de 170 à 180 tonnes par an et que la vente des kolas rapporte environ 70,000 francs par an.

En somme, le commerce de la Guinée française se développe avec une rapidité déconcertante en apparence et pourtant normale, si l'on tient compte que la Guinée a largement pratiqué le système de l'initiative individuelle et de l'entière liberté. Est-il à craindre, comme le pensent quelques-uns, que cette prospérité ne soit factice et que l'avidité des indigènes n'amène, quand les produits naturels auront été détruits, une réaction dont le commerce serait irrémédiablement atteint? Sans doute ces craintes sont exagérées, mais elles ne sont pas complètement vaines. Il faut évidemment, et c'est à quoi s'emploie avec une intelligente activité, M. le gouverneur Ballay, réglementer le travail indigène, empêcher le gaspillage des richesses naturelles et offrir aux maisons françaises des transactions assez régulières et assez sûres pour qu'elles puissent lutter, par le jeu naturel de l'offre et de la demande, contre la concurrence des maisons étrangères. Ajoutons que la dislocation du Soudan aura comme résultat d'augmenter de six cercles le territoire de la Guinée, d'apporter ainsi au futur chemin de fer des éléments nombreux de trafic et d'échanges, et de substituer à une guerre de tarifs, qui ne s'expliquait guère entre deux colonies également françaises, une entente parfaite en vue des intérêts généraux de notre commerce colonial.

LA CÔTE D'IVOIRE

Le commerce de la Côte d'Ivoire, qui était resté stationnaire pendant plusieurs années et qui, même, avait légèrement fléchi en 1897, s'est brusquement relevé dans les trois dernières années. Tout permet de penser que cet accroissement n'est pas le fait du hasard, mais le résultat d'un développement normal dû aux progrès de la pacification dans l'arrière-pays et qu'augmentera encore, dans des proportions difficiles à prévoir, la construction du chemin de fer.

Années	Importations	Exportations	Totaux
1896. .	4,638,413 fr.	4,701,140 fr.	9,339,553 fr.
1897. .	4,579,112 —	4,388,906 —	8,968,018 —
1898. .	5,527,352 —	5,026,641 —	10,553,993 —
1899. .	6,389,886 —	5,863,255 —	12,253,141 —

A en juger par ces chiffres, la situation de la colonie serait donc excellente, puisque l'année 1899 se clôt par un dépassement de recettes de 210,337 francs sur l'année 1898. Mais il faut se garder de se laisser séduire par l'éloquence des chiffres sans les interpréter. La vérité est que si le commerce est actif, la part qu'y prennent la France et les colonies françaises est encore extrêmement médiocre, et ce n'est certainement pas l'application du nouveau tarif appliqué en exécution de la convention du 14 juin 1898 qui rendra la situation meilleure. Les chiffres comparatifs entre le commerce français et le commerce étranger sont malheureusement significatifs.

IMPORTATIONS

Années	de France	des colonies françaises	des pays étrangers
1896. .	822,481 fr.	21,708 fr.	3,794,524 fr.
1897. .	723,457 —	17,523 —	3,838,432 —
1898. .	1,052,194 —	8,807 —	4,466,351 —
1899. .	1,453,575 —	168,451 —	4,757,860 —

EXPORTATIONS

Années	pour France	pour les colonies françaises	pour les pays étrangers
1896. .	2,236,838 fr.	1,151 fr.	2,463,151 fr.
1897. .	2,235,699 —	1,335 —	2,151,872 —
1898. .	1,935,275 —	4,466 —	3,086,900 —
1899. .	2,605,440 —	22,515 —	3,235,300 —

De ce tableau il résulte que la colonie nous vend à peu près
la moitié des produits qu'elle exporte, mais qu'en retour elle
nous achète à peine le quart de ce qu'elle consomme. Il résulte
aussi que nos importations dans la colonie augmentent d'une
façon lente et progressive, mais que les importations étrangères
augmentent dans les mêmes proportions, de sorte que les chiffres
nous permettent de conclure au développement de la colonie,
mais non aux progrès des échanges avec la métropole. Une
telle situation ne saurait durer. Que la France ait le monopole des conserves et des vins, cela est tout naturel et n'appelle
aucune explication, mais pourquoi les tissus sont-ils presque
exclusivement fournis par l'Angleterre et l'Allemagne? Alors
que la France vend à la côte d'Ivoire, en 1898, pour 98,717 fr.
de tissus et pour 97,676 en 1899, l'Angleterre durant la même
période en introduit pour 997,323 et 1,402,222 ; l'Allemagne
pour 5,909 francs en 1898 et pour 29,887 (!) en 1899. En un
mot, les importations de tissus français ont été dix fois moins
importantes en 1898 et onze fois en 1899 que les importations
de tissus étrangers. Les mêmes causes produisent toujours
les mêmes effets et nous croyons avoir démontré que cette
fâcheuse situation cessera le jour où nos fabricants voudront
bien la faire cesser. Toutefois, il est certain qu'à la Côte d'Ivoire,
la France est, de par le fait de la convention de 1898, dans
une regrettable posture, cette convention ayant eu pour résultat,
momentané il faut l'espérer, de mettre le commerce d'importation à la merci de l'Angleterre. Ce que nous venons de dire
des tissus, nous pourrions le dire aussi des boissons. Si les
relations de la colonie avec la métropole en ce qui concerne
les vins semblent s'améliorer lentement (la France a fourni
pour 73,934 francs de vin en 1899 contre 18,220 vendus par
l'étranger); si les eaux de vie proviennent pour 34,776 francs
de la France et pour 4,082 seulement de l'étranger, il n'en est
pas de même des alcools de 25° à 19° dont la France débite

pour 148,842 francs pendant que l'Allemagne en vend pour 159,944 francs, ni pour le genièvre qui est exclusivement fourni par l'Allemagne, alors que cette seule importation a atteint, en 1899, 739,260 francs. En somme, c'est l'Angleterre qui bénéficie pour les 3/4 des importations étrangères, l'Allemagne pour 1/8, la Hollande pour 1/16, enfin les Etats-Unis et les colonies anglaises chacune à peu près pour 1/32.

Au contraire, les produits d'exportation vont presque tous à la France. S'il est vrai que l'Angleterre a acheté, en 1899, 5,091,871 kilog. d'acajou alors que la France n'en demandait que 1,567,283 kil., s'il est vrai encore que les *palmistes* se partagent également entre les deux pays (921,745 et 992,454), l'huile de palme est expédiée à destination de Marseille pour une valeur de 1,568,518,80 (représentant une quantité de 3,921,297 litres), tandis que les pays étrangers n'en achètent que 649,721 litres ; le café qui s'expédie d'Assinie est totalement consommé par la France, et la poudre d'or a été vendue dans notre pays pour une somme de 58,022 fr. 70. La situation commerciale de la colonie est donc brillante ; celle de la France à la Côte d'Ivoire franchement mauvaise ; comment s'en étonner, alors que le port de la colonie a reçu, en 1899, 176 navires français contre 290 navires étrangers ?

Toutefois, il faut ajouter que si les marchandises vendues sont presque exclusivement des marchandises étrangères, la situation commerciale n'est pas aussi mauvaise qu'elle le paraît, parce que toutes les maisons commerciales de la colonie sont des maisons françaises qui servent d'intermédiaires et bénéficient ainsi de la différence du prix entre l'achat et la vente. Telles sont la Compagnie française de l'Afrique occidentale, la Société française de la côte de Guinée, la maison Philippart, etc., pour ne citer que celles qui font annuellement pour plus de 500,000 fr. d'affaires. La seule maison anglaise importante qui luttait encore contre les nôtres, la maison Swarzy, vient d'être rachetée par la compagnie de l'Afrique occidentale. C'est donc grâce à nos négociants que la situation s'améliore, que les produits de la côte d'Ivoire augmentent d'année en année, et que l'exportation du caoutchouc a plus que triplé de 1897 à 1900, passant de 280,986 kilog. à 633,635 en 1899, simplement parce que les indigènes savent enfin qu'ils trouveront à la côte des acheteurs certains et consciencieux.

LE DAHOMÉ

Il faut malheureusement répéter pour le Dahomé ce que nous avons dit pour la Côte d'Ivoire. Cette colonie, qui possède des richesses agricoles très abondantes et dont le commerce augmente régulièrement chaque année (sauf une ou deux exceptions qui s'expliquent par de mauvaises récoltes), reçoit les marchandises qui lui sont nécessaires de l'étranger beaucoup plus que de la France. En dehors des causes générales que nous avons indiquées, il ne faut pas oublier que la convention franco-anglaise de 1898 met cette colonie, comme d'ailleurs la Côte d'Ivoire, dans l'impossibilité absolue de lutter contre la concurrence anglaise qui est la plus redoutable de toutes. Ajoutons qu'en raison des difficultés actuelles de transport, les échanges ne se font, en réalité, que sur une bande de terrain de 50 kilomètres de largeur sur 100 kilomètres environ de profondeur moyenne, soit cinq mille kilomètres carrés, et que les deux *cinquièmes* environ des produits arrivent jusqu'aux factoreries du littoral. C'est seulement après la construction du chemin de fer aujourd'hui à l'étude que l'exploitation méthodique et raisonnée des produits du sol, que la mise en valeur d'un territoire de dix-huit mille kilomètres carrés pourront être sérieusement entreprises dans des conditions plus favorables à la métropole. La construction du chemin de fer, en plus d'avantages de premier ordre, aura celui de substituer au commerce rudimentaire de la traite un commerce réel, exempt des aléas dont souffrent souvent les commerçants. Dès maintenant et malgré tous ces obstacles notre colonie donne plus que des promesses.

Années	Importations	Exportations	Totaux
1897.	8,242,957,04	5,778,858,16	14,021,815,20
1898.	9,994,567,53	7,538,758,82	17,533,346,35

Les chiffres du commerce de 1898 dépassent donc de plus de trois millions ceux de 1897 et on prévoit, pour 1899, une nouvelle augmentation. Pendant la même période les recettes des douanes ont atteint 1,328,626,29 en 1897 et 1,565,234,43 en 1898.

Les principaux produits importés sont naturellement les tissus (2,077,326, 58 en 1898), le sel, les alcools (4,720,084 litres). Quant au commerce d'exportation, il repose presque exclusivement sur deux produits, l'huile et l'amande de palme. Aucun produit ne saurait être plus rémunérateur. L'huile de palme s'achète en effet au Dahomé à 240 francs la tonne ; à ce prix d'achat il faut ajouter le fret du Dahomé en Europe, soit 32 fr. 50, ce qui donne au total 282 fr. 50 de débours. Le prix moyen, à Marseille, à Liverpool et à Hambourg, est de 570 francs la tonne et jamais le taux de vente n'est tombé au-dessous de 470 francs. De tels chiffres dispensent de tout commentaire. Sans assurer des bénéfices aussi considérables, l'amande de palme est également un excellent produit d'exportation, puisque la tonne revient en Europe (fret compris) à 167 fr. 50 et que le cours moyen est de 270 francs.

De ce commerce actif et productif c'est l'étranger qui profite aux dépens de la France. Il ne faut pas hésiter à le dire et à le prouver, car c'est là peut-être l'unique moyen pour nous de modifier la situation. Voici quels sont, en 1898, les chiffres officiels.

			Totaux
Commerce avec la France	Importations. .	1,953,514,08	4,131,460,08
	Exportations. .	2,177.946	
Commerce avec les autres colonies françaises.	Importations. .	»	9,088
	Exportations. .	9,088	
Commerce avec l'étranger	Importations. .	8,044,053,45	13,392,778,27
	Exportations. .	5,351,724,82	

L'Allemagne vend au Dahomé plus de sucre, plus de spiritueux, plus de tissus que nous ; la Grande-Bretagne détient le monopole presque exclusif des tissus de toute nature, des fils et des métaux; la République des Etats-Unis y écoule presque sans concurrence ses pétroles. et ses spiritueux ; enfin la colonie de Lagos possède dans la colonie du Dahomé son marché le plus actif et le plus largement ouvert à ses produits. Il est bon cependant d'ajouter que le Dahomé, contrairement à ce qui se passe pour la Côte d'Ivoire, ne nous vend pas tous ses produits. L'Allemagne lui achète plus de *palmistes* que nous (979,908 kilos contre 818,016,05) et Lagos en prend à son tour 2,452,656 kilos. Cette même colonie de Lagos dispute à la France les achats d'huile de palme (1,158,146 litres contre 1,315,480,95 en France) : c'est à l'Allemagne que vont de préférence le caoutchouc et le maïs. La situation n'a donc rien d'encourageant pour nous, mais il ne faut pas oublier que trois ans ne suffisent pas pour détourner les courants commerciaux qui, avant la conquête, allaient du Togo et de Lagos au Dahomé, que nos positions commerciales deviennent meilleures, et qu'enfin le chemin de fer une fois construit modifiera fatalement cet état de choses.

LE CONGO FRANÇAIS

Il est inquiétant d'avoir à faire, pour toutes nos colonies de la côte d'Afrique, la même remarque. Le commerce du Congo se développe normalement puisque les produits des douanes ont donné, en 1898 : 575.688 fr. 89 dont 178.123 fr. 21 pour l'importation et 3.297.565 fr. 68 à l'exportation. Mais ce commerce se fait en grande partie avec l'étranger. Bien plus, les principales maisons de commerce installées dans la colonie ne sont pas françaises, telles la Société anonyme belge, la Maiwe Afrikaansche Handels Vennootschap de Rotterdam, les maisons Hatton et Cookson, la maison Wœrmann, les maisons Heyder, Gœdelt et Gutschsow. Toutefois, depuis deux ans, la quantité des produits expédiés de la colonie sur les marchés français augmente d'une façon sensible, grâce à l'activité de quelques maisons françaises telles que la société Daumas-Béraud, la maison Sargos et Destephen, la société du Bénito, MM. Brandon, Pecqueur et Ancel-Seitz. D'autre part, la pacification des régions du Haut-Oubangui, la création d'un chemin de fer sur ce même fleuve et les besoins qui ne peuvent manquer de naître de la mise en valeur des terrains concédés augmenteront peut-être les rapports commerciaux entre la colonie et la métropole. Nous n'en sommes pas encore là. Dans un pays aussi dépourvu de voies de communication que le Congo français, ce n'est qu'en opérant en grand que les bénéfices peuvent être rémunérateurs ; la vente des produits manufacturés aux indigènes clairsemés et aux Européens si peu nombreux ne saurait être qu'un commerce de détail et ne peut tenter dès lors que des commerçants détenteurs de capitaux médiocres. Les deux seuls produits commerciaux sont encore au Congo français, comme d'ailleurs au Congo belge, le caoutchouc et l'ivoire ; mais, pour opérer en grand, il faut aller chercher ces marchandises au lieu de production et pour cela disposer de capitaux considérables. Ce commerce ne sera jamais que le complément d'une exploitation agricole rationnelle qui vient à peine de commencer.

Aussi, malgré l'immense superficie du Congo, le mouvement commercial n'atteint-il encore que dix millions et demi de francs :

Années	Importations	Exportations	Totaux
1894.	4,604,953 fr.	5,992,697 fr.	10,597,650 fr.
1895.	5,648,881 —	4,948,783 —	10,597,644 —
1896.	4,796,613 —	4,745,844 —	9,542,457 —
1897.	3,572,462 —	5,278,017 —	8,850,479 —
1898.	4,844,234 —	5,695,304 —	10,539,538 —

Les importations portent comme pour toutes les autres colonies africaines sur les tissus, les alcools et les tabacs, le riz et les farines, les poudres, etc. Quant à l'exportation, nous l'avons déjà dit, elle consiste presque exclusivement en caoutchouc et en ivoire. Cependant il faut indiquer quelques exportations d'amandes de palme, de bois et d'autres produits peu importants, tels que le cacao, le café, les peaux, etc. C'est ainsi que depuis trois ans le produit des exportations a donné le résultat suivant :

Années	Ivoire		Caoutchouc		Bois	
	Tonnes	Valeur	Tonnes	Valeur	Tonnes	Valeur
1896.	95	1,425,000 fr.	546	2,620,800	3,679	735.000 fr.
1897.	105	1,575,000 —	518	2,486,400	5,823	1,104,600 —
1898.	102	1,530,000 —	578	2,774,400	2,886	577,000 —

Ces chiffres nous démontrent l'importance du commerce étranger aux dépens de la métropole. Pendant que la France importait pour 1.152.657 francs en 1894, pour 1.489.957 francs en 1896 et pour 1.274.366 en 1897, les importations étrangères étaient respectivement de 3.424.620 francs, de 3.294.681 en 1896 et de 3.561.764 en 1898. Si donc les produits français gagnent chaque année du terrain, les produits étrangers en gagnent aussi et la différence reste sensiblement la même. Même résultat pour les exportations : en 1894, 1.443.010 francs ; en 1896, 628.315 ; en 1898, 1.487.887 francs pour la France. Durant la même période, le Congo expédie à destination de l'étranger : 4.538.687, 4.117.003 et 4.204.570, et c'est vers l'Angleterre qu'est dirigée la majeure partie des produits de notre colonie française.

Pays	Ivoire	Caoutchouc	Bois	Autres produits	
France	294,375 fr.	744,028 fr.	232,708 fr.	38,583 fr.	Année 1898
G^{de} Bretagne	301,980 —	1,519,690 —	101,820 —	174,289 —	
Allemagne	273,165 —	383,966 —	138,191 —	69,483 —	

Ainsi il est prouvé que nous nous plaignons d'être les tributaires de la Grande-Bretagne pour l'achat du caoutchouc, que nous le plantons à grands frais pour nous assurer, le cas échéant, la quantité nécessaire aux besoins de notre industrie et nous ne savons ou nous ne voulons même pas nous réserver l'achat du caoutchouc récolté sur notre propre domaine. Il y a là une situation anormale et sur laquelle on ne saurait trop insister. Il en est de même pour l'ivoire dont la France ne reçoit pas la moitié de la quantité exportée. En somme, de l'examen attentif des chiffres que nous venons de donner, il semble résulter (et les chiffres de 1899 confirment ces probabilités) que l'exportation du bois a légèrement diminué, à cause de la difficulté de l'embarquement des billes d'essences lourdes, que celle des cafés a sensiblement augmenté (4,471 tonnes en 1896, 57,660 en 1898) ainsi que celle des cacaos (5,143 contre 15,569) ; que l'exportation de l'ivoire est restée sensiblement stationnaire alors que celle des caoutchoucs s'améliore chaque année, et qu'enfin l'importation des spiritueux a légèrement diminué, sans qu'on puisse attribuer cette décroissance à une réforme des indigènes, et non à la facilité de la contrebande, grâce au développement des côtes et à l'existence d'un territoire contesté. Au Congo, comme ailleurs, la situation s'aggrave par ce fait que les bateaux français qui touchent à la côte sont bien peu nombreux, si on les compare aux bateaux étrangers. Tandis que la France expédiait vers le Congo 22 navires seulement, l'Allemagne, l'Angleterre, et les autres pays ensemble en envoyaient 108; la lutte n'est pas possible dans de pareilles conditions. Toutefois il convient de répéter ce que nous avons déjà dit : le Congo est encore à l'état de devenir; les efforts des capitaux français commencent à se porter vers cette colonie et il convient d'espérer que le commerce entre la métropole et la colonie en profitera dans une large mesure.

MADAGASCAR

Comme le constate le général Galliéni lui-même dans son rapport, il est bien difficile d'évaluer exactement, même à l'heure actuelle, la situation du commerce extérieur de Madagascar. Toutefois, il est permis d'affirmer, dès maintenant, que ce commerce a pris, avec l'occupation française, un développement rapide et plein de promesses pour l'avenir, puisque les importations qui étaient, en 1890, de 5,597,259 francs ont été, en 1898, de 21,641.000 francs, et les exportations qui étaient de 3,741,354 francs ont atteint dans le même laps de temps le chiffre de 4,960,000 francs.

On sera frappé tout d'abord de la disproportion inquiétante entre les chiffres de l'importation et ceux de l'exportation, et il serait plus que téméraire de supposer que les importations se maintiendront à un chiffre aussi élevé. Il ne faut pas oublier, en effet, que l'entretien du corps expéditionnaire explique ce bond prodigieux des chiffres de l'importation de 1890 à 1898. Il n'en reste pas moins acquis que certains produits de consommation habituelle, qui n'avaient autrefois que peu ou pas d'écoulement chez les populations indigènes, sont devenus des articles courants dont la vente est régulièrement assurée. Aucun exemple n'est plus significatif, à cet égard, que celui des tissus. L'importation des tissus de toute provenance était, en 1890, de 2,725,779 francs sur lesquels la part de la France était environ de la moitié (exactement 1,830,333 francs), cette importation a été, en 1898, de 8.035,433 francs mais la part de la France est de plus des 3/4 (6,246,000 francs). Nous avons déjà insisté sur l'importance de cette révolution économique qui a, en quelque sorte, ressuscité l'industrie du tissage des Vosges et vivifié celle de Rouen et de Roubaix. En somme, la France qui, en 1894, était encore au dernier rang des nations qui faisaient le commerce avec Madagascar, a conquis, en moins de trois ans, le premier. Une comparaison entre les chiffres de 1896 et de 1897 rendra cette constatation plus probante encore, et démontrera la rapidité avec laquelle s'est effectuée cette révolution dont notre industrie métropolitaine a grandement profité.

IMPORTATIONS

	France	Angleterre	Allemagne	Etats-Unis	Total général
1896.	5,514,776 fr.	5,873,420 fr.	638,917 fr	724,048 fr.	13,987,934 fr.
1897.	10,401,805 —	5,217,273 —	819,173 —	159,176 —	16,538,918 —

On le voit, en moins d'un an, les importations des marchandises françaises ont augmenté de 4,887,029 francs et dans le même laps de temps les importations des autres pays ont à peine fléchi, telles les importations anglaises, ou même elles ont sensiblement augmenté, comme celles de l'Allemagne. Il est donc permis de conclure que les colons et les indigènes ont pris simplement et rapidement l'habitude de demander à la métropole le surplus des produits dont ils avaient le besoin nouveau et que la France leur fournissait à plus bas prix que les autres pays producteurs. Et ce n'est pas là un mouvement factice et provisoire, puisqu'en 1898 les importations françaises ont encore augmenté de 5,173,000 francs par rapport aux importations de 1897.

Il est vrai que ce résultat paraîtra plus critiquable à nombre d'économistes qui condamnent à priori les mesures protectionnistes prises dans ce but par le gouvernement local. Nous nous sommes déjà expliqué sur ce point. Il ne saurait être question de tarifs définitifs; ils seront fatalement modifiés dans un temps qui ne saurait être très long, mais il était nécessaire de permettre à nos produits de lutter efficacement à Madagascar contre les produits étrangers et de se faire connaître des consommateurs. Il y avait là justement un de ces cas spéciaux que nous avons réservés par avance, et il n'est pas niable que les moyens employés ont donné des résultats inespérés. Au reste, si les Anglais et les Américains, plus directement atteints par la loi du 16 avril 1897 et les décrets du 28 juillet 1897 et du 31 mai 1898 (en 1898, la vente des tissus originaires de la Grande-Bretagne a fléchi de 740,000 francs), ont fait entendre des protestations singulièrement exagérées, les autres nations ont admis sans difficulté que la France avait le droit strict et peut-être le devoir étroit de ménager à ses nationaux le marché d'une colonie française, et ils n'ont pas hésité à s'adresser à des industriels français pour la fabrication des tissus nécessaires à leur commerce. Mais « si satisfaisants que soient les résultats ob-
« tenus, dit le général Gallieni, l'industrie et le commerce fran-
« çais ne devront pas considérer que la victoire sur leurs con-
« currents étrangers leur soit définitivement acquise. Avec le

« maintien du tarif douanier actuel, les Américains ont nette-
« ment manifesté l'intention de nous combattre chez nous, en
« installant en France des fabriques de tissus. Les industriels
« de la métropole n'auront donc pas à négliger de perfection-
« ner leur outillage, et il faudra aussi que nos commerçants
« se préoccupent de se tenir au courant des goûts des indi-
« gènes. »

Les exportations n'ont pu que diminuer tant que les populations indigènes ont été soulevées contre l'autorité de la France, ce qui explique pourquoi les exportations de 1896 étaient inférieures de près de 150,000 francs à celles de 1890. Mais, dès 1897, un mouvement ascensionnel se dessinait : les exportations étaient de 736,481 francs supérieures à 1896, et celles de 1898 accusaient une augmentation de 617,568 francs par rapport à 1897.

Si les exportations de bœufs vivants à destination des colonies françaises fléchissaient, de 1896 à 1898, de 5,264 à 3,447 têtes, l'exportation de certains produits augmentait d'une façon sensible, tel le caoutchouc qui de 50,000 kilogr. en 1896, passait à 99,457 kilogr. en 1898, ou encore les peaux qui de 11,938 pièces atteignaient, en 1898, le chiffre de 27,548 pièces.

Enfin la vanille, en voie de progrès, ne peut que donner, à mesure que les plantations atteindront leur développement normal, un développement considérable. Dans ces exportations, quelle est la part de la France et des colonies françaises? A ce point de vue, un tableau comparatif entre les années 1896 et 1897 ne sera pas inutile.

	France et colonies françaises	Angleterre	Allemagne	la Réunion	Maurice
1896	1,056,768 fr.	1,860,433 fr.	642,046 fr.	276,747 fr.	313,090 fr.
1897	1,546,555 fr	1,384,922 fr.	1,152,520 fr.	276,000 fr.	316,354 fr.

Ici encore les progrès des échanges entre la métropole et la colonie se manifestent d'une façon sensible par une augmentation de 459,787 francs et suivent une marche normale puisqu'en 1898 il y a lieu d'enregistrer un nouveau gain de 745,445 francs. Ce sont de nouveaux débouchés qui se créent puisque les exportations à l'étranger ne se modifient pas sensiblement et puisque certains pays, comme l'Allemagne par exemple, bénéficient d'une plus-value de 510,494 francs en 1897.

Ces échanges ont eu lieu naturellement par l'intermédiaire des ports de la côte. Mais il s'est créé inévitablement des courants dont certains ports autrefois délaissés ont largement profité, alors que d'autres qui semblaient avoir acquis une sorte de monopole ont, en quelque sorte, perdu une grande partie de leur importance. Ces modifications ne sont pas dues au hasard. Elles s'expliquent, soit par l'insécurité des régions dont ces ports étaient les débouchés naturels, c'est le cas pour celui de Tulléar, soit par le départ d'une partie des colons et de la population européenne ; ainsi s'explique le ralentissement des affaires à Fort-Dauphin ; soit par l'éloignement des troupes qui y étaient autrefois cantonnées : Diégo-Suarez en est un exemple ; soit, par la crise sucrière dont le comptoir a cruellement souffert : par exemple pour Nossi-Bé. D'autres sont restés stationnaires alors que normalement ils auraient dû se développer rapidement. C'est ainsi que le transit de Tamatave ne s'est accru que de 3,278,397 francs en deux ans par suite de la rébellion et de la peste qui ont fait interdire cette escale aux bateaux marchands. Par contre, des ports secondaires que les commerçants pouvaient plus facilement atteindre, comme ceux de Farafangana et de Morondava, ont sensiblement augmenté le chiffre de leurs transactions ; il en est de même de ceux de Vohémar, de Mananjary où les commerçants ont établi d'importantes succursales. Enfin il faut citer tout spécialement le développement de Vatomandry qui est passé de 4,175,515 fr. en 1897 à 4,578,152 francs en 1898, et celui de Majunga qui, dans le même laps de temps, a varié de 3,683,152 fr.

à 4,633,140 francs. La situation de Majunga ne pourra d'ailleurs que s'accroître avec l'occupation définitive des régions de l'ouest.

Il nous reste à dire quelques mots du commerce intérieur. La situation à ce point de vue ne s'améliore que fort lentement. Si Ambositra et Tananarive deviennent le siège de plusieurs maisons françaises importantes ; si des agents commerciaux opèrent activement dans les cercles de Bétafo et d'Ankazobé, il s'en faut que ce développement ait gagné les pays plus déshérités et moins connus, et il est à craindre que, pendant quelques années encore, il n'y ait pas place pour des commerçants qui voudraient s'établir dans les centres que nous avons déjà cités et faire concurrence à ceux qui se partagent, sans grand profit, une clientèle encore insuffisante.

MAYOTTE ET COMORES

L'application de la loi de 1892 a donné dans cette colonie des résultats sensiblement analogues à ceux de Madagascar. Les tissus qui venaient autrefois de Bombay, par l'intermédiaire des boutres arabes, arrivent maintenant de France. La société Humblot fait, depuis trois ans, avec Majunga et la côte d'Afrique un commerce qui ne peut manquer de s'accroître. La situation est beaucoup moins bonne à Anjouan qui continue à tirer de l'Inde anglaise ou de Zanzibar la presque totalité des produits qui lui sont nécessaires et n'achète guère à Madagascar que sa provision de viande salée. Il en est de même à Mohéli. Toutefois, d'une façon générale, la situation s'est sensiblement modifiée et même renversée au profit de la France. Les commerçants Hindous n'importent plus guère que pour 70,000 francs par an, alors que les importations françaises dépassent 600,000 francs environ (Madagascar et la Réunion figurent environ pour un quart dans cette répartition). La majeure partie des exportations est également destinée à la France.

	France ou colonies	Zanzibar et Inde anglaise
Sucre	3.500 tonnes	800 tonnes
Rhum	190.000 litres	»
Vanille	3.500 kilos	500 kilos

Cette situation n'est pas mauvaise, mais elle doit se modifier encore au profit des colonies françaises voisines de l'archipel.

ETABLISSEMENTS FRANÇAIS DE L'INDE

Pondichéry. — Le commerce de Pondichéry, autrefois assez actif et assez prospère, a brusquement diminué de près des 2/3 à partir de 1890. Il a suffi pour cela du régime douanier inauguré sur le territoire anglais voisin à partir du 10 mars 1894, et en vertu duquel tous les produits importés de nos établissements sur le territoire britannique ont été frappés d'un droit de 5 0/0. L'application de « l'*Indian act* » a eu pour conséquence immédiate d'isoler entièrement notre place qui avait jusqu'alors été le marché principal pour les transactions des produits indiens venant de la côte et destinés à l'intérieur. La chambre de commerce, vivement émue de la situation critique faite au port de Pondichéry, réclamait, dès 1894, de notre gouvernement qu'il obtînt du gouvernement britannique des modifications profondes, notamment au sujet des marchandises qui ne faisaient que transiter sur le territoire interdit. A ces réclamations, le gouvernement de l'Inde répondait assez subtilement qu'il s'agissait là, non d'un droit protecteur, mais d'un droit purement fiscal, puisque ce même droit de 5 0/0 frappait indistinctement les produits et marchandises fabriqués et importés de l'Angleterre, des colonies anglaises et de l'île Ceylan. Cependant une légère modification fut consentie en faveur des sacs de gonys et des huiles d'arachide. Ce n'était pas là un avantage bien sérieux ; aussi le commerce de l'établissement de Pondichéry en a-t-il été sérieusement atteint, comme le prouvent les chiffres suivants :

IMPORTATIONS

	francs
1848	1.373.664.20
1850	1.551.679.30
1860	3.943.994.60
1870	3.561.992 »
1880	4.939.366.10
1890	9.054.030.80
1897	2.604.947 »

Si le chiffre des exportations a également fléchi dans les dernières années, il ne s'est pas modifié toutefois dans les mêmes proportions.

EXPORTATIONS

1848	2,820,212 fr. 50
1850	5,033,225 fr. 60
1860	8,432,596 fr. 15
1870	6,393,695 fr. 20
1880	14,173,169 fr. 80
1890	14,699,432 fr. 00
1897	8,694,636 fr. »

Le principal commerce d'exportation est, depuis 1877, celui des arachides décortiquées à destination de Marseille. Ce trafic a remplacé celui de l'huile de coco qu'avait à peu près détruit la concurrence de l'île de Ceylan et de la côte de Malabar, et celui de l'indigo ruiné par la découverte des couleurs de l'aniline (il s'en expédie encore de 600 à 700 caisses à destination de la France et de l'Angleterre). L'arachide a alors remplacé ces cultures peu rémunératrices. En 1894, Pondichéry a expédié 70,640 tonnes d'arachides et en 1896 9,633 tonnes seulement. En 1897 (ainsi s'explique le fléchissement du chiffre des importations), la récolte a complètement manqué et a, péniblement, suffi à la consommation locale. Quand bien même cet appauvrissement progressif des récoltes serait conjuré par la culture intensive à laquelle les cultivateurs ont recours depuis deux ans, il n'en resterait pas moins que les difficultés de transport sont un obstacle très sérieux au commerce de Pondichéry, puisque les arachides achetées par nos maisons de commerce sont forcées de passer par le port de Gondelour après un circuit considérable d'une longueur de 77 kilomètres environ, bien que le port de Gondelour soit distant du nôtre de 20 kil. seulement. La chambre de commerce estime que la construction du chemin de fer de Pondichéry à Tiroupapaliour suffirait à remédier à ce fâcheux état de choses, mais il est à craindre que l'état précaire du commerce local ne rende cette construction bien difficile à réaliser.

Quel a donc été le produit dont l'exportation a été la plus importante en 1897? C'est, sans contredit, celle du tourteau, puisqu'il s'en est exporté plus de 100,000 balles par voie de Pondichéry et de Gondelour.

La chambre de commerce estime aussi que la demi-protection accordée à nos produits par la loi du 11 janvier 1892 (droit minimum moyennant la production d'un certificat d'origine), est insuffisante, et elle a demandé, conformément à l'article 3 de la loi de 1892, la détaxe complète à leur entrée en France de certains produits tels que les peaux tannées, les huiles, les fils et tissus de coton. La situation économique de la colonie devenant de jour en jour plus critique, la chambre de commerce s'est même demandé si en acceptant l'application intégrale du tarif douanier métropolitain et en revendiquant en échange pour ses envois les immunités assurées en France aux produits originaires des colonies soumises au régime de la loi du 11 janvier 1892, il ne serait pas possible de trouver des débouchés sur le marché français et de déterminer sur le territoire la création d'industries susceptibles d'apporter quelques éléments de travail et de profit. Elle s'est également préoccupée des droits que la métropole se proposait d'établir sur les graines oléagineuses, et elle a émis le vœu que les graines originaires de nos établissements de l'Inde fussent admises au tarif minimum.

On voit par le rapide examen qui précède que la situation du commerce de Pondichéry est aussi précaire que possible, et qu'il est urgent de secourir les commerçants de cette colonie particulièrement victimes des luttes douanières de la Grande Bretagne et de la France.

Chandernagor. — Si le commerce est en décadence à Pondichéry, il n'existe, pour ainsi dire, pas, à Chandernagor. Tous les commerçants de l'établissement sont des Hindous qui généralement se fournissent à l'étranger et se livrent à des opérations purement locales (34 marchands de toile et de tissus; 20 marchands de vin, 116 de comestibles, 35 de riz, 31 d'épices, 5 de bois, etc.). La seule société importante qui existe (au capital de 1,200,000 francs) fait tisser dans ses usines des toiles de « ghony » et des sacs de jute. Elle occupe à ce travail 3,000 ouvriers environ. Il est regrettable de constater qu'en dehors de cette maison, tous les particuliers qui ont des capitaux à faire valoir les engagent dans les maisons de commerce de Calcutta.

Mahé. — La situation est à Mahé sensiblement la même. Il n'existe dans l'Etablissement aucune société commerciale digne de ce nom et il ne se fait avec la métropole aucun échange sérieux. Ajoutons que, le régime douanier anglais ne permettant pas l'exportation des principaux produits, le commerce s'y borne à quelques ventes au détail nécessitées par la consommation locale. C'est ainsi que le chiffre d'affaires de Mahé qui était, en 1840, de 114.923 fr., qui s'était même élevé en 1880 à 482.300 fr., est tombé en 1890 à 225.517 et n'a pas dépassé 100.000 en 1897.

Yanaon. — Pour les mêmes raisons, la situation est également mauvaise à Yanaon, et la même décadence, inévitable en l'état actuel des choses, s'accentue d'année en année. Quelques chiffres seront, à cet égard, particulièrement significatifs.

	Importations	Exportations
1840	2,173,600 fr.	2,055,550 fr.
1850	1,405,000 —	1,120,000 —
1860	900,000 —	750,000 —
1880	83,067 —	3,495 —
1895	172,094 —	24,990 —

Karikal. — Enfin Karikal n'a de relations commerciales ni avec la France, ni avec les autres colonies françaises. Il en résulte que les modifications apportées au régime douanier par la législation métropolitaine n'ont eu aucun effet sur son commerce. Il n'en est pas de même de l'influence que le régime douanier actuel institué par la Grande-Bretagne a eu sur le commerce de Karikal. Jusqu'en 1882, cet établissement était l'entrepôt le plus avantageux pour les marchandises provenant des Détroits. Mais, à partir de cette date et par suite de la suppression par le gouvernement anglais des droits d'importation dans ses ports, la situation se modifia profondément. Les trafiquants favorisés, d'une part, par le chemin de fer de Négapatam et trouvant, d'autre part, des facilités d'embarquement et de débarquement que Karikal ne pouvait offrir, transportèrent à Négapatam le centre principal de leurs affaires. Lorsqu'en 1894, le droit d'importation fut rétabli par le gouvernement anglais, Karikal retrouva une partie de son ancienne prospérité, et les dernières statistiques sont, à cet égard, encourageantes. Toutefois, une expérience de quatre années n'est pas suffisante pour escompter l'avenir, encore que le chemin de fer dont vient d'être doté Karikal et les aménagements nouveaux dont a bénéficié le port devaient nécessairement favoriser son commerce aux dépens de celui de Tuticorin.

On se demandera peut-être comment la situation s'améliore à Karikal, alors qu'elle devient chaque année plus mauvaise à Pondichéry. La réponse n'est pas difficile : Karikal commerce avec les Détroits qui sont des ports francs et Pondichéry ne communique guère qu'avec Rangoum et Moulméïn où sont perçus des droits d'importation. Ce qui manque le plus à Karikal, ce sont des capitaux importants. Les commerçants qui sont au nombre de 44 et qui sont tous des Hindous ne disposent que de sommes médiocres. Quatre seulement exportent avec leurs capitaux et les autres ne sont guère que des courtiers. Quoi qu'il en soit, de tous les Etablissements de l'Inde, Karikal est certainement le plus favorisé et celui dont l'avenir, loin d'être inquiétant comme celui de Pondichéry, paraît devoir compenser en partie les périodes pénibles qu'a traversées le commerce local.

MOUVEMENT COMMERCIAL ET MARITIME DU PORT DE KARIKAL

	Importations		Exportations		
	Nombre des navires	Valeur des chargements	Nombre des navires	Valeur des chargements	Valeur totale
1893.	163	633,438 fr.	154	2,810,684 fr.	3,444,122
1894.	168	655,446 —	170	4,251,928 —	4,907,343
1895.	176	680,357 —	176	2,589,657 —	3,270,014
1896.	194	881,389 —	194	2,744,714 —	4,626,103
1897.	214	953,979 —	234	6,270,871 —	7,229,770

Moyenne des cinq dernières années.

Imp. . 764,900   Exp. . 3,933,571   Total. . 4,695,471

En somme, la situation de nos établissements est extrêmement précaire et cette situation est uniquement due à l'Indian act de 1894, véritable régime draconien dont la *libre* Angleterre a frappé nos colonies indiennes.

INDO-CHINE

Il est facile, en examinant, l'état commercial de l'Indo-Chine, pendant les dix dernières années, de saisir l'ensemble de sa puissance économique et d'en apprécier les résultats.

Nous avons déjà tenté de démontrer que notre empire indo-chinois est un pays essentiellement agricole, et à ce point de vue la Cochinchine et le Cambodge sont particulièrement favorisés puisque leur production est de beaucoup supérieure aux besoins des habitants. Ces deux pays ont donc fourni, tant à l'importation qu'à l'exportation, une contribution bien supérieure à celle des autres pays de l'Unité Indo-chinoise. Toutefois, dans toute l'étendue de notre colonie le commerce accuse un progrès régulier et indiscutable. Déduction faite des monnaies d'or et d'argent et des marchandises transitées, il s'est élevé, de 1888 à 1897, à une somme globale de 1,561,433,884 francs qui se décomposent ainsi qu'il suit :

1888	139.078.174 fr.
1889	116.956.306 —
1890	119.740.919 —
1891	135.583.618 —
1892	162.646.359 —
1893	156.170.784 —
1894	171.300.594 —
1895	185.119.759 —
1896	169.605.825 —
1897	205.231.544 —

Ainsi l'année 1897, comparée à l'année la plus faible (1889) présente un excédent de 88.275.239 francs et elle dépasse l'année 1888 de 66.153.371 francs ; or l'année 1897 n'a pas été une année exceptionnelle. Au reste, les résultats fournis par le premier semestre de 1898 sont tels que, très probablement, le mouvement des affaires de 1897 sera encore dépassé. C'est ainsi que pour la Cochinchine et le Cambodge seuls, le commerce du premier semestre 1898 donne les résultats suivants :

                Importations. . .   23.946.964 fr.
                Exportations. . .   72.166.322 —

chiffres qui, comparés à ceux de la période correspondante de 1897, accusent une plus-value de 15.877.000 en faveur de l'année 1898.

On avait pu craindre tout d'abord que l'application en 1888 d'abord, puis en 1892, du régime douanier et du tarif général, en bouleversant les conditions d'existence du commerce local, ne portât une atteinte mortelle aux échanges de l'Indo-Chine. Il n'en a cependant rien été. Après quelques mois d'une mauvaise humeur légitime, le consommateur s'est plié au nouveau régime parce que ce qu'il désirait, avant tout, c'était moins l'application de tel ou tel tarif que la fixité dans des tarifs et l'uniformité dans l'interprétation et l'exercice des règlements de douane. On pourrait même ajouter que ces modifications du régime douanier ont eu pour conséquence d'orienter le commerce indo-chinois vers les produits français, à peu près ignorés jusqu'alors. C'est ainsi que l'importation des tissus français, négligeable jusqu'en 1893, a fait de tels progrès que celle des tissus étrangers en est sérieusement menacée, comme le prouvent les chiffres suivants :

Années	Provenant de France ou des colonies françaises		Provenant de l'étranger		Total
	Ecrus	blanchis	Ecrus	blanchis	
1888 .	1,250	676 fr.	5,884	682 fr.	7,055,358 fr.
1893 .	2,259,316 k.	744,941 kg.	379.864 kg.	147,212 kg.	3,501,333
1898 .	1,181,020 k.	644,305 kg.	31,268 kg.	294,824 kg.	2,148,417 k.

D'autres causes expliquent encore le développement rapide du commerce indo-chinois : la pacification du pays qui a eu pour conséquence d'assurer aux travailleurs une sécurité plus réelle, la superficie plus étendue des surfaces cultivées, l'aisance plus grande des indigènes et l'habitude qu'ils prennent d'user de produits européens et de satisfaire des besoins inconnus pour eux jusqu'alors.

Mais il s'en faut que tous les pays indo-chinois participent également au mouvement commercial. La Cochinchine et le Cambodge, ont, à cet égard, une singulière avance sur le Tonkin et l'Annam, sans parler du Laos sur lequel nous n'avons encore que des données fort insuffisantes. Pendant que les deux premiers accroissaient d'un tiers leur commerce extérieur, le Tonkin dépassait cette proportion et l'Annam restait stationnaire. Il ne faut pas oublier, en effet, que l'Annam n'est qu'un long ruban de côtes semées de ports et que son commerce est essentiellement local. Son cabotage, en 1897, n'atteint pas moins de 22.314.198 francs ; celui du Tonkin, à la même date, s'élève à 12.673.512 francs (alors que son transit n'est que de 11.237.536 francs), alors qu'en Cochinchine et au Cambodge, le cabotage ne donne que 7.472.874 francs, chiffre bien faible au regard du commerce général qui est de 154.087.245 francs.

Les progrès du commerce indo-chinois, pendant la période décennale, ne sont donc pas niables ; ils deviennent plus évidents encore si l'on se reporte aux chiffres des années qui précèdent la pacification du Tonkin. Le commerce extérieur de ce pays n'était, en 1883, que de 7.418.553 francs ce qui fait ressortir, en faveur de 1897, une différence de 43.926.353 fr.

En 1888, les importations l'emportaient de beaucoup sur les exportations. Depuis cette date, c'est le phénomène contraire, qui s'observe en Cochinchine et au Cambodge, au point que la différence à l'avantage des exportations est, en 1897, de 42.769.000 francs. Malheureusement les importations continuent à être supérieures au Tonkin, mais il convient d'espérer (et les chiffres de 1897 nous en donnent le droit) que l'accomplissement des grands canaux de canalisation et d'endiguement des eaux modifiera cette fâcheuse situation. En somme la conclusion qui se dégage de l'étude des chiffres du commerce Indo-Chinois est que l'Indo-Chine est parfaitement capable de payer, à l'aide de ses propres revenus, toutes les marchandises qu'elle consomme.

Examinons maintenant dans ses détails le mouvement commercial en discutant les questions complexes qui peuvent résulter de cet examen.

Importations.

La Cochinchine et le Cambodge, pays essentiellement agricoles, grands exportateurs de riz, producteurs de poivre, de coton, de poissons salés, reçoivent du dehors presque toutes les marchandises manufacturées qu'ils consomment. Aussi le mouvement des importations y est-il considérable et le chiffre s'en est accru, d'une façon régulière, jusqu'en 1895. Si, à partir de cette date, les importations accusent un léger fléchissement, le résultat est dû, pour une bonne part, aux droits frappés sur les produits étrangers, droits qui ont permis, nous l'avons déjà démontré, aux produits français, de s'ouvrir le marché qui, jusqu'alors, leur était à peu près fermé. Ce fait est particulièrement significatif pour 1897. Alors que le montant global des importations est inférieur de 96.000 francs à celui de l'année précédente, l'importation française est passée de 18.184.422 fr. à 20.825.931 fr., soit une augmentation de 2.641.509 fr. Parmi les principaux articles qui ont contribué à cette plus-value, il faut citer : les ciments (467.000 fr.) ; les métaux (256.000 fr.) et les tissus de coton écru (2.540.000 fr.).

L'importation française s'est élevée, en Cochinchine et au

Cambodge de 9.687.119 fr. en 1888 à 20.825.931 fr. en 1895 (augmentation : 11.138.812 fr.), tandis que, pour la période correspondante, l'augmentation est au Tonkin de 8.211.449 fr. Il est évident qu'à mesure que nos produits gagnent du terrain, les produits étrangers reculent. Après avoir atteint, en Cochinchine et au Cambodge, en 1895, le chiffre de 40.916.657 fr., ils descendent deux ans plus tard, en 1897, à 31.096.753 fr. Il est vrai qu'au Tonkin les importations étrangères sont supérieures, en 1897, à celles de 1896, mais elles restent inférieures de près d'un million à celles de 1888.

En ce qui concerne, par exemple, les denrées coloniales, les sucres qui représentent une valeur de 1.820.072 fr. ont été, en 1897, exclusivement fournis par la métropole. De même, l'importation du café augmente d'année en année.

```
1895 . . . .   97.777 fr.
1896 . . . .  137.952 fr.
1897 . . . .  184.044 fr.
```

La majeure partie des boissons est actuellement fournie par la France. Mais comme les vins, bières et liqueurs importés sont de consommation exclusivement européenne, leur chiffre reste à peu près stationnaire, d'autant mieux que l'hygiène la plus élémentaire commande de n'en user qu'avec une extrême réserve. En 1893, l'importation des boissons en Cochinchine et au Cambodge était de 1.219.432 fr. (dont 915.439 fr. pour la France et 303.993 pour l'étranger) et en 1897 de 2.131.803 fr. (dont 1.898.843 pour la France et seulement 232.960 pour l'étranger. Au Tonkin, cette même importation atteignait en 1893 3.113.962 fr. (3.054.435 fr. pour la France et 59.527 fr. pour l'étranger); elle était, en 1897, de 3.262.396 fr. (3.128.491 pour la France et 133.905 pour l'étranger.

Depuis 1895, l'importation des métaux en Cochinchine a subi une assez forte diminution, mais cette diminution n'a atteint que relativement les métaux français. Les métaux étrangers qui étaient importés, en 1895, pour 4.190.228 fr., sont tombés à 2.928.327 fr. en 1896 et à 2.336.794 fr. en 1897. Les métaux français conservent, au contraire, leur avantage et cette supériorité est surtout sensible au Tonkin où les importations françaises sont à peu de chose près égales à celles de la Cochinchine, alors que le chiffre total des importations de métaux est de moitié inférieur. Parmi les métaux français qui sont régulièrement exportés, il faut citer : les fers étirés, les charpentes en fer, le zinc laminé.

Le progrès des importations des tissus français est peut-être plus caractéristique encore. En 1888, l'importation totale des tissus en Indo-Chine était de 15.896.055 fr. sur lesquels l'étranger figurait pour 13.452.917 fr. et la France pour 1.944.138 fr. seulement. En 1893 le chiffre total de 16.044.728 f. se répartissait entre 11.694.297 fr. pour l'étranger et seulement 4.350.431 pour la France. En 1897, la proportion était renversée : sur le chiffre global de 17.911.405 fr. la France comptait pour 10.662.422 fr. et l'étranger pour 7.248.983 fr. seulement. Ainsi pendant que l'importation des tissus dans son ensemble n'augmentait de 1888 à 1897 que de 2.515.350 fr., l'importation des tissus français passait de 1.944.138 fr à 10.662.422 fr. en 1897, soit une importation quintuple dans le même laps de temps. Tous les pays de l'Indo-Chine n'ont pas également contribué à cette augmentation. Pendant que la contribution de la Cochinchine et du Cambodge s'élevait à 70 0/0, celle du Tonkin n'était que de 18 0/0 et celle de l'Annam de 2 0/0 seulement. Remarquons aussi qu'au Tonkin l'importation des tissus français accuse un fléchissement de 660.094 fr., fléchissement qui s'explique par ce fait que certaines espèces de tissus sont fabriquées, depuis quelques années, par l'industrie locale du protectorat et que leur développement fait concurrence aux similaires français. Au contraire l'accroissement de l'importation des tissus de notre pays est nettement attesté par des chiffres significatifs : 619.208 k. en 1895 ; 850.669 k. en 1896 ; 1.350.910 k. en 1897. Toutefois il faut ajouter que les tissus de coton blanchi ont diminué de moitié au profit des cotons teints dont l'importation augmente chaque année. En somme, l'importation des tissus français qui avait progressé de 27 0/0 en 1894, et de 37 0/0 en 1895 a atteint 63 1/2 0/0 en 1896. Cet exemple a une très grande signification ; il prouve que l'industrie française, à force de confiance et de courage, pourra facilement substituer ses produits aux produits étrangers sur les marchés indo-chinois.

Exportations.

Sans s'être accrues dans les mêmes proportions que les importations, les exportations de l'Indo-Chine dans les dix dernières années accusent une progression très nette. De 1888 à 1897 elles se sont augmentées d'un tiers en Cochinchine et au Cambodge et des deux tiers au Tonkin. Il n'est pas sans intérêt de remarquer que la part de la métropole dans cette augmentation s'est traduite par une plus-value de 12.306.718 fr. en Cochinchine et au Cambodge et de 1.295.417 fr. au Tonkin. Quant à l'Annam, il est resté stationnaire.

Entrons maintenant dans le détail. Les exportations de la Cochinchine et du Cambodge, en 1897, se décomposent ainsi qu'il suit :

Riz et ses dérivés : 92,543.369 fr. contre 59,737,261 fr. en 1896.
Autres produits : 22,148,318 »   —   18,765,020 »   —
Total : 94,691,687 »   —   78,502,281 »   —

D'où une différence, en faveur de 1897, de 16,129,486 francs. On remarquera que cet excédent est constitué, pour plus des deux tiers, par l'exportation du riz et de ses dérivés. Il en est du reste, de même au Tonkin où, pour une plus-value d'une douzaine de millions dans le chiffre de sortie, le riz figure pour 11,387,486 francs. C'est la Chine qui est le débouché le plus important de l'Indo-Chine pour l'exportation du riz. Elles consistaient autrefois, pour la majeure partie, en riz à l'état brut; mais une surtaxe de 9 centimes établie par l'arrêté du 31 décembre 1895 sur les paddys de Cochinchine et du Cambodge a eu pour résultat de réduire sensiblement cette exportation. Une grande partie des paddys est restée aux usines locales et le riz blanc a pris partiellement la place du paddy sur le marché extérieur. L'exportation du riz de Cochinchine et du Cambodge qui était

en 1888 de 1,976,762 fr. à destination de France ou des colonies
— de 58,936,671 fr. — de l'étranger

soit un total de 60,913.433 francs,

était en 1893 :

de 10,384,177 francs à destination de France
de 64,424,300 — — de l'étranger

soit un total de 74,808,477 francs

atteignait en 1897

le chiffre de 14,283,480 pour la France et les colonies
— de 79,126,921 pour l'étranger

en tout, 94,691,687 francs.

La situation s'est proportionnellement modifiée au Tonkin et en Annam.

		pour la France	pour l'étranger	total
Tonkin	1888	164,228 fr.	6,586,848 fr.	6,751,076 fr.
	1893	305,722 —	9,825,308 —	10,131,030 —
	1897	1,459,645 —	18,344,303 —	19,803,984 —
Annam	1888	928 fr.		
	1893	249,433 —	2,893,781 fr.	3,143,214 fr.
	1897	306,982 —	2,245,937 —	2,552,919 —

Et cette situation ne peut que s'améliorer encore. Déjà Marseille, Bordeaux, Nantes, le Havre, Rouen et Dunkerque se partagent cette exportation. Le riz de Saïgon, expédié en France, est régulièrement employé dans la distillerie, la féculerie et l'amidonnerie. En somme, la valeur du riz sorti de Cochinchine à destination de la métropole représente, en 1897, plus de dix millions de francs.

D'autres produits alimentent également le commerce d'exportation. Tels sont par exemple les produits de la pêche qui constitue en Indo-Chine une lucrative industrie. Les poissons salés et séchés sont expédiés à destination de Hong-Kong et de Singapore. La Cochinchine et le Cambodge ont exporté, en 1897, 8,817,236 francs de poissons salés alors qu'ils n'en avaient exporté que 7,714,620 francs en 1896. La France et nos colonies ne prennent naturellement, en raison de l'éloignement, qu'une part presque insignifiante à ce trafic. En 1897, la Cochinchine et le Cambodge n'ont exporté en France que pour 2,500 francs de poissons séchés contre 8,966,589 à destination de l'étranger; le Tonkin 164 francs contre 156,644. Citons enfin les produits et dépouilles d'animaux qui figurent à l'exportation de 1897 avec une valeur de 4,026,683 francs pour la Cochinchine (1,446,261 francs à destination de France et 2,580,422 francs à destination de l'étranger) alors que ces mêmes produits avaient figuré en 1893 pour 374,659 francs seulement dont 26,040 et 348,619. Au Tonkin les chiffres relatifs à ces produits sont moins significatifs

	pour la France	pour l'étranger	total
1893	194,243 fr.	905,842 fr.	1,100,085 fr.
1897	387,056 —	820,921 —	1,207,977 —

mais le progrès n'en est pas moins régulier. Les seules marchandises expédiées à destination de la métropole sont les peaux brutes et la bourre de soie. Le reste va à l'étranger.

Pendant le 1ᵉʳ semestre de 1898 le commerce extérieur de l'Indo-Chine a atteint le chiffre de 130,161,277 francs dont 47,264,746 francs pour l'importation et 82,896,531 francs pour l'exportation avec une plus-value de 27,792,003 francs en faveur du premier semestre 1898.

Les importations étrangères ont accusé, en 1898, une grande activité. Ce résultat est dû à la reprise des transactions commerciales avec la Chine et notamment avec Hong-Kong depuis la suspension des mesures prises contre l'épidémie de peste.

Pour les exportations la différence avec les chiffres de 1897 est bien plus caractéristique encore puisque le premier semestre de 1898 accuse une plus-value de 21,903,146 francs par comparaison avec la période correspondante de 1897. Cette plus-value est presque uniquement due à l'exportation des farineux alimentaires. Ces exportations ont en grande partie profité au commerce entre la métropole et les colonies françaises (17,153,894 francs en 1898; 5,388,250 francs pour la période correspondante de 1897) et cette progression a été presque exclusivement fournie par la Cochinchine et le Cambodge; il ne pourra donc que s'accroître quand le Tonkin exportera les produits de ses cultures agricoles, aujourd'hui en pleine prospérité.

Les principaux produits exportés en France et dans les colonies sont : les peaux brutes, le riz, le coprah et le poivre; ceux à destination de l'étranger sont: la soie grège, le saindoux, les poissons, les riz et paddys, la cannelle, etc.

Si nous passons maintenant au commerce intérieur, nous remarquerons que le chiffre des transactions par cabotage, pour le premier semestre de 1898 est supérieur de douze millions à celui du premier semestre 1897. Il atteint 30.728.651 fr. (12.439.313 pour les importations; 18.439.313 pour les exportations). Le transport des marchandises en cabotage est fait exclusivement sous pavillon français par des navires à vapeur et par la batellerie locale.

Terminons en constatant que le transit, pendant le premier semestre 1898, a atteint le chiffre de 7.362.606 fr. dont 5.089.208 fr. représentent le mouvement de Hong-Kong au Yunnam et 2.273.398 celui du Yunnam à Hong-Kong.

	1898	1897	en plus pour 1898
Commerce extérieur	130,161,277 fr.	102,369,274 fr.	27,792,003 fr.
Cabotage	30,728,651 —	18,635,701 —	12,092,950 —
Transit	7,362,606 —	5,671,626 —	1,690,980 —
Totaux	168,252,534 —	126,676,601 —	41,575,933 —

Ainsi le commerce de l'Indo-Chine atteste une incroyable vitalité. La progression est rapide et pleine de promesses pour l'avenir, à condition que les indigènes puissent consacrer la majeure partie de leurs ressources à l'achat de produits dont l'introduction leur a fait connaître l'utilité et qu'ils puissent réaliser, par des ventes rémunératrices, des profits que nous avons le devoir strict de leur assurer dans la mesure la plus large.

ÉTABLISSEMENTS FRANÇAIS DE L'OCÉANIE

Sans être encore considérable, le mouvement commercial des établissements français de l'Océanie progresse d'une marche régulière. La valeur des échanges a été supérieure en 1897, de 12,22 0/0 à celle de l'année précédente.

1896.	6,193,844 fr. 87
1897.	6,951,307 — 26

Différence, en faveur de 1897 : 757,462 fr. 39.

Ce progrès est uniquement dû à l'augmentation du chiffre des importations qui, pendant l'année 1897, a dépassé de 876.681 fr. 85 celui de 1896 alors que les exportations avaient au contraire diminué de 119.219 fr. 46.

A quelles causes attribuer ce résultat inattendu ? Cet accroissement des importations en 1897 a porté principalement sur les conserves de viandes en boîtes, tôles galvanisées, mercerie et confection, machines pour l'industrie, etc. Cette plus-value ne se maintiendra probablement pas dans les années suivantes, d'abord parce que le ravitaillement des troupes de l'expédition des Iles Sous-le-Vent en janvier 1897 a nécessité l'introduction de nombreuses conserves alimentaires, ce qui explique les chiffres élevés d'importation pour certains produits ; ensuite parce que le reste de l'augmentation s'explique par l'arrivée à Tahiti d'un assez fort stock de coprah laissé par le navire norwégien Gyda, qui s'était trouvé en détresse dans les eaux de la colonie.

Le ralentissement des exportations est dû à un rendement inférieur des nacres, du coprah et du coton, autant dire des principaux produits de la colonie. C'est ainsi que, par comparaison avec l'année 1896,

Les nacres ont rapporté en moins. .	336,528 fr. 80
Le coprah — — . .	169,548 — 50
Le coton — — . .	57,790 — 20

De plus les nacres pêchées à partir du premier novembre 1897, date de l'ouverture de la saison 1897-1898, ne sont parvenues au centre commercial de Papeete qu'aux mois de janvier et de février de l'année suivante et n'ont pu être exportées qu'à cette date. Elles ne figurent donc pas aux statistiques de 1897.

Si la production du coprah a également diminué, au cours de l'année 1897, c'est que dans les îles Tuamotou, une maladie parasitaire a sévi sur les cocotiers et fait périr un certain nombre de fruits. La même maladie a fait tomber la production du coprah dans l'archipel des îles Sous-le-Vent de 1500 à 100 tonnes environ. Toutefois il convient d'ajouter que cette maladie tend à disparaître et tout fait espérer que la crise du coprah n'aura été que momentanée.

Il n'en sera pas de même du coton dont les indigènes tendent à abandonner la culture à cause de l'avilissement des prix ni du bois des îles et des fruits du pays dont la diminution est constante et suit une marche normale. Toutefois ce mouvement de recul est en partie compensé par un relèvement dans l'expédition de la vanille, des biches de mer et de quelques autres produits. La production de la vanille s'est rapidement accrue grâce au prix rémunérateur de la vente sur les marchés d'Europe. Elle a déjà présenté une différence en plus sur 1896 de 488.626 fr. 75 et tout faisait prévoir pour l'année 1898 un chiffre d'affaires plus considérable encore.

Dans le mouvement général d'affaires, la part la plus considérable revient aux États-Unis d'Amérique (46 0/0 de l'ensemble), à la Nouvelle-Zélande et à l'Angleterre. La France et les colonies ne venant qu'au quatrième rang.

Les transactions de la colonie avec la Nouvelle-Zélande tendent à prendre chaque année un développement plus grand grâce aux lignes directes de communication qui relient entre eux ces deux établissements. C'est ainsi que les importations se font presque en totalité par San-Francisco et Auckland, à l'exception des marchandises d'origine française et allemande qui arrivent directement d'Europe par voiliers.

Avec la France, le commerce des établissements français s'est élevé en 1897 :

Importations = 394,001 fr. 02 en plus sur 1896 : 73,827 fr. 51
Exportations = 314,035 fr. 50   —   : 270,768   54

Cette majoration du chiffre des exportations est due presque uniquement à la vanille et à la nacre. La vente de ce dernier produit, qui jusqu'alors avait été nulle en France, a atteint, en 1897, 140,411 fr. 25. Cette heureuse particularité s'explique par ce fait qu'il a été expédié en France, viâ Liverpool, une quantité de 56 tonnes de nacre par une maison française de la place. Encouragé par cet exemple, le conseil général a voté un droit de sortie (150 fr. par tonneau de nacre), mais il a été stipulé que ce droit serait remboursé aux exportateurs qui pourraient prouver que la nacre expédiée de la colonie avait été débarquée et consommée en France. L'assemblée locale espère ainsi déplacer, en faveur des ports français, le marché des nacres qui se tient à Londres et à Hambourg.

Il n'en reste pas moins, en dépit de cette exception, que les échanges faits par la colonie avec la France et les autres colonies françaises sont bien inférieurs au trafic avec l'étranger. On sait, d'ailleurs, que les causes de cette infériorité résident exclusivement dans l'état défectueux des communications entre la métropole et les établissements français de l'Océanie.

Il en est de même pour les importations. Les produits français importés à Tahïti subissent d'ordinaire plusieurs transbordements en pays étrangers, ce qui majore dans des proportions considérables le frêt déjà fort élevé des compagnies de navigation. Et cette situation ne s'améliorera que le jour où les expéditeurs auront obtenu de ces compagnies, et notamment de celle des Messageries maritimes, des connaissements directs pour Tahïti. Il est évident, enfin, que le prix du frêt, beaucoup plus élevé par la voie de Marseille que par la voie de Londres, constitue aussi une entrave sérieuse à notre commerce national. A l'heure actuelle cette différence est telle que, même en payant la taxe douanière dont sont exemptées les marchandises françaises, les importations anglaises sont vendues sur les marchés de la colonie à un prix moins élevé que les nôtres.

Justifions cette affirmation par un exemple. Une tonne de marchandises expédiée par la voie de Londres coûte en moyenne 95 à 115 francs. Par la voie de Marseille-Sydney, notre tonne décimale est payée 130 à 140 francs, ce qui porte nos marchandises par la voie française à 180 francs la tonne de 1 m. 440. Cette différence est trop considérable pour ne pas exercer une influence décisive en faveur de la voie de Londres.

Enfin il importerait aussi que les industriels de la métropole consentissent à modifier leur fabrication de façon à pouvoir lutter de bon marché avec leurs concurrents étrangers qui répandent dans la colonie des produits dont le bas prix de revient favorise l'importation. Ces produits trouvent acheteurs chez les indigènes qui se préoccupent beaucoup moins de la qualité des marchandises que de leur bon marché. Pour démontrer la nécessité de ces diverses modifications, les chiffres sont particulièrement éloquents :

IMPORTATIONS

	1896 fr.	1897 fr.	Différence en 1897 fr.
États-Unis	1.365.073.79	1.729.603.33	+ 364.529.54
Nouvelle-Zélande	386.139.03	689.719.07	+ 303.580.04
Angleterre	468.480.14	472.593.97	+ 4.113.83
France et colonies	317.173.51	391.001.02	+ 73.827.51
Allemagne	50.662.18	133.950.61	+ 83.288.43
Autres pays	261.428.53	328.271.03	+ 66.842.50
Importations étrangères directes aux Marquises	75.000	55.000	— 19.500

EXPORTATIONS

	1896 fr.	1897 fr.	Différence 1897 fr.
États-Unis.	1.511.024.43	522.015.87	+ 10.991.44
Nouvelle-Zélande. . .	523.540.65	503.243.27	— 29.297.38
Angleterre.	741.187.20	473.194.52	—267.992.68
France.	40.266.96	311.035.50	+270.768.54
Allemagne	293.873.70	180.080.90	—113.792.80
Autres pays. . . .	150.994.75	161.098.17	+ 10.103.42

Le commerce des établissements français est fait par 167 commerçants dont 63 à Papeete. Dans ce chiffre on compte 44 Français, 15 Anglais et 14 Américains. Ces négociants (sans parler des colporteurs et marchands de pacotilles, tous tributaires des négociants de Papeete), forment dans la colonie trois catégories distinctes :

1° Les négociants importateurs, de nationalités diverses, qui achètent directement leurs marchandises sur les marchés des États-Unis, de la Nouvelle-Zélande, de l'Angleterre, de la France et de l'Allemagne.

2° Les négociants en demi-gros qui achètent leurs marchandises dans les magasins d'importation et quelquefois dans les pays de provenance.

3° Les commerçants en détail qui achètent dans les magasins de la place des marchandises, payables généralement à terme. Quelques-uns des négociants importateurs sont armateurs de petits navires qui font le cabotage dans les archipels où ils échangent leurs marchandises contre des produits, tels que copral, nacre, café, etc.

Il n'est pas sans intérêt de traiter ici, en quelques mots, la question du commerce chinois dans la colonie. Les commerçants chinois étaient, en 1897, au nombre de 62 disséminés dans les établissements français de l'Océanie, mais ce chiffre s'augmente malheureusement à chaque nouveau courrier venant de San-Francisco. Il est certain que tout le commerce de la colonie se trouvera dans un avenir peu éloigné entre les mains des Asiatiques, si des mesures énergiques n'enrayent pas ce mouvement toujours croissant d'immigration. Déjà la presque totalité des petits commerçants ont dû céder la place à ces redoutables concurrents, et les marchands en gros, qui avaient réussi jusqu'à présent à se maintenir, entrevoient, eux aussi, le jour où il leur faudra abandonner la place. Aussi le conseil général de la colonie, ému d'une situation qui menace sérieusement l'avenir du commerce national, a voté une taxe frappant, par catégorie, les patentés chinois. Il reste à savoir si cette mesure sera suffisante pour arrêter cette invasion pacifique. Il est permis d'en douter.

LA NOUVELLE-CALÉDONIE

Nous avons les chiffres officiels qui nous permettent de juger des progrès du commerce de la Nouvelle-Calédonie depuis 1862 jusqu'à nos jours. Ce commerce a été pendant longtemps médiocre et ne s'est accru qu'avec lenteur, les importations l'emportant de beaucoup sur les exportations. On ne constate d'ailleurs sur aucun article de progression continue. Tel produit, qui paraissait avoir une grande importance, disparaît tout à coup. Tel est le résultat des échecs et de l'incohérence qu'on a pu constater dans l'exploitation économique, qu'il s'agisse des mines, de la canne, du bétail ou de tout autre produit. Si on met à part le nickel et le café, la colonie a peu de produits marchands et livrables. Toutefois, à partir de 1887, les phénomènes économiques s'atténuent. Entre 1887 et 1892, le commerce d'importation a passé de 8 millions à 14 millions de francs, le commerce d'exportation de 2 millions et demi à

7 millions et demi. En 1892, les importations consistent principalement en produits fabriqués et ouvrés; (4.160.000 fr.) en liquides et spiritueux; (2.400.000 fr.) en produits alimentaires; (1.073.000 fr.) en denrées coloniales; (880.000 fr.) en vêtements. La même année, les exportations portaient sur les minéraux et métaux (4.900.000 fr.), alors que cette exportation avait été en 1891 de 7.500.000 fr.; sur les produits et dépouilles d'animaux (1.400.000 fr.); le café ne figurait encore que pour 80.000 fr. Ce dernier produit compte aux exportations, en 1897, pour 691.000 fr.; en 1898, pour 712.000 fr., ce qui indique une production un peu inférieure à 500.000 kil.

	Importations	Exportations
1895.	7,374,523 fr.	7,779,444 fr.
1896.	8,967,606 —	5,748,552 —
1897.	8,679,236 —	7,045,624 —

Pour beaucoup de ces objets d'importation, la colonie, qui naguère encore produisait fort peu, faisait tout venir de l'extérieur, et plus spécialement de l'Australie par l'intermédiaire de fournisseurs dont beaucoup réalisaient des gains considérables. Mais elle arrivera, elle arrive déjà à se suffire à elle-même, grâce aux aptitudes variées de son sol. Si l'on décompose en trois catégories les objets consommés par la colonie : 1° ceux pour lesquels elle peut se suffire; 2° ceux qu'elle peut demander à la métropole; 3° ceux qu'elle ne peut guère demander ailleurs qu'en Australie, on verra que la part de la troisième catégorie peut être réduite, celles de la seconde et surtout de la première catégorie augmentées.

Il est certain que la Calédonie ne sera jamais un débouché pour les produits manufacturés de la métropole, mais en attendant qu'elle se suffise à elle-même, il est regrettable que les objets qui lui viennent d'Europe passent par l'intermédiaire des Australiens et arrivent d'Angleterre plutôt que de France. La Calédonie devrait devenir le grand entrepôt des marchandises françaises dans le Pacifique. Or, nous sommes loin de ce résultat. En 1887, la France importait en Calédonie pour 3.585.000 fr. sur un total de 8.053.000 fr. ; en 1892, elle a importé pour 5.634.000 fr. sur un total de 14.266.000 fr. C'est toujours plus du tiers et moins de la moitié. En 1892, de l'étranger étaient importés 2.700.000 fr. de produits fabriqués et ouvrés, 1.200.000 fr. de farine, 500.000 fr. de combustibles; de France 2.285.000 fr. pour les liquides et spiritueux, 1.300.000 fr. de produits fabriqués et ouvrés et 650.000 fr. de produits alimentaires.

Pour l'exportation il y a encore des progrès à réaliser, et ces progrès sont d'autant plus désirables que les produits d'exportation de la Calédonie n'ont pas à craindre d'entrer jamais en concurrence avec ceux de la France ou de ses colonies. Il faut donc accorder à ses produits certaines faveurs si nous voulons lier étroitement les intérêts de notre colonie à ceux de la métropole. « De deux choses l'une, disait Blin, ou les produits sont exportés sur le grand marché voisin d'Australie, et alors les Anglais en profitent, ou ils sont expédiés en France, et les bénéfices seront bien maigres (1). » Or, il ne faut pas que les bénéfices soient maigres. On ne comprend pas, par exemple, pourquoi les métaux seraient transportés sur le marché de Sydney et de là expédiés le plus souvent en Angleterre, et pourquoi l'exportation de Nouvelle-Calédonie en Europe ne se ferait pas par expédition directe de Nouméa pour France. Hâtons-nous de constater que le commerce calédonien évolue en ce sens. En 1887, la France exportait de Calédonie pour 248.000 fr. sur un total de 2.880.000 fr. ; en 1892, elle a ex-

(1) Blin, *Océanie*.

porté pour 2.374.000 fr. sur un total de 7.345.000 fr. En 1898, les importations ont atteint le chiffre de 7.752.808 fr. et pour les exportations celui de 6.736.628 fr., présentant un excédent total de 1.073.572 fr. qui porte principalement sur les boissons, les ouvrages en métaux, les fils, tissus et vêtements. Ces résultats satisfaisants peuvent être attribués à la reprise des affaires minières. Quant à la légère diminution qu'accusent les exportations, elle doit être attribuée à la fois à des récoltes médiocres et à une augmentation de consommation des produits locaux. Ainsi donc, jusque dans ces dernières années, le commerce était principalement un commerce d'importation destiné à subvenir aux besoins des colons et des libérés. Mais en même temps que naissaient les industries locales, le commerce devenait plus important et plus complexe. Aujourd'hui, il existe en Nouvelle-Calédonie deux genres de commerce qui ne peuvent que se développer, le commerce de minerais et le commerce d'exportation des produits agricoles.

Que faut-il entendre par ce mot « commerce de minerais » ? A côté des gros propriétaires de mines qui extraient les métaux de leurs mines et les vendent directement grâce aux relations dont ils disposent, il existe de petits mineurs dont les ressources sont limitées, et que l'isolement empêche de conclure des contrats de vente avantageux. A ces mineurs se substitue le courtier, l'intermédiaire qui achète les métaux au petit propriétaire et les revend ensuite avec bénéfice. Déjà il existe dans la colonie plusieurs commerçants de ce genre et si on tient compte du développement qu'a pris l'exploitation des mines et de ce fait que beaucoup de mines se trouvent le long de la mer, à portée des ports et des bateaux, ces intermédiaires auront fatalement une importance de plus en plus grande.

Le commerce des produits agricoles et particulièrement du café devra prendre logiquement une grande extension en Nouvelle-Calédonie; mais l'avenir appartiendra non à ceux qui chercheront à réaliser des bénéfices immédiats et excessifs dans l'exploitation systématique du colon, mais à ceux dont tous les efforts tendront à mieux classer et à faire apprécier par les consommateurs européens les cafés de la colonie. Il faut bien se dire que tôt ou tard les colons échapperont aux intermédiaires dont ils dépendent aujourd'hui. Déjà quelques colons ayant plus d'esprit de décision ou plus de relations ont commencé. Les autres voient à côté d'eux des cultivateurs placés exactement dans les mêmes conditions qu'eux-mêmes vendre leurs récoltes directement et en obtenir des prix plus rémunérateurs que ceux qu'ils obtiennent. Ils ne tarderont pas à suivre l'exemple qui leur est ainsi donné. Déjà il existe dans la colonie un certain nombre de maisons de commerce qui s'emploient très loyalement à relever le prix du café calédonien et à le vendre, même après triage, sous son véritable nom. Il est évident que les spéculateurs ne réussiront pas indéfiniment à faire passer pour mauvais un produit qui est réellement bon. En quoi consiste, en réalité, la spéculation ? Elle consiste, pour certains intermédiaires, à faire le triage du café (que le colon a, d'ailleurs, le tort de ne pas faire lui-même), puis, au lieu de faire savoir qu'il existe en Nouvelle-Calédonie, comme partout ailleurs, plusieurs espèces de café, à vendre les bons cafés sous les étiquettes trompeuses de moka, de bourbon, etc., et de n'écouler, sous le nom de café calédonien, que les déchets, de façon à maintenir le cours très bas. C'est grâce à ce procédé que le prix du café est tombé à un prix illégitimement inférieur. Il faut donc que le consommateur, et surtout le consommateur français, apprenne à connaître la marque calédonienne et l'achète directement. Le jour où cette habitude sera prise, les cafés calédoniens seront à l'abri de la baisse dont les producteurs souffrent cruellement aujourd'hui. Le café calédonien se vend 0 fr. 90 ou 1 fr. de moins que les autres cafés sous le nom desquels il est vendu. Or, à 1 fr. 50, le prix de vente payerait suffisamment le travail du petit colon. Il y a là une révolution à faire qui serait non seulement le salut, mais encore la prospérité pour la Nouvelle-Calédonie. Cette révolution, il ne dépend que des colons eux-mêmes et du public français qu'elle ne s'accomplisse rapidement.

La situation commerciale de la Nouvelle-Calédonie est d'ailleurs bonne. Elle est une des colonies où la loi douanière de 1892 a produit son effet. Depuis cette époque, le courant d'affaires se dirige de plus en plus vers la métropole; les rapports entre la France et la colonie deviennent de plus en plus étroits, et le moment va venir où les colons n'achèteront plus en Australie que les denrées qu'ils ne pourraient se procurer ailleurs. Pour qu'une telle situation soit durable, il faut que les colons puissent compter sur un traitement réciproque et que la France achète, à leur prix réel et non à un taux que les intermédiaires maintiennent volontairement très bas, le café de la colonie et la majeure partie des métaux qu'elle exporte.

CONCLUSION

Telle est, dans son ensemble, la situation de notre commerce colonial. Il est certain qu'un domaine d'outre-mer qui, né à peine d'hier, encore dépourvu de moyens de communication, et insuffisamment relié à la métropole, présente déjà un chiffre d'échanges de onze cents millions est un domaine qui devra, dans un avenir rapproché, rémunérer largement les dépenses faites pour lui. Dès maintenant il n'est pas juste de dire que les colonies nous coûtent plus qu'elles ne nous rapportent, et c'est pourtant une théorie qui a été fréquemment soutenue par des hommes ordinairement mieux au courant. Certes, la France ne vend pas encore aux colonies tous les produits qu'elle pourrait leur fournir et qu'elles achètent encore trop souvent à l'étranger. Nous n'avons pas hésité à dénoncer cette anomalie et notamment quand nous avons parlé des colonies de l'Afrique occidentale et de la Nouvelle-Calédonie. Mais il convient aussi de remarquer que toutes ne méritent pas ce reproche. Nos relations avec la riche Indo-Chine augmentent avec une prodigieuse rapidité ; à Madagascar, la France occupe sur les marchés la première place et elle a conquis de haute lutte le monopole de la vente des tissus. Partout ailleurs, si la situation est moins bonne, elle s'améliore régulièrement, comme en font foi les statistiques des dix dernières années. On ne change pas en un jour les habitudes commerciales, la routine d'une clientèle incapable de raisonnement suivi et insensible aux arguments de sentiment. Si nous comparons le commerce de la France avec nos colonies à ce qu'il devrait être, nous avons certainement motif de nous plaindre, mais si nous comparons les chiffres accusés par le même commerce en 1890 et en 1899, nous avons lieu, au contraire, d'être satisfaits de la marche en avant. Il convient aussi d'ajouter que les chiffres eux-mêmes risquent de nous tromper. Sur la côte d'Afrique, par exemple, certaines colonies, comme celles de la Côte d'Ivoire, semblent échapper presque absolument à nos fabricants et à nos produits; mais il faudrait ne pas oublier que ce commerce, même quand il s'agit des marchandises venues de l'étranger, est presque entièrement dans les mains de négociants français qui bénéficient de la différence entre le prix d'achat et le prix de vente, et ainsi la colonie contribue à la prospérité de la France. Ce raisonnement s'appliquerait de même au Dahomé, mieux encore à la Guinée française. Il ne faut donc pas se fier aux apparences; le bénéfice réalisé par ces maisons françaises profite bien à la France, sans compter que ces maisons imposeront peu à peu aux indigènes le besoin et le goût des marchandises françaises. Mais, pour atteindre ce but, il faut, nous ne cesserons de le répéter, que les fabricants français se décident à consulter le goût de leurs clients et non le leur, et qu'ils fabriquent ce que veut l'indigène et non le produit bon et cher qui constitue en Europe la marque de la production française, mais qui ne peut que paralyser les transactions en Afrique ou en Asie. La prospérité de notre commerce aux colonies est à ce prix, et nous en avons donné de nombreux exemples : « L'industrie française était, jusqu'à une époque récente, une industrie de luxe pour la plupart des produits d'exportation. Elle considérait comme un peu au-dessous d'elle de s'occuper des produits à vil prix qui sont ceux que l'on peut importer en Afrique; ce n'est que depuis une époque très récente, depuis deux ou trois ans à peine, que nos industriels français veulent bien monter leurs métiers en vue de fabriquer les produits nécessaires à la consommation indigène des colonies (1). » Là est la vérité. Que nos commerçants soient bien convaincus qu'il vaut mieux réaliser de gros bénéfices avec de la camelote que de se ruiner en fabricant des produits solides, beaux et chers, et la situation changera sur toute l'étendue de notre domaine comme elle a changé à Madagascar, mais il ne faut pas attendre qu'il soit trop tard (2).

(1) Discours de M. André Lebon à la Chambre, 8 février 1898.
(2) Cf. Camille Guy. Comment adapter les produits de l'industrie aux nécessités du commerce extérieur. Congrès international économique 1900.

COMMERCE DES COLONIES FRANÇAISES EN 1898 (1)

COLONIES	IMPORTATIONS	EXPORTATIONS	TOTAUX	PART DE LA FRANCE DANS LES ÉCHANGES	
				IMPORTATIONS	EXPORTATIONS
La Martinique	24.368.798	23.344.860	46.713.658	10.728.437	22.248.784
La Guadeloupe	18.600.217	17.665.464	36.265.681	8.894.445	17.557.004
Guyane	9.141.817	7.225.841	16.367.658	5.511.956	3.542.625
St-Pierre et Miquelon	10.000.000	20.000.000	30.000.000	7.000.000	14.000.000
La Réunion	19.765.268	19.027.857	38.793.125	10.147.720	18.090.838
Sénégal	33.155.550	29.146.755	62.302.305	18.661.000	19.750.933
Soudan	8.030.130	3.626.605	11.656.735	2.721.221	1.422.509
Guinée française	9.019.871	7.799.948	16.819.819	1.540.000	2.142.560
Côte d'Ivoire	5.327.352	5.026.641	10.353.993	1.032.194	1.935.275
Dahomé	9.994.567	7.538.758	17.533.326	1.953.914	2.177.946
Congo Français	4.844.234	5.695.304	10.539.538	1.152.637	1.487.887
Madagascar	21.641.000	4.960.000	26.601.000	16.468.000	2.262.000
Mayotte et Comores	250.000 (?)	600.000(?)	850.000	50.000(?)	140.000(?)
Inde Française	3.832.910	15.050.497	18.883.407	800.000(?)	4.500.000(?)
Indo-Chine	47.264.746	144.332.644	191.597.390	40.612.322	34.306.788
Établissements Français de l'Océanie	1.300.000 (?)	400.000(?)	1.700.000	80.000(?)	200.000(?)
	3.800.639	3.150.668	6.951.307	391.001	311.035
Nouvelle Calédonie	9.752.808	6.736.728	16.489.536	5.026.930	3.497.767
Côte des Somalis	?	?	?	?	?
TOTAUX	240.289.907	335.328.570	560.618.678	133.791.817	149.573.942

(1) Dans ce tableau ne figurent pas les chiffres du commerce Algérien et Tunisien qui atteint environ 550 millions par an.

TROISIÈME PARTIE

LES VOIES DE COMMUNICATION

I

Nous abordons maintenant l'étude de la question qui est, pour la mise en valeur de notre domaine colonial, une question de vie ou de mort, celle des voies de communication. Il ne suffit pas, en effet, de récolter sur place les produits agricoles les plus abondants et les plus variés, de faire pousser sur le sol les plantes les plus précieuses ou d'extraire du sous-sol les minéraux les plus indispensables et les plus rares. Si ces produits ne peuvent être consommés sur place, ils n'auront une valeur qu'autant qu'ils seront mis dans le plus court espace de temps et au meilleur marché possible à la disposition des acheteurs et des consommateurs. A une époque où la vapeur et l'électricité ont, en quelque sorte, rétréci les bornes du monde et suscité entre les peuples une concurrence plus âpre, il n'est pas de colonisation possible sans voies de communication.

« Tout le bassin du Congo, a-t-on dit, sans un chemin de fer, ne vaut pas un schelling. » Cette vérité est aujourd'hui universellement acceptée, et les délibérations du Congrès colonial international de Bruxelles de 1897 et du Congrès de

Paris de 1900, prouvent à quel point cette question préoccupe tous ceux qui ont à cœur d'associer les colonies et les métropoles dans un même développement économique. Mais, là encore, que de problèmes obscurs ! Sans doute, le chemin de fer est le moyen le plus rapide et le plus rémunérateur de mettre en rapports étroits les pays de l'Europe et les comptoirs les plus lointains. Mais, comment comprendra-t-on la construction de la ligne? Est-il toujours nécessaire d'ouvrir une véritable voie ferrée, ou se contentera-t-on d'un simple ruban, de ce chemin que le colonel Thys appelait si éloquemment le *sentier* de fer? Tous les systèmes sont bons, à condition d'être employés où et quand il faut. Ce sont justement ces conditions de temps, de lieu et d'opportunité dont il est urgent de fixer les règles essentielles. N'y aurait-il pas intérêt majeur à distinguer le chemin de fer destiné à l'exploitation d'un domaine déjà occupé et cultivé, et le chemin de fer de pénétration qui devient, par lui-même, un outil de production et un instrument de conquête pacifique? Lors même que ces questions seront résolues, il conviendra d'examiner tous les systèmes susceptibles d'être employés pour la création d'un chemin de fer, soit que l'Etat s'en réserve l'installation, soit que la colonie en entreprenne l'établissement sur ses réserves propres, soit enfin que l'Etat et la colonie en concèdent la construction et l'exploitation à une compagnie privée. Dans tous ces cas, quels qu'ils soient, il faut se demander aussi comment seront rémunérés les capitaux employés et dans quelles conditions un emprunt pourra être gagé. La colonie doit-elle emprunter sur ses ressources spéciales sans la garantie de l'Etat? Si c'est l'Etat lui-même qui assume la responsabilité et les risques de l'entreprise, assurera-t-il à la compagnie une garantie d'intérêt ou, suivant le système dit américain, ne lui donnera-t-il que des concessions territoriales le long de la voie projetée? Sans doute, les constructions de ce genre échappent à toute règle générale, encore que certains actes de la Conférence de Berlin aient déterminé sur ce point quelques principes fondamentaux. Mais toutes ces questions doivent être discutées.

Et il ne s'agit pas seulement des voies ferrées, mais aussi des voies navigables, si précieuses en pays neuf et qui permettent de pénétrer plus avant au cœur du continent exploitable, le bateau étant presque toujours l'avant-garde de la locomotive. Il s'agit des canaux dont l'établissement est si difficile dans des pays exposés à des pluies considérables et régulières ; il s'agit enfin des routes, véritables affluents des chemins de fer et des rivières, qu'elles aboutissent à un comptoir actif ou à un port fréquenté. L'étude des voies de communication ne saurait se faire, non plus, sans tenir compte des conditions géographiques du pays à parcourir, sans distinguer, par exemple, entre un domaine sec ou médiocrement arrosé, une région marécageuse et un pays envahi par les sables.

On le voit, cette question des voies de communication est une de celles qui soulèvent le plus de difficultés. Il convient donc de fixer quelques règles générales, qui seront d'autant plus simples qu'elles auront été plus sérieusement discutées, et de hâter le moment où les colonies, unies aux métropoles par les chemins de fer et les lignes de paquebots, prolongement naturel des voies ferrées, entreront enfin dans le mouvement économique général.

Sur ce point toutes les écoles, toutes les doctrines, tous les écrivains coloniaux sont d'accord. On peut différer d'opinion sur les moyens à employer et les manières de procéder ; mais on est d'accord sur la nécessité urgente de doter nos colonies de l'outillage de circulation qui leur manque. Examinons tout d'abord ce qui a déjà été fait, puis nous dirons ce qui, à notre sens, reste à faire et comment il convient de le faire.

II

VOIES TERRESTRES.

Guadeloupe. — La Guadeloupe est pourvue d'un réseau assez complet de routes (les chemins de grande communication ont été assimilés aux routes coloniales) et de chemins vicinaux. Ces chemins dont l'entretien et la surveillance sont confiés au service des ponts et chaussées sont généralement bien entretenus. « Un bon nombre de ponts, dont quelques-uns sont de beaux ouvrages d'art, relient entre elles les parties des routes coloniales situées des deux côtés des cours d'eau ou des ravins profonds qui déchirent le terrain en plusieurs points. » Parmi ces ponts, les plus importants sont ceux de la rivière des Pères et du Galion à la Basse-Terre, de la rivière Noire à Saint-Claude, et surtout celui de la Grand'Rivière à Sainte-Rose. Il faut ajouter à cette liste le pont tout récent de la Lézarde au Petit-Bourg. En somme, il existe dans la colonie douze routes d'un développement total de 248 kilomètres, et un réseau vicinal d'une longueur de 670 kilomètres, dont 292 kil. pour la Guadeloupe proprement dite, 257 à la Grande-Terre, 15 à Saint-Martin et 22 à la Désirade (1).

MARTINIQUE

La Martinique possède un réseau de routes dans les mêmes conditions et placées sous le même régime que la colonie voi-

---

(1) Principales routes de la Guadeloupe : 1º Route de la Basse-Terre à la Pointe-à-Pître ; de Saint-François à la Pointe ; de la Pointe à l'Usine Bertrand ; de Sainte-Rose à la Pointe ; de Sainte-Anne au Moule ; de la Pointe-à-Pître au Moule ; du Moule à Saint-François ; de Saint-Claude à la Basse-Terre. Sur toutes ces routes les communications sont assurées par des diligences partant à des jours et heures réguliers.

sine. Ces routes sont au nombre de 32 et ont une longueur totale de 489 kilomètres. Les principales sont celles qui relient Port-de-France à Saint-Pierre, à la Trinité et au Petit-Bourg ; Saint-Pierre à la route n° 9, au Parnasse, à la Grande-Rivière ; le Lamentin à la route n° 11, à la Rivière-Blanche, à la Trinité et au François ; le Petit-Bourg au François, au Marin, aux Anses d'Arlets ; le Grand-Bourg au Cérou ; le Robert au François ; le Marin au Vauclin ; la Basse-Pointe à la Grande-Rivière, etc., etc.

GUYANE

Il existe à la Guyane trois routes principales, dites coloniales : 1° *la route de Cayenne à la Mana* qui part de la pointe Macouria en face de Cayenne et se termine au bourg de Mana après avoir traversé les quartiers de Macouria, Kourou, Sinnamary et Iracoubo ; 2° la route de *Cayenne au Dégrad-des-Cannes* entièrement carrossable et sur laquelle viennent s'embrancher de nombreux chemins vicinaux (chemin de la côte, de Cabassou, etc.) ; le tronçon principal a une longueur de 18 kilomètres ; 3° la route de Cayenne à l'Approuague qui n'est en réalité qu'un sentier peu praticable. En somme, le réseau total est de 90 kilomètres.

LA RÉUNION

Les premières voies de communication de l'île remontent à 1720. C'étaient alors de simples sentiers de piétons destinés à mettre en communication les principaux centres de colonisation. Ce n'est, réellement, que vers 1825 que fut entreprise la construction des routes actuelles qui ont coûté à la colonie, de 1825 à 1898, tant pour leur construction que pour leur entretien, la somme de 40.000.000, en comprenant dans ce chiffre les ouvrages d'art. Les routes, dites nationales, actuellement entretenues par la colonie, sont au nombre de douze et ont un développement de 508 kilom. Il faut ajouter à ce chiffre le développement des chemins communaux, 755 kilomètres, et les chemins particuliers, 1598 kilomètres, ce qui donne un total approximatif de 2.861 kilomètres. Toutes les routes nationales, à deux exceptions près, ont une largeur variable de 6 à 10 mètres et ne traversent ce pays volcanique et tourmenté qu'à l'aide d'un très grand nombre d'ouvrages d'art jetés sur les nombreux torrents qui sillonnent la colonie (1).

Sur toutes les routes, sauf celles de Cilaos et de Mafatte, les transports s'effectuent au moyen de charrettes attelées de mules ou de bœufs, et les prix de transport diffèrent suivant les routes. Sur celles du littoral qui n'ont que de faibles pentes ou rampes, le prix est de 1 fr. 50 par tonne et par kilomètre, tandis qu'il est de 2 fr. 50 sur les autres qui sont établies en flanc de montagne avec des rampes de 5 à 6 0/0 (2).

AFRIQUE OCCIDENTALE FRANÇAISE

Sénégal. — La construction de la voie ferrée, son prolongement jusqu'au Niger et le projet du chemin de fer du Baol ont eu pour conséquences naturelles l'absence de routes au sens propre du mot. Il est, en effet, difficile de donner ce nom aux tronçons de routes construits par les soins des administrateurs coloniaux sur les ressources des budgets régionaux et qui ont pour but de relier commodément un centre à un autre.

(1) Les routes les plus importantes sont celles de Saint-Paul, de Saint-Leu, et de Saint-Louis ; route de Salazie ; de Saint-Benoît à Saint-Pierre ; de la léproserie ; des chicots ; route H. Delisle, parallèle à la route de ceinture et ouverte à des altitudes variant de 600 à 800 m.; de l'Entre-deux ; de Cilaos ; de Mafatte, etc. Presque toutes ces routes viennent s'embrancher sur la route de ceinture établie presque en totalité sur le littoral.

(2) Renseignements fournis par M. Naturel, chef du service des ponts et chaussées.

L'énumération de ces voies qui sont, d'ailleurs, entretenues avec soin, serait fastidieuse, puisqu'elle consisterait, en somme, à donner le nom de tous les centres importants du Sénégal.

GUINÉE FRANÇAISE

Il y a déjà un certain nombre d'années, le service local comprit quel avantage il y aurait pour notre colonie de la Guinée à attirer vers Dubreka le commerce de l'or et du caoutchouc ; aussi, en 1891, décida-t-il la construction d'une route destinée à relier ce point à Timbo. Les travaux commencèrent aussitôt et furent arrêtés provisoirement à Demokoulima ; mais, l'année suivante, le commerce ayant été détourné au profit de Konakry, ce centre devint naturellement la tête de ligne de la route. En mai 1895, les travaux étaient achevés jusqu'au trente-troisième kilomètre de l'île Toumbo (1). Le gouvernement décida alors d'entreprendre immédiatement le prolongement de la route jusqu'au Niger. Le tracé en fut confié au capitaine Salesses et l'exécution à M. Oswald. Une somme de 100.000 francs inscrite au budget métropolitain et une subvention annuelle de 30.000 fr. imputée au budget de la colonie devaient permettre de faire face aux frais de construction. A la fin de 1896, la route ayant une plate-forme de 5 mètres atteignait le 45ᵉ kilomètre ; en 1897, grâce au garde d'artillerie Leprince, le 74ᵉ au village de Kouria ; en 1898, elle s'arrêtait au 100ᵉ. Elle est malheureusement loin d'être terminée, puisque le tracé initial prévoit une longueur de 500 kilomètres, de Konakry à Faranah par Timbo, et de grosses difficultés restent encore à vaincre, « car les pluies d'hivernage, qui ravinent tout, font de tels ravages que, même en se livrant, chaque année, à des travaux d'entretien onéreux, le résultat sera insuffisant. » Pourtant il ne faut rien exagérer.

---

(1) P. Defaucompret, *op. cit.*

Cette route dont l'importance commerciale est indiscutable n'a, en somme, coûté que 7000 fr. par kilomètre en 1897 et seulement 5000 à partir de 1898. La dépense totale ne dépassera pas vraisemblablement deux millions. Il faut seulement constater, avec M. Siegfried, que la faiblesse des crédits alloués est hors de proportion avec le but à atteindre.

CÔTE D'IVOIRE

Dans un pays où les bêtes de somme sont rares et vivent mal, où, par suite de la rareté de la main-d'œuvre, des accidents du sol, du nombre des cours d'eau, l'établissement de routes carrossables serait horriblement coûteux et à peu près inutile, il faut savoir reconnaître que la construction de voies ferrées est la seule solution pratique de la question des transports par terre. En attendant cette solution rationnelle, l'administration s'est proposée, en améliorant les sentiers indigènes existants, d'offrir aux caravanes des pistes facilement praticables et utilisables, au besoin, pour les bêtes de somme. Les crédits inscrits dans ce but au budget local depuis 1896 sont de 50.000 fr. par an. Grâce à ces ressources relativement minimes, la colonie a été dotée d'un véritable réseau vicinal (1). Une première route (111 kilomètres) part d'Aboisso, point terminus de la navigation à vapeur sur la rivière Bia, pour aboutir à Diambarakrou dans le sud de l'Indénié. De Diambarakrou à Zaranou, une route unique de 25 kilomètres se partage en deux branches à partir du chef-lieu de l'Indénié. La branche ouest (85 kilomètres) aboutit à Attakrou sur le Comoë ; la branche Est arrive à Assikasso au-dessus du 7° degré de latitude nord. Elle comporte deux routes : l'une, plus occidentale, mesure 95 kilomètres et dessert les centres importants d'Abengourou et

---

(1) Aspe Fleurimont, *op. cit.*

de Yacassé ; l'autre, longeant la frontière anglaise, a une longueur de 90 kilomètres et passe par Niabley, Manzano et Attiébentekrou. De Yacassé, un tronçon de 40 kilomètres mène à Tengouelou. D'Assikasso à Bondoukou, il y a 40 kilomètres et la route sort enfin de la zone de végétation continue.

L'ensemble du réseau est relié au Comoë et au port de Grand-Bassam :

1° Par la route de Diambarakrou à Attiéréby = 17 kilom.
2° —   —   Daboisne = 35 —

Cette route sera incessamment prolongée jusqu'à Alépé.

En continuant vers l'ouest de la colonie, nous rencontrons une route de 90 kilomètres qui relie Dabou, sur la lagune Ebrié, à Thiassalé, sur le Bandama, et assure ainsi les communications directes entre le bassin de ce fleuve et le chef-lieu de la colonie.

En résumé, la circulation commerciale peut utiliser 713 kil. de routes complètement terminées dont la largeur varie entre 5 et 10 mètres. 300 kilomètres de routes de pénétration nouvelles sont projetées ou étudiées dans les cercles de l'Indénié, de Grand-Bassam, du Sassandra et du Cavally.

Sur les routes de l'intérieur, le commerce se fait par caravanes. Les marchandises sont portées à dos d'homme, le poids de la charge variant entre 20 et 30 kilos ; le chiffre des porteurs varie ordinairement entre 10 et 30.

Les caravanes qui traversent l'Indénié gagnent l'Abrou par Bondoukou, l'Anno, l'Assikasso, le Morenou, le Baoulé oriental et l'Indénié. Les principaux centres d'opérations sont Aboisso sur la rivière Bia, Attiéreby, Bettié sur le Comoë et la Côte d'Or anglaise. Les caravanes du Baoulé effectuent généralement leurs échanges à Thiassalé. Il est à supposer que l'occupation de Kong par nos troupes et l'occupation du Bondoukou doubleront bientôt l'importance de ce centre commercial, sans pourtant exagérer cette importance qui ne saurait être considérable tant que les transports ne se feront qu'à dos d'homme (1).

DAHOMÉ

« Les routes sont impraticables pour l'étranger, écrivait M. le gouverneur Ballot en 1895 ; les caravanes qui descendent le Niger ou qui arrivent par terre évitent les pays Baribas où elles sont rançonnées sans merci. » La situation a complètement changé depuis cette époque. Non seulement il existe aujourd'hui des sentiers tracés, mais encore ils sont activement fréquentés. « Des comptages faits à Allada, de septembre 1897 à février 1898, ont permis de constater un passage journalier, au point de croisement de deux chemins importants, de 5 tonnes 216 transportées sur la tête des porteurs noirs. » Il ne s'agit bien entendu que de sentiers, et non de routes au sens propre du mot, car à quoi serviraient des routes dans un pays où il n'existe ni bêtes de somme ni bêtes de trait ? « Des routes ? Il n'y faut pas songer. Pour faire des routes, il faut des cailloux ; on ne trouve pas un caillou dans tout le Dahomé jusqu'à 40 k. dans l'intérieur. Dans ces conditions, des routes dans un sol d'alluvions argileuses ne seront jamais que des fondrières impraticables. » Tous les transports sont donc effectués à dos ou mieux à tête d'homme. Il en résulte une double conséquence : ou bien le produit se trouve grevé de tels frais qu'il perd une grande partie de sa valeur marchande, ou bien il demeure inexploité. On a pu calculer qu'un cinquième seulement des produits susceptibles d'être exportés parvenait à la côte, faute de moyens de transports. La seule solution nécessaire est donc la construction d'une voie ferrée.

(1) Notes fournies par M. Clozel, secrétaire général de la Côte d'Ivoire.

Mais, en attendant, il faut se contenter de sentiers larges de deux mètres, facilement praticables pour les porteurs et entretenus en bon état par les villages indigènes situés sur le parcours. On a construit ainsi deux chemins très importants au point de vue commercial. Le premier, longeant le Mono non navigable, conduit au port de Grand-Popo les produits de la riche région d'Attiemé et de Lokossa ; le second relie au littoral les régions du Haut-Dahomé récemment cédées à la France.

SOUDAN ET BOUCLE DU NIGER

Ce serait commettre une erreur que de se représenter les principaux centres commerciaux de la boucle du Niger comme séparés par les rivières et l'épaisseur de forêts, et s'ignorant les uns les autres. De tout temps, la nécessité absolue d'échanger entre eux les productions indispensables les ont mis en relations suivies, (et c'est là un fait que le voyage de Binger a mis nettement en évidence). En l'absence de tout dépôt central et de toute capitale bien approvisionnée au centre du pays, des caravanes régulières, ordinairement conduites par des Arabes ou des Haoussas, se sont organisées, et à époque fixe ont apporté, à ceux qui en manquaient, les marchandises d'échange facile. Comme les navires qui traversent la mer, ces caravanes ont apporté du nord au midi (ou réciproquement) des produits dont ils étaient sûrs de se défaire, et ils ont trouvé, dans les pays d'où ils repartaient, un fret de retour qui doublait leurs bénéfices. Ils ont pu ainsi, tantôt en se faisant payer en nature (et pendant longtemps ce payement a consisté en livraison d'esclaves), tantôt en échangeant leurs marchandises contre de la poudre d'or, monnaie très en usage dans les régions aurifères du Bandama, ou contre *le sombé*, monnaie bien connue dans la région du Cavally ; ou contre des cauris, monnaie fiduciaire consistant en de petits coquillages ; ou en perles, dont on suppute la valeur par cuillerées ; ou enfin, au voisinage de la côte, contre des pièces européennes (thaler allemand ou shelling anglais), nouer des relations commerciales suivies dont il est difficile d'évaluer l'importance, mais qui ont certainement, au témoignage de tous les explorateurs, une réelle valeur.

Quels sont les chemins parcourus par les caravanes? On peut poser en principe que ces caravanes circulent du nord au sud et du sud au nord bien plus que de l'ouest à l'est. La raison en est simple : ce qui manque le plus aux populations du nord, c'est la fameuse noix de kola si appréciée par les indigènes ; ce dont les habitants du sud manquent presque absolument, c'est le sel. L'échange de ces deux denrées va donc régler la marche des caravanes qui iront des pays du nord (pays de sel) aux pays du midi (pays de kolas). Ajoutons que les indigènes recherchent aussi avec passion certains produits apportés par les Européens (couteaux, étoffes, armes, etc.) que les caravaniers viennent chercher aux ports de la côte pour les transporter à l'intérieur. Les routes suivies par les marchands iront donc généralement de la mer au Niger, en suivant le cours des rivières.

La principale de ces routes part de Thiassalé sur le Bandama, traverse le Baoulé, où la population est assez dense et où les marchandises trouvent facilement preneur. Dans toute cette région, « le prix des marchandises européennes était, en 1895, de sept fois supérieur à celui de France ». « Thias-
« salé joue donc, dans le bassin du Bandama, le rôle de Bétié sur
« le Comoé, de Salaga dans la vallée de la Volta et de Bakel sur
« le Sénégal. » La route, à Séguéla, continue jusqu'à Gouropan
« et à Elengué. Son prolongement, à l'ouest, coupe le Bandama
« Rouge et va très probablement aboutir au Sassandra supérieur
« et, de là, sans doute aussi, au Cavally. » « Il est probable qu'un

« sentier part de Bonavéré se dirigeant vers le Sassandra ». Mais le sentier principal a conservé sa direction primitive, et de Gouropan a gagné, au nord, Sakala. De Gouropan, part également une troisième route orientée vers le nord-ouest et qui, en suivant la vallée du Zini, va par Toumodi, Kouadiokofi, Bondoukou, rejoindre Bouna, dont le capitaine Baud a signalé l'importance commerciale. Ainsi, de Thiassalé, trois routes se dirigent en éventail dans le nord : l'une, à l'ouest par la vallée du Zini ; l'autre, à l'est par celle du Bandama ; la troisième, au centre, en suivant le pied de la chaîne montagneuse. Séguéla à l'est, Sakala au centre, Bouna à l'ouest sont les trois escales de ces routes, et, au centre de la région, est construite la ville de Kong où viennent aboutir tous les sentiers, centre naturel et admirablement choisi, et dont on s'explique ainsi la population nombreuse et la réputation considérable avant que Samory n'en eût fait un amas de ruines.

Mais les caravanes ne s'arrêtent pas là ; elles n'y séjournent que pour commercer ; elles y renouvellent leurs cargaisons ; les marchands y tiennent pendant quelques jours des marchés extrêmement suivis, puis ils repartent. Ceux de l'est se dirigent vers les premières terrasses du Fouta-Djallon par Dootou, Doué et Nzo. Dootou, habité en grande partie par des musulmans, est un centre très fréquenté, parce qu'il est situé à deux kilomètres du confluent du Bafing et du Férédougouba, et qu'il est la capitale de la région assez riche du Ouadougou. Les caravanes de Sakala se dirigent vers le nord jusqu'au Niger en passant par Borou, Tiémou et Tengrèla. De Tengrèla, le sentier se prolonge vers l'Adrar et jusqu'au Niger.

D'ailleurs, le Niger a été également atteint près de Kouroussa par un autre sentier qui, se détachant également de Sakala, a traversé le centre commercial de Kani, a touché à Koro, « le plus gros marché de toute la région située entre Beyla et le Bandama », puis, par Beyla et Kissidougou, se termine au grand fleuve. On voit d'avance combien la route, étudiée par le capitaine Salesses, de Konakry à Kouroussa, donnera à celle-ci une importance dont il est difficile de calculer la valeur.

Enfin, de Bouna, les caravaniers, en passant par Oua, atteignent le grand marché de Ouagadougou ; puis, par un crochet à travers un pays, riche seulement en pâturages, arrivent à Dienné, dont M. Félix Dubois nous a donné une si vivante image, et à Mopti, au confluent du Bani et du Niger.

Tel semble être le croisement des routes de l'ouest. Un autre groupement s'est naturellement constitué à l'est ; il part, comme le premier, de la mer et s'oriente tout entier du côté du Niger, de Tombouctou à Badgibo, de même que le premier s'inclinerait vers ce même Niger, de Kouroussa à Tombouctou. C'est à Grand-Bassam, et aussi à Bettié, que s'amorce la route qui, par Assikasso, va atteindre à travers la forêt et la brousse, Salaga, puis Yendi et surtout Sansanné-Mango (1). « Sansanné-Mango est un centre très important, où se croisent toutes les routes de cette région, par lequel descend tout le commerce du Gourma et où les caravanes haoussas, venues de Kouandé, échangent leurs étoffes contre des vivres. » De Sansanné-Mango, le sentier gagne à l'ouest Maka, « d'où part la grande route des caravanes vers Ilo, Gamba et aussi Kandi, « centre considérable et nœud des routes suivies par les caravanes qui, venant du Gando et du Sokoto, se dirigent vers les grands marchés de la boucle du Niger (2) ».

Depuis quelques années il semble que quelques marchands, au lieu de se diriger, comme autrefois, vers Sansanné-Mango, prennent la route du sud, par Djougou, où les marchands haoussas commencent à être nombreux, et vont de là jusqu'à

(1) Mission Alby.
(2) Mission Deville.

Carnotville : « Il y a peut-être là une possibilité de créer sans
« difficulté une nouvelle route permettant de détourner les
« caravanes des marchés étrangers de Salaga, Yendi et San-
« sanné-Mango, pour les amener aux comptoirs dépendant
« du Dahomé. » Cette dérivation du commerce serait d'autant plus utile que « Kandi est le centre le plus important, le
« plus peuplé et le plus commerçant du Bornou. »

Enfin, plus au sud, un autre courant commercial, beaucoup moins important, part de Carnotville, dans la direction du fleuve, par Nikki et Kitchi ; c'est ce sentier, assez praticable, que le commandant Toutée suivit sur toute sa longueur. Est-il bien nécessaire de faire remarquer que ces deux réseaux de routes, tout indépendants qu'ils apparaissent, sont cependant en relations entre eux et que, par exemple, de Sansanné-Mango, se dessinent des sentiers vers Bouna et vers Ouagadougou ? D'autre part, il est des marchés qui, sans être sur le passage des caravanes régulières, jouent un rôle important dans l'économie générale de la boucle. Tel est Borgou, « point de pas-
« sage de quelques caravanes foulas descendant du Mossi ou
« venant de Say » ; tel, Parangou, dans le Boussanga ; tel, enfin, au nord-est, la ville importante de Dori. Un grand nombre de ces caravanes « vont, d'autre part, se souder à Bassikou-
« nou, à l'ouest du lac Faguibine et au sud d'Oualata, avec les
« caravanes du Sahara et de l'oasis du Tafilet ».

Ce sont là toutefois des moyens de transport bien rudimentaires. Sur un sentier, souvent à peine indiqué et toujours menacé par un retour offensif des herbes folles, circulent à la file indienne un certain nombre de porteurs ayant sur la tête une charge qui ne saurait excéder 30 kilogr. Avec ce fardeau, les plus intrépides ne peuvent, sauf circonstances exceptionnelles, faire plus de 25 kilomètres par jour. Avec des bêtes de somme, telles qu'en possèdent les caravanes, les charges transportées sont plus considérables, mais la rapidité de la marche n'est guère supérieure. De tels moyens pouvaient suffire aux besoins d'un commerce local, limité à quelques produits toujours les mêmes ; mais ils ne sauraient convenir au commerce tel que l'entendent les Européens.

En somme, il ne s'agit là que de pistes qui seront, sans doute, transformées en routes praticables quand le développement commercial le permettra.

CONGO FRANÇAIS

La règle au Congo français est l'absence de routes. Est-ce à dire que, depuis notre occupation, les efforts du gouvernement local aient été nuls en ce sens? Evidemment non! Mais toute tentative pour l'établissement de voies de communication terrestres rencontre en cette région de nombreux obstacles. Le fourré épais des brousses se laisse d'abord difficilement pénétrer ; la main-d'œuvre est, ensuite, très difficile à recruter ; enfin et surtout, les conditions climatériques rendent illusoire toute construction de routes. En admettant même qu'à grand renfort d'hommes et d'argent on arrive à construire une route, la nature se charge rapidement, durant la saison des pluies, de détruire l'œuvre de l'homme.

A défaut de routes on a voulu utiliser les sentes indigènes et les transformer en pistes régulières. De 1878 à 1886, le ravitaillement de Brazzaville a été assuré par la voie suivante : les charges montaient par l'Ogooué (Lambaréné et N'Djolé), et de Franceville s'acheminaient vers Diélé sur l'Alima, en suivant la piste des Batékés tracée en terrain sablonneux et sur de hauts plateaux. De Diélé, elles descendaient l'Alima et arrivaient à Brazzaville, grâce à un service de vapeurs par le Congo.

A partir de 1887, cette voie a été remplacée par la route de caravanes de Loango à Brazzaville, piste préférable à cause de la plus grande sécurité des transports. C'est cette piste que suit la ligne télégraphique de Loango à Brazzaville. Une autre route existe qui emprunte le fleuve Kouilou jusqu'à Kakamoëka et de là, par voie terrestre, rejoint l'autre piste à Loudima. Le long de la côte on trouve aussi quelques pistes, mais la voie suivie de préférence est la plage à la marée descendante.

De Ningué-Ningué à N'Djolé on établit actuellement une piste qui aura une centaine de kilomètres et mettra Libreville à 3 ou 4 jours de N'Djolé. Enfin Libreville possède une route de 7 kilomètres, la seule route carrossable de la colonie et qui rejoint le village de Glass au lazaret de Louis.

A Batah, au nord de la colonie, une route parallèle à la plage joint le poste à la mission catholique distante de 3 kilomètres.

Tel est l'état actuel des routes au Congo. En somme, point de routes et quelques pistes.

MADAGASCAR

Les conditions naturelles de l'île de Madagascar ne favorisent nullement l'établissement de voies de communication à grand rendement. Si on fait exception de la région côtière où la circulation par terre peut être avantageusement suppléée par la navigation au cabotage, la région centrale avec ses vallonnements, ses plateaux rocailleux, ses ravins aux pentes raides, ne se prête pas à la construction de routes carrossables ou même seulement praticables pour les piétons. Voudrait-on construire cette route que la main-d'œuvre ferait défaut et que les travaux commencés seraient brutalement emportés au début de la saison des pluies? Arriverait-on à la construire que les frais obligatoires ne seraient jamais couverts par une circulation suffisamment active et rémunératrice. Et cependant il est absolument nécessaire (l'avenir de Madagascar en dépend) de substituer des moyens de transport pratiques aux pistes pour bourjanes qui ont existé jusqu'ici. Il faut évidemment que le prix du transport de la tonne de marchandise qui a jusqu'à présent oscillé entre 750 et 1300 francs tombe à des prix abordables pour les Européens peu fortunés qui veulent s'établir à Tananarive ou à Fianarantsoa. Certes, la voie ferrée constitue la seule solution pratique et bon marché ; en attendant il a fallu créer des routes, non pas telles qu'elles existent en France, mais des chemins abordables et offrant à la circulation, sinon toute la commodité désirable, du moins un accès relativement facile vers l'intérieur.

La première condition pour réaliser un tel projet, c'est de trouver un point de départ. Comme tête de ligne, le choix n'existe pas. Tamatave sur la côte est et Majunga sur la côte ouest remplissent seuls les conditions voulues. Les autres ports, Fort-Dauphin et Tuléar, sont de bons points de départ pour accéder à certaines régions se prêtant à la colonisation, mais ils sont excentriques par rapport à l'Imérina. Outre les routes de Tamatave-Tananarive, la route de Diégo à Tananarive a une importance militaire de premier ordre, puisqu'elle fera communiquer l'Imérina avec notre grand port de guerre de l'Océan Indien.

Ainsi, la première route à construire était celle de Tamatave à Tananarive ; mais avant d'entreprendre un travail aussi considérable et qui exigeait tant d'argent et tant de travailleurs, il fallait se hâter d'élargir l'ancien chemin des bourjanes et d'assurer la circulation, non de Tamatave, mais d'Andorovanto en utilisant, jusqu'à 9 kilomètres de cette ville, les eaux du Jaroka jusqu'à Mahatsara. Au 1er janvier 1899, quels étaient les résultats obtenus ?

1re section : de Mahatsara au col d'Amboatsary (104 kil.), la route est terminée et empierrée sur une longueur de 54 kilomètres à partir de Mahatsara.

2ᵉ section : du col d'Amboasary au Mangoro (48 kil.), les voitures peuvent rouler entre Analamazaotra et Andankana.

3ᵉ section : du Mangoro à Ankeramadinika, la route est terminée dans les mêmes conditions depuis le mois de novembre dernier.

4ᵉ section : d'Ankeramadinika à Tananarive (54 kil.), la route est complètement achevée et empierrée. Au total, la route a donc une longueur de 244 kilomètres.

Après avoir relié la capitale au principal port de l'Océan Indien, il fallait également la relier au port du canal de Mozambique, à Majunga. Considérant que toute la section de Majunga, même à Mévetanana, était suffisamment desservie par la voie navigable de la Betsiboka (soit 238 kilomètres), il restait à construire une route pour desservir les 340 kilomètres qui séparent Mévatanana de Tananarive. Cette route peut se subdiviser en trois sections qui, au 31 décembre 1898, étaient dans la situation que voici :

1ʳᵉ section : de Mévatanana à Andriba (113 kilomètres) ; il reste encore à construire sur les rivières des ponts définitifs.

2ᵉ section : d'Andriba à Ankazobé (124 kilomètres), la route est carrossable mais le passage de la rivière Mamokomita exigera un ouvrage d'art très soigné (1).

3ᵉ section : d'Ankazobé à Tananarive (103 kil.), elle est presque entièrement terminée.

Une troisième route complètement étudiée et déjà commencée reliera de même Tananarive au centre important de Fianarantsoa.

Telles sont les voies principales ; mais à côté de ces grandes artères, il existe dès maintenant un certain nombre de routes, de chemins muletiers et de sentiers qui permettent une circu-

---

(1) Voir pour plus amples détails le guide de l'*Immigrant à Madagascar*, t. III.

lation effective entre les différents villages des plateaux de Madagascar. Ce serait nous écarter de notre sujet que d'en donner l'énumération complète, et nous n'avons pas à écrire un guide destiné aux voyageurs de Madagascar. Qu'il nous suffise d'indiquer rapidement quelle est la situation actuelle.

Dans le troisième territoire militaire, il existe, en dehors de celles que nous avons étudiées, deux routes dont l'une va d'Anjozorobé à Ambohimanga (23 kil.), l'autre de Miarinarivo (par Fenoarivo, 13 kil.), quatre chemins muletiers et deux sentiers importants.

Le deuxième territoire militaire est traversé par deux chemins, le premier, de Tananarive à Vatomandry ou Mahanoro par Beparasy, le second, très praticable, de Majakandriana à Tsiafahy, cinq routes moins importantes et vingt sentiers dont la plupart se croisent à Imerinarivo.

La province de Majunga possède quatre routes pour aller de Majunga au Mahajamba, une route directe de Marovoay à Manipikomy et deux sentiers qui s'enfoncent vers l'intérieur.

Dans la province des Sakalaves de la côte nord-ouest, les routes ont une direction générale nord-sud ou est-ouest; ce sont de simples sentiers praticables aux mulets et filanzanes. 7 routes ont été rectifiées ou améliorées.

Terminons en rappelant que la province de Tamatave est sillonnée par trois voies principales de communication : 1° la route de Tamatave à Andevoranto; 2° celle de Tamatave à Foulpointe et Fénérife, et 3° la route de Tamatave à Didy.

Toutes ces routes ont été, en vertu d'une circulaire du 16 mai 1898, réparties en deux groupes (première urgence, deuxième urgence) et rendues, sinon réellement commodes, du moins à la rigueur praticables. Les ponts provisoires ont été remplacés par des ponts solides; les caniveaux ont été empierrés; l'écoulement des eaux a été facilité et enfin l'empierrement de la chaussée a été effectué sur toute la longueur de la route.

ou du moins partout où la nature du sol et l'importance du roulage le rendaient indispensable. Pour obtenir ce résultat, il a fallu avoir recours à la prestation de trente jours. Près de 5 millions de journées ont été employées à ce travail fatigant, mais que l'accroissement régulier du commerce rendait absolument nécessaire.

Côte des Somalis. — Notre colonie de Djibouti n'a de valeur commerciale que parce qu'elle communique directement avec l'Abyssinie dont les produits lui sont encore aujourd'hui apportés par caravanes. La principale des routes qu'elles suivent est celle qui va de Djibouti à Harrar sur une longueur de 315 kilomètres (environ 25 jours de marche). Les principaux marchés qui jalonnent cette voie commerciale sont ceux de Gueldeïssa et Harrar. La route se prolonge ensuite d'Harrar à Addis-Ababa et à Ankober par le Tchercher et l'Aouache. « Impraticable pour les chameaux, elle est surtout empruntée par les trafiquants indigènes qui se servent de mulets et d'ânes pour le transport des marchandises. » Il faut encore citer la route de Djibouti au Choa, généralement désignée sous le nom de route du désert. Elle passe par Lalibella, atteint Tadeltcha-Malca où elle bifurque d'un côté sur Addis-Ababa et de l'autre sur Ankober. « Tadeltcha-Malca est le point de jonction de toutes les caravanes qui montent au Choa ou en descendent ; les unes en très petit nombre vont à Ankober en passant par Faré ; les autres se rendent à Addis-Ababa par Baltchi (1). »

INDO-CHINE

Cochinchine. — Jusqu'à présent les seules voies de communication de la Cochinchine ont été les voies fluviales. Mais la situation ne pourra que se modifier à mesure que se poursuivra

(1) Voir la notice sur la Côte des Somalis, *op. cit.*

l'exécution du réseau des voies terrestres. Déjà un mouvement de voyageurs ainsi qu'un semblant de trafic se dessinent dans l'est. Il est évident que les charrois et les voitures publiques se multiplieront rapidement.

Les routes de la colonie sont classées en routes : 1° coloniales, 2° d'arrondissement, 3° régionales de grande communication, 4° régionales de petite communication. Ces routes sont terminées et empierrées sur un parcours de 3.549 kilomètres et, à l'état de terrassement, sur une longueur de 773 kilomètres. Tous les transports se font par charrettes à bœufs et la tonne kilométrique peut être évaluée à 0 p. 06.

Cambodge. — Sauf dans la capitale et dans quelques villes du Cambodge il n'existe pas de routes empierrées. Les sentiers sont encore limités à quelques levées de terre généralement établies au-dessus du niveau des inondations du Mékong. Sans doute, ces levées constituent déjà une précieuse ressource pour les véhicules qui s'étaient jusqu'alors accommodés et s'accommodent encore de simples pistes à travers les forêts et la brousse, grâce à la charrette attelée de deux bœufs trotteurs dans laquelle n'entre aucun morceau de fer. La charrette à buffles, plus grande et plus massive, ne sert qu'aux travaux des champs. Le transport par charrette est d'environ 0 fr. 40 la tonne kilométrique.

A travers les régions inondées, les transports s'effectuent à dos d'éléphant; cet animal supporte mal les poids lourds, mais ne s'arrête devant aucun obstacle. La tonne kilométrique de transport de marchandises coûte à peu près le même prix à dos d'éléphant qu'à charrette à bœufs.

En somme, en dehors des voies navigables, les routes ou sentiers du Cambodge ne couvrent une étendue que de 289 kil. savoir :

De Pnom-Penh à Kampot par Kampong-Toul et Hakou . . . . 150 kilom.

De Kamsat (soudure à la route précédente) à Takeo	13 kilom.
De Gianthanh à Kampot	17 —
De Kampot à Kompong-Speu	35 —
De Kompong-Speu à Pnom-Penh . . .	45 —
De Prey-Veng à Tich-Hé	29 —
De Soairieng à Nan-Gin	» —

On voit que la facilité relative d'assurer les communications par le Mékong a eu ce résultat que le Cambodge est moins bien doté de voies routières que le bas et même le haut-Laos.

Laos. — Si au Laos, en effet, de même qu'en Cochinchine et au Cambodge, le commerce se fait presque exclusivement par voie d'eau, cependant dans les provinces de Song-Khône et de Cammon, quelques caravanes d'éléphants servent à transporter les approvisionnements destinés aux Européens. Ces caravanes partent généralement de Ha-traï en Annam pour aboutir à Keng-Kick sur le Nam-hin-Boun. Dans la province de Kong, tous les villages sont reliés entre eux par des sentiers de piétons, très praticables pendant la saison sèche. De plus, il existe, dans l'île de Khong, une route reliant Ban-Dong à la pointe sud de l'île, une seconde reliant Khong à Muong-Sing sur la côte occidentale. Ces deux chemins sont praticables en toute saison, grâce à des ponts en bois qui franchissent tous les ruisseaux.

Sur la rive gauche du fleuve, une route relie Stung-Treng à Bassac. Malheureusement, si elle est praticable en saison sèche, il est rare que les ruisseaux transformés en torrents n'enlèvent tous les ponts à la saison des pluies, rendant ainsi toute communication impossible pendant plusieurs semaines. Une deuxième route, entretenue et en bon état, va de Khong à Siempang et fait communiquer cette ville avec Siempang et Moulapomock, sur la Sésane. Cette route est très marécageuse pendant la saison des pluies. Enfin, une troisième part de Ban-Kok-Padik, un peu au-dessous de Moulapomock sur la rive droite du fleuve et rejoint la précédente avant d'arriver à Siempang. C'est une route beaucoup moins bonne que la précédente, mais qui est encore praticable aux charrettes pendant la saison sèche.

De Khong qui, on le voit, est un centre très important de communications, part une route qui dessert la province de Stung-Streng. Elle passe la Sésane au gué de Pa-La-Su; c'est la route des convois de bestiaux qui sont dirigés sur la Cochinchine et le Cambodge. Il faut également signaler une route charretière qui relie Ban-Don à Lom-Pak.

La province d'Attopeu est peut-être moins bien desservie. Une bonne piste pour chevaux et éléphants relie, par Fya-Fai, Bassac et le Mékong à Attopeu. Kontoun se trouve, d'autre part, relié à la côte d'Annam par An-Ké et Quinhon grâce à une bonne piste accessible aux cavaliers et aux piétons. Un sentier conduit encore du chef-lieu à Saravane par Muong-Soc; enfin, Ban-Fang-Deng est en relations durant toute l'année avec Stung-Streng et le Cambodge, par Sé-Kamane et le Sékong.

Les routes principales de la province de Ban-Muoang sont les suivantes :

1° Route de Bassac à Attopeu ;

2° Route de Khong à Pak-Moun, d'une part, et à Kham-Thong-Niai, d'autre part ;

3° Route conduisant de la Sédone au plateau des Bolovènes, reliant Ban-Dasia, centre de la production du cardamome et Champi, marché de cette graine au Laos. Le bœuf est généralement employé comme moyen de transport.

Dans toutes ces provinces, les communications se font, de préférence, par eau. Il n'en est pas de même dans la province de Saravane, où les communications ont lieu par terre. Une première route qui vient de Ban-Mouang et suit, tantôt sur une rive et tantôt sur l'autre, le cours de la Sédone, fait communiquer la province avec Bassac et avec Khong. Une deuxième route (impraticable à cheval pendant une partie de l'année) vient de Kamlong-Niai et suit la même direction sur la rive gauche de la Sédone. Deux autres chemins mettent en communication le plateau des Bolovènes avec la vallée de la Sédone; le premier, de Kamtong-Niai à Ban-Dasia, monte sur le plateau où elle rejoint le second derrière le Pou-Set; le second atteint Thateng et conduit à Attopeu par la vallée de la Sénoï. Une troisième route directe conduit de Saravane à Aï-Lao, en passant par Muong-Vang.

Les communications avec les Khas de l'est et du nord-est sont rendues difficiles par la chaîne de montagnes qui borde la rive droite de la Sédone et tombe à pic dans la vallée. Les passages reconnus sont, en allant de l'ouest à l'est, un col entre Pou-Na et Pou-Kao (550 mètres d'altitude), le col de Pou-També (750 mètres), le Pou-Pha (900 à 1000 mètres) et enfin le col au sud du Pou-Thang, le plus praticable de tous. Par cette route on peut atteindre la Sékong en deux jours, à Banboan, à quelques kilomètres au-dessus de Ban-Séiou. Enfin, une route part de Ban-Phon, traverse la Sékong un peu au-dessus de Ban-Don-Tiane et se dirige à l'est pendant cinq ou six jours.

C'est principalement par le Mékong que la province de Song-Khone communique avec le reste du Cambodge. Cependant une route met en relations Savannakhet avec Ban-Mouang et Saravane par la vallée de la Sédone. Cette route serait même praticable en toute saison s'il ne manquait pas un pont indispensable sur le Sé-Bang-Ngun. Une autre route beaucoup plus accessible relie Savannakhet à Hué par Nam-Nao et Quang-Tri. Enfin, le chef-lieu communique par des chemins praticables, sauf pendant la saison des très hautes eaux, avec tous les Muongs du ressort.

Le réseau routier est donc aussi développé que possible dans la province de Song-Khone. Il est loin sans doute d'être parfait et aurait besoin, non pas d'entretien, mais de travaux d'art susceptibles de le rendre praticable en toute saison et de faciliter, en l'augmentant, le courant commercial entre le Mékong et la côte d'Annam. Cependant les travaux d'entretien effectués chaque année au retour de la saison sèche, et plus souvent si besoin est, suffiront longtemps encore au trafic, aussi bien de Muong au Mékong qué du Mékong à la côte d'Annam.

Enfin, dans la province de Cammon, des chemins assez bons conduisent à tous les chefs-lieux des Muongs, pendant la saison sèche qui règne du mois de novembre au mois de juin. Une première route remonte la rivière Hin-Boun jusqu'à Keng-Kiet, se dirige sur Kann-Kent, Cammon, et rejoint Na-Pé, poste situé au pied des montagnes d'Annam. Le trajet de Pak-Hin-Boun à Na-Pé se fait en sept jours.

D'autre part, une très bonne piste part de Keng-Kiet, point terminus de la navigation du Nam-Hin-Boun, et se dirige sur le Mékong, aux environs de Ban-Done. Une autre piste bien dégagée conduit du poste de Na-Pé à Mahasay en quatre jours.

En plus de ces routes, trois autres sentiers conduisent de Cammon en Annam. Le premier part du village abandonné de Na-Chan et aboutit à Va-Quang dans le Ha-Tinh ; le second part de Na-Kaï et se dirige sur Qui-Hop ; le troisième part de Mahasay, passe par Ban-Tong et rejoint la vallée du Haut-Soñg-Giang dans le Quañg-Binh.

Pendant la saison des pluies, tout le pays est couvert d'eau et la circulation devient, sinon impossible, du moins très difficile. A cette époque, toutes les passerelles qui ont été établies au début de la saison sèche sont emportées par les eaux, les moyens dont le pays dispose ne permettant pas de construire des ponts capables de résister aux grandes crues. Il en sera de même tant qu'on n'aura pas construit sur les cours d'eau secondaires des ponts solides, au moins sur la route de Keng-Kiet à Na-Huong.

Telles sont les principales routes du Laos qui, bien desservies pendant la saison sèche, sont, au contraire, absolument dépourvues de voies de communication terrestres quand vient la saison des hautes eaux.

HAUT-LAOS

A proprement parler, il n'existe pas de routes dans le Haut-Laos ; on ne trouve guère que des pistes que suivent assez régulièrement les caravanes. Ces pistes ne sont praticables qu'en saison sèche, de novembre à avril. Les principales sont celles qui vont :

De la frontière chinoise à Vien-Poukha et Xieng-Khong ;
— par la vallée du Nam-Beng jusqu'au Mékong ;
— vers Muong-Saï et le Mékong ;
De Muong-Ngoy sur le Nam-Hou vers Muong-Son, Muong-Het et le Tonkin ;
Du Tran-Ninh à Vinh en Annam ;
— à Vien-Tiane sur le Mékong ;
De Vien-Tiane à Nong-Khay :
— vers le Bas-Laos ;
Des Hua-Panh vers l'Annam.

C'est par ces sentiers que passent les caravanes les plus importantes et qui, originaires du Siam, viennent s'arrêter sur le Mékong à Nong-Khay et quelques-unes à Pak-Lay. Celles qui arrivent du Yunnam arrivent à Muong-Hou, à Xieng-Khong, à Pak-Beng, à Lat-Hane et à Luang-Prabang.

Quant à celles qui apportent les marchandises de la Birmanie ou des états Khans, elles se disloquent généralement à Luang-Prabang pour se répandre dans l'intérieur du Haut-Laos.

ANNAM

Avant la conquête française, les routes n'existaient pas en Annam. Celle que les indigènes désignent sous le nom de *route mandarine* est, sur presque tout son parcours, une voie de cinq mètres de largeur en assez bon état. Elle relie la Cochinchine à la Chine en longeant l'Annam dans toute sa longueur et en coupant le Tonkin en deux parties assez inégales : elle n'est d'ailleurs praticable qu'aux piétons et aux cavaliers. Toutefois, sur différents points de son parcours et à plusieurs reprises, pendant un certain nombre de kilomètres, la route mandarine peut livrer passage aux voitures. C'est sur cette route que passent les Annamites, porteurs de leurs marchandises suspendues aux extrémités d'un bâton dont ils placent le milieu sur une épaule. Pour les y attirer davantage, il a été créé des marchés d'échange (le plus important est celui de Nhatrang) qui donnent d'excellents résultats, et grâce auxquels les relations commerciales entre Annamites et Moïs de l'Annam commencent à devenir nombreuses et suivies.

Quant aux caravanes, elles suivent surtout des sentiers de montagne assez pénibles ; mais, à côté de ces sentiers, dans la plaine comme dans la montagne, plusieurs routes ont été établies. Ce sont bien plus des sentiers presque impraticables aux voitures que des routes véritables. La plupart du temps, c'est la route mandarine que l'on suit pour se rendre de résidence à résidence. Cependant il existe en Annam quelques chemins praticables.

1° *Route de Hué à Tourane*, plus connue sous le nom de « route du Col des Nuages ». De nombreux ouvrages d'art y ont été construits en 1897 et 1898, mais il en reste encore un certain nombre, et non des moins importants, à établir. Au cours de la dernière année, on a régularisé le profil en travers des diverses sections de cette route dont la largeur est loin d'être partout la même et varie de 4 à 8 mètres. On y a également établi de petits ponceaux métalliques qui franchissent les innombrables ravins, et on a achevé le tracé de la traversée du col du Caû-Haï sur le versant nord.

2° *Route de Maï-Lauh à Lao-Bao*. — Cette route a été construite pour faciliter l'accès du Laos et du Mékong supérieur. Elle s'amorce sur la route mandarine à hauteur des provinces de Quang-Binh et de Quang-Tri. Mais, la partie la plus accidentée de cette route n'est placée qu'à une hauteur moyenne de 14 mètres au-dessus du lit de la rivière de Maï-Lanh, et, en 1898, des inondations provoquées par une crue exceptionnelle qui a atteint des hauteurs de 20 à 25 mètres au-dessus de l'étiage en ont emporté une partie. Sa construction était néanmoins nécessaire, parce qu'elle aura, au point de vue politique et économique, une influence très avantageuse ; elle ouvre une voie de pénétration vers le Laos central, et c'est ce chemin que prendront naturellement les Moïs sauvages pour venir faire leurs échanges avec les Annamites.

3° *Route de Phan-Ry à Phan-Tiet*. — L'ancienne route établie par le gouvernement annamite suivait à peu près le bord de la mer en traversant des dunes de sable qui ralentissaient considérablement la marche des voyageurs. C'est vers 1887 qu'on a songé à créer une voie intérieure pour éviter la traversée de ces déserts de sable. En 1889, on commença par aménager un sentier qui, partant de Phan-Ry et passant par la citadelle de Binh-Thuan, remontait la vallée du Song-Cai sur la rive droite jusqu'au village de Suoï-Nhum. Ce tracé, encore amélioré, est aujourd'hui la route carrossable qui devait mettre en communication le principal fort du Binh-Thuân avec la capitale de la province. La construction de cette route a eu pour résultat de peupler toute la vallée qu'elle suit et, à l'heure actuelle, le pays qui était inhabité est couvert de cultures de coton ; elle se continue sans interruption tout le long de la rivière du Sông-Cai.

4° *Chemins, pistes.* — Les autres chemins de l'Annam ne sont guère que des sentiers larges d'un ou de deux mètres, impraticables aux voitures et fréquentés surtout par les indigènes qui se rendent d'un village à un autre. Tous les transports se font, en effet, à dos d'homme. Il existe depuis fort longtemps sur les chemins de l'Annam, et à peu près tous les 15 ou 20 kilomètres, des relais appelés *tram* où en est sûr de se procurer des porteurs. Le prix demandé par eux varie de 10 à 15 cent. d'un relai à l'autre.

TONKIN

Dans le delta, de nombreuses routes relient entre eux les principaux centres et, bien que non empierrées pour la plupart, ces routes sont partout en état de viabilité.

Les plus importantes sont celles de :

Hanoï à Bac-Ninh et Phu-Lang-Thuong ;
Hanoï à Sontay et à Hung-Hoa ;
Thai-Binh à Nam-Dinh ;
Nam-Dinh à Ninh-Binh ;
Haïphong à Doson.

Dans la région montagneuse, très tourmentée et en grande partie couverte de brousse, les routes étaient rares avant l'occupation française ; actuellement encore, bien des chemins de montagnes ne sont que des sentiers praticables tout au plus pour les piétons et les cavaliers ; néanmoins, un effort considérable a été réalisé et sur les fonds de l'emprunt de 80.000.000 fr., il a été construit :

215 kilom. de route de Thai N'Guyen à Cao-Bang.
214 — — Tuyen-Quang à Hagiang.
170 — — Yen-Bay à Lao-Kay.
125 — — Lang-Son à Cao-Bang.
81 — — Hung-Hoa à Yen-Bay.
52 — — Yen-Bay à Tuyen-Quan.
60 — — Tuyen-Quan à Dong-Lam.
22 — — Yen-Bay à Phu-yen-Binh.

Depuis deux ans, un classement de routes a été effectué et rendu officiel par arrêté du 5 février 1897. Conformément à ce classement, les routes ont été réparties en trois catégories suivant leur degré d'urgence, et c'est conformément à ce degré d'urgence que les travaux seront entrepris désormais.

ÉTABLISSEMENTS FRANÇAIS DE L'OCÉANIE

Une route de ceinture carrossable dans sa majeure partie dessert tout le littoral de Tahiti. A Moorea, les districts sont reliés entre eux par une route muletière qui sera prochainement rendue praticable aux voitures. Dans les archipels, les tronçons de route sont entrepris sur beaucoup de points, et de grands efforts sont faits chaque année pour doter nos différentes îles de voies de communication. Il ne saurait naturellement être question dans la colonie ni de voies fluviales ni de voies ferrées dont les frais de premier établissement ne seraient jamais compensés par un trafic assez actif.

NOUVELLE-CALÉDONIE

La Nouvelle-Calédonie souffre à un très haut degré du manque de routes : « L'absence de voies de communication est la raison la moins contestable de la situation précaire des centres (1). » Or, pour cette île longue et montagneuse, les routes sont indispensables. « Pour permettre aux centres de « l'intérieur d'écouler leurs produits jusqu'à la mer, pour faci- « liter aux colons l'accès des emplacements cultivables que « séparent de vastes étendues stériles, pour relier entre elles « les diverses petites vallées isolées où se groupe la popula- « tion et remédier au grand éloignement des divers points de « la colonie, il faut des moyens de circulation (2). » Tant qu'ils ne seront pas réalisés, le prix des objets les plus indispensables à la vie sera extrêmement élevé, et le transport d'une tonne de marchandises du Diahot à Nouméa coûtera plus cher que le transport de cette même tonne de Nouméa à Londres. Cette nécessité de créer des routes avait déjà frappé Pallu de la Barrière. Aussi avait-il tracé un plan qui consistait à construire deux routes maîtresses, chacune sur un des versants de l'île, et à les rattacher par des échelons transversaux entre deux baies se faisant face. Ce plan fut critiqué sous le prétexte discutable que « les routes parallèles à la mer ne peuvent rendre que peu ou point de services parce qu'elles font double emploi avec la voie d'eau. » Sans accepter aveuglément cette théorie, il faut reconnaître que les routes transversales étaient beaucoup plus urgentes et les tronçons reliant les centres à leur port d'embarquement beaucoup plus indispensables. Malgré tout, la construction des routes était bien lente, puisqu'en 1885 on ne comptait encore en Nouvelle-Calédonie que 85 kil. de routes carrossables de Nouméa à Bouloupari ; il avait fallu 32 ans pour construire cette route, soit un peu plus de 2 kil. par an en moyenne, dans un pays où l'on pouvait disposer de la main-d'œuvre pénitentiaire !

Aujourd'hui la situation est meilleure. La colonie possède

(1) Discours du gouverneur Feillet.
(2) Aug. Bernard, *op. cit.*

une route carrossable de Nouméa à Moindou et elle va être continuée sur Bourail en raccordant la route de Moindou à celle de la Boghen. Il faut citer aussi la route du pont des Français à la Coulée. Ce sont les deux seules routes qui soient empierrées de manière à permettre la circulation rapide de toutes les voitures. Un sentier muletier assez bien tracé fait le tour entier de l'île ; il est presque partout accessible aux cavaliers. D'autres sentiers muletiers et accessibles aux chevaux traversent les vallées entre Thio et Bouloupari, entre Canala et La Foa ; entre Houaïlou et Bourail, entre Oubatchi et Koumac.

Enfin de nombreuses voies ont été ouvertes. Ce sont généralement des routes charretières « tracées dans des conditions de pente assez bien étudiées et qui permettent le passage facile de lourdes et solides charrettes, ou, au contraire, de voitures peu suspendues et légères telles que les voitures du genre américain. Ces routes sont tracées en suivant des pentes telles qu'elles puissent être transformées en routes charretières par simple élargissement ; de même, les routes charretières sont tracées de telle manière qu'elles pourront être transformées en routes carrossables pour toutes voitures, par un simple empierrement et avec fort peu de rectifications » (1).

Le réseau sera complété peu à peu, grâce à des crédits qui sont, chaque année, affectés aux travaux de ce genre. La longueur totale des divers tronçons de routes carrossables complètement achevées atteint à peine 200 kilom. ; il faut y joindre 200 kilom. environ de routes charretières et 70 kilom. de voies étroites. Voici l'énumération des principaux chemins :

1° De Nouméa à l'anse Vata. . . . . . .   4 kilom.
2° De Nouméa au cimetière par Magenta. .   5 —
3° De Nouméa à Bouloupari . . . . .   86 —

(1) Notice sur la Nouvelle-Calédonie de l'Union agricole calédonienne.

4° Du pont des Français à la Coulée . . . 11 kilom.
5° De Bouloupari à La Foa. . . . . . . 45 —
6° De La Foa à Téremba. . . . . 18 —
7° De l'embranchement de Téremba à Moindou 4 —
8° De Canala à Nakéty. . . . . 13 —
9° De Bourail à la mer . . . . 11 —

En somme, dans toutes les régions ouvertes à la colonisation, la circulation est à peu près assurée, ce qui est l'essentiel.

« Dès à présent des routes transversales, partant des embouchures des rivières et remontant dans les vallées jusqu'au point où la colonisation en est arrivée, forment, sur chaque côté d'importantes sections, des voies carrossables qui prochainement feront rejoindre les deux côtés. »

II

VOIES FLUVIALES

Bien préférables aux routes de terre seraient dans ces pays neufs les voies fluviales, si elles n'étaient pas soumises, pour la plupart, à deux périodes alternatives de crues et de maigres qui les rendent, surtout en pays africain, inutilisables pendant la plus grande partie de l'année. Cependant, en dépit des obstacles naturels, quelques-uns de ces cours d'eau ont été améliorés et rendus praticables, tantôt pour les bateaux à fond plat, tantôt pour les petits vapeurs exigeant un faible tirant d'eau. C'est cette utilisation des voies navigables que nous allons examiner, en insistant sur les artères vivantes, telles que le Niger, le Congo, le Mékong et même le Song-Koï, qui donnent aux pays qu'elles traversent une activité constante et une admirable unité.

VIEILLES COLONIES

La Guadeloupe. — D'une façon générale, les cours d'eau de la Guadeloupe ne sont pas navigables. Nés généralement sur le flanc des montagnes, ils se jettent à la mer avant d'avoir pu se développer et se grossir suffisamment en traversant l'étroite plaine qui borde les massifs. Cependant quelques réserves s'imposent. C'est ainsi que la Viard est navigable à 1500 mètres de son embouchure, alors que sa largeur moyenne est de 30 mètres; la Moustique est accessible aux bateaux sur un parcours de 1 kilomètre jusqu'au passage de la route coloniale. Plus importante encore est la rivière Goyave qui porte bateaux sur une longueur de 7 k. 500 jusqu'au passage de la route coloniale; sa largeur est de 60 mètres. Citons encore les cours d'eau qui suivent :

Largeur : 30 m. Rivière du Lamentin navigable pendant 1 k.
— 25 m. — Bongoût — — 0 k. 800
— 30 m. — la Lézarde — — 3 k.
— — la Trinité — — 0 k. 700
Affluent de la précédente.

Enfin un canal utilisable pour les chalands traverse la commune du Morne à eau. Quant à la Martinique, en dépit de ses 70 rivières, elle n'en possède aucune qui soit navigable ou même flottable.

La Guyane. — Ce ne sont pas les rivières qui manquent en Guyane française. En allant de l'Oyapoc au Maroni on rencontre successivement le Ouanary, l'Approuague, le Kaw, le Mahary, la Cayenne, le Macouria, le Kourou, le Sinnamary, l'Iracoubo et le Mana. Tous coulent parallèlement du sud au nord, tous sont abondamment pourvus d'eau, tous sont difficilement, mais utilement praticables, de leur embouchure à quelques kilomètres dans l'intérieur des terres; mais tous aussi sont malheureusement coupés, à une certaine distance de leur embouchure, à cause des terrasses successives de la Guyane, par des barres et des sauts. Il en est de même de toutes les rivières du Contesté qui, dès la fin de juillet, sont remontables en canots. Ainsi la rivière Ouassa est navigable jusqu'à 130 kilomètres de son embouchure. Il en est de même du Carsevène, accessible même aux petits vapeurs. Les petits navires ne calant pas plus de 2^{m}80 à 3 m. peuvent venir mouiller en face du bourg où le transbordement se fait facilement à l'aide de nombreuses embarcations. Enfin, avec les petits caboteurs du pays nommés *tapouyes*, on peut aller en trois ou quatre jours jusqu'au Tartarougal, en passant par le lac Kémado, le lac Nedondo, les lacs Jabiru, Toucounaret, Paracouba, Tapaye, Comprido, Itoba, Lago-novo, etc.

On le voit, toute la région comprise entre la côte et les monts Tumuc-Humac est sillonnée par une série de cours d'eau qui, avec quelques travaux, communiqueraient facilement entre eux par l'intermédiaire de leurs affluents, et constitueront vraisemblablement plus tard un réseau praticable de voies navigables. Déjà les ports de Cayenne et de Saint-Laurent-du-Maroni sont en relations constantes avec les bourgs de l'intérieur par plusieurs services périodiques, assurés par des goélettes de cinquante tonneaux montées par douze hommes, et de *tapouyes* de dix à douze tonneaux montés par trois hommes d'équipage.

Il existait autrefois, car aujourd'hui ils sont à peu près impraticables, un assez grand nombre de canaux dans les régions marécageuses. Ce sont :

1° Le canal du Collège ou canal de Kaw : 7 kil. débouche sur la rive gauche de l'Approuague.

2° Le canal de Torcy : 6 kil., verse ses eaux dans le Mahury (rive droite).

3° Le canal de la Crique fouillée : 9 kil. ; relie le port de Cayenne à l'embouhure du Mahury.

4° Canal Laussat ; limite Cayenne au sud.

Malheureusement ces canaux, sauf le dernier, sont à peu près inutilisables et ne sont l'objet d'aucun entretien.

AFRIQUE OCCIDENTALE FRANÇAISE

GUINÉE FRANÇAISE

En l'absence de toute route, les rivières ont été et sont encore dans cette colonie le seul moyen pratique de communications de la côte à l'intérieur du pays. Mais il faut se garder d'exagérer la facilité de cette pénétration. « On s'est longtemps servi des rivières et on les utilise encore, à défaut d'autre chose ; mais les obstacles qu'on y rencontre font qu'on ne peut aller bien loin. » En réalité, les côtres et les petites goélettes ne remontent pas au delà de 75 kilomètres de la côte. Des deux petits vapeurs qui assuraient autrefois les communications postales, l'un, le *Dakar*, a complètement cessé son service, l'autre, le *Crozat*, ne le fait plus que d'une façon intermittente. Examinons d'ailleurs avec quelques détails l'importance des rivières du sud au point de vue de la facilité qu'elles offrent aux échanges commerciaux, en négligeant les marigots que leur peu de profondeur ne rend accessibles qu'aux pirogues indigènes.

Le *Rio Compony* se termine par une embouchure d'accès difficile « toutefois quelques sondages bien faits amélioreraient sensiblement cette situation et permettraient au commerce européen d'établir quelques factoreries dont la présence empêcherait les indigènes nalous de se rendre sur le territoire très proche de la Guinée portugaise. »

Le *Rio Nuñez*, d'accès beaucoup plus facile malgré quelques courants assez violents, peut être parcouru pendant 130 kilomètres environ par les vapeurs jusqu'à Bel-Air et ensuite par des barques jaugeant de dix à quinze tonnes.

Le *Rio Pongo* n'est pénétrable par les vapeurs que jusqu'à Dominghia, à douze kilomètres environ de l'embouchure et, au delà, par de petits voiliers de 10 à 15 tonnes qui, eux-mêmes, ne dépassent guère Tonguikéring.

Quant à la Dubréka, elle est innavigable dès son embouchure.

On le voit, la navigabilité et l'importance des fameuses « rivières du sud » ont été singulièrement exagérées. Sauf le Rio Nuñez dont l'entrée n'est point obstruée et peut-être la Mellacorée qui débouche au sud de la presqu'île de Konakry, toutes les autres sont obstruées par une barre à leur embouchure. En somme, on peut constater que si ces petits cours d'eau suffisent, à la rigueur, au commerce de la région côtière, leur utilisation ne résoud nullement le grand problème des voies de communication nécessaires pour desservir le Fouta-Djallon et le Soudan méridional.

CÔTE D'IVOIRE

Les fleuves de la Côte d'Ivoire ne se jettent dans l'océan Atlantique qu'après avoir franchi, par de nombreux rapides, les gradins montagneux et boisés qui, du littoral, accèdent aux plateaux de la boucle du Niger.

En partant de l'est, c'est d'abord la Tanoë navigable pour les pirogues jusqu'à Nougoua, puis la rivière Bia qui cesse d'être navigable pour les pirogues à Aboisso, c'est-à-dire à une cinquantaine de kilomètres de la mer.

Le Comoé qui a son embouchure à Grand-Bassam cesse

(1 et 2) Aspe-Fleurimont, *op. cit.*

d'être navigable pour les vapeurs à Alépé (40 kilomètres du littoral). Cinquante kilomètres plus au nord, à Malamalasso, des chutes de plusieurs mètres arrêtent la marche des pirogues elles-mêmes. Le prix du transport d'une tonne de marchandises rendue à ce point varie entre 40 et 60 francs, suivant la saison et l'état des eaux. Une fois les chutes tournées, la Comoë redevient navigable, les pirogues peuvent, au prix de sérieuses difficultés, remonter le cours du fleuve jusqu'à Naboë par environ 8°,30 de latitude nord. Quant au cours inférieur des rivières Mé et Aguéby, il est accessible aux vapeurs, bien qu'obstrué par de nombreux troncs d'arbres.

Le domaine du Bandama est, par l'importance et le nombre des affluents, le plus étendu des domaines fluviaux de la Côte d'Ivoire. Malgré son débit, il n'est navigable pour les vapeurs que jusqu'à Thiassalé aux plus hautes eaux et jusqu'aux rapides de Broubrou le reste de l'année, c'est-à-dire jusqu'à 50 ou 90 kilomètres de la côte.

Le Sassandra cesse d'être navigable pour les vapeurs à quelques kilomètres de son embouchure et on ne l'a remonté en pirogue, et encore avec beaucoup de difficultés, que jusqu'à Noucpoudou un peu au-dessous de 7° de latitude nord. Sur le Cavally qui forme la limite ouest de la colonie, le point terminus de la navigation à vapeur est Niamia à 38 milles géographiques de l'embouchure.

A côté de ces fleuves si difficilement utilisables, la Côte d'Ivoire possède une série de lagunes qui ont eu jusqu'à ce jour une importance exceptionnelle sur son développement économique. Les trois lagunes d'Assinie, de Grand-Bassam et de Lahou représentent ensemble une superficie approximative de 2,400 kil. carrés presque entièrement navigable pour les vapeurs ne calant pas plus d'un mètre ou d'un mètre dix. Il existe sur la rive nord de la lagune de Grand-Bassam des échancrures profondes facilement accessibles aux vapeurs et c'est par là que les marchandises peuvent être transportées sans grand frais aux ports d'embarquement d'Assinie, de Grand-Bassam et de Lahou.

DAHOMÉ

Les rivières du Dahomé, l'Ouémé et le Zou, le Couffo et le Mono ne sont navigables que jusqu'à une faible distance de leur embouchure et pendant une partie de l'année seulement. Pendant l'expédition de 1892 la flottille de canonnières remorquées par des chaloupes à vapeur n'a pas cessé de remonter l'Ouémé mais elle n'a jamais dépassé Abomey et cela, pendant la saison des crues. Cette voie est naturellement plus fréquentée par les pirogues indigènes. Avec deux ou trois tonnes de marchandises elles peuvent remonter le Mono jusqu'à Vodomé, le Couffo jusqu'à Ayomé, la rivière de Sô jusqu'à Togbota et l'Ouémé jusqu'à Dogba. C'est peu de chose; encore faut-il, pour maintenir ouverte l'entrée des embouchures et assurer des communications faciles entre Porto-Novo et Cotonou, entretenir à demeure trois dragues en plein fonctionnement. C'est surtout dans les lagunes courant parallèlement à l'Océan que les communications par eau sont les plus fréquentes et les plus faciles. « Les pirogues du pays, apportant les produits du sol aux factoreries du littoral et remontant ensuite dans l'intérieur avec des marchandises de traite, peuvent donc circuler parallèlement à la mer et se rendre aux ports de Porto-Novo, de Cotonou, de Ouidah et de Grand-Popo ». Toutefois la navigation fluviale deviendra plus active et plus étendue, le jour où les passes difficiles du Toché et d'Avansouri auront été reconnues et balisées, où les mouvements réguliers des dunes de sable auront été observés, où la loi qui régit les crues de l'Ouémé aura été exactement déterminée.

Reste maintenant à étudier les grandes artères de l'Afrique occidentale française : Sénégal, Niger et Congo.

LE SÉNÉGAL

La ceinture de brisants qui enserre toute la côte occidentale de l'Afrique forme, à l'embouchure du Sénégal, une barre des plus dangereuses et qui empêche certainement ce fleuve de constituer une large voie fluviale. Cependant jusqu'au barrage de Mafou, à 340 kilomètres environ de Saint-Louis, la navigation est possible en toute saison ; et à partir de Mafou, toute navigation n'est pas interrompue. Du mois de juin au 15 décembre, les bateaux calant 0^m,80 peuvent remonter jusqu'à Kayes, et du 1er juillet au 15 octobre, le tirant d'eau atteint quelquefois 2^m,50 jusqu'au même point terminus. Même, en certaines années, de la mi-juillet au mois d'octobre, les navires jaugeant de 1500 à 2000 tonneaux peuvent monter de Bordeaux jusqu'à Kayes. Les gros bateaux ne dépassent jamais Médine mais les pirogues continuent jusqu'à Bafoulabé et à un millier de kilomètres de Saint-Louis, on peut encore utiliser le fleuve pour les transports à l'aide de chalands qui desservent les différents biefs formés par les chutes et les barrages.

Le bief qui s'étend entre Loutou et Boccaria constitue même une magnifique voie navigable de 40 kilomètres et sur laquelle pourraient circuler en toute saison de petits vapeurs. « On s'est même servi du fleuve pour le ravitaillement des postes jusqu'au delà de Badombé ; mais ensuite les barrages deviennent trop fréquents, les déchargements trop nombreux, et il faut utiliser la voie de terre pour aller jusqu'à Kita et Bammako.

Vers la fin de septembre la crue diminue et, au niveau le plus bas, les barques peuvent à peine aller au delà de Matam. Encore la navigation serait-elle complètement arrêtée si les marigots qui s'emplissent pendant la saison des crues ne se vidaient dans le fleuve à l'époque des maigres et ne soutenaient ainsi son débit au moment de la décrue. « Le flot alterne du fleuve au marigot et du marigot au fleuve (1). » Peut-être même pourrait-on utiliser davantage ce phénomène naturel par un jeu d'écluses bien combiné. De même il serait facile d'améliorer l'entrée du fleuve si on fixait cette entrée par une jetée curviligne, prolongement de la rive gauche.

En dépit de tous ces obstacles « le Sénégal a une certaine valeur comme voie de communication. Sans parler des services qu'il rend actuellement comme voie de pénétration dans le Soudan, remarquons que c'est lui qui a permis au courant commercial de pénétrer au loin dans l'intérieur, et à l'agriculture de se développer chez les populations noires des deux rives. Actuellement encore, malgré l'interruption annuelle de la navigation, il demeure fort utile (2). »

Il faut dire aussi quelques mots du *Saloum* auquel on donne très improprement le nom de rivière et qui n'est qu'un bras de mer pénétrant très avant dans les terres et se ramifiant en plusieurs marigots qui se détachent du courant principal formé par le flux et le reflux de la marée. Cet estuaire marin baigne des États indigènes que visitent régulièrement les barques indigènes et même de gros bateaux marchands. C'est ainsi qu'à 60 milles marins de son embouchure on trouve, sur la rive droite, le poste français de Kaolack que les steamers peuvent atteindre en toute saison.

LE NIGER

Le Niger est-il navigable et, s'il l'est, dans quelles conditions et jusqu'à quel point ? Consultons, sur cette question, les deux explorateurs Hourst et Toutée.

---

(1) Elisée Reclus, *Géographie générale*.
(2) Defauconpret, op. cit.

Il convient d'abord de diviser le fleuve en plusieurs sections (1).

1° *De Kouroussa à Siguiri et Kangaba* (275 kilomètres). — Il est admis par tous les explorateurs et, en particulier, par le capitaine Salesses, que le fleuve n'est absolument pas navigable jusqu'à Kouroussa. A partir de là, le Niger coule sur un fond sablonneux et la navigation ne présenterait aucun danger si elle était possible durant toute l'année ; mais, en réalité, elle n'est pratique que de juin à janvier, et encore pour les chalands et les pirogues indigènes. Au milieu de février, l'eau diminue au point qu'on ne rencontre plus, à certains endroits, que 30 centimètres d'eau. La crue commence généralement en juin pour atteindre son maximum (7 à 8 mètres) en fin septembre et décroître ensuite jusqu'en janvier.

2° *De Kangaba à Bammako* (90 kilomètres). — Au lieu de s'améliorer à mesure qu'il s'élargit, le fleuve devient plus dangereux. Il est encombré de cailloux qui sont dangereux en toute saison et forment à la saison sèche de véritables rapides. La navigation ne serait utile que pendant quatre ou cinq mois de l'année ; mais, même à la période des crues, elle sera dangereuse tant qu'il n'aura pas été procédé à un balisage très sérieux.

3° *De Bammako à Koulikoro* (70 kilomètres). — Ici, la navigation s'interrompt brusquement. Il ne faut pas songer, à aucune époque de l'année, à franchir en bateau à vapeur, ou même avec un chaland, les rapides de Soutadoundou et de Tienfala. Les pirogues indigènes elles-mêmes ne peuvent circuler dans cette section du fleuve que pendant quinze jours ou un mois au maximum, et encore au prix des plus grands dangers.

4° *De Koulikoro à Sansanding*. — Ici, le Niger redevient pratiquement navigable pour les bateaux à vapeur, de la mi-

---

(1) Une grande partie de ces détails est empruntée à une *Note sur la navigation du Niger*, du commandant Hourst (janvier 1897).

juillet à la mi-septembre, et même, pour les embarcations de 50 tonnes, pendant toute l'année, à condition d'user de la perche et de la cordelle. Le fleuve forme une grande nappe d'eau de 5 à 6 mètres de hauteur ; mais, à la saison maigre, il ne reste plus guère que 30 à 40 centimètres d'eau sur les gués.

5° *De Sansanding à Mopti*. — La navigation s'améliore. Elle ne présente aucun danger, car le fleuve coule partout sur un fond de sable et garde aux basses eaux un minimum de 50 centimètres. Les petits bateaux à vapeur peuvent donc y naviguer en toute saison et les bateaux de fort tonnage, calant 1^{m}50 et 2 mètres, pendant huit mois au moins, sinon dix.

6° *De Mopti à Ansongo*. — « Deux routes se présentent : l'une passe par Ouagnaka, la partie orientale du Debo et Saréféré ; l'autre suivrait la branche encore mal reconnue qui a son origine à Ouagnaka, puis, traversant le lac Debo en biais, vient rejoindre l'Issa-Ber et se réunit à la première à Isafay, près d'El-Oualedji. » La première de ces routes est suivie, à l'heure actuelle, par les chalands de ravitaillement. Elle conserve toujours au moins 50 centimètres d'eau, à la saison la plus maigre ; « cependant, j'ai vu une année (1895) où le Debo n'était plus, dans sa partie est, qu'un lac de boue liquide ». La seconde route paraît, jusqu'à plus ample informé, beaucoup plus pratique, d'abord parce qu'un chenal assez profond coupe transversalement le lac, et ensuite parce que l'Issa-Ber présente, en toute saison, un fond d'un mètre au minimum. Il est vrai qu'il y aurait à faire sauter les quelques roches qui forment le barrage de Toundoufarma; mais « on pourrait ainsi établir de Mopti à Ansongo un bief où des navires calant 1 mètre pourraient toujours naviguer ». C'est également cette deuxième branche qu'a suivie Félix Dubois : « La plus curieuse
« des surprises y attend le navigateur. Il va voguer maintenant
« sur un océan de verdure. Singulier élément, en vérité, qui

« n'est ni terre ni eau, mais l'un et l'autre à la fois, sans être
« cependant le marécage ; la bise, en passant, n'y soulève
« aucune odeur fétide ; l'eau n'y stagne pas. Par 2 et 3 mètres
« de profondeur, de hautes herbes émergent, drues et vertes...
« Arcboutés sur leurs bambous, mes hommes poussent ferme
« la barque dans les hautes herbes qui s'écartent sur les bords,
« s'inclinent sous la quille avec force frôlements et frottements.
« Du coup, l'on ne pense plus être sur l'eau. C'est une sensa-
« tion bien exotique ! Il vous semble, sous les tropiques et par
« un soleil de feu, glisser en traîneau à travers une steppe
« verte (1). »

Au delà de Tombouctou, le cours du fleuve ne présente aucun obstacle à la navigation. En trois endroits seulement, à Tahout-N'Eguisch, à Tinchérifou et à l'embouchure du défilé de Tosaye, il y a quelques écueils ; mais il serait facile de les rendre inoffensifs, car on trouve, non loin de ces roches, des passes profondes et très suffisamment larges. « Tout à coup,
« le fleuve est arrêté dans sa marche vers l'est par le massif
« granitique de Tosaye. Il s'y fraie un étroit passage ; ensuite,
« lassé de lutter contre ces masses rocheuses, ainsi que le
« montrent ses rives encaissées et abruptes, il se jette droit
« vers le sud (2). »

Ces renseignements et ces observations complètent et achèvent les études commencées dans les mêmes parages par le général Gallieni en 1882 : « Il est donc permis de croire que des travaux, peut-être peu importants, ouvriraient un passage entre le haut Niger et le Niger moyen. Au-dessous des roches de Sotuba et jusqu'à Sansanding, le Niger est navigable, même à la maigre, mais pour un petit vapeur seulement. En effet, par les passages de Koulikoro, de Nyamina, de Ségou-Sikoro et de Sansanding, pour ne citer que les plus importants,

---

(1) et (2) Félix Dubois : *Tambouctou la Mystérieuse*.

les piétons peuvent franchir le fleuve avec de l'eau jusqu'au-dessous de la ceinture, ce qui suppose une hauteur de 80 centimètres environ. Après Sansanding, la navigation rencontrera moins d'obstacles. Vers Diafarabé, le Niger se divise en deux branches principales : l'une, étroite et profonde, remonte par Daka vers le lac Deboë et Kabara; l'autre, plus large, mais moins profonde, poursuit vers Mopti en étalant ses eaux dans les plaines du Macina. La première de ces branches est bonne pour la navigation; déjà les indigènes l'utilisent pour des pirogues de grandes dimensions munies de voiles. Ces pirogues ont des bords assez élevés pour obliger les mariniers à employer une corde et un seau s'ils veulent puiser de l'eau dans le fleuve. Nos chalands et nos petits remorqueurs sont donc certains d'y circuler librement (1). »

D'Ansongo à Fort-Archinard. — Au sud de Zinder, le fleuve s'encombre de cailloux et est interrompu par de nombreux rapides. Aussi cette section est-elle à peu près complètement impropre à la navigation à vapeur et même aux chalands, pour peu qu'ils dépassent un certain tonnage. La seule navigation possible est celle des barques indigènes à condition qu'elles ne dépassent pas 10 mètres de longueur et qu'elles ne portent au maximum qu'une tonne de marchandises. Encore cette circulation n'est-elle pratique que pendant six mois de l'année. Il est vrai qu'au sud de Boubo la navigation à vapeur ne serait pas complètement entravée, malgré les roches qui émergent dès que les eaux commencent à décroître; mais les précautions à prendre seraient si nombreuses et si délicates qu'il ne faut pas songer à établir dans cette partie du fleuve, sans un balisage très étudié, une navigation régulière. Cette opinion du commandant Hourst ne fait que confirmer exacte-

---

(1) Commandant Galliéni : *Mission dans le haut Niger* (*Bulletin de la Société de géographie de Paris*, 4ᵉ trimestre 1882).

ment les observations faites par le commandant Toutée : « La navigation depuis Say a été assez facile, bien qu'elle doive rester dangereuse pour de grosses embarcations, tant que le fleuve n'aura pas été l'objet d'une étude hydrographique détaillée. Il y a, en effet, quantité de rochers émergeant ou à fleur d'eau. » Et ailleurs, parlant de son arrivée à Zinder : « Nous nous engageâmes, à la suite de notre guide, dans un bras du fleuve courant à l'ouest du grand bief. Ce bras, assez large et profond à l'aval, va en se rétrécissant vers l'amont où le courant et les roches n'ont pas tardé à gêner notre navigation. »

De Say à Kompa. — Nous retrouvons ici une nouvelle région de rocs et de rapides ; seules, les petites pirogues peuvent passer à la saison sèche, et, quant à la navigation à vapeur, elle n'est possible à aucun moment de l'année. De Kompa à Tchaketchi, le fleuve s'améliore, malgré quelques barrages formés par les cailloux, mais qui ne sont un obstacle, et encore facile à supprimer, qu'au cœur de la saison sèche. On pourra peut-être essayer la navigation à vapeur pendant les cinq ou six mois de crues ; mais non sans avoir amélioré certains passages difficiles. Le commandant Toutée a-t-il une confiance plus grande dans l'avenir de la navigation à vapeur sur cette partie du fleuve ? « La navigation, dit-il, a été très facile ; le courant, devenu très mesuré à partir de Bariconda, n'opposait qu'une faible résistance. » Toutefois, il a très bien aperçu et noté l'importance des récifs dont nous parlions tout à l'heure : « Nous n'avons rencontré qu'une seule dénivellation importante. C'est une marche d'escalier formée par des rochers granitiques à une journée et demie au sud de Kirotachi. Le passage pourrait, d'ailleurs, y être rendu absolument libre au moyen d'un très léger travail. »

De Tchakatchi à Boussa. — Les roches et les tourbillons qui en résultent rendent la navigation à vapeur absolument impraticable, sauf, peut-être, aux très hautes eaux. Du reste, le fleuve se subdivise en trop de bras et le courant est trop rapide pour qu'un tel procédé ait quelque chance de succès. Il ne faut donc songer qu'à l'emploi de pirogues indigènes. Il est vrai que Toutée en a aperçu d'assez grandes pour transporter cinq ou six tonnes de marchandises.

Rapides de Boussa. — Ici, tous les explorateurs sont absolument d'accord. Pas plus aux basses eaux qu'aux hautes, où le courant est de 12 à 14 milles, le passage n'est possible et s'il est vrai que les petites pirogues indigènes peuvent, à la rigueur, franchir le passage par les petits bras latéraux de 2 à 3 mètres, il ne faut pas oublier qu'ils mettent 65 jours à faire 35 à 40 kilomètres. « Boussa est une barrière absolue posée sur le fleuve à toute pénétration fluviale de l'aval vers l'amont. »

De Géba à la mer. — Nous savons que la navigation s'effectue dans des conditions, sinon excellentes, car elles ne sont pas meilleures que pour le Sénégal aux hautes eaux, du moins pratiquement satisfaisantes. Quant aux bras du fleuve à travers le delta, Akassa, Brass, etc., ils sont, sans doute, accessibles; mais il serait contraire à la réalité de croire que la navigation y est facile. Les difficultés rencontrées par Mizon pour pénétrer de la mer dans le bief navigable, l'héroïque aventure de l'*Ardent* avec le commandant d'Agoult, établissent qu'il n'y a pas là de voie ouverte aux grands navires venus de l'Océan et que le Niger ne se laisse pas facilement pénétrer.

En résumé, le Niger n'offre donc guère que trois sections où la navigation commerciale à vapeur pourrait s'effectuer pendant tout ou partie de l'année.

1° De Kouroussa à Toulimandio (400 kilomètres).

2° De Koulikoro à Ansongo (1,600 à 1,700 kilomètres).

3° De Géba à la mer. Encore la dernière section échappe-t-elle à notre influence et à nos efforts; mais les deux autres nous restent et la deuxième, c'est, en somme, tout le Niger moyen. Voilà la section qu'il importe d'atteindre, puisque le cours inférieur est perdu pour nous et que notre seul espoir est de pouvoir faire par là du commerce dans les conditions spécifiées par l'acte de navigation.

LE CONGO

Notre colonie du Congo, outre la grande artère du fleuve lui-même et de son principal affluent l'Oubangui, possède un certain nombre de rivières parallèles les unes aux autres et aboutissant à l'Oubangui. De ces rivières quelques-unes sont praticables pendant quelques kilomètres. C'est ainsi que le fleuve Benito est navigable pour les vapeurs, dans son estuaire, jusque vers le 7°30 de longitude est et, pour les pirogues, jusque vers le 8°30. Les fleuves Mouny et Mondah ne sont également accessibles que dans leur estuaire, mais l'estuaire du Gabon est bien plus important. Il constitue une rade magnifique, profonde et accessible aux plus gros navires. Là viennent aboutir un certain nombre de cours d'eau : le Como, navigable pour les vapeurs jusqu'à Véramocaok ; le Bokoué, navigable jusqu'à Eloundo ; la Maga, navigable jusqu'à Afarama ; le Remboë, navigable jusqu'à Acondjo.

Quant à l'Ogooué, il est praticable pour les vapeurs jusqu'à Ndjolé, puis pour les pirogues jusqu'à Franceville, situé sur la rive gauche de la Pama, tributaire du Haut fleuve. Jadis, et jusqu'en 1887, toute la région de Brazzaville et du Congo était ravitaillée exclusivement par la voie de l'Ogooué. Les approvisionnements étaient apportés en pirogues jusqu'à Franceville. De ce point ils étaient emportés par les caravanes Batékés jusqu'à Diélé, poste situé sur la rive gauche de l'Alima, tributaire du Congo, d'où ils étaient descendus par vapeur jusqu'à

Brazzaville. Enfin le N'goumié, grand tributaire de gauche du Bas-Ogooué, est navigable jusqu'à la chute de Samba.

Les fleuves du Fernand-Vaz, de Setté-Cama, de Nyanga sont navigables pour les seules pirogues et sur un parcours de 100 à 150 kilomètres environ. Le Kouilou n'est navigable, pour les vapeurs, que jusqu'à Kakamoëka, d'où part une route de terre aménagée par l'ancienne Société du Congo français et qui conduit jusqu'à Loudima par Zilengoma.

On avait beaucoup espéré du cours de la Loémé, mais elle n'est, en réalité, navigable pour les vapeurs que jusqu'à quelques kilomètres du lac Cayo (1).

Le véritable réseau est celui que constituent, malgré quelques imperfections, le Congo, la Sangha, l'Oubangui et ses affluents. « Grâce à ces rivières, le Soudan central français, qui s'étend du lac Tchad, du plateau de l'Adamaoua au Nil, est d'un accès relativement facile... C'est grâce à l'Oubangui et à un de ses affluents la Tomy que l'administrateur Gentil a pu faire flotter le Léon Blot sur le Tchad, après avoir exploré le Chari. C'est aussi grâce à l'Oubangui et au M'Bomou, son affluent principal, que le colonel Marchand a pu transporter le Faidherbe dans le Bahr-el-Ghazal et le haut Nil (2). »

La navigation commence à Brazzaville avec des vapeurs à fond plat ne calant que 60 à 80 centimètres en charge et ne filant pas plus de 8 à 9 nœuds. De ce point à l'embouchure du Kassaï, le bateau doit franchir 150 kilomètres. A partir du Kassaï, le fleuve s'élargit jusqu'à avoir 9 kilomètres. Le bateau rencontre alors l'embouchure de l'Alima, navigable à partir de Diélé, le delta de la Sangha avec le port de Bonga et le confluent de la Likouala et on arrive ainsi à Lirranja, à l'entrée du delta de l'Oubangui.

(1) Notes fournies par M. Fourneau.
(2) Cf. Bruel, *l'Oubangui*.

Aux basses eaux, de janvier à fin mai, les vapeurs ne franchissent pas le rapide de Rinza et s'arrêtent à Botanga d'où les pirogues transportent les marchandises à Bangui. C'est à 60 kilomètres en amont de Bangui que se trouve le dernier rapide, le plus mauvais, celui de l'Eléphant, au-dessus duquel l'Ombella et la Kémo débouchent dans le fleuve. La Tomy, affluent de la Kémo, est navigable pour les pirogues jusqu'à Krébedjé (7 jours de navigation). De là, jusqu'au point où l'Oubangui devient navigable, il n'y a que 180 kilomètres à parcourir. Un premier bief, navigable pour les bateaux à vapeur de fin mai au milieu de janvier, s'étend du rapide de l'Eléphant à Ouango-M'Bomou ; le reste du temps, le service est fait par les pirogues.

« Telle est la superbe voie de pénétration qui appartient à la France. Sans rompre charge, les vapeurs vont de Brazzaville à Bangui sur 1300 à 1400 kilomètres de fleuve ; du rapide de l'Eléphant à Ouango, un bief navigable de 500 kilomètres suivi par deux autres, Gozobangui-Ngoufourou et Baguessé-Binda, de 200 et 500 kilomètres, est ouvert à la navigation à vapeur, ce qui donne un total de 2,600 kilomètres. Les pirogues peuvent franchir la région des rapides qui s'étend entre Bangui et Ouadda, et le portage est seulement nécessaire entre Ouango et Bozégui et entre Ganépia et Baguessé. Si l'on y ajoute les affluents qui sont navigables, soit en vapeur, soit en pirogue, l'Oubangui nous offre plus de 3,500 kilomètres sur lesquels la navigation est possible. » Mais il faut, pour utiliser cette magnifique voie, y lancer un matériel suffisant. Or, à l'heure actuelle, des huit vapeurs que nous possédions, trois ont fait naufrage (le Ballay, le Courbet et l'Alima) ; deux (l'Oubangui et le Djoué) ont besoin de réparations et ont été confiés dans ce but à la maison Tréchot ; un (le Faidherbe) a été conduit jusqu'au Nil ; un autre (le de Pou-

(1) Bruel, *op. cit.*

meyrac) n'a pas encore été monté. Reste le Jacques d'Uzès qui dessert le bief supérieur de l'Oubangui et dont Mobaye est le port d'attache. Ajoutons cependant que le gouvernement local vient de commander trois nouveaux vapeurs destinés à circuler sur le Congo.

MADAGASCAR

« En raison de la configuration de l'île en gradins, il faut s'attendre à ce que le lit des différents cours d'eau se présente sous la forme d'une succession de biefs séparés par des rapides et par conséquent à ce que ces rivières ne soient navigables que sur une partie restreinte de leur parcours. Les grands cours d'eau, dont la profondeur pourrait faire croire à leur navigabilité, présentent tous des chutes qui arrêtent toute espèce de navigation. C'est ce qui explique comment les communications avec la côte sont encore aujourd'hui si précaires, si difficiles, malgré des rivières qui, comme le Mangoro, la Betsiboka et surtout l'Ikopa sont profondes et conduisent à proximité et même jusqu'au cœur de l'Imerina. » Dans tous les cas, aucune de ces rivières n'est accessible aux bateaux de fort tonnage; seules les pirogues indigènes et les radeaux se risquent sur les cours d'eau de l'île et aucune de ces rivières, sauf peut-être la Betsiboka et l'Ikopa, ne favorise un commerce actif et régulier. Dressons rapidement la liste des cours d'eau dont le cours est en partie utilisable :

Versant est. — *Le Lokoho*, navigable pour les radeaux depuis Maromby.

L'Ivondrona, très praticable jusqu'à Mahosoa; puis région de rapides; il redevient navigable pendant quelques kilomètres en amont d'Ambodilaza.

Le Mangoro, peut être descendu en pirogue d'Andakana au

confluent de la Ranomainty et de Bélandémy à la mer même par les grosses embarcations : au total 60 kilomètres.

Le Mananjara, fleuve flottable dans toute sa longueur pour les transports de matériel ; remontable jusqu'à Tsarahafatra pour des pirogues munies de huit rameurs.

VERSANT OUEST. — *La Tsiribihina*, navigable jusqu'à Miandrivazo pendant la saison des pluies et jusqu'à Bémena pendant la saison sèche.

Le Manambolo : il est remontable, en amont des rapides de Bekopaka pour les pirogues calant peu et portant 8 à 12 hommes (7 jours de montée, 1 jour de descente).

La Sahoany, navigable pendant 20 kilomètres depuis Amkibofotsy jusqu'à son embouchure pour les boutres du canal de Mozambique.

La Betsiboka : cette rivière est navigable dans son lit inférieur pour les chaloupes à vapeur de Majunga à Mévatanana-Suberbieville (238 kilomètres) à la saison des pluies et de Majunga à Marovoay (17 kilom.) pendant la saison des pluies.

Le Mahajamba, navigable seulement jusqu'à 40 kilomètres de son embouchure.

La Sofia, navigable de sa source à Bévory et des rapides de Tsiafapandrakotra à la mer.

On voit que toutes ces rivières n'offriront jamais de moyens pratiques de circulation. Toutefois, l'organisation d'un service fluvial de Majunga à Marololo (213 kilomètres) est parfaitement possible.

Canal des Pangalanes. — Cette étude serait incomplète s'il n'était pas fait mention du canal des Pangalanes dont la nécessité a paru indiscutable dès les premiers jours de l'occupation. On sait, en effet, qu'il existe, parallèlement au rivage, une série de lagunes séparées de l'Océan par un chapelet de dunes et communiquant avec lui par des embouchures exposées à se déplacer. Ces lagunes sont séparées les unes des autres par des seuils que l'on nomme *pangalanes* et qui sont faciles à percer. Ce travail, qui mettrait toutes les lagunes en communication directe, créerait ainsi un canal qui serait une commode voie de navigation intérieure. La voie navigable commence à Ivondro, à dix kilomètres au sud de Tamatave et continue jusqu'à Andevorante à travers les trois pangalanes de Tanifosy, Ampattomaizina et Andevakamerana.

La construction et l'exploitation du canal ont été concédées à la compagnie française de Madagascar ; déjà la première et la seconde pangalane ont été creusées et draguées et l'ensemble des travaux sera terminé à la fin de la présente année. « Jusqu'alors un service provisoire de transports sera organisé, qui permet d'aller de Tamatave à Mahatsara, en une quinzaine d'heures, au moyen de vedettes à vapeur sur les lagunes et d'un transbordement aux trois pangalanes. »

INDO-CHINE

L'Indo-Chine possède deux grandes voies fluviales qui ouvrent un chemin plus ou moins commode, mais praticable en somme, vers les riches contrées du Yang-Tsé-Kiang. Ces deux artères fluviales sont, d'une part, le Mékong qui met en communications directes la Cochinchine et le Cambodge, et de l'autre, le Song-Koi qui, soit par son cours principal, soit par ses affluents, unifie les contrées les plus disparates du Tonkin et permet de passer sans grosses difficultés du delta aux plateaux et réciproquement. Seul, l'Annam ne profite pas de cette heureuse disposition des grands fleuves, mais il n'est pas cependant dépourvu de toute communication par eau, car les multiples canaux qui servent à l'irrigation des rizières sont utilisés par la batellerie indigène. Nombre de familles annamites ne possèdent pour tout bien qu'un sampan qui est utilisé pour le transport des marchandises. Seulement ces bateaux sont tous des bateaux à fond plat. Quelques canaux intérieurs, reliant entre elles les lagunes qui se trouvent à une certaine distance de la mer, ainsi que la rivière de Hué entre la capitale de l'Annam et Thuân-An, peuvent livrer passage aux petites chaloupes à vapeur dont le tirant d'eau ne dépasse pas 2m50.

La chaîne de l'Annam se trouvant très près de la mer, les rivières qui en découlent n'ont pas un cours très considérable : il en résulte que ce ne sont, au début, que des torrents formant une série de chutes et de cascades jusqu'à la plaine. Leur bief maritime est, la plupart du temps, impraticable, car il se forme à leur embouchure soit une barre, soit un dos d'âne qui provient de l'accumulation des sables entraînés par les eaux; sables qui ne peuvent se répandre en pleine mer à cause du flot contraire de l'Océan qui les oblige à se déposer au point de rencontre des deux courants contraires.

Ajoutons qu'un service de chaloupes à vapeur existe entre Tourane et Hué. Cette entreprise est dirigée par des Chinois dont les embarcations suivent la côte de Tourane jusqu'à Thuân-An et de là remontent la rivière de Hué jusqu'à la capitale.

L'amélioration des voies fluviales et des canaux reliant entre eux les différents centres de l'intérieur a été poussée avec beaucoup d'activité, depuis un an surtout.

LE MÉKONG

Dans toute sa traversée du Haut-Laos, le Mékong, délivré de ses barrières montagneuses, est parcouru par des pirogues qui pénètrent même assez loin dans la plupart de ses affluents, mais la navigation à vapeur s'arrête à Vien-Tiane. Les échanges se font par ce moyen entre les nombreux villages des deux rives, mais il n'existe aucun port fluvial digne de ce nom. En pénétrant dans le Bas-Laos, le Mékong s'élargit et devient navigable pour les bateaux à vapeur d'assez fort tonnage, pendant les hautes eaux, sur une longueur de 560 kilomètres et de 320 kilomètres pendant les maigres. Les pirogues naviguent librement sur le fleuve sur une distance de 760 kilomètres.

Le nombre des pirogues en circulation peut être estimé arbitrairement à 4000 ou 5000 avec un tonnage variant de 1/4 de tonne à 2 tonnes 1/2. Ce trafic pourrait sensiblement s'augmenter si on procédait au dérochage et au balisage des endroits réputés infranchissables pour les bateaux à vapeur. Ces travaux ont été entrepris, depuis deux ans, en ce qui concerne le premier bief entre Stung-Treng et Khône. Quand les travaux de dérochage entrepris dans le bief de Savannakhét auront été achevés, ce bief sera accessible aux bateaux à vapeur pendant toute l'année.

Le Mékong et ses deux bras, le Bassac et le Tonlé-Sap sont navigables sur tout leur parcours à travers le Cambodge. La longueur de cette voie fluviale peut être ainsi établie :

Mékong : de Vinh-Hoa à Sambok	300 km.
Bassac : de Pnom-Penh à Lynhou	90 —
Tonlé-Sap : de Pnom-Penh au nord du lac Tonlé-Sap	200 —
Total	590 km.

C'est la compagnie française de navigation dite des « Messageries fluviales » qui dessert le Cambodge avec neuf paquebots dont trois jaugeant 120 tonneaux.

Cette compagnie, organisée par M. Rueff et dirigée par le lieutenant de vaisseau Simon, fait un service régulier de Saïgon à Vien-Tiane avec escales aux stations de Pnom-Penh, Khong et Paknoun. La compagnie des Messageries fluviales s'est constituée en 1887. Son but était simplement d'atteindre Pnom-Penh ; sa flottille ne comprenait alors que deux bateaux de 300 tonneaux, quatre bateaux de 120 ; deux grandes chaloupes et une petite. En 1886, elle desservait 71,500 lieues marines avec neuf paquebots et six chaloupes et elle avait reporté ses deux stations terminus à Krattié et à Battambang. En 1890, deux de ses chaloupes ayant traversé les rapides du Mékong, la compagnie poussait son service jusqu'à Stung-Treng, au moyen d'un vapeur à grande vitesse et à petit tirant d'eau. En 1891, elle se chargeait du service maritime entre Saïgon et Bangkok ; en 1895, elle lançait trois bateaux à vapeur dans le bief moyen du fleuve, et organisait, sur un parcours de 100 kilomètres un service régulier entre Khong et Pakmoun, puis un deuxième, au delà des rapides de Kemmarat entre Savannaneck et Vien-Tiane. Aujourd'hui les bateaux des Messageries fluviales de Cochinchine parcourent annuellement :

En Cochinchine et au Cambodge plus de	123.000 lieues marines.
Au Laos	20.000 —
Entre Saïgon et Bangkok	12.000 —
Total. . .	155.000 lieues marines.

« Sa flotte se compose de 31 bâtiments et chaloupes dont quelques-uns jaugeant plus de 800 tonnes. Ses ateliers de Saïgon emploient plus de 300 ouvriers et ont construit de nombreuses chaloupes pour l'administration locale aussi bien que pour ses propres services. Ils sont outillés pour faire les plus grosses réparations et seconder, au besoin, l'arsenal de Saïgon. On conçoit dès lors le rôle important qu'a joué cette compagnie dans le développement commercial et agricole de la colonie et celui qu'elle peut jouer encore, étant donné l'esprit d'initiative et l'intelligente activité des hommes qui la dirigent (1). »

Les paquebots suivent le chenal tracé par les lieutenants de vaisseau Simon et Le Vay, les enseignes de vaisseau Mazeran

---

(1) Eug. Lagrillière-Beauclerc : *A travers l'Indo-Chine*.

et Le Blévec et dont les cartes ont été dressées avec le plus grand soin. 30 chaloupes à vapeur appartenant à des Asiatiques circulent également sur les fleuves. Elles se répartissent ainsi :

2 chaloupes de	80 tonnes	de Pnom-Penh à Cholon
2 —	50	—
1 —	42	—
1 —	26	—
4 —	24	dans l'intérieur du Cambodge.
15 —	10 à 20	—
5 —	au-dessous de 10	—

Quant à la navigation à voiles et à rames, elle est représentée par 50 grandes pirogues (1) qui importent de la poterie d'Annam et 20.000 petites barques de jauges variées servant également pour les petits transports, pour la pêche et comme habitation.

Le delta du Mékong constitue un vaste réseau de cours d'eau qui couvre la Cochinchine et peut être considéré comme entièrement navigable. Le jeu des marées permet, en effet, la circulation des petites embarcations sur les cours d'eau de la plus faible importance. Ainsi le Mékong, le Soirap et ses affluents ainsi que les arroyos et les canaux qui réunissent transversalement soit les affluents du même fleuve, soit les deux principaux bassins peuvent recevoir des barques fluviales d'au moins 18 tonnes, utilisées pour les transports à grande distance. Ce réseau a un développement total de 3500 kilomètres.

(1) Le trafic se partage à peu près également entre les jonques et les vapeurs, ces derniers représentant la grande vitesse, chargeant plutôt les riz et autres produits à destination de Saïgon et de Cholon, tandis que les jonques marchant lentement à la voile ou à l'aviron sont surtout employées pour les riz et autres marchandises qui s'arrêtent à Pnom-Penh.

Les bateaux de Cochinchine, marchant à la voile ou à l'aviron, qui fréquentent ces voies fluviales, s'élevaient en 1897 au nombre de 71,574, d'un déplacement total d'environ 282.000 tonnes. En outre les bateaux à vapeur sont au nombre de 126, d'un tonnage total de 6.054 tonnes et d'une force de 7.449 chevaux.

Toutes les agglomérations étant situées sur des cours d'eau et communiquant au moyen d'embarcations, on peut dire qu'il y a autant de ports fluviaux que de localités un peu importantes. Le plus actif de tous est celui de Cholon.

LE SONG-KOÏ

« Ce fleuve est navigable sur tout son parcours pour les jonques ; mais son cours supérieur est obstrué par des rochers et des rapides qui font obstacle au passage des chaloupes à vapeur. L'amélioration du lit et la construction de bateaux à fond plat et à machines puissantes permettront de remonter jusqu'au Yunnam. » Le Song-Koï constitue, en effet, la voie de pénétration la plus courte, la plus commode et la moins coûteuse vers la vallée du Yang-tsé-Kiang. « Il y a dix ans, le transport d'une tonne de marchandises au Yunnam coûtait : sur la rivière de Canton, 950 francs ; par le Yantsé, 800 francs ; par la route de Bhamo 960 ; enfin par le fleuve rouge et Lao-kay, 450 francs seulement. Ainsi donc « sur toutes les routes fluviales et terrestres qui exigent, pour pénétrer au cœur du Yunnam, 80, 75 ou 25 jours, celle du Tonkin se présente avec d'incontestables avantages. Nulle frontière ne met les étrangers plus que celle-ci près du centre de la province. Lao-Kay, la dernière ville tonkinoise, le point terminus de la navigation, est à deux jours de Manghao, à cinq jours de Meng-tsu, entrepôt commercial important et à dix jours de Yunnam-fou, la capitale. » Il y a donc là pour notre commerce d'entrepôt et de transit une source d'immenses profits. C'est la compagnie de navigation tonkinoise (Marty et d'Abbadie) qui assure les communications fluviales entre les différents ports du Tonkin : 12 lignes sont aujourd'hui en exploitation.

NOMS DES LIGNES	DISTANCES EN MILLES	NOMBRE DE VOYAGES PAR SEMAINE
Haïphong à Hanoï	120	6
Haïphong à Phu-Lang-Thuong	60	3
Sept pagodes à Dap-Cau	24	3
Hung-Yen à Nap-Dinh	50	3
Haïphong à Mui-Ngoc	140	3
Hanoï à Bac-Hat	35	3
Bac-Hat à Cho-Bo	58	1
Bac-Hat à Tan-Quan	75	1
Bac-Hat à Tuyen-Quang	75	1
Nam-Dinh à Vinh	108	1
Yen-Bay à Lao-Kay	94	1
Sept-pagodes à Lam	34	2 par mois.

Les barques peuvent, d'autre part, remonter de Haïphong à Hong-Kong en empruntant les différentes parties du fleuve Rouge : le Song-Tam-Bac, le Lach-Tray, le Lach-Van-Uc, le Thaï-Binh et Cua-Loc, et enfin le Song-Koï lui-même.

« Les embarcations les plus variables par la forme et les dimensions circulent sans cesse sur les fleuves et les arroyos dans tout le Tonkin. On voit les grosses barques à côté de légers sampans. En général, les passagers et l'équipage se groupent autant que possible pour consacrer le plus grand espace au transport des marchandises. »

Indépendamment de ces deux grandes voies, il convient de donner quelques détails sur les canaux de la Cochinchine. Le Cambodge ne possède, en effet, que quelques canaux trop peu profonds pour être utilisés aux basses eaux. Bientôt un canal plus important, long de 12 kilomètres, mettra en relations directes les centres de Takéo et de Bavio. Les canaux de Cochinchine, beaucoup plus nombreux et beaucoup plus accessibles, ne constituent pas des redressements ou des prolongements de cours d'eau et ne comportent aucune écluse ni ouvrage d'art, ni chemin de halage. Ils peuvent donc être assimilés à des cours d'eau naturels. On travaille à ce moment au creusement d'un grand canal entre la rivière de Saïgon et le grand Vaïco. Ce canal est destiné à relier les deux cours d'eau et à permettre l'exploitation agricole d'un vaste marécage. Chaque année, d'ailleurs, le creusement de canaux de diverse importance est entrepris dans les provinces sur la demande des populations intéressées.

Il n'y a, momentanément, aucun effort à faire pour accroître le trafic par voie fluviale, puisque la presque totalité des transports se fait par eau. Il suffit seulement d'entretenir les cours d'eau en draguant les envasements qui se forment au dos d'âne, de manière à leur conserver une profondeur suffisante pour la navigation.

Le transit serait beaucoup plus important sans l'insuffisance du matériel de transport. La difficulté principale réside dans la difficulté du recrutement des bateliers indigènes entre Yen-bai-Laokay et Manhao : aussi les négociants chinois ont-ils recours à la navigation à vapeur. Deux bateaux monoroues, qui ont un tirant d'eau de 0^m80 en plein chargement de 75 tonnes, effectuent le trajet depuis Yen-Bay jusqu'à Laokay en 27 heures de marche. De son côté, la maison Marty et d'Abbadie a lancé en novembre un vapeur, le *Viétri*. Enfin, durant la saison sèche, le service postal est assuré par des jonques convenablement gréées et armées. Les voyages entre Yen-Bai et Laokai, qui demandaient en 1897 un minimum de dix jours, se font très régulièrement en cinq jours, et même quatre quand un bon vent les favorise.

III

VOIES FERRÉES

Ce que nous avons dit des routes et des voies fluviales s'applique plus étroitement encore aux voies ferrées. Une colonie, quelles que soient ses richesses naturelles, ne sera mise en valeur que lorsqu'elle sera desservie par une ou plusieurs voies ferrées. Certes, il ne faut rien exagérer et ne pas se payer de mots sonores. Un chemin de fer ne sera utile, en pays neuf comme partout ailleurs, que s'il est destiné à unir deux pays jusqu'alors séparés et qui ont intérêt réciproque à échanger leurs produits, ou s'il a pour résultat d'amener au port d'embarquement les richesses de l'intérieur. Il ne faut donc pas se figurer, comme on a aujourd'hui une tendance à le faire, qu'il suffit de construire une voie ferrée pour que le pays devienne instantanément riche, peuplé et civilisé. Gardons-nous donc de l'engouement car un échec retentissant en pareille matière serait plus préjudiciable à la cause coloniale qu'un succès dû au hasard ne servirait cette même cause. Mais, cette réserve faite, il est évident que nos colonies manquent encore des voies ferrées indispensables et que, malgré les efforts très réels qui ont été réalisés en ce sens depuis cinq ans, il nous reste encore beaucoup à faire pour lutter avec avantage ou même à égalité avec nos rivaux les plus redoutables. Avant de se mettre à l'œuvre et d'appliquer un plan d'ensemble rationnel et adapté aux besoins réels de nos établissements, que de questions d'ordre pratique il convient d'examiner ! que de problèmes d'exécution matérielle il reste encore à résoudre ! « Il faut, autant que possible et à moins que des circonstances spéciales n'existent, adopter pour les chemins de fer aux colonies l'écartement de voie qui entraîne aux dépenses de constructions moindres, c'est-à-dire la voie étroite, étudier avec soin les conditions de la main-d'œuvre, les déterminer par des essais d'une certaine importance, et même, après avoir pris toutes ces précautions, réserver prudemment dans les prévisions de devis, une importante période de mise en train, l'organisation d'un grand travail d'utilité publique dans un pays neuf étant toujours longue et difficile (1). »

La plupart des chemins de fer construits jusqu'ici dans les pays neufs ne sont pas, à proprement parler, des chemins de fer de pénétration, leur construction ayant été décidée pour des raisons analogues à celles qui ont décidé la construction des voies ferrées dans les pays de vieille colonisation. Mais à côté de ces chemins de fer, il en est d'autres qui ont pour seule raison d'être, la conquête économique d'une région nouvelle. Ces chemins de fer ne sont pas des collecteurs de transports existants ou immédiatement praticables ; ils seront les créateurs de ces transports. « Le chemin de fer tel qu'il a été conçu jusqu'ici intervient seulement quand le pays est occupé et exploité : il est une résultante. Le chemin de fer colonial de pénétration est un instrument de production, une force initiatrice et créatrice (2). »

Donc, deux sortes de chemins de fer aux colonies : les chemins de fer d'exploitation, les chemins de fer de pénétration ; les premiers suivant la conquête et facilitant l'écoulement de richesses déjà déterminées ; les autres aidant à cette même conquête et antérieurs à la mise en valeur. Cette vérité acceptée, examinons quels sont à l'heure actuelle, dans nos colonies françaises, les chemins de fer en exploitation et ceux qui sont encore à l'étude.

(1 et 2) Colonel Thys, *Congrès colonial international de Bruxelles.*

VIEILLES COLONIES

LA GUADELOUPE ET LA MARTINIQUE

Sans parler des petits chemins de fer industriels qui desservent presque toutes les usines à sucre de la Guadeloupe et transportent les cannes des lieux de production aux centres de fabrication, chemins qui ne sont pas ouverts au public, il faut mentionner la voie ferrée qui met en relations le bourg de Capesterre avec le port de Sainte-Marie. La concession de ce chemin de fer avait été consentie, en 1883, à un industriel du bourg, qui le rétrocéda à son tour au Crédit foncier colonial. Les trains circulent régulièrement depuis la fin de 1898 et la ligne a été ouverte au public le 3 janvier 1899. Le succès de cette première entreprise hâtera, sans doute, la mise en valeur du petit chemin de fer de 30 kilomètres de long entre la Pointe-à-Pitre et le Moule dont les conséquences auront certainement une heureuse influence sur le commerce général de la colonie. De même que la Guadeloupe, la Martinique ne possède que de petites voies ferrées établies et possédées par des industriels pour le service exclusif des usines de canne.

LA GUYANE

Depuis longtemps, la Guyane réclamait un chemin de fer qui, seul, pouvait permettre d'exploiter avec profit les richesses si abondantes de la colonie. M. l'ingénieur Levat n'a pas hésité à assurer les risques de l'entreprise et à en demander la concession. Ce chemin de fer aura pour origine Cayenne, remontera le cours de la rivière Comté, celui de son affluent l'Orapu, passera de là dans le bassin de l'Approuague et se dirigera ensuite par la vallée de la crique Nini jusqu'au Maroni. Un embranchement, partant de la région du Haut-Approuague, se dirigera vers la crique Yaoué, affluent de l'Oyapoc. Ce serait, en somme, un tracé de 80 kilomètres en ligne droite et de 100 kilomètres avec les courbes du tracé définitif.

La première section à construire aura pour point de départ Cayenne et aboutira à la rivière Arataye. Tous ces travaux devront être terminés dans un délai de 3 ans. La largeur de la voie sera d'un mètre et les alignements seront raccordés entre eux par des courbes dont le rayon ne pourra pas être inférieur à 75 mètres. Quant à la plate-forme des terrassements, elle aura une largeur d'au moins $3^m,60$ entre les fossés. Enfin le concessionnaire sera autorisé, sur sa demande, à ouvrir à l'exploitation les sections à mesure que l'avancement des travaux le permettra. Ainsi conçu, ce chemin de fer sera assez large pour permettre une circulation qui rémunérera largement le capital engagé.

LA RÉUNION

Voici enfin une colonie qui possède un chemin de fer, digne de ce nom, en pleine exploitation, et dont les résultats justifient, et au delà, les sacrifices consentis.

Le port de la Pointe des Galets et le chemin de fer à voie étroite de la Réunion ont été concédés à MM. A. Lavalley et E. Pallu de la Barrière par le Conseil général de la Réunion, par délibérations en date du 25 juin 1874 et 27 novembre 1875. Cette concession a été approuvée, à la suite d'un accord intervenu, par la loi du 23 juin 1877.

La Société s'engageait, en vertu de cette convention, à exécuter les travaux du port et du chemin de fer moyennant un forfait de 34 millions. L'État lui garantissait, en retour, une recette annuelle de 1.925.000 fr.

Le chemin de fer concédé part de Saint-Pierre pour aboutir à Saint-Benoît, en passant par Saint-Paul, le port de la Pointe des Galets, Saint-Denis et les quartiers intermédiaires avec un développement de 125 kil. 62. La voie franchit de nombreux torrents et le massif montagneux qui sépare Saint-Denis de la Possession et qui n'est entamé que par deux étroites vallées. Aussi les ouvrages d'art sont-ils très nombreux surtout si l'on tient compte de la faible longueur de la ligne. Tels sont, par exemple, les ponts métalliques sur la rivière du Mât et l'Etang de Saint-Paul (100 mètres), le pont métallique sur la rivière des Galets à 8 travées de 50 mètres ; le pont métallique sur la rivière Saint-Etienne à dix travées de 50 mètres ; le pont en maçonnerie de la Petite-Ravine avec cinq arches de 18 mètres ; le pont en maçonnerie de la Grande-Ravine à 7 arches de 18 mètres. Enfin le massif entre Saint-Denis et la Possession est franchi par un tunnel qui n'est interrompu que par les deux vallées de la Ravine à Jacques et de la Grande-Chaloupe.

Les travaux du chemin de fer ont été commencés en 1878. En 1882, ils étaient assez avancés pour permettre à la Compagnie de mettre en exploitation toute la partie comprise entre Saint-Benoit et Saint-Louis, sur une longueur de 115 kilomètres ; un an plus tard la ligne tout entière était ouverte au trafic.

Il s'en faut que les travaux du port, concédé à la même compagnie, aient suivi une marche aussi rapide. Ce ne fut que le 4 avril 1886 que la Compagnie fut autorisée à mettre en exploitation provisoire les parties du port qui pouvaient être utilisées. Dès l'année suivante, l'Etat prononçait la déchéance de la Compagnie qui se trouvait dans l'impossibilité d'observer les clauses de la convention. Depuis cette époque, l'exploitation du port et du chemin de fer est faite par l'Etat.

---

(1) Notes fournies par M. Naturel, chef du service des ponts et chaussées.

En 1898 cette exploitation a donné les résultats suivants :

Tonnage transporté en grande vitesse.	3.705 tonnes
— — en petite vitesse .	87.353 —
Nombre de voyageurs transportés . .	281.339

Dans la même année, les recettes afférentes aux voyageurs ont été de 446.905 francs; aux bagages de 12.267 et aux marchandises de 1.173.486 francs; ce qui donne un rendement moyen de 9.140 fr. 05 par kilomètre.

Le gouvernement avait mis à l'étude le prolongement de la voie ferrée vers le sud, de façon à desservir les trois communes de Sainte-Rose, Saint-Philippe et Saint-Pierre qui seules ne sont pas desservies par la voie ferrée. Mais la difficulté de passer par le Grand Brûlé, cône de déjection du volcan en activité, et la stérilité relative des régions traversées par la future ligne n'ont pas permis de réaliser ce projet dans de bonnes conditions.

AFRIQUE OCCIDENTALE

L'Afrique occidentale française possède à l'heure actuelle deux voies ferrées en pleine exploitation : celle du Sénégal (Dakar-Saint-Louis) et celle du Soudan (Kayes-Bammako); un chemin de fer en construction : celui de la Guinée française (de Konakry à Kouroussa) et deux en projet : celui de la Côte d'Ivoire et celui du Dahomey.

Chemin de fer du Sénégal. — De tout temps le gouvernement avait compris la nécessité absolue d'unir le cours du Sénégal au port de Dakar parallèlement à la côte. Le général Faidherbe avait d'abord pensé, en 1862, qu'une route pourrait suffire, mais dès 1878, le général Brière de l'Isle faisait entreprendre les études préliminaires à l'établissement d'une voie ferrée. Après de longues délibérations devant le Parlement, la loi de concession fut promulguée le 29 juin 1882. L'année suivante une compagnie (la compagnie Dakar-Saint-Louis) était constituée au capital de 5.000.000 divisé en 10.000 actions de 500 fr ; mais quelques mois après, cette compagnie passait avec la Société des Batignolles un traité de construction à forfait, dans de telles conditions que cette société se trouvait par le fait substituée à tous les droits et à toutes les charges de la compagnie.

Elle se mit presque aussitôt à l'œuvre, en dépit du manque de main-d'œuvre et du danger pour les manœuvres de travailler sous un pareil climat. La première année on construisit les 30 kilomètres qui séparent Dakar de Rufisque. C'est en 1884 que fut lancé le grand pont métallique de Leybar qui franchit le fleuve Sénégal sur 120 mètres de long. Enfin le 6 juillet 1885, la ligne était solennellement inaugurée. Depuis le mois d'octobre 1897, la ligne franchit à nouveau le Sénégal sur le pont métallique Faidherbe qui a permis de reporter la gare terminus de Sor à Saint-Louis.

La dépense totale avait été évaluée à 17.965.772 francs ; elle a été, en réalité, de 19.401.516 francs, soit une majoration de 1.435.744 francs ou de 8 p. 0/0 de la dépense totale. La voie a une largeur d'un mètre ; la longueur est de 264 kilomètres ; les régions desservies, le pays Serère et le Cayor ; les recettes ont été, en 1898, de 1.690.196 francs en augmentation de 444.792 fr. sur celles de 1897 qui étaient de 1.245.404 francs. Les dépenses ont atteint le chiffre de 1.497.697 francs au lieu de 1.414.075 francs, soit une différence en plus pour 1898 de 83.612 francs. Ces recettes se décomposent ainsi :

Voyageurs	645.164 francs
Bagages	25.959 —
Grande vitesse . . .	94.687 —
Petite vitesse	927.386 —

Ce qui donne au kilomètre une recette moyenne de 6.726 f. ; mais comme les dépenses s'élèvent par kilomètre à 5.673 fr., le bénéfice net ne ressort, en somme, qu'à 1.053 francs.

Ces bénéfices pourraient-ils être plus considérables ? Evidemment oui. Telles qu'elles se comportent à l'heure actuelle elles sont insuffisantes pour faire face à la rémunération des capitaux engagés ainsi qu'aux frais d'exploitation et l'Etat a dû inscrire à son budget une subvention de près de 1.200.000 fr. pour garantir le paiement des intérêts. Mais la situation n'est cependant pas mauvaise. D'abord la production et la vente des arachides augmentant d'une façon régulière, les recettes du chemin de fer augmentent dans les mêmes proportions ; d'autre part le chemin de fer a permis de diminuer les dépenses militaires d'un chiffre bien supérieur à celui qu'exige la garantie d'intérêt ; ajoutons que le développement économique du pays et le peuplement des pays traversés par la voie ont été tellement prodigieux que le Cayor qui était autrefois presque inhabité est aujourd'hui une des contrées les plus peuplées et les mieux cultivées de tout le Sénégal. Enfin, depuis 1897, la compagnie a diminué sensiblement ses tarifs de transport : celui d'une tonne ressort maintenant à 20 francs, ce qui met la tonne kilométrique à 8 centimes environ.

Les stations principales situées sur le parcours de la voie ferrée sont : Rufisque à une heure de Dakar, Thiès, Tivaowane, Kelle, Louga et Saint-Louis.

Dans la pensée des premiers créateurs de la voie ferrée, cette ligne devait naturellement se raccorder à la vallée du Sénégal et, ultérieurement, à celle du Niger. Un premier projet qui sera, sans doute, bientôt réalisé, consiste en une ligne qui, partie de la station de Nupal sur la voie Dakar-Saint-Louis, irait rejoindre le chemin de fer du Soudan à Kayes, en traversant le désert de Ferlo, « de manière à raccourcir le trajet en suivant la corde au lieu de l'arc et à remédier aux inconvénients de la navigation sur le fleuve Sénégal ». Ce chemin présente commercialement de tels avantages qu'il serait déjà commencé, n'étaient les difficultés coûteuses d'un travail qui s'exécuterait à travers des régions inhabitées et privées d'eau sur une longueur d'environ 800 kilomètres.

Un autre projet qui sera peut-être réalisé avant le premier est le chemin de fer du Baol. Déjà, en 1892 et en 1893, M. l'administrateur Noirot et M. le commandant Marmier furent chargés de l'étude préliminaire à construire dans les provinces Sérères. Ils concluaient tous deux à la nécessité de créer cette voie de pénétration à travers de riches provinces pour « drainer économiquement des denrées qui ne demandent qu'à se produire ». Le tracé primitif devait être établi entre Thiès et Niakhar avec prolongement éventuel jusqu'à Kaolack vers le Saloum; une modification, étudiée sur la demande de M. André Lebon, devait permettre de dériver la ligne de M'Bambey vers le nord dans les régions de M'Bayar et de Sambé. « Ce chemin de fer deviendra ainsi une voie de pénétration véritable qu'il n'est pas téméraire, si l'on songe aux progrès incessants de la colonie africaine, de juger susceptible d'atteindre un jour non éloigné les régions de la Falémé et de la Haute-Gambie.

Ce chemin complétera heureusement le réseau du chemin de fer de Dakar et de celui du Soudan.

Chemin de fer du Soudan. — Le Soudan, coupé de ses communications avec la mer par le Sénégal, la Guinée française et les colonies du golfe de Guinée, ouvert seulement du côté du désert du Sahara, sans pénétration possible vers nos colonies de l'Afrique du Nord, était condamné à ne se développer qu'autant qu'une voie ferrée continuerait vers l'est la ligne navigable du Sénégal. Cette idée sans la réalisation de laquelle il n'y avait pas de mise en valeur possible, avait déjà préoccupé Faidherbe. Toutefois ce n'est qu'en 1885 que le gouvernement en entreprit l'exécution pratique. C'est à cette époque, en effet, que fut commencée la construction d'une voie ferrée qui devait aller de Kayes, port du Sénégal, à Bammako, port du Niger. Plus tard les conditions de navigabilité du fleuve modifièrent le plan primitif et le point terminus de la ligne fut reporté à cinq kilomètres plus au nord, à Toulimandio.

Ainsi conçu, le chemin de fer devait avoir 563 kilomètres qui se décomposaient ainsi :

De Kayes à Bafoulabé.	132 kil.
De Bafoulabé à Kita	198 —
De Kita à Toulimandio	228 —
Embranchement vers Bammako . .	5 —

Les travaux marchèrent d'abord lentement puisque, en dix ans, de 1888 à 1898, le tronçon de Kayes à Bafoulabé était à peine construit. Ce tronçon de ligne, ne menant nulle part, n'avait naturellement suscité qu'un trafic insignifiant et le commerce du Soudan n'en avait nullement profité. C'est alors que, désireux d'aboutir, le gouvernement inscrivit au budget métropolitain une annuité de 2.567.000 fr. pour prolonger jusqu'au Niger la voie commencée. Il fallut d'abord infléchir le tracé à cinq kilomètres au sud de Mahina pour profiter des blocs de rocher qui encombrent le cours du Bafing et qui rendaient plus facile la construction du pont. A la fin de 1896, la ligne avait dépassé de 17 kilomètres le pont de Mahina ; en décembre 1897, la voie de 1 mètre atteignait Cuninville et l'exploitation se poursuivait jusqu'à Diouléba au kilomètre 159, en empruntant un tronçon de voie Decauville de 0^m60. A la fin de 1898 la voie de 1 mètre avait pour terminus la halte de Solinta (k. 164). Il reste maintenant à construire le tronçon de Diouléba à Toulimandio, moins les 30 kilomètres construits en 1899 jusqu'à Toulimandio. Il faut seulement espérer que la construction de la ligne Bafoulabé-Kita évaluée par le projet Marmier à une dépense de 16.500.000 fr. et celle de la ligne Kita-Toulimandio que le projet

Joffre estime à 14.600.000 francs, reviendront, en définitive moins cher que la première section qui, pour 132 kilomètres seulement, a coûté près de 15 millions de francs, soit 118.500 fr. par kilomètre.

Heureusement que pour pousser activement les travaux, les ressources ne manqueront pas. En dehors de l'annuité dont nous avons déjà parlé, la colonie a été autorisée à contracter un emprunt de 969,645 francs à la caisse des Dépôts et Consignations au taux de 3 0/0, emprunt garanti par les annuités que doit payer au Soudan, pendant cinq années, la colonie du Sénégal, en remboursement des droits de douane perçus pour compte commun (décret du 17 avril 1898). Enfin, en vertu de l'article 27 de la loi de finances du 29 mars 1897, le Soudan s'engage à consacrer au budget annexe du chemin de fer une somme annuelle de 500.000 francs pour une période qui ne pourra excéder 24 ans ; de son côté, l'État doit participer aux dépenses de construction jusqu'à concurrence de 12 millions sans que sa contribution annuelle puisse être inférieure à 500.000 francs.

En vertu du plan adopté et dont M. Le Hérissé a donné le détail exact dans son rapport de 1899, la voie ferrée de Kayes au Niger devra être terminée en 1905. Il y a tout lieu d'espérer que cette date ne sera pas dépassée.

En somme, ce chemin de fer donnera aux pays situés au sud du Niger une plus-value considérable. Déjà les recettes augmentent d'une façon, lente sans doute, mais régulière. Elles étaient, en 1891, de 129,660 francs ; deux ans plus tard, de 294,253 francs ; en 1897, de 340,000 et elles ont atteint, en 1898, 420,000 francs. Les conséquences économiques de cette voie ferrée sont telles qu'il n'y a pas lieu de regretter les sommes pourtant considérables qui ont été consacrées et tout d'abord gaspillées pour sa construction.

Chemin de fer de la Guinée française. — Après avoir étudié les chemins de fer réalisés ou en cours d'exécution, examinons maintenant les voies ferrées en projet. Nous avons dit que le capitaine Salesses avait été primitivement chargé de construire une route destinée à unir les régions fertiles du Fouta-Djallon au port de Konakry. Mais le développement prodigieux de la Guinée française d'une part, et d'autre part la nouvelle que la colonie anglaise de Sierra-Leone allait construire un chemin de fer, convainquirent le gouvernement de la nécessité de substituer à la route un chemin de fer. Ayant à choisir entre plusieurs projets (le premier élaboré par M. Brosselard-Faidherbe datait de 1890), elle accepta celui que lui présentait le capitaine Salesse dont le tracé, modifié suivant une variante due à l'adjoint du génie Naudé, paraît certainement le plus direct et le plus économique.

La longueur totale du futur chemin de fer sera de 550 kil. entre les deux points extrêmes (Konakry et Kardamania). Cette voie partant de Konakry doit contourner la montée de Tangbaïa et des monts Ouloum, atteindre Bambaïa puis le centre important de Timbo. Se glissant ensuite par la vallée du Tinkisso dans la vallée du Niger, elle doit atteindre Kouroussa et longer le grand fleuve jusqu'à Kardamania. Ce tracé sera-t-il difficile à réaliser ? « Les pentes ne dépassent pas 25 millimètres par mètre; les courbes ont toutes plus de 100 mètres de rayon à l'exception d'une seule qui n'a que 75 mètres mais qu'on pourra probablement ouvrir encore; le tracé ne comporte ni viaduc, ni tunnel, ni grands terrassements; les ponts seront tous d'un modèle courant, de 25 mètres de portée, le plus souvent et au plus de 35 mètres, à l'exception du pont de la Kolenté de 60 mètres de large, en deux ou trois arches (1). » En somme, le tracé peut être résumé approximativement par trois noms Konakry-Timbo-Kouroussa, bien qu'il passe à une étape au sud de Timbo et de Kouroussa.

(1) Le chemin de fer de Sierra-Leone est poussé jusqu'au 50ᵉ kilom.

Tel est le but à atteindre ; quels sont les moyens matériels dont dispose la colonie ? Ne pouvant compter sur l'initiative privée, le gouvernement local, par un décret présidentiel en date du 14 août 1899, a été autorisé à emprunter à la caisse des retraites de la vieillesse une somme de huit millions gagée théoriquement sur les produits des douanes de la colonie, à 4 fr. 10 d'intérêt annuel (alors que le Soudan a emprunté à 3,90 seulement). C'est avec ces ressources que le capitaine Salesses, nommé ingénieur-directeur, a pu commencer les travaux de construction dès le mois de mars 1900. Son opinion est que la ligne une fois achevée coûtera environ 44 millions, soit un intérêt annuel de 1.760.000 francs ; l'entretien et l'exploitation exigeront 1.650.000 francs environ ; la recette annuelle devra donc, pour que la ligne puisse faire ses frais, dépasser 3.500.000 francs. Or, d'après ses calculs, les recettes, en ne tablant que sur le commerce existant, devront atteindre au moins 5 millions et dans ce calcul on ne fait entrer en ligne de compte ni le bénéfice du transport des voyageurs, ni celui des convois de l'Etat (1). Donc l'affaire serait excellente à tous égards.

Tel n'est pas l'avis cependant de M. de Trentinian qui estime que le chemin de fer de la Guinée ne pourra attirer à lui un courant commercial sérieux que conservera pour lui le chemin de fer du Soudan. D'ailleurs, ajoute le général, pendant trois ou quatre mois, le chemin de fer de la Guinée ne recevra aucune marchandise du Niger dont les eaux sont basses de janvier à juin. Cette assertion ne nous paraît pas exacte. En réalité la coupure très nette du fleuve à Bammako attribue à chacune de ces voies ferrées une sphère d'action absolument différente et jamais les marchandises qui emprunteront la voie du Soudan n'auraient emprunté la voie de la Guinée

---

(1) Rapport du capitaine Salesses. *Bulletin de l'Afrique française*, 1898.

ou réciproquement. En réalité, les deux entreprises, loin de se nuire, se complètent et s'harmonisent. M. de Trentinian a trouvé un allié dans M. Aspe-Fleurimont (1) qui estime 1° que les besoins des noirs sont limités, argument qui n'est pas irréfutable, puisque les besoins naîtront justement des produits apportés par le chemin de fer et dont les indigènes prendront le goût par l'expérience ; 2° que les produits de la colonie autres que le caoutchouc ne pourront pas supporter les frais de transport par voie ferrée. Or ces mêmes produits supportent actuellement des frais de transport par porteurs singulièrement plus élevés. En réalité, même en admettant que les appréciations du capitaine Salesses soient quelque peu optimistes, le chemin de fer de la Guinée française aura fatalement une influence considérable sur le développement économique de la colonie. De plus il convient d'ajouter qu'en dehors de tout intérêt économique, l'intérêt politique suffirait pour justifier la construction de cette voie ferrée et les dépenses qu'exige cette construction.

Le chemin de fer de la côte d'Ivoire. — Jusqu'à présent nous n'avons eu à étudier que des projets de voies ferrées allant d'Ouest en Est, de l'Océan Atlantique vers le cours du Niger ; mais il est certain que les chemins de fer allant directement du sud au nord, du golfe de Guinée vers l'intérieur de la boucle, peuvent et doivent présenter des avantages économiques au moins égaux aux premiers. Bien plus, leur établissement se présente dans de meilleures conditions puisque les vallées des fleuves qui aboutissent à la côte offrent un accès commode et singulièrement plus court vers les régions qu'il importe de drainer. On a prétendu que ces chemins de fer se feraient naturellement concurrence les uns aux autres et que leur multiplicité nuirait au développement général du commerce sans profit pour personne.

(1) Aspe-Fleurimont, *op. cit.*

Cette objection n'est pas sérieuse. Jamais les bois de la Côte d'Ivoire ou les palmistes du Dahomey n'auraient emprunté, pour gagner un port d'embarquement, les wagons de la Guinée française ou ceux du chemin de fer du Soudan. Il y a là des régions très différentes, séparées les unes des autres par des obstacles naturels et qui réclament une voie d'accès spéciale. Vers le Niger, unité géographique de l'Afrique Occidentale, convergeront les voies d'ouest en est pour le cours supérieur jusqu'à Tombouctou et les voies du sud au nord pour le Niger moyen. Un jour viendra où les voies se raccorderont au cœur même du pays au grand profit du commerce qui se développera d'autant plus que les voies de communication seront plus nombreuses.

Il y a déjà douze ans que Binger a reconnu que Kong est une métropole commerciale pour le sud au moins égale comme importance à Tombouctou, métropole du nord. C'est pour atteindre Kong que le gouvernement local a songé à la construction d'un chemin de fer qui, remontant la vallée du Bandama, atteindrait, par étapes successives, ce centre important. L'étude préliminaire a été confiée au commandant Houdaille, assisté des capitaines Crosson-Duplessis et Thomasset. De ce travail qui fut poursuivi du 16 décembre au 24 juin il est résulté un lever au 1/10,000 sur 720 kilomètres qui se répartissent ainsi :

Grand-Bassam, Allépé, Mop, N'Zi . . .	260 kilos
Reconnaissance du Morénou	160 —
Mopé, Bettié, Adoquoi	100 —
Allépé, Abidjean, M. Bato	100 —
Allépé, Malamalasso, Bettié	100 —
Total	720 kilos

A Allépé et à Mopé, la mission a ouvert à la hache une tranchée continue dans la forêt, de 3 mètres de largeur et de 100 kilomètres de longueur. 40 kilomètres de tranchées transversales ont été ouvertes dans les mêmes conditions.

Quelle sera, en somme, la voie projetée? Elle aura 500 kilomètres dont 150 sont déjà étudiés en détail, et 350 à l'état d'avant-projet. La ligne principale aura 300 kilomètres et partira soit de Grand-Bassam, soit plutôt d'Abidjean (Bingerville) si ce point est définitivement choisi comme capitale, pour se diriger vers le Baoulé par Mopé. Un embranchement de 100 kilomètres desservira le Morenou avec prolongement éventuel sur Kong; une autre ligne de 60 kilomètres reliera Bettié à la ligne de pénétration.

Il a fallu prévoir qu'en l'absence de houille il serait nécessaire d'avoir recours à la force électrique. Le lieutenant Macaire a donc étudié les conditions d'établissement, aux environs de Malamalasso, d'une usine hydraulique capable de fournir jusqu'à 2000 chevaux. Un seul affluent de la Comoë, le Mala-Mala, fournit à lui seul, aux basses eaux d'avril, 700 chevaux avec une chute de 35 mètres. Le reste de la force serait obtenu grâce à des barrages peu coûteux établis sur la Comoë qui coule entre deux rives de rochers de Malamalasso à Dabosué.

Enfin, le chemin de fer aboutira à un port intérieur dont le projet a été très sérieusement étudié par M. le capitaine Crosson-Duplessis. Il sera installé dans la baie d'Abidgean qui s'enfonce de 2 kilomètres dans l'intérieur des terres et mesure 4 kilomètres de longueur, 1 kilomètre de largeur et de 7 à 16 mètres de profondeur. Un chenal de 800 mètres permettra l'accès aux bateaux de 3000 tonneaux.

Le capitaine Houdaille estime la dépense totale : pour le port à 4 millions; pour l'usine à 1.500.000 et pour le chemin de fer lui-même (voie d'un mètre) à 35 millions (de 60.000 à 80.000 francs par kilomètre). Au total, une quarantaine de millions; sacrifice médiocre si on le compare aux avantages considérables que la colonie doit fatalement en retirer et dans un bref délai (1).

Ajoutons que pour la Côte d'Ivoire comme pour la Guinée française, l'argent nécessaire sera fourni par un emprunt gagé sur les ressources propres à la colonie.

Le chemin de fer du Dahomey. — La colonie du Dahomey n'a qu'une largeur de 120 à 150 kilomètres de l'est à l'ouest, tandis qu'elle s'enfonce de 800 à 900 kilomètres dans les terres, jusqu'au bief navigable du Moyen-Niger qui s'étend, lui-même, sur près de 1000 kilomètres entre les chutes de Zinder et celles de Boussa. Comme il n'existe pas de route carrossable et pas d'autre moyen de transport que le porteur, les produits des régions situées à plus de 150 à 200 kilomètres de la mer, ne peuvent arriver à la Côte. La construction d'une voie de pénétration partant de cette côte et aboutissant au Niger, en traversant les régions les plus riches du Dahomey s'impose donc ! Cette voie ferrée de 700 kilomètres de longueur recueillera, dans les nombreuses gares du parcours, les riches produits du sol dahoméen, ainsi que les bœufs, moutons, chevaux, si nombreux dans la région nord. A son terminus, elle recevra tous les produits des rives du Niger sur un millier de kilomètres de son cours (2).

Une mission dont la direction fut confiée au commandant Guyon auquel furent adjoints les capitaines Fillonneau et Cambier et le lieutenant Bachellery, fut donc chargée d'étudier, sur une longueur d'environ 150 kilomètres, un tracé de chemin de fer à voie d'un mètre, partant de la côte et se dirigeant vers le nord en traversant les régions les plus avantageuses au point

---

(1) Voir le rapport du capitaine Houdaille et celui du gouverneur de la Côte d'Ivoire, 1899.

(2) Le chemin de fer du Dahomey : De l'Océan au Niger : commandant Guyon.

de vue du trafic futur de la ligne. La mission commença ses travaux le 19 mars 1899 et les termina le 6 octobre.

La voie ferrée projetée partira de Cotonou, se dirigera vers Paou où elle rencontrera l'embranchement venant de Ouidah qui la fera communiquer avec la lagune navigable de Grand-Popo à Ouidah avec le lac Ahémé, le Couffo et le Mono. De Paou, la ligne gagnera Allada et Toffo, franchira la Lama au delà de ce point et pénétrera dans le royaume d'Abomey en se dirigeant vers Atchéribé pour franchir la rivière Zou. Plus au nord, la ligne traversera les provinces de Paouignan, Agouayou, Savé et Tchaourou.

En prévoyant un tarif de transport très faible (0 fr. 40 par tonne kilométrique) on arrive à une évaluation approximative de 8 à 9000 francs par kilomètre et si on adopte le tarif de 0 fr. 70 pour certains produits à transporter, les recettes s'élèveront à 14.000 francs. En déduisant de ce chiffre les frais d'exploitation, on peut penser que la recette nette kilométrique sera, au moins, de 3000 francs par kilomètre dans le premier cas, et de 8000 dans le deuxième.

Quant aux dépenses de premier établissement, il semble bien qu'on reste dans la vérité en les évaluant à 60.000 francs par kilomètre, ce qui donnera, pour les 700 kilomètres qui séparent Cotonou du Niger, une dépense totale qui n'excédera pas 40 millions.

Comment sera construit le chemin de fer? Tout d'abord il est certain qu'il se fera par les moyens pécuniaires et sous la seule garantie de la colonie, soit que la colonie contracte elle-même un emprunt gagé sur ses ressources propres, soit qu'elle concède ses droits à une compagnie concessionnaire qui contractera elle-même un emprunt, mais recevra en échange une indemnité d'un million sous la forme de concessions territoriales. De ces deux façons de procéder, la deuxième est incontestablement la meilleure. Dans tous les cas et quel que soit le mode adopté, les 150 premiers kilomètres devront être construits en cinq ans (10 kilomètres la première année, 30 la deuxième, 40 la troisième et 50 les suivantes) et la ligne terminée devra atteindre le Niger au cours de la seizième année.

Telles sont les grandes lignes du projet si consciencieusement étudié par le commandant Guyon. La construction de la ligne doit commencer dès la campagne prochaine. La fortune du Dahomey en dépend car la construction de ce chemin de fer s'impose :

« 1° *Au point de vue commercial*. — Il permettra l'exploitation impossible aujourd'hui de la plus grande partie du Dahomey et réduira les frais de transport dans d'énormes proportions.

« 2° *Au point de vue sanitaire*. — Les Européens fatigués par un séjour prolongé dans le Bas-Dahomé pourront, en quelques heures, gagner la partie haute du pays et éviter ainsi soit une aggravation du mal, soit l'obligation de rentrer en Europe.

« 3° *Au point de vue politique*. — La base de l'action française administrative et militaire, reportée à l'extrémité de la voie ferrée au fur et à mesure de sa pénétration à l'intérieur, facilitera l'ouverture du pays et sa mise en valeur (1). »

Le transsaharien. — Une étude sur les voies de communication de l'Afrique occidentale ne serait pas complète si nous n'examinions pas, au moins sommairement, la question si actuelle du Transsaharien. Il n'entre pas dans nos intentions d'étudier en détail les différents projets en discussion. Il faudrait pour cela bien des pages et une discussion beaucoup trop longue pour que nous puissions l'aborder ici. Contentons-nous donc de donner simplement notre opinion et les raisons de cette opinion. Disons tout de suite qu'en dépit de l'autorité légitime qui s'attache aux noms de MM. Duponchel, Georges Rolland et Pierre Leroy-Beaulieu qui défendent le projet, avec

---

(1) *Le Dahomé*, par Georges Borelli, op. cit.

autant d'énergie que de conviction, nous sommes résolument opposé au chemin de fer Transsaharien. Pourquoi ? C'est ce que nous dirons, après avoir rapidement énuméré les projets en présence.

« Qui sait, disait le grammairien Hanoteau à l'inauguration du chemin de fer de Blidah en 1860, si un jour reliant Alger à Tombouctou, la vapeur ne mettra pas les tropiques à six journées de Paris ? » C'était, sous une forme interrogative, la première idée du chemin de fer Transsaharien. Quinze ans plus tard M. Duponchal proposait la construction d'un chemin de fer d'Alger à Tombouctou par le Touât, en empruntant la vallée de l'Oued Miâ ou celle de l'Igharghar. De ce projet sortirent, après de nombreuses discussions « d'autant plus intraitables que derrière les arguments scientifiques se cachait la rivalité ardente des principaux ports algériens », les missions Pouyanne, Choisy et Flatters et surtout les remarquables travaux de M. Georges Rolland. Les instructions données au colonel Flatters étaient aussi nettes que possible : « Je vous charge, disait le ministre des travaux publics, de rechercher un tracé devant aboutir dans le Soudan entre le Niger et le lac Tchad. » On se souvient de la catastrophe lamentable qui anéantit la mission presque tout entière et avec elle, du moins momentanément, l'espoir des partisans du Transsaharien.

Pendant que la pénétration saharienne par l'Afrique du nord échouait ainsi d'une façon sinistre, la pénétration du même Sahara par le Soudan se précisait par la construction, en 1881, du tronçon du chemin de fer de Kayes à Bafoulabé.

Le massacre de la mission Flatters eut des conséquences absolument lamentables puisque la politique française dans le Sahara fut frappée d'impuissance et de stérilité : ce fut la période d'effacement. Mais à dater de 1890 « la France qui s'était lassée du Transsaharien, lassée du Sénégal et désintéressée du Niger » revint à la fois au Sénégal et surtout au Transsaharien, grâce à l'énergie passionnée de M. G. Rolland. Partant de cette idée qu'il fallait décidément jouer cette grosse partie et « qu'il fallait la jouer chez nous », il estimait que le seul tracé possible sur une longueur de 2.200 kilomètres, était celui qui passant par Ouargla et Amadghor se raccorderait vers le nord à Biskra et vers le sud à Agadès en passant par Tintelloust dans l'Aïr. MM. Ed. Blanc et le général Philebert se rangeaient également parmi les plus chauds partisans du Transsaharien : « Faire un tout de l'Algérie, du Sénégal et du Congo par le Sahara Touareg et par le Soudan central et occidental, tel était le but proposé ». M. G. Rolland examinait alors dans un travail intéressant les différents tracés ; le tracé occidental d'Aïn-Séfra au Niger ; le tracé central de Laghouat à El-Goléa et au Niger ; le tracé occidental de Biskra au lac Tchad par Ouargla, l'Igharghar et Timguid. M. Ed. Blanc préconisait, de son côté, le tracé du golfe de Gabès au Soudan par Ghât et Ghadamès. En somme quatre tracés principaux correspondant à chacune des provinces algériennes et à la Tunisie, les tracés par le Touât conduisant au Niger et ceux par l'Igharghar menant au Tchad « quoique chacun d'eux puisse faire la fourche vers le Tchad et vers le coude du Niger ». Nous avons déjà constaté que le tracé par Biskra au Tchad était le seul tracé qui eût quelques chances sérieuses d'aboutir (1).

En 1899 la question fut reprise avec beaucoup de talent par M. Paul Leroy-Beaulieu qui, invoquant l'incohérence de notre empire africain, la marche de la mission Marchand et le désastre de la mission Voulet-Chanoine reproduisant pour son compte les arguments géographiques et économiques autrefois présentés, entreprit une courageuse campagne en faveur du Transsaha-

---

(1) V. Aug. Bernard et le capitaine Lacroix, *Les voies de pénétration saharienne*.

rien. Enfin M. Duponchel, résumant en quelque sorte son argumentation, s'est fait à nouveau, dans la *Revue coloniale* (1), l'avocat convaincu de cette cause compromise.

Quels sont, en somme, les arguments invoqués par les partisans du Transsaharien? Ils sont de trois ordres : géographiques, économiques et politiques. Aucun de ces arguments ne nous paraît absolument probant; c'est ce qui reste à démontrer.

Les raisons géographiques : Est-il exagéré de prétendre que, même après les explorations de Flatters, de G. Rolland, de Foureau et de Lamy, de Camille Douls et la récente campagne géologique de M. Flamand, nous ne savons rien ou presque rien ni sur la géologie, ni sur l'orographie, ni sur l'hydrographie saharienne. Tous les projets présentés ont ce tort de considérer le pays à traverser comme un pays connu, alors qu'on ignore tout de ce qu'il en faudrait savoir : les hauteurs à franchir ou à couper, les travaux d'art nécessaires, les obstacles à tourner, la composition du sol sur lequel il faudrait poser le rail et édifier les remblais. D'ailleurs pourquoi un Transsaharien? Vraisemblablement pour unir notre colonie du Soudan à nos possessions de l'Algérie, considérée comme la porte de sortie de notre empire africain. Or l'Algérie est une façade et rien de plus. C'est une porte, si l'on veut mais une porte qui ne conduit nulle part. « Si nous avons pris possession de la Nouvelle-Calédonie, par exemple, et de Madagascar, c'est pour leur valeur propre et intrinsèque et non parce qu'elles ouvrent l'accès d'autres contrées. Au Congo, au Sénégal, au contraire, nous avons surtout cherché l'accès des magnifiques réseaux du Congo et du Niger. Au Tonkin, nous avons un pays riche par lui-même et qui nous ouvre, en outre, la voie vers le Yunnam et la Chine méridionale. Il n'en est pas de même de l'Algérie.

---

(1) V. les numéros d'avril, mai et juin 1900.

Elle a sa valeur propre et cette valeur est telle qu'elle reste le plus beau joyau de la parure coloniale de la France; mais l'Algérie n'est pas du tout la porte de notre empire africain (1). » Les portes de sortie naturelles des produits du Soudan sont le Sénégal et le Niger, Dakar et Konakry, Grand-Bassam et Kotonou et non les oasis de l'Aïr ou celles du Tafilet.

Les raisons économiques? Il faut avoir toute l'imagination de M. Duponchel pour considérer que le Niger « est l'axe des richesses naturelles du Soudan ». Dans le Sahara (est-il bien nécessaire de le dire), il n'y a, ni terres riches à cultiver, ni commerce à étendre, ni industries à créer. Le Sahara est une région déshéritée. Ce n'est pas avec des dattes et du sel que l'on pourra alimenter le trafic d'une voie ferrée aussi longue et aussi coûteuse. L'agriculture ne fournira donc rien; les minéraux fourniraient-ils davantage? M. Flamand ne le pense pas davantage et il est pourtant le seul à bien connaître les ressources minières du Sahara. Alors par quels moyens alimenter le trafic? Pourquoi l'Algérie du sud et le Soudan échangeraient-ils entre eux des produits qui sont identiques dans les deux pays? Pourquoi surtout les indigènes et les colons expédieront-ils par la voie ferrée très coûteuse les marchandises à destination de l'Europe alors qu'ils ont à leur disposition des voies fluviales bien plus économiques à tous égards?

Les raisons politiques? C'est évidemment le meilleur argument que l'on puisse invoquer en faveur du Transsaharien. « Les chances de trafic sont des plus médiocres, de l'aveu même de ses partisans; les marchandises encombrantes, bois, coton, arachides, prendront toujours de préférence la voie des fleuves, et tout ce qu'osent rêver les plus enthousiastes, c'est que le chemin de fer fasse ses frais (2). » J'avoue que si l'idée

---

(1) Aug. Bernard, *La question du Transsaharien*, op. cit.
(2) H. Schirmer, *Le Sahara*.

d'un Transsaharien unissant par un double rail toutes les parties de notre empire africain est séduisante et même grandiose, il est difficile de saisir l'avantage qu'il pourrait y avoir, en cas d'une guerre avec la Grande-Bretagne (car c'est toujours à cette éventualité que l'on songe) à posséder un Transsaharien. Quel intérêt y aurait-il, par exemple, le jour où l'Algérie serait naturellement attaquée en même temps que le Soudan, à pouvoir transporter des soldats du Niger à Biskra alors que, sans doute, on transporterait en même temps d'autres soldats de Biskra au Niger ? Il y a là, je le crains bien, une simple duperie de mots dont les partisans du chemin de fer stratégique que, d'ailleurs, les stratégistes ne réclament pas, sont les premières et sincères victimes. Et je ne parle pas des difficultés matérielles d'exécution : comment seront actionnées les locomotives ? Par la vapeur. Mais alors les trains transporteront avec eux leur combustible puisque la houille fait défaut au Sahara ; par l'électricité ? Où sont donc les chutes d'eau utilisables ? Comment enfin, à supposer que toutes ces difficultés soient résolues, défendrait-on la voie ferrée projetée contre les accidents climatériques et les invasions de sable, conséquence fatale d'un climat désertique ?

On remarquera que nous n'avons pas encore abordé la question capitale des chiffres. Le Transsaharien coûtera, disent les uns, 500 millions, 600 millions, disent les autres, 800 millions, disent les plus clairvoyants. Qui fera les frais de cette gigantesque entreprise ? L'État, sans doute, car « nous ne serions pas en France si l'on n'avait tout d'abord tendu vers l'État des mains suppliantes. » Or que l'on suppute quels travaux importants et de premier ordre on pourrait entreprendre en Algérie et au Soudan : construction de voies ferrées, amélioration de ports, travaux de navigabilité, etc., etc., dont les résultats sont certains au lieu de compromettre ces 600 millions dans une entreprise dont les conséquences sont, au moins, problématiques. S'adressera-t-on à une compagnie particulière ? Mais elle n'entreprendra pas une construction de ce genre sans obtenir des avantages considérables de la part de l'État, sans demander, par exemple, une garantie d'intérêt. Et ne craindrait-on pas, au lendemain du Panama et des mines d'or du Transvaal, de lancer la petite épargne française dans une entreprise gigantesque au risque qu'elle pût se plaindre un jour d'avoir connu, après le Panama maritime, le Panama à sec ?

Telles sont les raisons qui nous font désirer que le rêve du Transsaharien ne devienne pas une réalité ? Est-ce à dire qu'il n'y ait rien à faire dans l'ordre d'idées indiqué par les partisans de ce chemin de fer ? Il nous semble, au contraire, que le Congrès d'Alger de 1899 a été particulièrement bien inspiré en substituant à la formule vide et sonore de « Transsaharien » les mots beaucoup plus précis de « Chemins de fer Sahariens ». Oui, compléter le réseau des voies algériennes encore si incomplet, rattacher l'oasis du Touat au sud oranais par la vallée de l'O. Saoura, ce qui permettra de surveiller le Maroc, rejoindre de même le groupe des oasis de l'Oued-Rir à Biskra par Tougourt. Et, d'autre part, créer, au nord du Niger, des voies d'accès pour pénétrer dans les pays maures, étudier scientifiquement les pays situés au nord du lac Tchad; tels sont les travaux urgents et pratiques à entreprendre au nord et au sud du désert saharien. Un jour viendra, lointain sans doute, où d'étape en étape, les voies ferrées partant du Niger et du sud algérien se raccorderont au cœur du désert; ce jour-là, le Transsaharien sera fait, mais il aura suivi la conquête économique, il aura été subordonné au progrès des connaissances géographiques et de la pacification et n'aura pas été le résultat d'une entreprise imprudemment engagée, dangereuse par ses conséquences et qui nous détournerait pendant des années de nos intérêts les plus immédiats et les plus précis. « Nous sommes, à l'heure actuelle, comme quelqu'un qui aspirerait aux deux bouts d'un siphon, puisque nous travaillons présentement, et avec raison, à créer aux produits du Soudan un débouché vers Dakar, vers Konakry, vers Grand-Bassam. Non seulement le Sahara est vide, mais il se videra de plus en plus à mesure que nous nous efforcerons de drainer le Soudan et le Sahara, même par le Sénégal et le Niger (1). »

Les voies ferrées au Congo.

Il est un fait matériel dont on ne saurait atténuer l'importance. Le Congo belge a un chemin de fer ; le Congo français n'en a pas. De là une infériorité désastreuse pour le développement économique de notre colonie. Grâce au colonel Thys, c'est dès l'année 1885 que le roi Léopold songea à doter sa colonie d'une voie ferrée. Il n'entre pas dans notre sujet de faire l'historique de cette compagnie. Rappelons simplement que le capital-actions est de 30 et le capital-obligations de 35 millions ; que le kilomètre a coûté 240,000 fr. au début et 100,000 à la fin sur une longueur de 160 kilomètres, que le trafic kilométrique, pour rémunérer le capital engagé, devait être de 8,125 fr. par kilomètre et qu'il a été, dès le début, de 21,000. Cette situation brillante, trop brillante peut-être, durera-t-elle ? N'y a-t-il pas eu en Belgique, et même ailleurs, un véritable emballement ? Telle n'est pas la question qu'il nous importe de résoudre.

Tout d'abord, comment se fait-il que la France n'ait pas songé à construire sur son territoire un chemin de fer, alors que les deux vallées du Niari-Quillou et de l'Alima auraient ouvert vers la grande artère du Congo un chemin plus court et certainement moins cher à établir? Eh bien ! Il faut le dire bien haut: on y a songé : M. de Brazza n'a cessé, pendant plusieurs

---

(1) Aug. Bernard, *La question du Transsaharien.*

années, de jeter le cri d'alarme et de demander pour sa colonie les moyens matériels, soit de construire un chemin de fer qui empruntât sur toute sa longueur notre territoire, soit de prendre les mesures nécessaires « pour ne pas capituler devant la puissante organisation des intérêts belges ». Pour cela que fallait-il faire d'après M. de Brazza ? Il fallait constituer au Congo français une compagnie française capable d'entrer en relations directes avec la compagnie belge. « Au moment où l'œuvre actuellement commencée du chemin de fer belge devra, pour assurer l'achèvement des travaux, faire appel à de nouveaux concours, la Compagnie française pourrait, en pleine connaissance de cause, intervenir dans la question, de manière à acquérir par ce fait, pouvoir et qualité pour représenter et défendre les intérêts du Congo français dans la compagnie du chemin de fer belge.

« Pour avoir équitablement cette qualité, la compagnie française devrait pouvoir apporter à l'œuvre du chemin de fer, laquelle, après entente, deviendrait une œuvre commune, les 20 0/0 des droits de sortie perçus sur les territoires de la région intérieure du Congo français. La colonie du Congo français se réservera, par ce fait, un avantage semblable à celui que s'est réservé le Congo belge, le jour où il s'est dessaisi, au profit de la Compagnie du chemin de fer, des 20 0/0 des droits de sortie perçus sur ses territoires.

« En se plaçant dans cet ordre d'idées, il est, je crois, possible d'arriver à une entente au sujet de l'utilisation du chemin de fer belge pour la mise en valeur du Congo français... Il y a donc lieu de poursuivre la fondation d'une compagnie qui continuerait, aux divers points de vue mentionnés plus haut, son intervention pour garantir notre avenir dans la question (1). »

Un an plus tard M. de Brazza écrivait à nouveau : « Notre

(1) Lettre de M. de Brazza au sous-secrétaire d'État, 6 mars 1891.

situation est restée stationnaire tandis que l'organisation économique adoptée par la Belgique arrivait à établir le bénéfice d'un monopole de fait en faveur des compagnies belges qui s'étaient créées sous l'impulsion personnelle du roi. L'accaparement de tout le Congo par une collectivité de compagnies liées à la compagnie du chemin de fer, me paraît inévitable. Nos intérêts ne pourront être sauvegardés que si les capitaux français parviennent à occuper dans cette collectivité une place proportionnelle à l'étendue de notre territoire.

« Les conditions économiques de la mise en valeur de nos territoires étant subordonnées à la question des transports, il est nécessaire tout d'abord que nos intérêts soient représentés et que notre influence puisse s'exercer au sein de la compagnie du chemin de fer belge.

« La formule de cette solution, au sujet de laquelle il serait utile de pressentir le gouvernement de l'Etat indépendant, peut se résumer ainsi :

« L'augmentation prochaine du capital affecté au chemin de fer ne pourrait-elle pas être effectuée par la fusion d'une compagnie française avec la compagnie du chemin de fer belge, de manière à introduire au sein de celle-ci une juste représentation des intérêts français ?

« Si les avantages que la colonie du Congo devrait concéder à cette compagnie pour assurer sa fondation étaient identiques à ceux que l'Etat indépendant a constitués en faveur de la compagnie belge, l'Etat du Congo consentirait-il à laisser établir, en faveur de notre colonie, une situation semblable à celle dont lui-même bénéficie en ce qui concerne le transport du personnel et matériel de l'Etat ?

« Si l'Etat indépendant du Congo est disposé à entrer dans ces vues, la solution se trouve toute préparée (1). »

(1) Lettre de M. de Brazza au sous-secrétaire d'Etat, 25 septembre 1892.

On le voit : nos intérêts étaient en bonnes mains. La jeune colonie du Congo français n'avait pu créer, elle-même, son chemin de fer parce que les capitaux sollicités n'auraient certainement pas répondu à l'appel qui leur aurait été adressé et parce que le Parlement n'aurait pas voté les sommes considérables que nécessitait une telle construction. Mais un moyen s'offrait qui aurait permis, non seulement de ne pas souffrir de la concurrence du chemin de fer belge, mais encore d'en tirer des profits largement rémunérateurs. Ce moyen, le commissaire général du Congo, qui faisait preuve en cette circonstance de beaucoup de prévoyance et d'une largeur de vues, l'indiquait lui-même ; la compagnie belge n'y était pas opposée parce que cette solution lui aurait, sans doute, permis d'emprunter notre territoire pour la première partie du tracé; le gouvernement français et notamment M. de La Porte se montraient nettement favorables. Bien plus, alors que le chemin de fer était à peu près achevé, la compagnie belge offrait encore au gouvernement français une partie des actions et obligations à prendre et un nombre suffisant de places dans le conseil d'administration pour que les intérêts de la France pussent y être défendus au même titre que les intérêts belges. Jamais peut-être une situation financière n'avait provoqué un tel accord de bonnes volontés. Et pourtant ce projet n'aboutit pas ! A qui faut-il s'en prendre ? N'hésitons pas à le dire : à l'opinion publique qui n'aurait pas compris que cette solution était la seule qui permît, étant donnée la construction inévitable de la voie belge, la défense des intérêts français menacés. On n'aurait pas manqué d'accuser le gouvernement et les administrations financières d'avoir vendu à une nation voisine le Congo français et le public, mal instruit, aurait été sévère pour les ministres clairvoyants qui auraient pris l'initiative d'une telle opération (1).

(1) Voir le discours de M. André Lebon, au banquet de l'Union coloniale.

Le résultat? On le connaît. Non seulement nous n'avons pas de chemin de fer au Congo, mais encore la voie de Loango à Brazzaville ne sera pas construite de sitôt, car il faudra savoir, avant de l'entreprendre, d'abord ce que donnera la mise en valeur des territoires compris entre la Sangha, le Congo et l'Oubangui, ensuite si le trafic vers l'ouest sera suffisant pour alimenter deux voies parallèles. Le chemin de fer par l'Ogooué, empruntant une vallée située plus au nord, échapperait naturellement à ces critiques, mais sa construction est encore subordonnée aux conditions de navigabilité des rivières de l'intérieur, prolongement naturel de cette voie ferrée. Enfin, il est évident que, tôt ou tard, une ligne de chemin de fer devra desservir la rive droite de l'Oubangui et des études préliminaires ont été déjà commencées. La réalisation de tous ces projets dépend des résultats que donneront les concessions au Congo; or, nous l'avons dit, c'est là un redoutable et lointain inconnu que personne n'est en mesure de deviner encore.

MADAGASCAR

Dès le début de la conquête, il fut évident que l'exploitation économique de la colonie ne serait possible qu'autant que les communications entre la région des hauts plateaux et celle de la côte seraient établies par une ou plusieurs voies ferrées. Aussi dès 1896, un particulier nommé de Vitalis avait offert de construire un chemin de fer en ne demandant, comme subvention du gouvernement, que des concessions de terres le long de la voie projetée. Ce premier projet fut écarté parce que le demandeur était de nationalité anglaise; mais l'idée lancée fut reprise et, dans le courant de 1897, la commission permanente du Conseil supérieur étudia et vota, sur le rapport de M. Bricka, le principe d'une voie ferrée qui, partie d'Andevorante, irait à Fianarantsoa et de ce centre monterait jusqu'à Tananarive. La compagnie concessionnaire devait obtenir des concessions, le long de la voie, en plusieurs lots séparés. En échange de ces avantages, l'Etat se réservait le droit de reprendre, au bout de 25 ans, l'exploitation de la ligne pour son compte. Cette convention provisoire devait être naturellement soumise au vote du Parlement.

En vertu de cette décision, une mission d'études fut constituée sous la direction du colonel Marmier et du commandant Goudard; elle aboutit à cette conclusion que le tracé futur devrait emprunter la vallée de la Sahantandra, celle du Mangoro et enfin celle de la Sahanjany. Cette mission fut suivie d'une deuxième, organisée par le commandant Roques. Elle commença ses travaux le 7 mars 1897 et rapporta un tracé complet, levé au 1/5000.

Cette voie aura 371 kilomètres; de Tamatave à Tananarive la distance entre Aniverano (terminus navigable de la Vohitra) et Tananarive est de 285 kilomètres. « Après avoir franchi l'Ivondro, le tracé gagne la voie orientale du lac Nossi-Vé, remonte le Manambolo, passe dans la vallée du Ranofotsy, franchit le Rongorango, puis la Vohitra à Aniverano et, à partir de ce point, suit la rive droite de la Vohitra-Sahantandra... Le tracé passe de la vallée de la Sahantandra dans celle du Mangoro par le col de Tangaïana, pique au nord-ouest, franchit le Mangoro, remonte la Sahanjany et son affluent l'Isafotra (Andronabé), puis passe par le col de Tanifotsy dans les vallées tributaires de l'Ikopa et atteint Tananarive (1). »

Une compagnie qui a pris le nom de Compagnie coloniale de Madagascar a accepté, après avoir étudié le projet Roques, de prendre à sa charge la totalité des dépenses de construction.

(1) *Rapport du général Galliéni, op. cit.*

En échange de cet engagement, l'Etat et la Colonie devront conjointement garantir 2.800.000 francs de transports annuels pendant une durée de quinze années. Or, comme cette garantie calculée avec un intérêt de 3 1/2 pour 100 représente pour quinze ans une somme de 23.348.220 francs et que le prix total de la construction atteindra 45 millions, « la convention projetée revient à faire supporter à l'Etat la moitié des frais de construction, en laissant à la compagnie tous les risques et aléas de l'opération » (1). Il est vrai que la convention stipule aussi que du jour où le trafic annuel dépassera 24.000 francs par kilomètre, l'Etat partagera avec la compagnie la moitié de l'excédent. La compagnie obtiendra aussi 100.000 hectares de terrain à choisir dans des périmètres réservés et un droit de préférence pour l'exécution de certains travaux, tels que la construction de divers embranchements, des lignes indépendantes destinées à rattacher Tananarive à un point quelconque de l'Imérina, l'aménagement du port de Tamatave.

Le capital-actions est fixé à quinze millions de francs, et le délai accordé pour la construction du chemin de fer est de six ans environ.

Un projet de loi en ce sens a été déposé le 22 mars 1898 et définitivement voté par le Parlement au mois d'avril 1900 (2).

La mission qui fut chargée par la future compagnie d'étudier les conditions techniques du chemin de fer a étudié, en même temps, un projet de voie ferrée allant de Tananarive au terminus de la ligne d'eau Mopa-Betsiboka. MM. Guibert et Dufour, chargés de cette étude, après avoir étudié les trois

---

(1) *Guide de l'Immigrant de Madagascar.*
(2) Cette Compagnie coloniale se compose du Comptoir d'Escompte, de la Société générale, de la Société marseillaise, du Crédit industriel et commercial. Les premiers pourparlers avaient été engagés avec la Société bordelaise.

hypothèses en présence, se sont décidés en principe pour la voie Tananarive à Mevetanana. Ce chemin de fer sera prolongé par un service fluvial de 213 kilomètres sur la Betsiboka (de Majunga à Marololo).

Enfin « puisque la France consent actuellement des sacrifices pécuniaires considérables pour organiser, à Diégo-Suarez, un solide point d'appui de la flotte de l'Océan Indien, disons qu'il serait fâcheux de ne pas assurer d'une manière définitive les communications de la capitale de Madagascar avec ce port de guerre qui serait son seul débouché sur la côte en cas de guerre extérieure (1) » et qu'un projet a été étudié en ce sens.

CÔTE DES SOMALIS

Chemin de fer Ethiopien. — La côte des Somalis étant, nous l'avons déjà dit, la porte de sortie naturelle des marchandises abyssines à destination de la mer Rouge, une Société a entrepris la construction d'un chemin de fer destiné à relier Djibouti au Harrar, ce qui mettra l'Ethiopie à douze ou treize heures de nos établissements. La construction de ce chemin de fer n'est pas seulement à l'état de projet. Déjà la voie est ouverte et en exploitation jusqu'à Daoualé, c'est-à-dire à 108 kilomètres du point de départ et le rail est posé jusqu'au kil. 150. Dès à présent, la compagnie accepte les marchandises jusqu'au point terminus de la partie mise en exploitation. De là des caravanes transporteront les marchandises jusqu'à Harrar. « Dès qu'un nouveau tronçon aura été ouvert, on reportera le point de départ et d'arrivée des caravanes et ainsi de suite. » Sans doute les frais de transport seront d'abord aussi coûteux que les frais par caravanes; mais au lieu de 25 jours le transport en durera douze, ce qui réalisera

(1) *Rapport du général Galliéni, op. cit.*

une économie notable. De plus, si les produits riches doivent être, de l'aveu même de la compagnie, lourdement taxés, les produits alimentaires bénéficieront, au contraire, de tarifs exceptionnels et le transport des grains, en particulier, ne dépassera pas le prix de trente francs par tonne. Ainsi, la construction de ce chemin de fer pourrait avoir ce résultat heureux, d'assurer à la France le monopole presque exclusif du commerce de l'Abyssinie avec l'Europe.

INDO-CHINE

Les voies ferrées en Indo-Chine sont loin d'avoir encore le développement que sembleraient comporter l'étendue de notre domaine, la fertilité des territoires et la densité de la population qui les cultive. Presque tous les chemins de fer sont encore à l'état de projet bien que depuis la réalisation de l'emprunt de 200 millions, dont nous avons déjà parlé, l'étude des voies ferrées ait été poussée très loin et que la période d'exécution matérielle soit sur le point de commencer. Le réseau projeté n'est d'ailleurs que l'amorce et le centre d'un réseau beaucoup plus étendu qui, en empruntant les vallées des fleuves, atteindra naturellement la grande artère du Yang-tsé-Kiang et amènera rapidement aux ports d'Haïphong, de Tourane et de Saïgon les produits des plus riches provinces chinoises.

Toutefois, la Cochinchine possède déjà quelques tronçons de lignes (chemins de fer ou tramways à vapeur). Tels sont :

1º Tramway de Saïgon à Cholon par la route haute .	5 km. 112
2º — basse .	6 km. 265
3º Tramway de Saïgon à Gorap	7 km. 404
4º Chemin de fer de Saïgon à Mytho	70 km. 827
Total.	89 km. 608

L'unique chemin de fer de Cochinchine est à voie d'un mètre. Comme les tramways, il ne transporte guère que des voyageurs, et sa participation est à peu près nulle dans le trafic qui se fait, encore aujourd'hui, exclusivement par eau.

Nous en arrivons ainsi aux projets de voies ferrées qui ne seront, ainsi que nous l'avons déjà dit, que l'amorce du grand Indo-Chinois. Le plan prévoit cinq lignes bien distinctes :

1° Au Tonkin, la ligne de Haïphong-Hanoï-Viétri-Yen-Bay et Laokay (qui se continuera plus tard sur Yunnam) et en Chine.

Longueur totale : 400 kilom. { De Haïphong à Hanoï : 100 kilom.
De Hanoï à Viétri : 60 —
De Viétri à Lao-Kay : 220 —

On peut dire que le premier tronçon sera avant tout un chemin de fer pour voyageurs ; le second, un chemin de fer commercial ; le troisième, une voie de pénétration. « Il est à noter que la ligne de Haïphong à Laokay est parallèle au fleuve Rouge et à la rivière Claire ce qui a pu faire craindre qu'elle ne fit double emploi avec le service subventionné des Messageries fluviales. La vérité est que, même entre Hanoï et Yen-Bay, la navigation est difficile, le chenal change de jour en jour, le lit du fleuve est encombré de bancs mouvants ; les échouages sont fréquents et le mouvement commercial fort difficile. Il n'y a donc, ni double emploi, ni concurrence à craindre pour le chemin de fer (1). » Cette première ligne sera d'une utilité incontestable ; c'est elle qui ouvrira aux produits français la riche clientèle des provinces chinoises du Yunnam.

2° La ligne de Hanoï par Nam-Dinh (Tonkin) à Vinh en Annam (ligne commerciale).

3° La ligne de Quang-tri à Hué et de Hué à Tourane ; longueur totale : 195 kilomètres. Elle aura, avant tout, une impor-

(1) Demorgny, *op. cit.*

tance politique, économique et même stratégique. Ce chemin de fer doublera la route du col des Nuages, longue de 110 kilomètres.

4° La ligne de Saïgon au Khan-Hoa et au Lang-Biang ; elle comprend trois sections et deux embranchements :

Premier embranchement
- 1° Section de Saïgon à Bien-Hoà (Cochinchine).
- 2° Section de Bien-Hoà à Phantiet (Annam).
- 3° Section de Phantiet à Khanh-Hoà.

Deuxième embranchement
- La ligne se détache de la première à Thanh-linh, remonte la vallée de Phantiet et celle du Langa pour atteindre le plateau de Lang-Biang.

5° Ligne de Mytho à Vinh-Long et Cantho en Cochinchine, 100 kilomètres.

Tel est le réseau projeté auquel il faut ajouter la ligne déjà existante de Bac-Ninh à Langson.

Il nous reste maintenant à déterminer dans quelles conditions ces chemins de fer seront construits. On sait que la garantie de l'Etat ne leur sera pas accordée, puisque l'emprunt a été simplement gagé sur les revenus de la colonie. Les débats devant le parlement ont nettement établi qu'il existe un crédit indo-chinois distinct du crédit métropolitain et que le gouvernement général de l'Indo-Chine possède, d'ailleurs, une personnalité civile au point de vue financier comme au point de vue administratif qui le rend apte à traiter par lui-même et à garantir l'emprunt contracté.

Dans ces conditions l'Indo-Chine a pris l'initiative de la construction, des achats nécessaires et de la concession des travaux à faire. Les plans des futurs chemins de fer ont été dressés et étudiés par diverses missions et par le service général des travaux publics en Indo-Chine (MM. Guillemoto, Dardenne, etc.). 300 kilomètres de rails seront posés dans le courant de l'année prochaine et il est permis d'espérer que l'ensemble des travaux sera terminé en 1905.

Une seule exception a été consentie à la règle posée. Par une convention du 10 avril 1898, la Chine a concédé à la France la construction d'un chemin de fer de pénétration dans le Yunnam. Il s'agit là d'une entreprise à laquelle sont intéressés toute l'industrie et tout le commerce français et qui justifie amplement la garantie de l'Etat. Il est vrai qu'on pourrait objecter que la colonie a déjà accordé sa garantie au chemin de fer qui mettra en relations Laokay et le Yunnam-Sen et que la garantie de l'Etat devient dans ce cas une véritable superfétation ; mais il serait aisé de démontrer que la somme prévue pour la construction de cette ligne dépasse 70.000.000 de francs et qu'il est, par conséquent, utile de permettre à la compagnie concessionnaire de trouver l'argent qui lui est nécessaire, à un taux acceptable. Or la garantie de l'Etat favorisera cette opération alors que la garantie de la colonie ne paraîtrait peut-être pas suffisante aux maisons financières.

En somme, on pourrait distinguer en Indo-Chine trois périodes bien distinctes en ce qui concerne les travaux publics. De 1892 à 1894, le protectorat, sans rien demander à l'Etat, exécute ou engage pour plus de 50 millions de travaux d'utilité publique ; de 1894 à 1897, la théorie adoptée par le Parlement que la garantie de la métropole est nécessaire en matière de travaux publics, a pour conséquence d'arrêter les travaux et d'empêcher de nouvelles entreprises ; enfin, en 1898, on revient à la seule théorie possible, celle de la responsabilité du protectorat et de la possibilité pour lui de gager des emprunts sur ses propres ressources, en dehors de toute intervention de la métropole. Aussitôt les travaux reprennent une nouvelle activité ; les chantiers sont ouverts sur plusieurs points à la fois et dans quelques mois les centres importants de l'Indo-Chine communiqueront entre eux par des voies ferrées qui porteront du delta aux plateaux du Tonkin, de Saïgon aux régions du Haut-Laos, la prospérité et la vie, le commerce et le prestige du nom français.

NOUVELLE-CALÉDONIE

Les tronçons de voie ferrée qui existent actuellement en Nouvelle-Calédonie ne sont que des voies industrielles destinées à relier aux grandes routes et à la mer les principaux centres miniers. Les principales lignes de ce genre sont :

Chemin de fer pour l'exploitation de la mine Bernheim à Népouï : 25 kilom. La voie est à 0,60 centimètres. Elle va de la mer à la baie de Népouï.

Chemin de fer en construction, de la mine de Voudaï près Bourail. Il ira de Voudaï à la mer sur une longueur de 20 kil.

Chemin de fer appartenant à la Société le Nickel pour l'exploitation des mines de la vallée de Thio. La voie est de 0,75 centimètres et la longueur de 20 kilomètres. Ce chemin aboutit à la mer sur la rade de Thio.

Enfin, la commission des travaux a élaboré un projet de ligne qui ira d'abord de Nouméa à Bourail pour être ultérieurement continuée jusqu'au nord de l'île. Elle ne fera nullement concurrence, comme on en a émis la crainte, au cabotage maritime, d'abord parce que la voie de mer ne peut être utilisée que par des navires d'un très faible tirant d'eau, ensuite parce que les richesses de la côte ouest sont, en général, exploitées assez loin de la mer et plutôt dans le voisinage des massifs du centre de l'île.

Donc la construction de cette voie s'impose. « Le trafic sera-t-il suffisant sur cette ligne pour assurer la vitalité de l'entreprise ? Le premier tronçon qui pourra être construit avec les 5 millions qui lui sont consacrés sur les fonds de l'emprunt

donnera-t-il lieu à une exploitation suffisamment fructueuse? »
A cette question, le gouverneur, dans son rapport au Conseil général, a répondu qu'il suffit de citer les massifs de Nondoué, du Mont-Mou, de la Tontouta, pour se convaincre que, dès son ouverture, cette ligne aura à faire face à un trafic très important et amènera à Nouméa de nombreux et riches minerais, sans parler du bétail, des vivres ni du mouvement des voyageurs. « D'ailleurs, ajoute, avec raison, M. Feillet, il n'est pas nécessaire, pour justifier l'établissement d'une voie ferrée, de démontrer que son exploitation laissera, dès le début, des bénéfices. Il suffit qu'elle couvre ses frais, et les avantages économiques résultant du chemin de fer suffisent largement à récompenser pour la collectivité les sacrifices consentis pour sa construction. »

Résumé.

Tel est exactement l'état actuel de nos voies de communication dans l'ensemble de nos colonies. Si nous nous en tenions aux voies actuellement en exploitation et qui déjà donnent des résultats, cette situation serait extrêmement médiocre; si, au contraire, nous escomptons l'avenir (et un avenir très prochain) nous avons toute raison de nous féliciter. Il semble bien, en effet, que, depuis cinq ans, la France a compris que la question des chemins de fer était une question de vie ou de mort et que l'exploitation féconde de nos colonies dépendait exclusivement des voies ferrées qui amèneraient de l'intérieur les produits vers la côte. Tous les économistes avaient depuis longtemps proclamé cette vérité de sens commun et, chose qu'on aurait cru jadis impossible, ils ont été entendus et compris non seulement par les coloniaux, ce qui est tout naturel, mais encore par l'opinion publique et par l'épargne française. D'ici quinze ans, le domaine colonial de la France n'aura rien à envier aux colonies anglaises et même, sur certains points, elle sera mieux outillée et plus heureusement dotée.

La raison de cette marche en avant n'est pas difficile à déterminer. C'est qu'après avoir longtemps nié que cela fût possible, les ingénieurs ont fini par comprendre qu'en pays neuf où la main-d'œuvre est insuffisante, où le trafic est encore problématique, où le sol est souvent rebelle, il ne faut pas s'obstiner à construire une voie analogue aux voies métropolitaines, mais se contenter parfois d'un simple ruban de fer, suffisant pour relier le pays à exploiter avec les portes de sortie, quitte à multiplier les voies ou même à reconstruire certaines parties de la ligne si un succès inattendu vient récompenser les premiers efforts. De la voie normale on est passé à la voie d'un mètre, de la voie d'un mètre à celle de 0,75 centimètres ; voilà maintenant que l'on parle de la voie de 0,60 centimètres (le chemin de fer de Narvi dans l'Inde est une preuve qu'une pareille tentative peut réussir) et ces voies ferrées, si étroites qu'elles aient paru tout d'abord, ont suffi pour donner aux commerçants et aux colons l'outil qui leur faisait défaut. La démonstration est faite : « Il faut se garder de transporter de toutes pièces, aux colonies, l'ensemble des méthodes et des formules appliquées en Europe, ce qui enflerait les dépenses et pourrait retarder les travaux ; il faut courir au plus pressé, épouser le sol au lieu de le violenter, en un mot, se contenter de solutions de fortune, sauf à les rectifier par des améliorations successives au fur et à mesure du développement du trafic (1). » Donc pas de préoccupations de faire grand ou de faire beau, d'avoir des locomotives à forte expansion ou des wagons luxueux ; inutile de songer à des ouvrages d'art compliqués ou terriblement chers ; il faut faire utile, c'est l'essentiel et le reste viendra plus tard : « Voici un pays à peu

---

(1) Cheysson, *Discours à la Société des ingénieurs coloniaux*.

près vierge de toutes communications, doté uniquement de sentiers de caravanes, mais où il y a des terrains riches à cultiver, un commerce à étendre, des industries à créer. Quels sont les chemins de fer qu'il faut construire pour permettre à l'activité du vieux monde de se développer sur cette terre nouvelle ?

Ainsi posée la question s'éclaircit immédiatement dans ses grandes lignes.

Quel sera l'écartement de la voie ?

Evidemment le plus faible possible; les transports n'existent pas, la construction doit demander le moins d'argent possible. D'ailleurs c'est un outil de pénétration, il le faut mince, ténu comme une vrille.

Le rail ? Fort. — La traverse ? Lourde. C'est un outil de pénétration, il le faut solide. — Les machines ? Les plus simples possible. — Les voitures ? Légères, non encombrantes.

En un mot une bonne et solide voie, pliée au sol, non pas un chemin de fer mais un sentier de fer traçant au milieu du pays vierge une puissante voie d'accès sur laquelle viendront s'embrancher successivement, à la suite de nouvelles études et de nouveaux progrès, d'autres voies de communication : l'ancienne voie romaine mise à la hauteur des progrès du siècle et utilisant, aujourd'hui la vapeur, demain l'électricité (1). »

On ne saurait mieux dire et ce n'est pas une médiocre conquête pour des hommes comme ceux que nous avons cités que d'avoir convaincu à la fois les gouvernements et les particuliers de la nécessité de doter nos domaines d'outre-mer d'un réseau de chemins de fer, rapidement construits, à voie étroite, médiocrement outillés mais ayant sur tous les chemins de fer d'autrefois l'immense avantage d'exister et de donner aux colonies par cette existence seule l'activité et la vie qui leur avaient manqué jusqu'ici.

(1) Colonel Thys, *Congrès colonial international, op. cit.*

Une deuxième question se pose. Qui fournira l'argent ? Qui construira ? Sur ce point l'accord n'est pas fait et n'est pas près de se faire ? Il faut avoir recours à l'emprunt, dit M. Louis Vignon, à l'emprunt public faisant directement appel à l'épargne, et cet emprunt devra être officiellement garanti par l'Etat. C'est également l'opinion de M. Chailley-Bert et cette opinion, il la défend avec le talent et la vigueur que l'on sait. Prenant comme exemple les chemins de fer anglo-indiens, il démontre qu'ils n'ont pu se construire qu'avec la garantie de l'Etat et il conclut : « Après plus de cinquante années d'expériences, l'Inde, ayant en face d'elle les capitalistes les plus riches et les plus audacieux du monde, déclare ne pouvoir compter sur la pure entreprise privée et ne voit devant elle que deux procédés : construction par l'Etat ou par une compagnie formellement assistée (1). » A cette doctrine s'oppose naturellement celle qu'a voulu appliquer à son tour M. André Lebon et qu'on a désignée, nous ne savons pourquoi, sous le nom de système américain. Ce procédé consiste à donner aux compagnies qui entreprendront la construction de la voie, non une garantie en argent, mais des concessions de terres le long de la voie projetée. On nous accordera, tout au moins, que ce système est séduisant au premier abord, puisque l'Etat n'encourt plus de responsabilité directe et puisque la compagnie concessionnaire est directement intéressée au développement de sa voie ferrée, sans laquelle les terres concédées n'auraient aucune espèce de valeur. Le procédé vaut donc qu'on l'examine de près. MM. Chailley-Bert et Louis Vignon constatent que le système devait naturellement réussir en Amérique à cause de la grande fertilité des terres et de l'abondance de l'émigration. L'objection est juste et cela ne prouve rien pour l'efficacité du système. Mais le procédé a réussi au Congo ; c'est, dit M. Chailley-Bert, que ce chemin de fer

(1) Chailley-Bert, *Quinzaine coloniale*, janvier 1899.

était la porte de sortie d'un domaine fluvial de 18.000 kilomètres de voies navigables ; ce n'est pas un chemin de fer, c'est un canal. Soit ; mais il a réussi en Tunisie ; et on a trouvé des compagnies qui ont demandé à l'appliquer, à leurs risques et périls, au Dahomé et à Madagascar. Dans cette colonie, riposte M. Louis Vignon, la compagnie, après étude sérieuse du projet, y a renoncé d'elle-même. Cela n'est pas exact. Le premier demandeur, M. Vitalis, a été écarté à cause de sa nationalité ; ceux qui ont repris le projet n'ont pas été chargés de la construction, non pas, comme le croit M. Vignon, parce qu'ils ont refusé un contrat qui leur paraissait trop onéreux, mais parce que le gouvernement le trouvant, au contraire, trop avantageux pour eux, lui en a substitué un autre où d'ailleurs le système des concessions territoriales était largement appliqué.

Ainsi il ne faut pas être trop sévère pour un procédé qui a réussi en Amérique, au Congo, en Tunisie, à Madagascar, autant dire partout où il a été appliqué. Et il paraîtra meilleur encore si nous songeons à ce que la garantie d'intérêt a fait de nos chemins de fer algériens. Les voies algériennes avaient tout pour réussir : fertilité du sol, centres de colonisation, produits variés à échanger et pourtant ils coûtent encore à la métropole près de 25 millions de francs par année. La faute n'en est ni aux colons qui ont vainement sollicité des améliorations indispensables, ni aux pouvoirs publics qui n'ont cessé de réclamer la vitesse, la circulation nocturne, le doublement des rails. Elle incombe tout entière aux compagnies qui, certaines de leur garantie, n'ont jamais voulu entreprendre des travaux qui leur auraient coûté de l'argent et leur auraient certainement rapporté moins que leur inaction.

Que ce procédé des concessions de terres ne puisse pas être appliqué en pays pauvre, cela est évident ; qu'il ne faille pas n'user que de ce système, qui le nie ? Mais il nous semble qu'en combinant les deux manières, on arrivera à diminuer dans de notables proportions la garantie destinée à rassurer les capitalistes timides et à intéresser à la prospérité de la ligne la compagnie qui en aura entrepris la construction.

A une condition toutefois, c'est que cette garantie ne sera pas, sauf de très rares exceptions, une garantie de l'Etat. Il est imprudent d'engager l'Etat dans des entreprises de ce genre car, en cas d'échec, il sera rendu directement responsable, et cette déconvenue aura un trop grand retentissement dont souffriront tous les travaux publics coloniaux. Pour appliquer ce principe de la décentralisation dont on parle toujours, sans y penser jamais le moment venu, il faut laisser à la colonie le soin de gager son emprunt sur ses ressources propres. Directement intéressé à la construction, le gouvernement local, se sentant responsable, y apportera une surveillance plus active, un souci plus attentif et une fois l'habitude prise, les capitaux seront rassurés en constatant que la colonie a une confiance assez certaine dans son avenir pour entreprendre, à ses risques et périls une entreprise aussi considérable.

Enfin, qui construira? Là encore autant de solutions que de colonies. Cependant on peut poser en principe que l'Etat est un déplorable entrepreneur parce qu'avec lui, les responsabilités s'éparpillent et parce que l'autorité se partage entre trop de fonctionnaires. L'entreprise vaut déjà mieux, à condition que les entrepreneurs soient tenus par les clauses d'un cahier de charges non exigeant mais très précis et que la surveillance soit régulièrement exercée. Mais nos préférences sont pour la compagnie concessionnaire. Pourquoi? D'abord parce qu'opérant pour son compte elle apportera à son entreprise une régularité et une activité continues, que son intérêt sera de faire vite et bien et aussi parce qu'en matière coloniale, rien ne vaut que la responsabilité individuelle et que les entreprises particulières. Mais, nous le répétons, autant de colonies, autant de procédés; c'est affaire d'examen et nous en revenons ainsi à ce principe que nous avons déjà formulé tant de fois au cours de ce volume : Pas de règles immuables mais des décisions d'espèce. Nous sommes toutefois et d'une façon générale, de l'avis de M. de Lanessan : « Les administrations coloniales et les colons tourneraient probablement assez volontiers leurs regards vers les grands travaux publics, si les colonies jouissaient de quelque indépendance en cette matière... On s'habituerait à envisager le budget non plus comme un simple aliment du fonctionnarisme, mais comme la source de jouissances et de bénéfices à rechercher dans l'exécution des voies de communication, routes et chemins de fer, canaux et ports (1). »

VOIES DE COMMUNICATION AUX COLONIES.

Colonies	Voies terrestres	Voies fluviales et canaux	Voies ferrées
Guadeloupe et dépendances .	918 k.	5 k. 300 m.	7 k.
Martinique.	»	»	»
Guyane	150	152	»
La Réunion	2864	»	125
Sénégal	»	340	264
Guinée française	150	50	»
Côte d'Ivoire	720	2500 (2)	»
Dahomé.	90	»	»
Soudan	»	2100	160
Congo français	110	»	»
Madagascar	700	400	»
Côte des Somalis. . . .	»	»	»
Indo-Chine { Cochinchine .	3549	»	89
Cambodge . .	289	800	100
Laos	2200 (?)	»	»
Annam . . .	1100 (?)	»	»
Tonkin . . .	»	»	»
Inde, établis. franç. d'Océanie.	40	»	»
Nouvelle-Calédonie	570	»	»

(1) De Lanessan, *Principes de colonisation*.
(2) Y compris les lagunes parallèles à la mer.

V

COMMUNICATIONS TÉLÉGRAPHIQUES ET POSTALES

Depuis longtemps nous avions pris et conservé l'habitude de ne correspondre télégraphiquement avec nos colonies que par des câbles qui appartenaient à l'Angleterre, dont les employés étaient anglais, dont les points d'atterrissage étaient anglais. En vain dénonçait-on cette situation ; elle ne semblait inquiéter personne. Qu'importe, disaient les optimistes, que les câbles soient anglais ou français ! En cas de guerre, tous ces câbles seraient coupés au bout de quelques jours par les bateaux des deux nations belligérantes. A quoi nous servirait donc d'avoir des câbles français ? C'est en vertu de ce raisonnement bizarre qu'à l'heure actuelle nous possédons à peine deux câbles importants et quelques tronçons de câble venant s'embrancher sur les grands troncs télégraphiques anglais (1).

Il a fallu les graves événements des dernières années ; l'Angleterre supprimant de son autorité privée nos communications avec nos colonies, interrompant toute relation avec Madagascar, accaparant le réseau à son profit, au moment de Fachoda ou confisquant les dépêches gênantes lors des négociations du Niger, pour que le danger apparût avec toute sa gravité et pour qu'on comprît enfin que la situation qui nous était faite était aussi redoutable en temps de paix qu'en cas de guerre. La Commission des Colonies s'empara de la question, et le 19 juin 1900 M. Maurice Ordinaire déposait son rapport « sur le projet de loi relatif à l'établissement d'un réseau de lignes télégraphiques sous-marines ».

(1) Voir, aux annexes, la liste des câbles.

Analysons cet important document.

L'auteur établit d'abord la situation paradoxale faite à la France qui paye des subventions pour une somme annuelle de 600.000 francs aux compagnies anglaises pour avoir le droit de renseigner la Grande-Bretagne sur toute sa politique coloniale. Il constate aussi que l'Allemagne, les Pays-Bas et les États-Unis ne sont pas dans une situation meilleure. Ce péril politique est indiscutable; il n'est pas le seul. « Les câbles sont aussi devenus les instruments les plus précieux de la vie économique des nations. On ne peut exagérer les avantages commerciaux que l'Angleterre tire de l'immense réseau, grâce auquel Londres est devenu le « Grand marché des nouvelles ». C'est en partie parce qu'elle est le marché des nouvelles que la métropole anglaise continue encore, malgré les progrès de ses rivaux du continent, Hambourg et Anvers, à être le plus grand marché des affaires. »

Ainsi donc, il faut que la France possède son réseau de câbles. Sans doute, le problème n'est pas d'une solution facile, tant la Grande-Bretagne a su s'assurer les meilleurs points d'atterrissage et tant la situation géographique de certaines de nos colonies les rend difficilement accessibles. Mais il faut, quand même, aboutir. Ces lignes télégraphiques devront être directes et sans atterrissage étranger; les lignes en eau profonde devront être préférées comme présentant une sécurité relative plus grande; les réseaux devront être complets et logiques.

Quels sont maintenant les câbles à construire d'urgence ?

Méditerranée : un seul câble à poser, celui d'Oran à Tanger ; les événements actuels suffisent à justifier ce projet qui affranchira notre représentant à Tanger du câble anglais ou du câble espagnol.

Océan Atlantique : La situation de la France est bonne puisque nous possédons 23.000 kilomètres de câbles entre la France et l'Amérique.

Il n'en est pas de même en ce qui concerne les communications de France avec Saint-Louis. Le gouvernement voudrait racheter la ligne de Ténériffe à Saint-Louis qui appartient à la *Spanish national* et la raccorder à celle de Tanger. La commission des colonies préférerait une ligne directe qui, partant de Brest, aboutirait à Saint-Louis et de préférence à Dakar. Le prix de ce câble serait de 18 millions.

Cette dépense, lourde il est vrai, serait une dépense utile car la ligne projetée deviendrait la branche maîtresse d'un réseau français du Sud-Atlantique par la pose d'un câble neuf Saint-Louis-Cayenne ou l'achat de la *ligne South-American cable cy* sur Pernambouc. Cette ligne pourrait, à son tour, se ressouder à la Compagnie française des câbles et la France posséderait dans l'Atlantique un magnifique circuit. Une deuxième branche partant de Saint-Louis desservirait le Congo, toucherait à la Réunion puis passerait à Madagascar pour aboutir à l'Indo-Chine.

Océan Indien : Ici la France est complètement sous la dépendance des compagnies étrangères puisque les câbles français d'Obock à Djibouti et de Madagascar au Mozambique s'embranchent tous deux sur *l'Eastern and South african T. C.* On a vu tout à l'heure qu'il serait matériellement possible d'unir Kotonou à Loango et Loango à Madagascar par un câble sous-marin soit directement, soit avec atterrissage à Mossamedès. On pourrait encore relier Madagascar, et toujours directement, non à la Côte Occidentale d'Afrique mais à l'Indo-Chine. En attendant, le gouvernement a l'intention d'établir un câble de la Réunion à Madagascar.

INDO-CHINE

Notre immense empire indo-chinois est tributaire des compagnies anglaises sur tout le parcours du côté de l'océan Indien et de la mer Rouge et jusqu'à Amoy, dans la direction de la Sibérie. Le mieux serait peut-être de rattacher par des câbles français Hué et Haïphong au réseau russe, à Wladivostok ou à Port-Arthur. D'autre part, le gouvernement général se propose de relier à ses frais Saïgon aux îles Poulo-Condor et Haïphong à Quang-Tcheou-Ouane par un câble et une ligne terrestre traversant la presqu'île de Lei-Tcheou-Fou. Enfin, on peut envisager pour l'avenir un projet de câble de Saïgon ou de Hué à Manille.

Il est malheureusement à craindre que les établissements français de l'Océanie restent longtemps encore isolés. Quant à la Nouvelle-Calédonie on pourrait examiner le moyen de la relier au réseau indo-chinois ou au transpacifique projeté par les câbles Américains de Manille à San Francisco.

Par qui seraient construits ces câbles ? Par l'État ou par l'industrie privée. La réponse n'est pas douteuse : par l'industrie privée qui, seule, est outillée de manière à fournir les câbles en un temps relativement court et à un prix vraiment abordable. La « *Société industrielle des téléphones* » qui possède un bateau spécial, l'*Arago*, et deux usines pouvant produire journellement 30 milles de câble de grosse section et 50 milles de petite, ou « les *établissements Grammont* » qui peuvent fournir 15 milles marins par jour et doubler, au besoin, cette production, semblent désignés pour une opération de ce genre.

Comment ces deux sociétés se procureraient-elles la matière première? Pour le cuivre et l'acier, elles en trouveront, mais à des prix majorés de 20 à 40 0/0. Il sera, sans doute, difficile mais non impossible de se procurer les provisions de gutta nécessaires. Les 4,000 tonnes qui se vendent chaque année dans le monde sont, il est vrai, accaparées par les Anglais ; mais nous avons démontré que nos colonies en produisaient une certaine quantité qu'elles seraient heureuses de vendre de préférence à l'industrie française, si la métropole entreprenait la construction de ses câbles sous-marins. Ajoutons que l'administration des postes a entrepris, grâce à MM. Iungfleisch et Sérullas, en 1892, des recherches tendant à extraire la gutta non des troncs mais des feuilles et que le résultat des premières expériences permet d'espérer une solution économique et favorable à ces projets.

« Les travaux seraient donc exécutés par l'industrie privée française sous le contrôle de l'Etat et l'exploitation des lignes ainsi établies serait remise à des compagnies dont la constitution ne semble pas devoir soulever de difficultés sérieuses. La dépense totale atteindrait environ 130 millions, dont 25 millions seraient déjà imputés au budget de 1900-1901, et consacrés aux premières dépenses des lignes télégraphiques d'Oran à Tanger, de Brest-Saint-Louis à Dakar, de Hué à un point à déterminer au nord de Hong-Kong, de Tamatave à la Réunion, du Golfe du Bénin et du Congo français à Mozambique.

Tel est le résumé, rapide, mais exact croyons-nous, du remarquable rapport de M. Maurice Ordinaire. On le voit, si les conclusions en sont adoptées (et il est impossible qu'elles ne le soient pas) la France aura enfin un réseau de câbles sous-marins indépendant, dont elle gardera la libre disposition et qui unira enfin à la métropole les tronçons isolés de son empire colonial.

Lignes télégraphiques terrestres.

Mais ce réseau sous-marin doit être naturellement complété par un réseau aérien reliant entre elles nos colonies d'Afrique et, en Asie, les divers royaumes d'Indo-Chine. Hâtons-nous de dire que, grâce à un effort méthodique et longuement soutenu, nos établissements de l'Afrique occidentale française sont dotés d'un réseau télégraphique aussi complet qu'il est possible de le désirer. C'est en 1862 que la première ligne télégraphique a été établie entre les Nyayes et la mer ; en 1868, Saint-Louis fut relié, à son tour, à Richard-Toll et à Dagana. En 1877, le général Borgnis-Desbordes prolongeait le réseau jusqu'à Podor; enfin, en 1885, le fil mettait en relations Matam et Bakel avec Saint-Louis.

Du côté du Haut-Sénégal, Bammako était joint au réseau précédent à la même date. Toujours en 1885, était créée la ligne de Rufisque à Joal, par Nianing, et mettait ainsi le littoral en communication avec Dakar. Enfin, en 1891, le fil était posé entre Saldé et Kaédi.

A partir de cette époque, le réseau télégraphique se développe avec une incroyable rapidité. En 1893, le Baol, Sine, Saloum sont rattachés au réseau; en 1896, c'est la Casamance qui se relie aux postes déjà existants; en 1897, le fil du Soudan atteint, d'une part, Ouagadoughou par San, en plein cœur du Niger et de l'autre, la mystérieuse Tombouctou.

Ainsi les lignes maîtresses étaient posées; il s'agissait seulement de les relier entre elles. La Guinée française se rattachait alors avec Kankan par Farannah et Kouroussa, mettant ainsi Konakry en relations directes avec le Niger; un embranchement gagnait ensuite Timbo; enfin, contournant la Guinée portugaise, elle se rattachait à Véligara, au réseau sénégalais.

Le Dahomey se reliait, à son tour, à Ouagadoughou par Carnotville vers le moyen Niger et le Gourma.

A la Côte d'Ivoire le fil traversait l'Indénié et se dirigeait vers Boudoukou et Kong pour de là se relier à la ligne maîtresse du Soudan par Sano et Bobo-Dioulasso.

Ainsi, « d'un bout à l'autre de cet immense domaine africain, de Dakar à Tombouctou, de la Gambie au Niger, du golfe de Guinée aux confins du désert, des poteaux ont été dressés et les signaux Morse circulent sur des conducteurs électriques dont la longueur totale atteint 8,000 kilomètres (1). »

(1) Cf. Binger, *la Géographie*, n° 1, 15 janvier.

Mais il y a mieux à faire. Autant nous avons combattu le projet du chemin de fer transsaharien, autant il nous paraît que le Transsaharien télégraphique rendrait à nos colonies les services les plus grands en reliant directement et *d'une façon pratique* nos colonies de l'Afrique du nord et l'Afrique occidentale et en nous permettant, le cas échéant, de nous passer des communications sous-marines. Certes, ce projet est loin d'être réalisé ; et cependant la construction en serait assez rapide et relativement peu coûteuse.

Le réseau télégraphique de l'extrême Sud-Algérien présente un développement total d'environ 2,000 kilomètres qui sera bientôt complété par le prolongement de la ligne El-Goléa-Port-Miribel jusqu'à In-Salah. Les difficultés matérielles de construction ont été depuis longtemps résolues et le coût du kilomètre de fil ne dépasserait vraisemblablement pas 1,200 fr. Ainsi, du nord au sud la dernière station sera, dans quelques mois, In-Salah ; du sud au nord les deux derniers bureaux sont Moro et Tombouctou. Nul doute que l'organisation de la Mauritanie occidentale ne permette de pousser plus loin encore le fil aérien. Il s'agit donc, en somme, de relier les derniers postes du Sud-Algérien aux premiers postes soudanais. Une telle opération est-elle possible ?

« Cette ligne pourrait avoir son premier poste saharien dans la région méridionale des oasis, à In-Salah par exemple, ou à un point à déterminer plus à l'ouest et sur la prolongation de la ligne Oued-Zousfana-Oued-Saoura qui doit vraisemblablement suivre la voie ferrée du Sud-Oranais en passant par Igli.

Du sud des oasis on pourrait se diriger droit au sud, de manière à rejoindre Tombouctou par Taodéni et Araouan. Le tronçon jalonné par ces trois points incomberait au Soudan... Il faudrait que la pose fût effectuée par des équipes venant de Tombouctou jusqu'à Taodéni, tandis que les équipes venues d'Algérie parcourraient les 1,000 à 1,200 kilomètres qui séparent ce point du sud des oasis...

En somme, la construction d'un transsaharien télégraphique serait subordonnée à la fabrication d'un fil assez résistant et assez isolé du sol par son enveloppe, pour qu'on puisse se passer de poteaux et placer le fil, soit à l'abri des sables, soit dans des fissures naturelles de la Hamada, soit dans un sillon creusé exprès. »

Ainsi s'exprime M. Laferrière. Le projet du transsaharien télégraphique est donc possible. S'il est possible, il faut le faire, car il y va d'un intérêt de premier ordre.

D'autre part, le réseau de l'Afrique occidentale se raccordera un jour, également par voie aérienne, avec notre colonie du Congo par le lac Tchad, les postes du Chari et ceux de l'Oubangui. Déjà le Congo possède dix-sept bureaux télégraphiques alors qu'en 1896 il n'en existait que quatre et neuf à peine en 1897. Une ligne directe met en relations Loango et Brazzaville et il est question d'établir, à travers le Stanley-Pool, entre Brazzaville et Léopoldville, un câble qui relierait le réseau français au réseau belge. Mais on peut encore mieux faire. « De Léopoldville le réseau belge atteint la station des Falls sur le Haut-Congo et, selon toute apparence, il se soudera prochainement au réseau de l'Afrique orientale allemande à Ujiji. » Il serait facile par conséquent de nouer des communications entre le Congo français et Madagascar, soit en immergeant un câble entre Bagamoyo et Diégo-Suarez, soit en posant une ligne télégraphique jusqu'à Mozambique, point de départ du câble de Majunga (1).

Sans doute, il ne s'agit pour tout ce réseau africain que d'un fil unique et ces lignes utilisées par l'administration et les postes militaires ne sont pas toujours accessibles aux commer-

---

(1) Voir Maurice Ordinaire, *op. cit.*

çants et encore moins au trafic international ; mais l'essentiel est fait et le crédit d'un million demandé aux Chambres permettra de doubler et même de tripler les fils et fera du télégraphe, qui est déjà un outil nécessaire de surveillance et de domination, un instrument indispensable du développement économique de la France africaine.

INDO-CHINE

L'organisation du service télégraphique a été, depuis longtemps, une des préoccupations les plus vives du gouvernement général. Pour la Cochinchine seule la longueur des lignes télégraphiques est de 1947 kilomètres avec un développement de 4.158 kilomètres de fils. Le Bas-Laos en possède pour sa part 855. La prolongation de la grande ligne de Bak-hin-Boun à Vien-Tiane, sur une longueur de 130 kilomètres, jusqu'à Patchoun, commencée le 1er janvier 1899, sera terminée vers le mois de juillet 1899. Ces lignes ne sont d'ailleurs que le prolongement de celles du Cambodge (1225 kilomètres) avec un développement de 1886 kilomètres de fil.

Quant à l'Annam il est relié télégraphiquement à la Cochinchine et au Tonkin par deux câbles sous-marins l'un de 265 milles entre Thuân-an et Haïphong, le second qui mesure 530 milles, posé entre Thuân-an et le cap Saint-Jacques. En plus de ces deux câbles, l'Annam possède une ligne terrestre desservant tous les points importants de la Côte, doublée par une ligne principale qui sert à l'échange des télégrammes du Tonkin et de la Chine avec l'Annam, la Cochinchine et le Cambodge.

Elle n'a pas moins de 1850 kilomètres. De la ligne terrestre parcourant l'Annam du nord au sud se détachent des tronçons secondaires dont les principaux sont les suivants :

1° De Quâng-Tri à Lao-Bao et Savanna Khet sur le Mékong.

2° De Vinh à Lakhône également sur le Mékong.

Ces deux lignes télégraphiques suivent les deux voies d'accès du Laos moyen. Enfin le gouvernement poursuit actuellement l'étude d'une ligne qui desservira le sanatorium du Lang-Bian. Enfin, au Tonkin, il existe déjà près de 2000 kilomètres de lignes télégraphiques qui vont jusqu'à la frontière chinoise et mettent en relations les principales villes du delta.

VIEILLES COLONIES

Est-il bien nécessaire de dire que toutes nos colonies sont dotées de lignes télégraphiques et que dans les vieilles colonies notamment il existe un réseau complet? C'est ainsi que la Guadeloupe en possède un de 140 kilomètres exploité par deux compagnies, l'une française : la compagnie des câbles télégraphiques et l'autre anglaise : la West India and Panama telegraph Company, et la Martinique, de trente-un kilomètres entre Saint-Pierre et Fort-de-France ; de plus, un réseau téléphonique relie entre elles toutes les communes de l'île. En Guyane un fil relie Cayenne aux bourgs de Kourou, Sinnamary, Tracoubo et Mana ainsi qu'aux établissements pénitentiaires du Maroni et des îles du Salut. A la Réunion, le réseau s'étend de Sainte-Rose à Saint-Philippe en passant par Saint-Denis avec embranchement de Saint-André à Hell Bourg, de Saint-Pierre au Tampon ; de Saint-Louis à l'Entre-deux ; de Saint-Louis à Cilaos et de Saint-Benoît à la plaine des Palmiers. Les deux derniers embranchements ont été installés en 1898. Les lignes de Saint-Denis à Saint-Pierre et de Saint-Denis à Saint-Benoît appartiennent à une société particulière fondée en 1870. Les autres lignes sont la propriété de la colonie qui les a fait construire à ses frais, mais l'ensemble du réseau est exploité par la société, moyennant une subvention annuelle de 31.980 francs.

Tels sont, en résumé, les réseaux télégraphiques établis dans nos colonies. On voit par là que des efforts sérieux ont été faits dans ces dernières années notamment, pour doter nos établissements de moyens rapides de transmission mais rien ne sera fait tant que notre réseau de câbles sous-marins n'aura pas été constitué de façon à nous passer de tout intermédiaire étranger.

COMMUNICATIONS POSTALES

Colonies	Nombre de lettres en 1898	Nombre de dépêches officielles et privées
La Guadeloupe.	734.638	
La Martinique	475.600	
Saint-Pierre et Miquelon. .	230.572	
La Réunion.	494.000	
Sénégal	423.206	75.826
Soudan	118.529	42.085
Dahomey	119.275	26.584
Congo français	221.638	31.505
Madagascar.	?	
Indo-Chine (Cochinchine, Cambodge, Laos), Tonkin	1.754.429	337.000
Établissements français de l'Océanie	?	
Nouvelle-Calédonie . . .	?	
Inde Française.	3.540	

LES BANQUES COLONIALES

La mise en valeur d'une colonie est, avant tout, une affaire d'argent. Contrairement aux théories utopiques de jadis qui ont fait tant de mal à la cause coloniale, pas plus aux colonies que dans la métropole, on ne fait rien sans argent. Un jeune homme vigoureux, intelligent, doté d'une instruction agricole ou commerciale suffisante veut s'expatrier; ses ressources sont extrêmement médiocres et cependant il n'ignore pas qu'il lui faudra attendre assez longtemps pour recueillir les bénéfices de son travail. A qui s'adressera-t-il pour avoir l'argent qui lui manque? A un capitaliste de la métropole? Outre qu'il le trouvera avec difficulté, il n'obtiendra les avances qui lui sont nécessaires qu'à des conditions terriblement lourdes pour lui. A un des usuriers si nombreux dans certaines de nos colonies? C'est se condamner d'avance à la ruine. Il faut qu'il puisse se procurer de l'argent à un prix raisonnable et pour un temps suffisamment long; sans cela tous ses efforts risquent d'être stériles. Ce prêteur patient et généreux ne saurait être, sauf quelques rares exceptions, un simple particulier. Ce sera donc un établissement spécial créé spécialement dans ce but, et qui deviendra, par la force des choses, un outil indispensable à toute colonisation.

En un mot, il faut organiser le crédit aux colonies. Il faut que l'agriculteur puisse, à un moment donné, emprunter sur sa récolte ou son immeuble; l'industriel sur sa mine ou sur son usine; il faut que les sociétés de crédit soient assez puissantes pour attendre longtemps le remboursement du débiteur, assez prudentes pour ne pas consentir de prêts à des colons insolvables ou malhonnêtes, assez indépendantes pour résister aux sollicitations locales et assez audacieuses pour prêter, le cas échéant, l'argent indispensable aux grandes entreprises de travaux publics. Voilà bien des conditions difficiles à réaliser. Et pourtant la prospérité de nos colonies est à ce prix « Le crédit, tel est en effet le principal outil de la colonisation comme de toute autre entreprise économique. Le crédit, sur qui sont fondées les plus puissantes sociétés industrielles, qui vivent des capitaux de leurs actionnaires, est aussi l'indispensable soutien des plus humbles chefs d'exploitation et peut seul les aider à passer les mauvaises années, à perfectionner leur matériel, et à réparer les désastres imprévus si fréquents dans certaines colonies. L'organisation du crédit doit donc être une des premières préoccupations de tout état qui veut mettre en valeur une colonie. Ce crédit que nous appellerons le crédit colonial peut être défini : « Les différents moyens, par lesquels le capital est mis à la disposition du travail pour l'exploitation agricole, industrielle et commerciale des colonies (1). »

Si tous les coloniaux sont d'accord sur le principe, il s'en faut qu'ils le soient également sur les solutions à intervenir. Les banques coloniales doivent-elles être des banques d'Etat ou des banques particulières ? Si elles sont dues à l'initiative privée, dans quelle mesure l'Etat doit-il intervenir dans leur fonctionnement et dans leur surveillance ? Une banque coloniale unique dans la métropole n'est-elle pas préférable aux banques locales telles qu'elles existent aujourd'hui ? Ces banques doivent-elles se contenter d'être des banques d'émission et de dépôt, sans être des banques de prêts et surtout de prêts agricoles ? Autant de questions encore aujourd'hui à l'étude et dont la solution n'apparaît pas avec toute la netteté désirable.

Toutefois, sur le premier de ces problèmes, il y a une quasi-unanimité. Non ! les banques coloniales ne doivent pas être

(1) Pierre Denizet : *les Banques coloniales*, Pédone-Lauriel, 1897.

des banques d'Etat. Les éloquentes et solides raisons invoquées par M. Burdeau à propos du renouvellement du privilège de la banque de France conservent, quand on les applique aux banques coloniales, toute leur valeur et toute leur force. Il est impossible de se figurer l'Etat consentant au rôle dangereux de prêteur et assumant directement la responsabilité d'opérations financières complexes, qu'il a charge de surveiller et non de pratiquer lui-même.

Une banque d'Etat pourrait d'ailleurs, à de certains moments, courir de terribles dangers et on sait que le crédit de la France a été sauvé, en 1870, par ce simple fait que la banque de France n'était pas une banque d'Etat, mais une banque privée. Donc, sur ce point, pas d'hésitation.

Les banques coloniales seront donc des banques privées, mais l'Etat se désintéressera-t-il complètement de leur administration et de leur façon d'opérer? Sur cette question encore, il ne saurait y avoir d'hésitation et si, au nom d'une liberté mal entendue, on a pu autrefois soutenir cette théorie que les banques devaient garder toute indépendance et être affranchies de tout contrôle, les résultats obtenus par certaines de nos banques coloniales sont bien faits pour convaincre les adversaires les plus convaincus, de la nécessité d'une surveillance de l'Etat. L'Etat ne doit pas créer de banque, mais il a le devoir étroit de surveiller, et de très près, celles qui existent. Où en prendra-t-il le droit puisque les capitaux engagés dans les banques n'ont pas été fournis par lui? Dans ce fait qu'en consentant aux banques un certain nombre de privilèges dont quelques-uns considérables, il a acheté (et quelquefois fort cher) son droit de contrôle. Jusqu'en ces dernières années, l'Etat a eu le tort de ne pas en user comme il aurait dû le faire. Il semble qu'une réaction se prépare (certaines mesures en font foi) et que l'Etat soit décidé à exercer énergiquement sur les opérations des banques une surveillance sévère. Non seulement il se réserve, comme autrefois, la nomination du directeur par décret du Président de la République, mais encore ce directeur est placé sous l'autorité du gouverneur de la colonie; non seulement des deux censeurs, l'un est désigné par le ministre des colonies et doit, chaque mois, rendre compte de la surveillance qu'il exerce au gouverneur et au ministre; mais encore (article 56), « les banques coloniales sont vérifiées, à leurs frais, tous les deux ans ou plus fréquemment, s'il y a lieu, par des inspecteurs des colonies spécialement désignés à cet effet, qui s'assurent de la sincérité des écritures. » Il est vrai que les statuts de la loi de 1874 réservaient aussi « la faculté de faire procéder, par des agents à leur choix, à toute vérification des registres, des caisses et des opérations de la banque. » Mais il ne s'agissait là que d'inspections exceptionnelles, tandis qu'elles seront désormais régulières et obligatoires. Il n'y a là, du reste, rien que de très équitable, car l'intérêt bien entendu de chaque banque exige, en effet, cette vérification périodique de ses registres et de son portefeuille et c'est de plus le seul moyen d'assurer l'efficacité de cette mesure (1).

On sait que la loi de 1851 avait établi, au-dessus du conseil de surveillance local, une commission centrale composée de sept membres (un conseiller d'Etat élu par le conseil d'Etat, deux membres désignés par le ministre des colonies, deux autres par le ministre des finances et les deux derniers par le conseil de la banque de France) et à partir de 1874 de neuf membres par l'adjonction de deux actionnaires des banques présents à Paris. De plus, et ce serait là une mesure excellente, le projet de loi actuel prévoit un maître des requêtes qui remplirait le rôle de commissaire du gouvernement. Démontrer l'utilité et même la nécessité de cette commission est chose parfaitement inutile. La commis-

(1) Projet de loi portant prorogation du privilège des banques coloniales et des statuts desdites banques. Chambre des députés n° 1332, 12 janvier 1900.

sion de surveillance est l'organe régulateur du fonctionnement des banques, mais son fonctionnement pourrait être encore perfectionné. Au lieu d'examiner les opérations des directeurs de banque, une fois ces opérations terminées, elle devrait, au contraire, intervenir avant que les décisions ne soient prises. Son contrôle devrait être en quelque sorte préventif et ses décisions devraient atteindre non des actes déjà accomplis, mais des opérations à venir. A l'heure actuelle, elle ne constitue guère qu'une chambre d'enregistrement avec faculté, il est vrai, de punir les abus, mais son intervention serait autrement efficace si elle avait le pouvoir de défendre les banques des entraînements inévitables ou des exigences locales contre lesquelles le directeur se trouve désarmé. C'est même pour obtenir ce résultat que des hommes dont l'autorité est grande en matière financière, tels que, par exemple M. Mercet, président de l'Union coloniale française, sont partisans convaincus de la création d'un conseil supérieur central composé de financiers et d'actionnaires qui dominerait à la fois le conseil de surveillance et les conseils d'administration locaux. « C'est à ce conseil que les directeurs des banques devraient se référer. On paralyserait ainsi l'effet de ces influences locales qui ont eu de si désastreux résultats. Si le directeur d'une banque pouvait répondre aux solliciteurs : « J'ai soumis votre affaire à Paris et adressé toutes les pièces ; mais le conseil a prononcé un veto devant lequel nous devons nous incliner, il serait singulièrement à son aise et les banques commettraient beaucoup moins d'erreurs et d'imprudences (1). » L'idée est bonne et mériterait d'être étudiée avec soin car son exécution ne soulève aucune objection de principe et ne présente pas de difficulté insurmontable.

Est-ce tout ? Non, il faudrait encore, puisque l'Etat nous apparaît comme le tuteur naturel des banques coloniales, aug-

(1) Allocution de M. Mercet au congrès colonial international.

menter les attributions de l'agent central des banques coloniales. « Actuellement l'agent central est l'intermédiaire obligé entre les banques et le Comptoir d'escompte, mais il n'a ni initiative ni contrôle ; or l'agence centrale est le seul rouage qui permette au gouvernement d'être renseigné sur la situation vraie des banques. Et l'agent central n'a pas même accès dans la commission de surveillance (1). » « Il en résulte que le gouvernement ne sait rien de ce qui se passe. Il reçoit de temps à autre les rapports des intéressés, mais le seul fonctionnaire qui sache la vérité, par les mains duquel passent tous les chiffres de toutes les opérations, n'a pas qualité pour se faire entendre (2). » Qui empêcherait de faire de l'agent central le représentant même du gouvernement auprès de ce conseil supérieur, de lui donner un rôle actif de contrôle et même, dans certains cas, un droit de veto sous condition qu'une décision du ministre ratifierait les mesures prises ? Il en résulterait une simplification des rouages et une suppression d'intermédiaires inutiles. Le ministre pourrait ainsi agir directement par son représentant naturel qui n'est jusqu'à présent qu'un simple agent de renseignements.

Par cette série de mesures l'Etat, sans assumer en rien la responsabilité des opérations consenties par les banques, sans rien enlever aux banques locales de leur autonomie et de leur liberté d'action, n'interviendrait, par l'intermédiaire des organes créés par lui (conseil d'administration, conseil de surveillance, conseil supérieur, inspecteurs des banques, agent central), pour défendre en quelque sorte les banques contre elles-mêmes, pour les soustraire aux influences locales, pour interdire les prêts téméraires ou de complaisance, pour empêcher la distribution des dividendes quand la banque a un

---

(1) Edouard Renaud, *Les Banques coloniales*, Poitiers, Blais et Roy, 1899.
(2) Georges Michel, *Economiste français*, 7 mai 1898.

contentieux à liquider, en un mot, pour assurer à tous ces établissements financiers une situation capable d'inspirer confiance aux détenteurs de capitaux et de doter la colonie d'un parfait instrument de crédit. Etat, colonies, actionnaires et colons ne pourraient que se féliciter des mesures prises dans ce sens.

Sur toutes ces questions il y a accord parfait. Il s'en faut qu'il en soit ainsi lorsqu'on discute de l'utilité d'une banque centrale métropolitaine ou de banques locales. Les uns, comme MM. le Myre de Vilers et Louis Vignon, se déclarent nettement en faveur d'une banque unique, d'autres tels que M. Mercet (et cet avis a été adopté par le Congrès colonial), estiment que les banques locales sont indispensables, d'autres enfin, conciliant les deux opinions, verraient avec espoir l'institution de banques différentes par groupes de colonies. « Il importe, dit M. Louis Vignon, dans l'intérêt du développement général de nos colonies, que le gouvernement se préoccupe, sans retard, de la fondation d'un établissement nouveau dont l'utilité est certaine, qui déjà devrait exister et que nous appellerons ici pour lui donner un nom « la banque d'Outre-mer (1) ». Dans la pensée de M. Vignon, cette banque devrait être constituée au capital de quarante à cinquante millions par la participation de tous les grands établissements de crédit et par toutes les maisons de banque réunies dans une pensée commune. Bien entendu, l'Etat n'aurait ni à intervenir dans la nomination du directeur ni dans le choix du conseil d'administration ; il n'aurait à donner aucun privilège ni à accorder le droit d'émission. Cette banque courrait, avec ses propres ressources, les chances ordinaires des banques privées. Quant à ses opérations elles seraient multiples. « La banque d'Outre-Mer, faisant un choix parmi les affaires qui lui seraient apportées, étudierait

---

(1) Louis Vignon, op. cit.

celles qui paraîtraient mériter attention ; elle participerait à leur fondation, elle les soutiendrait, elle créerait des « filiales » : d'un autre côté (et sans négliger naturellement de s'assurer toute garantie), elle ouvrirait des crédits aux commerçants, aux planteurs, aux industriels, aux entrepreneurs de travaux publics, aux sociétés d'exploitation. »

Certes un tel programme est séduisant ! Il rappelle, d'ailleurs, celui que M. André Lebon traçait, en 1898, au banquet de l'Union coloniale. Et pourtant cette banque n'a pas été créée malgré les efforts de ceux qui croyaient fermement à sa nécessité et à ses chances de succès. Personne ne semble aujourd'hui vouloir courir les risques pourtant minimes, s'ils étaient partagés entre plusieurs établissements de crédit, d'une telle entreprise. Pourquoi ? C'est qu'en réalité la création de cette banque soulève des objections graves. Sans doute, une banque unique présentant de telles garanties trouverait facilement des capitaux dans la métropole pour les distribuer dans les colonies ; elle aurait une unité de direction qui lui permettrait d'opérer sur un champ plus vaste et d'étendre dans le monde entier ses moyens d'action. Tout cela est juste. Mais on a le droit de se demander si la centralisation à outrance, si dangereuse quand il s'agit de l'administration coloniale, ne serait pas plus déplorable encore en matière d'opérations financières. Il ne faut pas oublier, en effet, que les conditions commerciales, que le loyer de l'argent, que la question du change, que les questions de prêt, d'escompte ou d'émission ne se présentent pas du tout de la même manière dans nos vieilles colonies et en Afrique, à Madagascar et en Indo-Chine. Il faudrait un directeur doué de l'omniscience pour réussir dans une telle entreprise. Dira-t-on que cette banque métropolitaine aurait dans les principales de nos colonies des succursales et des agences chargées de la renseigner et, au besoin, d'opérer sur place ? Mais c'est alors revenir à l'état de choses actuel avec ce conseil supérieur dont nous souhaitions plus haut la création. Aussi, malgré l'autorité qui s'attache aux noms que nous avons déjà cités et à ceux de MM. Leroy-Beaulieu et G. de Laveleye (1), il nous est difficile de croire à la réalisation des rêves évoqués. Chacune de nos colonies a besoin d'une banque dotée de moyens spéciaux et consentant des opérations spéciales. Par une évolution que les conditions économiques rendaient fatales et par le jeu naturel des besoins locaux, la banque de la Guadeloupe est devenue une sorte de crédit agricole, celle de la Réunion, une sorte de maison de prêt sur marchandises, celle de la Guyane, un comptoir de change et de vente de métaux précieux, pendant que celle de la Martinique devenait une banque d'escompte pour les effets à deux signatures. Voudra-t-on que cette banque unique assume à la fois la charge de toutes ces opérations et des aléas qu'elle comporte? Et si elle choisit entre ces diverses affaires à traiter, qui donc donnera aux colonies, qui ne sauraient se passer du crédit agricole, l'établissement de crédit qui leur manque?

Enfin, il semble bien que l'autonomie des banques actuelles résulte de la loi même qui les a créées et des conditions dans lesquelles elles l'ont été. La suppression du privilège exigerait des remboursements qui jetteraient une redoutable perturbation dans la situation financière de nos colonies. Comment arriverait-on à liquider le contentieux de chacune d'elles? On le voit, les objections sont fortes et « ce serait s'abuser que d'admettre que l'emploi de moyens financiers disproportionnés au champ à exploiter puisse produire des résultats favorables aux colonies, à la métropole et à l'éta-

---

(1) G. de Laveleye, le Crédit et les Colonies en France (*Moniteur des intérêts matériels*, 5 février 1899). « Cette banque, instrument de crédit public et d'émission, permettrait de réaliser enfin ce qui a été la grande force des Anglais et ce qui est l'ambition de tous ceux qui s'intéressent aux colonies : un marché métropolitain des valeurs coloniales.

blissement à fonder lui-même. » Cette banque métropolitaine, désirée par tant d'hommes compétents, pourra et devra rendre de grands services, mais à condition d'exister à côté et en dehors des banques coloniales et en évitant de confondre ses opérations avec les leurs.

Sans doute la prorogation du privilège des banques coloniales soulève des objections graves et les fautes commises par elles ont été nombreuses et souvent inexcusables. S'il est vrai, en effet, que la situation précaire des banques est due, en grande partie, à la crise sucrière qui a ruiné nos anciennes colonies ; s'il est vrai encore que ces mêmes colonies ont persisté, en dépit des avertissements et des catastrophes, dans le détestable procédé de la monoculture, il n'en reste pas moins que les banques, livrées jadis sans contrôle à l'inspiration de directeurs sans expérience et sans autorité, ont consenti des opérations imprudentes et accumulé dans leurs caisses des titres difficiles ou même impossibles à réaliser.

Tout d'abord les directeurs n'ont pas su ni pu se soustraire aux influences locales et « les conseils d'administration ont été souvent enclins à confondre l'intérêt individuel de leurs amis avec l'intérêt supérieur de la colonie. En matière de banque on doit savoir surtout refuser. On est en butte aux invitations de gens qui ont des affaires à vous proposer ; tout cela se paie le lendemain ou le surlendemain par une demande de crédits qu'il est alors bien difficile de repousser. Il arrive donc que le directeur a été souvent obligé de céder parfois à des demandes qui ne sont pas justifiées et qui conduisent la banque à des pertes (1). » Alors qu'un directeur de banque devrait toujours se demander, avant d'entrer dans une affaire, comment il en sortira et manquer neuf bonnes affaires plutôt que d'en faire une mauvaise, les directeurs et les administrateurs

---

(1) Mercet, op. cit.

des banques coloniales n'ont pas eu toujours la liberté d'action qui leur était indispensable. Aussi les créances douteuses ont-elles augmenté au point que l'État a dû enfin intervenir et défendre par des mesures énergiques le capital menacé. Il y a eu des fautes plus graves. La pratique funeste du renouvellement a eu pour conséquence que le prêt à quatre mois est devenu le prêt à huit mois et quelquefois à un an, avec cette circonstance aggravante que les dettes des banques étaient toujours exigibles alors que leurs créances étaient à terme. On a accepté sous la pression d'influences locales de se dessaisir de la garantie même de la dette en « libérant » les marchandises et les récoltes sur lesquelles le prêt avait été consenti. Enfin l'examen attentif de la comptabilité a permis de constater un manque fâcheux de concordances entre les ressources et les placements de la banque. Ajouterons-nous que pour ne pas éveiller l'attention des actionnaires et faire croire à une situation prospère qui, en fait, n'existait pas, certaines banques ont continué à distribuer des dividendes fictifs, parfois très élevés, qui ne pouvaient se justifier qu'à condition de dissimuler les mauvaises créances et peut-être de les prélever sur le capital de garantie?

Toutes ces fautes ont été commises : n'hésitons pas à le constater puisqu'elles ont été, en partie réparées. Plusieurs auteurs, et en particulier, M. Louis Vignon, en signalent d'autres qui nous paraissent moins certaines. Que la banque de la Réunion ait consenti à des prêts sur marchandises, il n'y a pas lieu de s'en étonner ; c'est là un genre d'opérations parfaitement licite et pour la colonie dont il s'agit, indispensable. La banque n'a été coupable que lorsqu'elle a consenti à prêter une somme égale à la valeur même de la marchandise et sans se réserver aucune marge ni aucun moyen de se rembourser intégralement des avances consenties. Que la banque de la Guadeloupe ait prêté sur des récoltes pendantes, c'est là une opération contre laquelle M. Vignon s'élève avec force et qui paraît à d'autres particulièrement heureuse et féconde en résultats pour l'avenir. Il y a dans cette manière de procéder, à condition d'y apporter beaucoup de prudence et beaucoup de méthode, le germe du crédit agricole, tel qu'il serait à désirer qu'il fonctionnât dans la métropole. Tel est également l'avis de M. Léveillé. « La banque de la Guadeloupe rend à l'agriculture locale deux services également importants. Elle leur fait depuis 1851 des avances sur récolte pendante et nous devons insister sur cette opération qui, gâtée par une imperfection que nous signalerons, n'en est pas moins une opération de la plus haute portée.

Sans doute le prêt sur récoltes soulève de vives critiques. D'abord il est contraire à l'article 2076 du code civil qui proscrit le gage sans dessaisissement. Ensuite on a le droit de se demander, dans le cas qui nous occupe, qu'elle est la garantie de la banque. Ce n'est pas la récolte future, ce n'est pas la récolte faite, mais la récolte *pendante*, au moment du prêt. Or la récolte, tant qu'elle tient à la terre, est immobilisée par le contact de cette terre qui immobilise tout ce qui la touche ; par là même elle fait partie de la garantie du créancier hypothécaire et, en même temps, ne pouvant être déplacée, elle ne peut faire l'objet d'un gage ; mais il n'y a là qu'une subtilité juridique facile à résoudre. Il s'agit bien d'un prêt sur gage et la banque peut être considérée comme saisie par la transcription de l'acte. Une simple déclaration par laquelle le planteur fait connaître sa demande d'emprunt et qui sera transcrite sur un registre spécial avec adhésion, s'il y a lieu, du propriétaire foncier suffirait à garantir la banque contre les revendications des tiers et à lui assurer une sorte d'hypothèque quasi-légale.

Il est vrai que l'emprunteur peut être tenté de vendre la récolte sur laquelle la banque a consenti un prêt et anéantir ainsi le seul gage qui lui garantisse le remboursement. Mais la loi de 1874 a prévu le cas en appliquant à tout prêteur qui vendrait la récolte sur laquelle il a emprunté, l'article 408 du code pénal (abus de confiance, emprisonnement de trois mois à deux ans). D'ailleurs la banque pourrait toujours atteindre les récoltes et les faire saisir au port d'embarquement où elles finissent par aboutir.

Le prêt sur récoltes pendantes constitue donc une très heureuse innovation. On ne peut que se réjouir de la voir pratiquée aux colonies et on ne saurait qu'approuver la banque de l'Indo-Chine d'avoir consenti des prêts de ce genre à des collectivités. « Non seulement les colonies ont devancé la métropole sur ce point, mais toutes les fois qu'on a projeté en France de former des établissements de prêts à l'agriculture, on a invoqué ce précédent (1). » Comme en beaucoup de cas, ce n'est pas l'usage qui en a été fait, mais l'abus qu'il faut critiquer. Il est évidemment regrettable que des experts aient évalué les récoltes pendantes bien au-dessus de leur valeur, alors que la loi interdisait sagement de prêter au delà du tiers de la valeur réelle ; que certains directeurs aient consenti à reporter le prêt sur la récolte pendante à la récolte future dont on ne savait pas ce qu'elle serait ; que ces prêts aient été consentis au delà des forces de la banque, etc. Mais de tels abus peuvent être facilement réprimés ; depuis trois années, la situation, grâce à la prudence et au bon choix des directeurs, des conseils et à la fréquence des inspections est devenue bien meilleure et il faut se garder de rejeter comme dangereux un outil neuf, facilement maniable et qui, dans les mains de cultivateurs sérieux, peut rendre les plus grands services à l'agriculture de nos colonies.

Dans tous les cas, les fautes commises ne sauraient justifier la suppression des banques existantes et que leur origine même, nous le démontrerons, garantit contre toute éviction.

(1) Edouard Renaud, op. cit.

Elles ont longtemps rendu et elles rendent, depuis leur réorganisation, de très grands services et tous les systèmes proposés pour se passer d'elles sont ou dangereux à expérimenter ou franchement irréalisables. Elles ont sur toutes les créations projetées cet avantage incontestable d'exister. Les populations indigènes sont intéressées dans leurs opérations, car leurs actions ont été considérées au début comme des titres de premier ordre jusqu'à avoir été acceptés parfois comme des titres dotaux. Il est vrai que ces titres sont aujourd'hui dépréciés mais cette dépréciation est jusqu'à un certain point factice et il ne faudrait pas la sanctionner officiellement en faisant disparaître les banques elles-mêmes. « Aussi je pense, dit M. Mercet, qu'il vaudrait mieux renouveler pour une vingtaine d'années chacun des privilèges de façon à assurer à ces banques une existence assez longue pour leur permettre d'amortir progressivement le contentieux qu'elles se sont imprudemment constitué... On pourrait ainsi permettre à ces banques d'amortir dans ces vingt années à raison de cinq 0/0 par an jusqu'à complète disparition du contentieux au lieu de vouloir le supprimer tout à coup (1). » Ceux-là même qui regrettent l'existence de banques coloniales multiples sont d'accord pour reconnaître qu'en l'état actuel des choses il est impossible de ne pas renouveler le privilège et approuvent, presque sans restriction, le projet de loi tel qu'il a été rédigé. Ce projet a, en effet, le grand mérite de corriger toutes les imperfections que nous avons signalées. Désormais deux pouvoirs se partageront l'administration et la surveillance des banques coloniales : les actionnaires et l'État. Les actionnaires sont représentés par l'assemblée générale, les administrateurs et le censeur nommé par eux ; l'État, par le directeur, le censeur, le gouverneur, l'agent central et les inspecteurs. Il interdit, du moins en principe, la funeste pratique des renouvellements dont ont failli périr les banques de la Martinique et de la Guadeloupe ; il stipule que les prêts sur marchandises ne devront pas excéder les trois quarts de la valeur et prévoit la suppression des dividendes dès que le compte de la banque n'accuse pas de bénéfices nets et réalisés, déduction faite des créances en souffrance qui ne peuvent être comprises dans l'actif pour un chiffre excédant le cinquième de leur valeur nominale. Toutes ces mesures inspirées par la plus stricte prudence tiennent compte des enseignements du passé. Peut-être aurait-on pu améliorer encore la situation des banques par une série d'autres mesures utiles : leur accorder la prorogation pour vingt ans et non pour dix ans, ce qui limite par trop la possibilité d'amortir les dettes, les autoriser, par exemple, à émettre des bons à moyen terme produisant un intérêt modéré, à ouvrir des comptes de dépôts avec intérêt, réclamer en plus des intérêts, un amortissement périodique de la créance, etc. Mais tel qu'il se comporte ce projet de loi donne satisfaction à tous ceux qu'inquiétait à juste titre la situation de nos établissements financiers.

Reste à se demander s'il n'y a décidément rien à tenter dans la voie indiquée par les partisans d'une banque unique ? Entre une banque centrale métropolitaine et des banques locales trop nombreuses ne peut-on indiquer une solution mixte ? C'est ce qu'a tenté de faire M. Denizet. Après avoir démontré l'impossibilité matérielle de supprimer les banques existantes ou même de les rattacher à la banque de France, il propose de réunir les établissements actuels en un certain nombre de banques pour chaque groupe de nos colonies. « Nos possessions sont géographiquement à peu près réunies par cercles : le cercle de l'Afrique occidentale, le cercle de l'Océan Indien, le cercle Indo-Chinois, le cercle du Pacifique, le cercle de la mer des Antilles. Il semble donc très naturel de créer une grande banque pour chacun de ces cercles qui présente un champ d'action assez étendu pour qu'un établissement à capital assez fort puisse y réussir. » En vertu de cette théorie, les banques de la Guadeloupe, de la Martinique et de la Guyane seraient réunies ; celle de la Réunion conserverait son autonomie. La banque du Sénégal deviendrait cette grande banque africaine dont les commerçants réclament depuis si longtemps la fondation. Madagascar aurait sa banque d'émission avec privilège sur toutes les îles voisines et jusqu'à Djibouti, enfin la banque de l'Indo-Chine étendrait ses opérations en Océanie en attendant le moment prochain sans doute où la Nouvelle-Calédonie réclamerait à son tour un établissement financier distinct. Le plan de M. Denizet n'est pas mauvais mais il ne fait, en somme, que consacrer la situation actuelle. La banque de l'Indo-Chine n'est que la banque française de l'Extrême-Orient et le droit donné par le projet de loi à la banque de Sénégal d'ouvrir des succursales et des agences à Konakry, Grand-Bassam, Porto-Novo et ailleurs encore si elle le juge utile, la constitue de fait comme banque officielle de l'Afrique occidentale. La seule partie neuve du projet est la fusion des banques des Antilles et de la Guyane. Or cette opération ne se ferait pas sans danger ni sans protestation des actionnaires guyanais qui admettraient difficilement l'union de deux banques dont la situation est encore précaire avec une autre en pleine prospérité, alors surtout que les opérations des trois établissements sont absolument dissemblables. Ce groupement rêvé par M. Denizet se fera de lui-même sans intervention de la loi. Pour le moment consolider ce qui existe et surveiller de près les banques, voilà ce qui importe. Quoi qu'on ait pu dire, « les banques coloniales donnent les moyens de ranimer le travail agricole et de vivifier le commerce, de faire reparaître le crédit dans les lieux où il était depuis longtemps anéanti. »

II

Nous avons dit que l'origine même des banques coloniales les défendait contre la mort sans phrases que réclament pour elles leurs irréconciliables adversaires. Il n'est pas inutile, en effet, de rappeler les circonstances de leur naissance et les raisons de leur développement. A la suite de la loi Schœlcher qui avait supprimé l'esclavage dans les colonies, une indemnité de 6 millions 5 0/0, inscrite au grand livre de la dette publique et une somme de 6 millions payable en numéraire et en totalité, furent accordées aux planteurs de la Martinique, Guadeloupe, Réunion, Guyane, Sénégal, Nossi-Bé et Sainte-Marie, au prorata des pertes subies par eux. Sur cette indemnité, une part fut prélevée, sans consulter les bénéficiaires, pour former le capital nécessaire à la constitution d'établissements de crédit (1).

Chaque colon devait, bien entendu, recevoir des actions de la banque de prêt et d'escompte de la colonie jusqu'à concurrence de la retenue qu'aurait subie sa part dans l'indemnité (article 7 de la loi du 30 avril 1849). L'état se chargea même de rédiger les statuts des banques ainsi projetées et la loi organique des banques coloniales ainsi que les statuts y annexés furent votés le 11 juillet 1851. Cette loi établissait « une banque de prêt et d'escompte dans les colonies de la Martinique, la Guadeloupe, la Réunion et la Guyane ». La décision hardie du gouvernement qui créait les banques coloniales rassura les esprits, raffermit les courages, et par le double effet des escomptes et des avances remit bientôt en mouvement la machine tout entière. Les banques, en un mot, remplacèrent les négociants métropolitains, tout au moins comme fournisseurs d'argent, sinon comme consignataires des produits (2).

Ces banques connurent d'abord, en dépit de la méfiance presque universelle qui les accueillit à leur début, une période de prospérité qui s'affirma jusqu'en 1859 (3). De 1855 à 1860, la

(1) Pierre Denizet, op. cit.
(2) Voir, pour tout cet historique, l'ouvrage de M. Edouard Rainaud, op. cit.
(3) Rapport de M. Léveillé, p. 1427.

banque de la Martinique fit pour 19.519.000 francs d'avances ; celle de la Guadeloupe pour 16.804.000 fr., celle de la Réunion pour 18.539.000 fr. Mais à dater de 1860 la baisse subite du prix des sucres qui fut suivie d'une crise monétaire assez grave compromit les affaires des banques sucrières. Cette crise cessa en 1861 pour reprendre avec plus d'intensité à partir de 1863. Seule la banque de la Réunion dont les opérations avaient été plus sages et qui avait réduit, en 1858, ses avances de quatre millions, put maintenir ses positions pendant que les autres étaient obligées de faire monter l'escompte de 6 à 8 puis de 8 à 10 0/0. Sous l'influence des habitudes spéciales à chaque île et de leurs pratiques commerciales ou agricoles, chaque banque se consacra presque exclusivement à des opérations distinctes : « Ainsi peu à peu chaque banque s'est spécialisée dans certaines opérations ; tandis qu'à la Réunion les prêts sur marchandises prenaient cet énorme développement, portant d'ailleurs aussi bien sur les denrées d'importation que sur les produits de la récolte avant son embarquement, à la Guadeloupe ce sont les prêts sur récoltes pendantes qui continuent toujours à dominer ; et au contraire à la Martinique bien que les prêts sur récoltes soient assez usités, c'est cependant l'escompte des effets à deux signatures qui fournit surtout aux planteurs l'argent dont ils ont besoin ; ils demandent la seconde signature à leur commissionnaire. »

A partir de 1860, les banques coloniales, ayant compris la nécessité d'un établissement métropolitain qui leur servirait de correspondant et faciliterait leurs opérations, choisirent d'un commun accord le Comptoir National d'Escompte et consacrèrent ce choix par leurs propres statuts. Ce grand établissement continue depuis cette date le rôle quasi-officiel qu'il a délibérément accepté et centralise même en France toute la comptabilité des banques coloniales avec la garantie du gouvernement. On ne saurait trop apprécier les services que le Comptoir National a rendus ainsi à maintes reprises aux banques coloniales en consolidant leur crédit par des avances considérables.

Une nouvelle période de prospérité commence en 1870 et elle durera jusqu'en 1884, du moins pour les banques des Antilles (notamment celle de la Guadeloupe) et de la Guyane, car la banque de la Réunion souffrit, dès cette époque, d'une crise effroyable qui dure encore aujourd'hui malgré les mesures prises. Pendant qu'en effet les banques des Antilles maintenaient leurs positions parce que le sucre valait de 60 à 65 fr. les 100 kilos et que la production dépassait 70 millions de k. à la Réunion, 50 millions à la Martinique et oscillait entre 50 et 60 millions à la Guadeloupe, la banque de la Réunion avait à lutter contre la crise monétaire causée par la baisse de la roupie et qui avait fait monter le change jusqu'à près de 25 0/0 en 1897, puis à dissimuler (faute très grave !) les pertes qu'elle avait subies dans ses prêts sur marchandises.

Mais à dater de 1884, la crise sucrière éclate. Le cours du sucre tombe à 40 fr. et même à 35 fr. les cent kil. C'est une nouvelle période de décroissance et de pertes que la banque de la Guadeloupe, mal engagée, supporte plus mal que la banque de la Martinique. Le fonds de réserve disparaît en partie, le capital est fortement entamé, surtout à la Réunion et les dividendes cessent. La situation s'améliorait lentement à mesure que le cours des sucres remontait ; lorsqu'en 1890 un nouvel avilissement du prix des sucres provoque une nouvelle crise financière, aggravée pour la banque de la Martinique par l'installation dans l'île de la *Colonial bank* de Londres, par l'incendie de Fort de France et par un terrible cyclone, et à la Guadeloupe par une sécheresse sans précédent, ce qui était plus particulièrement grave pour une colonie presque exclusivement agricole et, en 1898, par le lamentable incendie de Pointe-à-Pitre.

Grâce aux mesures prises par le gouvernement, au meilleur

choix des directeurs, aux inspections régulières et aux instructions données par la commission de surveillance les banques coloniales donnent des symptômes de relèvement depuis 1897. Nul doute que grâce à l'application intégrale de la loi aujourd'hui en discussion elles ne connaissent à nouveau les années prospères qu'elles ont connues autrefois. Mais, pour cela, il faudrait que leur privilège qui avait été renouvelé en 1874 et qui est expiré depuis 1894 fût renouvelé dans le plus bref délai possible, pour donner aux banques la sécurité de l'avenir et la stabilité qui leur manque.

III

Les banques coloniales doivent trouver, avec beaucoup de prudence et beaucoup de méthode, et sans entreprendre d'autres opérations financières que celles prévues par les statuts, des éléments certains de prospérité. Ces opérations consistent à escompter les billets à ordre ou effets de place à deux signatures ; à négocier, escompter ou acheter des traites ou des mandats directs ou à ordre sur la métropole ou sur l'étranger ; à avancer sur les obligations négociables ou non négociables, garanties par les warants ou les récépissés de marchandises déposées ; par des cessions de récoltes pendantes ; par des connaissements à ordre ou régulièrement endossés ; par des transferts de rentes, d'actions de la banque ou de valeurs admises par la Banque de France ; par des dépôts de lingots de monnaies ou de matières d'or et d'argent ; à se charger de l'encaissement ou du recouvrement des effets qui lui sont remis ; à recevoir le dépôt volontaire de tous les titres, lingots, monnaies et matières d'or et d'argent ; à souscrire à tous emprunts ouverts par l'Etat ou la colonie jusqu'à concurrence des fonds versés à la réserve ; à recevoir les produits des souscriptions publiques ouvertes, soit dans la colonie, soit dans la métropole; à émettre des billets payables à vue au porteur, des billets à ordre et à faire commerce des métaux précieux. En somme les banques coloniales peuvent émettre des billets de banque qui ont le cours légal mais non cours forcé et dont l'émission est limitée à une somme qui ne doit jamais excéder le triple de l'encaisse métallique.

Quand donc les banques auront amorti leur contentieux encore si élevé, leur situation pourra facilement devenir bonne et les actions qui avaient été au début émises à 500 francs et qui ont subi depuis une dépréciation imméritée, pourront retrouver leur ancien cours. Les mesures prises par l'Etat et par la commission de surveillance les aideront, d'ailleurs, à retrouver cette faveur qui les fuit.

Les valeurs en souffrance ne pourront désormais être comprises dans le compte de l'actif que pour un chiffre n'excédant pas le cinquième de leur valeur nominale. De plus, il sera prélevé 1/2 0/0 du capital de réserve pour reconstituer le capital primitif et ce prélèvement ne cessera que lorsque le compte de réserve aura atteint la moitié du capital social. Enfin lorsqu'après la distribution du dividende de 5 0/0, il restera des bénéfices, deux parts égales en seront faites : l'une répartie aux actionnaires comme dividende complémentaire ; l'autre sera attribuée à raison de 8 0/0 pour le fonds de réserve, le 1/10 au directeur et le 1/10 aux employés de banque à titre de gratification. Sans doute les actionnaires ne connaîtront plus les dividendes extraordinaires de 20 ou de 25 0/0 ; mais, du moins, ils ne seront plus exposés à perdre du jour au lendemain les bénéfices escomptés et à attendre, pendant plusieurs années parfois, un intérêt, si minime soit-il, de leur argent immobilisé dans la banque.

Il nous reste maintenant à examiner sommairement la situation actuelle des banques coloniales et, d'une façon générale, des établissements de crédit de nos comptoirs d'outre mer.

Banque de la Martinique. — La situation de la banque de la Martinique s'améliore. Elle n'a, il est vrai, distribué aucun dividende en 1896, 1898, et en 1899; en 1897 elle n'a donné que 2 0/0. Mais aujourd'hui l'apurement du portefeuille est très avancé, le taux du change a été réduit; la libération de la banque semble donc un fait accompli. L'encaisse métallique était, au 30 juin 1899, de 2.295.898.02; les billets en circulation représentaient 6.094.920 francs. Toutefois l'action qui valait 687 fr. en 1887 est aujourd'hui tombée à 300 francs.

Banque de la Guadeloupe. — Elle a dû renoncer depuis longtemps aux dividendes de 20 et 21 0/0 et elle n'a rien donné de 1897 à 1899. La crise continue à être très aiguë et la situation ne s'améliore que fort lentement. L'encaisse métallique était, à la date indiquée, de 3.062.800 fr. 60 et les billets en circulation de 8.358.905 francs. L'action qui valait 685 francs en 1887 est aujourd'hui à 300 francs.

Banque de la Réunion. — Aucune banque n'a connu de situation plus grave et aucune n'a plus rapidement amélioré ses positions, grâce à une sage administration et grâce aussi, il faut le dire, aux trois millions de subvention, votés par le conseil général. Aujourd'hui le capital est reconstitué; la circulation des billets est inférieure au triple de l'encaisse métallique. En 1898 un premier dividende de 2 1/2 0/0 a été autorisé peut-être un peu hâtivement, par le gouverneur; un deuxième dividende de 5 0/0 a été distribué en 1899. Au 30 juin 1899, son encaisse métallique était de 4.156.631 fr. 45 c.; les billets en circulation de 10.596.610 fr. (en 1897 seulement elle a pu prêter pour plus de vingt millions); son fonds de réserve était de 566.499 francs et son crédit au comptoir d'escompte de 859.918 francs.

Banque de Guyane. — La banque de la Guyane a toujours été la plus prospère de nos vieilles colonies. Le fait vaut d'être remarqué puisque la colonie n'est riche ni par son commerce, ni par son agriculture. En réalité c'est à l'extraction de l'or que cette banque doit toute son activité et elle tend, de plus en plus, à n'être qu'un marché de l'or. Fondée en 1854, elle donnait, dès 1856, plus de 10 0/0 de dividende et de 1870 à 1890, l'intérêt servi oscillait entre 10 et 20 0/0 ; en 1895, le dividende atteignait même le chiffre incroyable de 39 0/0. Et cependant son encaisse métallique n'est que de 856.473 fr. 10 c. et les billets en circulation de 1.789.025 francs. Elle possède un solde créditeur au comptoir d'escompte.

Banque du Sénégal. — La banque du Sénégal a été créée à la fin de 1855. Elle n'a d'abord que peu réussi et sa situation a été des plus modestes jusqu'en 1885. Elle n'a pris une réelle importance qu'à l'époque de la construction du chemin de fer de Dakar à Saint-Louis. Mais elle a connu aussi les périodes difficiles. Après avoir distribué de 10 à 15 0/0 de dividende jusqu'en 1895, elle n'a pu donner que 2 fr. 50 pour le deuxième semestre 1895 et elle a dû même renoncer, sur l'ordre de la commission de surveillance, à ne servir aucun intérêt de 1896 à 1898. Aujourd'hui la situation est devenue bien meilleure. Son encaisse métallique n'est encore que de 348.802 fr. 87 c., ses billets en circulation de 868.380 fr., mais l'autorisation qui lui a été donnée d'établir des comptoirs dans toutes les colonies de l'Afrique Occidentale ne pourra qu'augmenter singulièrement ses opérations et accroître sa prospérité.

BANQUE DE L'INDO-CHINE

La banque de l'Indo-Chine demande une étude plus attentive. Elle est, à l'heure actuelle, la banque la plus importante de l'Extrême-Orient et le plus actif en même temps que le plus riche de nos établissements de crédit. Notons que son siège social est à Paris et que c'est de Paris que viennent les ordres à exécuter et l'indication des mesures à prendre. Fondée en

1875 à Saïgon, elle ouvre, dès l'année suivante, une succursale à Pondichéry; en 1885, elle installe une agence à Haïphong; en 1887, à Hanoï; en 1890, à Pnom-Penh; en 1891, à Tourane; en 1894, à Hong-Kong et en 1898 à Shanghaï. Ainsi, par une action lente mais non interrompue, elle a réussi à s'assurer le monopole des opérations de banque dans toutes nos possessions d'Asie et même d'Océanie puisqu'elle a ouvert, en 1888, une succursale à Nouméa. L'installation de ses comptoirs à Hong-Kong et à Changhaï menace même les banques anglaises si nombreuses dans l'Extrême-Orient.

Le capital social de la banque de l'Indo-Chine a été fixé, à l'origine, à 8.000.000 et divisé en 16.000 actions de 500 francs; mais en 1888, le capital a été élevé à 12.000.000 par la création de 8.000 actions nouvelles de 500 francs. L'intérêt des actions payable, après un prélèvement de 1/2 0/0 du capital versé, est fixé à 6 0/0 par an. En dehors du fonds de réserve, constitué comme nous venons de le dire, il existe un fonds de prévoyance en vue de parer aux diminutions de bénéfices qui pourraient se produire dans l'avenir.

La banque de l'Indo-Chine est administrée par un conseil d'administration composé de huit membres au moins et de quinze membres au plus. Ce conseil d'administration est assisté d'un commissaire du gouvernement.

Deux faits dominent les opérations de la banque en Indo-Chine : la question monétaire et le taux du change en Extrême-Orient et la récolte du riz en Cochinchine. Au reste, ce qui se passe à Saïgon pour le riz et la piastre se reproduit dans l'Inde française pour la roupie et l'arachide. Sans doute la banque a fait de très sérieux efforts pour arracher les Annamites à l'usure et pour développer, chez les cultivateurs annamites, les prêts sur récoltes; mais elle n'y a pas encore complètement réussi.

« Ainsi, il est curieux de le constater, la banque de l'Indo-Chine et les banques des colonies sucrières se trouvent en fait, et par des causes toutes différentes, être influencées par des circonstances analogues, la hausse du change, la fuite du numéraire et la monoculture; mais le champ d'action beaucoup plus vaste de la banque de l'Indo-Chine l'empêche de ressentir les crises locales aussi vivement que les autres banques; le contre-coup de ces crises se perd dans la masse de ses opérations (1). »

Ses opérations sont, en effet, très variées. Outre celles qui lui sont communes avec les autres banques coloniales, elle peut, sur l'avis d'un conseil d'escompte chargé de donner son avis sur la solvabilité des emprunteurs, escompter des obligations garanties par des nantissements réguliers. Elle peut aussi servir un intérêt à ses déposants à condition que le total de ces dépôts portant intérêt ne dépasse pas le montant du capital versé et que le taux alloué pour cette nature d'opérations ne puisse excéder la moitié du taux adopté pour les escomptes. Enfin la banque a le droit d'émettre des billets (coupure nouvelle de 1000 francs; coupure de 25 francs remplaçant celle de 20 francs) qui sont reçus comme monnaie légale dans tous les pays soumis à la souveraineté de la France et auxquels s'étend le privilège de la banque et dans tous les pays de protectorat sous condition d'un arrêté du ministre des colonies.

Il est extrêmement difficile d'apprécier la situation exacte de la banque de l'Indo-Chine à cause de la valeur de la piastre puisqu'elle doit convertir en francs le résultat de ses opérations effectuées en piastres, d'après un cours qui change sans cesse, « de sorte qu'un prêt de 1,000 piastres se traduira par un déboursé de 5.500, 3.750 ou 2.250 fr., suivant que la piastre vaudra 5 fr. 50, 3 fr. 75 ou 2 fr. 25. » Ce qui est certain, c'est que la banque de l'Indo-Chine est prospère. En 1897, elle a réalisé pour 300 millions d'affaires qui lui ont laissé 700,000 fr. de bénéfices. Tous ses comptoirs, sauf ceux

(1) P. Denizet, *op. cit.*

de Pondichéry et de Nouméa, ont augmenté leur chiffre d'affaires. Ses comptes-courants ont donné lieu à un mouvement de 74 millions. Elle a 25 millions de billets en circulation dont 17 millions en Cochinchine et 6 millions au Tonkin. Elle a servi à ses actionnaires un intérêt de 10 0/0 en 1884, de 28 0/0 en 1887, de 24 0/0 en 1888 et de 20 0/0 en 1897, alors qu'il n'a été encore versé que 125 fr. par action. Au surplus, voilà qu'elle était sa situation exacte à la fin de 1898 :

Encaisse métallique	15,906,623 45
Billets en circulation	23,991,031 05
Mouvement général des opérations de prêt et d'escompte	159,655,086 16
Effets sur place à deux signatures	94,432,320 64
Prêts sur récoltes	1,098,725 90
Opérations de change	94,532,186 51
Remises	135,862,323 82

Ainsi la situation actuelle de la banque de l'Indo-Chine fait le plus grand honneur à son directeur et à ses administrateurs. Elle prouve ce qu'il est possible d'obtenir avec de la prudence et une sage initiative. « Il nous reste à exprimer le vœu que la banque trouve une combinaison qui lui permette d'étendre le bénéfice du crédit agricole aux colons français, dont les débuts souvent si pénibles méritent d'être encouragés et aidés (1). »

Crédit foncier colonial.

Il n'est pas possible de parler des banques coloniales sans examiner, d'une façon au moins sommaire, le fonctionnement du Crédit foncier colonial, seule tentative intéressante de crédit immobilier dans nos établissements d'outre-mer. Il fut fondé, en 1860, et se transforma dès 1863, avec l'autorisation du gou-

(1) Louis Vignon, *op. cit.*

vernement, en « Société du Crédit foncier colonial. » Le capital de douze millions, réparti en 24,000 actions de 500 francs était constitué pour une durée de soixante ans.

A quelle nature d'opérations devait-il se consacrer? Il avait obtenu, d'abord, le privilège d'émettre des obligations hypothécaires, analogues à celles du Crédit foncier de France. Il devait, en outre, consentir des prêts aux propriétaires des sucreries, acheter des créances privilégiées ou hypothécaires, accorder des prêts avec ou sans hypothèque soit aux colonies elles-mêmes, soit à des communes coloniales. « Le taux de l'intérêt des sommes prêtées ne devait pas dépasser 8 0/0 ; ces prêts pouvaient être consentis pour une durée de 30 ans ; enfin, le décret de 1863 déclarait applicables aux colonies, dans l'intérêt du prêteur, le décret du 28 février 1852 sur les sociétés du Crédit foncier et la loi du 10 juin 1853 relative à la purge des hypothèques. »

Le Crédit foncier colonial arrivait à son heure et ses débuts furent très brillants. Il est vrai qu'il avait été singulièrement favorisé puisque en vertu de la convention de 1863, les trois colonies sucrières s'étaient engagées à garantir chaque année à la Société le paiement d'un intérêt de 2 1/2 0/0 au plus sur le montant des obligations. Cette garantie d'intérêt fut d'abord toute platonique. Les prêts du Crédit foncier ont atteint 60 millions ; la situation paraissait donc bonne et il semblait que cet établissement de crédit fût appelé à monopoliser les opérations foncières des vieilles colonies. Et pourtant, en tant qu'institution de crédit, le Crédit foncier colonial n'existe plus ; il est en liquidation judiciaire depuis 1892 et a obtenu à grand peine de ses créanciers un régime concordataire.

Jamais d'ailleurs le Crédit foncier colonial n'a été plus riche que depuis sa liquidation. Il y a là une circonstance assez curieuse et dont les colonies intéressées sont les malheureuses victimes. Nous avons vu que les trois colonies sucrières avaient consenti une garantie d'intérêt qui devait couvrir « la perte éprouvée dans l'année par la société soit sur les Annamites, soit sur le capital de créances dont le gage, liquidé à la suite de l'expropriation, n'avait pas couvert le montant ». Or la société ayant le droit de « réaliser » les immeubles, en cas de non-paiement de la dette a largement usé de cette faculté. Non seulement elle a fait mettre les immeubles en vente, mais encore elle s'est présentée comme adjudicataire et a ainsi acquis (en subissant, il est vrai, une perte considérable sur ses créances) un immense domaine. Une fois propriétaire elle a, par une modification à ses statuts en 1873, obtenu le droit de mettre en valeur le domaine ainsi acquis et elle est devenue peu à peu une véritable « société d'exploitation », tout en continuant, bien entendu, à percevoir la garantie d'intérêt imprudemment consentie par les colonies sucrières. Aujourd'hui le Crédit foncier colonial, qui ne consent plus que des prêts très rares et à court terme, est propriétaire à la Guadeloupe de 58 habitations comprenant 4 usines, à la Réunion de 36 habitations avec 7 usines et à la Martinique d'une seule habitation sans usine. La valeur totale de cet immense domaine est évaluée à 23 ou 24 millions dont le Crédit foncier retire chaque année des revenus considérables. Tout reste donc à faire dans nos colonies pour constituer le crédit immobilier.

Signalons cependant l'existence à Tahiti d'une caisse agricole qui, depuis 1863, est devenue, en vertu d'une décision du gouverneur, une véritable banque coloniale et qui, depuis longtemps, a oublié le but qu'elle devait poursuivre à son origine. Avec un capital qui n'atteint pas 200.000 fr., la « caisse agricole » est à la fois crédit personnel, mobilier et foncier, société d'immigration et commissionnaire. Et non seulement cette société vit mais encore elle réalise des bénéfices assez sérieux.

Terminons enfin par l'énumération sommaire des maisons

de crédit qui, en dehors des banques coloniales, opèrent dans les colonies françaises et dont quelques-unes obtiennent des résultats très appréciables. Ce sont à la Réunion la « Société bourbonnaise de crédit » et « le Crédit de Saint-Pierre » ; à la Martinique, l'agence de « la Colonial bank » et celle de la « Banque Transatlantique » ; en Indo-Chine, les agences « des banques anglaises » ; la Chartered bank » et à Saïgon le « Hong-Kong and Schangha Banking corporation. » Trois comptoirs ont été ouverts par le Comptoir National d'Escompte dans l'île de Madagascar (Tamatave, Majunga, Tananarive); enfin Saint-Pierre et Miquelon possède une banque locale.

Telle est la situation actuelle. Elle n'est pas excellente, mais le remède au mal n'est pas de détruire, mais bien de perfectionner ce qui existe. Ce qu'il faut importer dans la plupart de nos colonies, ce sont moins des colons que des capitaux et nous n'y réussirons qu'avec l'aide des établissements de crédit. Il suffit de constater les services rendus au commerce et à la colonisation de l'Angleterre par les banques innombrables dans les possessions britanniques, d'étudier le rôle joué par nos propres établissements dans l'Afrique du Sud, au Brésil et dans l'Extrême-Orient pour se rendre un compte exact du merveilleux outil que pourra être le crédit colonial, manié par des mains habiles et prudentes. Fournir des capitaux à l'exploitation, encourager l'émigration, permettre aux colonies malheureuses l'attente des jours meilleurs, tel est le rôle que doivent jouer les banques coloniales et qu'elles joueront certainement si elles sont soutenues dans leur œuvre par le gouvernement et par la confiance du public métropolitain et colonial.

CONCLUSION

Nous voici donc arrivés au terme de cette trop longue étude. Essayons de résumer les enseignements qui se dégagent de la masse de faits et de chiffres que nous avons recueillis. Certes si on compare la situation de nos colonies il y a dix ans aux résultats que nous avons déjà obtenus, on ne peut que reconnaître les progrès indiscutables accomplis par nous durant cette période, progrès auxquels nos adversaires, vaincus par l'évidence, ont eux-mêmes rendu hommage. Mais si on songe, au contraire, à ce que devraient être nos colonies au regard de ce qu'elles sont, il ne faut pas se dissimuler que nous sommes loin d'avoir abouti et qu'il faudra bien des années encore, avant que l'œuvre que nous avons rêvée de réaliser ait été définitivement achevée. Aux optimistes qui estiment que tout est bien parce que nous avons fait quelque chose, nous dirons que nos colonies ne sont pas encore dotées de leurs outils de pénétration (routes, canaux et voies ferrées) que la main-d'œuvre fait défaut presque partout, que nos colons ne sont pas assez nombreux et qu'ils ne savent pas encore adapter leurs efforts et leur travail aux richesses naturelles du sol et du sous-sol. Nous leur dirons aussi que notre administration tâtonne encore, que notre législation douanière n'assure pas suffisamment la libre circulation de nos produits et qu'il faudrait trouver les moyens pratiques de porter secours à nos vieilles colonies qui ne vivent plus de leur agriculture et de leur industrie, et à nos colonies trop jeunes qui n'en vivent pas encore. C'est là un programme qui ne se réalisera pas en un jour et dont l'exécution nous demandera certainement beaucoup de travail et même de sacrifices. Mais aux sceptiques et aux découragés il faut affirmer bien haut que la construction des voies ferrées est déjà commencée, que l'utilisation des cours d'eau a déjà favorisé nos échanges et assuré notre domination en Afrique et en Indo-Chine, que le problème de la main-d'œuvre est à la veille d'être résolu, que les colons ne nous manquent pas puisqu'il nous faut choisir entre ceux qui sollicitent leur envoi aux colonies pour ne prendre que les plus valides et les meilleurs, que certaines de nos colonies telles que la Nouvelle-Calédonie, les hautes terres du Tonkin, les hauts plateaux de Madagascar ont déjà reçu des travailleurs, qu'il y a place pour beaucoup d'autres et que ceux qui vont s'y fixer, à condition de vouloir sincèrement, trouveront là et trouvent déjà la juste rémunération de leur travail et de leur bonne volonté. Nous leur dirons que si certaines de nos colonies neuves nous coûtent encore très cher parce que l'occupation militaire y est encore nécessaire, il en est d'autres, et des plus récentes, qui ne demandent plus rien à la métropole et dont le budget présente un excédent suffisant pour leur permettre d'entreprendre des travaux publics desquels dépend pour l'avenir leur prospérité. Partout on s'agite et partout on agit. Notre administration qui a évolué depuis dix ans est aujourd'hui, sauf quelques exceptions, très bonne ; le fonctionnaire est désormais convaincu que le poste qu'il occupe lui a été confié pour être l'auxiliaire dévoué et le collaborateur du colon et du négociant et non son surveillant et son tuteur. Cette administration est encore, dit-on, trop nombreuse ; elle l'est en tout cas beaucoup moins que l'administration britannique dont on a voulu nous imposer l'admiration irréfléchie et, à tout prendre, nos fonctionnaires valent beaucoup mieux que les siens. Nous ajouterons qu'une nation qui, en moins de vingt ans, a conquis un immense domaine colonial, l'a gardé pacifiquement et par sa seule force morale, qui fait avec lui pour près de onze cent millions d'échanges, qui a entrepris la construction de huit voies ferrées, organisé la navigation sur trois grands fleuves, reconstitué en partie la main-d'œuvre qui manquait, offert aux agriculteurs des concessions, aux industriels des matériaux et des produits à transformer, aux commerçants des marchés nouveaux est un peuple à qui l'avenir réserve de grandes et légitimes compensations. Et, même au point de vue de la métropole, n'est-ce donc rien que l'industrie des Vosges ait été ressuscitée par la conquête de Madagascar, que Rouen et Roubaix puissent écouler leurs produits dans l'Indo-Chine et dans l'Afrique occidentale, que Bordeaux soit devenu le grand entrepôt des arachides et la tête de ligne de nos communications africaines? Marseille, menacé par Gênes et Salonique, a trouvé des éléments nouveaux de transit et d'échanges dans nos colonies de l'Extrême-Orient. Le Havre regarde vers nos vieilles colonies. L'Exposition donne aujourd'hui au monde le spectacle d'un empire colonial, immense et déjà riche, depuis longtemps au travail et pourtant insoupçonné par beaucoup de Français qui désormais comprendront la grandeur de l'œuvre et le dévouement des ouvriers.

La situation actuelle doit encore se modifier : elle se modifie déjà. Peut-être avons-nous chargé le tableau de touches trop sombres pour frapper les regards davantage, mais si, tournant le dos au passé, nous regardons l'avenir, nous avons tout lieu d'espérer. La génération d'hier s'est vue chassée des marchés du monde parce qu'elle n'avait pas compris la transformation des méthodes économiques de tous les pays et les raisons de cette transformation. La génération présente ne commettra pas les mêmes fautes et l'emportera sans doute sur ses concurrents si à leur bonne volonté elle ajoute la suite dans les plans et la ténacité. Nos colons d'aujourd'hui profiteront des fautes de leurs aînés comme ceux-ci avaient profité des fautes de ceux qui les avaient précédés. Une étroite association doit unir, en présence du danger commun, la métropole et les colonies, les commerçants et les industriels, les ouvriers et les patrons et ainsi s'affirmera cette solidarité nécessaire qui doit réunir, à travers le temps et l'espace, les générations et les classes sociales d'un grand peuple comme le nôtre. Qu'on nous pardonne donc de terminer cet ouvrage par un hymne de confiance invincible en la volonté et le travail de nos concitoyens, et de foi robuste en l'avenir de notre admirable pays !

ANNEXES

RAPPORT AU MINISTRE DES COLONIES

SUR LES TRAVAUX

de la Commission des Jardins d'Essai

Monsieur le ministre,

La commission des jardins d'essai coloniaux a été constituée par un arrêté ministériel du 24 octobre dernier ; votre prédécesseur, M. Trouillot, avait désiré avoir son avis en particulier sur un rapport de M. Milhe Poutingon, et d'une manière générale sur toutes les questions relatives aux jardins d'essai à créer soit dans la métropole, soit dans les colonies.

M. Milhe-Poutingon avait été frappé de l'utilité qu'il y aurait pour les jardins d'essai des colonies à posséder en France un centre où ils puissent se procurer des renseignements, les graines et les plantes dont ils ont besoin pour leurs expériences. Aidé par l'Union coloniale, il avait d'abord cherché à réaliser son projet au moyen de l'initiative privée, et il avait commencé par se pourvoir d'un instrument de diffusion pour les renseignements en créant la *Revue des cultures coloniales*. Mais un entretien avec M. André Lebon l'amena à modifier ses vues. Obligé à des dépenses sans proportion avec ses recettes, un établissement chargé de fournir les jardins d'essai de graines et de plantes ne pouvait espérer rémunérer des capitaux particuliers ; ayant en revanche un caractère évident d'intérêt public, le gouvernement ne pouvait se désintéresser de sa création. Persuadé par le ministre et chargé d'une mission gratuite, M. Milhe Poutingon alla visiter les établissements de ce genre qui existent en Angleterre, en Belgique et en Allemagne. C'est au retour de cette mission qu'il rédigea un rapport dans lequel, après avoir décrit les célèbres jardins de Kew, et rappelé l'influence efficace qu'ils exercent sur le développement agricole des colonies anglaises, il demandait qu'un service central fût également créé en France pour les jardins d'essai de nos colonies.

Notre collègue a eu ainsi le mérite de traduire en propositions précises un désir qui s'est fort répandu depuis quelque temps dans le public comme dans l'administration.

L'opinion souhaite manifestement, en effet, que la mise en valeur succède aussi promptement que possible à la période de conquêtes dans notre domaine colonial. Un des membres de la commission, M. Chailley-Bert, a exprimé ce sentiment dans un mot qui a fait fortune, en disant que le moment est venu où nos colonies doivent entrer dans « l'âge de l'agriculture ». Il ressort d'une circulaire du ministère que la France demande actuellement chaque année à l'étranger des produits de l'agriculture tropicale pour une somme de sept à huit cents millions de francs. Possédant des colonies où ces produits peuvent être cultivés, il est évident que nos efforts doivent tendre désormais à les tirer de chez elles, plutôt que de l'étranger.

Exprimer la nécessité de mettre notre domaine colonial en valeur, cela revient donc à dire qu'il faut en organiser l'exploitation agricole : tant vaudra son agriculture, tant vaudra ce domaine.

La commission s'est placée, sans hésiter, à ce point de vue. Elle a considéré les jardins d'essai coloniaux et leur service central dans la métropole comme les organes à l'aide desquels il appartient au gouvernement d'agir pour hâter les progrès agricoles des colonies. En traçant leur programme, elle n'a cessé d'avoir présente à l'esprit cette ambition de réserver à nos colonies et à nos nationaux les bénéfices de la production et du commerce des denrées tropicales dont la métropole a besoin.

Elle s'est occupée, en premier lieu, des jardins aux colonies.

Le choix des noms à leur donner ne lui a point paru indifférent. Elle a écarté ceux qui auraient pu les faire confondre avec des jardins d'agrément ou des jardins purement scientifiques. Elle a tenu à ce que leur caractère essentiellement pratique fût bien marqué. C'est pourquoi elle vous propose d'appeler ceux du type le plus étendu « jardins d'essai », et ceux d'un type plus restreint « stations culturales ».

Les colonies, où l'agriculture prédomine, doivent avoir des jardins d'essai. Celles qui en sont encore à l'exploitation plus ou moins exclusive des richesses spontanées pourront se contenter d'une station culturale.

Jardins d'essai et stations culturales devront, suivant la commission, ordonner leurs travaux en vue d'un double but : améliorer et accroître sans cesse la production agricole de la colonie, épargner autant que possible aux colons les difficultés du début, les tâtonnements et les essais. L'idéal serait pour eux que, sur toute question que les agriculteurs peuvent se poser dans leurs entreprises, le jardin d'essai soit toujours en état de fournir une réponse conforme au plus récent état de la science agricole.

La commission a estimé que les stations culturales, c'est-à-dire les jardins du type le plus simple, n'en devraient pas moins comprendre au minimum une collection des plantes utiles étrangères à acclimater, collection qui est la base indispensable de toute étude ; un potager, un verger et des champs d'expérience où seront continuellement faites des recherches pour déterminer les variétés les plus recommandables dans une même espèce, les procédés de culture et de fumure qui peuvent augmenter leurs rendements, et les meilleurs modes de préparation pour leurs produits ; une pépinière de multiplication à l'usage du public ; et une station météorologique.

Il va de soi que l'importance des expériences devra être proportionnée à l'importance de l'intérêt qu'elles auront pour la colonie, et que c'est à l'étude des plantes de grande culture que les stations culturales, comme les jardins d'essai, doivent particulièrement s'attacher. Cependant, c'est avec intention qu'elle a spécifié que l'étude des légumes et des fruits ne devra pas être négligée. Rien ne contribue plus à rendre la vie pénible dans les pays chauds que la privation de vivres frais ; ce ne sera pas pour les stations culturales et les jardins d'essais un petit service à rendre que de démontrer que l'on peut s'en procurer partout d'abondants et de variés.

La nécessité d'une pépinière publique n'a point paru contestable dans les colonies naissantes. Ce sera pour les agriculteurs une économie considérable de temps et par conséquent d'argent que de trouver des plants tout prêts pour leurs plantations, au lieu de subir les délais auxquels ils seraient condamnés s'ils étaient obligés de les produire eux-mêmes. Lorsque, dans les vieilles colonies, l'industrie privée sera suffisamment développée sur ce point pour rendre l'intervention de l'État inutile, ce sera aux autorités locales à juger si la pépinière doit être supprimée.

La commission a également regardé une station météorologique comme de première nécessité. Elle a même cru bien faire en indiquant pour l'usage des directeurs de stations culturales et de jardins d'essai le minimum des instruments dont elle doit être composée. A son avis, cette station météorologique de la station culturale ou du jardin d'essai devrait être le centre d'un service météorologique qui couvrirait la colonie de son réseau et aurait dans chaque région distincte une station plus restreinte où l'on se contenterait d'observer la température et les chutes de pluie.

Les jardins d'essai proprement dits, c'est-à-dire les établissements du type complet, devront comprendre, outre les éléments qui viennent d'être énumérés pour les stations culturales, une collection botanique pour les plantes qui ne trouveront point place dans les collections de plantes utiles, un laboratoire agronomique, un herbier et une bibliothèque. La commission aurait voulu, comme pour les stations météorologiques, indiquer les appareils indispensables dans un laboratoire agronomique ; mais il en existe de beaucoup de sortes, et en présence de cette variété au milieu de laquelle il appartiendra aux directeurs de faire leur choix, elle a dû se borner à indiquer que ces laboratoires devront être pourvus des moyens de procéder à l'analyse physico-chimique des terres, au contrôle des engrais, au dosage du sucre et des matières grasses et à la reconnaissance des maladies parasitaires des végétaux qui sont dès maintenant déterminées. Ce sont là des renseignements que les agriculteurs doivent pouvoir se procurer sur place et sans lesquels il n'est point de culture rationnelle.

Après le matériel des jardins, la commission a passé à l'examen du personnel technique fixe qu'il convient de leur donner. Elle a estimé que trois agents dans les stations culturales et cinq à six dans les jardins d'essai sont nécessaires.

Elle n'a pas été arrêtée par la crainte que ces cadres parussent trop considérables et trop dispendieux aux autorités coloniales. Il s'est trouvé que presque tous les jardins d'essai, existant actuellement aux colonies, avaient été visités par l'un ou l'autre des membres de la commission. Tous ces membres ont été d'accord pour constater que, si ces jardins n'ont pas rendu, jusqu'à présent, tous les services qu'on est en droit d'en attendre, c'est que le plus souvent ils n'ont ni une étendue, ni un personnel, ni un budget suffisants. La commission a pensé que, au moment où l'on se met enfin à envisager comme devant passer au premier plan dans les préoccupations publiques le rôle de l'agriculture aux colonies, sa mission était, sans entrer dans les considérations locales d'application dont elle ne pouvait être juge, de tracer aussi explicitement que possible le programme des conditions qu'elle croit indispensable pour le bon fonctionnement des jardins d'essai. Ce sera aux pouvoirs compétents à s'en rapprocher autant qu'ils en auront les moyens. Pour elle, un jardin d'essai ne serait même qu'un minimum dans beaucoup de cas; elle n'a point formulé de vœu sur ce sujet, mais le sentiment qui s'est dégagé de ces discussions est que, dans les colonies importantes, le jardin devait avoir dans chaque région une annexe qu'un agent suffirait à diriger, et qui entreprendrait des expériences particulières pour cette région.

Le peu d'activité de quelques-uns des jardins actuels a paru tenir à deux autres causes encore : l'isolement dans lequel ils travaillent et la manière dont on recrute le personnel technique. Pour faire cesser cet isolement, la commission a émis le vœu que les directeurs des jardins envoient chaque année au ministère un rapport sur leurs travaux, que ce rapport soit examiné par le comité supérieur des jardins d'essai dont il sera question plus loin, et qu'il soit publié quand il y aura lieu. Quant au personnel, dont le recrutement s'est opéré jusqu'à présent un peu au hasard, la commission a émis à son sujet une série de vœux à l'exécution desquels elle attache une importance particulière, car il serait bien superflu de doter les jardins d'essai des crédits nécessaires si l'on n'a pas en même temps un personnel capable de les bien employer. Ces vœux ont tous pour but de constituer ce personnel.

En commençant par le préparer dans les écoles spéciales, en achevant son instruction par des missions dans les pays chauds, en le mettant à l'abri des intrigues locales par l'obligation de soumettre les nominations à l'avis du comité supérieur, en lui assurant des garanties de carrière par un décret organique, la commission ne doute point qu'on le formera promptement.

L'organisation des jardins d'essai aux colonies étant ainsi arrêtée, la commission s'est occupée du service central qui doit coordonner leurs travaux.

Dans la pensée de la commission, ce service doit à la fois : surveiller le fonctionnement technique des jardins d'essai ; recueillir, pour se mettre en état de le faire utilement, tous les renseignements possibles sur l'agriculture tropicale ; pourvoir aux recherches scientifiques dont les jardins auront besoin ; enfin leur distribuer des graines et des plants pour leurs expériences et pour tenir leurs collections au complet.

Le directeur du muséum, M. Milne Edwards, sur les rapports de cet établissement avec les colonies dans le passé et sur les ressources qu'il leur offre pour les recherches savantes dans l'avenir ; le professeur de culture du muséum, M. Cornu, sur les herbiers et les collections de cet établissement ainsi que sur les envois de plants et de graines que son service n'a cessé de faire aux colonies, ont donné à la commission les détails les plus circonstanciés et les plus intéressants. Les herbiers du muséum et les collections de végétaux vivants de ses serres sont d'une richesse qu'on peut dire sans rivale au monde. Et pour les déterminations des plantes, pour la recherche de leurs principes premiers, pour les analyses des terres, pour les études stratigraphiques et paléontologiques du sol, pour l'étude des maladies parasitaires des plantes, le muséum possède dans ses professeurs une réunion unique de savants.

La commission a donc estimé que le simple bon sens, autant que la reconnaissance pour les services rendus, commandait de continuer à demander au muséum son concours dans tous les cas où il lui est possible de le donner, et de l'associer, dans la plus large mesure possible, aux travaux d'ordre purement pratique dont, en raison de son caractère d'établissement de haute science, il lui répugnerait d'être exclusivement chargé. C'est dans cet esprit qu'elle propose : 1° la formation d'un comité supérieur des jardins d'essai coloniaux qui serait présidé de droit par le directeur et composé en partie des professeurs du muséum ; 2° la création de serres de multiplication.

Outre les professeurs du muséum, le comité supérieur comprendrait des personnes connaissant les colonies. Il servirait de conseil au ministre pour la direction technique des jardins d'essai.

Consulté sur la correspondance des jardins d'essai, le comité indiquerait comment doit se faire le départ de leurs demandes, quelles sont celles qui ont un caractère scientifique suffisamment original pour être soumises au muséum et quelles sont celles qui seront renvoyées soit à d'autres établissements de l'Etat, soit aux serres de multiplication.

Au moyen des relations que le muséum entretient dès maintenant avec les établissements scientifiques des autres peuples, au moyen de questionnaires qu'il demanderait au ministre de faire parvenir à nos agents à l'étranger, au moyen des missions dans les pays chauds dont on chargerait chaque année quelques-uns des élèves de nos écoles d'agriculture et d'horticulture, au moyen enfin des rapports annuels des jardins d'essai des colonies, le comité se tiendrait au courant de tout ce qui se fait sur le globe en matière d'agriculture tropicale, il s'efforcerait de reconnaître les causes qui font réussir ou échouer les diverses cultures dans les pays où on les a entreprises, il serait continuellement en enquête sur celles qui pourraient être essayées dans chacune de nos colonies et sur la manière d'améliorer celles qui y existent déjà ; en un mot, il serait sans cesse occupé à rechercher les moyens pratiques de réaliser le vœu de l'opinion quand elle demande qu'à l'avenir les produits coloniaux que consomme la France lui soient, autant que possible, fournis par ses colonies.

C'est en vue de cette partie de la tâche du comité supérieur que la commission a émis le vœu qu'il soit donné suite au projet d'instituer des missions agricoles dans les pays chauds, qui a été étudié au ministère. Elle voit à ces missions un double avantage : elles compléteraient l'instruction des futurs agents des jardins d'essai, et elles permettraient au comité supérieur de renseigner sur les questions qu'il lui paraît opportun de mettre à l'étude. Pour atteindre ce dernier but, le programme de ces missions devrait être demandé au comité supérieur.

Les rapports annuels des jardins d'essai seraient soumis à l'examen du comité supérieur qui indiquerait ceux qui méritent d'être publiés. Le comité supérieur résumerait chaque année les travaux des jardins d'essai dans un rapport d'ensemble qui serait également publié, où il signalerait les lacunes à combler dans leur fonctionnement et où il relèverait les services rendus et les progrès accomplis. Cette publicité du rapport d'ensemble et la publicité partielle des rapports particuliers, en soumettant en quelque sorte à l'épreuve de l'opinion publique le personnel du jardin d'essai, si abandonné à lui-même jusqu'à présent, lui donneraient un sentiment plus vif de sa responsabilité et soutiendraient son zèle ; elles éclaireraient les colonies les unes par les autres et créeraient entre elles une émulation.

Les serres de multiplication seraient chargées d'une besogne matérielle que le muséum n'est point actuellement en état d'exécuter et que, même au cas où il en aurait les moyens, on ne pourrait pas lui imposer sans le détourner de l'objet propre de ses travaux. Elles recevraient soit des collections du muséum, soit de toute autre provenance, les plantes à essayer aux colonies, elles les multiplieraient en quantités suffisantes et elles les expédieraient aux jardins d'essai.

Ces serres resteraient sous la haute direction scientifique du muséum, et c'est son directeur qui a suggéré à la commission l'idée d'émettre le vœu que l'on utilise pour leur installation les terrains qui ont été mis à la disposition de cet établissement dans le bois de Vincennes et qui sont inoccupés. Cependant, comme elles auront à satisfaire des besoins purement coloniaux, il a paru convenable à la commission que leur personnel et leur budget soient rattachés au ministère des colonies.

En préparant un devis sommaire des premiers frais, de cette installation qu'elle a évaluée à cent mille francs, la commission a agi dans le même esprit qu'en traçant le programme des jardins d'essai. En présence de la grandeur des intérêts en jeu, elle a pensé qu'il était de son devoir d'indiquer en toute franchise ce qu'elle considère comme indispensable pour qu'ils soient satisfaits.

En résumé, l'avis de la commission est que le comité supérieur, aidé d'une part par le muséum d'histoire naturelle, et d'autre part par les serres de multiplication, doit constituer le service central proprement dit des jardins d'essai. Mais ce service ayant un caractère purement technique, elle ne s'est pas dissimulé qu'il ne fonctionnerait efficacement qu'autant qu'il trouverait dans l'administration un constant appui; c'est pourquoi, sans entrer dans des détails qui n'auraient pas été de sa compétence, elle a, par un dernier vœu, exprimé le désir qu'il soit créé dans ce but un service spécial au ministère des colonies.

Veuillez agréer, monsieur le ministre, l'expression de mon respectueux dévouement.

Le rapporteur,
Paul BOURDE.

RAPPORT DE M. CAZELLES
CONSEILLER D'ÉTAT, DIRECTEUR DE LA SURETÉ GÉNÉRALE AU MINISTÈRE DE L'INTÉRIEUR
sur les clauses générales
A INSÉRER DANS LES CHARTES A ACCORDER AUX COMPAGNIES DE COLONISATION

L'examen des conditions dans lesquelles la colonisation doit être entreprise fait ressortir les principes généraux suivants :

1º Dans les pays à civilisation ancienne et à constitution sociale stable, il n'y a à tenter que des entreprises de travaux publics destinés à mettre en valeur des richesses déterminées à l'avance, la colonie peut être rangée dans la classe des colonies d'exploitation, non dans celles des colonies de population ;

2° Dans les pays incivilisés, tels que les îles du Pacifique et les régions de l'Afrique centrale, Haut-Sénégal, Haut-Niger, Soudan auxquels on pourrait peut-être ajouter la Guyane, la domination politique des indigènes étant morcelée ou mal assise, la sécurité des entreprises doit être cherchée dans la constitution d'une unité artificielle. On l'obtient au moyen de traités ou arrangements faits avec les chefs indigènes par une même autorité inspirée par des vues d'ensemble. — Il y a donc avantage à réserver ces territoires à l'exploitation d'une entreprise privilégiée plutôt que de l'abandonner à la libre concurrence ;

3° Les entreprises de ce genre, pour être respectées par les indigènes, doivent être couvertes par la protection de la métropole. D'autre part, leur caractère doit être exclusivement pacifique et économique. Les contrats et arrangements que les directeurs de l'entreprise ont à passer avec les indigènes doivent être librement consentis par ceux-ci, et les Européens engagés dans l'exploitation doivent être, en tout temps, respectueux des usages sociaux et religieux des indigènes.

La protection métropolitaine doit s'exercer par une force publique dépendant des autorités nationales instituées par l'État sur un point de la colonie en relations faciles avec la métropole.

Il ressort de ces principes généraux que l'entreprise d'exploitation qui, suivant les régions, pourra aussi devenir une entreprise de population, doit être dotée de droits étendus, qu'il doit être fait en sa faveur un abandon temporaire et réglementé d'une part de la puissance publique.

Son privilège doit se composer :

1° Du droit de monopole sur un territoire déterminé d'avance et sur tous les territoires que les négociations de ses agents pourront amener au périmètre de son exploitation ;

2° Du droit de réglementer sur ces territoires les relations commerciales et industrielles des Européens entre eux et avec les indigènes ;

3° Du droit d'exécuter tels travaux publics qui seront jugés utiles à l'exploitation, de concéder ces travaux à des tiers ;

4° Du droit d'acquérir et de transférer la propriété du sol ;

5° Du droit d'exercer à son profit les droits de l'État, en ce qui concerne les mines et gisements de matières précieuses ;

6° Du droit de réglementer la chasse des animaux qui fournissent certains articles précieux de commerce.

D'autre part, l'exploitation devra être soumise aux obligations suivantes :

1° L'entreprise sera constituée d'après les prescriptions de la loi de 1867 ;

2° Elle sera dirigée par un gouverneur nommé par l'État parmi les actionnaires, assisté d'un conseil d'administration ;

3° Elle exercera les droits concédés par l'État en matière de réglementation sous réserve de l'approbation préalable du gouvernement.

4° Les arrangements qu'elle pourra conclure avec les indigènes, soit qu'ils portent sur des questions purement économiques, soit qu'ils touchent à des relations d'ordre politique, ne seront exécutoires qu'après approbation du gouvernement. Les agents de la compagnie seront considérés, à cet effet sur les territoires où s'exerce l'autorité indigène, comme des agents du gouvernement, ils en rempliront l'office à l'égard des Européens, ils devront, à ce dernier titre, être agréés par l'autorité coloniale nationale.

6° A l'expiration de la durée de la concession, l'État prendra possession des travaux d'utilité publique exécutés sur le territoire ou annexé sauf indemnité à prévoir. Il pourra en faire l'objet de concessions nouvelles, soit en bloc, en renouvelant ou en transférant le privilège d'exploitation du territoire colonial soit en le répartissant entre divers concessionnaires. Dans ce cas, il reprendra l'administration directe du territoire et ses agents entreront seuls en relation politique avec les chefs indigènes.

L'obligation de recourir aux chambres pour la constitution du mode d'exploitation des richesses coloniales que nous proposons, peut être remplie des deux façons, soit par la proposition d'un projet de loi qui réglerait une fois pour toutes dans ses grandes lignes les conditions que le Président de la République aurait à imposer aux compagnies privilégiées quand il les créerait par décret, soit par la proposition d'autant de projets de lois particuliers qu'il y aurait de compagnies privilégiées à créer, chaque projet contenant les conditions à imposer à ces compagnies et les réserves en faveur de l'État.

Le secret qui s'impose à toutes les opérations préparatoires des entreprises coloniales à tenter nous fait préférer le premier système. La diversité des conditions à imposer à une compagnie privilégiée dépendant de la région à exploiter ne nous paraît pas un obstacle insurmontable à la rédaction d'un projet de loi applicable à tous les cas. Ce projet, en effet, ne règle pas le mode d'exploitation d'une colonie particulièrement dénommée, mais la façon dont le pouvoir exécutif aura à user de ses pouvoirs pour déterminer les conditions de l'exploitation. Ce projet pourrait se formuler, sauf modifications ampliatives, de la manière suivante :

Art. 1er. — Le Président de la République peut concéder et assurer pendant..... années la protection de l'Etat à des compagnies..... constituées d'après la loi de 1867, à l'effet de coloniser les territoires compris dans telles et telles limites.

Art. 2. — Ces compagnies auront, pendant ce nombre d'années, le privilège exclusif d'acquérir en toute propriété, pour en jouir d'après la loi civile, tous les biens qui, d'après cette loi, peuvent devenir objet de propriété, de faire le commerce, de créer des industries, d'exploiter directement ou par des sous-concessionnaires, pendant toute la durée du privilège, les mêmes gisements de matières précieuses, cours d'eau et forêts.

Art. 3. — Ces compagnies auront la faculté de réglementer sous le contrôle de l'Etat et sous les conditions fixées par le décret de concession les relations économiques des Européens entre eux et avec les indigènes.

Art. 4. — Ces compagnies seront administrativement rattachées à une colonie ; elles seront administrées par des gouverneurs nommés par le gouvernement ; leurs agents dûment commissionnés auront sous leur résidence l'autorité d'officiers de l'état-civil, de police judiciciaire.

A cet effet, ils recevront une commission spéciale de l'autorité nationale dans la colonie. Les arrangements et traités passés entre les agents de la compagnie et les chefs indigènes devront être soumis, avant toute exécution, à l'approbation du gouvernement.

Art. 5. — Le gouvernement pourra, quand il le jugera convenable, organiser une administration civile et une administration judiciaire, sur les points où la population européenne rendra cette réforme utile.

Art. 6. — Chaque décret réglera les conditions de la reprise par l'Etat à l'expiration du délai de concession des travaux publics exécutés par la compagnie dans l'intérêt de son exploitation.

PROJET DE LA COMMISSION ADMINISTRATIVE
SUR
LES COMPAGNIES DE COLONISATION

Article premier

1° Les compagnies formées en vue de coloniser et de mettre en valeur les territoires situés dans les possessions françaises ou placés sous l'influence de la France, doivent être constituées en sociétés commerciales.

2° Elles ont leur siège principal en France; les membres de leur conseil d'administration doivent être français.

3° Le Président de la République peut, par décret rendu en la forme des règlements d'administration publique, accorder à ces compagnies les avantages énumérés dans les articles 2 et 3.

4° Ce décret déterminera le territoire concédé aux compagnies et les obligations qui leur sont imposées en échange des avantages accordés.

5° La durée de la concession ne pourra excéder trente années.

Article 2.

1° Les compagnies pourront recevoir, pendant le nombre d'années inscrit au décret, sous réserve des droits acquis par des tiers à la date dudit décret, concession du privilège exclusif d'acquérir en toute propriété, pour en jouir d'après la loi civile, tous les biens qui, d'après cette loi, peuvent devenir objet de propriété.

2° De faire certains commerces et de créer certaines industries déterminées par le décret.

3° D'établir, sous condition d'approbation par décret, des droits de péage et des droits d'entrée et de sortie sur le territoire qui fait l'objet de la commission.

Article 3.

1° Ces compagnies devront être administrativement rattachées à une colonie.

2° Leurs directeurs devront être agréés par le gouvernement; l'agrément pourra toujours être révoqué.

3° Leurs agents pourront recevoir, en vertu d'une commission spéciale de l'autorité nationale de la colonie, les attributions d'officiers d'état-civil et d'officiers de police judiciaire sur leur résidence.

4° Les compagnies pourront, sous l'autorisation du gouvernement, organiser une force de police indigène dont la composition sera réglée et les officiers agréés par le gouvernement.

5° Les arrangements et traités passés entre les agents des compagnies et les chefs indigènes devront être soumis avant toute exécution à l'approbation du gouvernement.

Article 4.

1° Les compagnies ne pourront rétrocéder leurs concessions en totalité ou en partie qu'avec l'approbation du gouvernement dans la même forme et sous les mêmes conditions que l'acte de concession.

2° Elles devront respecter, sur les territoires de leur concession, la liberté des cultes et tous les usages religieux non contraires à l'humanité, et prêter leur concours à toutes les mesures destinées à supprimer l'esclavage.

Article 5.

Les compagnies pourront être tenues de pourvoir à tout ou partie des frais de l'administration civile ou judiciaire que le gouvernement jugerait à propos d'organiser pour le territoire faisant l'objet de la concession.

Dans ce cas, les compagnies devront être entendues avant la création des emplois.

Article 6.

Chaque décret réglera les conditions de la reprise par l'Etat, à l'expiration du délai de la concession, des travaux publics exécutés par les compagnies dans l'intérêt de leur exploitation et déterminera les cas de déchéance et les conditions de résiliation de la concession.

PROJET DE LOI DU GOUVERNEMENT
Déposé le 19 juillet 1891.

Article premier

Des compagnies privilégiées formées en vue de coloniser et de mettre en valeur les territoires situés dans les possessions françaises ou placées sous l'influence de la France, pourront être constituées par des décrets rendus dans la forme des règlements d'administration publique.

Article 2

Ces décrets détermineront, pour chaque cas particulier, la durée de la concession, les causes de déchéance et de résiliation, le territoire concédé à la compagnie, les avantages et privilèges qui lui seront accordés et les obligations qui lui seront imposées, notamment s'il y a lieu, en ce qui concerne l'exécution de travaux publics.

Fait à Paris, le 16 juillet 1891.

Le Président de la République française,
Signé : Carnot.

Par le Président de la République,
Le Ministre du commerce, de l'industrie et des colonies,
Signé : Jules Roche.

I. GRANDES CONCESSIONS AU CONGO FRANÇAIS
II. PETITES CONCESSIONS
III. CONCESSIONS AUX MISSIONS RELIGIEUSES
IV. LIGNE DE CONDUITE IMPOSÉE A L'ADMINISTRATION
DANS SES RAPPORTS AVEC LES CONCESSIONNAIRES

1° *Grandes concessions au Congo français*

Le ministère des colonies qui, au mois de février 1899, avait signé un décret concernant le domaine public au Congo français, a complété cette première réglementation par un ensemble de mesures sur les concessions aux particuliers des terres faisant partie du domaine privé. Les concessions d'une étendue de plus de 10,000 hectares sont réglées par un décret du 28 mars 1899.

L'article 1er de ce décret confère simplement aux concessionnaires le droit d'établissement pour une durée de trente années, comportant tous droits de jouissance et d'exploitation, sauf en ce qui concerne les mines, dont le régime demeure réservé à une législation spéciale.

Toutefois, réserve formelle est faite :

1° Des droits résultant pour les tiers et des obligations résultant pour les concessionnaires des stipulations des actes généraux de Berlin et de Bruxelles en date des 26 décembre 1885 et 2 juillet 1890 ;

2° Des droits acquis par des tiers au jour de la promulgation du décret dans la colonie ;

3° Des droits des indigènes.

L'article 2 établit que la concession ne deviendra définitive que lorsque les concessionnaires se seront valablement substitué une société anonyme constituée, selon la loi française, à un capital déterminé.

La substitution de la société anonyme aux concessionnaires ne sera valable et définitive qu'après que le ministre des colonies, sur l'avis de la commission des concessions coloniales, aura approuvé cette substitution.

Le premier quart du capital-actions de cette société devra être versé dans un délai d'un mois.

Il ne pourra être émis d'obligations pour une somme supérieure au double du montant du capital-actions.

Aucune émission d'obligations ne pourra avoir lieu avant que les trois quarts du capital-actions aient été versés et affectés à l'objet de la concession.

Le président de la société et les trois quarts du conseil d'administration devront être Français. Le siège social devra être en territoire français.

Comme garantie générale de l'exécution des obligations résultant pour lui du décret de concession et du cahier des charges, le concessionnaire sera tenu de verser à la Caisse des dépôts et consignations un cautionnement dont le montant est fixé par le décret de concession. Le cautionnement pourra être constitué soit en numéraire, soit en rente française, soit en titres des emprunts de la colonie. La valeur du capital de ces rentes ou titres d'emprunts sera calculée dans les conditions spécifiées par l'article 6 du décret du 18 novembre 1882, relatif aux adjudications et marchés passés au nom de l'État.

La moitié de cette somme sera versée avant la signature du décret et l'autre moitié dans la quinzaine de la notification de la décision du ministre des colonies approuvant définitivement la substitution de la société concessionnaire au concessionnaire primitif. En pratique, ce cautionnement équivaut au 40° du capital.

Les concessionnaires devront payer en outre, chaque année :

1° Une redevance annuelle, dont la quotité fixée primitivement à un chiffre déterminé, augmente du simple au double dans l'espace des dix premières années. A partir de cette époque, la redevance reste invariable ;

2° 15 0/0 du revenu de la société.

Pour le calcul de la part du revenu à verser par le concessionnaire, on déduit du montant des recettes brutes de chaque année :

1° Le montant des dépenses d'exploitation ;

2° Les sommes nécessaires pour assurer, s'il y a lieu, l'intérêt et l'amortissement des obligations pendant la dite année;

3° La somme à prélever sur les bénéfices de la société pour la réserve légale et pour toutes autres réserves statutaires, mais seulement jusqu'à concurrence de 15 0/0 de la différence entre la recette brute et les dépenses jointes à l'intérêt et l'amortissement annuels des obligations; d'autre part, il ne sera plus fait déduction de ce prélèvement lorsque l'ensemble de la réserve légale et des autres réserves statutaires dépassera le quart du capital-actions versé;

4° La somme à prélever, s'il y a lieu, sur les bénéfices, pour l'amortissement des actions par tirage au sort;

5° 5 0/0 du capital-actions versé et non encore amorti.

La différence constituera le revenu, dont les 15/100ᵉ devront être versés par le concessionnaire à la caisse du trésorier-payeur de la colonie, ou pour le compte de celui-ci, dans une caisse métropolitaine désignée par le ministre des colonies. Le versement sera effectué dans le mois qui suivra l'assemblée générale des actionnaires dans laquelle auront été approuvés les comptes de l'exercice auquel il se rapportera.

Toute terre mise en valeur deviendra, à l'expiration des trente ans, la pleine et entière propriété du concessionnaire.

Les ventes, fermages et reventes devront obtenir l'agrément du gouvernement.

La société devra avoir un représentant dans la colonie, agréé par le ministre. A partir de la sixième année de la concession, tous les agents non indigènes de la société devront être français.

L'article 12 du décret prévoit l'installation et l'entretien d'une force armée qui relèvera exclusivement du gouvernement.

Toute modification apportée à l'organisation de la société devra être soumise à l'approbation du ministre. Toutefois, la société pourra céder à des tiers, avec l'autorisation du gouverneur, ses droits sur des lots ne dépassant pas 1000 hectares.

Au cas où la société concessionnaire manquerait aux obligations qui lui seront imposées, elle encourrait la déchéance, qui serait décidée par décret.

Le concessionnaire est tenu de planter au moins 150 nouveaux pieds par tonne de caoutchouc récoltée, afin de maintenir la conservation des plantes à caoutchouc. L'article 8 du cahier des charges détermine les conditions dans lesquelles la concession peut être considérée comme étant mise en valeur, suivant que le concessionnaire y a établi des constructions, des cultures riches (vanille, cacao, café, caoutchouc), des cultures vivrières (riz, mil, manioc), des pâturages, etc.

En vertu de cet article : seront considérées comme mises en valeur et attribuées en toute propriété au concessionnaire :

1° Les terres occupées sur au moins un dixième de leur surface par des constructions ;

2° Les terres plantées sur le vingtième au moins de leur surface en cultures riches, telles que cacao, café, caoutchouc, vanille, indigo, tabac, etc. ;

3° Les terres cultivées sur le dixième au moins de leur surface en cultures vivrières, telles que riz, mil, manioc, etc. ;

4° Les pâturages sur lesquels seront entretenus pendant au moins cinq ans des bestiaux à l'élève et à l'engrais à raison de deux têtes de gros bétail ou de quatre têtes de petit bétail par dix hectares ;

5° Les parties de forêts d'une superficie d'au moins 100 hectares d'un seul tenant, dans lesquelles le caoutchouc aura été récolté régulièrement depuis au moins cinq ans, à raison de 20 pieds au moins d'arbres ou de lianes en moyenne par hectare, étant entendu que, même après l'attribution de la propriété au concessionnaire, le nombre minimum de 20 pieds sera maintenu par la conservation des arbres ou des lianes existants ou par leur remplacement en jeunes plants, sous peine de retour à l'Etat de la propriété.

La domestication et l'entretien des éléphants donneront également lieu à l'attribution, en toute propriété, de terres choisies par le concessionnaire à raison de 100 hectares par tête d'éléphant.

Une des clauses les plus importantes du cahier des charges est l'obligation pour le concessionnaire de mettre à flot, dans le délai de deux ans, sur les cours d'eau navigables qui traversent sa corcession, un ou plusieurs bateaux à vapeur grand modèle et un ou plusieurs bateaux à vapeur petit modèle.

Le concessionnaire sera tenu de mettre à flot, dans un délai de deux ans à dater de la signature du décret de concession et d'entretenir en service jusqu'à l'expiration de la concession sur les cours d'eau navigables qui traversent le territoire concédé ou qui le relient au Stanley-Pool, au moins un bateau à vapeur grand modèle (ou un bateau à vapeur petit modèle) remplissant certaines conditions.

Ces bateaux seront affectés aux transports particuliers du concessionnaire ; mais il sera tenu d'effectuer, au moins tous les six mois s'il en est requis par le gouverneur ou par son délégué, les transports de l'Etat et de la colonie, jusqu'à concurrence de la moitié de la capacité du chargement de chaque bateau.

En outre, le gouverneur a toujours le droit, en cas d'expédition militaire, de réquisitionner en totalité ou en partie le matériel flottant du concessionnaire sous la réserve du payement du prix des transports, et, en cas de dommages, d'une indemnité à régler d'un commun accord ou par arbitres.

Le concessionnaire devra faire s'il en est requis, dans les mêmes conditions, les transports de la poste et des colis postaux. Le capitaine ou le subrécargue sera rendu responsable de ces transports, sans toutefois que cette responsabilité ait pour effet de faire disparaître ou d'atténuer celle du concessionnaire.

Les bateaux à vapeur que le concessionnaire sera tenu de mettre et d'entretenir en service seront d'un type reconnu propre à la navigation sur les rivières de la colonie du Congo français. Ils seront cotés au Véritas ou au Lloyd à une cote agréée par l'administration.

Les bateaux du grand modèle devront être en état de porter, à une vitesse minimum de 8 nœuds au moins, 20 tonnes métriques de charge utile au tirant d'eau de 65 centimètres.

Les bateaux du petit modèle devront être en état de porter à une vitesse minimum de 7 nœuds, une charge utile d'au moins 5 tonnes métriques au tirant d'eau de 50 centimètres.

Ces bateaux devront être neufs au moment de leur mise en service ; toutefois dans le cas où le concessionnaire serait en mesure de mettre en service, dans le délai minimum d'un an, à dater de la signature du décret de concession, des bateaux ayant déjà servi, mais construits depuis moins de trois ans, ils seront acceptés, s'ils remplissent les conditions spécifiées.

Les bateaux à vapeur devront porter pavillon français. L'équipage devra être exclusivement composé de citoyens français ou de sujets français, sauf autorisations individuelles, toujours révocables, données par le gouverneur.

Les dates des départs et les points d'escales obligatoires sur les rives françaises sont fixés par le gouverneur pour les voyages effectués pour le compte de l'administration.

En cas de rapides, chutes, etc., interrompant le parcours des bateaux à vapeur, le concessionnaire sera tenu : d'assurer, par les moyens qu'il jugera convenables, le transbordement des marchandises d'un bief à l'autre et de fournir aux voyageurs le moyen d'effectuer à pied ou en pirogue le trajet correspondant ; d'assurer dans chacun des biefs supérieurs le transport en bateau à vapeur ou en pirogue des voyageurs et des marchandises. Le gouverneur pourra exiger que les transbordements soient faits en territoires français.

La propriété des bateaux à vapeur affectés obligatoirement au service de navigation imposé au concessionnaire est rattachée à la concession dont elle fera partie intégrante et dont elle ne pourra être détachée pendant toute la durée de la dite concession. En conséquence, ces bateaux ne pourront, sans l'autorisation du ministre des colonies, être vendus, loués ou donnés en gage sous quelque forme que ce soit, ni être détournés en permanence du service en vue duquel leur acquisition est imposée au concessionnaire. Ceux qui viendraient à se perdre ou à être mis hors de service par suite d'usure ou d'avaries seront remplacés dans le délai de dix-huit mois à partir du moment où ils auront cessé leur service.

Dans le cas où un des bateaux imposés au concessionnaire serait resté pendant deux années consécutives hors d'état de faire le service de transports auquel il sera affecté, le concessionnaire sera passible d'une amende de 20.000 francs par bateau de grand modèle ou de

10.000 francs par bateau de petit modèle se trouvant dans ce cas. Une amende de même somme lui sera imposée à partir de l'expiration de la deuxième année pour chacune des années suivantes pendant lesquelles le bateau n'aura pas été remplacé ou remis en service.

Les transports que le concessionnaire effectuera pour le compte de l'État ou de la colonie lui seront payés, pendant les cinq premières années qui suivront la signature du décret de concession, aux tarifs indiqués ci-dessous :

a) Entre Brazzaville ou le point de transmission des voyageurs et des marchandises entre la voie fluviale et le chemin de fer, et l'origine du premier rapide qui ne pourra être franchi par les bateaux à vapeur :

1° A la montée :

Par passager européen et par myriamètre. . .	1 fr. 00
Par passager indigène et par myriamètre . . .	0 fr. 35
Par tonne métrique de marchandises et par myriamètre.	2 fr. 50

2° A la descente : moitié du tarif ci-dessus.

b) En amont du premier rapide qui ne pourra être franchi par les bateaux à vapeur, mais seulement pour les transports effectués pendant le temps où ce passage sera impossible (y compris tous transbordements et transports par terre).

Le double des tarifs ci-dessus.

Les distances seront déterminées d'un commun accord entre le gouverneur et le concessionnaire.

Le concessionnaire aura le droit de rétrocéder en tout ou en partie avec l'autorisation du ministre des colonies, à toute personne ou société agréée par ledit ministre, les obligations et avantages attachés à l'établissement du service de navigation qui fait l'objet des articles ci-dessus, à condition que le rétrocessionnaire acceptera et exécutera toutes les conditions spécifiées par les dits articles.

Toutefois dans le cas où le rétrocessionnaire serait une société de navigation existante ou en formation, ayant obtenu la concession d'un service régulier de transports dans les conditions définies par un cahier des charges arrêté par le ministre des colonies, sur l'avis de la commission des concessions territoriales, le titulaire de la présente concession serait déchargé de toute obligation relative à la mise et à l'entretien en service des bateaux grand modèle attachés à ladite concession aussitôt que le traité passé avec ladite société aura été approuvé par le ministre.

Le concessionnaire sera tenu de concourir à l'établissement des postes de douanes rendus nécessaires par les opérations qu'il compte effectuer, pour une somme déterminée dans le décret de concession payable en trois termes égaux dans le dernier trimestre de la première, de la troisième et de la sixième année à partir de la signature du décret de la concession.

Le payement sera fait dans la caisse du trésorier-payeur de la colonie sur réquisition du gouverneur.

A l'expiration de la concession, les terres qui ne seront pas devenues la propriété du concessionnaire font de plein droit retour au domaine.

Le concessionnaire reste propriétaire du matériel naval y compris celui dont la propriété aura été attachée à la concession ; il a le droit d'enlever, pour en utiliser ou en vendre les matériaux, les lignes et appareils télégraphiques, bâtiments, établissements industriels, etc., dont la remise au domaine public n'aurait pas été prononcée et qui se trouveraient sur les terrains dont il ne serait pas devenu propriétaire.

Un délai d'une année lui est accordé à cet effet. Passé ce délai, lesdits matériaux, etc., sont considérés comme abandonnés par lui.

Le gouverneur pourra racheter, au nom de la colonie, en tout ou en partie, le matériel naval ainsi que les installations dénommés ci-dessus, à la condition de notifier son intention six mois au moins avant l'expiration de la concession. Le prix sera fixé d'un commun accord, ou, à défaut d'accord, par experts.

Les motifs de déchéance de la concession sont :

La non mise en exploitation, dans un délai de deux ans, à dater de la signature du décret de la concession ;

Le recours à la violence vis-à-vis des indigènes pour l'exploitation, notamment de l'ivoire et du caoutchouc.

Le non paiement de la redevance annuelle, dans le délai d'un mois, après avis :

La non exécution des prescriptions concernant la gestion financière de la société ;

La vente, cession ou affermage, sans l'autorisation du ministre des colonies, de tout ou partie du matériel naval, dont la propriété sera attachée à la concession.

La déchéance s'applique à l'ensemble de la concession, exception faite des terres qui seront devenues la propriété du concessionnaire.

Dans le cas de la déchéance, il est pourvu à l'exécution des engagements valablement pris par le concessionnaire au moyen d'une adjudication de la concession avec les charges, obligations et avantages qui s'y rattachent.

Le gouvernement se réserve le droit de prendre à une époque quelconque tous les terrains qui seraient nécessaires aux besoins des services publics de l'Etat ou de la colonie, ainsi qu'à tous les travaux d'utilité publique qu'il jugerait convenable d'exécuter ou de faire exécuter par les concessionnaires de ces services publics.

Ces terrains lui seront rétrocédés par la société concessionnaire ou ses ayants-droit :

1° A titre gratuit s'ils ne sont pas encore devenus propriété privée en vertu des stipulations de l'article précédent ;

2° Au cas contraire, moyennant une indemnité représentative de la valeur du sol, fixée à forfait à 5 francs par hectare.

Dans l'un et l'autre cas si ces terrains comprennent des établissements commerciaux, agricoles et industriels effectivement occupés et exploités ou des plantations faites et entretenues par la société concessionnaire ou ses ayants-droit, il sera alloué une indemnité représentative de la valeur des établissements ou plantations dont il s'agit. Cette indemnité, fixée d'un commun accord ou par un arbitrage, devra tenir compte éventuellement de la plus-value résultant de l'exécution des travaux pour la partie de ces établissements ou plantations qui restera dans la concession ou dans la propriété.

Dans le cas où la société concessionnaire exécuterait des travaux ou des ouvrages qui, bien qu'entrepris dans son propre intérêt, pourraient être utilisés dans un intérêt général, le gouvernement se réserve la faculté d'en prescrire la remise au domaine public ou aux services intéressés moyennant une juste et préalable indemnité.

Si l'entretien de ces ouvrages est laissé à sa charge, la société concessionnaire pourra être autorisée à percevoir à son profit des droits de péage dont la quotité, le mode de recouvrement seront réglés par arrêté du gouvernement de la colonie.

Tel est l'ensemble des charges et conditions attachées à une concession. La liste en est longue et les droits de l'administration sont nombreux.

MOUVEMENT DE NOS PORTS COLONIAUX

Il ne saurait entrer dans notre pensée d'étudier en détail les questions relatives au commerce maritime entre la métropole et nos colonies et de rechercher les causes profondes de la décadence indéniable de notre marine marchande. Après le très remarquable ouvrage de M. Charles Roux sur ce sujet, ce serait s'imposer un travail inutile et certainement très inférieur à tous les points de vue. Rappelons seulement qu'en 1887, la France occupait encore le deuxième rang (bien loin, il est vrai, derrière l'Angleterre) avec 722.252 tonneaux et que moins de dix ans plus tard, en 1895, nous n'occupions plus que le troisième, après l'Allemagne, avec 864.598. En d'autres termes « tandis que nous augmentions notre marine marchande à vapeur de 19,71 0/0, l'Angleterre, l'Allemagne et la Suède augmentaient leur flotte de 51,44 0/0, 108 0/0 et 202,27 0/0. »

Les causes de cette décadence sont faciles à déterminer. C'est d'abord que la Grande-Bretagne a le charbon et le fer à bien meilleur compte que la France, ce qui lui permet de construire des navires à un prix tel qu'il nous est impossible d'entrer en concurrence sérieuse ; c'est ensuite que les marines étrangères (britannique, allemande, norvégienne, etc.), transportent à bon marché les marchandises du monde entier et que leurs armateurs sont, en quelque sorte, comme les Hollandais du xviie siècle, les rouliers des mers. Le résultat, c'est que la part prise par notre pavillon dans les transports entre la France et toutes ses possessions, colonies et pays de protectorat est de 53 0/0 et celles du pavillon étranger de 47 0/0 (entrées et sorties réunies). Aucun navire français, exception faite pour ceux des Messageries maritimes, ne se montre dans les ports de Chine au nord de Hong-Kong; les exportations de la Cochinchine se font presque exclusivement par des navires étrangers. Toutes les relations entre la Nouvelle-Calédonie, l'Australie et la Nouvelle-Zélande se font de la même manière. Enfin, les communications de nos établissements français de l'Océanie avec la métropole ou les autres colonies françaises ne sont même pas assurées d'une façon indirecte par des navires battant notre pavillon. Une telle situation est inquiétante et il faut la signaler parce qu'elle est parfaitement susceptible de s'améliorer puisque « tous ces éléments de trafic nous échappent, non à cause du manque d'initiative ou de hardiesse de nos nationaux, mais par suite d'une série d'entraves légales. »

Ceci dit, donnons le tableau sommaire du mouvement annuel dans nos principaux ports coloniaux.

COLONIES	NATIONALITÉ	EXPORTATION		IMPORTATION		TOTAUX	
		Nombre de navires	Tonnage	Nombre de navires	Tonnage	Nombre	Tonnage
St-Pierre et Miquelon 1897	Franç.	470	66.684	472	66.171	942	132.855
	Etrang.	1.180	47.705	1.195	48.882	2.375	96.587
	Locaux	1.401	46.855	1.374	45.546	2.775	92.401
Martinique 1898	Franç.	354	169.806	334	167.245	688	337.051
	Etrang.	222	149.839	219	148.971	441	298.810
Guadeloupe	Franç.	280	115.967	262	111.286	542	227.253
	Etrang.	139	71.944	176	110.017	315	181.961
Sénégal							
Guinée française 1899	Franç.	55	64.380	59	64.803	114	129.183
	Etrang.	596	201.157	590	204.707	1.186	405.864

NOTA. — Le service du cabotage n'est pas compris. Il comprend à lui seul 4.400 caboteurs environ, d'un tonnage total de 43.000 tonnes tant pour l'exportation que pour l'importation.

COLONIES	NATIONALITÉ	Nombre de navires	Tonnage	Nombre de navires	Tonnage	Nombre	Tonnage
Côte d'Ivoire 1898	Franç.	326	329.535	326	331.321	652	660.856
	Etrang.	607	791.655	615	796.306	1.222	1.587.961
Dahomey 1899	Franç.	125	157.098	123	153.679	248	310.777
	Etrang.	315	241.449	318	244.893	633	486.342
Congo 1898	Franç.	38	46.801	43	53.081	81	99.882
	Etrang.	89	62.874	94	66.410	183	129.284
Madagascar 1899	Franç.	4.616	787.686	4.619	783.124	9.235	1.570.810
	Etrang.	2.099	91.064	2.061	90.326	4.160	181.390
Djibouti							
Établissements français Inde 1898	Franç.	25	31.598	25	31.598	50	63.196
	Etrang.	378	512.278	398	512.441	776	1.024.719
Établissements français Océanie 1899	Franç.	10	1.611	13	1.139	23	2.750
	Etrang.	38	21.408	36	20.966	74	42.374
La Réunion 1898	Franç.	On n'a pas le détail pour *exportation et importation*				91	121.776
	Etrang.					64	52.617
Nouvelle-Calédonie 1897	Franç.	91	110.780	79	78.639	170	189.419
	Etrang.	66	73.578	48	56.017	114	129.595
Tonkin 1898	Franç.	130	130.315	132	132.837	262	263.152
	Etrang.	752	186.040	915	195.640	1.667	381.680

NOTA. — Il est bon de faire remarquer que parmi les navires et caboteurs étrangers sont comprises les chaloupes et jonques chinoises dont le nombre et le tonnage sont les suivants . . . →

		574	22.794	732	27.075	1.306	49.866
Annam 1898	Franç.	15	30.597	12	27.950	27	58.547
	Etrang.	135	36.821	135	38.405	270	75.226

NOTA. — Même remarque que pour le Tonkin. Le nombre et le tonnage des jonques sont les suivants . . . →

| | | 104 | 15.202 | 102 | 14.583 | 206 | 29.785 |

Câbles servant aux correspondances télégraphiques
échangées entre la France et les colonies

DÉNOMINATION	Date de la pose	Nationalité	Longueur	COLONIES desservies
Cadix à Ténériffe.		espagnol	1846 km	
Ténériffe à Saint-Louis du Sénégal	1884	français	1070 »	
Lisbonne à Saint-Vincent	1874	anglais	3419 1/2	
Saint-Vincent à Bathurst	1884	—	1251 »	
Bathurst à Dakar.	1886	—	198 »	
Dakar à Yof	1886	—	14 »	
Yof à Saint-Louis.	1886	—	194 »	
Bathurst à Sierra-Leone	1886	—	859 »	Voies directes
Bathurst à Conakry	1886	—	962 »	pour
Conakry à Sierra-Leone.	1886	—	135 »	les colonies
Sierra-Leone à Accra	1886	—	1892 »	de la
Accra à Grand-Bassam	1886	—	448 »	côte occidentale
Accra à Cotonou	1886	—	803 »	d'Afrique
Accra à Lagos.	1886	—	484 »	
Lagos à Brass.	1886	—	502 »	
Brass à Bonny.	1886	—	126 »	
Bonny à Principe.	1889	—	357 »	
Principe à San Thomé	1886	—	234 »	
San Thomé à Cotonou	1886	—	902 »	
San Thomé à Libreville.	1886	—	327 »	
San Thomé à Loanda	1886	—	1468 »	
Loanda à Banguéla	1889	—	549 »	Voies
Banguela à Mossamédès.	1889	—	435 »	détournées
Mossamédès à Swakopmund	1889	—	1283 »	pour les
Swakopmund à Cap.	1889	—	1283 »	colonies des
Durban à Lourenço-Marquez	1879	—	640 »	côtes orientale
Lourenço-Marquez à Mozambique.	1879	—	1804 »	et occidentale
Le Cap à Sainte-Hélène	1899	—	3000 »	d'Afrique.
Sainte-Hélène à l'Ascension.	1899	—	2000 »	
L'Ascension à Saint-Vincent	1900	—	3293 »	
Mozambique à Majunga.				
Mozambique à Zanzibar.				
Zanzibar à Aden				
Aden à Perim				
Perim à Suez				Côte française
Perim à Obock.				des Somalis,
Perim à Djibouti.				les Comores,
Perim à Souakim.	1896	—	1220 »	Madagascar
Souakim a Suez		—	1505 »	la N.-Calédonie,
Alexandrie à Malte	1868	—	1722 »	l'Indo-Chine,
Malte à Gibraltar.	1870	—	2088 »	l'Inde.
Gibraltar à Cadix.	1888	—	154 »	
Aden à Bombay	1870	—	3350 »	
Madras à Penang.	1870	—	2778 »	
Penang à Singapour.	1870	—	738 »	
Singapour à Saïgon.	1871	—	1170 »	

DÉNOMINATION	Date de la pose	Nationalité	Longueur	COLONIES desservies
Saïgon à Thuan-Han	1884	français	960 km	
Thuan-Han à Haïphong	1884	—	425 »	
Haïphong à Hong-Kong	1884	—	872 »	
Hong-Kong à Saïgon	1871	anglais	1840 »	Côte française des Somalis, les Comores, Madagascar, la N.-Calédonie, l'Indo-Chine, l'Inde.
Hong-Kong à Sharpeak				
Sharpeak à Shanghaï				
Hong-Kong à Amoy	1871		603 »	
Among à Woosung	1871	anglais	1202 »	
Woosung à Nagasaki	1871	—	902 »	
Nagasaki à Wladiwostok	1871	—	1450 »	
Singapore à Batavia	1884	—	1002 »	
Singapore à Bangoewangi	1879	—	1708 »	
Bangoewangi à Port-Darwin	1871	—	2111 »	
Port-Darwin à Rœbuckbay	1889	—	1655 »	
Sydney à Nelson	1876	—	2340 »	Nouv. Calédonie
Monrepos(Queensland) à Téoudié(N.-Cal.)	1893	français	1468 »	
Saint-Vincent à Pernambuco	1874	anglais	3473 »	
Pernambouc à Seara	1873	—	890 »	
Seara à Moramhan	1873	—	855 »	
Pinheiros à Cayenne	1894	français	1044 »	
Cayenne à Paramaïbo	1891	—	477 »	
Paramaïbo à Martinique	1890	—	1439 »	
Martinique à Guadeloupe	1890	—	190 »	
Martinique à Saint-Thomas	1891	—	660 »	
Saint-Thomas à Puerto-Plata	1891	—	739 »	
Puerto-Plata à Cap Haïtien	1891	—	248 »	
Cap Haïtien à New-York	1896	—	2572 »	
Pantarassa à Key West	1875	anglais	227 »	Les Antilles, la Guyane, Saint-Pierre et Miquelon.
Key West à la Havane	1890	—	198 »	
Batabano à Cienfuegos	1871	—	270 »	
Cienfuegos à Santiago	1875	—	725 »	
Santiago à Jamaïque	1870	—	296 »	
Jamaïque à Colon	1870	—	1166 »	
Panama à Saint-Jean del sur	1893	—	1287 »	
Saint-Jean del sur à Salema Cruz	1893	—	1277 »	
Coatzacoalcas à Glaveston	1894	—	1527 »	
Coatzacoalcas à Vera Cruz	1881	—	239 »	
Vera Cruz à Tampico	1880	—	405 »	
Tampico à Glaveston	1882	—	897 »	
Jamaïque à Porto-Rico	1870	—	1264 »	
Porto-Rico à Saint-Thomas	1871	—	133 »	
Saint-Thomas à Sainte-Croix	1875	—	88 »	
Sainte-Croix à la Trinité	1875	—	100 »	
Trinité à la Grenade	1871	—	164 »	
Grenade à Saint-Vincent	1871	—	155 »	Les Antilles et Saint-Pierre et Miquelon.
Saint-Vincent à Sainte-Lucie	1871	—	107 »	
Sainte-Lucie à Martinique	1871	—	101 »	
Martinique à Domingue	1871	—	94 »	
Domingue à Guadeloupe	1871	—	74 »	

DÉNOMINATION.	Date de la pose	Nationalité	Longueur	COLONIES desservies
Guadeloupe à Antigoa	1871	Anglais	135 km	
Antigoa à Saint-Kitt's	1871	—	90 »	
Saint-Kitt's à Saint-Thomas . .	1871	—	298 »	
Halifax aux Bermudes	1890	—	1574 »	
Bermudes aux Iles Irugues. . .	1898	—	1530 »	
Iles Irugues à Jamaïque. . . .	1898	—	840 »	
Brest à Cap Cod	1899	français	6116 »	
Cap Cod à Saint-Pierre et Miquelon	1879	—	1536 »	
Saint-Pierre et Miquelon à Brest .	1879	—	4242 »	
Saint-Pierre à Canso.	1879	—	477 »	Les Antilles et St-Pierre et Miquelon.
Penzance à Canso.	1881	anglais	4687 »	
Valentia à Terre-Neuve	1873	—	3484 »	
Brest à Saint-Pierre et Miquelon .	1869	—	5033 »	
Saint-Pierre à Sidney	1880	—	346 »	
Saint-Pierre à Louixbourg. . .	1869	—	1497 »	
Sydney à Canso	1891	—	215 »	
Watervelle à Canso	1884	—	4347 »	
Canso à New-York	1884	—	1530 »	
Canso à Rockport	1885	—	946 »	
Balinkslibay à Halifax	1874	—	474 »	
Halifax à Raidbergh	1875	—	991 »	

Les colonies de la Réunion et des établissements français en Océanie ne sont pas reliées au réseau international.

PRINCIPALES CONCESSIONS DONNÉES AUX COLONIES FRANÇAISES

Concessions en Afrique Occidentale.

Concession de 150.000 hectares sur la rive gauche de la Casamance (décret du 14 août 1886 modifié le 20 août 1899) = échec.

Concession à M. Faidherbe du droit d'exploiter pendant 50 ans les îles Tristan (26 décembre 1889), remplacé en 1890 par une société = échec.

Concession à un particulier du droit d'exploiter pendant 50 ans le territoire des îles Kerguelen = caduc (décret du 26 juillet 1893).

Concession, à titre de bail, pour une période de 75 ans, de la partie française du territoire du Cap Blanc (décret du 10 mai 1893)=caduc.

Concession de la création d'une voie de communication entre Loango et Brazzaville à M. Le Chatelier (décret du 22 avril 1893) = complété par le décret du 30 juillet 1894 qui lui donne le droit d'exploiter pendant 30 ans les territoires de la région du Fernand Vaz complété encore à la date du 5 juin 1897.

Concession à la Société Flers-exportation du monopole de l'exploitation commerciale, industrielle et agricole, pendant une durée de 30 ans, des territoires du Rio-Compony (Guinée française) 400.000 hectares (décret du 20 août 1894).

Concession à un particulier du droit d'exploiter pendant 30 ans le territoire et les eaux maritimes des îles Saint-Paul et Amsterdam (décret du 20 août 1894) = caduc.

Concession Verdier (décret du 21 octobre 1893, compagnie française de Kong).

Concession Daumas des territoires dans le bassin supérieur de l'Ogooué (décret du 17 novembre 1893).

CONCESSIONNAIRES A MADAGASCAR

Hubert de Boulogne.
Mme Duret de Brie.
Clément Delhorbe.
Carles Desperières.
Compagnie française d'agriculture.
Compagnie forestière de Madagascar.
Compagnie Franco-Malgache.
Compagnie coloniale des mines d'or de Suberbieville et de la côte Ouest.

CONCESSIONS DU CONGO FRANÇAIS

NOMS DES CONCESSIONNAIRES ET ASSOCIÉS	SITUATION DU TERRITOIRE CONCÉDÉ	NOM DE LA SOCIÉTÉ ET SIÈGE SOCIAL	Superficie Kmq²	Capital fr.
Ritaine Descamps.	Sangha R. br. entre N'Daki et Mobaka	Société de l'Afrique française, 24, rue des Petites-Écuries. — Paris.	9.350	1.000.000
Tréchot frères.	Likuala Mossaka.	Compagnie française du Haut-Congo, 13, rue Grange-Batelière.	36.000	2.000.000
Gimnig et Campagne.	Gokoula et N'Daki.	Compagnie de la Sangha, 41 bis, rue de Châteaudun.	5.400	800.000
Mestayer.	Sangha R. br.	Compagnie des produits de la Sangha, 11, rue Laffitte.	9.650	1.500.000
Gugnet.	Sangha R. br.	Société de l'Ekèla-Sangha, 20, rue St-Georges.	5.040	700.000
Nouzaret.	Mambéré R. D.	Société de la Kadéi Sangha, agric. et commerc., 84, rue Lauriston.	6.500	600.000
Nicol et Bernain.	Lobaï N'Ghié.	Société de l'Afrique équatoriale, 52, avenue Kléber.	33.850	1.200.000
Cauvez, Motte-Bossut et Cordonnier	Lobaï.	Cie des caoutchoucs et produits de la Lobaï, 4, rue Le Pelletier.	32.400	2.000.000
Durand.	Mambéré R. D. et Kadéi.	Société de la Haute-Sangha, 17, rue Saint-Marc.	13.050	1.200.000
Gazengel (1).	Sangha R. D.	Société de la Kadéi-Sangha, 4, rue Le Pelletier.	12.900	1.000.000
Gazengel (2).	Ogooué R. br.	Société de l'Ogooué N'Gounié, 4, rue Le Pelletier.	3.350	500.000
Faure, Boutelleau et Desbrière.	Likuala aux herbes.	Compagnie française du Congo, 54, rue des Petites-Écuries.	55.400	3.000.000
Jacta et Decourcelle	Alima R. D.	Société agricole et commerciale de l'Alima, 20, rue de Hanovre.	20.200	800.000
David.	Lobaï-Ibenga	Société du Baniembé, 6, rue de Hanovre.	3.600	700.000
Siegfried, Raverat, Mellier et Dessort	Ibenga	Société de l'Ibenga, Palais de la Bourse. — Le Havre.	14.200	1.500.000
Delineau.	Moyenne Sangha R. D.	Compagnie franco-congolaise de la Sangha, 21, rue de Toulouse.	3.000	600.000
Gratry.	Nipoko.	Société des Établissements Gratry Nipoko, 11, rue du Pas. — Lille.	13.900	1.200.000
Collas.	Basse Sangha.	Société de la Sangha équatoriale, 87, rue Taitbout.	5.400	800.000
Cousin.	Alima R. D.	"Alimaïenne" 8, rue Mogador, 8.	8.300	800.000
Izambert.	Fernan-Vaz.	Compagnie générale du Fernan-Vaz, 46, boulevard Haussmann.	16.500	1.500.000
Romaire.	N'Renié et N'Réni	Société de la N'Renié N'Réni, 54, rue des Petites-Écuries.	1.200	700.000
Devès.	Setté Cama.	Société de la Setté Cama, 10, rue Ste-Anne.	23.400	1.200.000
Vergnes, Lindeboom et Cie	Nyanza.	Compagnie française du Congo occidental, 42, rue du Louvre.	20.200	1.800.000
Leplus.	Haute N'Gounié.	Compagnie de la Haute N'Gounié, 2, rue Pasquier.	1.100	900.000
Monthaye.	Basse N'Gounié.	Société des Factoreries N'Djolé, 37, rue Auguste Comte. — Le Havre.	4.200	600.000
Cie Fse du Congo et des colon. afric.	Nana-Poundé	Cie coloniale de colonisation du Congo français, 10, rue d'Argenteuil.	12.400	1.000.000
Jobet.	Ongomo.	Société de l'Ongomo, 9, faubourg Poissonnière.	8.200	800.000
Émile Martin.	Mobaye.	La Mobaye, 17, rue Tronchet.	8.000	1.000.000
Remy Martin, Boulet, Mathieu et Genestal.	Rotto R. D.	La Rotto, 23, rue Taitbout.	37.000	2.500.000
De Mancion, Séguin et Montserrat. La Révelière.	Rouango R. D. Rouango R. br.	Compagnie du Kouango-Oubangui, 2, rue Pasquier.	15.300 15.000	1.425.000 1.125.000
Bouvier.	Léfini R. br.	Compagnie de la Téfini, 54, rue des Petites-Écuries.	13.700	800.000
Société du Bas Ogooué.	Bas Ogooué.	Société du Bas Ogooué, 2, rue de Chateaudun.	2.200	600.000
Bazenet.	Lagune M'Barrio.	Compagnie du Bavili M'Barrio, 5, rue d'Argout.	2.800	400.000
Paquier, Mimerel et Kunckler.	Lagune N'Goko.	Compagnie de N'Goko Oueno, 11, rue Laffitte.		1.250.000
Couvreux, Bouchard, etc.	Sultanats.	Sultanats du Haut Oubangui, 4, rue Chauveau-Lagarde.		9.000.000

CONCESSIONS DU CONGO FRANÇAIS

NOMS DES CONCESSIONNAIRES ET ASSOCIÉS	SITUATION DU TERRITOIRE CONCÉDÉ	NOM DE LA SOCIÉTÉ ET SIÈGE SOCIAL	Superficie Kmq²	Capital fr.
Ritaine Descamps.	Sangha R. br. entre N'Daki et Mobaka	Société de l'Afrique française, 24, rue des Petites-Écuries. — Paris.	9.330	1.000.000
Tréchot frères.	Likuala Mossaka.	Compagnie française du Haut-Congo, 13, rue Grange-Batelière.	36.000	2.000.000
Gimnig et Campagne.	Gokoula et N'Daki.	Compagnie de la Sangha, 41 bis, rue de Châteaudun.	5.400	800.000
Mestayer.	Sangha R. br.	Compagnie des produits de la Sangha, 11, rue Laffitte.	9.650	1.500.000
Gugnet.	Sangha R. br.	Société de l'Ekéla-Sangha, 20, rue St-Georges.	5.040	700.000
Nouzaret.	Mambéré R. D.	Société de la Kadéi Sangha, agric. et commerc., 84, rue Lauriston.	6.500	600.000
Nicol et Bernain.	Lobaï N'Ghié.	Société de l'Afrique équatoriale, 52, avenue Kléber.	33.850	1.200.000
Cauvez, Motte-Bossut et Cordonnier	Lobaï.	Cie des caoutchoucs et produits de la Lobaï, 4, rue Le Pelletier.	32.400	2.000.000
Durand.	Mambéré R. D. et Kadéi.	Société de la Haute-Sangha, 17, rue Saint-Marc.	13.050	1.200.000
Gazengel (1).	Sangha R. D.	Société de la Kadéi-Sangha, 4, rue Le Pelletier.	12.900	1.000.000
Gazengel (2).	Ogooué R. br.	Société de l'Ogooué N'Gounié, 4, rue Le Pelletier.	3.330	500.000
Faure, Boutelleau et Desbrière.	Likuala aux herbes.	Compagnie française du Congo, 54, rue des Petites-Écuries.	55.400	3.000.000
Jacta et Decourcelle	Alima R. D.	Société agricole et commerciale de l'Alima, 20, rue de Hanovre.	20.200	800.000
David.	Lobaï-Ibenga	Société du Baniembé, 6, rue de Hanovre.	3.600	700.000
Siegfried, Raverat, Mellier et Dessort	Ibenga	Société de l'Ibenga. Palais de la Bourse. — Le Havre.	14.200	1.500.000
Delineau.	Moyenne Sangha R. D.	Compagnie franco-congolaise de la Sangha.	3.660	600.000
Gratry.	Nipoko.	Société des Établissements Gratry Nipoko, 11, rue du Pas. — Lille.	13.900	1.200.000
Collas.	Basse Sangha.	Société de la Sangha équatoriale, 87, rue Taitbout.	5.400	800.000
Cousin.	Alima R. D.	" Alimaïenne " 8, rue Mogador, 8.	8.300	800.000
Izambert.	Fernan-Vaz.	Compagnie générale du Fernan-Vaz, 46, boulevard Haussmann.	16.500	1.500.000
Romaire.	N'Renié et N'Réni	Société de la N'Renié N'Réni, 54, rue des Petites-Écuries.	1.200	700.000
Devès.	Setté Cama.	Société de la Setté Cama, 10, rue Ste-Anne.	23.400	1.200.000
Vergnes, Lindeboom et Cie	Nyanza.	Compagnie française du Congo occidental, 42, rue du Louvre.	20.200	1.800.000
Leplus.	Haute N'Gounié.	Compagnie de la Haute N'Gounié, 2, rue Pasquier.	1.100	900.000
Monthaye.	Basse N'Gounié.	Société des Factoreries N'Djolé, 37, rue Auguste Comte. — Le Havre.	4.200	600.000
Cie Fse du Congo et des colon. afric.	Nana-Poundé	Cie coloniale de colonisation du Congo français, 10, rue d'Argenteuil.	12.400	1.000.000
Jobet.	Ongomo.	Société de l'Ongomo, 9, faubourg Poissonnière.	8.200	800.000
Émile Martin.	Mobaye.	La Mobaye, 17, rue Tronchet.	8.000	1.000.000
Remy Martin, Boulet, Mathieu et Genestal.	Rotto R. D.	La Rotto, 23, rue Taitbout,	37.000	2.500.000
De Mancion, Séguin et Montserrat. La Révelière.	Rouango R. D. Rouango R. br.	Compagnie du Kouango-Oubangui, 2, rue Pasquier.	15.300 / 15.000	1.125.000 / 1.125.000
Bouvier.	Léfini R. br.	Compagnie de la Téfini, 54, rue des Petites-Écuries	13.700	800.000
Société du Bas Ogooué.	Bas Ogooué.	Société du Bas Ogooué, 2, rue de Chateaudun.	2.200	600.000
Bazenet.	Lagune M'Barrio.	Compagnie du Bavili M'Barrio, 3, rue d'Argout.	2.800	400.000
Paquier, Mimerel et Kunckler.	Lagune N'Goko	Compagnie de N'Goko Oueno, 11, rue Laffitte.		1.250.000
Couvreux, Bouchard, etc.	Sultanats.	Sultanats du Haut Oubangui, 4, rue Chauveau-Lagarde.		9.000.000

BUDGETS LOCAUX DES COLONIES FRANÇAISES.

COLONIES	CHIFFRE GÉNÉRAL du budget	Subvention de la Métropole	Subvention pour les dépenses militaires
Saint-Pierre et Miquelon	475.707 67	Néant	Néant
Établissements français d'Océanie — Tahiti	670.390 »	—	—
Établissements français d'Océanie — Iles-sous-le-Vent	71.160 »	—	—
Établissements français d'Océanie — Marquises	119.826 »	—	—
Établissements français d'Océanie — Gambier	84.101 »	—	—
Établissements français d'Océanie — Tuamotu	363.139 »	—	—
Nouvelle-Calédonie	3.407.876 70	—	—
Etablissements de l'Inde	1.115.247 (¹)	—	—
Indo-Chine	20.803.000 (²)	—.	20.407.000
Guyane	2.498.439 62	—	Néant
Martinique	5.729.793 »	—	—
Réunion	5.485.300 »	—	—
Guadeloupe	4.968.324 40	—	—
Madagascar	13.772.000 »	1.800.000	30.695.000
Sénégal (Afrique occ. fr.)	4.320.460 »	Néant	12.181.000
Guinée	2.870.000 »	—	Néant
Dahomé	2.200.000 »	—	—
Côte d'Ivoire	1.403.000 »	—	—
Côte des Somalis	581.500 »	300.000	—
Congo	5.096.000 »	2.078.000	—
Mayotte	245.000 »	13.000	—
Comores	150.000 »	Néant	—

(1) Ce chiffre représente des roupies dont le cours est de 1 fr. 60.
(2) Ce chiffre représente des piastres dont le cours est de 2 fr. 40.

TABLEAU DU MOUVEMENT COMMERCIAL GÉNÉRAL
DE LA COCHINCHINE ET DU CAMBODGE
pendant l'année 1898

IMPORTATIONS

France	23.393.045f
Colonies françaises	88.741
Étranger (marchandises étrangères).	31.482.436
Total des importations . .	54.964.222f

EXPORTATIONS

Denrées et marchandises du cru de la colonie exportées	Pour la France. . . .	24.804.372f	
	Pour les colon. franç.	3.476.332	106.431.890f
	Pour l'étranger . . .	78.151.486	
Denrées et marchandises françaises de l'importation réexportées	Vers la France. . . .	83.959f	
	Vers les colon. franç.	48	1.410.730f
	Vers l'étranger. . . .	1.326.723	
Denrées et marchandises étrangères provenant de l'importation réexportées	Vers la France. . . .	44.463f	
	Vers les colon. franç.	120	167.702f
	Vers l'étranger. . . .	123.119	
	Total des exportations. . .		108.010.322f

CABOTAGE

IMPORTATIONS :

Du Tonkin	769.931f	3.673.625f
De l'Annam	2.903.694	

EXPORTATIONS

Marchandises françaises exportées	Au Tonkin	1.112.146	2.101.206f	
	En Annam	989.060		
Marchandises étrangères exportées	Au Tonkin	20.948	589.115	4.435.386f
	En Annam	568.167		
Marchandises indigènes exportées	Au Tonkin	211.256	1.745.065	
	En Annam	1.533.809		
	Total du cabotage. . .			8.109.011f

RÉCAPITULATION

Importations.	54.964.222f
Exportations.	108.010.322
Cabotage.	8.109.011
Total.	171.083.555f

A ajouter le numéraire :

Pour les importations		29 610.815f
Pour les exportations		4.636.794
Pour le cabotage { entrées. . 4.900 / sorties . . 6.531.733 }		6.536.633
Total.		40.784.242f
Total général		211.867.797

CHIFFRES COMPARATIFS

	Année 1897	Année 1898
	francs	francs
Importation française	20.285.931	23.481.786
Importation étrangère.	34.096.753	31.482.436
Totaux . . .	54.922.684	54.964.222
Monnaies or et argent (pour mémoire)	16.668.505	29.610.815
Exportation française	14.323.696	28.409.294
Exportation étrangère.	80.367.991	79.601.028
Totaux . . .	94.691.687	108.010.322
Monnaies (pour mémoire)	1.707.917	4.636.794
Cabotage { Importation	4.469.713	3.673.625
Cabotage { Exportation	3.003.161	4.435.386
Totaux . . .	7.472.874	8.109.011
Monnaies (pour mémoire)	1.777.833	6.536.633
Totaux du commerce général . . .	154.087.245	171.083.555
Monnaies (pour mémoire)	20.154.260	40.784.342

MISSION

Organisée par le général de Trentinian

M. le général de Trentinian, pendant qu'il se trouvait à la tête du service militaire de la défense coloniale, au ministère des colonies, voulant se rendre compte par lui-même de l'état de ressources du Soudan, dont il allait reprendre la direction comme lieutenant-gouverneur, organisa une mission économique qui fut chargée de parcourir la colonie dont il avait l'administration. Le général adressait en conséquence, au mois de septembre 1898, à M. Trouillot, ministre des colonies, le rapport suivant :

« Jusqu'à ce jour, ni le temps, ni, le plus souvent, les connaissances techniques, n'ont permis aux officiers et aux fonctionnaires du Soudan de faire des études approfondies, indispensables aussi bien à l'administration de la colonie qu'à sa mise en valeur. Au moment où le Soudan va jouir des bienfaits d'une paix définitive dans la plus grande partie de son vaste territoire, il paraît opportun d'y faire effectuer des études aussi complètes que possible par des hommes techniques qui renseigneront d'une part le gouvernement de la colonie sur tout ce qui peut faciliter son action politique et administrative, et, d'autre part, le public français sur ce qui intéresse la colonisation et sur les conditions rationnelles dans lesquelles ses travaux devront s'effectuer. En conséquence, j'ai l'honneur de vous demander qu'une mission soit envoyée au Soudan au mois de novembre prochain.

Cette mission se composait tout d'abord de MM. Coppolani (des affaires indigènes de l'Algérie), Jacquey (agronome), Hamet (chimiste), George Bastard (homme de lettres), auxquels furent adjoints, sur la demande du général, par M. Guillain, nouveau ministre des colonies : MM. Lejeal (géologue), Rhoné (ingénieur), Chevalier (botaniste), Frossat (courtier en coton), Rossignol (culture des cafés), Baillaud (de l'école des hautes études), Mérite et de Nézière (sculpteur, peintre).

M. *Coppolani* parcourut la lisière du Sahel, depuis Nioro, Goumbou et Sokolo jusqu'à Bamba et Araouan, à l'est, en ramenant à nous les tribus maures, considérées jusqu'ici comme rebelles, et soumettant pacifiquement un immense territoire qui est cinq ou six fois grand comme la France.

M. *Jacquey* fut appelé, en arrivant à Kayes, à la direction des jardins d'essai et se rendit à Kati, Siguiri.

M. *Hamet* et ses compagnons explorèrent la région du Haut-Niger, par Siguiri, Kouroussa, Kankan, au point de vue de la production caoutchoutière du pays.

M. *Lejeal* alla reconnaître dans le Macina les terrains calcaires, qui existent du côté de Hombari, lorsqu'il y trouva la mort, au milieu d'une incursion de Touareg.

M. *Rhoné* séjourna à Bamakou et dans ses environs, où il fit des études intéressantes pour l'emploi des chutes d'eau comme forces motrices.

M. *Chevalier* a réuni de précieux spécimens de la flore du Soudan, dont il a fait de nombreux envois au muséum.

M. *Frossat* rapporta de Ségou, Dienné, Sumpré, Goundam, d'utiles indications sur les diverses qualités du coton, dont il a été fait, en France, de fréquents envois.

M *Rossignol* s'établit dans le sud du Niger, du côté de Kissidougou et fit de fructueux essais de plantations de cafés.

M. *Baillaud* descendit le Niger jusqu'à Say, revint par le Macina et remonta jusque du côté de Nioro, en étudiant les matières textiles.

MM. *Mérite* et *de la Nézière* ont rapporté d'intéressants croquis, dessins, esquisses des régions de Kayes à Bafoulabé, Yaminé... Enfin M. George Bastard qui, comme écrivain militaire, avait une double mission du ministère des colonies et de la guerre, a remis un long rapport sur l'*Armée coloniale* au Soudan. M. Bastard a en outre recueilli, comme historien, d'importants documents ethnographiques sur le Sénégal, le Soudan jusqu'à Tombouctou et dans le Macina, ainsi que dans la partie haute du Niger et toute la Guinée jusqu'à Konakry. Durant son voyage d'exploration à travers tous ces pays, il a relevé les mots les plus usités dans chaque langue principale en les groupant autant que possible par genre, famille, et composé ainsi une sorte de lexique.

TABLE DES MATIÈRES

Introduction	9
LA LÉGISLATION ÉCONOMIQUE	29
Tableau des ordonnances, lois, sénatus-consultes et décrets concernant les colonies françaises	48
Régime douanier en Indo-Chine	54
Régime douanier de Madagascar	58
LA LÉGISLATION FINANCIÈRE	62
L'impôt aux colonies	69
Régimes spéciaux	74
Budgets régionaux du Sénégal	78
Régime financier de l'Indo-Chine	79
Régies financières	84
Ordonnances, lois, décrets et arrêtés relatifs à la législation financière	89
LA LÉGISLATION FONCIÈRE	94
Ordonnances, lois, décrets et arrêtés concernant la législation foncière	136
LA LÉGISLATION MINIÈRE	139
Etablissements français de l'Inde	144
Annam-Tonkin	144

Madagascar 147
Afrique occidentale française 150
Guyane 150
Principaux décrets et arrêtés concernant la législation
 minière aux colonies 152

L'AGRICULTURE 157

Vieilles colonies 164
Afrique occidentale française 175
Madagascar et colonies de l'Océan Indien 208
Indo-Chine 223
Nouvelle-Calédonie 249

LES RICHESSES MINIÈRES 262

Nouvelle-Calédonie 264
Indo-Chine 272
Madagascar 285
Afrique occidentale française 296
Richesses aurifères de la Côte d'Ivoire 304
Guyane 308

L'INDUSTRIE 315

Guadeloupe et Martinique 321
Réunion 325
Guyane 326
Afrique occidentale française et Congo 327
Madagascar, Mayotte et Comores 330
Etablissements français de l'Inde 335
Indo-Chine 338
Colonies du Pacifique 351

LA PÊCHE 355

Saint-Pierre et Miquelon 355
Indo-Chine 357
Établissements français de l'Océanie 359
Nouvelle-Calédonie 360

TABLE DES MATIÈRES

LE COMMERCE 363

   Vieilles colonies 366
   Guyane française 371
   Saint-Pierre Miquelon 374
   Réunion 377
   Sénégal, Soudan, Guinée 383
   Côte d'Ivoire, Dahomé 403
   Congo français 411
   Madagascar, Mayotte et Comores 413
   Établissements français de l'Inde 419
   Indo-Chine 425
   Nouvelle-Calédonie 444

LES VOIES DE COMMUNICATION 453

   Voies terrestres 456

   Vieilles Colonies 456
   Afrique occidentale 459
   Madagascar 469
   Indo-Chine 473
   Océanie, Nouvelle-Calédonie 483

   Voies fluviales 486

   Vieilles Colonies 487
   Afrique Occidentale française 489
   Congo 501
   Madagascar 504
   Indo-Chine 506

   Voies ferrées 514

   Vieilles Colonies 516
   Afrique Occidentale française 519
   Madagascar 543
   Côte des Somalis 546
   Indo-Chine 547
   Nouvelle-Calédonie 551

Communications télégraphiques et postales 559
    Indo-Chine 567
    Vieilles Colonies 568
Les Banques Coloniales 570
Conclusion 599

Annexes 605

DIJON, IMPRIMERIE DARANTIERE

DÉSINFECTANT ANTISEPTIQUE
CRÉSYL-JEYES

ADOPTÉ PAR

Le SERVICE de SANTÉ de l'ARMÉE
La PRÉFECTURE de la SEINE
La plupart des Services d'Hygiène
et de Désinfection
HOPITAUX, LYCÉES, COLLÈGES
PENSIONNATS, etc.

MARQUE DÉPOSÉE   MARQUE DÉPOSÉE

Le CRÉSYL-JEYES est indispensable pour l'Assainissement et la Désinfection des Habitations, Hôpitaux, Casernes, Terrains marécageux, Eaux stagnantes, Egouts, Fossés, etc. Préservatif le plus sûr contre les Épidémies et les Epizooties, Détruit tous les parasites des Habitations, de l'Homme, des Animaux et de l'Agriculture.

ENVOI FRANCO ET GRATIS DE LA BROCHURE AVEC RAPPORTS,
MODE D'EMPLOI ET PRIX COURANT

SOCIÉTÉ FRANÇAISE DES PRODUITS SANITAIRES & ANTISEPTIQUES
PARIS — 35, Rue des Francs-Bourgeois, 35, — PARIS

ET CHEZ TOUS LES DROGUISTES ET PHARMACIENS

Exiger rigoureusement les marques et cachets ainsi que le nom : Crésyl-Jeyes.

CHATEAU PÈRE ET FILS
Successeurs de COLLIN & WAGNER
PARIS — 118, Rue Montmartre, 118 — PARIS

HORLOGERIE, MÉCANIQUE, ÉLECTRICITÉ
CONTROLEURS DE PRÉSENCE ET DE RONDES
TACHYMÈTRES, MARÉGRAPHES, ENREGISTREURS
TÉLÉPHONIE, PARATONNERRES, TOURNIQUETS
MÉCANIQUE DE PRÉCISION

Médailles d'or à toutes les Expositions universelles.

Augustin CHALLAMEL Éditeur

SPÉCIALITÉ D'OUVRAGES SUR LES COLONIES

CARTES
DES COLONIES FRANÇAISES

PARIS, 17, Rue Jacob, 17, PARIS

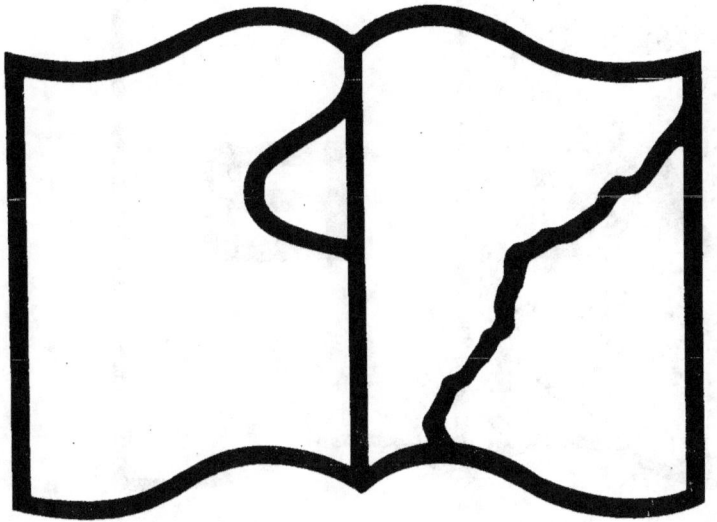

Texte détérioré — reliure défectueuse
NF Z 43-120-11

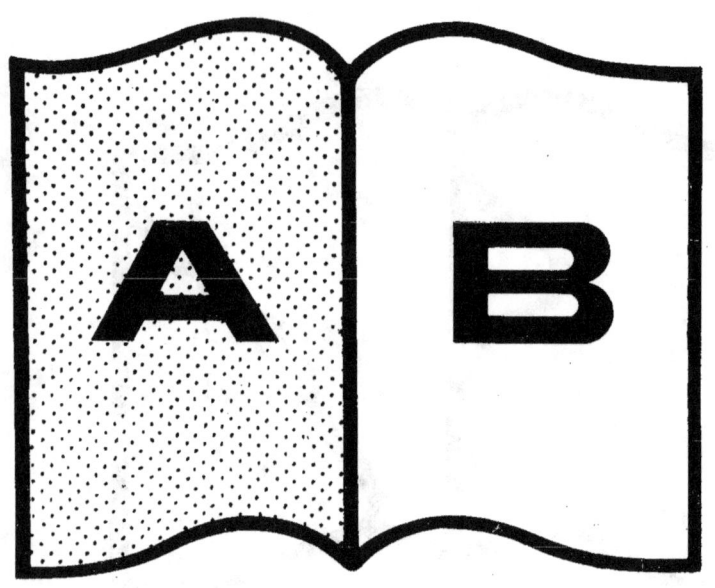

Contraste insuffisant
NF Z 43-120-14

Reliure serrée

www.ingramcontent.com/pod-product-compliance
Lightning Source LLC
Chambersburg PA
CBHW050328240426
43673CB00042B/1575